소로의 초상

소로의 친필 일기

소로가 사망할 무렵 거주했던 옐로우하우스

19세기 중반 콩코드 거리(재현)

소로의 유품

월든 호수 북쪽 호숫가의 움막터

소로 움막터에 쌓인 돌무덤

슬리피 할로우 공동묘지 작가 묘역 묘비 앞에서 묵념하는 역자

소로의 자료를 수장하고 있는 콩코드 도서관

소로의 움막 모형

가까이서 찍은 월든 호수

멀리서 바라본 월든 호수

월 든

헨리 소로 지음 | 양병석 옮김

범우

국립중앙도서관 출판시도서목록(CIP)

월든 / 헨리 소로 지음 ; 양병석 옮김. -- 개정판. -- 파
주 : 범우, 2006
p. ; cm

원서명: Walden, or life in the woods
원저자명: Thoreau, Henry David
ISBN 89-91167-65-9 03370 : ₩13000

844-KDC4
814.3-DDC21 CIP2006001725

월든

Walden

일러두기

1. 이 책은 Henry David Thoreau, 《Walden: or, Life in the Woods》 (Boston: Ticknor & Fields, 1854)의 완역이다. 텍스트는 정본으로 알려진 프린스턴 대학에서 간행 중인 소로의 전집, 《The Writings of Henry D. Thoreau》의 〈Walden〉, ed. by J. Lyndon Shanely(Princeton: Princeton Univ. Press 1971)로 하였다. 다만 읽기 편하도록 문단은 역자 임의로 원전보다 더 세분했다.

2. 각주는 역자의 연구 노트에서 나온 것도 있지만, Philip Van Doren Stern(New York, 1970), Michael Meyer(Penguin Books, 1983), Walter Harding(New York, 1995), Jeffrey S. Cramer(Yale Univ., 2004) 등의 주석을 많이 참조하였다. 그러나 최초 주석자를 확인하는 작업이 쉽지 않아 주석자의 이름은 생략했다.

3. 각주는 단순히 원문의 이해와 저자와 당시 상황의 이해에 도움이 되도록 하였을 뿐만 아니라 영미문학의 연구에도 도움이 되도록 인용문의 출전, 동음이어의 언어유희, 번역으로 다룰 수 없는 해학 등을 가능한 밝혔다. 일반 독자는 본문이 이해되지 않을 때에만 각주를 읽으면 될 것이다.

4. 원문에 나오는 길이, 넓이, 부피, 무게의 단위들은 한국의 독자들에게도 익숙한 것은 그대로 옮겼다. 예를 들어 피트, 야드, 마일 등은 그대로 두고, 로드(rod)나 에이커(acre)와 같은 생소한 것만 괄호로 한국에서 흔히 쓰는 단위를 표시하거나 아니면 환산하였다.

5. 외국어의 한글 표시는 원어민의 발음보다는 일반 사전에 표기된 것을 따랐다. 예) 'Concord'나 'rod' 같은 것은 '캉코드', '라드'가 원어민의 발음에 가까우나 '콩코드', '로드'로 표기했다.

6. 책 이름과 정기 간행물의 이름은 《 》로, 단행본이 아닌 작품의 제목은 〈 〉로 표시했다.

7. 각주에서 소로의 저작물은 다음과 같은 생략부호로 표시했다.

C: The Correspondence of Henry David Thoreau, ed. by Walter Harding and Carl Bode. (New York: New York University Press, 1958)

CP: Collected Poems of Henry Thoreau, ed by Carl Bode. (Baltimore: Johns Hopkins Univ. Press, 1965)

J: The Journal of Henry Thoreau edited by Bradford Torrey and Francis H. Allen, (Boston: Houghton Mifflin, 1906).

PJ: Journal edited by John C. Broderick et al. (Princeton: Princeton University Press, 1981-)

W: The Writings of Henry D. Thoreau. Walden edition. (Boston Houghton Mifflin, 1906)

월든 | 차 례

이 책을 읽는 분에게

이 책은 H. D. 소로(1817~1862)가 1854년에 내놓은 《월든, 혹은 숲속의 생활(Walden, or Life in the Woods)》의 번역이다. 소로는 그의 생존 당시에는 별로 인정을 받지 못했다. 그러나 위대한 작가일수록 오히려 후세에 인정을 받고, 후세에 더 큰 영향을 끼치는지도 모른다. 그의 생전에 출판된 책으로는 《콩코드와 메리맥 강에서의 일주일(A Week on Concord and Merrimack Rivers)》이 있을 뿐이다. 《월든》은 다소의 성공은 거뒀지만, 그는 당시 초월주의의 수장인 에머슨의 아류 정도로 평가되었을 뿐이었다. 그러나 20세기에 들어와서 차츰 인정을 받게 되고, 그가 세상을 떠난 지 44년이 된 1906년에는 그의 생전에 발표된 글과 유고들이 20권의 방대한 전집으로 출판되고, 그 중에서도 《월든》은 오늘날 '영어로 된 모든 문학작품 중에서도 가장 훌륭한 책 중 하나'로 평가되고 있다.

그렇다면 왜 이 책이 불후의 명작인가? 그 이유는 그 내용의 진실성과 그 제시 방법의 예술성에 있을 것이다.

소로는 하버드 대학을 나왔지만 그의 급우들과는 달리 세속적인 출세가도를 걷지 않았다. 그는 잠시 교편을 잡은 일이 있었을 뿐, 이렇다 할 일정한 직업이 없었다. 그는 세속적인 성공에 회의를 느꼈다. 그는 허위와 위선에 타협하기 쉬운 전문직을 갖기보다는 차라리 정직한 육체노동을 택했다. 그는 그 어떤 것에도 속박되지 않는 자유로운 인간의 길이 무엇이며, 진정 참된 삶과 진실이 무엇인가를 찾는 구도의 길을 걸었다. 그는 신을 교회와 교리에서 구한 것이 아니라 자연 속에서 구했던 것이요, 이 영원한 것, 신, 진리를 추구하는 것과 관계가 없는 모든 것을 생활에서 단절시키고 오직 자기 자신과 자연과의 접촉을 확대시키는 삶을 살고자 했다.

그 일환으로 그는 콩코드에서 약 2마일 떨어진 월든 호숫가에 손수 오두막을 짓고 만 2년 2개월 동안 홀로 살았다. 그는 그곳에서 삶이 아닌 모든 것을 배제하고 '삶의 골수를 마시기 위해서', '오직 삶에만 직면해서 사는 실험적인 생활'을 했다. 이 《월든》은 그 생활 보고서인 동시에 가치관에 대한 명상이다. 그 속에 담긴 '삶에 대한 진지한 성찰'이 그의 독특한 문체로 제시되어 있다. 읽는 사람은 자신의 생활이 얼마나 맹목적이고 위선에 차 있는 것인지를 깨닫게 되며 또한 잠들어 있는 자신의 혼을 다시 불러일으키게 된다.

《월든》은 다면적인 호소력을 지니고 있다. 리지놀드 쿡은 《월든》에는 《로빈슨 크루소》, 《걸리버 여행기》, 《천로역정》이라는 세 문학 작품들의 원형이 모두 들어있음을 지적했다. 또한 월터 하딩은 거기에 화이트의 《셀번(Selbourne)의 자연사》를 추가한다.

아마 자연의 묘사로는 소로에 맞설 작가를 찾아보기 힘들 것이다. 호수의 풍경이며 계절의 변화, 온갖 동·식물들이 너무도 생생하여 책을 읽고 난 후에도 그 전경이 눈에 선하고, 새와 짐승들의 울음소리가 계속 귀에 다시 들려온다. 소로의 사경은 단순한 경치와 사물의 묘사가 아니라 자연의 혼과 인간의 혼과의 관계를 은유한다.

또 문명사회와 단절된 환경에서 홀로 먹고 자고 입을 것을 해결해 가는 모습을 보고 독자들은 그의 간소한 생활의 희열을 함께 느낄 수도 있다. 이런 면에서만 보면 은둔이나 도피문학이라 할 수도 있다.

그러나 그는 《월든》이 은둔이나 도피문학으로 읽히는 것을 원치 않았다. 이 책의 초판 표제의 '숲속의 생활'이란 부제를 다음 판에서 삭제해줄 것을 요구했었다. 그러나 도피문학으로 읽는다 하더라도 독자는 읽어가면서 자연히 자기 각성과 자기 혁신을 생각하지 않을 수 없게 된다.

또 《월든》은 하나의 풍자서이기도 하다. 거의 모든 페이지마다 사회통념의 허위와 물질문명의 맹목성에 대한 풍자와 유머로 가득 차 있다. 그의 풍자는 때로는 거칠고, 때로는 정교하고 은밀하다. 소로의 눈을 통해서 보면 세상이 아주 판이하게 보인다.

그러나 무엇보다도 '참된 삶'을 찾아가는 소로의 구도적 순례가 이 책의 가장 높은 차원일 것이다. 이 점에서 볼 때 《월든》은 어느 설교집에 못지않은 종교서라 할 수 있다. 그러나 그것은 신학에 관계되는 것이 아니요, 정신가치에 관한 것이다. 그는 간소하고 청정한 생활로 자연 속에 흐르는 보다 높은 혼을 석양의 황혼에서, 솔잎 사이로 불어오는 바람결에서, 새들의 울음소리에서 느낀다. 당시 사람들이 자연을 정복의 대상으로만 보았을 때, 그는 자연 속에서 상징을 찾고, 거기에 정신의 원천이 있음을 깨닫는다.

소로는 다른 초월주의자와 같이 인간의 보다 높은 지식체계인 도덕적 판단력, 즉 양심 같은 것은 사람이 태어날 때 이미 지니고 나온 것인데 성장하면서 사회로 인해 부패되어 그 내부의 목소리에 점점 무감각하게 되고, 결국 그 소리를 들을 수 없게 되어버린다고 생각한다. 그러므로 그는 순진성으로 돌아가 내적광명의 명命을 따르도록 하는 것이 사회와 자신과 신에 대한 의무임을 강조한다. 따라서 그는 내부 혼의 각성과 순진으로의 복귀를 줄곧 독자에게 촉구하고 있다. 그러나 이와 같은 '순진'으로의 회귀는 말과 같이 쉬운 것이 아니다. 그러나 반드시 해야 하는 것이요, 그 노력은 값진 것이다. 그 성취가 비록 일순간일지라도 그 순간만은 삶의 보다 높은 차원에 도달하는 것이고 영원으로 통하는 것임을 《월든》은 우리에게 말하고 있다. 이렇듯 바로 그의 강렬하고도 진지한 양심의 목소리가 그의 독특한 문체와 수사적 기예를 통해 독자에게 전달되는 것이기에 불후의 명작으로 평가되는 것이리라.

《월든》은 아주 치밀한 구조를 지니고 있다. 전체를 크게 손상하지 않고서는 그 어느 부분도 가감하거나 위치를 바꿀 수 없을 만큼 유기적인 구성이다. 각 장이 하나의 독립된 수필이면서 그 수필들이 또 하나의 큰 수필을 이룬다. 그의 강건한 문체와 독특한 설득력은 현대 수사학의 전형이 되어 있다. 그러나 소로에게는 그 예술성이란 어디까지나 수단에 불과하다. '예술을 위한 예술'은 그에게는 무의미한 것이요, 사상의 전달이 주목적이었다.

《월든》에서 보듯 그의 사상은 개인주의에 바탕을 두고 있다. 그러나 그가 사회에 무관심했던 것은 아니다. 그는 노예제도를 반대하여 〈시민의 불복종(Civil Disobedience)〉을 써서 비폭력 저항운동의 효시가 되고, 노예제도 폐지운동으로 사형 언도를 받은 존 브라운을 위해 탄원문을 쓰고 탈주노예를 돕고 강연을 하는 등 민권운동에 적극적이었고, 자연보호와 공원의 설립을 최초로 주장하는 등 사회에 대한 관심이 컸다. 그는 사람이 자연과 격리되면 타락한다고 주장하였지만, 루소의 원시주의를 따르는 것은 아니었다. 그는 원시 야만으로의 회귀를 주장한 것이 아니라 '간소한 생활'로 돌아갈 것을 주장하였다. 문명의 이점을 부정한 것이 아니라 인간이 기계의 도구가 되는 것을 경계하였다. 그는 자연을 상징으로 보고 산천초목과 야수와 명금鳴禽의 아름다움을 노래한 시인인 동시에, 자연현상을 객관적으로 관찰하여 놀랄 만큼 많은 자료를 수집한 박물학자이고, 〈산림의 변천〉 같은 논문을 쓴 과학자이기도 하다.

오늘의 우리들과 소로의 사이에는 시대적으로 거의 2세기에 가까운 시간의 간격이 있고, 기독교 문화와 불교 문화라는 문화적 배경의 차이가 있다. 그러나 소로가 일찍이 깨달은 기술과 과학문명 가운데서 자아 상실과 자기 소외와 불안이라는 근대사회의 본질적 모순에는 차이가 없다. 아니 소로가 살았던 시대에 비할 수 없을 정도로 오늘날의 문명은 정신분열을 일으킬 만큼 더 복잡해지고, 인간은 물질의 주인이 아니라 노예가 되어 있다. "사는 집은 몇 십 배 좋아졌는데 그 집 안에서 사는 사람은 조금도 좋아진 것이 없다." 이런 세계 속에서 "단순하게, 단순하게, 단순하게 하라!"라고 외친 소로의 메시지는 보다 참된 삶을 위해서뿐만 아니라, 이제 인간의 생존을 위해서도 불가결하게 되었다.

기성 종교에서 영혼의 구제를 구해 보지만 광신과 배타의 벽에 부딪칠 때가 많고, 거기에서도 세속주의적 방향에서 생활규범을 찾는 것을 보고 실망할 때가 많다. 이럴 때, 소박하고 건강한 소로의 자연과 소로의 인격을 접하고 기쁨을 얻는 것은 비단 역자만은 아닐 것이다. 《월든》의 맑은 물은 숨가쁘게 쫓기며 사는 현대인들의 마음에 찌든 때를 깨끗이 씻어줄 것이고, 삶의 질에 큰 변화를 줄 것이다.

역자는 대학에서 미국문학을 강의하면서 소로의 사상에 깊이 감명을 받은 바 있어 《월든》을 우리말로 옮겨 에세이 전문지인 《수필공원》 1991년 겨울호에서 1995년 봄호까지 연재했었다. 잡지연재를 배려해 준 외우 박연구 주간과, 이것을 한 권의 책으로 펴내준 범우사 윤형두 선생께 깊이 감사드린다.

1995. 12

양병석 씀

제1장 경 제

다음의 글들은 정확히 말해서 그 일부를 제하고 대부분은 내가 숲에서 홀로 살 때 쓴 것들이다. 나는 매사추세츠 주州 콩코드의 월든 호숫가의 숲속, 1마일 안으로는 이웃 하나 없는 외진 곳에 내 손으로 집 한 채를 짓고 내 손의 노동만으로 생계를 꾸렸다. 그곳에서 나는 2년 2개월 동안 살았고 지금은 문명 생활권으로 다시 돌아와 있다.

그때의 내 생활에 관해 아주 유별하게 캐묻는 마을 사람들의 질문[1]이 없었더라면 나의 사사로운 일에 대해 주제넘게 독자들에게 드러내 보이지는 않았을 것이다. 그런 질문은 무례하다고 무시해버릴 사람도 있겠지만, 나에게는 전혀 무례하거나 부당한 것 같지 않고, 이런 저런 상황들을 고려해 보면 오히려 자연스럽고 당연한 질문이다.

어떤 사람들은 그곳에서 무엇을 먹고 살았느냐, 혼자서 쓸쓸하거나 무섭지는 않더냐고 물었다. 그런가 하면 또 어떤 사람은 호기심에서 내 수입의 어느 정도를 자선사업에 헌납했는지 알고 싶어 했고,

1) 월든으로 옮겨가기 전에도 질문들이 있었다. 그가 집 자리를 생각하고 있을 때인 1841년 12월 24일의 일지에 "나는 곧 가서 호숫가에서 따로 살고 싶다. …… 헌데 친구들은 거기 가서 무엇을 할 것이냐고 물었다"(J 1:299), 또 월든에서 살 때인 1846년 2월 4일의 일지에 "마을 사람들이 호수에서의 내 생활에 관한 이야기를 듣고 싶어한다는 말을 들었다"(J.1:485)고 쓰여 있다. 또 이런 질문들에 대해서 그는 강연에서 해답을 하려고 노력했다.

또 대가족을 거느린 어떤 사람들은 불쌍한 아이를 몇 명이나 데려다 키우는지 묻기도 했다. 그러니 내게 별다른 관심이 없는 독자일지라도 이 책에서 내가 이런 사소한 질문에 대답하더라도 양해하여 주시기 바란다.

대부분의 책에서는 '나'라는 제1인칭이 생략되어 있지만, 이 책에서는 계속 1인칭이 유지될 것이다. 바로 '나'라는 1인칭으로 쓰였다는 점이 다른 책과 다른 점이기도 하다. 우리는 글을 쓸 때 이야기하는 사람은 언제나 '나'일 수밖에 없다는 사실을 흔히 잊는다. 만일 내가 나 자신에 대해 아는 만큼 나 이외의 사람에 대해서 잘 안다면, 내 자신의 일에 관해 구태여 이렇게 많은 이야기를 하지는 않을 것이다. 불행히도 나는 경험의 폭이 좁기 때문에 '나'라는 주제에 한정할 수밖에 없다. 한걸음 더 나아가 나로서는 글을 쓰는 모든 사람들이 다른 사람의 삶에 관해 주워들은 이야기만이 아니라 자기 자신의 삶에 대해 소박하고 진실한 이야기를 써주기를 바랄 따름이다. 이를테면 멀고 먼 나라에서 자기의 부모나 형제에게 자기 자신의 이야기를 써서 보내는 편지와 같이 말이다. 왜냐하면 정말 진실하게 살았다면 그것은 멀고 먼 나라에서 보내온 것처럼 내게는 진귀하게 생각될 수밖에 없기 때문이다.

어쩌면 이 책은 누구보다도 특히 가난한 학생들을 위해 썼다 할 수 있다. 그러나 그밖의 독자들도 제각기 자기에게 맞는 부분이 있다면 받아들일 것이다. 맞지 않는 옷을 억지로 품을 잡아 늘여 입는 사람이 어디 있겠는가? 옷은 그 옷에 맞는 사람에게만 쓸모가 있을 것이다.

내가 이제부터 하려는 이야기는 저 멀리 중국인이나 하와이 원주민에 관한 것이 아니라, 바로 이 책을 읽는 여러분 즉 뉴잉글랜드에 사는 여러분에 관한 것이다. 여러분이 처해 있는 상태, 특히 이 세상, 이 도시에서 여러분이 처해 있는 외적 상황 즉 환경에 관한 것이다.

과연 여러분이 처해있는 오늘날의 상황이 어떤지, 오늘날의 상황이 나쁘면 나쁜 상태로 계속 그대로 지낼 수밖에 없는 것인지, 아니면 보다 좋게 개선할 수 있는 것인지에 관해 말하고자 한다.

나는 콩코드 지역을 꽤 많이 돌아다녔다. 내가 점포나 사무실이나 논밭 그 어디에 가도 주민들이 수백 가지 희한한 방법으로 고행을 치르고 있는 것을 볼 수 있었다. 힌두교 승려들은 사방 네 군데에 불을 피워놓고 그 안에 들어앉아 뜨거움을 참으며 이글거리는 태양을 똑바로 바라보거나 그 불꽃 위에 거꾸로 매달린다거나 심지어 고개를 비틀어 하늘을 바라보다가 '결국 고개가 제자리로 돌아오지 않아 목이 비틀린 상태로 굳어서 목구멍으로 액체밖에는 아무것도 넘기지 못하는 상태'가 되었다거나 또는 사슬에 묶인 채 나무 밑동에서 일생을 보내거나, 곤충의 애벌레가 꿈틀거리듯이 그 방대한 인도 제국을 몸으로 기어 다닌다거나, 외발로 장대 기둥을 딛고 서 있는 따위의 고행을 자발적으로 치른다는 말을 들은 적이 있다.

한데 의식적으로 치르는 이런 고행도 내가 매일 목격하는 주민들의 고행에 비하면 이상할 것도 놀라울 것도 없다. 신화에 나오는 헤라클레스의 열두 가지 노역[2]도 내 이웃들이 겪고 있는 고된 일에 비하면 아무것도 아니다. 그의 노역은 불과 열두 가지뿐이어서 끝이 있었다. 그런데 나는 내 이웃 사람들이 괴물을 죽이거나 사로잡거나 어떤 노역도 끝마치는 것을 본 적이 없다. 헤라클레스가 머리 아홉 달린 괴물 히드라[3]를 죽일 때 그에게는 불에 달군 철퇴로 머리 뿌리를

2) Hercules:그리스 신화 최대의 영웅. 제우스 신과 인간 사이에서 태어난 아들. 제우스의 아내 헤라의 미움을 받아 2번 발광하여 자기 자식과 아내를 죽이고, 조카 이올라우스의 자식까지 죽였다. 정신을 차리고 보니 자신이 엄청난 죄를 범한 것을 깨닫고 델피에 가서 도움을 청했다. 델피에서 내린 신탁은 에우리스테우스 왕이 시키는 대로 12가지 어려운 일을 해내면 영생을 얻어 신이 된다는 것이었다. 그는 자발적으로 이 노역을 해냈다.

3) hydra:그리스 신화. 머리가 아홉 달린 뱀(九頭蛇). 머리 하나를 베면 둘이 솟아나는 괴물.

태워 다시 솟지 못하게 해준 이올라우스[4]가 있었다. 그런데 내 이웃들에게는 그런 친구가 없다. 그러니 그들이 머리 하나를 자르면 그 때마다 오히려 머리 두 개가 다시 솟아나는 거다.

내가 보기에 마을의 젊은이들의 불행은 다른 데 있는 것이 아니다. 바로 농장이며 가옥, 창고, 가축, 농기구 따위를 상속받는 데 있다. 이런 것들은 손에 넣기는 쉽지만 버리기는 어렵기 때문이다. 그들은 차라리 툭 트인 초원에서 태어나 늑대의 젖을 먹고 자랐더라면 더 좋았을 것이다.[5] 그랬더라면 자신이 힘들여 가꾸어야 할 땅이 진정으로 어떤 것인지 보다 더 맑은 눈으로 볼 수 있었을 것이다.

누가 그들을 땅의 노예로 만들었는가? 사람은 죽을 때까지 다섯 됫박의 먼지를 먹도록 저주를 받았다[6]고는 하지만 왜 그들은 60에이커(약 7만 평)나 되는 흙을 먹어야 하는가? 왜 그들은 이 세상에 태어나자마자 자신의 무덤을 파기 시작해야 하는가? 이 모든 것을 떼밀고 가면서 한평생을 끙끙대며 살아가야 하고 그래도 어떻게 해서든 할 수만 있으면 재산을 늘려야만 한다.

불멸의 영혼을 지녔다는 인간이 자기의 짐에 짓눌려 으스러지고 숨이 막히도록 헐떡이며 가로 75피트, 세로 40피트나 되는 큰 창고, 아우게이아스의 외양간[7]만큼이나 더럽고 큰 외양간, 100에이커나 되는 농지와 초지, 목장과 임지林地를 끌고 가면서 인생의 여행길을

이를 퇴치하는 것이 헤라클레스의 12가지 임무 중 하나였다.

4) Iolaus 또는 Iola:헤라클레스의 조카. 그가 12가지 노역을 수행하는 데 결정적인 도움을 줌. 그가 히드라를 퇴치할 때 머리 하나를 베면 그 자리에서 머리 둘이 솟아나 퇴치가 불가능했으나 이올라우스가 불에 달군 철퇴로 뿌리를 지져서 다시 솟지 못하게 함으로써 퇴치를 가능하게 하였다.

5) 로마의 전설을 인유. 로마의 건설자로 초대왕인 로물루스와 그의 쌍둥이 형제 레무스가 갓난아기 때 버려져 늑대의 젖을 먹고 자랐다는 전설이 있음.

6) 18세기 초부터 있었던 속담. "We must all eat a peck of dirt before we die."

7) Augeas의 외양간:그리스 신화. 수천 마리의 소를 키우며 30년간 청소를 하지 않은 외양간. 이것을 하루에 다 청소하는 것이 헤라클레스의 다섯 번째 12노역. 그는 이 불가능한 일을 두 강물을 끌어들여서 하루만에 다 해치웠다.

벌레처럼 꿈틀대며 기어가는 가련한 사람들을 나는 무수히 보아왔다. 유산을 물려받지 않아 이런 짐과 싸우지 않아도 되는 사람일지라도 알고 보면 자기의 작은 몸뚱이 하나 이기고 가꾸는 것만으로도 힘겨운 일이다.

하지만 사람들은 그릇된 생각 때문에 그처럼 고된 일을 한다. '인간의 영혼'조차도 머지않아 땅에 묻혀 퇴비가 된다. 사람들은 흔히 피할 수 없는 숙명이라 말하지만 사실은 거짓 숙명이다.[8] 그런데 그것을 따르느라 옛 책[9]에 쓰인 대로 "좀과 녹이 슬어 썩고, 도둑이 훔쳐가는 재물을 모으기에"[10] 여념이 없다. 그것은 어리석은 자의 삶이다. 살면서는 그것을 알지 못할지라도 인생의 마지막 순간에 이르면 깨닫게 될 것이다. 그리스 신화에 의하면 데우칼리온과 그의 아내 피라가 어깨 너머로 돌을 던진 것이 사람이 되었다는데[11], 이에 관한 옛 시를 월터 롤리 경卿[12]은 낭랑한 시구로 이렇게 옮겼다.

> 그에서 유래하여 심장이 돌이 된 우리 인간은
> 근심 고통 견디며 본래 우리가 돌이었음을 증명하고 있구나.[13]

---

8) 원문 seeming fate: 초월주의는 사람이 환경을 창조할 수 있다고 생각한다. 소로는 '나는 내 자신의 시간을 만들고 내 자신의 조건을 만든다'(J 1:294), '사람이 만들 수 있는 주요하고 유일한 것은 자기 자신의 조건 즉 운명이다'(C 579)라고 쓰고 있다. 에머슨은 〈The Transcendentalist〉란 글에서 "나를 환경에서 태어난 아이로 생각하는가? 나는 나의 환경을 만든다. — 그것을 환경의 힘이라 하겠지만, 그것은 나의 힘이다"라고 말했다.

9) 원문 an old book: 소로는 기독교 성서와 다른 고대의 경전들을 똑같이 '옛 책'으로 본다.

10) 《신약성서》 〈마태복음〉 6장 19절의 인유.

11) Deucalion과 Pyrrha: 기독교 성서의 노아의 대홍수에 해당하는 그리스 신화의 이야기. 인류의 사악함을 벌하기 위해 제우스 신이 홍수를 일으켰을 때 프로메테우스의 아들인 데우칼리온과 그의 아내 피라 만이 살아남아 9일간 표류하다가 표착한 땅에서 신탁에 따라 어깨 너머로 돌을 던져서 인간을 다시 만들었다는 신화.

12) Sir Walter Raleigh(1554~1618): 영국의 탐험가, 군인, 정치가, 시인. 엘리자베스 여왕 때 영국의 재상으로 미 대륙을 탐험하여 식민의 기초를 이룸.

13) 오비드의 〈변형變形(Metamorphoses)〉에 라틴어로 실린 것을 롤리경이 영어로 옮김.

잘못된 신탁에 맹종하여 어깨 너머로 돌을 던지고 어디에 떨어지는지 보지도 않고 만든 것이 사람이라니 더 이상 말할 나위가 없겠다.

비교적 자유로운 이 나라에서도 대부분의 사람들은 그저 무지와 오해로 부질없는 근심과 필요 이상의 힘든 노동에 마음과 몸이 너무도 단단히 붙잡혀 있다. 그 때문에 인생의 보다 아름다운 열매를 딸 수 없다. 지나친 노동으로 손가락이 무뎌지고 손이 떨려서 그 열매를 만질 수조차 없는 것이다. 사실 노동자는 어느 하루도 진정 인간 본래의 상태가 되어볼 틈이 없고 사람다운 인간관계도 유지할 여유가 없다. 만일 그렇게 하면 그의 노동은 시장에서 값을 잃을 것이기 때문이다. 그에게는 오직 기계처럼 일할 시간이 허용될 뿐이다.

사람이 성장하려면 자신의 무지를 잘 기억하고 있어야만 하는데 지식의 밑천을 그처럼 계속 짜내야 하는 사람이라면 어찌 자신의 무지를 생각해 볼 틈이 있겠는가? 이런 사람들을 평가하기 전에 우리는 때때로 그에게 먹을 것과 입을 것을 무료로 주고 강장제를 주어 그의 원기를 북돋아 주어야 한다. 사람의 본성 중에서도 가장 아름다운 품성은 과일 껍질에 서린 하얀 분가루와 같아서 아주 조심스럽게 다루지 않으면 보존할 수 없다. 그러나 우리는 우리 자신이나 남을 그렇게 부드럽게 다루지 않는다.

여러분들 가운데 어떤 분은 아주 가난하여 사는 것이 힘들고 때로는 숨까지 막힐 지경이라는 것을 우리 모두는 잘 알고 있다. 이 책을 읽는 여러분들 중에도 일부는 자기가 먹은 밥값을 내지 못하고 있거나, 입고 있는 옷이나 이미 해진 신발의 외상값조차 지불할 수 없거나, 아니면 지금 이 책을 읽고 있는 시간조차도 주인의 눈을 속여 한 시간쯤 빌렸거나 훔친 것이 분명하다.

여러분 가운데 많은 사람들이 얼마나 천하고 비루한 인생을 살고 있는지, 경험으로 날카로워진 내 눈에는 뚜렷하게 보인다. 언제나 빚쟁이에게 시달리며[14] 사업을 하려고 발버둥치고 빚에서 벗어나려고 허덕인다. 빚은 태고 때부터 있어온 수렁이다. 놋쇠로 화폐를 만든 로마인들은 돈을 '타인他人의 놋쇠'라 했다. 그런데 지금도 여전히 여러분들은 이 '타인의 놋쇠' 때문에 살고 죽고 묻힌다. 줄곧 빚을 갚겠다고 내일은 갚겠다고 하면서 결국 갚지 못하고 오늘 죽는다. 환심을 사기 위해 갖은 아양을 부리고, 교도소에 들어갈 죄만 아니라면 갖가지 방법을 동원하여 단골손님을 잡으려고 한다. 이웃을 설득하여 그들의 신발이나 모자나 외투 아니면 마차를 고치는 일감을 맡기 위해서, 그들의 식료품을 주문받기 위해서 거짓말을 하고 아첨을 하고 투표를 해주면서 친절이란 가면 뒤에 자신을 움츠린다. 아니면 관대함을 가장하여 엷은 안개 같은 분위기로 자신을 부풀린다.

이처럼 여러분은 돈을 벌어서 병들 날을 대비하기 위해 몇 푼이라도 저축하려고 낡은 장롱에 무엇이든 감춰두거나 양말짝에 넣어 벽 속에 숨겨두거나 아니면 더욱 안전한 벽돌집 은행에 맡기려고 애를 쓴다.[15] 장소가 어디든 돈이 많든 적든 관계없다. 그러나 이런 일 때문에 여러분은 결국 병들고 만다.

나는 이따금 우리 미국인들이 어쩌면 이렇게도 어리석을 수 있나 의아하게 여길 때가 있다. 지금 남부와 북부를 모두 한꺼번에 노예로 삼으려는 극성스럽고 교활한 노예소유주들이 무수한데, 흑인노예제도라는 야비하기는 하나 그래도 우리와는 무언가 거리가 먼 남부의 예속 형태에만 매달려있으니 말이다. 남부에 노예 감독이 있는 것은 곤란하다. 하물며 북부에서까지 노예 감독을 둔다는 것은 더더욱 곤란하다. 그러나 그 무엇보다 가장 곤란한 것은 우리가 우리 자신을 노예로 부리는 감독이 되는 것이다.

---

14) 원문 on the limits: 빚 때문에 옥살이를 한 채무자에게 부과된 자유의 제한을 말함.
15) 많은 은행이 문을 닫기도 했던 1837년 금융공황에 대한 반의적 비유.

인간에게 신성이 깃들여 있다고 말하다니! 낮이나 밤이나 짐마차를 몰고 줄지어 시장을 향해 가는 저 도로의 마부들을 보라! 그의 내부에 무슨 신성이 조금이라도 움직이고 있는가?[16] 그의 최고의 사명은 말에게 여물과 물을 주는 것이 아닌가! 운송의 영리에 비하면 운명이 그에게 무슨 가치가 있는가? 그저 '어르신'을 위해 마차를 몰지 않는가? 무엇이 신 같고 무엇이 영원불멸인가? 얼마나 겁에 질려 있고 슬금슬금 눈치를 보고, 온종일 얼마나 막연한 불안에 싸여 있는가 보라. 불멸이나 신성은커녕 자기 자신에 대한 자신의 평가, 즉 자기 자신의 행위로 얻은 세상 사람들의 평판에 사로잡혀 사는 노예일 뿐이고 그 속에 갇힌 수인囚人일 따름이다. 한데 세상의 평판이란 우리 자신에 대한 우리 자신의 평판에 비하면 힘 없는 폭군이다. 사람이 자기 자신을 어떻게 생각하는가, 바로 이것이 운명을 결정하거나 어느 정도는 운명을 지시한다. 이미 노예해방이 된 저 먼 서인도 제도[17]에서조차도 그 환상과 상상의 정신적 노예에서 자기해방을 가져오는 것은 어려운데 어느 윌버포스[18]가 있어서 우리를 해방시켜 줄 것인가?

이 나라의 많은 부인네들을 또한 생각해보라! 최후의 심판의 날을 앞두고 자신의 운명에 대한 관심이 너무도 미숙함을[19] 드러내지 않으

---

16) '내재된 신성神性'은 토머스 브라운 경(Sir Thomas Browne, 1605~1682)의 〈의사의 종교(Religio Meidici)〉, 존 밀턴(1608~1674)의 〈실락원〉 등에도 나오는 개념이다. 이 개념은 초월주의의 핵심 개념으로 개개인이 신과의 내적 관계를 가능하게 하고, 초월주의가 전통적인 기독교 정신에 바탕을 둔 유니테리언이즘(Unitarianism, 유일신교)과 입장을 달리하는 개념이다. 에머슨은 〈The Nature〉에서 "I am part or particle of God(나는 신의 부분 혹은 분자다)"라고 말했다. 청교도들은 인간의 원죄를 강조하지만, 초월주의자들은 인간의 신성을 강조한다.

17) 중미 동쪽의 활모양의 섬들. 여기서는 무언가 먼 지역의 상징으로 쓰였다. 1844년 8월 1일 콩코드에서 열린 서인도제도 노예해방 10주년 기념집회에서 행한 에머슨의 반노예제도에 대한 최초의 대중연설 제목인 '서인도제도의 해방(Emancipation in the British West Indies)'을 암시한다. 이 집회는 소로의 헌신적인 주선으로 가능했다.

18) William Wilberforce(1759~1833): 영국 정치가, 자선가, 노예폐지론자. 1833년 영연방의 모든 노예를 해방시킨 '노예해방령(Emancipation Act)'의 입법에 공헌하였다.

려고 화장대의 방석을 뜨고 앉아있는 모습[20]을 생각해보라! 마치 시간을 아무리 축내도 영원에 상처는 나지 않는다고 생각하는 것만 같다.

대부분의 사람들은 절망적인 삶을 묵묵히 이어간다. 이른바 '체념'이란 '확인된 절망'에 지나지 않는다. 도시가 절망적이라 해서 시골로 간들 그곳도 절망적이다. 밍크 두더지나 사향뒤쥐 같은 용기[21]로 자신을 위로할 수밖에 없다. 판에 박혔으나 의식하지 못하는 일종의 절망이 심지어 인간의 유희나 오락에까지 잠복해 있다. 거기에는 진정한 유희는 없다. 진정한 유희의 기쁨은 일 다음에 온다. 그러나 절망을 가져오는 일 따위는 하지 않는 것이 지혜의 특징이다.

교리문답[22]식으로 '인간의 삶의 주된 목적은 무엇인가?', '살아가는 데 진정으로 없어서는 아니 되는 것들은 무엇인가?' 하고 생각해보면, 사람들이 오늘날의 보통 생활방식을 택한 것은 마치 다른 어떤 방식보다 더 좋아하기 때문에 의식적으로 택한 것처럼 보인다. 하지만 사실은 선택의 여지가 전혀 없다고 철석같이 믿고 있다. 그러나 총명하고 건전한 사람들은 태양이 분명히 떠있다는 사실을 잊지 않는다.

잘못된 고정관념은 빨리 버릴수록 좋다. 어떤 사고방식이나 행동방식이 아무리 오래되었다 할지라도 입증되지 않으면 믿을 수 없다.

---

19) 원문 too green:숙성하지 못했다는 뜻으로 쓰였다. 셰익스피어의 〈햄릿〉 1:3.101에서 폴로니우스가 자기 딸 오필리어를 'green girl(미숙한 소녀)'이라 칭한 것과 같은 의미.

20) 당시 부인들 사이에서는 털실로 화장대의 방석을 뜨는 것이 유행이었다. 호메로스의 〈오디세이아〉에 나오는 그의 아내 페넬로페가 남편의 귀환을 기다리는 동안 달갑지 않은 구혼을 물리치려고 뜨개질하고 있는 방석 작업을 끝내고 답을 하겠다고 약속하고서 다 완성된 방석을 다시 풀어 다시 뜨곤 하는 방법으로 답을 미루었다는 고사의 은유.

21) minks and muskrats:이 동물들은 덫에 걸리면 자기 다리를 물어뜯어 잘라내고 도망친다 함.

22) 식민초기 칼뱅주의 학교의 교재 《뉴잉글랜드 기도서(New England Primer)》는 "인간의 주된 목적은 무엇인가? 인간의 주된 목적은 신을 찬양하고, 그를 영원히 기쁘게 하는 것이다" 등의 문답으로 되어 있다.

오늘 모든 사람들이 진실로 받아들이고 있는 것이 내일은 허위로 판명날 수도 있다. 논밭에 단비를 뿌려줄 구름으로 믿었던 것이 그저 연기에 불과할 수도 있다. 사람들이 할 수 없다고 말한 것을 여러분이 직접 해보고 할 수 있다는 것을 깨달을 수도 있다. 옛 사람들에게는 옛 행위가, 새 사람들에게는 새 행위가 있다. 옛 사람들은 한때 불을 계속 타게 하려면 새나무를 지펴 넣어야 한다는 것을 몰랐다. 새로운 사람들은 마른 장작개비를 가마솥 밑에 지펴 넣고서 말 그대로 날아다니는 새처럼 빠른 속도로 지구를 돌고 있다.[23] 옛날 사람들이 그것을 보았다면 놀라서 까무러쳤을 것이다.

노인이라 해서 교사로서의 자격이 젊은이보다 더 높은 것은 아니다. 오히려 젊은이보다 못할 수도 있다. 왜냐하면 나이를 먹는 과정에서 얻는 것보다 잃는 것이 더 많기 때문이다. 가장 현명한 사람일지라도 일생을 통해 어떤 절대적 가치가 될 만한 것을 터득했는지 일단 의심해 보는 것이 좋다. 사실상 노인이라 해서 젊은이들에게 정말로 중요한 충고를 할 수 있는 것은 아니다. 왜냐하면 각자 개개인의 사정 때문에 그들 자신의 경험은 매우 부분적이고 그들 스스로 믿을 수밖에 없듯이 그들의 생애는 비참한 실패의 연속이었다. 아마 그들에게도 그 경험이 잘못이라는 생각이 들겠지만 전과 같이 젊지 않으니 때가 이미 늦었다는 생각일 게다.

나는 30여 년을 이 지상에서 살아왔다. 그런데 나는 아직껏 내 선배들로부터 값진 충고 한 마디 듣지 못했고 진지한 조언 한 마디도 들은 적이 없다. 그들은 내게 아무런 말도 해주지 않았다. 어쩌면 그들은 내게 적절한 말을 해줄 수 없는지도 모른다. 자, 여기 인생이 있다. 이건 내가 거의 겪어보지 않은 하나의 실험이다. 하지만 어느 선

---

23) 19세기 초에 발명된 장작불이나 석탄불로 물을 가열하여 압축된 증기의 힘으로 운행하는 기차와 기선을 빗대어 말함.

배가 그 실험을 했다 해서 그것이 내 실험에 도움이 되는 것은 아니다. 만일 내가 앞으로 가치 있는 어떤 경험을 한다 하더라도 나의 스승님[24]들은 그 경험에 관해 아무런 이야기도 해준 적이 없다고 회상할 게 분명하다.

어떤 농부는 "채식만으로는 살아갈 수 없습니다. 채소에는 뼈를 만들 성분이 전혀 없기 때문이지요" 하고 내게 충고한다. 그래서 그는 뼈의 원료를 체내에 공급하기 위해 정성껏 하루의 상당 부분을 바친다. 그러나 이 말을 하고 있는 동안에도 그 농부는 줄곧 황소 뒤에서 끌려가고 풀만 먹고 자란 뼈를 지닌 황소는 그 어떤 장애물도 아랑곳하지 않고 무거운 쟁기와 농부를 끌고 간다. 어떤 물건은 노약자나

24) 원문 my Mentor: 현명한 스승이란 일반적인 의미를 넘어 호메로스의 〈오디세이아〉의 오디세우스가 자기 아들을 맡긴 훌륭한 스승 '멘토르'를 말함.

병약자의 사회에서는 정말 없어서는 아니 될 생활필수품인데 어떤 이들에게는 사치품에 지나지 않고 또 어떤 이들에게는 전혀 알려져 있지도 않다.

어떤 사람들은 선인先人들이 인간 생활의 모든 영역을 산마루에서 골짜기까지 모두 답사하여 구석구석 손대지 않은 것이 없다고 생각한다. 하기야 이블린[25]에 의하면 "현명한 솔로몬 왕[26]은 나무와 나무 사이의 간격에 관한 칙령을 내리고 로마의 집정관들은 백성들이 이웃 사람의 땅에 떨어진 도토리를 주워도 몇 번까지는 침입죄가 아니고, 주운 도토리의 몇 퍼센트는 주인의 몫이라는 것까지 정했다"고 한다. 또 히포크라테스[27]는 손톱 깎는 처방까지 남겨놓았다. 즉 손가락 끝에 맞추어 그보다 더 들어가거나 나오지 않게 자르라는 것이었다.

삶의 변화도 기쁨도 다 바닥이 나서 새로운 것이 없다고 지레 짐작하는 그 권태와 싫증은 사실 의심할 나위 없이 아담이 살던 시대만큼이나 오래 전부터 있었다. 그러나 인간의 능력은 아직 제대로 측정된 적이 없다. 또 비록 과거의 선례가 있다 하더라도 우리는 그것으로 인간이 무엇을 할 수 있고 무엇을 할 수 없는지를 판단할 수 있는 것은 아니다. 지금까지 인간이 시도해 본 선례라는 것은 너무도 적기 때문이다. 지금까지 그대들의 실패가 무엇이든 '괴로워 말라 내 아들아. 네가 완성하지 못한 일을 뉘라서 네게 하라하겠느냐?'[28]

---

25) John Evelyn(1620~1706):영국의 저술가, 일기문인, 산림연구가. 〈숲(Silva)〉(1664)에서 인용.

26) Solomon:기원전 10세기경의 고대 이스라엘의 왕. 그러나 이블린의 〈숲〉에는 아테네의 민주주의의 초석을 놓은 정치가이고 시인인 솔론으로 되어 있다. 소로가 의식적으로 바꾼 것인지는 확실하지 않다.

27) Hippocrates(기원전 460?~기원전 375?):고대 그리스의 의사로 서양의학의 비조.

28) 힌두교의 경전 《비슈누 푸라나(Vishnu Purana)》에 '걱정할 필요는 없다'는 뜻으로 비슷한 구절이 있음. 〈푸라나〉는 많은 서사시 신화 민화 등을 모은 것으로 힌두 종교와 윤리의 원칙을 구체화한 성시집聖詩集들을 말한다. 각 시집은 특정한 신을 찬미한다. 주로 18편의 〈푸라나〉가 있는데 〈월든〉이 18장으로 되어있는 것은 우연인지 의도적인 것인지 분명하지 않다.

어쩌면 우리는 간단한 방법으로 우리의 삶을 무수히 살아볼 수 있으리라. 예를 들면 내가 가꾸고 있는 콩밭의 콩을 여물게 하는 바로 그 태양이 지구와 같은 태양계의 무수한 다른 별들을 동시에 비추고 있듯이 말이다. 내가 이 사실을 전에 생각했더라면 아마도 몇 가지 잘못은 저지르지 않았을지도 모른다. 이 햇빛은 내가 콩밭에서 호미질 할 때의 빛이 아니다.[29] 별은 또 얼마나 경이로운 삼각형의 꼭짓점들인가! 서로 다른 우주의 여러 별자리에서 서로 다른 무수한 존재들이 얼마나 먼 거리에서 같은 순간에 같은 것을 바라보고 있는가!

자연과 인간생활은 인간의 체질이 천차만별이듯이 각양각색이다. 삶의 미래를 누가 예언하겠는가? 우리가 잠시 서로의 눈을 통해서 보는 것보다 더 큰 기적이 우리에게 일어날 수 있을까? 우리는 한 시간에 세상의 모든 시대를, 아니 모든 시대의 모든 세상을 살아야 한다. 역사, 시, 신화! — 다른 사람의 경험을 읽는 것으로 이처럼 경이롭고 유익한 읽을거리가 또 어디에 있는지 나는 알지 못하고 있다.

나의 이웃들이 '선善'이라 말하는 것들의 대부분을 나는 진심으로 '악惡'이라 믿는다. 내가 후회하는 것이 있다면 그건 아마 나의 예의바른 행동에 대한 것이 될 것이다. 내가 그렇게 착하게 행동했다니 도대체 무슨 악마에게 사로잡힌 것인가? 노인이여. 70평생[30]을 살았고 명예도 없지 않으신 당신이니 원하신다면 당신의 가장 현명한 경험담을 털어놓으시오. 그러나 내 귀에는 나를 초대하는 다른 목소리[31]가 들려오고 나는 이를 거부할 수 없으니 그대의 이야기를 모두 듣고 앉아 있을 수가 없다오. 사실 새로운 세대는 마치 침몰한 배를

---

29) 태양에서 발산된 햇빛을 의미하는 동시에 지적·정신적 영감을 동시에 의미하는 언어유희.

30) 성서에서 말하는 인간 수명. 《구약성서》〈시편〉 90:10 "The days of our lives are seventy years;"

31) 이 문절의 기초가 된 그의 일지(J 2:137) 1851년 1월 5일자에 이 목소리를 'the voice of my destiny(나의 운명의 소리)'라 말하고 있다.

버리듯 앞 세대가 펼쳐놓은 사업을 버리는 법이다.

우리는 지금보다 훨씬 더 큰 자신감을 가져도 된다. 우리는 우리 자신에 대한 걱정을 버리고 그 관심을 다른 것에 쏟아도 될 것이다. 자연은 우리의 강점에도 약점에도 잘 순응할 수 있도록 되어있다. 사실 끊임없는 걱정과 긴장은 오늘날 거의 치유할 수 없는 병이 되었다. 우리가 하는 일의 중요성을 우리는 과장하는 버릇이 있다. 그런데도 이루지 못한 것은 얼마나 많은가? 아니 병이라도 나면 어쩔 셈인가? 얼마나 빈틈없이 경계를 늦추지 않고 긴장하고 있는가! 신념을 지니고 안심하고 사는 것을 고의로 피하려고 작심하는 것만 같다. 낮에는 온종일 긴장으로 전전긍긍하다가 밤이 되면 마지못해 기도문을 외우고서 자신을 다시금 불확실성에 내맡긴다. 이처럼 철저하게 또 진지하게 살도록 우리는 강요받고 있다. 현재의 삶을 존중하고, 변화의 가능성을 철저히 거부하면서 살도록 말이다. 우리는 오직 이 길밖에 다른 도리가 없다고 말한다. 그러나 원의 중심에서 반경을 무수히 그을 수 있듯이 방법은 무수히 많다.

모든 변화는 이를 곰곰이 생각해보면 하나의 기적이다. 또 그것은 어느 순간에나 일어나는 기적이다.[32] 공자는 다음과 같이 말했다.

> 아는 것은 알고, 모르는 것은 모르는 것을 아는 것, 이것이 참으로 아는 것이다[33]

32) 유일신교도(Unitarian)는 예수의 '이적'은 자연의 정상적인 과정에서 일어난 것이 아니라 신의 특별한 섭리로 행해진 것이라 믿는다. 이와는 달리 초월주의자는 '이적'을 과거의 일로 돌리지 않는다. 에머슨은 하버드 대학 '신학교 연설'에서 예수께서 이적에 관해 말씀하신 것은 사람의 삶과 사람이 행한 모든 것을 하나의 이적으로 느꼈기 때문이고, 사람이 신성할수록 이 일상의 이적이 빛난다는 것을 알고 계셨기 때문이라고 말한다. 소로는 1850년 6월 9일 일지에 "사람들이 성서의 이적들에 관해 이야기를 하는 까닭은 자기 자신의 삶에 이적이 전혀 없기 때문이다"라고 썼다(J 2:33).

33) 〈논어論語〉 II 위정爲政 17. '知之爲知之 不知爲不之 是知也'를 인용. 소로는 동양사상에 심취하여 힌두교 경전과 중국 사서삼경을 발췌 번역하여 초월주의 클럽이 간행한 《다이얼》지에 등재하였다.

나는 어느 한 사람이라도 자기의 마음 속으로 상상만 하고 있는 '진실'을 진정으로 깨닫고 그것을 보고 느낄 수 있는 '진실'로 구체화한다면 언젠가는 마침내 모든 사람들이 그 진실의 바탕에 자기 인생을 확립할 것이 틀림없다고 생각한다.

잠시 생각해보자. 지금까지 내가 말한 그 근심과 걱정의 대부분이 도대체 무엇에 관한 것인가? 또 우리가 괴로워하거나, 아니면 적어도 염려하는 그 일들이 정말로 얼마나 불가피한 것인가? 비록 물질문명의 한가운데 들어있기는 하지만 원시적이고 미개한 생활을 해보고 또 인간 생활에 '절대 필수품'이 무엇이고 또 그것들을 얻는 데는 어떤 방법을 취해왔는가 알아보면 위의 문제를 생각해 보는 데 상당한 도움이 될 것이다. 아니면 옛 상인들의 장부를 훑어보고 가게에서 사람들이 일반적으로 가장 많이 사가는 것이 무엇이고 그들이 보관하는 것이 무엇인가를 즉 가장 으뜸가는 일용품이 무엇인가를 알아보기만 해도 유익할 것이다. 왜냐하면 시대가 아무리 진보했다 하더라도 인간의 생존 원리는 우리의 골격이 우리 조상의 것과 별로 차이가 없듯이 별다른 변화가 있었던 것이 아니기 때문이다.

내가 위에서 말한 '생활필수품'이란 인간이 자신의 노력으로 얻은 것들 중에서 처음부터 있었거나 오랜 세월 동안 사용하여 인간의 생활에 극히 중요하게 되어버린 나머지 야만인이나 아주 가난한 사람이나 철인哲人이라 할지라도 그것 없이 살아볼 시도조차 해본 적이 없고 있다 하더라도 극소수뿐인 것을 의미한다. 이런 의미에서 보면 많은 동물에게는 '음식'이라는 단 한 가지 생활필수품이 있다. 대초원에서 사는 들소의 필수품은 마실 물과 약간의 풀이다. 그 외 숲이나 산의 그늘에 누울 자리를 찾을 뿐이다. '먹을 것'과 '쉼터' 이상의 것이 필요한 동물은 없다.

우리가 사는 이 온대 지방 사람들의 생활필수품은 정확히 '음식', '집', '옷'과 '연료'라는 몇 개의 항목으로 나눌 수 있다. 이것들이 확보된 다음에야 우리는 자유와 성공의 희망을 지니고 진정한 인생 문제를 맞을 준비가 된다. 인간은 집뿐만이 아니라 옷과 음식을 고안해 냈다. 그리고 불의 따뜻함을 우연히 발견하여 사용한 결과 처음에는 사치라 생각했던 것이 점차 필요성이 증가하여 이제 옆에 놓고 불을 쬐어야 하게 되었다. 고양이와 개도 사람과 같이 제2의 천성을 습득하는 것을 볼 수 있다. 우리는 적절한 주거와 옷으로 우리의 체온을 적당히 유지한다. 이것이 지나치거나 연료가 지나치게 되면 몸 밖의 열이 몸 안의 열보다 더 커지므로 그야말로 '고기 굽기'가 시작되었다고 하는 것이 더 적절한 표현이 아닐까?

박물학자인 다윈[34)]이 티에라 델 푸에고[35)]의 원주민에 관해 남긴 이야기에 의하면 그의 일행은 옷을 두툼하게 입고 모닥불 곁에 바짝 있어도 전혀 덥지 않았는데 발가벗은 원주민들은 불에서 멀리 떨어져 있었는데도 "땀을 비 오듯 흘리며 일종의 화형火刑을 받고 있었기에" 놀라움을 금치 못했다 한다. 또 같은 이야기로 유럽 사람들은 옷을 단단히 입어도 추워서 몸을 떠는데, 호주 원주민들은 발가벗고 나다녀도 아무런 고통을 느끼지 않는다고 한다. 이 미개인들의 강인함과 문명인의 지성이 결합되는 것은 불가능한가?

독일의 화학자 리비히[36)]에 따르면 인간의 신체는 하나의 난로이고, 음식은 허파에서 내부 연소를 계속하게 하는 연료인 것이다. 날씨가 추우면 음식을 더 먹고, 더우면 덜 먹는다. 동물의 체온은 서서히 일어나는 연소의 결과로 유지된다. 이 연소 속도가 지나치게 빨라지면 병이 생기고 연료가 떨어지면 죽고, 또 통풍 장치에 결함이 생기면 불은 꺼진다. 물론 생명의 열과 불이 똑같다는 것은 아니다. 하지만 그 비유는 이 정도로 해두자.

그러므로 위에서 살핀 것으로 보면, '동물적 생명'이란 표현과 '동물적 열'이라는 표현은 거의 같은 뜻이다. 왜냐하면 음식을 우리 몸 속의 불을 유지하는 '연료'로 볼 수 있다면, 또 실제의 연료가 바로 그 음식을 마련하거나 몸 밖에서 열을 가하여 우리 몸을 더 따뜻하게 해주는 역할만 하는 것이라면, 집과 옷 또한 이렇게 해서 이미 발생했거나 흡수된 열을 유지하는 역할을 할 뿐이기 때문이다.

---

34) Charles Darwin(1809~82): 영국 과학자. 《종의 기원》 《진화론》으로 유명. 1830년대에 과학탐방 목적으로 세계여행을 하고 펴낸 《비글호의 항해(Voyage of H.M.S. Beagle)》에서 인용.

35) Tierra del Fuego: 남아메리카의 남쪽 끝에 있는 섬. 스페인어로 '불의 땅'이라는 뜻. 현재의 아르헨티나에 속함.

36) Justus von Liebig(1803~73): 독일의 저명한 화학자. 기센 대학 교수. 이런 식의 비유적인 책을 많이 썼다. 그 중 《Animal Chemistry》 (Philadelphia, 1842)가 있다.

그렇다면 우리 몸에 절대적으로 필요한 것은 우리의 몸을 계속 따뜻하게 하는 것 즉 우리 몸 안의 '생명의 열'을 유지하는 것이다. 그래서 우리는 음식과 옷과 집만이 아니라, 침대에까지 얼마나 관심을 쏟는가! 침대는 우리의 잠옷인데, 두더지가 땅굴의 한 끝에 풀과 나뭇잎으로 그들의 잠자리를 마련하듯 이 집의 안에다 또 집을 마련하기 위해 새의 둥지와 가슴털을 훔쳐오는 것이 아닌가! 가난한 사람들은 세상이 차갑다고 흔히 불평한다. 우리의 고통의 대부분은 신체적 냉기冷氣 이상으로 사회적 냉기에서 온다.

지구의 어느 지방에서는 여름이 되면 사람들이 일종의 일리시움[37]에서와 같은 낙원 생활이 가능해진다. 그때는 음식을 요리하기 위한 것 외에는 연료가 필요 없다. 태양이 곧 그들의 불이요, 많은 과일은 햇볕만으로 충분히 익는다. 먹을 것은 가짓수도 많고 쉽게 얻을 수 있으며, 옷과 집은 전혀, 또는 적어도 절반은 필요하지 않다. 내 경험에 의하면 현재 우리나라에서도 의식주의 필수품 다음으로 필요한 것은 칼과 도끼, 삽, 손수레 등의 몇 가지 도구와 학문을 좋아하는 사람이라면 그 외에 호롱불, 종이와 펜, 그리고 곁에 두고 볼 책 몇 권이다. 그리고 이런 것들은 모두 아주 적은 비용으로 얻을 수 있다. 그런데도 현명하지 못한 일부 사람들은 지구 저편, 야만스럽고 비위생적인 지방으로 가서 10년이고 20년이고 돈벌이에 몸을 바친다. 그 목적은 살기 위해서, 즉 고향인 이곳 뉴잉글랜드에 돌아와 따뜻하고 편안하게 살다가 여생을 마치기 위해서다. 한데 사치스러울 정도로 부유한 사람들은 단지 편안할 정도의 따스함이 아니라, '부자연스러울 정도로 뜨거운 상태'[38] 속에서 살고 있는 것이다. 앞에서도 말했듯이, 그들은 새로운 유행에 의해 자신이 요리를 당하고 있다.

---

37) Elysium:그리스 신화. 영웅, 시인이 죽은 후에 가는 낙원. 불교의 극락에 해당된 이상향.
38) 당시 부유층에 유행했던 중앙난방 시설을 말함.

사치품과 흔히 말하는 '생활 편의품' 대부분은 필요불가결한 것이 아닐 뿐만 아니라, 오히려 인류의 향상을 적극적으로 방해하는 장애물이다. 가장 현명한 사람들은 사치품과 편의품에 관한 한, 언제나 가난한 사람들보다 더 검소하고 부족한 삶을 살아왔다.[39] 중국, 인도, 페르시아, 그리스의 옛 철인들은 겉으로 보기에는 그 누구보다 더 가난했으나 안으로는 그 누구보다 부유한 사람들이다. 우리가 철인들에 관해 아는 바는 그리 많지 않다. 우리 서구인이 그 철인들을 이만큼이라도 안다는 것은 대단한 일인지도 모른다. 우리와 시대적으로 더 가까운 사회 개혁가나 인류의 은인들에 대한 경우도 마찬가지다. 사실 우리가 '자발적 빈곤'이라 이름 붙여야 할 이 유리한 고지 위에 서보지 않고서는 그 누구도 공정하고 현명한 인생 관찰자가 될 수 없다. 농업이나 상업, 문학이나 예술에서도 사치스러운 삶의 열매는 사치일 뿐이다.

오늘날은 철학교수는 있어도 철인은 없다. 아직도 철학을 교수敎授하는 일은 칭찬을 받는다. 그것은 예전에 철인의 삶이 훌륭했기 때문이지 철학을 교수하는 일이 훌륭해서가 아니다. 철인이 된다는 것은 단지 정교한 사상을 갖는 것이 아니다. 또 어떤 학파를 세우는 것도 아니다. 철인이 되는 것은 지혜를 사랑하는 데 그치지 않고 지혜의 가르침에 따라 **간소**, **독립**, **관용**과 **신뢰**의 삶을 실천하는 것이다. 철학은 인생의 문제를 그 일부라도 해결하되 이론상으로만이 아니라 실제적으로 해결하는 것이다.[40] 위대한 학자나 사상가의 성공일지라도 대개는 아첨하는 신하의 성공인 경우가 많다. 그런 사람들의 성공은 군자다운 성공도 아니고 사나이다운 성공도 아니다. 그런 사람들

---

39) 소로는 친구 조지 미노트(1783~1861)를 "궁핍한 것이 아니라 그저 소박할 뿐이다. 하지만 그는 가난하다. 부자가 되기를 원하지 않기 때문이다"라고 묘사했다(J 3:42).

40) 사상에는 행동이 따라야 한다는 것이 소로의 철학의 중심이다.

은 자기 조상들이 실제로 그랬던 것처럼 오직 순응하면서 그럭저럭 살아갈 따름이니 어느 면으로 보아도 보다 고귀한 인간종족의 선각자는 아니다.

한데 도대체 인간은 왜 타락하는가? 무엇이 그 많은 가문들을 몰락시키는가? 많은 민족을 무력하게 하고 멸망시키는 그 사치의 본질은 무엇인가? 우리 자신의 삶에는 그런 것이 없다고 장담할 수 있는가? 철인은 외적인 생활양식에 있어서도 시대를 앞서간다. 철인은 자기와 동시대 사람들과 같은 방법으로 먹고 자고 입고 몸을 따뜻하게 하지 않는다. 철인이 되었다면 다른 사람들보다 더 좋은 방법으로 '생명의 열'을 유지해야 하지 않겠는가?

사람이 내가 앞에서 말한 여러 가지 방식으로 몸을 따뜻하게 하고 나면 그 다음에는 무엇을 원하겠는가? 같은 종류의 열을 더 바라지는 않을 것이 분명하다. 더 많고 기름진 음식, 더 크고 화려한 집, 더 많고 더 좋은 옷, 끊임없이 타오르는 더 뜨거운 불 따위는 분명히 아닐 것이다. 생활필수품을 마련한 다음에는 여분의 것을 장만하는 대신에 달리 할 일이 있다. 그리고 그것은 종래의 천한 노역에서 벗어나 휴가[41]가 시작되면 삶을 위한 보다 적극적인 작업에 착수하는 것이다.

대지는 어쩌면 그렇게도 씨앗에 알맞게 되어 있나 싶다. 씨앗은 땅속으로 잔뿌리를 완전히 내리고 나면 줄기를 위쪽으로 자신 있게 뻗는다. 땅속으로 깊이 뿌리를 내린 것은 그만큼 높이 하늘로 솟아오르기 위함인데 왜 인간은 땅속으로만 그처럼 확고히 뿌리를 내리려고만 하는가? 보다 귀한 식물은 땅 위의 높은 대기와 햇빛 속에서 열매

41) 소로는 이 휴가는 모든 노역이 아니라 천한 노역에서 보다 뜻있는 노동을 위해 자신을 해방시키는 휴가임을 강조한다. 일지(J 1:293~94)에 "여가란 보다 완전하고 전체적인 행동을 위한 기회가 아니라면 무엇인가?"라고 썼다.

를 맺는다. 또한 그 열매 때문에 소중히 여겨지고 흔한 야채와는 다른 대접을 받는다. 야채는 비록 2년생 식물일지라도 뿌리가 완전히 성숙할 때까지만 가꾸어지고 또 덩이뿌리를 키울 목적으로 윗줄기가 잘리기 일쑤여서 대다수의 사람들은 그 식물이 언제 꽃을 피우는지조차 모른다.

나는 강인하고 용감한 천성을 지닌 사람들에게 생활 규범을 처방하려는 것은 아니다. 그런 사람들이야 천국에서건 지옥에서건 자기 일을 알아서 처리할 것이다. 또 어쩌면 어떻게 살아야 하는지 알지 못해도 대부호보다 더 큰 저택을 짓고, 더 많은 돈을 물 쓰듯 탕진해도 결코 가난해지지 않을지도 모른다. 한데 꿈에서라면 몰라도 정말 그런 사람이 있을까? 또 현재의 상황에서 진정으로 용기와 영감을 얻어 그것을 연인처럼 애정과 열정으로 소중히 여기는 사람들에 대해서도 마찬가지다. 어느 정도는 나도 이런 부류에 속한다 생각하지만, 어떻든 어느 상황에서든 자기가 하는 일에 만족하는 사람들에게 말하려는 것이 아니다.

내가 말하려는 주요 대상은 그들처럼 자기 일에 대해 만족스러워하는 사람들이 아니라 만족스럽지 못하면서도 자기 운명을 개선해 보려는 생각은 않고 부질없이 신세 한탄만 하고 있는 대다수 사람들이다. 그들 가운데 어떤 이들은 자기는 의무를 다하고 있는데도 사는 것이 그렇다며 목소리를 높여 불평한다. 내가 말하려는 또 다른 대상은 겉으로는 부유하나 실은 가장 가난한 사람들이다. 그들은 찌꺼기 같은 재화를 잔뜩 쌓아놓았으나 그것을 어떻게 써야 하고 어떻게 버려야 할지를 몰라서 결국 금과 은으로 자신을 얽어매는 족쇄를 스스로 만들어 차고 있다.

만일 내가 여러 해 전부터 어떤 생활을 하고 싶었는지 이야기하면 아마 내 생활의 실제 내력을 어느 정도 아는 독자들도 적잖이 놀랄 것이고, 전혀 모르는 사람이라면 분명 크게 놀랄 것이다. 그러니 그동안 가슴 속에 소중히 간직해온 내 계획을 모두 털어놓기보다는 그 일부를 그저 암시만 해야겠다.

나는 날씨가 어떻건, 낮이건 밤이건 그 어느 시간이건, 그 순간의 시각을 보람 있게 활용할 수 있기를 몹시 갈망하였다. 나는 그 순간의 눈금을 내 지팡이에 새기려 하였고[42], 과거와 미래라는 두 영원이 서로 만나는 현재의 순간에 올라서서 줄을 타듯 균형을 유지하려 했다. 내 말이 다소 모호하더라도 용서해 주리라 믿는다. 왜냐하면 내가 하는 일은 다른 사람들이 하는 일보다 비밀이 많고, 또한 그것이 고의적으로 숨기려는 비밀이 아니라 일의 성질상 분리될 수 없는 비밀이기 때문이다. 내가 알고 있는 것은 기꺼이 모두 말할 것이다. 나는 내 문에다가 '출입 금지'라는 팻말을 내걸지 않을 것이다.

나는 오래전에 사냥개 한 마리와 갈색 말 한 필과 비둘기 한 마리를 잃었고, 아직도 그들의 행방을 찾고 있다. 많은 여행자에게 그 짐승들에 관한 이야기를 했다. 그들이 어디에 잘 가고 무슨 이름으로 불러야 응답을 하는지 설명했다. 내가 만난 한두 사람은 그 사냥개가 짖는 소리와 말의 발굽 소리를 들었고 심지어는 비둘기가 구름 속으로 사라지는 것을 보았노라고 했다. 그리고 마치 자기 것을 잃은 것처럼 그것들을 찾고 싶어 했다.[43]

42) 소로는 길이를 재기 위해 눈금이 그어진 막대를 들고 다녔지만 여기서는 다니엘 데포(1660~1731)의 〈로빈슨 크루소〉에서 막대에 눈금을 그어 시간의 경과를 표시한 것을 인유했다. 소로는 일지에 "로빈슨 크루소가 막대에 표를 했듯이 우리는 매일매일 우리의 품성에 눈금을 그어야 한다"라고 썼다(J 1:220). 이는 단순히 시간의 경과만을 의미하는 것이 아니고 그 개선을 의미한다(cavell).

43) 개, 말, 비둘기가 구체적으로 무엇을 뜻하는지에 대해서는 해석이 분분하다. 소로는 《맹자孟子》 고자장구상告子章句上 XI. 11 '哀哉 人有鷄犬 放則知求之 有放心而不知求'(슬프다! 닭이나 개를 잃으면 이것을 찾을 줄 알되 마음을 잃으면 구할 줄 모른다)를 번역하여 《다이얼》지에 수록하였고, 《콩코드와 메리맥 강에서의 일주일》에도 인용하고 그 밑에 "실천 철학의 의무는 오직 우리가 잃어버린 그 마음을 찾는 데에 있고, 또 그것이 전부

해돋이나 먼동만이 아니라 가능하다면 자연 자체를 앞서갈 수 있다면! 여름이나 겨울이나 어느 이웃도 일어나서 자기 일을 시작하기 전에 이미 나는 나의 일을 하고 있었던 아침이 얼마나 많았던가! 사실 많은 마을사람들, 어스름한 새벽에 보스턴으로 떠나는 농부들이나 일하러 가는 나무꾼들은 이미 일을 마치고 돌아오는 나와 마주쳤다. 그렇다. 나는 해가 뜨는 것을 실제로 돕지는 못했다. 그러나 믿거니와 해가 뜨는 현장에 있었다는 것만도 지극히 대단한 것이 아닌가.

아! 가을날은 물론이고 겨울날에도 얼마나 많은 나날을 마을 밖에서 보내면서 바람 속에 들어 있는 소식에 귀를 기울이고, 그 소식을 지급으로 전하려 하였던가! 나는 여기에 내 자본을 거의 다 쏟아 부었을 뿐만 아니라, 바람을 정면으로 받으며 달리다가 덤으로 숨까지 막힐 뻔했다. 만일 그것이 양쪽 정당政黨의 어느 쪽에라도 관계되는 소식이었다면 아마 재빠르게 신문에[44] 실렸을지도 모른다. 어떤 때는 절벽이나 나무 위의 망루望樓에 올라가 새로운 소식이 들어오면 전보를 치기 위해 사방을 지켜보기도 했다.[45] 저녁이면 산마루에 올라 하늘이 무너져 내리기를, 그래서 무엇이라도 떨어지는 것이 있으면 주우려고 기다리기도 했다. 하지만 별로 주운 것은 없었고, 그나마도

다"(W 1:280)라고 말한 것과 무관하지 않다.
1857년 4월 26일 그의 친구 벤저민 윌리에게 보낸 편지에서 이에 대한 질문의 답으로 "…… 사람들이 무엇인가를 잃고 그것을 서둘러 되찾고 있듯이 나도 그렇다. 그들의 개와 말은 어쩌면 그들이 잃은 것들의 일부를 상징할 수도 있을지도 모른다. 그러나 또한 나는 보다 더 정교하고 보다 더 영묘한 보물을 잃었거나 잃을 위기에 있다. 그것은 흔히 사람들은 의식하지 않는 상실喪失이다"라고 말했을 뿐이다.
사무엘 아서 존스는 "소로에게는 모든 피조물이 그 창조주의 메시지다. 아, 그가 그 메시지의 의미를 파악할 수 있었다면, …… 슬프게도 우리 모두가 그렇다. 바로 우리가 잃었듯이 사람들은 그것을 잃었다. 왜냐하면 개는 그 행적을 찾는 성스러운 후각嗅覺이고, 말은 그것을 추구하도록 우리를 싣고 다니는 총명과 힘, 비둘기는 우리에게 신의 보호를 보장하는 순진함을 상징하는 것일 수밖에 없기 때문이다"라고 해석한다(Jones, 19~20). 정설은 없으니 해석은 독자의 몫이다.

44) 원문 the Gazette:1826~40에 발행된 《Yeoman's Gazette》를 말하는 것 같다.

45) 전신전보는 1830년대에 시작되었으나 콩코드에는 1851년에 설치되었다. 소로가 말한 원문 'telegraph'는 전신 전보가 아니라 깃발이나 신호로 전하는 전보轉報를 말한다.

만나[46]와 같이 햇빛에 이슬처럼 사라지곤 했다.

오랫동안 나는 별로 널리 보급되지 않았던 어느 잡지사의 리포터로 있었다. 그 잡지의 편집장은 내 기고의 대부분을 기사로 싣기에 적당치 않다고 생각했다.[47] 그래서 작가에게 흔히 있듯이 나는 그저 애만 쓰고 만 셈이었다. 그러나 이 경우에는 내 수고가 그 자체의 보상이었다.

나는 여러 해 동안 나 자신을 폭설과 폭우의 관찰자로 임명하고, 그 직무를 충실히 수행했다. 그리고 측량기사로서,[48] 비록 큰길은 아니지만, 당시 숲속의 길과 모든 지름길을 측량하여 길이 막히지 않도록 했고, 사람들의 통행을 조사하여 그 쓸모가 입증되면 골짜기에 다리를 놓아 사시사철 지나다닐 수 있도록 했다.

나는 마을에서 길들여지지 않은 가축을 돌보기도 했는데, 이놈들이 울타리를 뛰어넘어가서 충실한 목동에게 적잖이 애를 먹이는 것이었다. 또 나는 후미진 농장의 이 구석 저 구석을 살펴주기도 했다. 하지만 농부 조나스나 솔로몬[49]이 그날 밭에 나와 일을 했는지 알지 못할 때가 많았다. 그러나 그것은 내가 상관할 바가 아니었다. 나는 빨간 월귤나무, 좁쌀 버찌와 팽나무, 적송赤松과 검정물푸레나무, 흰 포도나무와 노랑제비꽃에게 물을 주기도 했다. 그러지 않았다면 가뭄철에 말라 죽었을지도 모른다.

간단히 말해서 자랑삼아 하는 이야기는 아니지만, 나는 이처럼 오

---

46) Manna: 이스라엘 사람들이 황야를 헤맬 때 하느님이 내린 음식. 《구약성서》〈출애굽기〉 16:11~36.

47) 자신의 일지(Journal)를 가리키는 것일 수도 있으나 《다이얼》(1840~44)을 말하는 것으로 보인다. 마가렛 풀러가 편집을 맡고 있을 때 소로의 원고를 돌려보낸 적이 있다.

48) 소로는 1840년에 측량기를 구입하였다. 그의 형과 자기가 운영하는 학생들에게 수학의 실용적이고 구체적인 응용을 보여주기 위한 것이었는데 이 측량이 일생동안 그의 주된 소득원이 되었다.

49) Jonas or Solomon: 일반 노동자를 말하나 〈마태복음〉 12:41~42에 나오는 "요나보다 더 큰 이가 여기 있으며 — 솔로몬보다 더 큰이가 여기 있느니라"에서 따온 이름.

랫동안 충실히 내 일에 전념했다. 그런데 마을 사람들이 나를 공직자의 명단에 끼워준다거나 아니면 약간의 보수가 있는 한가한 자리 하나 마련해 주지 않으려는 것이 점점 분명해졌다. 충실하게 적어왔다고 맹세할 수 있는 회계 장부는 한 번도 감사를 받거나 결재된 적이 없었고, 지불 결산된 적은 더더욱 없었다. 하지만 나는 이런 일에는 아예 마음을 두지 않았다.

그다지 오래되지 않은 이야기다. 이리저리 돌아다니며 물건을 파는 인디언 한 사람이 바구니를 팔려고 우리 이웃에 사는 유명한 변호사의 집에 왔었다. "바구니를 사시겠습니까?" 하고 그는 물었다. 대답은 "아니요, 살 생각 없소"였다. "뭐요? 우리를 굶겨 죽이겠다는 거요?" 하고 대문을 나가며 인디언이 외쳤다는 이야기다.[50)]

이웃의 부지런한 백인들이 모두 잘 사는 것을 보고, 그중에서도 특히 변호사는 그저 변론을 엮어내기만 하면 무슨 마술처럼 부와 지위가 따르는 것을 보고서 그는 "나도 사업을 해야겠다. 바구니를 엮자, 그건 내가 할 수 있는 일이니까" 하고 혼자서 중얼거렸다. 그는 바구니만 만들면 제가 할 일은 한 것이고, 그것을 사는 것은 백인이 해야 할 몫이라고 생각했다. 그 인디언은 다른 사람이 살 만한 가치가 있게 만들거나, 적어도 사는 사람으로 하여금 그렇게 생각하도록 만들거나, 그렇지 않으면 살 가치가 있는 다른 물건을 만들어야 한다는 것을 알지 못했던 것이다.

나 역시 올이 가는 일종의 바구니를 엮긴 했으나, 누군가 그것을

---

50) 당시 구걸이나 행상하는 인디언들은 희귀하지 않았다. 이 일은 1850년 11월 초 소로의 친구 엘리자베스(1814~1878)와 에드워드 호어(1823~93) 남매의 아버지인 유능한 변호사 사무엘 호어(1778~1856)의 집에서 있었던 일이다. 그의 일지(1850년 11월 초)에는 "인디언 여자가 젖먹이를 데리고 집에 와서 '나는 파이를 원한다'고 말했다. 그들의 구걸은 흔히 말하는 구걸이 아니었다. 상대를 가난한 사람과 물건을 나누어 쓰는 부자 인디언으로 여겼다. 상대가 관대하고 호의적인 사람이 될 기회를 그들이 제공한다"라고 쓰여 있다(J 2:83).

살 만한 것으로 만들지는 못한 것이다.[51] 하지만 나로서는 나의 바구니는 엮을 가치가 있다고 생각했으며 남이 내 바구니를 살 가치가 있게 만드는 방법을 궁리하는 대신에 어떻게 하면 그것을 팔지 않아도 될까 하는 방법을 궁리했었다. 사람들이 찬양하고 또 성공으로 여기는 인생은 어디까지나 한 종류의 인생에 불과하다. 왜 우리가 다른 여러 종류의 인생을 희생하면서까지 어느 한 종류의 인생만을 꼭 과대평가해야 하는가?

내 동료 시민들이 내게 군청郡廳의 일자리나 부목사 자리, 아니면 다른 어떤 일자리도 내줄 생각이 없다는 것을 알고, 나는 내 스스로 앞길을 개척해야 한다는 것을 깨달았다. 그래서 나를 더 잘 알아주는 숲 쪽으로 그 어느 때보다 더욱더 마음을 기울이게 되었다. 나는 으레 있어야 하는 자본이 마련되기를 기다릴 것도 없이 수중에 이미 있는 몇 푼 안 되는 돈으로 당장 사업에 착수하기로 결심했다.

내가 월든 호숫가로 간 목적은 생활비를 적게 들이자거나 사치스럽게 살자는 것이 아니라 되도록 방해받지 않고 내 개인적인 어떤 사업[52]을 하기 위함이었다. 약간의 사업 상식, 약간의 모험심과 사업적인 재능이 없다고 해서 사업을 성취하지 못한다면 서글프다기보다 차라리 어리석은 것이 아닌가 하는 생각이 들었다.

나는 늘 사업에 대해 명확하게 처리하는 습관을 익히려고 노력했다.[53] 이런 습관은 누구에게나 필요한 것이다. 만일 여러분의 사업이

---

51) 그의 첫 책인 《콩코드와 메리맥 강에서의 일주일》(1849)을 말함. 1,000부가 인쇄되었으나 4년 동안에 겨우 219권이 판매되고, 기증본 75권이 나갔을 뿐이다. 출판사에서는 더는 보관하고 있을 수 없다 하여 나머지 706권이 소로에게 송부되었다. 1853년 10월 23일자 일기에 "나는 이제 거의 900권의 장서를 갖게 되었다. 그 중에 내가 쓴 책이 700권이 넘는다. 작가가 자기 노동의 열매를 바라보는 것이 좋지 않은가?"라고 자조적인 일화를 남겼다(J 5:459).

52) 적어도 그 사업 중 하나는 1842년에 파상풍으로 죽은 형을 추모하기 위해 쓴 《콩코드와 메리맥 강에서의 일주일》의 저술이었다.

53) 소로는 측량사로서의 자기 일은 물론이고 아버지의 사업인 연필과 흑연제조업을 경영하

중국을 상대로 하는 무역일 경우 세일럼[54]과 같은 항구에 우선 조그마한 사무소를 차리면 기본 준비는 된 셈이다. 다음에는 우리나라가 공급할 수 있는 순수한 국산품들, 말하자면 다량의 얼음, 소나무 목재와 얼마간의 화강암을 언제나 미국 배[55]로 수출할 것이다.

이들은 상당히 모험적인 사업일 수밖에 없다. 스스로 모든 일을 총괄하여 감독해야 하고, 조타수와 선장을 겸하고, 운송할 화물의 주인인 동시에 해상 보험업자가 되어야 한다. 매매와 회계를 맡아야 하고, 오는 통신문을 모두 읽고, 보내는 편지를 작성, 검토하는 일도 직접 해야 한다. 수입 화물의 하역작업을 밤낮으로 감독해야 한다. 고가의 상품들이 파선 사고가 자주 있는 저지 해안[56] 같은 곳에서 불시에 하역되는 경우가 많으니 같은 시각에 해안을 이리 뛰고 저리 뛰어야 하고, 자신이 전신기가 되어 쉴 사이 없이 수평선을 살피며 해안을 항해하는 배들과 연락하고, 값이 오르는 시장을 찾아 상품을 멀리까지 계속 발송해야한다. 모든 시장의 상황이며 전쟁과 평화에 관한 정세를 잘 파악해서 무역과 문명의 동향을 예측해야 한다. 그러자면 모든 탐험의 결과에 대한 보고서를 이용하고, 새 항로와 개선된 모든 항해술을 이용한다. 해도海圖를 연구하고 암초의 위치와 새 등대와 부표浮表의 위치를 확인하며, 강조하거니와 대수표對數表를 수정하는 것을 항상 잊지 않아야 한다. 대수계산원의 잘못으로 정든 항구에 들어와야 할 배가 암초에 부딪히는 일이 자주 있으니 말이다. 아무도 모르는 라 페루즈[57]의 운명처럼 말이다. 한노[58] 를 비롯하여 페니키

는 것으로 그의 사업적 재능을 보여주었다.

54) Salem:보스턴 북쪽에 있는 항구. 1620년 식민초기에 창설. 식민당시 중국과의 교역항구로 유명. 소로의 친구 호손이 1846년 콩코드를 떠나 1849년까지 세일럼 세관에서 일했다.

55) 독립 후 정부는 미국선박 사용을 장려하는 규정을 만들어 수송산업을 보장하려 했으나 실효를 거두지 못했다.

56) 원문 a Jersey shore:뉴저지 같은 해안을 말함. 뉴욕의 허드슨 강 하구의 남쪽. 침몰사고가 많았다함.

아[59] 사람들에서 오늘날에 이르기까지의 대탐험가, 항해가, 모험가, 상인들의 전기를 공부하고, 세계적으로 인정받는 과학이론과 보조를 맞춰야 한다. 마지막으로 수시로 재고를 조사하여 사업 현황을 파악해야 한다. 이상의 일은 결국 인간 능력의 한계를 시험하는 힘든 일이다. 다시 말하면 이익과 손실, 이자, 화물의 무게, 부피와 용기 등을 측정하는 문제 등과 관련한 광범위한 지식이 요구된다.

나는 월든 호숫가가 나의 사업을 하기에 알맞은 곳이라 생각해 왔다. 딱히 철도와 얼음 교역[60]이 있다는 이유 때문만은 아니다. 이 호수는 어쩌면 밝히지 않는 것이 현명할지도 모르는 여러 가지 이로운 점을 제공하기 때문이다. 이곳은 좋은 기점이고 좋은 기반이다. 사람이란 어디가 되었든지 자기 손으로 말뚝을 박아 그 위에 거점을 마련해야 하는데, 이 호수 주변의 경우 네바 강[61] 주변의 늪지대처럼 매립해야 할 것이 없어 더욱 좋다. 들리는 이야기로는 네바 강에 서풍이 불고 강물이 얼어붙을 때 밀물까지 들이닥치면 강의 늪지를 메워서 건립했다는 상트 페테르부르크 시[62]는 지구 표면에서 사라지리라는 말도 있으니 말이다.

사업을 하려면 무슨 사업을 하던 자본이 없을 수 없다. 한데 으레

---

57) La Perouse(1741~88): 프랑스 탐험가. 남태평양에서 행방불명되었다.

58) Hanno: 기원전 480년경에 서아프리카를 여행한 카르타고(Carthago)의 탐험가.

59) Phoenicia: 현재 시리아, 레바논, 이스라엘 등의 지중해 지역에 있었던 고대 왕국.

60) 소로가 월든으로 오기 얼마 전에 그 호숫가를 지나는 피츠버그 철도가 개통되었다. 보스턴에서 콩코드는 1844년 6월 17일, 피츠버그까지는 1845년 3월 5일에 개통되었다. 얼음채취는 소로가 거기서 살 때 처음 있었다. 그 광경은 이 책 중 〈제16장 겨울의 호수〉에 묘사되어 있다.

61) Neva 강: 러시아 서북부 상트 페테르부르크를 통하여 핀란드 만으로 흐름.

62) St. Petersburg: 네바 강변에 있는 러시아의 주요 도시. 공산혁명 후부터 공산독재정권 붕괴까지(1914~91년) '레닌그라드'로 개칭되기도 했다. 표트르 대제에 의해 1703년 창설된 이래 많은 홍수를 겪었고, 특히 1824년의 대홍수에는 큰 피해를 입었다.

있어야 할 자본도 없이 이 사업에 착수한다니 도대체 그 재원이 어떻게 마련되는 것인지 무척 궁금할 것이다. 바로 이 의문의 실질적인 해명에 들어가기 위해 우선 '옷'에 관한 것부터 생각해보자.[63] 우리는 옷을 살 때 아마 그 옷의 참다운 실용성보다는 새것을 더 좋아하고, 다른 사람들이 우리를 어떻게 볼까 하는 점에 좌우되는 경우가 더 많을 것이다. 어떤 일을 해야 할 사람이 옷을 입는 목적은 첫째는 체온을 유지하기 위함이고, 둘째는 현재의 인간 사회에서는 알몸을 가려야 하기 때문이라는 점을 생각해 본다면 옷장에 새 옷을 추가하지 않아도 중요한 사업을 얼마든지 해낼 수 있다는 판단을 할 수 있을 것이다.

왕실의 재단사와 재봉사들이 아무리 알맞게 지어 바친 옷이라도 한 번 입고 버리는 왕과 왕비라면 몸에 맞는 옷을 입는 안락한 기분이 어떤 것인지 알지 못할 것이다. 그들은 말쑥한 옷을 걸어놓는 옷걸이에 지나지 않는다. 우리의 옷은 날이 갈수록 입는 사람의 성격이 배어들어 점차 우리 몸의 일부로 동화되고, 이윽고 그 옷을 벗어던지는 것을 망설이게 된다. 마치 자신의 몸을 떼어내는 것처럼 주저하게 되고, 수술을 받는 기분이 들고, 엄숙한 느낌을 갖지 않을 수 없게 된다.

나는 어떤 사람이 기운 옷을 입었다고 해서 그를 얕잡아본 적은 한 번도 없다. 그런데 사람들은 일반적으로 건전한 양심을 갖기보다는 유행에 맞거나 적어도 깨끗하고 깁지 않은 옷을 입고 싶어서 안달하는 것이 분명하다. 하지만 떨어진 옷을 설령 깁지 않고 입었다 하더라도 그것으로 드러나는 가장 큰 도덕적인 흠이래야 아마 '주의가 부족했다'는 정도에 불과할 것이다.

---

63) 의상에 관한 부분은 토머스 칼라일(1795~1881)의 《다시 재단된 재단사(Sartor Resartus)》(1836)의 영향을 받았다. 이 책은 칼라일의 의상철학이 담긴 것으로 에머슨의 편집으로 보스턴에서 단행본으로 출판되었다. 소로는 의상을 내부와는 진실된 관계가 전혀 없는 하나의 표피적 상징으로 보았다.

나는 무릎에 헝겊을 대어 깁거나 그저 두어 군데 이음자국이 있는 옷을 입을 수 있느냐고 묻는 따위의 질문으로 이따금 친지들을 시험해 본다. 대부분의 사람들은 그런 옷을 입으면 장래를 망치기라도 할 것 같은 반응을 보인다. 무릎이 떨어진 바지를 입고 마을에 들어가기보다는 차라리 부러진 다리를 절며 가는 편이 그들에게는 마음 편할 것이다. 흔히 신사의 다리에 부상을 입는 사고가 생기면 고칠 수 있지만 그 신사의 바짓가랑이에 그 같은 일이 생기면 치료할 수 없다고 생각하는 것 같다. 그만큼 무엇이 진실로 존경할만한 것인가 보다는 세상 사람들이 무엇을 더 존경하는가를 생각하고 있다.

우리는 어떤 사람에 대해서는 별로 알지 못하면서 그 사람이 입고 있는 외투와 바지에 대해서는 오히려 더 많이 알고 있다. 당신이 최근에 입었던 옷을 허수아비에게 입혀놓고 그 옆에 그 옷을 입지 않고[64] 서 있어보라. 허수아비에게 곧바로 인사하지 누가 그대에게 인사하겠는가? 요전에 나는 어느 옥수수 밭을 지나가다가 말뚝에 걸린 외투와 모자를 보고서야 그 곁에 서 있는 밭주인을 겨우 알아보았다. 전에 보았을 때보다 얼굴이 좀 더 햇볕에 타 보인 것에 불과한데도 말

64) 원문 shift dress:낙낙한 옷. 다음의 shiftless와 동음이의의 언어유희.

이다. 하기야 어떤 개는 옷을 입고 주인집에 들어오는 낯선 사람에 대해서는 어김없이 짖어대는데 발가벗고 침입한 도둑에게는 짖지도 않더라는 말을 들은 적이 있다. 만일 사람들에게서 그들의 옷을 벗긴다면 그들의 세속적 지위를 어느 정도 유지할 수 있을지 흥미로운 문제가 아닐 수 없다. 이런 경우 가장 존경받는 계층에 속하는 문명인을 가려낼 자신이 있는가?

모험적인 세계 여행을 했던 파이퍼 부인[65]이 동방에서 서방으로 오던 중 고국에 가까운 러시아령 아시아 땅에 들어오게 되자, 관리들을 만나러 갈 때는 여행복이 아닌 다른 옷을 입어야 할 필요성을 절실히 느꼈다고 말했다. 왜냐하면 "이제는 사람들이 옷으로 평가되는 문명국에 들어섰기" 때문이라는 것이다. 우리의 민주적인 뉴잉글랜드 도시에서도 어떤 사람은 졸지에 부자가 되고, 또한 그 부를 의복과 장신구로 과시하는 것만으로 거의 모든 사람들의 존경을 받는다. 그러나 그들의 수가 아무리 많다 하더라도 그들은 바른길에서 벗어나 우상을 숭배하는 이교도들에 지나지 않는다. 그러니 그들에게도 선교사를 파견할 필요가 있다. 더욱이 의복은 일종의 끝없는 노동이라고 할 수 있는 바느질을 들여왔다. 아무튼 여자의 옷은 완성될 날이 없게 되었다.[66]

마침내 해야 할 어떤 일을 발견한 사람은 그 일을 하기 위해 새로 옷을 마련할 필요는 없을 것이다. 그에게는 오랫동안 다락에서 먼지를 뒤집어쓰고 있는 헌옷이면 충분하다. 헌 신발도 영웅이 신으면 그의 하인이 신는 것보다 더 오래갈 것이다. 물론 영웅에게도 하인이 있다면 말이다. 맨발은 신발보다 더 오래된 것이다. 영웅은 맨발로도

---

65) Ida Pfeiffer(1797~1858):오스트리아 여행가. 인용문은 그의 저서 《A Lady's Voyage Round the World》(New York, 1852) 265에서 나온 것임.

66) "남자의 일은 해가 있을 때까지인데, 여자의 일은 결코 끝이 없다"라는 속담이 있다.

충분히 다닐 수 있으리라. 오직 만찬회나 입법 기관에 드나드는 사람들만이 변신을 자주해야 하니 그만큼 자주 바꿔 입을 옷, 다시 말하자면 새옷이 있어야만 할 것이다. 그러나 내 상의와 바지, 모자와 신발이 그 차림 그대로 교회에 가서 하느님을 예배하기에 손색이 없다면 그것으로 충분하지 않은가?

헌옷이라 하지만 진정으로 자신의 헌옷을, 정말로 낡아서 원래의 재료로 되돌아갈 만큼 낡은 외투를 본 사람이 있는가? 다시 말하면 불쌍한 아이에게 주고, 그 아이는 또 자기보다 더 가난한 아이에게 주어서 — 아니 가진 것 없이 살아갈 수 있으니 사실은 더 부자인데— 그 아이가 또 다른 아이에게 그 옷을 주는 것이 더 이상 어떤 자선 행위도 되지 못할 정도로 낡고 낡은 옷을 본 사람이 있는가?

경고하건대 옷을 입을 새 사람이 필요한 것이 아니라 새옷을 꼭 입어야 하는 사업이라면 그런 사업은 모두 경계하라. 새 사람이 없다면 어떻게 그에 맞는 새옷을 지을 수 있겠는가? 해야 할 일이 있다면 헌옷을 입은 채로 하라. 모든 사람이 필요한 것은 무엇을 '가지고 하느냐'가 아니라 무엇을 '하느냐' 또는 무엇이 '되느냐'인 것이다. 옷이 아무리 낡고 더러워도 어쩌면 우리는 새옷을 사지 않아야 하는 것인지도 모른다. 적어도 그 헌옷을 입고서도 자신을 새 사람으로 느낄 수 있게 되고, 그래서 더 이상 계속 입는 것이 새술을 헌 가죽 부대에 담아 놓은 것[67]같이 되기까지는 그렇다. 우리가 그만큼 처신했고, 그만큼 진취적인 일을 했고, 아무튼 긴 인생의 항해를 하고 난 후가 아니라면 새옷을 사지 않아야 한다. 우리가 옷을 갈아입는 시기는 날짐승의 털갈이 시기처럼 인생에 중대한 변화가 있을 때여야만 한다. 털갈이 시기가 되면 '아비'라는 물새는 호수 깊숙이 숨어서 지낸다. 마

67) 《신약성서》〈마태복음〉 9:17.

찬가지로 뱀 또한 허물을 벗고, 애벌레들도 우리가 옷을 벗듯이 유충의 겉옷을 벗는다. 모두 내부의 활동과 확장에 의한 것이다. 옷 또한 맨 겉에 입는 겉껍질이며 인간의 번뇌[68]에 지나지 않는다. 이처럼 자기 내부의 중대한 변화를 이유로 옷을 바꾸는 것이 아니라면 그건 남의 나라 국기를 달고 항해하는 격이다.[69] 언젠가는 결국 인류 전체의 뜻에 의해서만이 아니라 자기 자신의 뜻에 의해서마저도 필연적으로 배척되고 말 것이다.

우리는 마치 외부에서 피막이 첨가되어 성장하는 외생식물外生植物처럼 외투 위에 외투를 겹쳐 입는다. 겉에 입는 옷은 흔히 얇고 화려하지만 표피 혹은 의피擬皮에 지나지 않아, 생명과는 아무런 관계가 없다. 여기저기 찢어내도 생명에는 치명적인 상처를 주지 않는다. 우리가 늘 입는 두꺼운 외투는 우리의 세포질의 외피, 즉 나무껍질에 해당한다. 그러나 눈에 보이지 않는 셔츠는 내피內皮 즉 진피眞皮로서, 이것을 벗기면 크게 다치거나 생명을 잃는다.

나는 모든 인종이 어느 계절이 되면 셔츠에 해당하는 무엇인가를 입는다고 믿고 있다. 바람직한 것은 간소한 옷으로 어둠 속에서도 곧바로 입고 나설 수 있어야 하며, 모든 점에서 간결하고 준비성 있게 생활하는 것이다. 그렇게 하면 적군이 마을을 점령하더라도 옛 현인[70]처럼 빈손으로 거리낌 없이 성문을 빠져나갈 수 있을 것이다.

두꺼운 옷 한 벌은 대개 얇은 옷 세 벌의 몫을 하고, 또한 사는 사람의 경제적 능력에 맞춰 살 수 있는 값싼 옷도 있다. 두꺼운 외투는 5달

---

68) 원문 mortal coil:셰익스피어의 〈햄릿〉 3.1.69. "When we have shuffled of this mortal coil(우리가 속세의 번뇌를 벗어버릴 때)"의 인유.

69) 해적선은 의심받지 않기 위해 자주 가짜 깃발을 달고 항해했다.

70) 그리스 7현인의 한 사람인 기원전 6세기의 철인 비어스(Bias)를 말함. 1840년 7월 12일 일기에 그에 대한 이야기가 있다(J 1.169~70). 소로는 브론슨 올콧이 가지고 있었던 라모세 페넬롱(1651~1715)의 《The Lives and Most Remarkable Maxims of the Antient Philosophers》(London, 1729)에서 이를 읽은 것으로 추정된다.

러로 몇 년이고 입을 수 있고 두꺼운 바지는 2달러, 소가죽 구두가 1달러 50센트, 여름 모자는 25센트, 겨울 모자는 62센트 반에 살 수 있다. 아니면 아주 적은 비용으로 이보다 더 좋은 것을 집에서 만들 수 있다. 아무리 가난하다 하더라도 '자기가 번 돈으로' 장만한 옷을 입고 나가면 그에 대해 경의를 표해 줄 현명한 사람은 있지 않겠는가?

내가 맞춤옷 가게에 가서 내게 맞는 좀 특색 있는 옷 한 벌을 주문하면 가게의 여자 재봉사는 "사람들이 요즈음 그런 모양의 옷은 맞추지 않습니다" 하고 근엄하게 내게 말한다. '사람들'이란 말에 전혀 힘을 주지 않고 그 여자는 마치 자기의 말이 아니라 운명의 여신들의 말을 대신하여 말하는 것만 같다. 그저 내가 한 말이 내 진심이라는 것을 그녀는 믿을 수 없고, 내가 그런 주문을 할 만큼 무모할 리 없다고만 믿고 있으니 나는 결국 내가 원하는 옷을 맞춰입기 어렵다는 사실을 깨달았다.

신의 명령 같은 이런 말을 들으면 나는 한동안 생각에 잠기게 된다. 나는 그 말의 뜻을 음미하기 위해서 낱말 하나하나를 떼어내어 나 자신에게 강조해본다. 도대체 그 '사람들'이 '나'와 어느 정도의 혈연관계가 있는 것이고, 도대체 무슨 권리가 있기에 내 일에 그처럼 깊이 영향을 줄 수 있는 것인가 생각해 보기 위해서다. 그리고 결국 나도 그녀와 똑같이 알쏭달쏭한 말로 —'사람들'이란 말에 힘을 주지 않고 — "사람들이 얼마 전까지는 그런 옷을 맞춰입지 않았던 것이 사실이오만, 요즘엔 맞추는 것이 사실이라오" 하고 말해주고 싶은 충동을 느낀다.

한데 그 여자 재봉사가 나의 성격을 재지 않고 마치 외투걸이나 되는 것처럼 나의 어깨 넓이만을 잰다면, 결국 그녀가 나의 몸을 잰들 무슨 소용이 있겠는가? 사람들은 미의 여신들[71]이나 운명의 여신들[72]을 믿지 않고 '유행의 여신'을 숭배한다. 이 '유행의 여신'이 모든 권리를 독점하여 실을 자아내서 옷감을 짜고 옷을 재단한다. 파리의 우두머리 원숭이가 여행용 모자를 쓰면 미국에 있는 모든 원숭이가 그와 똑같은 모자를 쓴다.[73)]

나는 때때로 아주 단순하고 정직한 일은 어느 한 가지도 이 세상에서 사람들의 도움으로 이루어질 수는 도저히 없겠다는 절망적인 생각에 빠질 때가 있다. 사람들의 머릿속에서 그들의 낡은 생각들을 짜내려면 무엇보다 먼저 그들을 강력한 압착기에 넣어야만 할 것이다. 그렇게 하면 얼마간은 다시 발로 일어설 수 없을 것이다. 하지만 얼마 지나고 나면 그들 중의 누군가의 머릿속에 아무도 언제 슬어놓은지 알지 못하는 사이에 알에서 다시 구더기가 나올 것이다. 심지어 불에 태워도 죽지 않으니 없애려고 노력한 것이 어쩌면 부질없는 것이 되어버릴지도 모른다. 그래도 우리는 이집트의 보리 몇 알갱이가 미라에 의해서 오늘날 우리에게까지 전수되었다는 이야기를 잊지 않을 것이다.[74)]

전체적으로 봐서 우리나라에서나 또 다른 어느 나라에서도 의상이 예술의 품위에 도달했다고 주장할 수는 없다고 나는 생각한다. 오늘날의 사람들은 손에 닿는 대로 마구 아무 옷이나 바꾸어 입는다. 난파당한 선원들이 해변에 올라오면 주워 입듯이 사람들은 닥치는 대로 주워 입는다. 그러면서도 공간적 거리나 시간적 거리가 생기면 서로 상대의 어릿광대 같은 꼴을 비웃는다. 세대가 달러질 때마다 지난

---

71) 원문 Graces:그리스 신화 그라티아에(Gratiae)의 프랑스어 이름 그라아스의 3여신을 말함. Aglaia, Euphrosyne, Thalia, 즉 광휘 · 기쁨 · 환희를 각각 상징함.

72) 원문 Parcea:로마 신화 파르카이. 운명을 맡은 3여신. 그리스 신화의 페이츠에 해당됨.

73) 프랑스 화가 콩트 드 오르세이(1801~52)가 1821년 블레싱턴 백작 부부의 사랑을 받아 그들이 런던의 문학가와 예술인들을 접대한 고어 하우스(Gore House)의 중심인물이 되고 영국 사회에서는 그가 심미안의 권위자로 간주되어 그의 흉내를 내는 사람이 많았다. 그런데 그가 채권자들을 피하여 1849년 파리로 도망친 사건이 있었다.

74) 이 이야기는 1841년 11월 12일자 《Concord Freeman》을 포함하여 1840년대에 여러 신문에 나와 있었다.

세대의 유행을 비웃고, 새 유행을 신앙처럼 좇는다. 헨리 8세나 엘리자베스 여왕의 옷을 보고 마치 어느 식인종들이 사는 섬나라 왕이나 왕비[75]의 의상인 양 무척이나 재미있어한다.

사람의 몸에서 일단 떠난 옷은 보잘것없고 우스꽝스럽다. 다만 그 옷을 웃음거리가 되게 하지 않고 성스럽게까지 느끼게 해주는 것이 있다면 그것은 그 옷을 입은 사람의 반짝이는 진지한 눈빛이요, 그 옷을 입고서 살았던 진실한 삶뿐일 것이다. 어릿광대가 갑작스런 복통에 발작을 일으켜 괴로워하면 그의 의상도 그 분위기에 맞추어질 것이다.[76] 만일 병사가 포탄에 맞아 쓰러진다면 갈기갈기 찢어진 그의 옷은 왕후의 자줏빛 의상만큼이나 그에게 어울리는 것이다.

새로운 양식의 옷을 찾는 남녀의 유치하고 야만적인 취향이 남아 있는 한은 오늘날의 세대가 요구하는 특수하고 새로운 모양을 찾기 위해서 많은 사람들이 만화경을 흔들어대는 일이 계속될 것이다. 제조업자들은 이 취향이 변덕에 불과함을 터득하고 있다. 두 가지 옷감 중에서 다른 점은 특정한 색깔의 실이 몇 오라기 많은가 적은가에 불과하다. 그런데 그중 하나는 잘 팔려 나가고 다른 하나는 선반에서 잠자는 경우가 흔하다. 하지만 계절이 바뀌면 안 팔리던 옷감이 유행의 첨단이 되는 일도 자주 있다. 사람들은 문신을 흉측한 습관이라

---

75) 원문 the Cannibal Islands: 미개한 토착인들이 사는 섬을 칭하는 일반적인 술어, 특히 피지(Fiji)섬을 말한다. 소로는 19세기의 노래 〈King of the Cannibal Islands〉에서 암시를 받았거나, 아니면 허먼 멜빌(1819~1891)의 소설 〈타이피족(Typee)〉의 첫 장에서 읽었거나, 직접 읽지 않았을지라도 《Salem Advertiser》(1846년 3월 25일)에 그 책에 대한 호의적인 평론을 발표한 호손이나 1846년 12월에 그 책을 읽은 브론슨 올콧, 또는 그 책에 관해 시를 쓴 앨러리 채닝 등 세 친구 중 어느 한 사람을 통해서 알았을 것이다.

76) 1841년 2월 3일 콩코드에 왔던 'the Rainers'라는 4인조의 스위스인 순회 가수들에 관한 일기의 문절에서 왔다. "긴 줄무늬 장화를 신고 깃털을 단 높다란 원추 모자를 쓴 이 스위스 인들이 나타나면 나는 웃음이 나온다. 그러나 곧 나는 그들의 진지한 눈이 이들이고 이 사람들임을 느낀다. 사람의 의상을 신성하게 하는 것은 그 옷을 입고 산 진실한 삶이다"(J 1:196).

하는데, 이 유행이란 것과 비교해 보면 반드시 흉하다고만 할 수도 없다. 이는 문신이 피부 깊숙이 착색되어 일생 동안 지워지지 않는다는 이유만으로 야만적인 습관이라고 할 수는 없기 때문이다.

나는 우리의 공장 제도가 옷을 구할 수 있는 최상의 형태라고 생각하지 않는다. 공장 노동자들의 근로 조건은 날이 갈수록 영국 노동자들의 사정을 닮아가고 있고, 또 그것이 이상스러운 일이 아닐지도 모른다. 내가 듣고 본 바로는 그 근본 목적이 인류에게 옷을 잘 입히고 또한 올바르게 입을 수 있도록 하려는 것이 아니라, 옷 만드는 회사가 돈을 벌자는 것이 분명하기 때문이다. 인간은 결국 목표하는 바를 달성하고 만다. 그렇다면 비록 당장은 실패할 수밖에 없다 하더라도 무언가 높은 목표를 겨냥하는 것이 좋으리라.

이제 주택에 관해 말해 보자. 오늘날엔 집이 생활의 필수품이 된 사실을 부정하지는 않겠다. 하지만 사람이 이보다 훨씬 더 추운 나라에서 오랫동안 집 없이 살아온 예가 없지 않다. 영국의 저술가 새뮤얼 레잉[77]은 이렇게 말한다. "털옷을 단단히 입고서도 밖에만 나오면 얼어 죽고 말 정도의 추위인데도 라플란드[78]사람들은 가죽옷을 입고 가죽 부대를 머리와 어깨에 뒤집어쓴 것만으로 밤마다 눈 속에서 잠을 잔다." 레잉은 그들이 그렇게 자는 것을 직접 목격했던 것이다. 하지만 그는 "그들이 다른 인종에 비해 더 강인한 것은 아니다"라고 덧붙여 말하고 있다.

그러나 인간은 어쩌면 지상에 나와 살기 시작한 지 얼마 되지 않아서 '집안의 안락'이라는 편의를 발견했을 것이다. 그리고 그 '집안의 안락'이란 말은 당초에는 '가족의 안락'을 의미했다기보다는 오히려

---

77) Samuel Laing(1780~1868). 영국 저술가, 여행가. 《Journal of a Residence in Norway》(1837) 295에서 인용.

78) Lapland:스칸디나비아 반도의 북쪽 끝 지역으로 북극에 가까운 지방.

'가옥에 대한 만족감'을 의미했을 것이다. 하지만 가옥이라면 우리에게는 주로 추운 겨울과 장마철이 연상되고, 또 어떤 지역에서는 1년 중 3분의 2는 파라솔만 있으면 가옥을 필요로 하지 않는다. 이런 지역에서는 가옥에 대한 만족감이라는 그 의미는 극히 부분적이고 일시적일 수밖에 없다. 우리가 살고 있는 이 지역에서도 옛날에는 집이란 여름철에는 거의 '밤의 덮개'에 지나지 않았다. 인디언의 그림문서에 나오는 삼각추의 움막집은 하루 행진에 대한 상징이었고, 나무 등걸에 여러 개의 움막집을 한 줄로 새겨 놓았거나 색칠해 놓은 것은 그 수만큼 여러 차례 밖에서 야영했다는 의미였지 그 안에서 생활하는 '가옥'의 의미가 아니었다.

인간은 원래 기골이 장대하고 강인하게 만들어진 존재가 아니어서 그저 자기 세계를 좁혀 자기에게 알맞은 공간에 벽을 쌓고 들어가야만 했다. 사람은 처음에 알몸으로 야외에서 살았다. 물론 날씨가 맑고 따뜻한 낮에는 그런 생활이 쾌적했을 것이다. 그러나 만일 인간이 집이라는 은신처를 만들어 자신을 서둘러 보호하지 않았더라면 작열하는 태양은 물론 우기와 겨울의 추위로 인해 인류는 그 초기에 멸망했을지도 모른다. 전설에 따르면[79] 아담과 이브도 옷을 입기 이전에 나뭇잎을 걸쳤다고 한다.[80] 인간은 집 즉 따뜻하고 안락한 장소를 구했던 것이고, 처음에는 신체적인 따뜻함을 다음에는 애정의 따뜻함을 원했던 것이다.

우리는 인류의 초창기에 진취적인 어떤 사람이 바위 동굴로 기어 들어가서 그곳을 집으로 삼았던 시기를 상상할 수 있다. 모든 어린이는 어느 정도 세상을 다시 새로 시작한다. 아이들은 날씨가 궂거나

---

79) 원문 the fable: 소로에게는 기독교의 《구약성서》와 《신약성서(Judeo-Christian Bible)》도 다른 모든 고대 경서와 같이 하나의 전설적인 신화였다.

80) 〈창세기〉 3:7. "이에 그들의 눈이 밝아 자기들의 몸이 벗은 줄 알고 무화과나무 잎을 엮어 치마를 하였더라."

추워도 집 밖에서 놀기를 좋아한다. 또 말타기놀이나 집짓기놀이도 한다. 그에 대한 본능 때문이다. 어린 시절에 고인돌이나 동굴의 입구를 보고 흥미를 느끼지 않았던 사람이 있을까? 그것은 우리의 내부에 원시 선조의 기질이 살아 있기 때문에 느끼는 자연스러운 동경심이다.

우리는 처음에 동굴에서 종려나무 잎으로 지붕을 이었고, 그다음에는 나무 껍데기와 나뭇가지로, 갈대와 지푸라기로, 직조한 아마포로, 판자와 널로, 돌과 기와로 된 지붕으로 점차 발전했다. 마침내 우리는 툭 트인 대기 속에서 산다는 것이 무엇인지 알지 못하게 되었고 우리의 일상생활은 우리가 생각하지도 못하는 여러 가지 점에서 집 안의 생활이 되었다. 난롯가에서 들판으로 가는 길은 아주 멀어지게 되고 만 것이다.

만일 보다 더 많은 밤과 낮을 하늘의 별들과 우리 사이에 막힌 것 없이 보낼 수 있었더라면, 시인이 지붕 밑에서 많은 이야기를 하지 않고 그 밑에서 성인도 오래 머무르지 않았더라면 좋았을지도 모른다. 새는 동굴 속에서는 노래하지 않고 비둘기도 둥지 안에서는 순결을 소중히 간직하지 않는다.

아무튼 들어가 살 집을 지을 계획이라면 이 지방 사람들 특유의 약삭빠른 기질을 발휘할 필요가 있다. 집을 짓고 보니 무슨 공장처럼 되었다거나, 또 어디로 빠져나갈지 모를 미궁처럼 되었다거나 아니면 박물관, 양로원, 교도소 혹은 화려한 무덤처럼 되지 않도록 해야 한다. 무엇보다 먼저 절대적으로 필요불가결한 집이란 얼마나 간소한 것인가 생각해보라.

나는 페놉스콧 인디언[81]들이 마을 근처에 얇은 무명베로 천막을 치

81) Penobscot Indian:메인 주 북부 지역 페놉스콧 만 주변에서 사는 알곤퀸 계의 북미 인디언. 그들은 바구니를 팔기 위해 콩코드에 자주 와서 동구 밖에서 야영했다.

고 사는 것을 본 적이 있다. 천막 주위에는 거의 30센티미터나 눈이 쌓여 있었다. 한데 눈이 바람을 막아주니 그들은 눈이 더 많이 쌓이는 것을 좋아하겠다는 생각을 했다.

또 나는 한때 이런 생각을 한 적도 있다. 불행히도 둔감하게 되어버린 지금과는 달리, 내가 진정으로 하고 싶은 일을 추구할 자유를 지니면서 정직하게 생활비를 버는 문제를 지금보다 더 절실하게 고민하던 때였다. 당시 내가 지나다니는 철로 가에 길이 6피트 폭 3피트 정도의 상자가 하나 있었다. 철로를 보수하는 사람들이 저녁에 연장을 넣어두는 큰 나무상자였다. 나는 그것을 보고 형편이 궁한 사람이라면 1달러쯤 주고 저런 상자를 하나 사서 구멍을 몇 개 뚫어 최소한의 공기가 통하도록 하고, 비가 올 때나 밤에는 그 속에 들어가 뚜껑을 닫으면 자신이 사랑하는 자유를 누리고, 자신의 영혼 깊숙이 해방될 수 있으리라 생각했다.[82] 또 그렇게 하는 것이 최악의 방법이 아닐 뿐만 아니라 멸시받을 성격의 선택은 더더욱 아닌 것 같았다. 원한다면 늦게까지 잠을 잘 수도 있고, 언제 일어나서 나가더라도 집주인이 집세를 달라고 귀찮게 쫓아다니지 않을 것이다. 이런 상자 속에서 산다 하더라도 얼어 죽지는 않을 것이다. 그런데 많은 사람들은 더 크고 호사스런 상자를 빌려 살면서 집세에 시달리느라고 죽을 고생을 한다.

나는 지금 결코 농담을 하고 있는 것이 아니다. 경제經濟란 입으로 가볍게 이야기할 수는 있으나, 실제로 그렇게 가볍게 처리할 문제가 아니다. 주로 야외 생활을 하던 야성적인 강건한 인디언들은 자연에서 쉽게 얻을 수 있는 재료만으로 한때 이 지역에 안락한 집을 짓고

---

82) 영국 시인 리차드 러브레이스(1618~57)의 《To Althea, from Prison》 29~30의 인용. "If I have freedom in my love, / And in my soul am free." 이 시구를 소로는 자신의 일기 1851년 7월 21일과 1852년 1월 28일에 인용했다.

살았다. 매사추세츠 식민지의 인디언 문제 책임자였던 구킨[83]은 그의 책에서 이렇게 말하고 있다.

> 가장 훌륭한 집들은 나무껍데기로 조촐하고 빈틈없이 아늑하게 덮여 있다. 나무껍질은 물이 오르는 계절에 벗겨내어 푸른색이 가시기 전에 무거운 통나무로 눌러 편 것이다. …… 이보다 못한 집들은 일종의 마른 갈대로 덮은 것인데, 이 집 또한 조촐하고 따뜻하나 앞의 집만은 못하다. …… 내가 본 것들 중에는 길이 60 내지 100피트, 폭 30피트쯤 되는 것도 있었다. …… 나는 그 초막집에서 가끔 묵은 적이 있는데, 그 아늑함은 영국의 훌륭한 저택 못지않았다.[84]

구킨은 덧붙이기를, 그 집들의 내부는 정교한 무늬로 수놓은 방석으로 바닥이 장식되어 있었고 여러 가지 생활용품도 갖춰져 있었다. 또 인디언들은 지붕에 구멍을 내고 발을 달아 통풍을 조절하고, 끈을 달아 그 발을 열고 닫을 정도로 진보했다. 이런 집을 짓는 데에는 기껏해야 하루나 이틀밖에 걸리지 않고, 뜯었다 다시 세우는 데도 불과 몇 시간이면 충분했다. 이런 집을 한 가족이 한 채씩 소유하거나 한 집에 칸을 막고 살았다고 했다.

미개사회에서는 모든 가정이 저마다 가장 좋은 저택에 못지않은 집을 한 채씩 가지고 있다. 그리고 그 집은 보다 소박하고 단순한 그들의 욕망을 충족시키기에 충분하였다. 그런데 하늘을 나는 새도 둥지가 있고, 여우도 제 굴이 있으며,[85] 야만인들도 이렇듯 오두막을

83) Daniel Gookin(1612?~87):인디언 감독관으로 그들을 인정과 호의로 대했고 인디언과의 King's War에서 백인의 인디언에 대한 보복을 반대하여 항의했던 관계로 명성을 잃게 되었다. 그는 인디언에 관해 《Historical Collections of the Indians in New England》와 《The Doings and Sufferings of the Christian Indians》 등 두 권의 책을 썼으나 사후에야 출판되었다.

84) 구킨의 《Historical Collections of the Indians in New England of 1674》(Boston, 1792) 1:149~50.

가지고 있었는데, 현대 문명사회에서는 어찌 된 일인지 집을 가진 가족이 절반이 넘지 않는다고 해도 내가 과언을 하는 것이 아니다. 문명이 특히 잘 보급되었다는 대도시에서는 집을 가진 사람은 전체 인구 가운데 극히 작은 수에 불과하다. 나머지 집 없는 사람들은 이제 누구에게나 특히 여름과 겨울에는 없이 살 수 없게 되어버린 이 집이라는 겉옷 때문에 해마다 세를 물어야 하고 그 돈이면 인디언의 초막집 마을을 통째로 살 수 있는 금액이지만 그 때문에 죽는 날까지 가난에 허덕인다.

나는 지금 여기서 집을 소유하는 것보다 세를 얻는 것이 불리하다는 말을 하려는 것이 아니다. 그러나 집값이 아주 싸기 때문에 미개인들은 집을 소유할 수 있었는데, 문명인은 일반적으로 집을 살 만한 여유가 없으니 세 들어 사는 것만은 분명하다. 또 세월이 지난다고 해서 세를 지불할 형편이 더 좋아지는 것도 아님이 분명하다. 어떤 사람은 집세를 내기만 하면 문명사회에서는 미개인의 집에 비해 궁전 같은 거처를 제공받지 않느냐고 말한다. 연간 25달러 내지 100달러의 집세를 내기만 하면 수 세기에 걸쳐 개선해 온 문명의 혜택을, 다시 말하면 널찍한 거실, 깨끗한 칠과 도배, 럼포드식 벽난로[86], 회칠로 단장한 뒷벽, 베니스식 차광장치, 구리로 만든 펌프, 용수철 자물쇠, 다용도 지하실 등 그 밖의 많은 편이시설을 이용할 권리가 있다는 것이다.

한데 어찌된 일인가? 이 모든 것들을 누린다는 사람은 대부분 '가난한' 문명인이고, 반대로 미개인은 그것들을 전연 갖지 못한 사람인데, 미개인이지만 부유하니 어찌된 것인가? 만일 문명이란 것이 인

---

85) 《신약성서》〈마태복음〉 8:20을 인유. "Foxes have holes and birds of the air have nests, but the Son of Man has nowhere to lay His head."

86) Count Rumford(1753~1814):본명은 벤자민 톰슨. 미국 발명가, 과학자. 연기와 그을음이 없는 벽난로를 발명했다.

간 상황의 진정한 발전이라 주장할 수 있다면 — 다만 현명한 사람들만이 주어진 이점을 보람 있게 하는 것이지만, 나도 문명이 발전이라는 생각은 한다 — 어떻든 그 문명이 진정한 발전이라면 더 많은 비용을 들이지 않고 보다 더 좋은 집을 생산했다는 것을 증명해야 한다. 여기서 내가 말한 물건의 비용은 그 물건을 얻기 위해 당장 또는 앞으로 언제고 간에 결국 그 물건과 바꾸어야 할 '생명의 양量'이다. 우리 이웃의 보통 집 한 채 값은 약 800달러 정도다. 이 정도의 돈을 모으려면 먹여 살려야 할 부양가족이 전혀 없는 노동자라도 10년 내지 15년 정도는 걸릴 것이다. 이는 사람에 따라 다소 차이가 있으나 노동자의 하루 수입을 평균 1달러로 친 계산이다.

그러므로 사람이 인디언의 초막집에 해당하는 '자신의' 집을 마련하기까지는 자신의 생애의 절반 이상을 바쳐야 한다. 집을 사는 대신 셋집을 택하더라도 상황이 나아진다고 볼 수는 없다. 만일 미개인이 이런 조건으로 자기 초막집을 어느 궁전과 바꾼다면 그것이 현명한 짓일까?

짐작되겠지만 집이라는 여분의 재산을 미래에 대비한 저축 수단으로 소유한다 하더라도 아무리 가지고 있어봤자 거기서 얻는 이익이란 거의 모두가 자기 자신의 장례비용을 치르기 충분한 것에 불과한 것이다. 한데 어쩌면 사람이 자기의 장례를 자신이 치를 필요는 없지 않은가? 그럼에도 불구하고 이점에서 문명인과 미개인 간에 하나의 중요한 차이가 나타난다. 그리고 또 하나의 다른 차이는 문명화된 국민의 생활은 '제도화' 되고, 종족의 생명보존과 완성을 위해 많은 부분에서 개인 생활은 이 제도에 흡수된다는 점이다. 이에는 우리에게 이익을 주려는 의도가 있음을 의심치 않는다. 그러나 나는 이 이익이란 것이 현재 어떤 희생을 치르고 얻어지는 것인지 밝히고자 한다. 그리고 그와 동시에 나는 우리가 전혀 불이익을 겪지 않고 이익을 보장하는 생활을 할 수도 있다는 사실을 제시하고 싶다.

그런데 "그대여, 가난한 사람들은 늘 그대와 함께 있다"[87] 혹은 "아비가 신 포도를 먹으면 자식의 이가 시어진다"[88]고 하는데 그대는 왜 이런 말을 하는가?

"주께서 말씀하시기를 내가 어떻게 해서든 너희가 이스라엘 안에서 이 속담을 다시는 쓰지 못하게 하리라"는 말도 있고, "보라, 모든 영혼이 내게 속하는지라, 아비의 영혼이 내게 속함과 같이 아들의 영혼도 내게 속하나니, 죄를 범한 그 영혼이 죽으리라"[89]는 말도 있지 않은가?

나는 내 이웃인 콩코드의 농민들을 살펴보고 다음 사실을 알게 되었다. 그들은 적어도 다른 계층의 사람들만큼은 잘 살고 있다. 그런데 그들의 농장은 대부분 저당 잡힌 것이 상속되었거나 아니면 빚을 내어 새로 산 것들이다. 그들은 그 농장의 실질적인 소유주가 되려고 20년, 30년, 혹은 40년 동안 피땀 흘리며 계속 일을 하고 있다. 그 고된 노동의 3분의 1은 주택의 비용으로 보아도 된다. 한데 대부분 아직도 그 빚을 청산하지 못하고 있다. 사실은 빚이 농장 값을 웃돌아서 때로는 농장 자체가 아주 큰 빚더미가 되기도 한다. 그래도 그것을 상속받는 사람은 여전히 끊이지 않고, 본인의 말로도 그 사정을 잘 알고 있다고 한다. 재산평가인의 말을 빌면 이 마을에서 부채 없이 농사짓는 순수한 자작농은 열두 명도 채 안 된다고 한다. 이 말을 듣고 나는 놀라지 않을 수 없었다. 이 농장들의 내력을 알고 싶으면 저당되어 있는 은행에 물어보면 된다. 자신의 노동으로 농장에 대한

87) 《신약성서》 〈마태복음〉 26:11. "가난한 사람은 항상 너희와 함께 있거니와 나는 항상 함께 있지 아니하리라." 비슷한 구절이 〈요한복음〉 12:8과 〈마가복음〉 14:7에도 있다.

88) 〈에스겔서〉 18:2. 〈예레미야〉 31:29.

89) 이 두 구절은 〈에스겔서〉 18:3과 18:4에서 인용되었다.

채무를 실제로 청산한 사람이 어찌나 드물던지 이웃 사람들이 바로 그 이름을 댈 정도다. 그런 사람이 콩코드에 단 두 세 사람이라도 있는지 의심스럽다.

상인의 경우 절대 다수가 심지어 100이면 97명꼴로 반드시 실패한다는 말이 있다.[90] 이는 농민의 경우에도 마찬가지다. 한데 상인들의 실패에 관해서 그들의 한 동업자가 말한 적절한 설명에 의하면 실패의 대부분은 순수한 금전상의 실패가 아니라 '사정이 여의치 않아서' 계약을 이행하지 못했을 뿐이라는 것이다. 다시 말하면 그들을 파산시킨 것은 다름 아닌 '그들 개개인의 도덕적인 인격'에 원인이 있다는 말이다. 사실이 그렇다면 사정은 훨씬 더 추악한 모습을 띠게 된다. 이는 100명 중 성공한 세 사람마저도 어쩌면 자신의 영혼을 구제하는 데는 성공하지 못했을지도 모른다는 말이다. 그렇다면 정직하게 실패한 사람보다 그들은 더 나쁜 의미로 파산했음을 뜻한다. '파산'과 '지불 거절'은 용수철 달린 뜀틀이다. 이 뜀틀에서 문명인 대다수는 뜀질을 하다 공중제비로 떨어진다. 그러나 미개인은 기근이라는 용수철 없는 널빤지를 딛고 있을 뿐이다. 그런데도 마치 농업이라는 기계의 모든 마디가 잘 돌아가고 있는 것처럼 미들섹스의 가축품평회[91]는 매년 이곳에서 어김없이 대단한 갈채를 받으며 마치 농업기구의 마디들이 잘 돌아가는[92] 것처럼 성대하게 열리고 있다.

---

90) 1857년 11월 16일자 H. G. O. 블레이크에게 보낸 편지에 "만일 우리 상인이 거의가 실패하지 않는다면, 은행도 같지만, 이 세상의 옛 법칙에 대한 내 믿음이 흔들릴지도 모르겠소. 하지만 그런 사업을 하는 백에 아흔일곱이 분명히 도산을 한다는 말은 어쩌면 통계가 밝혀준 가장 흔쾌한 사실일지도 모르겠소. …… 만일 천명이 실직을 했다면 그것은 그들이 잘못 고용되었다는 것을 암시하는 것인데 왜 사람들은 그 암시를 받아들이지 않지요?" 하고 그의 확신을 보여준다.

91) 미들섹스는 콩코드가 속한 군. 미들섹스의 농민회는 연중행사로 가축품평회와 쟁기 행진이 있었다. 후에 연 1회의 농업 박람회로 바꾸어 콩코드에서 9월이나 10월에 개최되었다.

92) 원문 suent:1852년 2월 3일 일지(J 3:272)에 "an expressive word, applied to machinery whose joints are worn, which has got into working order"라 정의해 놓았다.

농부는 생계 문제를 문제 그 자체보다 더 복잡하고 어려운 공식으로 해결하려고 안간힘을 쓰고 있다. 그는 구두끈[93] 한 벌을 사기 위해 수많은 가축에 투자한다. 그는 안락과 독립을 손에 넣으려고 더할 나위 없는 솜씨를 부려 머리칼로 정교한 덫을 놓는다. 그러나 돌아서는 순간 그 덫에 자신의 발이 걸린다. 이것이 농부가 가난한 이유다. 이와 비슷한 이유로 우리는 사치품에 둘러싸여 있으면서도 원시인들이 누리는 무수한 안락함에 대해서는 모두 가난하다. 영국의 시인 채프먼이 노래하듯이……

> 거짓된 인간 사회
> 지상의 헛된 사치 위해
> 천상의 모든 안락 허공에 날리네.[94]

그리하여 농민이 자기의 집을 얻었을 때는 그 때문에 그만큼 더 부자가 되는 것이 아니라 그만큼 더 가난할지도 모른다. 그리고 그가 집을 소유하는 것이 아니라 집이 그를 소유할지도 모른다. 신화에서 미네르바[95] 여신이 지은 집을 보고 모우머스는 "나쁜 이웃이 있으면 피할 수 있도록 이동식으로 지어놓지 않았다"[96]고 조롱했다는데, 나는 그 조롱을 아주 확실한 반론으로 이해하고 있다. 그리고 지금도 여전히 유효하다고 생각한다. 왜냐하면 우리의 집들은 매우 다루기

---

93) 당시는 구두끈을 주로 가죽으로 만들었다(Cramer).

94) George Chapman(1559?~1634): 영국의 극작가, 시인, 번역가, 극시 〈시저와 폼페이의 비극(The Tragedy of Caesar and Pompey)〉(1613)에서 인용. 어쩌면 이 인용문은 찰스 램(1775~1834)의 〈Specimens of English Dramatic Poets Who Lived About the Time of Shakespeare〉에서 취했는지도 모른다. 이 책에 'Inward Help the Best'라는 제명으로 발췌된 시구가 실려 있다.

95) Minerva: 로마 신화. 예술과 지혜의 여신. 그리스의 아테네(Athena)에 해당.

96) Momus: 그리스 신화. 냉소와 조롱의 신. 렘프리어의 《Bibliotheca Classica》(New York, 1842, 744)에서 인용.

어려운 거북스런 재산이어서 우리가 그 안에서 산다기보다 오히려 그 안에 우리가 갇혀있는 경우가 더 많고, 피해야 할 그 나쁜 이웃이 바로 우리 자신의 비열한 자아이기 때문이다. 이 고을에서 내가 알고 있는 적어도 한두 집은 거의 한 평생에 걸쳐 교외에 있는 집을 팔고 마을로 들어오려고 했으나 아직도 그 소망을 이루지 못하고 있다. 아마 죽어서나 그 소망을 이루게 될지 모를 일이다.

거의 모든 사람들이 언젠가는 결국 모든 편의시설이 구비된 현대식 주택을 소유할 수 있거나 빌릴 능력이 있게 되었다고 가정해 보자. 문명이 우리의 주택은 개선했지만, 그 집 안에서 사는 사람을 똑같이 개선한 것은 아니다. 문명은 궁전을 탄생시켰지만, 왕과 귀족을 탄생시키는 것은 그리 쉬운 일이 아니었다. **만일 문명인이 추구하는 바가 미개인보다 더 훌륭하지 않다면, 만일 문명인이 삶의 대부분을 그저 비속한 생활필수품이나 안락을 얻는 데만 바친다면, 미개인보다 더 좋은 집에서 살아야 할 이유가 어디에 있는가?**

한데 가난한 '소수'는 어떻게 먹고 살아가는가? 아마 그들의 일부는 외적환경이 미개인보다 더 높고, 그에 비례하여 다른 일부는 미개인보다 그만큼 더 나쁜 환경에 놓인다는 것을 알 수 있을 것이다. 어느 한 계층의 사치가 심해지면 그만큼 다른 계층의 가난이 심해진다. 한쪽에 궁전이 있고, 다른 한쪽에는 구빈원[97]과 '말 없는 가난한 사람들'[98]이 있다. 피라미드를 축조하여 이집트의 왕 파라오의 무덤을 만들었던 그 수많은 사람들은 험한 음식으로 연명했고, 죽어서도 아마 격식도 차리지 못한 채 아무렇게나 묻혔을 것이다. 궁전 기둥에 조각을 했던 그 석공들은 그날의 일을 마치고 저녁에는 인디언의 천막집

97) 콩코드의 구빈원(Almshouse)은 에머슨의 집 넘어 들판을 가로지른 월든 가에 있었다.

98) 원문 the silent poor: 레뮤엘 셰이턱(1793~1859)의 《A History of the Town of Concord》(1835)에 '생활이 어렵지만 자신들의 부양을 전적으로 행정기관에 의탁하지 않은 사람들'이라 정의되어 있다.

보다 더 못한 오두막집으로 돌아갔을 것이다. 문명국이라는 여러 가지 보편적인 증거들이 있다고 해서 그 주민의 절대 다수의 생활 조건이 미개인의 형편보다 나을 것이라고 생각하는 것은 잘못이다.

나는 지금 영락한 극빈자를 말하는 것이지 영락한 부자를 말하고 있는 것이 아니다. 이 사정을 알아보기 위해서는 멀리 갈 필요도 없다. 문명의 최첨단인 철로가를 따라 어디에나 늘어선 판잣집을 보면 충분하다. 나는 그날그날의 산책에서 그 돼지우리 같은 움막에서 사는 사람들을 본다. 방 안이 캄캄하니 햇빛을 얻으려고 추운 겨울 내내 문을 열어놓고 있는데, 장작단 같은 땔감은 눈을 씻고 봐도 없다. 오랫동안 추위와 가난으로 몸을 움츠리는 버릇 때문에 그들은 어른 아이 할 것 없이 체격이 완전히 움츠러들었고 팔다리와 지능의 발달이 모두 억눌려 있는 상태다. 바로 이들 노동자 계층의 노동력으로 이 세대를 특징짓는 업적이 이루어졌으니 이 사람들의 상태를 살펴보는 것은 매우 공정한 일임이 분명하다.

정도의 차이는 있겠지만, 세계의 공업대국이라는 영국의 각종 공장 노동자들이 처해 있는 형편 또한 이와 같다. 혹은 지도상에 희거나 개명된 지역[99]으로 표시된 아일랜드[100]를 예로 들어볼 수도 있다. 시험 삼아 아일랜드 사람들의 신체 발육 상태를 북미 인디언이나 남태평양의 섬 원주민, 혹은 아직 문명인과의 접촉이 없어 퇴화되기 이전인 미개인의 신체와 비교해 보라. 그렇다고 아일랜드의 백성을 통치하는 사람들이 다른 일반 문명국의 통치자들보다 현명하지 못하다고 생각하지 않는다. 다만 그들의 상태는 빈곤의 추악함이 문명과 공

---

99) 원문 white or enlightened spots:지도에는 미개척지가 흰색이지만 여기서는 '개명'이란 말에 대한 풍자적인 뜻으로 쓰였다.

100) 아일랜드는 1840년대의 감자농사 흉작으로 약 100만 명이 굶어 죽고 수백 만 명이 국외로 이민을 떠나고 그중 다수가 미국으로 왔다. 당시 콩코드를 경유하는 철로 부설공사에서 저임금으로 일하면서 그 철로연변에 움막을 짓고 살던 사람들도 그들이었다.

존한다는 사실을 입증해 줄 따름이다. 이제 우리나라 남부의 노동자들에 대해서는 언급할 필요조차 없을 것이다. 그들은 이 나라의 주요 수출품을 생산하다 못해 그들 자신이 남부의 주요 생산품이 되고 있다. 하지만 이런 극단적인 예는 피하고 이야기를 소위 '보통 정도의' 처지에 있는 사람들로 한정시켜야겠다.

대부분의 사람들은 집이 무엇인지 한 번도 생각해 본 적이 없는 것 같다. 그들은 반드시 이웃이 소유하고 있는 집과 같은 집을 가져야 한다고 생각한다. 그 때문에 사실은 그럴 필요가 없는데도 평생 동안 가난하게 산다. 마치 어떤 옷이든지 재단사가 만든 것만을 입어야 한다거나, 종려나무 잎으로 만든 모자나 우드척 가죽[101]을 차례로 벗어 던지고 왕관을 사서 쓸 여유가 없다고 생활고를 한탄하는 것과 다름이 없지 않은가!

현재 우리가 소유하고 있는 집보다 더욱 편리하고 호화스런 집은 얼마든지 고안해 낼 수 있다. 그러나 그런 집이 나와도 사람들이 그 집을 살 능력이 없다는 것은 누구나 인정할 것이다. 우리는 언제나 이런 것들을 더 많이 손에 넣으려는 궁리만 하고 때로는 더 적은 것으로 만족하는 법은 배우려 하지 않을 것인가? 존경할 만한 국민들께서 젊은이들에게 너희들은 죽기 전에 여분의 덧신 몇 켤레와 우산 몇 개, 손님을 맞을 텅 빈 객실 몇 개는 꼭 갖추어야 한다고 예를 들어가면서 그처럼 엄숙하게 가르쳐야 하는가? 왜 우리의 가구가 아랍인이나 인디언의 가구처럼 간소해서는 안 되는가?

하늘의 메신저로서 인류에게 신神의 선물을 전해주는 사람으로서 신처럼 추앙받는 인류의 은인들을 나는 상상해 본다. 아무리 생각해

101) 여름철에는 값싼 종려나무 잎으로 만든 모자가 유행이었고, 사냥꾼들은 흔히 우드척 가죽으로 모자를 만들어 썼다. 소로도 1850년 캐나다 여행 당시 종려나무 모자를 썼다(W 5:31).

봐도 그들 뒤에 수행원이 따르고 최신 가구를 실은 짐마차가 따르는 모습은 도저히 상상되지 않는다. 아니 백 번을 양보해서 우리가 지적으로나 도덕적으로나 아랍인보다 우수하니 그 정도만큼 우리가 그들의 것보다 복잡한 가구가 있어야 한다고 하면 어찌 되는 것인가! 그건 참으로 묘한 구실이 아니겠는가?

현재 우리의 집은 가구들이 넘쳐 복잡하고 지저분하다. 현명한 주부라면 그것들 대부분을 쓰레기통에 처넣는 것으로 자신의 아침 일을 마칠 것이다. '아침 일'이라니! 아침의 여신인 오로라[102]의 붉은 놀과 멤논[103]의 음악과 더불어 이 세상에서 사람이 해야 할 '아침 일'은 무엇이어야 하는가?

내 책상 위에는 3개의 석회석 조각품이 있었다. 나는 매일 이것들의 먼지를 털어주어야 했다. 하지만 어느 순간 내 마음 속에 있는 가구의 먼지는 계속 쌓아둔 채 이것들의 먼지를 열심히 털고 있다는 생각이 문득 떠올라 섬뜩 놀라지 않을 수 없었다. 이어 나는 그것들이 싫어져서 창밖으로 내던져버렸다. 하물며 가구 딸린 집을 내가 어떻게 가질 수 있겠는가? 나는 차라리 야외에 앉아 있고 싶다. 인간이 땅을 파헤쳐놓지 않는 한 풀잎에는 먼지 한 점 내려앉지 않는다.

세상의 뭇 사람들이 그리도 열심히 좇는 유행을 만들어내는 사람들은 사치와 방탕을 일삼는 사람들이다. 여행할 때 이른바 일류 여관에 투숙해 보면 이 사실을 곧장 확인하게 된다. 여관 주인들은 손님을 마치 사르다나팔루스 왕[104]이라도 되는 양 극진히 모신다. 하지만 만일 그들이 하는 대로 내맡기다가는 곧장 혼까지 완전히 빼앗기게

---

102) Aurora:로마신화 여명黎明의 여신.

103) Memnon:오로라 여신의 아들. 트로이 전쟁에서 아킬레스에게 죽임을 당하여 어머니인 오로라가 제우스 신에게 청하여 그의 상을 만들어 나일강변에 세웠는데 아침 햇빛이 닿으면 음악소리를 냈다 함.

104) Sardanapalus:기원전 9세기 아시리아의 방탕한 왕.

될 것이다.

열차의 객실에도 안전과 편의보다는 사치에 돈을 지나치게 더 많이 쓴다는 생각이 든다. 그 치장은 현대식 응접실이 무색할 정도다. 긴 쿠션 의자, 쿠션 달린 발판, 햇빛 가리개 등 그 외에도 수많은 동양식 물건으로 장식되어 있다. 이런 것들은 우리가 서양으로 들여왔지만 원래 중동의 귀부인들이나 중국의 나약한 토박이들을 위해 만들어진 것이다. 우리 미국인들은 그것들의 이름을 아는 것만으로도 부끄러워해야 한다. 나는 그 안락한 비로드 방석에 끼여 앉아서 비비적거리기보다는 차라리 호박덩이 하나를 깔고 혼자 앉아 있고 싶다. 호화로운 유람 열차에 들어앉아 말라리아를 일으킬 것 같은 더러운 공기[105]를 들이마시기보다는 차라리 소달구지를 타고 신선한 공기를 마시며 땅 위를 돌아다니고 싶다.

원시 시대의 단순하고 적나라한 생활은 적어도 인간을 계속 자연 속에 머물도록 해준 이점을 지니고 있다. 원시인은 음식을 먹고 수면을 취하는 것으로 기운이 회복되면 다시 새로운 여행을 생각한다. 그들은 말하자면 세상을 천막 삼아 살면서 산골짜기를 누비고 평원을 가로지르거나 아니면 산마루에 오르곤 했다. 그런데 보라! 사람들은 이제 자신이 만든 도구의 도구가 되었다. 배가 고프면 마음대로 나무 열매를 따먹던 인간이 농부가 되고, 나무 밑에 들어가 몸을 가렸던 인간이 주택을 관리하는 사람이 되었다. 우리는 이제 더 이상 야영으로 밤을 보내지 않고, 땅 위에 정착하고서 하늘을 잊어버렸다. 우리는 단지 '토지' 개척의 개량된 방법[106]으로 기독교를 채택한 것에 불

105) 원문 a malaria:문자대로는 이탈리아 말로 mala aria 즉 '더러운 공기'라는 뜻이다. 시궁창에서 나온 나쁜 공기에서 말라리아균이 생긴다고 믿은 데서 나온 것이다. 말라리아는 모기에 의해 전염되는 병으로 일명 '학질'이라 한다. 일정 기간 주기적으로 고열이 난다. 여기서는 이중의미의 익살로 쓰였다.

106) 원문 an improved method of agri-culture:라틴어 어원 agri-(field)를 강조하여 농경을 의미하면서 human culture(인간문화)에 대한 익살을 노린 언어유희. 이와 비슷

과하다. 우리는 현세를 위해 가족의 저택을 마련하고 내세를 위해 가족의 묘지를 마련했다.

가장 위대한 예술 작품들은 이런 조건에서 자신을 해방시키려는 인간의 투쟁을 표현한 것이다. 그런데 오늘날 우리 예술이 해온 결과는 이렇듯 저급한 상태를 안락한 것으로 여기게 하고, 보다 높은 경지는 망각하게 한 것뿐이다. 사실 우리 마을에는 어떤 '훌륭한' 미술 작품이 우리에게 전래되었다 하더라도 그것을 놓아둘 장소 하나 없다. 우리의 생활과 주택과 거리에 그 작품이 서 있을 만한 적절한 받침대 하나 마련되어 있지 않기 때문이다. 그림 한 점 걸어둘 못 하나 없고, 어느 영웅이나 성자의 흉상을 얹어놓을 선반 하나 없다.

우리가 집이란 것이 어떻게 지어지고 어떻게 대금을 지불하고 지불하지 못하고 하는 그 복잡한 사정과 우리의 집안 살림살이가 어떻게 관리되고 유지되는지를 생각해 보면, 찾아온 손님이 벽난로에 진열된 번지르르한 장식물이나 속없이 바라보며 찬사를 늘어놓고 있으면, 그들이 딛고 서 있는 마룻장이라도 꺼져서 지하실 밑의 단단하고 정직한 흙바탕에 떨어졌으면 싶기도 한데 그런 일이 일어나지 않으니 이상하다.

이른바 부유하고 세련된 생활이란 것이 나에게는 풀쩍 뛰어 잡는 일종의 높이뛰기로 인식될 뿐이다. 나는 이 뜀질에 정신이 완전히 팔려서 그 집을 장식한 예술품들을 감상할 수 없다. 왜냐하면 내 기억으로 기록상 인간의 근육만으로 뛰는 가장 천재적인 높이뛰기는 어느 아랍 유목민이 기록을 세운 지상 25피트인데, 그것을 인위적으로 떠받치지 않는 한 땅에 다시 떨어질 테니 눈을 뗄 수가 없는 거다. 이런 뜀질을 할 수 있는 괴력의 소유자에게 내가 던지고 싶은 첫째 질문

한 수사적 강조는 〈제11장 보다 높은 법칙〉에서의 'phil-anthropic', 〈제18장 결론〉에서의 'extra-vagant' 등 여러 곳에서 발견된다.

은 당신을 떨어지지 않게 떠받치고 있는 사람은 누구인가 하는 질문이다. 당신은 실패한 97명 중 한 사람인가? 성공한 3명 중 한 사람인가? 이 질문에 대답해 보라. 그 대답을 들은 다음에야 나는 아마도 그 번지르르한 물건들을 바라볼 수 있고 그것들이 장식품이라는 것을 알아차릴 수 있을 것이다.

수레를 말 앞에 매놓는다면[107] 아름답지도 유용하지도 않다. 집을 아름다운 것들로 장식하려면 먼저 벽을 말끔히 치우고 우리의 생활도 깨끗이 치워야만 그 다음에 아름다운 살림과 아름다운 생활이 초석으로 놓인다. 한데 그 아름다움을 맛볼 수 있는 감각은 집안에서가 아니라 집도 가정부도 없는 야외에서 가장 훌륭히 함양된다.

존슨 옹翁[108]은 그의 저서 《기적의 섭리》에서 자기와 이 마을에 최초로 정착한 사람들에 관해 이렇게 말하고 있다.

> 그들은 최초의 은신처로 비탈진 언덕에 흙을 파고들어가 그 위에 나무를 걸치고 흙으로 덮어 지붕을 삼고 땅바닥에 불을 지피고 가장 높은 쪽에서 연기 자욱한 불을 피웠다. 그들은 신의 은총으로 땅에서 먹을 양식이 생산될 때까지 집을 짓지 않았다. 첫해 수확은 너무도 적어 그들은 부득이 빵을 매우 얇게 잘라 먹음으로서 다음 수확까지의 긴 계절을 넘겨야 했다.

뉴네덜란드[109]의 지사는 그 지역에 정착하려는 사람들에게 참고가

---

107) John Heywood(1497?~1580?)의 《Proverbs》(1546)에 "Set the cart before the horse(말 앞에 수레를 맨다)"라는 속담이 있다.

108) Edward Johnson(1598~1672): 완고한 청교도주의자. 식민시대의 매사추세츠 연대기 편찬자. 《뉴잉글랜드에서의 구세주의 기적의 섭리(The Wonder-Working Providence of Sion's Savisour in New England)》 (London, 1654)를 출판했다. 이 책은 1628~1652 동안의 뉴잉글랜드의 식민사로 아래 인용문은 이 책 36장 83에서 약간 축약 현대어로 바꾸어 인용했다.

109) New Netherlands: 17세기의 뉴욕 주를 말함. 네덜란드의 북미 식민지는 1613년에 창설

되도록 1650년에 네덜란드 말로 더 상세하게 설명해 놓았다.

> 처음에 뜻대로 집을 지을 수단이 없는 뉴네덜란드와 특히 뉴잉글랜드에 사는 사람들은 땅에 지하실처럼 깊이 6,7피트, 넓이는 필요에 따라 적당히 잡아 사각형의 구덩이를 파고 사방에 나무로 틀을 짜서 벽을 두르고 흙이 들어오지 않도록 나무껍데기나 그 외의 것으로 안을 댄다. 바닥은 널판자를 깔고 머리 위로 둘레를 대어 천장을 만들고 땅과 간격을 두어 통나무로 지붕을 올렸다. 그리고 나무껍데기나 뗏장을 그 위에 덮었다. 이렇게 해서 온 가족이 이런 집에서 2년, 3년 혹은 4년 동안 습기 없이 따뜻하게 지낸다. 가족 수에 따라 이 지하실을 적절히 나누어 벽을 만들기도 했다.
>
> 뉴잉글랜드의 부호들과 주요 인사들이 식민 초기에 이런 식으로 최초의 집을 지은 데는 두 가지 이유가 있었다. 첫째는 집을 짓는 데 시간을 소비하여 다음해에 식량 부족을 초래하지 않기 위해서였고, 둘째는 본국에서 데려온 수많은 가난한 노동자들의 사기를 떨어트리지 않기 위해서였다. 이렇게 3,4년 지내는 동안에 그 땅이 경작에 적합하게 되면 그제야 그들은 비로소 많은 돈을 들여 좋은 집을 지었다.[110)]

우리 선조들이 택한 이 행동 과정에서 우리는 그들의 신중성을 엿볼 수 있다. 보다 당장 필요한 것부터 충족시키는 것이 그들의 생활 원칙이었던 것 같다. 그런데 지금은 보다 당장 필요한 것이 충족되고 있는가? 나는 호화스런 현대식 집 한 채를 살까 생각했다가도 그만 단념하게 된다. 왜냐하면 나라가 말하자면 아직도 진정한 '인간'의 문화[111)]에 적합하지 않고 우리는 아직도 우리의 조상들이 밀가루 빵

되었으나 영국에 정복되면서 1664년에 뉴욕으로 개칭되었다.

110) E. B. 오칼라간(1797~1880)의 《Documentary History of the State of New York》(Albany, 1851) 4:31~2에서 인용되었다.

111) 원문 human culture:브론슨 올콧의 책 《인간 문화의 원리와 수련(The Doctrine and

을 얇게 썰었던 것 이상으로 더 얇게 우리의 '정신적인' 빵을 썰어야 할 처지에 있다고 생각되기 때문이다.

그러나 아무리 야만의 시대라 하더라도 건축의 모든 장식이 무시되어야 하는 것은 아니다. 우리의 집에서 우리의 삶과 직접 맞닿는 면을 조개껍질의 내면처럼 아름답게 장식하더라도 겉치레 장식만은 해서는 아니 된다는 것이다. 그러나 불행히도 나는 한두 집을 들어가 본 적이 있어서 그 내부가 어떻게 꾸며져 있는지 '잘' 알고 있다.

우리가 신체적으로 아무리 퇴화했다 하지만 오늘날이라고 해서 동굴이나 인디언의 천막집에서 살지 못할 바는 아니고, 또 짐승 가죽으로 만든 옷을 입지 못할 바도 아니다. 하지만 인류의 발명과 노력이 가져다 준 이점을, 비록 너무 비싼 대가를 치른 것이기는 하지만, 받아들이는 것이 나을 것은 분명하다. 우리 마을 주변에서는 마루 판자와 지붕 널판, 석회와 벽돌을 구하는 것이 살기에 알맞은 동굴이나 온전한 통나무나 충분한 양의 나무껍데기, 심지어 잘 이긴 진흙이나 납작한 돌보다 얻기도 쉽고 값도 싸다. 이 문제를 내가 자신 있게 말하는 것은 이론적으로나 실제적으로나 내가 이런 일과 친숙하게 지내왔기 때문이다. 조금만 더 머리를 쓰면 이런 재료를 이용하여 현재 가장 큰 부자들보다 더 큰 부자가 될 수도 있고, 우리의 문명을 하나의 축복이 되게 할 수도 있을 것이다. 문명인이란 보다 경험이 많고 보다 현명한 야만인에 불과하다. 한데 이제 나 자신의 실험[112)]에 관한 이야기를 서둘러보자.

1845년 3월이 끝나갈 무렵, 나는 도끼 한 자루를 빌려 들고서 월든

Discipline of Human Culture)》(Boston, 1836)을 소로는 생각한 것 같다.

112) 소로가 월든으로 옮긴 날을 7월4일 독립기념일로 잡아 미국의 독립과 관련지은 것을 고려하면, 이 '실험'이란 말은 제퍼슨이 취임연설에서 민주주의를 '잘된 실험'이라 한 말을 암시하는 것일 수도 있다.

호숫가의 숲으로 들어갔다. 나는 호수 가까이에 집 한 채를 지을 작정을 하고 재목으로 쓰려고 곧게 뻗어 키가 늘씬한 백송白松 몇 그루를 베기 시작했다. 아직도 어린 나무들이었다. 아무것도 빌려 쓰지 않고 사업을 시작한다는 것은 어려운 것이기도 하지만, 어쩌면 빌리는 것으로써 빌려준 친구로 하여금 내가 하려는 일에 관심을 갖게 하는 것 또한 가장 흐뭇한 일인지도 모른다. 도끼 주인[113]은 도끼를 내주며 자기에게는 그것이 눈동자[114]처럼 소중한 것이라 했다. 하지만 나는 빌려올 때보다 더 잘 들도록 날을 세워 돌려주었다.

나의 작업장은 소나무가 우거진 아주 상쾌한 언덕배기였다. 그 나무들 사이로 나는 호수와 숲속의 작은 빈터를 내다볼 수 있었다. 그 빈터에서는 어린 소나무와 히코리나무가 기세 좋게 솟아오르고 있었다. 호수는 아직 얼음이 완전히 녹지는 않았다. 하지만 군데군데 녹아 물이 보이고, 녹지 않은 부분도 모두 물에 젖어 거무스레한 빛을 띠고 있었다. 내가 낮에 그곳에서 작업하는 동안에는 더러 눈발 섞인 바람이 불기도 했지만 집으로 돌아가려고 철로가로 나오면 철로를 따라 끝없이 펼쳐져 있는 황금 모래 둔덕이 아지랑이 피어오른 대기 속에서 끝없이 반짝이고, 선로 자체도 봄의 햇살을 받아 빛나고 있었다. 종달새와 딱새와 그 밖의 새들이 지저귀며 우리와 함께 또 한 해의 생활을 이미 시작하고 있었다. 상쾌한 봄날이 이어지면서 인간의 마음 속에 웅크린 '불만의 겨울'[115]도 대지와 함께 풀리고 있었고, 겨

113) 도끼의 주인은 소로 자신의 일지에 확실히 밝혀있지 않다. 올콧, 채닝은 각각 자신의 것이라 주장하고, 에머슨의 집에서 빌렸다는 주장도 있다. 소로는 전에 아버지와 함께 가족이 사는 집을 직접 지었으니 집에 그런 연장이 없었을 리가 없다. 왜 빌렸을까 하고 생각해보는 것은 독자의 몫이다.

114) 원문 the apple of his eye: 《구약성서》 〈신명기〉 32:10에 "He kept him the apple of his eye" 등. 《구약성서》에 같은 구절이 몇 군데 있다.

115) 윌리엄 셰익스피어(1564~1616)의 희곡 〈리처드 3세의 삶과 죽음(Life and Death of King Richard III)〉 제1막 제1장 제1행. "Now is the winter of our discontent / Made glorious summer by this sun of York" 참조.

울잠을 자던 생명이 기지개를 펴기 시작했다.

하루는 도끼 자루가 빠져서 물오른 히코리나무를 잘라 쐐기를 만들어 돌멩이로 두들겨 박았다. 그것이 다시 빠지지 않도록 나무를 불리기 위해 나는 호수의 얼음 구멍에 도끼를 통째로 넣어 물에 적시고 있었다. 그 때 우연히 줄무늬 뱀 한 마리가 물 속으로 들어가는 것을 보았다. 그놈은 내가 그곳에 있는 동안, 아니 15분 이상을 불편한 기색이 전혀 없이 호수바닥에 늘어져 있었다. 어쩌면 아직 동면 상태에서 완전히 벗어나지 못했기 때문인지도 몰랐다. 사람도 아마 똑같은 이유로 지금처럼 미천하고 원시적인 상태에서 벗어나지 못하는 것인지도 모른다. 그러나 그들을 불러일으키는 진정한 봄기운을 그들이 느낀다면, 그들도 반드시 일어나 보다 높고 영적인 생활을 지향할 것이라는 생각이 들었다. 나는 전에도 서리 내린 아침 길을 걷다가 뱀들이 나와 아직 무감각하고 딱딱한 몸을 햇볕에 녹이는 것을 본 적이 있다.

4월 1일에는 비가 와서 호수의 얼음이 완전히 녹았다. 안개가 매우 짙게 낀 그날 오전에 외톨이 기러기가 더듬듯이 호수 위를 날면서 길을 잃은 듯 아니면 안개의 정령精靈인 듯 끼룩끼룩 울어대는 소리가 들렸다.

이렇게 해서 나는 며칠 동안 나무를 베어 기둥과 대들보와 서까래를 작은 도끼 한 자루로 다듬는 일을 계속했다. 그리고 남에게 전할 만하다거나 지식인다운 사색은 거의 하지 못했다. 다만 혼자서 노래나 흥얼댔을 뿐이다.

사람들은 말한다. 아는 것 많다고,
하지만 보라!
그것들은 날개 돋아 바람에 사라지고,

예술과 과학, 그리고 무수한 응용들.
부는 바람, 그것이
사람이 아는 것 전부라네.[116)]

나는 주된 재목을 사방 여섯 치의 각목으로 다듬었다. 그리고 기둥은 양쪽 면을, 서까래와 마루에 깔 나무는 한쪽만 다듬었다. 다른 한쪽은 나무 껍데기를 그대로 남겨두었다. 그래도 재목은 톱으로 켠 것이나 다름없이 반듯하였고, 오히려 훨씬 더 튼튼했다. 이 무렵에는 다른 연장도 빌려와서 재목 밑동에 꼼꼼하게 장부와 장부 구멍을 팠다.

나는 하루 종일 숲에서 일한 것은 아니었지만 거의 매일 버터 바른 빵을 점심으로 가지고 가곤 했다. 점심때에는 내가 손수 잘라낸 푸른 소나무 가지들 틈새에 앉아 빵을 싸온 신문을 읽었다. 손에는 송진이 잔뜩 묻어 있어서 그 향기가 빵에까지 스며들었다. 나는 비록 소나무를 여러 그루 베어 넘기기는 했지만 그들을 보다 더 잘 알게 되었으므로 집을 다 지을 무렵에는 그들의 원수가 되었다기보다는 오히려 친구가 되어 있었다. 때로는 숲을 산책하는 사람이 내 도끼 소리에 끌려서 나를 찾아왔다. 그러면 우리는 잘라낸 나뭇조각을 사이에 두고 즐거운 이야기를 주고받곤 하였다.

나는 일을 전연 서두르지 않다. 가능한 한 최선이 되도록 공력을 들였기 때문에 4월 중순경이 되어서야 집의 뼈대를 맞춰 세울 준비가 되었다. 나는 헌 판자를 이용하기 위해 이에 앞서 피츠버그 철도에서 일하는 제임스 콜린스라는 아일랜드 사람의 오두막집을 하나 사놓았다.[117)] 여러 오두막 중에서도 콜린스의 오두막이 꽤 쓸만하다고 생각

116) 소로의 시.

117) 월든 호수 가까운 철로공사가 끝나자 공사에서 일했던 많은 노동자들이 다른 일터를 찾아 그곳을 떠났기 때문에 그들이 살던 판잣집들은 한 채에 불과 몇 달러에 팔렸다. 소로의 아버지도 이를 사서 연필공장에 이용했다.

했다.

내가 그 집을 보러 갔을 때 콜린스 씨는 집에 없었다. 나는 집의 외부를 둘러보았다. 창문이라야 높고 우묵한 봉창封窓이었다. 그래서 집 안에서는 내가 밖에 있는지 바로 알아차리지 못했다. 원두막 식으로 지붕이 뾰족한 이 작은 집은 마치 퇴비더미처럼 흙이 다섯 자 높이로 사방을 두르고 있어서 지붕 외에는 별로 볼 것도 없었다. 지붕이 가장 온전한 부분인데, 그나마도 상당 부분이 햇볕에 말라 뒤틀려 있었다. 문턱은 아예 없고 문짝 밑은 닭이 무상으로 드나드는 통로였다.

콜린스 부인이 나와서 집 안도 둘러보라고 했다. 내가 가까이 가자 닭들이 쫓기듯 안으로 들어갔다. 집 안은 컴컴했다. 바닥은 대부분이 흙이어서 눅눅하고 끈적끈적하여 학질에 걸릴 것만 같았다. 판자래야 여기 한 장, 저기 한 장뿐이고 그나마도 다시 쓰려고 떼어내면 부스러질 것 같았다. 부인이 등불을 켜서 지붕과 벽 안쪽을 보여주었다. 또 침대 밑에 깔린 마루 판자도 보여주면서 지하실로는 발을 딛지 말라고 주의를 주었다. 그것은 지하실이라기보다 쓰레기가 두 자쯤 쌓인 구덩이 같았다. 부인의 말로는 "지붕 판자와 벽 판자는 좋은 판자들이고 창문도 쓸 만하다"고 했다. 원래 네모반듯하고 온전한 유리 두 장이 끼여 있었는데 최근에 고양이가 그 창문으로 뛰쳐나갔을 뿐이라고 했다. 집 안에는 난로 하나, 침대 하나, 앉을 것 하나, 그 집에서 태어난 갓난아기, 명주 양산 하나, 금박 테를 두른 거울 하나, 어린 참나무 가지에 못을 박아 걸어놓은 원두커피 가는 기계 하나가 살림의 전부였다.

집을 둘러보는 동안에 주인인 콜린스 씨가 돌아와서 흥정은 곧바로 이루어졌다. 내가 그날 밤 안으로 4달러 25센트를 지불하면 그는 다음날 아침 5시에 집을 비우고 그 동안에는 다른 사람에게 팔지 않을 것이며, 아침 6시에 내가 인수하기로 한 것이다. 그는 나더러 아침 일찍 오는 것이 좋겠다고 했다. 그곳에서 움막을 짓고 주변에서 불을 지필 나무를 긁어 땠다고 해서 땅세와 나무 값을 내라고 하는 경우도 있는데 아주 애매하고 부당한 요구라 생각되니 그런 요구가 있기 전에 미리 인수하는 것이 좋다는 것이었다. 그는 그것 이외에는 달리 문제가 될 것은 없다고 확언했다.

다음날 아침 6시에 길에서 그와 그의 가족이 떠나는 것을 봤다. 이삿짐이래야 큰 꾸러미 하나뿐이었다. 고양이를 제외하고 침대, 커피 기계, 거울, 닭들, 이것이 그들의 전 재산이었다. 고양이만 숲으로 도망쳐 들고양이가 되었다. 한데 나중에 안 일이지만 우드척을 잡으려고 놓은 덫에 걸려 죽은 고양이가 되고 말았다.

그날 아침에 나는 이 오두막집을 헐었다. 나는 판자의 못을 빼고 수레에 실어 호숫가로 운반하여 풀밭에 널어놓았다. 햇볕에 말려 표백을 하고 휜 것을 바로잡기 위한 것이었다. 숲속의 좁은 길을 따라 수레를 끌고 가노라니 일찍 일어난 개똥지빠귀 한 마리가 날아와 한두 곡의 흥겨운 노래를 선사해 주었다.

그 오두막으로 돌아오자 아일랜드 젊은이[118)]가 나에게 일러바치기를 이웃의 씰리라는 아일랜드 남자가 내가 수레를 끌고 간 사이에 아직도 쓸만하고 반듯반듯한 못이며 꺽쇠와 대못 같은 것을 호주머니에 넣었다는 것이었다.[119)] 그 때 씰리는 우물쭈물 시치미를 떼면서 새삼스럽게 생각났다는 듯이 허물어진 집터를 쳐다보고 있었다. 그의 말대로 '할 일감이 없어서' 구경이나 하고 있는 것이었다. 이를테면 그가 구경꾼들을 대표해서 와있던 셈이었다. 결국 이들이 이 하찮은

---

118) 원문 a young Patrick: 패트릭(Patrick)은 아일랜드인의 일반호칭. 영국인을 '존 불(John Bull)', 미국인을 '조나단(Jonathan)', 미국북부 사람을 '양키(Yankee)'라 부르는 것과 비슷하다.

119) 못은 그 무렵 기계로 만들게 되어 전보다 값이 쌌지만 여전히 훔쳐 넣을 만한 가치가 있었다.

일을 '트로이의 신전을 옮기는 것'[120] 만큼이나 중대한 사건이 되게 하는 데 한 몫을 해주었다.

나는 먼저 남향으로 경사진 언덕 기슭에 지하 저장실을 팠다. 거기에는 우드척이 나보다 먼저 이미 파놓은 굴이 있었다. 지하실의 깊이를 거망옻나무와 검정딸기나무 뿌리 밑쪽으로 풀이나 나무뿌리의 흔적이 더 이상 전혀 없는 고운 모래층이 나올 때까지 사방 6피트에 깊이 7피트로 파내려갔다. 아무리 추운 겨울에도 그 안에서 감자가 얼지 않을 깊이다. 지하실 벽은 경사진 대로 두고 돌을 쌓아 보강하지 않았지만 거기까지는 햇볕이 들지 않아 흙이 말라서 무너질 염려는 없었다. 이 작업을 하는 데는 불과 두 시간밖에 걸리지 않았다.

나는 이처럼 땅을 파는 일에서 각별한 즐거움을 느꼈다. 지구의 거의 어느 위도에서나 사람이 땅을 파들어 가면 균일한 온도를 얻을 수 있다는 사실이 작업을 한결 즐겁게 했다. 도시의 가장 화려한 저택 밑에는 아직도 여전히 지하 저장실이 있고, 사람들은 옛날과 똑같이 그곳에 먹을 것을 저장하고, 지상의 구조물이 사라지고 오랜 세월이 지난 뒤에도 후세 사람들은 땅 속에 파놓은 굴의 흔적을 보게 된다. 그러니 집은 아직도 땅굴의 입구에 세운 일종의 현관에 불과하다.

드디어 5월 초순에 나는 내 집의 뼈대를 세우는 상량上樑[121] 을 올렸다. 몇몇 친지들의 도움을 받았으나 그럴 필요가 있어서가 아니고 단지 이웃 간의 친목을 다지기 위한 좋은 기회로 삼기 위해서였다. 상량꾼들[122] 의 인품으로 말하면 아마도 그보다 더 훌륭한 상량꾼은 없

120) 트로이가 함락되기 전에 신들의 성스러운 상들이 옮겨졌다는 옛이야기. 호메로스의 서사시로 전해지고 있는 전설.

121) 상량上樑: 목조건물을 지을 때 기둥에 보를 얹고 그 위에 마룻대를 올리는 일. 이 일은 건물의 뼈대를 준공하는 최종 단계임으로 대개 식을 올렸다.

122) 에머슨, 올콧, W. E. 채닝, 버릴과 조지 커티스, 에드먼드 호스머와 그의 두 아들 존과 앤드류 등 당시 저명한 초월주의자들이 참여한 것으로 알려져 있다. 그러나 에머슨의 참석은 분명치 않다.

을 것이고, 그런 분들의 도움을 받는 영광을 입는 사람 또한 나밖에는 없을 것이다. 그들이야말로 언젠가는 보다 고귀한 건물의 상량을 도울 운명을 타고난 사람들임이 분명하다.

집에 판자를 붙이고 지붕을 올린 뒤 나는 곧바로 7월 4일[123] 입주했다. 판자들은 모서리를 비스듬히 깎아 꼼꼼히 겹쳐 붙였기 때문에 비는 새어들 수 없었다. 벽을 붙이기에 앞서 나는 집 모퉁이에 먼저 굴뚝의 기초를 놓았다. 기초에 쓸 돌은 두 수레분 정도 호수에서 팔로 안아서 언덕으로 날라다 썼다. 그러나 굴뚝의 몸체를 세우는 일은 가을 밭매기가 끝난 뒤에 하였다. 그때까지는 체온을 따뜻하게 하기 위해서 불이 꼭 필요한 것은 아니었기 때문이다. 밥 짓는 일은 당분간 이른 아침 집 밖의 마당에서 했다. 이런 방식이 어떤 점에서는 평상시의 방법보다 더 편리하고 유쾌했다. 빵이 다 구워지기 전에 비바람이 불 때는 불 위로 판자 몇 장을 고착시켜놓고, 그 밑에 앉아 빵이 구워지는 것을 지켜보면서 한동안 즐거운 시간을 보낼 수 있었다.

일손이 한창 바빴던 이 무렵에 나는 독서를 거의 하지 못했다. 그러나 내 보자기 노릇도 해주고 상보 노릇도 해준 신문지 조각이 땅에 놓인 것을 읽는 것도 독서에 못지않은 즐거움을 주었고, 실제로 《일리아드》[124]를 읽는 것에 못지않았다.

집을 지으려면 내가 했던 것보다 훨씬 더 신중히 생각해서 짓는 것이 좋을 듯싶다. 예를 들면 문이나 창문, 지하실이나 다락방이 인간의 본성에 어떤 근거가 있는지 곰곰 생각해본 다음에 지어야 한다. 어쩌면 일시적인 필요성보다 더 훌륭한 어떤 이유를 발견하기 전에는 아예 건물을 세우지 말아야 하는지도 모른다.

---

123) 미국의 독립기념일. 이날을 소로 자신의 독립의 상징으로 이용했다.

124) Iliad:트로이 전쟁을 다룬 호메로스의 서사시. 소로는 이 책을 월든으로 가지고 갔다.

사람이 자기 집을 짓는 것이나 새가 둥지를 짓는 것이나 그 목적은 상당히 비슷하다. 만일 사람이 자기 손으로 살 집을 짓고 소박하고 정직하게 자신과 가족을 위해 먹을 것을 마련한다면, 새들이 그런 일을 할 때 언제나 노래하듯이 모든 사람에게도 시적 능력이 개발되었을지 누가 아는가? 그러나 슬프도다! 우리는 남의 둥지에 알을 낳아 놓고서 귀에 거슬리는 요란한 소리로 지나가는 나그네의 귀를 따갑게 하는 찌르레기나 뻐꾸기처럼 행동한다.

우리는 자기 집을 짓는 기쁨을 영원히 목수에게 내맡길 것인가? 일반 사람들의 경험에서 건축이 차지하는 양은 얼마나 될까? 나는 여기저기 많이 돌아다니는 편인데도 자기 집을 짓는 그 단순하고 자연스러운 일을 하는 사람을 보지 못했다.

우리는 모두 공동체에 속해있다. 재단사 아홉 사람이 모여야 온전한 한 사람 몫을 한다는 말이 있다. 한데 재단사의 경우에만 온전한 한 사람의 9분의 1인 것은 아니다.[125] 목사나 상인이나 농부도 마찬가지다. 이 노동의 분업은 어디에서 끝날 것인가? 다른 사람이 나를 대신해서 생각할 수도 있다는 건 의심치 않는다. 그러나 그렇다고 해서 내 스스로 생각하지 않고 다른 사람으로 하여금 생각하는 일을 대신하게 하는 것이 바람직스러운가?

사실 우리나라에도 이른바 건축가로 불리는 사람들이 있다. 또 건축 장식에는 진리의 핵심과 필연성과 또 그에 따른 아름다움이 갖춰져야 한다고 생각하고, 그것을 마치 계시라도 받은 것처럼 신봉하는 건축가가 있다는 말도 들었다.[126] 그의 관점에서 보면 정말 그럴듯하

125) 17세기 후반의 영국에 "아홉 재단사가 한 사람이 된다"라는 속담이 있었다. 칼라일은 〈Sartor Resartus〉(taylor patched)에서 재단사를 "사람이 아니라 한 사람이 쪼개진 쪼가리"라 불렀다. 원래 이 속담은 교회에서 죽은 사람에 대한 조종을 아홉 번 친 데서 유래되었다.

126) 호라티오 그리노(1805~52)의 주장을 말함. '기능적 건축 장식'이란 생각을 피력한 조각가. 이 문절의 상당부분은 소로의 일지 1852년 1월 11일 자에서 나왔다.

다. 그러나 그건 흔해빠진 아마추어적 예술 취미에서 크게 진보한 것이 아니다. 감상적인 건축개량가인 그의 생각은 건물의 기초에서 시작한 것이 아니라 처마 둘레에서 시작한 것이다. 그것은 기껏해야 장식 안에 진리의 핵심을 넣는 방법에 지나지 않는다. 사실 모든 사탕과자에 아몬드나 캐러웨이 씨알이 들어있을 수도 있다. 하지만 나는 아몬드는 겉에 설탕을 입히지 않은 것이 몸에 더 좋다고 생각한다. 그의 생각은 어떻게 하면 거주자, 즉 그 안에서 사는 사람이 안과 밖을 참되게 짓고 장식은 저절로 해결하도록 내버려두자는 것이 아니다. 이성을 지닌 사람이라면 '장식'이란 그저 무언가 바깥쪽이고 껍질에 있는 것에 지나지 않는다고 생각할 수 있을까? 거북이가 등에 점박이 껍질을 갖게 되고, 조개가 조가비에 진주 빛깔을 갖게 된 것이 브로드웨이의 주민들이 자기들의 트리니티 교회[127]를 하청계약으로 짓는 것과 같이 하청계약으로 된 것이라 생각할 수 있겠는가?

인간과 그의 건축 양식과의 관계도 거북이와 그의 등의 반점, 조개와 조가비의 진주광택과의 관계와 전혀 다를 바가 없다. 병사가 한가롭다고 해서 자신의 무용을 상징하는 '색깔'을 깃발에 일일이 칠할 필요는 없는 것이다. 그렇게 하면 적군의 눈에 쉽게 뜨이고, 막상 시련이 닥치면 그 병사는 아마도 겁에 질려 초죽음이 될 것이다. 그 감상적인 건축 개량가도 내게는 마치 처마둘레에 기대어 서서 사실은 자기보다 진리를 더 잘 알고 있는 순진한 거주자에게 겁먹은 소리로 자기의 반쪽밖에 되지 않는 진리를 속삭이는 것만 같다.

지금 내가 보고 내가 아는 건축의 아름다움이란 것은 안에서 밖으로 점차 우러나온 것이다. 다시 말해서 손수 집을 짓고, 그 안에서 사는 사람의 필요와 성격에 따라서 겉모습에 대한 생각은 전혀 없이 어

---

127) Trinity Church: 뉴욕 중심가에 있는 고딕 양식이 재현된 건물. 화재로 소실되었으나 1846년에 재건됨. 화려한 장식으로 유명.

떤 무의식적인 진실성과 고귀한 품성에서 우러나온 것이다. 그리고 그런 종류의 아름다움이 더 나오게 되어 있다면 그것이 어떤 것이든 그에 앞서 이와 비슷한 무의식적인 삶의 아름다움이 먼저 있을 것이다. 바꾸어 말하면 무의식적인 삶의 아름다움이 있고, 그 다음에야 건축의 아름다움이 있다는 말이다.

우리나라에서 가장 관심을 끄는 집은 화가들이 알고 있듯이 대체로 가난한 사람들이 사는 가장 꾸밈이 없고 소박하기 짝이 없는 통나무집이나 오두막집이다. 그리고 그 집들이 정취를 자아내는 아름다운 그림이 되게 하는 것은 집을 껍질로 삼고 그 안에서 사는 사람의 생활이지, 단순히 그 집 표면의 어떤 특징 때문이 아니다. 교외에서 사는 도시인의 '상자 같은' 집이라도 그 안에서 사는 사람의 생활이 소박하고 쾌적하다고 상상되고, 주거 양식에 인위적인 효과를 노린 흔적이 없게 느껴진다면야 통나무집이나 오두막집과 똑같이 흥미가 있을 것이다. 한데 그럴 리가 있겠는가?

건축의 장식이란 대부분 문자 그대로 공허한 것이어서 9월의 강풍이 불어 닥치면 빌려다 꽂아놓은 깃털처럼 깨끗이 날아가 버릴 것이다.[128] 그래도 본질에는 아무런 상처가 없다. 지하 저장실에 올리브나 포도주[129]를 저장해 놓지 않은 가난한 사람은 건축 양식 따위가 없어도 살아갈 수 있다.

만일 문학에서 문체의 장식을 둘러싸고 이와 같은 소동이 벌어졌다면, 그리하여 우리의 성서를 쓴 사람들, 성서를 쌓아올린 건축가들이 우리의 교회를 짓는 건축가들처럼 배내기 장식을 하는 소동에 그렇게 많은 시간을 보냈다면 도대체 어찌 되었을까? '순수문학'과 '순수미술' 또 이것들을 가르치는 교수들은 그런 소동에서 탄생된 것이다.

---

128) 콩코드 지방에서는 9월 바람이 가장 세다. 《이솝 우화》의 〈여치와 공작〉을 참조.
129) 값비싼 음식을 말함.

그저 막대기 몇 개를 자기 머리위에 또는 발아래에 기울여 놓는 일, 또 자기가 들어갈 감방 같은 상자에 색을 칠하는 일에 사람은 정말 무던히도 마음을 쓴다. 그것도 자기가 살 집을 짓는 집주인이 진정한 의미로 막대를 기울여 본다거나 색깔을 칠한다면 무언가 그래도 의미가 있을지도 모르겠으나 집주인의 혼은 이미 빠져나가고 없는 상태에서 그런 일을 한다는 것은 자신의 관을 만드는 일, 즉 무덤을 쌓는 기술일 뿐이다. '목수'라는 말은 '관을 짜는 사람'이라는 말의 또 하나의 다른 말에 지나지 않는다.

어떤 사람은 이런 일에 고심하다가 인생을 절망해서인지 혹은 냉담해서인지 결국 당신 발밑에서 흙 한 줌을 쥐어 당신 집을 칠하시오 한다.[130] 자신의 마지막 좁은 집인 무덤을 생각하는 것일까? 그런 일이라면 차라리 동전을 던져서 결정하는 편이 낫다. 그런 걱정을 하다니 얼마나 할 일 없는 사람인가! 왜 하필 흙인가? 차라리 당신의 얼굴색을 집에 칠하는 것이 더 좋겠다. 당신을 대신해서 창백해지기도 하고 붉어지기도 하게 말이다. 한데 오두막의 건축 양식을 개선하는 사업이라니! 누가 내게 맞는 장식을 마련해 놓았다면 그것들이나 걸쳐 보리라.

겨울이 오기 전에 나는 굴뚝을 쌓았다. 그리고 이미 비가 새어들지는 않게 되었지만 외벽에 널판자를 댔다. 이 판자들은 통나무에서 톱으로 맨 먼저 켜낸 생나무여서 울퉁불퉁한 곳을 대패로 반듯하게 밀어주어야 했다. 나는 이렇게 해서 널판자를 대고 외벽에 회칠을 한 견고한 집 한 채를 갖게 되었다. 폭 10피트, 길이 15피트, 기둥 높이 8피트였다. 다락방과 벽장이 있고, 양측에 각각 큰 창문 하나, 덧문 두

130) 워즈워스에 의하면 조슈아 레이놀즈 경(1723~92)은 "네 집에 가장 알맞은 색을 칠하고 싶으면 돌멩이 하나를 뒤집어 보거나 풀을 뿌리 채 뽑아 집이 서 있는 흙의 색깔로 정하라"라고 말하곤 했다 한다(Cramer). 레이놀즈는 영국 초상화가.

짝, 한쪽 끝에 출입문, 그 맞은편에 벽돌로 쌓은 벽난로가 있다.

내 집을 짓는 데 들어간 정확한 건축 비용은 다음과 같다. 사용한 자재에 대해서는 일반적인 시세로 지불한 것이고, 인건비는 모든 작업을 혼자 했기 때문에 계산하지 않았다. 내가 이 명세서를 제시하는 것은 자기 집의 정확한 건축 비용을 모르는 사람이 태반이고, 설사 안다 하더라도 집에 쓰인 자재비용을 항목별로 아는 사람은 더욱 드물기 때문이다.

판자	$8.03 1/2(대부분 헌 움막을 뜯은 판자)[131]
지붕과 벽에 쓴 널판자	$4.00
욋가지 살대[132]	$1.25
유리가 끼여 있는 헌 창문 두 짝	$2.43
벽돌 1,000개	$4.00
석회 2포	$2.40(이건 비싼 편이다.)
석회에 섞는 솜	$0.31(필요 이상의 분량임)
난로 아궁 철제 틀	$0.15
못	$3.90
경첩 및 나사못	$0.14
빗장 걸쇠	$0.10
백묵	$0.01
운반비	$1.40(대부분은 내 등으로 운반했음)
합계	$28.12 1/2

131) 0.5센트 동전은 1840년대에는 흔하지 않았지만 1857년까지 주조되기는 했다. 그러나 여기서는 당시 부기의 기장 형식의 풍자적인 모방이다.

132) Laths:지붕이나 벽 속에 엮어 넣는 가느다란 나무. 대나무나 수숫대를 주로 이용했다.

이것이 사용한 자재의 전부다. 단 무단정주자無斷定住者[133]의 권리로서 주변에서 주워다 쓴 나무, 돌, 모래는 포함하지 않았다. 나는 또 이 집에 붙여서 작은 헛간 하나를 지었다. 주로 집을 짓고 남은 자재를 사용했다. 이 집만큼 내 마음에 들고 이 집보다 비용이 더 들지 않는다면야 당장에라도 콩코드 읍의 중심가에 있는 어느 집보다 더 웅장하고 화려한 집을 한 채 지을 생각이다.

이렇게 해서 내가 알게 된 것은 집을 원하는 학생이 있다면 일생 동안 살 수 있는 집을 해마다 내는 집세보다 적은 비용으로 얻을 수 있다는 사실이다. 내가 지나치게 자만하는 것으로 보인다면 그건 나를 위한 자만이 아니라 인류를 위한 자만이라고 변명하련다. 그리고 나의 결점과 모순이 내가 한 말의 진실성에 영향을 주는 것은 아니다. 좀 청승맞고 위선적인 면이 다소 있다 하더라도 나 자신의 껍질을 알맹이에서 따로 떼어내기가 어렵다는 것을 나 스스로 깨닫고 있고, 또 다른 사람들만큼 나도 이를 유감스럽게 생각하고 있다. 그러니 이점에서만은 좀 마음대로 숨도 쉬고 사지도 펼 생각이다. 그렇게 하는 것이 육체적으로 도덕적으로 훨씬 더 위안이 되기 때문이다. 그리고 나는 겸손 때문에 결코 악마의 대변자가 되지는 않을 결심이다. 나는 다만 진리에 유익한 말을 하려고 노력할 따름이다.

캠브리지 대학[134]에서는 내 방보다 조금 클 뿐인 학생의 방에 방세를 1년에 30달러나 받고 있다. 그것도 32개의 방을 한 지붕 밑에 다닥다닥 붙여 지은 것이어서 학교 재단에서는 이익을 보겠지만 기숙하는 학생은 이웃에 시끄러운 학생들이 많기 때문에 괴로울 뿐만 아니라 때로는 4층에 배정되는 불이익을 감수해야 한다.[135] 이런 점들에

133) squatter:지주의 허락 없이 점유하고 그 권리를 주장하는 사람. 소로는 지주인 에머슨의 허락을 사전에 받았다.

134) Cambridge College:현재의 하버드 대학을 말함. 소로는 이 학교를 1837년에 졸업했다.

135) 소로는 1835년에 하버드 대학 기숙사 홀리스 홀(Hollis Hall)의 4층 31호실에서 지냈다.

우리가 좀 더 참다운 지혜를 발휘했더라면 정말이지 교육은 학교에 들어오기 전에 이미 받을 만큼 받은 것도 많았을 것이니 교육의 양을 줄일 수 있을 뿐만 아니라 그에 들어가는 금전적인 비용도 대량으로 없앨 수 있었을 것이라 생각하지 않을 수 없다.

캠브리지나 여타의 대학에서 학생들이 필요로 하는 여러 시설들은 학생 자신이 아니면 그 외의 누군가에게 크나큰 삶의 희생을 치르게 한다. 이는 적절히 관리했을 때 치를 희생보다 10배나 더 큰 희생이다. 돈이 가장 많이 드는 것들이 결코 학생이 가장 절실하게 필요로 하는 것일 수는 없다. 예를 들면 수업료는 학기 등록금 청구서 중에 큰 몫을 차지하는 항목이다.[136] 그런데 학생이 당대의 사람들 중에서 가장 교양이 높은 사람들과 사귄다면 그에서 얻는 교육은 훨씬 더 값진 것인데 거기에는 비용이 들지 않는다.

대학을 설립하는 방식은 대체로 몇 달러 몇 센트의 기부금을 조성하고, 그 다음에는 분업의 원리에 따라 바로 청부업자를 불러들인다. 한데 이 분업의 원리란 것은 정말 신중히 고려하지 않고는 결코 따르지 않아야 할 원리다. 한데도 이를 극도로 맹종한다. 그러니 대학 설립을 돈벌이 투기 대상으로 삼는 청부업자는 자기가 일을 하는 것이 아니라 실제로는 아일랜드 사람이나 다른 노동자들을 고용하여 기초[137]를 놓는다. 그러면 다른 한쪽에서는 그 학교에 들어갈 예비 학생들이 그들 스스로 거기에 맞추고 있다고 한다. 신중하게 고려하지 않은 이 잘못된 설립과정 때문에 후손들이 대대로 계속 그 대가를 치를 수밖에 없게 되었다.

나는 학생들 그리고 대학의 혜택을 받고자 하는 사람들이 직접 그

---

136) 1836~37학년도 하버드 대학교 카탈로그에 따르면 수업료 $90.00, 기숙사비 42주에 $94.50, 교재비 $12.50, 특별 보수비 $3.00, 세탁비 $3~$5.00, 연료비 $7.50~$8.00로 되어있다.

137) 원문 lay the foundations:'founding a college'의 뜻의 익살.

기초 공사에 참여한다면 '이보다 결과가 훨씬 더 좋을 것'이라 생각한다. 인간에게 꼭 없어서는 안 될 육체노동을 계획적으로 기피하고 여가를 얻는 학생이 있다면 그가 얻은 여가는 불명예스럽고 가치 없는 것일 뿐만 아니라 여가를 유익하게 만들 수 있는 경험을 스스로 빼앗아버리는 것이 될 것이다.

"하지만 당신 말은 학생들이 머리가 아니고 손으로 일해야 한다는 뜻은 아니겠지요?" 하고 묻는 사람도 있을 것이다. 정확히 그런 뜻은 아니다. 그러나 거의 그런 뜻으로 생각해도 좋다.[138] 내가 하고자 하는 말은 이 사회가 교육이라는 이 값비싼 놀이에 대한 대가를 치르는 동안에 학생들이 인생을 '장난' 하거나 인생을 '탐구'만 하지 말고 처음부터 끝까지 진지하게 인생을 '살아야' 한다는 말이다. 지금 바로 인생을 살아가는 실험을 하는 것 이상으로 젊은이들이 인생을 더 잘 배울 수 있는 방법이 어디에 있겠는가? 나는 그것이 수학을 공부하는 것 못지않게 정신을 단련시키는 것이라 생각한다.

예를 들어 소년으로 하여금 예술과 과학에 관해 무언가를 알도록 하고 싶으면 그 아이를 나는 단순히 어떤 교수가 있다고 해서 그 이웃으로 보내는 일반적인 방법을 따르지는 않을 것이다. 왜냐하면 그곳에서 모든 것을 다 가르치고 실습하고 있다고 해서 삶의 예술까지 가르치는 것은 아니기 때문이다.

그들은 망원경과 현미경으로 세상을 관찰하는 법은 가르치지만, 자신의 육안으로 세상을 보는 법은 결코 가르치지 않는다. 화학은 공부하지만, 자기가 먹는 빵이 어떻게 만들어지는 것인지는 배우지 않고, 기계학을 배우면서도 빵을 어떻게 얻는 것인지는 배우지 않는다.

---

138) 조지 리플리가 주도한 브룩 팜(Brook Farm, 1841~1847)과 올콧이 주도한 프루틀랜즈(Fruitlands, 1843~44)는 실천을 중시한 공동체 운동이었다. 이 운동의 이론과 비슷한 주장이다. 리플리가 에머슨에게 보낸 편지에서 "사상이 노동을 관장하고, 노동은 사상의 확대에 공헌할 것이다"라고 말했다.

그들은 해왕성을 도는 새로운 위성은 발견하면서도[139] 자기 눈에 들어 있는 티는 발견하지 못하고[140] 자기 자신이 어느 불량배의 위성이 되어 있는 데도 그 사실은 발견하지 못한다. 자기 주변에서 우글거리는 괴물이 자기를 삼키려 하고 있는데도 이를 모르고 식초 한 방울에 들어있는 괴물을 열심히 관찰하고 있다.

만약 자기가 갖고자 하는 주머니칼을 만들기 위해서 이에 필요한 참고서를 읽어가면서 자기 손으로 쇠붙이를 캐내고 녹여서 칼을 벼려낸 소년이 있고, 반대로 그 동안에 학교에서 야금학 강의를 들으면서 자기 아버지에게서 '로저' 상표가 붙은 주머니칼[141]을 선물로 받은 학생이 있다면 한 달 후 어느 학생이 더 많은 지식을 얻게 될까? 둘 중에 누가 손가락을 벨 위험성이 더 높을까? 나는 대학을 졸업할 때 내가 항해학航海學[142]을 이수했다는 사실을 알고서 퍽 놀란 일이 있지 않았던가! 그렇다. 내 스스로 배를 조종하여 항구를 한 번만이라도 돌아 들어왔더라면 그 학과에 대해 더 많이 이해했으리라. '가난한' 학생들까지도 정치경제학만을 공부하고 강의를 듣고 있다. 그런데 생활의 경제학은 — 그건 바로 철학인데 — 오늘날의 대학에서는 진지하게 가르치지 않고 있다. 그 결과 학생은 애덤 스미스[143], 리카도[144]와 세이[145]를 읽고 있는 동안에 그의 아버지를 빚더미 속으로 몰

---

139) 1846년 9월에 독일의 갈레(J. G. Galle)가 해왕성을 발견한 몇 달 후에 영국의 천문학자 윌리엄 러셀(1799~1880)이 그 별의 한 위성을 발견했다.

140) 《신약성서》〈마태복음〉 7:3 "어찌하여 형제의 눈 속에 있는 티는 보고, 네 눈 속에 있는 들보는 깨닫지 못하느냐"를 인유. 〈누가복음〉 6;41에도 같은 구절이 있다.

141) 영국 셰필드의 'Joseph Rodgers & Sons'에서 만든 칼이 유명했다.

142) 1830년대의 하버드 대학교의 2학년 수학 과목의 일부로 항해천문학(Nautical astronomy)을 이수했다.

143) Adam Smith(1723~90):영국의 경제학자. 경제학의 최대고전 《국부론國富論》을 써서 자유방임의 이론을 전개하였음.

144) David Ricardo(1772~1823):영국의 경제학자. 지대론地代論을 기초로 분배의 여러 법칙을 규명. 노동가치설 등을 남김. 저서로는 《경제학 및 과세의 원리》 등이 있음.

145) Jean Baptiste Say(1767~1832):프랑스 경제학자. 유럽에서의 아담 스미스의 계승자.

아넣고 만다.

우리의 대학에서처럼 그 무수한 '현대식 개선'이란 것들도 그렇다. 대학에서처럼 그들은 하나의 환상에 싸여 있다. 그러니 긍정적인 발전이 늘 있는 것이 아니다. 사실 '현대식 개선'에는 처음부터 악마가 들어와 있다. 초기 출자 지분에 대해서는 말할 것도 없고, 그 이후 계속되는 수많은 투자에 대해서도 끝까지 계속 복리를 짜낸다. 우리의 발명품이란 것도 사물을 진지하게 보지 못하도록 우리의 눈을 흐리게 하는 예쁜 장난감이 되는 경우가 많다. 그들은 '개선되지 않은 목적'을 달성하기 위한 '개선된 수단'에 지나지 않는다. 그 목적은 기차가 보스턴이나 뉴욕에 쉽게 도착하듯이 그런 새로운 발명품 없이도 달성하기가 너무 쉬워서 달성할 필요도 없는 그런 목적에 불과하다.

우리는 메인 주에서 텍사스 주까지[146] 자석식 전신선[147]을 가설하려고 무척 급히 서두르고 있다. 그런데 어쩌면 메인과 텍사스 사이에는 서로 교신하지 않으면 안 될 만큼 중요한 것이 없는지도 모른다. 어떤 사나이가 귀먹은 저명한 부인[148]에게 소개되기를 간절히 바랐으나 막상 그녀를 만나 보청기 나팔대 한쪽이 손에 닿으니 할 말이 없어 당혹스러웠다고 하는데, 양쪽이 이와 똑같은 곤경에 빠져 있다. 그 전선을 가설하는 주요 목적은 빠른 속도로 이야기하자는 것이지 말

효용학파의 선구자. 소로는 그의 저서 《A Treatise on Political Economy, or, The Production, Distribution, and Consumption of Wealth》 (C. R. 프린시 역, Philadelphia, 1834)를 가지고 있었다.

146) 메인 주와 텍사스 주는 캘리포니아가 1850년에 편입될 때까지 당시 각각 미국의 동쪽과 서쪽의 끝이었다. 소로는 《콩코드와 메리맥 강에서의 일주일》에도 같은 구절을 썼다. "미국은 메인에서 텍사스까지 웃음소리를 보낼 만큼 여가를 누린다."

147) 사무엘 모스(1791~1872)의 자석식 전신(magnetic telegraph)이 콩코드에서 사용된 것은 1851년 8월이었지만 발명된 1835년 이후 10년 동안에 그 사용이 급속히 늘어났다.

148) 유명한 영국 여류 사회개량가이고 언론인이었던 해리엇 마티노(1802~1876)를 말한다. 그녀는 청각장애로 항시 보청용 나팔(Ear trumpet)을 휴대했다. 그녀가 1834~35년 미국을 여행하고 노예폐지론자가 되어 미국의 생활을 비난하는 두 권의 책 《Society in America》(1837)와 《A Retrospect of Western Travel》(1838)을 써서 미국 사회에 널리 알려졌다.

을 알아듣도록 하기 위한 것이 아니기 때문이다.

우리는 대서양 밑에 해저 전선을 가설하여 구세계의 소식을 신세계에 몇 주 더 앞당겨 가져오기를 열망하고 있다.[149] 그러나 미국의 큰 귀에 들어오는 첫 소식은 어쩌면 아델라이드 공주[150]가 백일해에 걸렸다는 소식 정도일 것이다. 결국 1분에 1마일을 달리는 말을 탄 사람이 가장 중요한 전령의 사명을 지니고 있는 것은 아니다. 복음의 전달자도 아니요, 메뚜기와 꿀을 먹으면서 왕림하는 예언자[151]도 아니다. 저 유명한 경주마 플라잉 차일더즈[152]가 옥수수 한 말이라도 방앗간으로 운반한 적이 있는지 의문이다.

어떤 사람은 내게 이런 말을 하기도 한다. "여행을 좋아하실 터인데 여행을 위해 돈을 저축하지 않으시니 이상하군요. 기차만 타면 피츠버그에 오늘 도착하여 그 지역을 구경하실 수 있으실 텐데요." 하지만 나는 그런 짓을 하지 않을 만큼은 현명하다. 가장 빠른 여행자는 자신의 두 발로 여행하는 사람이라는 것을 나는 잘 알고 있다. 나는 그 친구에게 우리 둘 중에 누가 먼저 도착하는지 시합해 보자고 한다. 그곳까지 거리는 30마일, 차비는 90센트다. 그리고 그 돈은 거의 하루치 임금이다. 나는 바로 이 철도 노선에서 일했던 노동자의 하루 임금이 60센트였던 것을 기억하고 있다.

"자, 그러면 지금 당장 출발하면 나는 오늘밤 안으로는 그곳에 도착하네. 나는 전에 매일 이 정도의 거리를 걸어서 1주일 동안이나 여행한 적이 있네. 한데 기차를 타고 가는 자네는 그 동안에 기차 운임

149) 1858년에 최초의 가설이 있었고, 1866년에 최초의 항구적인 케이블의 가설이 완료되었다.

150) 1818년에 클라렌스의 공작과 결혼한 아델라이드 공주(1792~1849)를 말한 것 같다. 1830년에 남편이 윌리엄 4세가 되었다.

151) 세례자 요한을 말함. 〈마태복음〉 3:4. "……그의 음식은 메뚜기와 들꿀이었더라."

152) Flying Childers:세계에서 가장 빠른 경주마. 요크셔의 레오나르드 차일더즈(1673~1748)가 길렀다.

을 벌어야 할 것이고, 그곳에는 내일 아니면 잘해야 오늘 저녁에 도착할 것이네. 그것도 운이 좋아서 때맞게 일자리가 있을 때의 이야기가 아니겠는가? 자네는 피츠버그에 가기도 전에 여기서 일을 하면서 하루 대부분을 보내야 한다는 계산이 나오네. 그러니 철로로 세계를 일주한다 하더라도 내가 계속 앞서간다는 계산이 나오네. 또 그 지방을 구경하고, 또 그 여행에서 쌓인 경험까지 계산한다면 자네와는 교분을 끊어야 할 만큼 차이가 생길 것일세."

우주의 법칙이 바로 이와 같다. 아무도 그 법칙을 앞지를 수 없다. 빠른 것 같지만 빠르지 않다. 심지어 철도에 관해서도 우리는 결국 마찬가지라 말할 수 있다. 철로를 세상 방방곡곡에 놓아 인류 모두가 이용할 수 있게 한다는 것은 지구 표면 전부에 평평하게 길을 닦는다는 것과 같다. 사람들은 만일 주식을 공모하고 삽질하는 활동[153]을 오래 계속하면 모두 언젠가는 결국 공짜로 어디든지 타고 가게 되리라는 막연한 생각을 하고 있다.

그러나 사람들이 정거장에 몰려오고, 차장이 "모두 타시오!" 하고 외치면 기차는 연기를 뿜어내고 증기는 압축되겠지만[154], 차에 오른 사람은 실제 몇 사람 되지 않고 나머지는 차 밑에 깔려있음을 알게 될 것이다. ― 그러면 '서글픈 사고'[155]라 할 것이고 사실이 그렇다.

물론 오래 살아서 차비를 벌어놓은 사람은 결국 기차를 탈 수 있으리라는 것을 의심치 않는다. 그러나 그때가 되면 아마 그들은 여행할 기력도 없는 상태가 되어 있을 것이다. 이와 같이 여행할 돈을 벌기

---

153) 원문 this activity of joint stocks and spade:'공동 자본과 작업'에 대한 익살.

154) 당시 기차는 압축된 증기의 힘을 이용한 증기기관차였다. 주로 석탄을 땠기 때문에 기관차 굴뚝에서 연기가 많이 나왔고, 출발할 때 압축 증기를 뿜어내는 소리 또한 요란했다. 증기를 뿜어대는 박자가 빨라지면 속력도 빨라지고, 기적이 울릴 때는 위로 하얀 증기가 솟아올랐다.

155) 원문 A melancholy accident:당시 선박이나 철도에 관한 사고를 설명하는 신문 기사에 상투적으로 쓰인 용어. 소로는 기계 문명의 모순을 암시한다.

위해 인생의 황금기를 소모하고 그 대가로 일생 중에서도 최악의 시기가 되어서야 그렇듯 미심쩍은 자유를 즐기려고 하는 사람을 보면, 나는 만년에 고국에 돌아와 시인의 삶을 살기 위해서 돈을 벌려고 인도로 떠났다는 어느 영국 사람이 생각난다.[156] 그는 인도로 갈 것이 아니라 곧장 다락방에 파묻혀서 시를 쓰는 생활을 시작했어야 했다.

"도대체 무슨 말이오! 우리가 놓은 이 철도가 좋은 사업이 아니란 말이오?" 하고 철도공사에 종사하는 수백만 아일랜드인 노동자들이 전국에 있는 판잣집에서 펄쩍 뛰며 항의할지도 모른다. 그러면 나는 "그야 좋은 일이지요. '비교적' 좋은 일이란 말입니다. 다시 말하자면 당신들은 그보다 더 가치 없는 일을 했을 수도 있었을 테니까요. 그러나 당신들은 나의 형제들이니 이렇게 땅을 파는 것보다 더 좋은 일에 시간을 보낼 수 있다면 좋겠다고 생각할 따름이오" 하고 대답할 것이다.

집 짓는 일을 끝내기 전이었다. 나는 생활의 임시비용에 대비하기 위해 10 내지 12달러 정도의 돈을 정직하고도 유쾌한 방법으로 벌 수 없을까 하고 생각한 끝에 집 근처의 약 2에이커[157] 반 정도의 푸석푸석한 모래땅에 강낭콩을 심었다. 그리고 한쪽에는 감자, 옥수수, 완두콩과 무를 심었다. 그 땅은 전체 11에이커였다. 한데 대부분 소나무와 히코리나무가 무성하여 지난봄에 에이커 당 8달러 8센트에 팔렸다. 어떤 농부는 이 땅을 가리켜 "아무짝에도 쓸모없는 땅으로 그

---

156) 소로는 로버트 클리브(1725~74)나 워렌 헤이스팅스(1732~1818)를 말하는 것 같다. 이들은 이름난 시인은 아니지만 전자는 영국 관리로 인도의 식민통치에 공헌하는 일을 하고 후에 시를 썼다. 후자는 인도 초대 총독으로 당시에 번역된 《Bhagavad Gita》의 서문을 썼고, 소로는 이를 자기가 쓴 《콩코드와 메리맥 강에서의 일주일》에 언급했다(W 1:142~44).

157) 1에이커:약 1,224.2평. 이 땅 11에이커를 에머슨이 샀다. 1844년 10월 4일 그의 형 윌리엄에게 보낸 편지에 그 내용이 적혀있다.

저 다람쥐들이나 짹짹거리고 모여들 뿐이라" 했다. 나는 이 땅에 거름을 전혀 주지 않았다. 나는 이 땅의 임자가 아니고 잠시 부쳐 먹는 사람에 지나지 않을 뿐더러 다음해에 그 많은 땅을 경작할 생각도 없었기 때문이었다. 나는 한 번도 김매기를 한꺼번에 끝낸 적이 없다. 그 땅을 쟁기질하면서 나무 그루터기를 여러 개 파냈다. 그것들은 오랫동안 나의 땔감이 되었다. 파낸 자리는 작고 둥근 처녀지가 되어 그곳에 심은 강낭콩이 특히 무성하게 자라서 여름내 쉽게 눈에 띄었다. 그밖에도 집 뒤에 있었던 상품 가치가 없는 말라 죽은 나무와 호수에서 떠내려 온 나무를 연료로 충당했다.

밭을 가는 데는 쟁기 딸린 말 한 마리와 인부 한 사람을 고용해야 했다. 하지만 쟁기질은 내가 직접 했다. 내가 농사에 들인 첫해 비용은 농기구, 종자, 품삯 등 14달러 72센트 반이었다. 옥수수 종자는 거저 얻은 것이지만, 돈을 주고 샀다 하더라도 필요 이상으로 많이 심지 않는 한은 별로 문제가 될 만한 비용은 아니다. 농장의 수입은 강낭콩 12부셸[158], 감자 18부셸과 약간의 완두콩, 옥수수 등이었다. 노랑옥수수와 무는 씨를 뿌리는 시기를 놓쳐서 거둬들인 것이 없었다. 이렇게 해서 농장에서 얻은 수입은 모두 23달러 44센트였다. 여기서 지출을 빼고 남은 돈은 8달러 71센트 반이다.

수입	$23.44
지출	$14.72 1/2
남는 돈	$8.71 1/2

이외 내가 그 동안 소비한 농작물은 계산하지 않더라도 위의 계산

158) Bushel: 약 36리터. 약 2말.

을 한 시점에서 내 수중에 남은 농작물이 4달러 50센트의 값어치는 되었다. 이 액수는 내가 가꾸지 않았지만 저절로 자란 풀을 판 약간의 풀값을 빼고도 남았다. 이 모든 것을 감안하면 즉 한 인간의 정신과 현재라는 시점의 중요성을 고려할 때, 나의 실험이 짧은 기간에 걸친 것임에도 불구하고, 아니 어떤 면에서는 그 일시적인 성격 때문에 나의 농사는 콩코드의 어느 농민의 것보다 우수한 것이었다고 나는 믿는다.

이듬해에는 성과가 더욱 좋았다. 필요한 땅 약 1/3에이커를 모두 내가 손수 삽질하여 일구었기 때문이었다. 두 해의 경험으로 나는 다음과 같은 사실을 알았다. 아더 영[159]이나 여타의 저명한 농학자의 여러 저서에 압도되어서 하는 말은 아니다. 만일 사람이 자기가 직접 가꾼 곡식만 먹되 필요한 만큼만 가꾸고 또 수확한 농작물을 보다 사치스런 값비싼 물건과 바꾸지 않고 소박하게 산다면 불과 몇 로드[160]의 땅을 일구는 것만으로도 충분히 먹고 살 수 있다. 땅을 가는 데 황소를 이용하기보다는 직접 자기 손으로 삽질을 하고 오래 경작한 땅에 거름을 주는 것보다 그때그때 새 땅으로 바꾸는 것이 비용이 적게 든다. 그리고 필요한 농사일을 모두 여름철의 여가 시간에 말하자면 왼손 하나만으로도 능히 할 수 있어서 현재처럼 소나 말이나 돼지에게 매달릴 필요가 없다는 사실이다.

이 점에 대해 나는 현재의 경제적 사회적 제도에서의 성공이나 실패와는 아주 무관한 사람으로서 아무런 치우침 없이 공정하게 말하고 싶은 거다. 사실 나는 콩코드의 어느 농민보다 독립적이었다. 나는 집이나 농장에 얽매이지 않았고, 어느 순간에도 나의 내면의 혼[161]

159) Arthur Young(1741~1820):영국의 저명한 농학자. 《Farmer's Guide in Hiring and Stocking Farms》(London, 1770), 《Rural Economy:or, Essays on the Practical Parts of Husbandry》(London, 1770) 등을 남김.

160) rod는 면적의 경우 약 7.5평(25.3평방미터). 길이의 경우 약 5미터.

의 취향을 따를 수 있었다. 그것도 사뭇 별난 취향인데도 말이다. 그래도 나는 이미 그 사람들보다 더 잘 살았고, 만일 내 집이 불에 타 없어졌거나 농사에 실패했다 하더라도 나는 거의 전과 다름없이 여전히 잘 살았을 것이다.

나는 사람이 가축의 주인이라기보다 가축이 사람의 주인이라는 생각을 늘 하곤 했다.[162] 가축이 사람보다 더 자유로워 보이기 때문이다. 사람과 황소는 서로 일을 교환하고 있다. 그러나 꼭 필요한 일만을 생각한다면 황소가 크게 유리해 보인다. 그들의 농장이 그만큼 더 크다. 사람은 황소와 노동을 교환하는 조건의 일부로 6주간의 건초 작업을 하는데 그것은 결코 아이들의 놀이처럼 쉬운 작업이 아니다.

모든 면에서 진정으로 소박하게 살아온 국민, 즉 철인들로만 된 국민이라면 동물의 노동을 이용하는 것과 같은 큰 실수는 저지르지 않았을 것이다.[163] 사실 철인의 나라는 있었던 적이 없었고 머지않아 있을 것 같지도 않다. 또 그런 나라가 있는 것이 바람직한 것인지 나 자신 또한 확신하는 것도 아니다. 그러나 '나'로서는 결코 말이나 소를 길들여 나의 일을 대신해 준 대가로 그들의 하숙을 떠맡는 짓은 하지 않을 것이다. 마부나 소몰이꾼이 되어버릴까 두렵기 때문이다.

그렇게 함으로써 사회가 이득을 보는 것 같지만 어느 한쪽의 이득이 다른 한쪽의 손실이 되지 않는다고 확신할 수 있는가? 마구간의

161) 원문 genius:소로의 이 술어는 무언가 증거를 초월하여 진리를 직관하는 천부적이고 내적인 혼을 말한다.

162) 스위프트(1667~1745)의 《걸리버 여행기》에 나오는 이야기 중에 말 같은 짐승인 휴이넘(Houyhnhnms)이 사람과 같은 야후(Yahoos)의 주인 노릇을 하는 이야기를 참작했거나 찰스 레인(1800~1870)과 브론슨 올콧이 〈The Consociate Family Life〉라는 글에서 "So long as cattle are used in agriculture, it is very evident that man will remain a slave, whether he be proprietor or hireling. ……"라 쓴 비슷한 주장을 참조했을 가능성이 크다.

163) 아마 프루틀랜즈(Fruitlands)의 공동체 경험을 참조했을 것이다. 레인과 올콧이 그에 대한 보고를 "궁극적으로 쟁기와 소의 노동을 삽과 전지 칼로 바꾸었다"고 쓴 글을 1943년 7월호의 《다이얼》지에 실었다.

주인을 만족시킨다 해서 마구간을 지키는 소년도 똑같이 만족시킨다고 확신할 수 있는가? 이런 가축의 도움이 없이는 일부 공공사업들은 건설할 수 없었다 치자. 또 인간도 소나 말과 함께 그 사업의 혜택을 받는다 치자. 만일 그렇다 하더라도 인간 스스로 혼자서 그보다 더 값진 일을 이룩할 수 없다고 말할 수 있는가?

사람이 가축의 도움이 없어도 되는 일, 겉보기 좋은 일을 하는 것만이 아니라 사치스럽고 헛된 일까지도 가축의 도움을 받기 시작한다면 그때는 적어도 몇몇 사람은 소와 서로 바꿔서 하는 일, 즉 소가 일하도록 챙기는 모든 일을 떠맡게 된다. 달리 말하자면 가장 힘센 사람의 노예들이 된다는 말이다. 그래서 사람은 자기 안에 있는 동물을 위해서 일할 뿐만 아니라 이에 대한 상징으로 자기 밖에 있는 동물을 위해서 일한다.

우리는 수많은 견고한 벽돌집과 석조 건물을 가지고 있지만, 농부가 잘 사는지 못 사는지를 판단하는 기준은 아직도 짐승을 위한 축사가 집보다 얼마나 더 크냐에 따라 측정되고 있다. 우리 마을은 황소와 젖소와 말들을 위해서는 이 근방에서 가장 큰 규모의 축사를 가지고 있다고들 한다. 또 공공건물에 있어서도 다른 지역에 뒤지지 않는다고 한다. 그러나 이 군 내에는 신앙의 자유, 언론의 자유를 위한 건물은 거의 없다.[164)]

여러 민족들이 자신들을 기념하려고 애쓰는데, 그 일을 건축물로 하지는 않아야 한다. 그러나 추상적인 사고의 힘으로 그 일을 해서도 안 될 이유가 있겠는가? 《바가바드 기타》[165)]는 동양의 모든 유적들

---

164) 노예해방 운동가들이 1844년 8월 1일 서인도제도의 노예해방 10주년을 기념하기 위해서 에머슨을 연사로 초청하여 집회를 열려 했으나 콩코드의 모든 교회들이 장소사용 요청을 거절했다. 당시 소로가 갖은 노력을 다 하여 군청의 청사를 빌리고 그 스스로 집회를 알리는 종을 울려대어 겨우 행사를 할 수 있었다. 이때의 쓰라린 자신의 경험에서 나온 말이다.

165) Bhagvat-Geeta: 《Bhagavad Gita》와 같음. 기원전 약 5세기에 쓰인 힌두교의 경전.

보다 얼마나 더 훌륭한가! 얼마나 더 오래 후손들이 기억하겠는가! 사실 탑이나 신전들은 군주들의 사치품에 불과하다.

소박하고 독립적인 사람들은 어느 군주의 명에 따라 고된 일을 하지 않는다. 천재는 결코 제왕을 시중드는 가신家臣이 아니다. 천재가 사용하는 소재는 금이나 은이나 대리석이 아니다. 설령 그런 것들을 쓴다 하더라도 극히 적다. 한데 도대체 어디다 쓰려고 그렇게도 많은 돌을 망치로 다듬어 대는가? 내가 아르카디아[166]에 갔을 때, 그곳에서 나는 돌을 다듬는 것은 보지도 못했고 망치소리도 듣지 못했다. 여러 민족들이 망치로 다듬은 석재의 양으로써 자신들에 대한 기억을 영원히 남기려는 광적인 야망에 사로잡혀 있다. 만일 그 돌을 갈고 닦는 정성을 자신의 품행을 닦는 데에 바쳤다면 어땠을까? 달의 높이까지 솟아오른 어느 기념비보다 한 조각의 건전한 양식과 판단력이 더 오래 기억에 남을 것이다.

나는 돌들이 제자리에 있는 것을 더 보고 싶다. 테베[167]의 장관은 저속한 장관이다. 인생의 참다운 목적과는 멀리 떨어진 테베의 백 개의 성문보다 어느 정직한 농부의 밭가에 쌓인 몇 평의 나지막한 돌담이 훨씬 더 참다운 의미가 있다. 야만적이고 이단적인 종교와 문명이 화려한 신전을 짓는다. 참다운 기독교라 할 수 있는 기독교는 그런 짓은 하지 않는다. 한 민족이 다듬은 돌의 대부분은 그 민족의 무덤으로 갈 뿐이다. 그 민족은 스스로를 생매장하는 거다.

힌두교의 가장 큰 종교적 고전의 하나인 〈마하바라다(mahabharata)〉에 편입된 범어로 된 종교시. 고대 인도의 대서사시로 소로가 가장 좋아했던 고전 중 하나.

166) Arcadia:고대 그리스 남쪽 펠로폰네소스 반도의 오지. 주민들은 양을 치거나 사냥을 생업으로 삼고 하나의 이상향을 이루었다함. 고대 로마 시인 베르길리우스는 이 지역을 소박하고 행복한 고향으로 노래하였다.

167) Thebes:18대의 왕조 동안의 고대 이집트의 수도. 나일 강의 동쪽 연안에 사원들이 있고 서쪽에 왕과 귀족들의 분묘가 있다. 기념비들이 가장 많은 곳으로 고대 이집트의 장엄함을 입증해 주는 곳이다. 이곳에 멤논의 동상이 서 있었다 함. 〈일리아드〉 9:383에 "테베는 백 개의 성문으로 영웅들을 쏟아낸다"라는 말이 있다.

피라미드에 관해서 말하자면 사실 아무것도 경이로울 것이 없다. 다만 어느 야망에 찬 얼간이를 위한 무덤을 축조하느라 그렇게도 많은 사람들이 일생을 다 바칠 만큼 타락할 수 있었다는 사실이 놀라울 뿐이다. 그런 얼간이는 나일 강 물 속에나 내던져서 시체는 개에게나 줘버리는 것이 더 현명하고 더 사내다운 짓이었을지도 모른다. 하기야 그 양측에 어떤 변명을 찾아 낼 수도 있겠지만, 지금으로서는 내게 그럴만한 시간이 없다.

건축가들의 종교와 그들의 예술에 대한 사랑은 어떤가? 그것이 이집트의 신전이든 미합중국의 중앙은행[168]이든 세계 어디에서나 아주 동일하다. 완성된 건물의 가치가 그것을 짓는데 들어간 비용에 항상 미치지 못한다. 건축의 주요 동기는 '허영심'이다. 마늘과 빵과 버터에 대한 애착심이 이를 부추겨준다. 장래가 유망한 젊은 건축가 밸컴 씨는 비트루비우스[169]의 건축학 교과서 뒷장에 연필과 자로 설계를 하고, 그 다음 '돕슨 언드 선즈'[170] 석재 회사에 건축 작업을 하청한다. 이윽고 3천 년 세월이 그것을 내려다보기 시작할 때 인간은 그것을 올려다보기 시작한다는 것이다.[171]

세상에 있는 높은 탑과 기념비에 관해서도 이야기해 보자. 예전에 우리 마을에 굴을 뚫어 중국에까지 도달하려는 미치광이가 있었다.[172] 그 친구의 말인즉 중국 사람들의 솥과 주전자 소리가 들리는

168) 최초의 중앙은행은 1791년 알렉산더 해밀턴(1755~1804)에 의해 필라델피아에 설립되어 1811년에 문을 닫았다. 제2차의 미국합중국 중앙은행은 1816년에 이집트 건축양식으로 건립되었다.

169) Vitruvius Folio:기원전 1세기의 유명한 로마 건축학자, 저술가. 그의 《De Architectura》는 오랫동안 건축학 교재로 쓰였다.

170) Mr. Balcom, Dobson & Sons: 미상. 필자 자작의 인명과 회사명으로 짐작됨.

171) 나폴레옹이 이집트를 침공했을 때 병사들에게 "그대들이 이 피라미드 앞에 있으니 4,000년의 세월이 제군들을 내려다보고 있다"고 한 연설에 빗댄 풍자.

172) 콩코드의 중심부에 북쪽으로 에스타브룩 숲(The Estabrook Woods)에는 '중국으로 가는 구멍(hole to China)'이라 불리는 구멍이 있다. 1860년 6월 27일의 일지에 그 구멍의 유래가 적혀있다(J 13:376).

데까지 파들어 갔다는 것이다. 하지만 나는 내 일을 제쳐두고 그가 뚫어놓은 굴을 구경하러 가지는 않을 것이다. 많은 사람들이 동서양의 기념비들을 보고 누가 세웠을까 궁금해 한다. 한데 나로서는 그 시대에 누가 그런 것을 세우지 않았는가, 즉 누가 그런 사소한 것을 초월했는가 알고 싶을 뿐이다. 하지만 이제 내 농장의 수입과 지출에 대한 통계에 관한 이야기를 계속해 보기로 하자.

나는 그 동안에 마을에 내려가 측량과 목공 그리고 여러 가지 막일을 해서 13달러 34센트를 벌었다. 사실 나는 손가락 수만큼이나 여러 가지 직업을 가지고 있었다.[173] 나는 그곳에서 2년 이상을 살았지만, 7월 4일부터 이 계산을 하기 시작한 3월 1일까지의 8개월 동안의 식비는 다음과 같다. 내가 손수 경작한 감자와 풋옥수수와 약간의 완두콩은 계산하지 않고, 또 마지막 날 남은 식량의 가격을 포함하지 않았다.

쌀	$1.73 1/2
당밀	$1.73(가장 값싼 사카린류)
호밀가루	$1.4 3/4
옥수수 가루	$0.99 3/4(호밀보다 값이 싸다.)
돼지고기	$0.22
밀가루	$0.88(비용과 수고가 옥수수가루보다 더 든다.)
설탕	$0.80
돼지기름	$0.65
사과	$0.25
말린 사과	$0.22

173) 하버드 대학 동문회에 보낸 편지에 "나는 학교 교사, 개인교사, 측량사, 정원사, 농민, 페인트 도장공, 목공, 석공, 일용노동자, 연필제조업자, 사포砂布제조업자, 작가 그리고 가끔은 삼류 시인이다"라고 자신을 소개하고 있다(C 186).

고구마	$0.10
호박 1개	$0.06
수박 1개	$0.02
소금	$0.03
총계	$8.74

*위 표에서 밀가루부터 소금까지는 실패한 실험이다.
(줄이거나 먹지 않을 수도 있었다.)

그렇다. 나는 전부 합해서 $8.74어치를 실제로 먹었다. 하지만 대부분의 독자들도 나와 똑같은 죄를 범하고, 또 그 행위가 활자화된다고 해서 결코 더 나아 보이지도 않으리라는 사실을 익히 알고 있기에 내가 저지른 일을 밝힌다. 그렇지 않았다면 결코 이처럼 얼굴을 붉히지도 않고 이 일을 드러내지도 않았을 것이다.

이듬해에 나는 가끔 약간의 물고기를 잡아 저녁으로 먹었다. 그리고 언젠가 한 번은 내 콩밭을 망쳐놓은 우드척 한 마리를 도살하기까지 했다. 타타르 사람[174)]이라면 전생轉生시켰다고 할지도 모르지만 아무튼 조금은 실험삼아 그놈을 먹어치웠다. 사향 냄새 같은 누린내가 나기는 했지만 어느 한순간 즐길 만도 했다. 하지만 오랫동안 계속 먹는 것은 동네 푸줏간에 맡겨 아무리 손질해서 먹더라도 좋은 일은 되지 못할 것 같았다.

같은 기간 동안의 옷값과 얼마간의 일시적인 비용은 항목을 별도로 세분하여 따져볼 만한 것도 없지만 합하면 $8.40 3/4이었다. 여기에

174) Tartar:중세에 동부 유럽에서 아시아 일대를 누빈 몽골족과 터키족을 비롯한 여러 부족을 총칭함. 13세기와 14세기 몽골족이 통치한 지역. 이 지역 사람들은 윤회와 환생을 믿었다.

등유 및 기타 가재도구············· $2.00였다.

그러므로 금전적인 모든 지출은 다음과 같다. 다만 옷 세탁과 수선 비용은 빠졌다. 이들 대부분은 외부에 맡겼지만 아직 청구서를 받지 못했기 때문이다. 그 외에는 총 지출이 다음과 같고 이것들이 이 세상 이곳에서 사는 동안 꼭 필요해서 내가 지출한 돈 전부다. 아니 꼭 필요한 것보다 더 많은 것인지도 모른다.

집································	$28.12 1/2
1년분 영농비························	$14.72 1/2
8개월간 식비························	$8.74
8개월간 피복비, 기타·················	$8. 40 3/4
8개월간 등유, 기타··················	$2.00
총계······························	$61.99 3/4

지금 나는 생활비를 손수 벌어서 살아가는 독자 여러분들에게 말하고 있다. 이 지출을 충당하기 위해 나는 농산물을 팔아서 얻은 돈이 있었다.

농산물 판매 대금····················	$23.44
막일을 해서 번 돈···················	$13.44
총계······························	$36.88

이 수입총액을 지출총액에서 빼면 한편으로 25달러 21.75센트가 부족한 것으로 나타나지만 이 액수는 내가 당초에 가지고 착수한 금

액과 거의 맞먹는 것이니 적자를 의미하는 것이 아니라 앞으로 생겨날 지출의 규모를 말해 준다. 그런데 다른 한편으로 나는 여가와 독립과 건강이 확보되었고 살고 싶으면 언제든지 들어가 살 수 있는 안락한 집이 생겼다.

이 통계가 일시적이므로 어떤 지침이 될 수는 없다고 생각할지 모르지만 그 완벽성은 확실한 것이니 그 가치 또한 확실하다. 나는 내게 있었던 지출은 하나도 빠짐없이 계산에 넣었다. 위의 계산으로 보면 식비만 주당 약 27센트가 지출된 것으로 나타난다. 이 계산 이후 거의 2년 동안의 나의 식량은 이스트가 들어가지 않아도 되는 호밀과 거친 옥수수가루, 감자, 쌀, 극소량의 소금에 절인 돼지고기, 당밀과 소금 그리고 물이었다. 인도 철학을 무척 좋아하는 나로서는 쌀을 주식으로 하는 것이 당연한 일이라 하겠다.

일부 고질적으로 남의 흠을 잡는 사람들이 반론할지 모르니 미리 말해두는 것도 좋겠다. 나는 가끔 밖에서 식사를 했다. 전에도 늘 그랬고, 또 앞으로도 그럴 기회가 있을 것이라 생각한다. 사실 그 때문에 내 가계에 자주 손해가 있었다. 그러나 밖에서 식사하는 것은 이미 진술한 바와 같이 변치 않는 일종의 항구적인 요소이므로 위의 대차대조표와 같은 비교 진술에는 아무런 영향이 없다.

내가 두 해 동안의 경험에서 배운 것은, 첫째 사람에게 꼭 필요한 식량을 얻는 데는 현재 우리가 살고 있는 이 지방의 기후 풍토 하에서도 믿기 어려울 만큼 적은 노력밖에 들지 않는다는 사실이다. 둘째로는 사람도 동물과 같이 단순한 식사로 건강과 체력을 유지할 수 있다는 사실이다. 나는 옥수수 밭에서 비어온 쇠비름풀(portulaca oleracea)[175]을 삶아서 소금을 친 것만으로도 만족스러운, 정말 여러 면에

175) purslane(Portulaca Oleracea):쇠비름. 한해살이 풀. 한국과 전 세계의 온대와 열대 지역에 널리 퍼져 있음. 어느 곳에서나 비교적 무성하게 자라는 식물로 식용과 약용으

서 만족스러운 식사를 했다. 여기에 라틴어 이름을 제시하는 것은 '싱싱한 야채'라 칭한 그 종명種名에서 풍기는 향기 때문이다. 진실로 말하거니와 이성을 지닌 사람이라면 평화스러운 보통 때의 점심 식사에 갓 따온 푸른 옥수수 촉을 넉넉히 삶아 거기에 소금을 조금 뿌려 먹는다면 그 이상 무엇을 더 바라겠는가?

내가 약간이나마 다른 음식을 먹은 것은 식욕에 따른 것이지 건강에 필요해서가 아니었다. 그런데도 사람들은 필요한 식량이 없어서가 아니라 사실은 사치스런 식량이 없기 때문에 번번이 굶주리는 지경에 봉착한다. 하기야 아들이 물만 마시려는 습관 때문에 목숨을 잃었다고 생각하는 선량한 부인도 없는 것은 아니다.

독자는 내가 이 문제를 영양학의 견지에서라기보다 경제적 견지에서 다루고 있다는 것을 알 것이다. 그러니 먹을 것을 가득 저장해 놓지 않고서는 나의 절제된 식사법을 감히 시도할 엄두도 내지 못할 것이다.

내가 처음으로 만든 빵은 순수한 옥수수 가루에 소금을 쳐서 구운 것이었다. 옛날에 농부들이 밭을 매다가 괭이 위에 올려놓고 모닥불에 구워 만들었다는 진짜 호우케이크[176]와 같은 것이다. 그것을 나는 집 밖에 불을 피워놓고 널판자나 집 지을 때 잘라 쓰고 버린 나무토막의 한쪽 끝에 올려놓고 구웠다. 한데 이 빵은 늘 연기가 스며들어 소나무 향기가 났다. 밀가루 빵도 만들어 봤지만 결국 호밀과 옥수수 가루를 섞어서 구운 것이 가장 만들기 쉽고 맛도 좋다는 것을 알았다. 날씨가 추울 때는 마치 이집트 사람이 알을 부화시킬 때처럼[177] 조심

로 씀. 라틴어는 1753년에 만든 Linnaeus의 동식물분류명으로 Oleracea인데 '생야채'를 뜻함. 원산지는 인도. 흔히 대쳐서 먹거나 푸성귀로 먹음.

176) hoe-cakes: 옛날 자루가 긴 괭이(hoe)의 날 위에 올려 구워낸 데서 생긴 말. 조니케이크(Johnny-cakes)라고도 한다. 맷돌에 탄 거친 옥수수 가루, 소금과 뜨거운 물 혹은 우유로 반죽하여 구운 빵.

177) 이집트 사람들이 일찍이 달걀의 인공부화를 시도했을 때를 말함. 소로는 이를 가드너

스럽게 지켜보며 이리저리 뒤집으면서 빵 몇 덩이를 계속 구워냈다. 이 일은 결코 작은 재미가 아니었다. 이 빵들이야말로 내가 성숙시킨 진정한 '곡물의 과일'이었고, 나의 미각에는 다른 어느 고귀한 과일의 향기와 다름이 없었다. 나는 빵들을 헝겊으로 싸서 되도록 그 향기를 오래 보존했다.

나는 얻어 볼 수 있는 여러 가지 권위 있는 기록을 참고하여 옛날부터 우리에게 필요했던 빵을 제조하는 기술에 대해서도 탐구해 봤다. 효모가 들어가지 않은 빵이 처음으로 만들어진 원시 시대로 거슬러 올라가면 인류가 야생 나무 열매와 짐승 고기만을 먹다가 이 빵이라는 음식의 부드럽고 세련된 맛을 접하게 된 시기가 있다. 차츰 시대를 내려오면서 우연히 밀가루 반죽에 누룩이 생기는 것을 발견하게 된데서 발효 과정을 알게 된 것이다. 그 후에는 여러 가지 발효법이 나오고, 결국 생명의 양식인 '맛있고 달콤하고 건강에 좋은 빵'에 도달하게 되었다. 일부 사람들이 빵의 혼, 즉 빵의 세포조직을 충만케 하는 '영혼'으로 생각하는 이 효모는 베스타[178]의 성화처럼 경건하게 보존되어 왔다. 메이플라워호[179]가 신대륙으로 올 때 한 병의 효모가 신주단지처럼 모셔진 채 바다를 건너와 미국을 상대로 포교의 사명을 다하였고, 지금도 그 영향은 큰 곡초穀草의 물결이[180] 되어 이 나라 방방곡곡에 널리 전파되고 있다.

윌킨슨 경(1797~1875)의 《The Manners and Customs of the Ancient Egyptians》에서 읽었다. 거기에 "손으로 알을 숙성시켰다"라는 말이 있다.

178) Vesta:로마 신화. 벽난로와 불의 여신. 3월 1일 신년의 첫날에 새 불을 피우는 것 외는 베스타 신전에는 불이 꺼지지 않았다.

179) Mayflower:1620년 순례의 아버지들(Pilgrim Fathers)이 영국에서 신대륙으로 타고 온 배. 영국에서 박해를 받아 이웃 네덜란드로 망명한 개신교도들이 신앙과 종교의 자유를 찾아 이 배를 타고 이민했다.

180) 원문 in cerealian billow:cerealian은 로마 신화의 농업의 여신 세레스(Ceres)에서 온 '곡물의 풀이란 의미'와 '푸른 하늘색이란 의미'의 세룰린(cerulean)과 비슷한 음을 이용한 언어유희.

나도 처음에는 이 효모를 마을에서 착실히 구해서 썼다. 그런데 어느 날 아침 사용법을 깜박 잊고 물을 지나치게 뜨겁게 한 나머지 효모의 효력이 죽고 말았다. 이 갑작스런 사고 덕분에 나는 이것도 반드시 있어야 하는 것이

아니라는 것을 발견했다. 이 발견은 종합적인 방법이 아니라 개별사례에서 얻은 것이다. 그 뒤부터 나는 서슴없이 효모를 넣지 않기로 했다. 물론 거의 모든 주부들이 그것을 넣지 않으면 안전하고 영양가 있는 빵을 만들 수 없다고 내게 진지하게 충고했다. 그리고 노인들은 나의 기력이 급속히 저하되리라고 단언하기까지 했다. 하지만 나는 그것이 절대적으로 필요한 요소라고 생각하지 않는다.

나는 효모 없이 1년을 지냈다. 그런데도 나는 살아 있는 사람들의 나라에서 아직도 여전히 건강하게 살아있다. 그리고 효모를 사서 호주머니에 넣고 오다가 가끔 병마개가 터져서 내용물이 쏟아지는 사태를 면할 수 있어 좋았다. 효모를 쓰지 않는 편이 보다 간편하고 모양새도 좋다. 사람은 어떤 기후나 환경에도 적응할 수 있는 능력을 가진 동물이다. 나는 나의 빵에 탄산소다나 또 어떤 산성이나 알칼리도 결코 넣지 않았다. 결국 나의 빵은 기원전 2세기경 마르쿠스 포르키우스 카토[181]의 제조법을 그대로 따른 것이라 할 수도 있겠다. 그의 라틴어 원문을 나는 이런 의미로 이해하고 있다.(역주: 라틴어 원문은 생략하였다.)

181) Marcus Cato(기원전 239~기원전 149):고대 로마의 정치인, 군인, 저술가. 그의 농업 연구서 《De Agri Cultura》에서 인용.

빵은 이렇게 만들어라. 손과 반죽 그릇을 깨끗이 씻어라. 밀가루를 그릇에 담고 물을 조금씩 부으면서 철저히 주물러라. 반죽이 다 되면 덩어리를 떼어 모양을 만들고 뚜껑을 덮고 구워라.

즉 빵을 솥에 넣고 구우라는 것이다. 효모에 관해서는 한마디도 없다. 그러나 이 생명의 양식을 나는 언제나 줄곧 먹었던 것은 아니다. 언젠가는 호주머니가 비어서 한 달 이상 빵이라곤 구경조차 하지 못한 적도 있었다.

뉴잉글랜드 사람이라면 누구나 호밀과 옥수수의 산지인 이 고장에서 빵의 재료를 쉽게 구할 수 있으므로 가격 변동이 심한 먼 시장에 의존하지 말아야 한다. 그러나 우리는 소박하고 자주적인 기풍을 잃어버린 나머지 콩코드의 가게에서는 신선한 옥수수 가루를 구하기 어렵다. 그리고 굵은 옥수수가루나 통 옥수수를 먹는 사람도 거의 없다. 농민들은 자기가 생산한 곡물의 대부분을 소나 돼지에게 먹이고 건강에 더 좋지도 않은 밀가루를 더 비싼 값을 주고 가게에서 사온다.

나는 내가 먹을 호밀과 옥수수 몇 말은 쉽게 경작할 수 있음을 알았다. 호밀은 척박한 토양에서도 잘 자라고, 옥수수도 그렇게 기름진 땅을 요구하지 않는다. 이것들을 맷돌로 갈아서 먹으면 쌀이나 돼지고기 없이도 지낼 수 있다. 농축된 감미료가 꼭 필요하다면 호박이나 사탕무로 아주 훌륭한 당밀을 만들 수 있음을 나는 실험을 통해서 알았다. 몇 그루의 사탕단풍나무만 심어놓으면 더 쉽게 당밀을 얻을 수 있다는 것도 알았다. 이 나무들이 자랄 때까지는 앞에 말한 것들 이외에도 여러 가지 대용품을 이용할 수 있다는 것도 알았다. '왜냐하면' 우리 선조들이 노래했듯이

호박, 방풍나물, 호두나무 조각으로

달콤히 입술 적시는 맛있는 술을
빚어낼 수 있었네.[182)]

끝으로 식료품 중에서도 가장 기본이라 할 수 있는 소금에 관해서 말하자면 소금을 구하러 가는 것이 바닷가에 갈 좋은 기회가 되었을지도 모른다. 아니면 내가 전연 소금을 먹지 않고 살았다면 아마 그만큼 물을 적게 마셨을 것이다. 나는 인디언이 소금을 구하려고 애썼다는 말을 들어 본 적이 없다.

이렇게 해서 나는 식량에 관계되는 한 일체의 매매와 교환을 하지 않아도 되었다. 집은 이미 마련되어 있었으므로 입을 것과 땔감만 구하면 된다. 내가 지금 입고 있는 바지는 농가에서 짠 것인데, 이만한 능력이 아직 인간에게 남아 있으니 다행한 일이다. 왜냐하면 사람이 농부에서 공장 직공으로 전락한다는 것은 그 옛날 인간이 농민으로 전락한 것과[183)] 같이 중대하고도 획기적인 사건이라고 생각하기 때문이다. 사람이 처음으로 들어와 사는 곳에는 땔감은 언제나 거추장스러울 정도로 널려있다. 집터로 말하자면 만일 내게 임시 거주가 허용되지 않았다면 나는 내가 개간하는 땅 중에 1에이커를 원래 팔렸던 값, 즉 8달러 8센트에 살 마음도 있었다. 그러나 결국 임시 거주를 하는 것으로 결론이 났고 그 결과 이 땅의 가치를 올려놓았다고 생각한다.

세상에는 남의 말을 믿으려 하지 않는 사람들이 있어서 내게 채식만으로도 살 수 있다고 생각하느냐는 따위의 질문을 때때로 한다. 그럴 때면 당장 그 문제의 뿌리를 뽑아버리기 위해서 ― 뿌리는 '신념'

182) J. W. 바버(1798~1885)의 선집 《Historical Collection》(1839)에서 온 것이나 작가는 미상임.

183) 《구약성서》〈창세기〉 3:23 "아담과 이브가 에덴에서 쫓겨날 때 땅을 가꾸는 것이 아담의 몫이 되었다"를 비유.

이나 다름없으니까 — 판자 못을 먹고도 살 수 있다고[184] 대답해버리곤 했다. 그들이 이 말을 이해할 수 없으면 내가 이 책에서 하려는 말도 이해하지 못할 것이다. 나로서는 다음과 같은 종류의 실험이 있었다는 이야기를 듣고 기뻐했던 적이 있다. 어느 젊은이가 자신의 치아를 절구 삼아 속대가 그대로 있는 날 옥수수만으로 열나흘 동안 살았다는 이야기였다. 다람쥐 족속도 이와 똑같은 실험을 해서 이미 성공했던 것이다. 인류는 이와 같은 실험에 흥미를 갖고 있다. 다만 이런 실험에 기겁을 할 사람은 치아가 없어 이런 실험을 할 수 없는 할머니나 죽은 남편의 유산을 방앗간에 투자해 놓은 늙은 과부들뿐이다.[185]

가구에 대해 이야기하자면 내 가구의 일부는 내가 직접 만들었고, 나머지는 비용이 전혀 들지 않은 것이어서 계산에 넣지 않았다. 침대 하나, 탁자 하나, 책상 하나, 의자 셋, 직경 3인치의 거울 하나, 부젓가락 한 벌, 난로 받침쇠 하나, 주전자 하나, 냄비 하나, 프라이팬 하나, 국자 하나, 대야 하나, 나이프와 포크 두 벌, 접시 셋, 컵 하나, 수저 하나, 기름 단지 하나, 당밀 단지 하나 그리고 도자기 램프 하나. 이것들이 나의 살림살이 전부다. 호박덩이를 의자로 삼아야 할 만큼 가난한 사람은 없으리라. 만약 있다면 그건 무기력 때문이다. 동네의 여러 집 다락에는 그냥 가서 들고 나오기만 하면 되는 헌 의자가 얼마든지 있고 그 중에는 꽤 쓸 만한 것도 많으니 말이다.

가구라니! 가구점의 도움을 받지 않고도 나는 앉을 수 있고 설 수

---

184) 원문 board nail:'널판자 못'이란 뜻이지만 board는 널판자인 동시에 음식 또는 식량을 의미하는 것으로 이중의미의 언어유희가 있다. 소로는 자신의 진술 일부가 독자에게 어려울 것이라는 것을 알고 있었다. 그의 일지에 "내가 말한 사실은 보통의 상식에는 허위가 될 것이다. 나는 사실들이 의미가 있게 하고 또한 신화 아니면 신화적인 것이 되도록 사실을 말하고 싶다"(J 3:99)라고 썼다.

185) 영국과 미국의 법은 유언 없이 사망했을 경우 남편의 재산 중 1/3을 미망인에게 허용하였다.

도 있으니 이 얼마나 다행스러운가! 자기 가구를 꾸려서 수레에 실어 보라. 영락없이 거지같은 빈 상자 꼴이 아닌가? 철인이라면 그런 살림살이가 없겠지만, 자기의 가구가 마차에 실려 훤한 대낮에 많은 사람들의 시선을 받으며 시골로 끌려가는 것을 보고 어느 누가 창피한 생각이 들지 않겠는가? 저게 바로 스폴딩 씨네 가구다. 수레에 실린 이삿짐만 보고선 그것이 소위 부자의 것인지 아니면 가난뱅이의 것인지 분간할 수 없다. 이삿짐의 주인은 줄곧 가난에 시달린 사람 같다. 사실 그런 가구가 많으면 많을수록 그만큼 더 가난하다. 그런 이삿짐은 열두 채의 판잣집의 살림살이를 모아놓은 것처럼 보인다. 한 채의 판잣집이 가난을 뜻한다면 이것은 열두 배나 더 가난한 것이다.

도대체 우리가 무엇 때문에 '이사'를 하는가? 우리의 가구, 우리의 '허물'이라는 것을 벗어버리자는 것이 아닌가? 그래서 마침내 이승에서 저승으로 가는 것도 이승의 것들을 불에 태워 없애고 새로 마련된 곳으로 가자는 것이 아닌가? 그렇지 않으면 이 세상의 모든 덫을 우리의 허리띠에 단단히 죄어 차고 질질 끌면서 우리가 숙명적으로 가야 할 험한 인생 여정을 힘들게 갈 수 밖에 없다. 덫에 걸린 꼬리만 잘라내고 달아난 여우는 운 좋은 녀석이다.[186] 사향뒤쥐 같으면 자유의 몸이 되려고 세 번째 다리라도 물어뜯어 잘라냈을 것이다.[187]

인간이 활기를 잃는 것도 이상스러울 것이 없다. 사람이 얼마나 자주 궁지에 빠져 오지도 가지도 못하는가? "여보시오 선생. 외람된 말이지만 궁지에 빠진다는 게 도대체 무슨 뜻이오?" 그렇다. 그대가 눈이 트인 사람이라면 언제 누구를 만나든 그 사람이 소유하는 모든 것들이 보일 것이다. 아니, 자기 것이 아닌 체하고 등 뒤에 숨기고 있는

186) 《이솝우화》에서 꼬리를 잃고 덫에서 풀려난 여우의 이야기 〈꼬리 없는 여우〉의 인유.

187) 일지(J 1:481, J 6:98)에 콩코드의 덫 사냥꾼에게서 들은 세 번째 덫에 걸려 세 번째 다리까지 끊고 결국 죽고만 사향뒤쥐 이야기가 실려 있다.

많은 것들, 부엌살림살이들, 계속 모아두면서 태워 없애지 못하는 온갖 잡동사니까지 보게 되고, 그러면 그가 이 모든 것을 필사적으로 끌고 가면서 허우적거리는 모습이 보일 것이다. 그의 몸뚱이는 옹이구멍이나 문틈으로 빠져나갔으나, 자신의 짐을 가득 실은 수레는 빠져나갈 수 없을 때 나는 그가 궁지에 빠졌다고 말하는 거다.

어느 훤칠하고 알차 보이는 사람이 겉으로는 모든 채비가 다 되어 홀가분해 보이는데 자기 '가구'가 보험에 들어 있다느니 그렇지 않다느니 하는 말을 들으면 나는 측은한 감정을 느끼지 않을 수 없다. "내 가구를 어떻게 하면 좋을까요?" 하고 걱정하는 순간 그 화려한 나비는 근심의 거미줄에 걸리고 만다. 오랫동안 아무런 가구 없이 지내는 것 같은 사람들이라도 좀 더 자세히 알아보면 누군가의 헛간에라도 맡겨둔 것이 몇 가지는 있다는 것을 알게 될 것이다.

나는 오늘날의 영국은 짐 꾸러미를 잔뜩 끌고 여행하는 노신사와 같다고 생각한다. 오랜 살림살이에서 쌓이고 쌓인 그 많은 하찮은 것들을 불태워 없애버릴 용기가 없는 것이다. 큰 트렁크, 작은 트렁크, 판지 상자, 꾸러미 등등. 적어도 처음 세 가지만이라도 버려라! 오늘날은 자기 침대를 짊어지고 걷기란 건장한 사람에게도 힘에 겨운 일이다. 그러니 병든 사람에게 침대를 버리고 가라고 나는 분명하게 충고하지 않을 수 없다.

언젠가 이민 온 사람을 만난 적이 있다. 그는 자기의 모든 재산이 들어있는 보따리를 어깨에 짊어지고 비틀거리며 걸었다. 그 짐은 마치 그의 목덜미에 난 커다란 혹처럼 보였다. 그때 나는 동정심을 금할 수 없었다. 가진 것이라고는 그것이 전부라서가 아니라 그처럼 큰 짐을 메고 가야 했기 때문이었다. 만일 내가 덫을 하나 끌고 갈 수밖에 없다면 되도록 가벼운 덫을 고를 것이다. 그리고 그것이 내 급소를 다치게 하지 않도록 주의할 것이다. 아니, 애당초 그런 덫에는 발을 들여놓지 않는 것이 더 현명할 것이다.

한데 내 집에는 돈을 들여서 커튼을 칠 필요가 없었다는 이야기도 하고 싶다. 해님과 달님 이외에는 아무도 내 방을 들여다볼 사람이 없었다. 오히려 해와 달이라면 들여다봐 주기를 나는 소망하였기 때문이다. 달빛에 상할 우유와 고기가 없었고, 햇볕이 들어 휘어질 가구나 색이 변할 양탄자도 없었다. 때때로 햇볕이 너무 뜨거워 벗 삼기 어려우면 이를 가리기 위해서 살림을 한 점이라도 추가하느니보다는 자연이 제공해 주는 그늘로 자리를 옮기는 것이 보다 경제적이다. 한 번은 어느 부인이 신발깔개 하나를 주겠다고 하였다. 하지만 집 안에 놓아둘 장소도 없고, 안에서건 밖에서건 먼지를 털 시간도 없기에 나는 사양했다. 그보다는 오히려 나는 문 밖의 잔디에 신발을 문질러 닦는 편이 더 좋았다. 화근이 될 만한 것은 처음부터 피하는 것이 상책이다.

얼마 전에 나는 어느 교회 집사[188]의 가재도구를 경매하는 곳에 갔었다. 그의 삶이 무력했던[189] 것이 아니었기 때문이었는데, —

> "사람이 저지른 죄악은 죽은 뒤에도 남아 있나니."[190]

흔히 그렇듯이 그 경매품의 대부분은 그의 아버지 때부터 쌓이기 시작한 잡동사니들이었다. 그 중에는 말라붙은 촌충도 한 마리 있었다. 그런데 이것들이 그의 다락방과 그외 먼지 구덩이에 반세기나 처박혀 있다가 지금까지도 불태워지지 않고 있었다. 한군데 모아놓고

---

188) 라우벤 브라운 집사(1781~1854)를 말함. 채닝은 그를 이웃에서 사는 '늙은 구두쇠' 혹은 '인간 생쥐'라 혹평했다. 소로는 1854년 1월 27일의 일지에 그 경매에 가서 본 상황을 상세히 기록하였다(J 6:80).

189) 원문 ineffectual: 앞의 원문 'effects'에 대한 언어유희.

190) 셰익스피어의 〈줄리어스 시저〉 3:2:72. 안토니의 연설. 다음 행은 "선행은 종종 뼈와 함께 묻혀있노라(The good is oft interred with their bones: ……)"이다.

'정화淨化'의 불에 태워 없애는 것이 아니라 오히려 경매로 그것들의 값을 더욱 증대시키고 있었다. 이웃 사람들이 모여들어 구경을 했고, 그것들은 남김없이 다 팔렸다. 사람들은 이것들을 조심스럽게 자기 집 다락이나 다른 먼지 구덩이로 옮겨놓았다가 죽은 뒤 유품으로 다시 처분하는 과정을 반복할 것이다. 그러니 인간은 죽을 때에야 티끌을 걷어찬다.[191]

어느 미개인의 풍습 가운데는 우리가 본받아도 좋을 것들이 있다. 그들은 묵은 허물을 벗어던지는 의식을 적어도 매년 한 번은 행하고 있으니 하는 말이다. 실제야 어떻든 좋은 생각이다. 미국의 식물학자 바트램[192]이 머클래시[193] 인디언의 풍습이라고 설명한 '버스크' 즉 '첫 곡식의 잔치'라고 부르는 축제를 다음과 같이 소개하고 있다. 우리도 이런 잔치를 치러보면 좋지 않을까 싶다.

> 마을이 '버스크' 축제를 지낼 때는 새 옷과 새 솥과 냄비 그리고 다른 살림살이 도구를 새로 장만한 다음, 집과 거리와 마을을 말끔히 청소한다. 모든 헌옷과 헌 물건을 쓰레기와 함께 모아 그해 먹고 남은 곡식과 식료품과 함께 한 무더기로 쌓아 불을 질러 태워 없앤다. 그리고 마을 사람들은 약을 먹고 3일 동안 단식한다. 그런 다음 마을 안의 모든 불을 끈다. 단식 중에는 식욕과 성욕 등 욕망을 충족하는 일체의 행위가 금지되고, 대 사면령이 선포되어 모든 죄인이 풀려나 자기 마을로 돌아갈 수 있다.
>
> 나흘째 아침에 지위가 가장 높은 제사장이 마을 광장에서 마른나무를

---

191) 원문 kick the dust:"먼지를 차서 소란을 일으키고 그 먼지를 먹는다"는 두 의미가 결합된 이문융합. 호메로스의 〈일리아드〉에서 헥토르의 죽음이 'kicking the dust'로 묘사되어 있다.

192) William Bartram(1739~1823):미국 식물학자, 다음의 인용문들은 그의 저술 《Travels through North and South Carolina, Georgia, East and West Florida, the Cherokee Country, the Extensive Territories of the Muscogulges, or Creek Confederacy, and the Country of the Cherokees》(1791) 509~510에서 나옴.

193) Mucclasse 혹은 Muklasa:앨라배마 혹은 코사티 인디언들이 살았던 곳. 1814년에 플로리다로 이동해서 살았다.

비벼 새 불을 피우고 모든 마을 사람이 이 불에서 새롭게 정화된 불씨를 공급받는다.

그런 다음 그들은 새로 수확한 곡식과 과일로 제사를 올리고, 3일 동안 노래하고 춤춘다. 그리고 그 다음 4일 동안은 자기들과 같은 방법으로 몸을 씻고 새 옷으로 갈아입은 이웃 마을의 친구들을 맞아 즐겁게 논다.

멕시코 사람들도 매 52년이 끝나는 해에 이와 비슷한 정결의 제사를 지냈다.[194] 이때에 세상이 끝나고 새로운 세상이 시작된다고 믿었던 것이다.

기독교의 의식인 성례전聖禮典[195]이란 말을 사전에서 찾아보면 '내적이고 정신적인 신의 은총의 외적이고 가시적인 표시'라 정의되어 있다. 이 '버스크'보다 이 정의에 맞는 더 진실한 성례전이 달리 있다는 말을 나는 들어본 적이 없다. 비록 그들은 그런 계시를 기록한 경전은 가지고 있지 않지만, 이런 제사를 지내도록 애초에 하느님으로부터 영감을 받았으리라는 것을 나는 의심치 않는다.

나는 5년 이상을 이와 같이 순전히 육체노동만으로 살았다. 그 결과 나는 한 해에 약 6주 동안만 일하면 생활비 전부를 충당할 수 있음을 알게 되었다.[196] 그래서 매년 여름의 대부분과 겨울 전부를 공부에 전념하는 데 사용할 수 있을 만큼 자유로웠다.

나는 학교 경영에 노력을 철저히[197] 기울인 적이 있었다. 하지만 지

---

194) 윌리엄 히킹 프레스콧(1796~1859)의 《History of the Conquest of Mexico》(New York, 1843, 1권 5장)에 기술되어있다.

195) sacrament:신교의 성례전으로 세례와 성찬의 두 예식. 가톨릭의 성사聖事에 해당되는 의식.

196) 1837년 하버드대학 졸업연설에서 소로는 6일에 1일의 안식일이 아니라 1일 일하고 안식일을 6일로 바꾸자고 말했다. 그는 이 말을 실천하고 있었다.

197) 원문 throughly:발음으로 자기 이름에 대한 익살. 소로는 1836년 초에 캔튼, 1837년에는 콩코드의 공립학교에서 교편을 잡았고, 1838~41년에는 형과 함께 학교를 운영했고,

출이 수입에 맞먹거나 초과한다는 것을 깨달았다. 왜냐하면 교육자적 사색과 신념을 갖춰야 하는 것은 말할 것도 없고, 직업에 맞는 옷차림과 준비를 해야만 했고, 그 외에도 시간을 많이 빼앗겼던 것이다. 내가 내 동포를 사랑하는 감정에서가 아니라 단지 내 생계를 위해서 가르쳤기 때문에 그것부터 실패라 하지 않을 수 없었다.[198)]

나는 사업을 해본 적도 있다.[199)] 그러나 10년은 걸려야 사업이 본궤도에 오를 것이고, 그때쯤이면 아마 십중팔구 나는 악마에게 다가가고 있을 것이니 도덕적인 타락은 피할 수 없을 것만 같았다. 그리고 때로는 이러다가 이른바 사업이라는 것에 혹 성공이라도 하면 어쩌나 하는 두려움도 없지 않았다.

예전에 생계를 위해 무엇을 해야 하나 하고 이것저것 생각하고 있었는데 그 전에 직업에 대한 친구들의 말대로 하다가 약간 씁쓰름한 경험을 했던 것이[200)] 마음에 걸려서 이번에는 야생 딸기인 허클베리를 따서 팔면 어떨까 하고 진지하게 그리고 여러 번 생각했었다. 그 일이라면 분명히 내가 할 수 있었다. 이익이 적긴 하겠지만 나한테는 충분할 것이었다. 왜냐하면 나의 가장 큰 장기는 욕심을 부리지 않는 것이니까. 그리고 자본도 별로 들지 않고 길들여진 내 일상생활방식에서 벗어나는 일도 없을 것이라고 나는 바보 같은 생각을 했다. 내 친구들이 서슴지 않고 사업이나 전문직에 뛰어들 때도 나는 이 일이 그들의 직업과 가장 비슷하다고 생각했다. 여름내 산과 들을 누비고 다니면서 눈에 보이는 허클베리를 딴다. 그 다음에 미련 없이 홀가분

1843년 5월~12월에는 스테이터 섬에 사는 윌리엄 에머슨의 집에서 가정교사를 했다.

198) 콩코드 공립학교에 있을 때 체벌을 반대했으나 학교당국이 계속 체벌을 요구하자 무작위로 학생 몇 명을 불러 그들에게 매질을 하고 바로 사직했다는 일화가 있다.

199) 1841년 사립학교를 닫은 후 가업인 흑연과 연필제조업을 도왔다.

200) 《콩코드와 메리맥 강에서의 일주일》을 자비로 출판하라고 에머슨이 권한 것을 말한 것으로 보는 학자들이 많다. 1853년 팔리지 않은 그 책을 인수해야 했다.

하게 처리하는 것이다. 말하자면 아폴론 신이 아드메토스 왕의 양떼[201]를 치는 것과 비슷한 일이었다. 나는 또 약초를 캐거나 혹은 수레에 상록수를 싣고 숲을 그리워하는 마을 사람이나 도시 사람들에게 팔까 하는 몽상을 하기도 했다. 그러나 나는 장삿속이 모든 것을 망친다는 사실을 알게 되었다. 비록 그것이 하늘의 복음을 다루는 일일지라도 장사에 따르는 저주는 피할 수 없는 것이다.

나는 다른 것들보다 내 나름대로 더 좋아하는 것이 있고 특히 내가 소중히 여기는 것은 자유이기 때문에 그리고 험하게 살아도 잘 지낼 수 있기 때문에 나는 값비싼 양탄자나 다른 고급 가구들, 맛있는 요리, 아니면 그리스식이나 고딕식 집 따위를 얻는 일에 내 시간을 소비하고 싶지 않았다. 만일 이런 것들을 갖는 것이 전혀 번거롭지 않고 또 얻은 다음 그것을 사용할 줄 아는 사람이 있다면 그 사람들이나 실컷 그것들을 좇으라고 말하고 싶다.

어떤 사람들은 매우 '부지런하고' 또 일 자체가 좋아서 일을 열심히 하는 것처럼 보인다. 아니면 아마 일을 하고 있어야 더 나쁜 일에 빠지지 않기 때문인 것 같기도 하다. 현재로서 그런 사람들에게는 할 말이 없다. 현재 누리는 여가보다도 더 많은 여가가 생기면 어떻게 해야 할지 모르겠다는 사람에게는 일을 배로 늘여서 하라고 말하고 싶다. 그래서 빚을 다 갚고 자유의 증서를 얻을 때까지[202] 일하라고 충고할지도 모르겠다. 다만 나 개인적으로는 날품팔이가 다른 어느 직업보다 가장 자유로운 직업임을 깨달았다. 특히 이 직업은 한 사람

201) the flocks of Admetus:그리스 신화. 시, 음악, 건강, 예언 등을 관장하는 아폴론 신(후에 태양신)이 제우스 신의 저주로 1년간 인간계의 아드메토스 왕의 집에서 머슴살이를 해야 했다. 아드메토스 왕은 그에게 양치는 일을 맡겼다. 아폴론 신에게는 굴욕이었지만 오히려 즐겁게 들판에서 충실히 일하면서 피리를 불어 양떼와 들짐승들을 즐겁게 했다는 신화에 빗대었다. 소로도 늘 피리불기를 좋아 했으니 양치기를 했던 아폴론 신처럼 살려했다는 뜻.

202) 식민시대의 미국 이민은 유럽에서 미국으로 오는 뱃삯 때문에 빚을 지고 한시적 노예생활로 그 빚을 다 갚아야 '자유의 증서'를 얻는 경우가 많았다.

이 먹고 사는 데 1년에 30일 내지 40일만 일하면 되기 때문이다. 날품팔이의 하루는 해가 지는 것으로 끝나고 그 이후에는 자기의 노동과 상관없이 자기가 하고 싶은 일에 전념할 수 있다. 그러나 매월 사업에 관련된 대책을 짜내야 하는 고용주는 한 해가 끝나고 또 한 해가 끝나도 휴식이 없다.

요컨대 나는 나의 믿음과 경험, 그 양쪽을 통해서 다음과 같은 사실을 확신하게 되었다. 만일 우리가 보다 단순하고 현명하게 살려고 한다면 이 땅 위에서 자기 한 몸뚱이를 꾸려가는 일은 어려운 일이 아니라 즐거운 '오락'이 된다는 사실이다. 보다 단순한 민족이 생업으로 하는 일들이 보다 인위적인 민족의 '스포츠'로 계속되지 않는가? 꼭 이마에 땀을 흘려 가며 생활비를 벌어야 할 필요는 없다. 나보다 땀이 더 많이 나오는 사람이라면 어쩔 수 없겠지만 말이다.

내가 아는 한 청년은 몇 에이커의 땅을 상속받았는데 '방법이 있다면' 나처럼 살고 싶다고 말했다. 나는 어떤 이유에서든 타인이 '내' 생활 방식을 그대로 따르기를 바라지 않는다. 그가 내 생활 방식을 익히기도 전에 나는 나대로 다른 방식을 찾아 나설지도 모르고 또한 이 세상에는 되도록 각기 다른 사람들이 많이 있어주기를 바라기 때문이다. 또 사람은 각자가 '자기가 갈 길'을 조심스럽게 찾아내어 그 길을 가야지, 아버지나 어머니 혹은 이웃 사람의 방식을 그대로 따르는 것을 바라지 않기 때문이다. 젊은이들은 집을 지어도 좋고 농부나 뱃사람이 되어도 좋다. 다만 그가 하고자 하는 일을 방해하는 짓만은 제발 삼가도록 하자. 뱃사람이나 탈주 노예가 북극성에서 눈을 떼지 않는 것과 같이 우리는 어떤 수학적인 점에 의해서만 방향 감각을 유지할 수 있다. 그러나 그 한 점이면 우리 인생의 모든 항로를 안내해주는 지표로 충분하다. 우리는 계산된 날짜에 입항을 못할 수도 있다. 그러나 올바른 항로는 유지할 것이다.

이 경우 한 사람에게 진리가 되는 것이면 천 사람에게도 또한 진리가 된다. 이는 의심할 나위가 없다. 그것은 큰 집이 작은 집보다 비례적으로 건축비가 더 드는 것이 아니라 오히려 싸게 먹히는 것과 같다. 아무리 큰 집이라도 지붕 하나가 위를 가리고, 지하 창고 하나가 밑을 차지하고, 하나의 벽이 여러 세대를 나눌 테니 말이다. 그러나 나로서는 단독주택이 더 좋았다. 더구나 공동주택의 이점을 다른 사람에게 납득시키느라 애쓰기보다는 나 홀로 단독주택을 짓는 쪽이 값이 싸게 먹힐 것이다. 또 설득이 가능했다 하더라도 값싸게 하려면 공동의 벽이 얇아지기 십상이다. 또 겪어보면 이웃 사람이 나쁜 사람일 수도 있고 자기 쪽 벽을 수리하지 않은 채 버려둘지도 모른다.

흔히 말하는 협력이란 알고 보면 극히 부분적이고 피상적이다. 진정한 협력은 없는 것이나 다름없을 만큼 적어서 마치 사람에게는 들리지 않는 화음과 같다. 신념을 지닌 사람은 어디에서나 똑같은 신념으로 협력할 것이다. 또 신념이 없는 사람은 그가 어떤 사람과 함께 하건 대부분의 세상 사람들처럼 대충 살아갈 것이다. 협력한다는 것은 낮은 뜻으로든 높은 뜻으로든 '삶을 함께 하는 것'을 의미한다.

나는 최근에 어느 두 청년이 세계 일주 여행을 함께 하기로 했다는 이야기를 들었다. 한 청년은 돈이 없어 여행 도중 선원 노릇이나 남의 농사일을 돕는 일 따위로 여비를 벌기로 했고 다른 청년은 호주머니에 여행자 수표를 가지고 가기로 했다고 한다. 그들 중 한 사람은 전혀 일을 하지 않으니 얼마 가지 않아 동행이 즉 다른 한 사람과 협력할 수 없으리라는 것이 불을 보듯 분명한 일이었다. 그들은 여행 중 첫 고비에서 헤어지고 말 것이다. 앞에서도 말했듯이 혼자 여행하는 사람은 오늘 당장이라도 떠날 수 있다. 그러나 다른 사람과 함께 가는 사람은 함께 갈 사람이 준비할 때까지 기다려야만 하니 출발하기까지는 오랜 시간이 걸릴지도 모른다.

하지만 이 모든 것이 지나치게 제 자신만 생각하는 것이 아니냐고 일부 마을 사람들이 말하는 것을 들은 적이 있다. 고백하는 바이지만 지금까지 나는 자선 사업에 종사한 적은 거의 없다.[203] 나는 무슨 일을 하다가도 어떤 의무감이 느껴질 때는 일하는 기쁨의 일부가 사라지곤 했다. 이 자선사업의 기쁨도 그 가운데 하나다. 어떤 사람들은 온갖 수단을 동원해서 마을의 어느 가난한 가족을 돕도록 나를 설득하려 했다. 만일 내가 할 일이 전혀 없었다면, 어차피 사람이 한가하면 악마가 일거리를 찾아주는 법이니[204] 그 일에라도 손을 대며 시간을 보냈을지도 모른다. 그러나 내가 막상 그 일을 해볼까 하여 어느 가난한 사람들에게 모든 면에서 내가 사는 정도의 생활수준을 유지하게 해주려고 그 뜻을 전하기까지 했다. 그런데 그들은 하나같이 입을 모아 그냥 가난한 대로 사는 것이 낫다면서 내 제의를 극구 사양하는 것이었다. 우리 마을 사람들이 여러 방면에서 다른 사람들의 행복을 위해 헌신하고 있으니 한 사람쯤은 다른 일을 하도록 내버려 두어도 좋으리라. 비록 그 일이 인류애와는 다소 거리가 있는 일일지라도 말이다.

모든 일이 그렇듯이 자선사업에도 천부적인 소질이 있어야 한다. 자선[205]에 관한 것이라면 자리가 꽉 찬 직업 중 하나다. 더욱이 나 또한 그 일을 꽤 해본 편이기도 하다. 한데 이상스럽게 여길지 모르지만 그 일이 내 체질에는 맞지 않는다는 결론에 도달했다. 세상을 파멸로부터 구하기 위해 사회가 내게 자선사업을 하기를 요구한다 하더라도 내 고유의 직분을 의식적으로 버리고서 그 일을 하지는 않을 것

203) 그의 부정과는 달리 아일랜드 사람들의 어려운 생활환경을 개선하는 데 콩코드의 어느 누구보다 더 많은 일을 했다(Harding).

204) "한가한 사람에게는 악마가 일을 찾아준다"라는 오래된 속담으로 존 레이의 《Compleat Collection of English Proverbs》 (1670)에 등재되어있다.

205) 원문 Doing-good:코튼 마더(1663~1728)의 《Bonifacius: Essays to do good》 또는 벤자민 프랭클린(1706~90)의 《Do good Papers》에서 취한 말일지 모른다.

이다. 그리고 나는 이와 비슷한 그러나 비할 수 없이 큰 어떤 확고부동한 정신이 어딘가에 있어 그것만이 이 세상을 지탱해 준다고 믿고 있다. 그러나 누구든 자기의 천성을 발휘하는 일을 하고 있다면 나는 가로막고 싶지 않다. 자선사업은 나로서는 마음 내키지 않는 일이지만 이 일을 마음과 혼과 생명을 바쳐서 하는 사람에게는 오히려 나는 부탁하고 싶을 뿐이다. 온 세상이 그 일을 나쁜 짓이라 비난한다 하더라도 — 다분히 그럴 가능성이 많은데 — 참고 견디라고 말이다.

나는 내 경우가 특별한 경우라고 생각하지는 않는다. 아마도 이 책을 읽는 대다수 독자들도 나와 비슷한 변명을 할 것이다. 어떤 일을 함에 있어서 내 이웃 사람들이 그 일을 착한 일이라 하지 않아도 나는 상관하지 않을 것이다. 그러나 그 일을 누군가에게 맡겨야 한다면 내가 으뜸가는 적임자라는 주장만은 서슴지 않겠다. 그 일이 무슨 일이냐는 그 일을 맡기는 사람이 대답할 일이다. 일반적인 의미로 말하는 '좋은' 일 혹은 '착한' 일은 나의 주된 관심사에서 벗어나 있다. 혹시라도 그 좋은 일이란 것을 내가 했다면 그건 거의가 전혀 의도된 것이 아니다. 사람들은 말하기를 보다 더 좋은 데서 하려 들지만 말고 있는 자리에서 있는 그대로 시작하시오 그리고 미리 생각해서 친절하게 이런 저런 착한 일을 하시오라고 한다. 매우 실속 있는 말이다.

하지만 내가 설교해야 할 입장이라면 '착한 일을 시작하라'고 하기보다는 오히려 '착한 존재가 되는 일에 착수하라'고 말할 수밖에 없다. 마치 태양은 밤이 되면 멎어있는 것처럼 보이거나 자신의 불빛을 달이나 어느 작은 육등성의 광휘에 내맡기고 자신은 장난꾸러기 요정 로빈 굿펠로[206]가 되어 이리저리 돌아다니며 오두막집 창문을 여기저기 기웃거리기도 하고, 미치광이의 기분을 돋구어주기도 하고,

206) Robin Goodfellow: 영국의 민담으로 옛날 시골집에 나타나 장난을 친다고 믿었던 요정. 셰익스피어의 〈한여름밤의 꿈〉에서 '퍽'으로 등장.

고기를 변질시키고, 어둠을 약간 밝히기도 하는 것처럼 보인다. 그러나 점차 다정한 온기와 덕성을 키워 마침내 사람이 정면으로 바라보지 못할 만큼 밝아지고, 그 다음엔 아니 그 동안에도 자기 자신의 궤도를 돌면서 세상에 덕을 베푸는, 아니 오히려 보다 정확한 현대과학이 밝혔듯이 그가 세상을 도는 것이 아니라 그의 주변을 세상이 돌면서 그에게서 덕을 보는 바로 그 태양의 존재처럼 말이다.

태양신 아폴론의 아들인 파에톤[207]은 선행을 베풀어서 자신이 신神의 아들임을 입증하려고 태양의 전차를 몰고 정기 궤도 밖으로 단 하루 나왔는데 그 때문에 천국의 아랫마을 여러 곳이 불에 타고 지구 표면이 불에 그을리고 모든 우물이 말라붙어 거대한 사하라 사막이 생기는 재난이 일어났던 것이라고 한다. 이를 막기 위해 마침내 제우스 신은 번갯불로 그를 지구로 추락시킬 수밖에 없었고, 그의 죽음을 슬퍼한 나머지 태양은 1년 동안이나 빛을 내지 않았다 한다.

변질된 선행에서 나는 냄새만큼 고약한 악취는 없을 것이다. 그것은 인간이 썩은 고기고, 신이 썩은 고기다. 만일 어떤 사람이 의도적인 계획으로 내게 선행을 베풀겠다고 내 집으로 오고 있다면 나는 모든 힘을 다하여 도망칠 것이다. 입과 귀와 코와 눈을 모래로 채우는 저 아프리카 사막에서 뜨겁고 메마른 열풍을 피하듯이 말이다. 그가 베푸는 선행을 받았다가는 그 독이 내 피로 옮겨올까 두려운 것이다. 아니, 차라리 자연스럽게 악의 고통을 겪는 쪽이 나을 것이다.

내가 굶주릴 때 먹을 것을 주고, 추위에 떨고 있을 때 몸을 따뜻하게 해주고, 어느 구덩이에 빠졌을 때 나를 건져준다고 해서 그 사람이 내게 좋은 사람이 되는 것은 아니다. 그런 일쯤은 뉴펀들랜드의 사냥개[208]도 하지 않던가? 가장 넓은 뜻으로 보자면 자선은 인간이

207) Phaeton:그리스 신화. 아폴론 신의 아들. 오비드의 서사시〈Metamorphoses〉 2.1-400에 나옴.

인간에게 베푸는 사랑이 아니다.[209] 인간에 대한 사랑이란 면에서 존 하워드 씨[210]는 그 나름대로 극히 친절하고 훌륭한 사람이었음에 틀림없다. 그리고 그는 자기 행동에 대한 보답도 받았다. 그러나 비교해서 말하자면 '우리'가 가장 좋은 형편에 있을 때가 사실은 가장 도움 받을 가치가 있을 때인데, 그때 '우리'를 도와주지 않는다면 백 명의 하워드가 있다 한들 무슨 소용이 있겠는가? 나는 어떤 자선모임에서 나 혹은 나와 같은 사람들에게 도움을 주자는 이야기가 진지하게 거론된 적이 있었다는 말을 듣지 못했다.

예수회 선교사들은 인디언들이 화형火刑을 당하면서도 자기에게 형을 가하고 있는 사람에게 더 새로운 고문 방법을 제시하는 것을 보고 아연실색했다고 한다.[211] 육체적인 고통에 굴하지 않았던 그들은 선교사들이 줄 수 있는 어떤 위로에도 때로는 아랑곳하지 않았고, 남이 내게 해주기를 바라는 바와 같이 남에게 해주라는 성서 말씀[212]이 그들의 귀에는 그다지 설득력이 없었다. 그들로서는 남이 자기에게 어떻게 하든 상관이 없었다. 그리고 그와는 다른 어떤 새로운 방식으로 원수를 사랑하였다. 그들은 원수들이 행한 모든 것을 너그럽게 용서하는 경지에 아주 가까이 도달했던 것이다.

가난한 사람을 도와주려면 그들이 가장 필요로 하는 도움을 주어야 한다. 비록 그것이 쓰디쓴 훈계가 되어 그들과의 거리가 아주 멀어지게 될지라도 말이다. 그들에게 돈을 주려거든 그 돈으로 무엇을 해줄 것이지 돈을 내던지듯이 주지는 말아야 한다. 우리는 때때로 엉

---

208) Newfoundland: 캐나다 동쪽 로렌스 강 하구에 있는 큰 섬. 이 지역 토종의 개. 앨러리 채닝은 이 개를 갖고 있었고 소로와 산책할 때 자주 함께 다녔다.

209) 1841년 2월 11일 일기에서 소로는 자선을 '제3자의 간섭'이라 불렀다.

210) John Howard(1726?~90): 영국 교도소 행정 개선에 공헌. 박애주의자.

211) 예수회는 로마 가톨릭 교단으로 미국 원주민에 대한 선교활동을 폈다. 소로는 이 교단의 선교활동 설화집인 《Jesuit Relations》를 읽기 시작한 후 원고에 이 문절을 추가했다.

212) 〈마태복음〉 5:44, 7:12, 〈누가복음〉 6:31.

뚱한 실수를 하기도 한다. 가난한 사람들은 흔히 낡은 옷을 입은 채 지저분하고 이상한 꼴을 하고 있을지 모르나 그렇다고 춥고 배고픈 것은 아닐 때가 흔히 있다. 그런 모습을 하고 다니는 것이 부분적으로는 자신의 취향 때문이지 꼭 그의 불운 때문만은 아니다. 만일 당신이 그에게 돈을 준다면 아마 그는 그 돈으로 더 낡은 옷을 살지도 모른다.

행동이 둔하고 어색한 아일랜드 출신 노동자들이 아주 천하고 낡은 누더기 옷을 입고 호수에서 얼음을 잘라내는 모습을 보면 나는 안쓰러운 생각이 들곤 했다. 나는 비교적 말쑥하고 두툼한 옷을 입고서도 추워 떨고 있었기 때문이었다. 그런데 몹시 추운 어느 날 그 중 한 사람이 물에 빠져 몸을 말리려고 내 집에 왔다. 기름때가 번들번들한 더러운 누더기이긴 했지만 바지 세 벌과 양말 두 켤레를 벗고 나서야 겨우 피부가 드러나는 것이었다. 그처럼 많은 '속옷'을 입었으니 내가 '겉옷'을 준다는데도 거절할 만도 했다. 사실은 그처럼 기름때가 찌들어 오리털처럼 방수가 되는 옷이 바로 그가 필요로 했던 것이다. 그제야 나는 나 자신이 오히려 더 가련하게 여겨졌다. 그리고 그에게 옷가게를 통째로 주는 것보다 오히려 나 자신에게 플란넬[213] 내의 한 벌이라도 입히는 것이 더 큰 자선이 아닐까 하는 생각이 들기도 했다.

세상에는 악의 가지를 치는 사람이 천 명 있다면 그 뿌리를 치는 사람은 한 명 있다고 하겠다. 시간과 돈을 가난한 사람에게 가장 많이 바치는 사람은 자기 생활 방식을 통해서 그가 없애려고 애쓰는 그 불행을 오히려 최선을 다해서 만들어 내는 사람일 수도 있다. 그는 노예 한 명을 팔아서 번 돈으로 노예 아홉 명에게 일요일 하루의 자유를 사주는 경건한 노예 농장 주인과 같다. 어떤 사람은 가난한 사람을

213) 평직으로 짠 털이 보풀보풀한 부드러운 모직물.

자기 집 부엌일에 고용하는 것으로 친절을 베푼다. 하지만 부엌일을 자기 스스로 하는 것이 더 친절한 행위가 아닐까? 사람들은 수입의 10분의 1을 자선 사업에 바치는 것을 자랑으로 생각한다. 차라리 10분의 9를 써서 자선 사업을 빨리 끝내는 것이 좋지 않을까? 이 사회는 재산의 10분의 1만 거두고 있다. 이것은 어쩌다가 그 재산을 소유하게 된 사람의 너그러움 탓인가, 아니면 공정해야 할 관리들의 태만 탓인가?

자선은 인류가 충분히 그 가치를 인정해 주는 유일한 덕목이다. 아니, 그것은 오히려 과대평가를 받고 있다. 그것을 과대평가하는 것은 우리의 이기심이다. 화창한 어느 날, 이곳 콩코드 마을에서 가난하지만 몸은 건강한 한 남자가 내게 어느 마을 사람을 극구 칭찬했다. 말을 들어보니 그 사람이 가난한 사람에게 친절하기 때문이라 한다. 그런데 그 가난한 사람이 실은 그 자신을 의미하는 것이었다. 인류의 친절한 아저씨와 아주머니들이 인류의 진정한 정신적인 아버지와 어머니보다 더 높이 평가되고 있다. 나는 언젠가 학식과 지성을 겸비한 목사 한 분이 영국에 관해 강연하는 것을 들은 적이 있다.[214] 그는 영국의 과학, 문학, 정치상의 위인들인 셰익스피어, 베이컨, 크롬웰, 밀턴, 뉴턴[215] 등을 열거한 다음, 기독교계의 영웅들에 관해 말하기 시작했다. 그런데 그는 마치 자기 직업상 의무라도 되는 듯이 그들을 위인 중의 위인으로 떠받들어 다른 사람들보다 훨씬 높은 위치로 올려놓는 것이었다. 그 기독교적 영웅이란 다름 아닌 윌리엄 펜, 존 하

---

214) 메인 주 뱅거의 초월주의자이고 유일신교 목사인 프레데릭 헨리 헤지를 말한 것 같다. 그는 1850년 1월 16일 콩코드 라이세움에서 〈영국의 국민〉에 관해 강연했다.

215) William Shakespeare(1564~1616) : 영국의 시인, 극작가.
Francis Bacon(1561~1626) : 영국의 수필가, 정치가, 철학자.
Oliver Cromwell(1599~1658) : 영국 정치가, 군인. 청교도 혁명을 일으킴.
John Milton(1608~74) : 영국의 시인 〈실낙원〉의 저자.
Isaac Newton(1642~1727) : 물리학자, 수학자.

워드, 엘리자베스 프라이[216] 등이었다. 그의 말이 좀 과장되고 거짓임을 누구나 느꼈을 것이다. 마지막에 열거한 세 사람이 결코 영국의 가장 훌륭한 사람은 아니었다. 그들은 다만 영국이 낳은 가장 뛰어난 박애주의자였을 따름이다.

나는 박애주의가 마땅히 받아야 할 찬사를 깎아내리자는 것은 아니다. 다만 자신의 생애와 업적을 통해서 인류에게 축복을 가져다 준 사람들 모두를 공정하게 평가하기를 요구할 따름이다. 나는 인간의 정직성과 자비심만을 으뜸으로 생각하지 않는다. 그것들은 말하자면 줄기와 잎일 따름이다. 그것들은 병든 환자를 위해 끓이는 차 정도의 하찮은 용도에나 쓰이며 그나마도 주로 돌팔이 의사들이나 애용하는 것이다. 내가 원하는 것은 사람의 꽃과 과일이다. 그 어떤 향기가 그에게서 내게로 스며오는 꽃을, 그 무르익어가는 어떤 향기가 우리의 사귐에 스며드는 과일을 원한다. 그의 '선함'은 어느 한 쪽에 치우치거나 일시적이 아니라, 끊임없이 흘러넘치되 자신에게는 아무런 비용도 들지 않고 의식적이지도 않은 것이라야만 한다. 이것이 바로 많은 죄를 덮어주는 자선이다.[217]

박애주의자들은 자신이 벗어던진 슬픔에 대한 기억을 떠올려 걸핏하면 인류를 대기처럼 슬픈 분위기로 감싸고서 그것을 '동정'이라 한다. 하지만 우리가 나누어줘야 하는 것은 용기지 절망이 아니다. 우리가 줘야 하는 것은 건강과 안락이지 병이 아니다. 병이 전염되어 퍼지지 않도록 주의해야 한다. 도대체 남부의 어느 평원에서 울부짖는 소리가 들린다는 것인가? 우리가 빛을 전달해줘야 할 이교도들은 도대체 지구의 어느 위도에서 살고 있다는 것인가? 우리가 구제해야

216) William Penn(1644~1718): 영국 퀘이커 교도. 펜실베이니아 주의 창립자.
John Howard(1726?~90): 영국 교도행정 개선에 공헌한 박애주의자.
Elizabeth Fry(1780~1845): 영국 퀘이커 교도. 여성 교도행정 개혁 운동가.

217) 《신약성서》〈베드로전서〉 4:8. "…… love will cover a multitude of sins."

할 그 못되고 사나운 사람이 도대체 누구인가?

사실은 아무렇지 않은데 사람은 몸이 어딘가 아파서 신체기능이 마음대로 되지 않으면, 아니 배만 아파도[218] ― 사실 창자에는 동정심이 자리 잡는 곳이기도 하니까 ― 곧장 '개혁'이란 것에, 그것도 '세상을 뜯어고치는 일'에 착수한다. 그 자신이 하나의 '소우주'[219]이므로 그는 세계가 풋사과를 먹었다는 사실을 발견한다. 그것이야말로 참된 발견이고, 그 자신이야말로 바로 그 발견을 해낸 진정한 발견자라 생각한다. 사실 그의 눈에는 지구 전체가 하나의 큰 풋사과로 보이고, 그것이 익기도 전에 인간의 아들딸들이 먹는 위험은 생각만 해도 끔찍하다고 느낀다. 그러면 곧바로 그의 열렬한 박애정신은 에스키모와 파타고니아 사람들[220]을 찾아 나서고, 사람이 많은 인도와 중국의 마을들을 품에 얼싸안는다.

그렇게 몇 년 동안의 박애활동으로 그는 자신의 소화불량을 치유하고, 그동안에 권력자들은 의심할 나위 없이 그들의 목적에 그를 이용하겠지만, 지구는 마치 이제야 익기라도 하려는 것처럼 다시 한쪽 볼 아니면 양쪽 볼에 차츰 엷은 홍조가 돌기 시작한다. 그러면 인생도 풋내기 냄새가 가시고 다시 한 번 감미롭고 건강하게 된다. 나는 내가 저지른 것보다 더 큰 악행을 꿈에도 생각해본 적이 없다. 나는 나 자신보다 더 나쁜 사람을 전에 본적도 없고 앞으로도 결코 보지 못할 것이다.

개혁론자들을 그처럼 슬프게 하는 것은 곤경에 빠져 있는 그의 동료에 대한 연민의 정이 아니라, 비록 그가 신의 가장 성스러운 아들

---

218) 원문 'bowels'에는 '내장' '창자'의 뜻이지만 '연민', '동정'의 뜻도 있어 2중 의미의 언어유희.

219) Microcosm(소우주):초월주의 사상은 개개인을 우주와 동일한 소우주로 보았다.

220) the Esquimaux and the Patagonian:북쪽 끝의 에스키모 인들과 남아메리카 대륙 남쪽 끝 지역 파타고니아에서 사는 사람.

이라 할지라도 자기 자신의 개인적인 고통이라고 나는 믿는다. 그의 고통이 치유되도록 해보라. 그에게 봄이 오도록 해보라. 그의 잠자리에 아침 해가 돋아 오르도록 해보라. 그러면 그는 변명 한 마디 없이 그의 관대한 동료 개혁운동가들을 버릴 것이다.

나는 흡연을 반대하는 강연은 하지 않는다. 그에 대한 내 나름의 이유는 내가 담배를 한 번도 피워본 적이 없다는 것이다. 그리고 내가 맛보고 그 해독을 경험한 것들 중에는 그에 대한 반대연설을 할 만한 것이 없는 것은 아니지만, 흡연 반대 연설은 아무래도 담배를 피우다 끊은 사람이 피웠던 죄 값으로 치러야 할 일이다. 이 담배 피우기처럼 어느 자선 사업이란 것에 어쩌다 당신이 빠져들었다면 오른손이 한 것을 왼손이 모르게 하라.[221] 그건 알릴만한 가치가 없다. 물에 빠진 사람을 구하라. 구했으면 묵묵히 구두끈을 동여매라. 그리고 한숨 돌렸으면 곧바로 어떤 일이건 당신이 하고 싶은 자유로운 일을 시작하라.

우리의 행실은 성도들과 교제하는 중에 오히려 오염되었다.[222] 찬송가에서는 신을 찬송하는 노래가 아니라 오히려 신에 대한 저주의 노래 가락이, 아니면 신에 대한 영원한 인내를 요구하는 노래가 울려 퍼지고 있다. 예언자들과 구원자들까지도 인간에게 희망을 북돋워 주었다기보다는 두려움을 달래주는 데 그쳤다고 말할 수 있다. 그 어디에도 생명이라는 선물에 대한 소박하고도 억누를 수 없는 기쁨이나 신에 대한 잊을 수 없는 칭송은 기록되어 있지 않다.

건강과 성공은 아무리 멀리 있고 또한 나와 전혀 상관이 없어보일지라도 나를 이롭게 해주고, 질병과 실패는 그것이 내게 아무리 많은

221) 《신약성서》 〈마태복음〉 6:3. "But when you do a charitable deed, do not let your left hand know what your right hand is doing."

222) 《신약성서》 〈고린도 전서〉 15:33. "Be not deceived; evil communications corrupt good manners(속지 마라. 악한 동무들은 선한 행실을 더럽히나니)"를 인유.

동정을 베풀거나 혹은 내가 그것을 동정한다 하더라도 나를 슬프게 하고 또한 나를 해롭게 한다. 그렇다면 만일 우리가 진실로 인디언식이든, 식물적이든, 자력적磁力的이든, 자연적이든 그 어느 방법으로든 인류를 정말로 복원하고자 한다면 먼저 우리가 우리 스스로 '자연'처럼 소박하고 건강해야 하지 않겠는가? 우리의 이마에 덮인 구름을 걷어내고, 우리의 숨구멍과 땀구멍으로 조금이라도 생명을 빨아들이도록 해야 하지 않겠는가? 가난한 사람들의 감독자로 있으려고만 하지 말고, 세상의 진정한 현자賢者 중 한 사람이 되려고 노력해야 한다.

나는 페르시아의 시인 사디[223]의 시집 《굴리스탄》 즉 《화원花園》이라는 책에서 다음 구절을 읽었다.

사람들이 현자에게 물었다. "지고至高의 신이 만드신 그 드높고 울창한 나무들 중에는 이름난 것들이 많은데 그 가운데서 하필 열매도 맺지 않는 삼나무만을 자유의 나무라 부르니 무슨 까닭인지요?" 현자가 대답했다. "나무마다 제 나름의 열매와 계절을 가지고 있어 제철에는 싱싱하고 꽃을 피우나 철이 지나면 말라서 시들고 만다. 한데 삼나무는 열매나 계절에 관계없이 사시사철 언제나 번성한다. 이런 천성이 자유로운 사람들 즉 종교적으로 독립된 사람들의 마음이 아니겠느냐? 그러니 너의 마음을 덧없는 것에 두지 말라. 티그리스 강은 칼리프[224]들이 사라진 뒤에도 바그다드를 지나 계속 흐르리라. 너의 손에 가진 것이 많다면 대추야자나무처럼 아낌없이 털어줘라. 그러나 줄 것이 없으면 삼나무처럼 자유로운 사람이 되어라"고 하였다.[225]

---

223) Sheikh Muslih-ud-Din Saadi(Sadi)(1184?~1291?):13세기의 페르시아의 시인.

224) caliphs:마호메드의 후계자의 칭호. 바그다드의 이슬람 통치자의 옛 칭호(1258년까지). 오토만투르크 제국의 국왕의 칭호(1571부터 1924까지). 여기서는 그 칭호를 가진 사람들.

225) 《The Gulistan, or Flower-garden, of Shaikh Sadi of Shiraz, trans. by James Ross》(1823)에서 구두점을 약간 바꾸어 인용했다.

보충하는 시

가난뱅이의 허세[226)]

그대, 가련한 가난뱅이, 생각이 너무도 주제넘구나.
초라한 움막집, 함지박 같은 집에서
값싼 양지, 그늘진 샘터에서
나물과 풀뿌리로 게으르고 현학적인 미덕을 얼마간 키웠대서
천국에 있을 자리 요구하다니.
그대의 굳은 손[227)]은 사람의 열정을
아름다운 덕성이 피어나는 마음바탕에서
송두리째 꺾어버리고,
인간 본성을 타락시키고, 감각을 마비시켜,
활기찬 인간을 고르곤[228)]의 신화처럼 돌로 바꾼다.
절제가 강요되고, 기쁨도 슬픔도 모르는
그 부자연스럽고 우둔한 그대의 따분한 교제,
우리는 원치 않고,
능동적인 것보다 억지로 치켜 올린 그대의 수동적인 인내
우리는 원치 않는다.
평범하고 용렬한 곳에 자리 잡은 미천한 무리들이
그대의 비굴한 기질에 잘 어울린다.
우리는 과잉도 허용하는 그런 미덕만을,
용감하고 관대한 행위, 제왕다운 장엄함,

---

226) 토머스 카루(1595?~1645?)의 가면극 〈Coelum Britannicum〉(1661)에서 주인공 머큐리가 포버티에게 한 말. 제목과 풍자적인 부제는 소로가 붙였고 철자도 현대식으로 바꿨다. 소로는 상반된 견해의 시를 말미에 붙여 균형을 꾀함과 동시에 판단의 여운을 남겼다(Cramer).

227) 원문 right hand: 원래의 시에는 'rigid(굳은, 단단한)'으로 되어 있는 것이 그의 수첩에 'right'로 잘못 옮겨졌고 그것이 그대로 〈월든〉으로 옮겨졌다(Cramer).

228) Gorgon: 그리스 신화. 머리카락이 모두 뱀으로 된 여자. 보는 사람마다 놀라 돌로 변했다 함.

모든 것을 뚫어보는 분별력, 한계 모를 넓은 아량,
옛 사람들도 그 이름을 붙이지 못해
그저 헤라클레스, 아킬레스, 테세우스[229] 같은
유형만을 남겨놓은 그 영웅적인 덕목을 우리는 앞세운다.
그대, 그대의 역겨운 암자庵子로 돌아가라.
그리고 새롭게 빛나는 별들을 보거든,
그 훌륭한 분들이 어떤 분들이었던가를 알아보기나 하려무나.

토머스 커루

---

229) Hercules:그리스 신화 최대의 영웅. 제우스 신의 아들.
Achilles:그리스 신화. 호메로스의 서사시 〈일리아드〉에 나오는 영웅.
Theseus:아테네의 왕 아에게우스의 아들로 괴물 미노타우르를 죽여 물리침.

제2장 나는 어디서 살았고 무엇을 위해 살았던가

인생의 어느 시기에 이르면 우리는 누구나 모든 장소를 집터로 생각해보는 버릇을 갖게 된다고 한다. 그래서인지 나도 내가 사는 곳에서 사방 12마일 안의 시골을 두루 살펴본 적이 있다.[1] 그곳의 모든 농장들을 나는 마음 속으로 차례차례 사들였다. 모두 매물로 나와 있었고 또 그들의 값을 나는 잘 알고 있었다. 나는 농장의 경내를 하나하나 거닐면서 거기서 자라는 야생 사과를 맛보기도 하고 농사에 관해 주인과 환담을 나누기도 했다. 그리고 어떤 값이든 주인이 부르는 값에 그 농장을 마음 속으로 사서 다시 그 주인에게 저당을 잡혔다.

나는 심지어 주인이 부르는 값보다 더 높은 값을 놓고서 농장의 모든 것을 인수하였다. 그러나 권리증서만은 그대로 두고 그 대신에 주인의 이야기를 가져왔다. 그만큼 나는 이야기하기를 무척 좋아했다. 그리고 나는 그 농장을 가꿨고, 어느 정도 그 농장 주인도 함께 가꿨을 것이라 믿는다. 그리고 그런 일을 충분히 즐겼다 싶을 때 나는 그

---

1) 소로는 월든 호수 외에도 여러 곳을 집터로 생각했다. 채닝에 의하면 다음에 말하는 할로웰 외에도 서드버리 강 서쪽, 웨이르드 델과 페어헤븐 언덕 한쪽, 클리프 언덕과 베이커 농장 등을 생각했다. 1851년 8월 31일 일지에 "한때 코넨툼을 살까 생각했으나 돈이 부족하여 계약을 못했다. 그러나 나는 그 후에도 매년 그 농장을 내 방식으로 계속 가꿨다"라고 쓰여 있다(J 2:439).

농장을 다시 그 농부에게 맡기고 물러났다. 나의 이런 행동 때문에 친구들은 나를 일종의 부동산 중개업자로 여기기까지 했다.

내가 앉은 자리가 어디든 나는 거기에 눌러 살 수도 있었고, 앉는 곳마다 나를 중심으로 풍경이 사방으로 펼쳐지는 것이었다. 집이란 라틴어로 '세데스(sedes)' 즉 '앉을 자리'가 아니고 무엇인가? 그 앉을 자리가 시골이라면 더 좋다.[2] 나는 쉬 개발될 것 같지 않은 집터를 많이 찾아냈다. 어떤 사람들은 그곳이 마을에서 너무 멀리 떨어져 있다고 생각할지 모르나, 내가 보기에는 마을이 그곳에서 너무 멀리 있었다. "됐어. 이곳이라면 한 번 살아볼만하군" 하고 나는 혼잣말을 하곤 했다. 그리고 그곳에서 한 시간을 살면서 여름과 겨울 생활을 해봤다. 또 그곳에서 몇 년이란 세월을 보내기도 하고, 겨울과 싸우다가 다시 봄을 맞는 나 자신의 모습을 상상해 봤다.

이 지역의 미래의 주민들은 아마 어디에 집터를 잡든 자기들보다 먼저 그곳을 집터로 생각한 사람이 있었다는 것을 믿어도 좋다. 오후 한나절이면 나는 그 땅을 나누어 여기는 과수원, 저기는 나무숲, 또 저기는 목장 등으로 만들어 놓고, 어느 멋있는 참나무와 소나무를 문 앞에 남겨두고, 또 고목나무가 가장 돋보일 장소가 어딘지를 결정하기에 충분하였다. 그런 다음에 나는 그 땅을 가꾸지 않고 버려두었다. 아니 묵혀두는 거다. 사람은 손대지 않고 버려둘 수 있는 물건이 많으면 많을수록 더 부유하지 않는가?

이런 나의 상상력은 나로 하여금 몇몇 농장의 선매권[3]을 갖는다는 생각으로까지 발전했다. 이 선매권이 내가 원하는 것 전부였다. 실제로 소유함으로써 겪을 수도 있는 고통을 맛본 적은 없었다. 내가 실

2) 1841년 4월 5일 일지에 소로는 "나는 오직 깨끗한 자리를 요구한다. 난 어느 언덕 남쪽 기슭에 오두막을 짓고 거기서 신이 내게 준 삶을 살련다"라고 썼다.

3) 선매권先買權: 남에 앞서서 물건을 살 권리.

제로 소유할 뻔했던 곳은 할로웰 농장이었다. 그 농장을 산 다음 나는 그곳에 심을 씨앗을 고르기 시작했고, 그 씨앗을 실어 나를 외바퀴 손수레를 만들 재료도 준비했다. 그러나 주인에게서 땅문서를 받기 전에 그의 아내가 마음을 바꿔 — 누구에게나 그런 아내가 있다 — 농장을 팔지 않겠다했다. 주인은 해약금조로 내게 10달러를 주겠다고 했다. 한데 사실을 말하자면 그때 내가 가진 돈이라고는 10센트뿐이었다. 그래서 나는 내가 10센트를 가진 사람인지, 농장을 가진 사람인지, 또는 10달러를 가진 사람인지, 이 모두를 가진 사람인지, 내 계산 능력으로는 헤아릴 도리가 없었다. 그러나 나는 그에게 10달러도 농장도 그만두라고 했다. 나는 이미 그 농장을 가져볼 만큼 가져봤기 때문이었다. 아니 사실은 인심을 써서 내가 샀던 값에 농장을 다시 팔고, 그가 부자가 아니기에 10달러를 덤으로 얹어주었다고 하는 것이 더 옳을 것이다. 그러고서도 내게는 10센트와 씨앗과 외바퀴 손수레의 재료가 남았으니 알고 보면 나의 청빈에는 아무런 손해 없이 잠시 동안이나마 부자가 된 경험을 했을 뿐이었다. 그러나 그 농장의 풍경만은 내가 계속 차지하기로 했다. 그 후에도 나는 해마다 손수레 없이 농장이 산출한 풍경을 거둬왔다. 그 풍경에 관해서는,
……

> 나는 내가 '바라보는' 모든 것을 지배하는 임금이니
> 그 권리를 시비할 사람, 아무도 없도다.[4)]

나는 시인[5)]이 농장의 가장 값진 부분을 다 맛보고 난 뒤에 물러나

---

4) 영국의 시인, 서간문의 대가인 윌리엄 카우퍼(1731~1800)의 시에서 인용.
5) 앨러리 채닝을 말함. 채닝은 생전에 시집 7권을 냈고, 소로의 최초의 전기 《Thoreau: the Poet-Naturalist》(1773)를 썼다.

는 것을 자주 보았다.[6] 그런데 그 무뚝뚝한 농부는 그 시인이 그저 야생사과나 몇 개 따갔으려니 생각한다. 아무렴 그 시인이 자기 농장을 운율이라는 눈에는 보이지 않은 가장 훌륭한 울타리 속에 곱게 가두어놓고, 젖을 짜고, 찌꺼기를 걷어내고, 크림은 떠서 모두 가져가고, 자기에겐 찌꺼기만 남겨놓았다는 사실을 그 주인이야 여러 해가 지나도 알 리가 없다.

할로웰 농장이 나에게 가장 큰 매력이 있었던 것은 우선 마을에서 약 2마일쯤 떨어진데다 큰길에서도 넓은 들판을 사이에 두고 반마일쯤 떨어진 곳이어서 완전히 외지고 한적했기 때문이었다. 다음은 강을 끼고 있다는 점이었다. 주인의 말로는 강의 안개가 봄에 늦서리가 내려도 농장을 안전하게 해준다고 하는데 그건 아무래도 상관이 없었다. 폐허 같은 잿빛 집과 헛간, 다 쓰러져가는 울타리는 전에 살았던 사람과 나 사이에 상당한 간격이 있다는 것을 의미하기 때문에 오히려 내게는 더 좋았다. 이끼 덮인 사과나무에는 구멍이 나있었고, 토끼들이 갉아먹은 흔적이 있어 이웃이 어떤 종류인지 말해 주었다. 그러나 무엇보다도 큰 매력은 예전에 내가 배를 타고 이 강을 처음 거슬러 올라갔을 때의 추억이었다. 그때 이 집은 붉은 단풍나무 숲에 가려져서 보이지 않았고, 숲 사이로 개 짖는 소리만 들려왔었다. 나는 집주인이 바위를 치우고, 구멍 뚫린 사과나무를 베어버리고, 풀밭에서 자라고 있는 어린 자작나무들을 뿌리째 파내기 전에, 간단히 말해서 개선이란 것을 조금이라도 더 하기 전에 서둘러 사기로 했었다.

나는 이 농장이 지닌 매력을 마음껏 누리기 위해 아틀라스[7]처럼 세계를 내 어깨에 짊어지고 온갖 힘든 일을 해낼 각오가 되어 있었다.

---

6) 에머슨의 《Nature》에도 이와 비슷한 구절이 있다.

7) Atlas:그리스 신화. 제우스 신에게 대적한 죄로 하늘을 어깨로 영원히 떠받치는 형을 받았다 함.

나는 아틀라스가 그 노역의 대가로 무엇을 받았는지는 알지 못한다. 내가 온갖 궂은 일을 하려고 했던 동기나 이유는 다만 이 농장의 대금을 다 지불한 뒤에 어떤 간섭도 받지 않고 소유해 보겠다는 것뿐이었다. 이 농장을 사서 그대로 버려둘 수만 있다면, 내가 원하는 종류의 곡물을 풍성하게 거둬들이게 되리라는 것을 알고 있었기 때문이었다. 그러나 앞에서 말했던 대로 농장을 사는 일은 실현되지 않았다.

이렇게 해서 대규모 영농에 관해 내가 말할 수 있는 것은 — 물론 작은 채소밭이야 줄곧 가꿨지만[8] — 농장에 뿌릴 씨앗만 준비해 놓은 것으로 끝났다는 것뿐이다. 사람들 대부분이 씨앗은 오래 묵힐수록 좋아진다고 생각한다. 시간이 좋은 씨앗과 나쁜 씨앗을 가려준다는 건 나도 의심하지 않는다. 언젠가 씨앗을 뿌리게 될 때쯤이면 내가 실망하게 되는 일은 크게 줄어들 것이다. 그러나 친애하는 여러분에게 당부하고 싶은 말은 가능한 한 오래오래 자유롭고 얽매이지 않게 살라는 것이다. 농장에 얽매이는 것은 유치장에 갇히는 것과 별로 다를 것이 없다.[9]

고대 로마의 대大 카토[10]가 쓴 《농업론》은 내게는 영농 잡지 《경작자》[11]와 같은 구실을 하고 있는데, 그 책에 다음과 같은 구절이 있다. 한데 내가 본 유일한 번역본에는 이 구절이 심히 잘못 옮겨져 있다.[12]

---

8) 소로는 "멜론을 가꾸기를 좋아하여 매년 가을에는 멜론 파티를 열었다"라고 에드워드 에머슨이 〈어느 젊은이가 회상한 헨리 소로〉라는 자신의 글에서 이를 회고하였다.

9) 1846년 세금납부거부 때문에 유치장(the county jail)에 갇힌 경험이 있다.

10) Old Cato(기원전 234~기원전 149):Marcus Porcius Cato, the Elder. 고대 로마의 정치가, 군인, 저술가. 이름이 같은 증손과 구별하여 '대 카토'로 불림.

11) Cultivator:농업 주간 신문 《Boston Cultivator》(1839~1876), 《New England Cultivator》 (1852~53), 《Yankee Farmer and New England Cultivator》(1835~41) 등 농경에 관한 당시의 간행물을 칭함.

12) 토머스 오웬(1749~1812)이 번역한 《M. Porcius Cato Concerning Agriculture》(London, 1803)에서 카토의 〈De Agri Cultura〉 1.1의 구절을 말함. 아래의 인용문은 잘못된 구절을 소로가 직접 번역한 것임.

농장을 사려거든 허겁지겁 탐욕스럽게 사지 않도록 마음 속으로 신중히 검토하여라. 살펴보는 수고를 아끼지 말고, 한 번 돌아보는 것으로 충분하다고 생각하지 말라. 그것이 좋은 농장이라면 자주 가서 보면 볼수록 더 마음에 들 것이다.

나는 그 어떤 농장도 탐내어 허겁지겁 사지는 않을 것이다. 오히려 살아있는 동안에 두고두고 둘러보고 또 둘러볼 것이다. 그리하여 끝에 가서 그만큼 더 그 땅이 내 마음에 들도록 나는 그 땅에 맨 먼저 묻힐 생각이다.

여기서 이야기하려는 실험은 이런 종류의 실험으로는 나의 두 번째 실험이다. 편의상 나는 두 해에 걸친 경험을 한 해로 묶어서 이 실험을 좀 더 자세히 설명할 생각이다.[13] 이미 앞에서 말한 바와 같이 나는 일종의 '실의의 노래'[14]를 하려는 것이 아니다. 나는 내 이웃들을 잠에서 깨울 수만 있다면 횃대에 올라앉은 아침 수탉처럼 한 번 목청껏 자랑스럽게 울어댈 작정이다.[15]

내가 처음 그 숲속에서 살기 시작한 날은, 다시 말해서 낮만이 아니라 밤까지도 그곳에서 보내기 시작한 첫날은 우연히도 미국독립기념일인 1845년 7월 4일이었다. 그때 나의 오두막집은 겨울 채비가 되지 않아 겨우 비를 막아주는 것에 지나지 않았다. 회칠을 하지도 않았고 굴뚝도 세우지 않았다. 벽은 비바람에 시달리고 햇볕에 그을린

---

13) 두 해를 한 해로 묶은 것은 계절의 순서를 여름에서 시작하여 재생의 감정을 느끼는 봄으로 끝내려는 문학적 장치다. 실제의 보고가 아니라 문학적인 재구성을 위함이다. 《콩코드와 메리맥 강에서의 일주일》에서는 형 존과 보낸 2주간을 1주로, 케이프 코드에서는 3번의 여행을 1번으로 줄였다.

14) 영국의 낭만주의 대표 시인 사무엘 콜러리지(1772~1834)의 〈절망의 시(Ode to Dejection)〉를 빗대어 말함. 〈The Friend〉(1810)나 〈Aids to Reflection〉(1825)과 같은 철학적인 작품으로 초월주의자들에게 미친 그의 영향이 크다.

15) 소로는 이 구절을 초판본 표지에 썼다.

거친 헌 판자를 붙인 것이었다. 한데 그 판자들에는 듬성듬성한 틈사이가 있어서 밤에는 집안이 더욱 시원하였다. 도끼로 반듯하게 다듬은 하얀 나무 기둥과 새로 대패질을 한 문틀과 창틀이 집을 한결 말쑥하고 경쾌하게 했다. 특히 아침에 그 목재들이 이슬에 촉촉히 젖어있을 때는 어찌나 말쑥하고 경쾌하던지 한낮이 되면 그 목재들에서 무슨 달콤한 수액樹液이 스며나올 것만 같은 생각이 들었다.

이 오두막은 이와 같은 새벽의 영묘한 분위기를 아침만이 아니라 다소는 온종일 느끼게 하는 것이어서 지난해에 내가 가보았던 산마루의 어느 오두막집과 같은 느낌이 들었다. 그 또한 경쾌하고 회칠이 되지 않은 오두막이었다. 지나가는 신을 맞아 환대하기에 알맞았고, 그런 곳에서는 여신이 치맛자락을 끌며 기웃거릴 만도 하였다.

내 집을 스쳐가는 바람은 산등성이를 쓸고 넘어가는 바람이었다. 지상의 선율이 끊일 듯 끊일 듯 이어지는 가락, 아니 그보다는 지상의 음악 중에서도 하늘에 속하는 가락만을 골라서 가진 바람이었다. 아침 바람은 끊임없이 불고, 창조의 시는 끊이지 않는다. 올림포스[16] 산은 속세에서 한 걸음만 벗어나면 어디에나 있다.

내가 전에 소유했던 유일한 집은 보트[17]를 제외한다면 텐트 하나뿐이었다. 텐트는 이따금 여름에 여행할 때 썼으나 지금은 돌돌 말려 다락방에 처박혀 있다. 한데 보트는 여러 사람의 손을 거쳐 시간의 강을 타고 사라졌다. 나는 이제 좀 더 실질적인 집을 갖게 되었으니 세상에 정착하는 쪽으로 한 걸음 더 나아간 셈이었다.

이 오두막의 뼈대는 겉만 살짝 입힌 것이어서 나를 둘러싸고 있는 일종의 결정체와 같았고, 그것을 결정시킨 나와 신경선이 통하는 것

---

16) Olympus : 그리스에서 가장 높은 산. 고대에는 신들이 모여 사는 곳이라 생각되었다.

17) 형과 함께 건조하여 1839년 2주간 강을 여행했던 배를 말한다. 그 배에 콩코드 강의 인디언 이름인 '머스케타퀴드(Musketaquid)'라는 이름을 붙였다(W 1:12~3).

같았다. 그것은 무언가 윤곽만 그린 그림처럼 암시적이었다. 나는 바깥 공기를 마시기 위해 일부러 문 밖으로 나갈 필요가 없었다. 방 안의 공기가 신선함을 전혀 잃지 않기 때문이었다. 내가 앉아있는 곳은 집안이었지만 그저 문 뒤에 있을 뿐 밖에 있는 것이나 다름이 없었다. 장대비가 쏟아지는 날에도 그건 다르지 않았다.

인도의 옛 시 〈하리반사〉[18]에 "새 없는 집은 양념을 하지 않은 음식과 같다"는 말이 있다. 내 집이야말로 그런 집이 아니다. 나야말로 갑자기 여러 가지 새들의 이웃이 되어 있었다. 내가 새를 잡아 내 곁에 가두어 둬서가 아니라 내가 그들 곁에 둥지를 틀었던 것이다. 나는 정원이나 과수원에 흔히 나타나는 일부의 새들만이 아니라 좀처럼 마을 근처에 오거나 노래하는 일이 없는 개똥지빠귀, 백설조, 주홍풍금새, 방울새, 들참새, 쏙독새, 그 외의 많은 새들에 보다 더 가까이 있었다. 이들은 보다 더 야성적이고 우리의 마음을 보다 더 짜릿짜릿하게 하는 숲속의 가수들이다.

내가 자리잡은 곳은 자그마한 호숫가였다. 콩코드 마을에서 약 1마일 반쯤 남쪽으로 떨어져 있었다. 마을보다는 지대가 좀 높았고, 콩코드와 링컨 사이에 펼쳐있는 커다란 숲 가운데에 있었다. 그리고 우리 마을의 유명하고 유일한 전적지인 '콩코드 전쟁터'[19]에서는 남쪽으로 약 2마일 떨어진 곳이었다. 내 집은 숲속에 파묻혀 있어서 겨우 반마일 떨어진 맞은편 호숫가가 내가 볼 수 있는 한계선이었다. 그 너머에도 숲이 덮여 있어서 그 이상은 보이지 않았다. 첫 1주일 동안은 바라볼 때마다 호수는 산허리에 높직이 자리 잡은 연못 같은 인상을 주었다. 호수의 밑바닥이 다른 호수의 수면보다 훨씬 높다는 인

---

18) Harivansa:5세기에 쓰인 고대 인도의 대서사시 〈마하바라타〉의 부록에 해당하는 시편. 힌두교의 신인 크리슈나를 노래함.

19) 1775년 4월 19일 콩코드의 노스 브리지(North Bridge)에서 민병대가 영국군을 격퇴한 독립전쟁 최초의 교전이 있었다.

상을 떨칠 수 없었던 것이다.

해가 뜰 때 나는 호숫가 안개의 잠옷을 벗으면서 여기저기 부드러운 잔물결이나 매끄럽게 반사하는 수면을 점점 드러내는 것을 봤다. 안개는 마치 밤을 틈타서 모인 비밀집회를 방금 끝마친 유령들이 눈을 피해 이리저리 해산하는 것처럼 슬금슬금 숲속으로 빠져 나간다. 바로 그 이슬방울도 산비탈에서처럼 보통 때보다 훨씬 더 늦게까지 나뭇잎에 매달려 있는 것 같았다.

이 자그마한 호숫가 나에게 가장 값진 이웃이 되어 주는 때는 8월에 바람 없이 폭우가 내린 때였다. 비가 그치면 하늘은 비록 흐려져 있지만 공기와 물은 완전히 조용하고 엄숙해진다. 이런 때는 오후 중반만 되어도 아주 고요하고 맑은 초저녁 분위기가 된다. 고요한 가운데 티티새의 노랫소리만이 호수의 이 기슭 저 기슭에서 번갈아 들려온다.[20] 이 호숫가 가장 잔잔한 때는 바로 이런 때였다. 구름으로 인해 호수 위의 맑은 대기층이 얕아지고 어둑해지면 물에 빛과 반사된 그림자들이 가득하여 호수만이 밝아 보인다. 이때의 호수는 그 자체가 하계下界의 '하늘'이다. 그렇기에 나에게는 더욱 더 소중하였다.

최근에 나무를 베어낸 근처의 산마루에 올라서서 보면 건너편 호수 기슭을 이루는 산과 산 사이의 널찍한 계곡을 통해 흔쾌한 경치가 내다보였다. 그곳에서 서로 마주 보는 산자락들이 경사진 것으로 미뤄 보면 우거진 골짜기 사이로 개울이 흐를 것 같은데 물은 전혀 흐르지 않았다. 그쪽을 향해서 근처의 푸른 언덕 사이나 그 너머로 몇몇 멀고 더 높은 산들이 지평선에 푸르스름하게 보였다. 사실은 발꿈치를 들고 발돋움해서 보면 북서쪽으로 더욱 더 하늘색에 가깝고 더욱 더 먼 산맥들의 꼭지 몇 개가 눈에 들어왔다.[21] 이 산 꼭지들이야말로

20) 원문 sang around:'around'는 '주변'이란 뜻도 되지만 'a round'로 합창곡에서 한 순번이 돌아가는 것을 동시에 의미하는 언어유희.

진정 하늘의 조폐국이 찍어낸 진정한 하늘다운 청색의 동전들이었다. 여기서는 마을의 한 귀퉁이도 살짝 보였다. 그러나 다른 방향으로는 여기에서도 숲에 가려 그 너머는 아무것도 볼 수 없었다.

이웃에 물이 있는 것은 참 좋은 일이다. 물은 대지에 부력을 주어 둥둥 뜨게 한다. 아무리 작은 우물이라도 한 가지 가치는 있다. 우리가 그 속을 들여다보았을 때 이 대지가 육지가 아니라 섬이라는 것을 알 수 있게 해주는 점이다. 이 점은 우물이 버터를 차갑게 보관해 주는 것만큼이나 중요한 기능이다. 나는 이 산마루에서 호수 넘어 서드베리 초원[22] 쪽을 바라보곤 했다. 홍수가 일어날 때는[23] 그 초원이 — 어쩌면 어떤 신기루 현상 때문인지 모르지만 — 지글대는 골짜기의 급류 속에서 마치 세숫대야에 던져놓은 한 닢의 동전처럼 아른아른 떠오르는 것을 확연히 볼 수 있었다. 한데 홍수가 나지 않은 보통 때에도 호수 너머 모든 땅은 그 사이에 낀 이 작은 호수의 수면으로 인해서 섬이 되어 물에 뜬 엷은 빵 껍질처럼 보이기도 했고, 내가 살고 있는 이곳도 물이 말라 육지가 된 '마른 땅'에 지나지 않는다는 사실을 일깨워 주는 것이었다.

내 집 앞에서 보는 경치는 훨씬 더 한정되어 있었다. 하지만 나는 조금도 답답하다거나 구속된 느낌이 들지 않았다. 상상의 나래를 펴기에 충분한 초원이 있기 때문이었다. 호수의 맞은편 기슭에서 시작한 떡갈나무 관목이 우거진 대지臺地는 방황하는 인류 가족을 모두 수용하고도 남을 서부의 대초원과 타타르의 초원지대[24]로 멀리 뻗어나갔다. 다모다라[25]는 그의 양떼들이 더 넓고 새로운 초지를 찾고 있을

---

21) 뉴햄프셔 남부의 피터버러(Peterborough) 산맥을 말함.

22) Sudbury meadows:콩코드 남서쪽으로 3마일쯤에 있는 초원. 서드베리 강변에 위치하여 강물이 자주 범람한다.

23) 콩코드와 서드베리 강은 봄철에 범람한다.

24) Tartary: 동부 유럽에서 아시아 서부 일대에 이르는 대초원.

때 "방대한 지평선을 마음대로 즐기는 사람 말고는 이 세상에서 행복한 사람은 아무도 없다"[26] 라고 말했다 한다.

내게는 장소도 바뀌었고 시간도 바뀌었다. 나는 우주와 역사상에서 내가 가장 매혹되었던 장소와 시대에 보다 더 가까이 와서 살게 된 것이다. 내가 살았던 곳은 천문학자들이 밤에 바라보는 하늘의 어느 지역만큼이나 사람들로부터 멀리 떨어져 있었다. 우리는 멀고 먼 별의 한구석에, '카시오페아의 의자' 별자리 저 너머, 세속의 소음과 번거로움에서 멀리 떨어진 아주 희귀하고 즐거운 곳을 늘 동경한다. 한데 깨닫고 보니 바로 나의 집이 그처럼 실제로 우주 멀리 떨어져 있는 곳이다. 언제나 새롭고 때가 묻지 않은 장소에 나는 자리 잡고 있었다. 만일 플레이아데스 별자리나 히아데스 별자리, 알데바란이나 견우성에 보다 가까이 사는 것이 보람 있는 일이라면 나는 실제로 그런 곳에서 살았다. 아니면 내가 버리고 떠나온 생활에서 그 별자리만큼이나 멀리 떨어진 곳이다. 가장 가까운 이웃조차도 달이 없는 밤에나 볼 수 있는 작고 희미하게 깜박거리는 곳이다. 내가 살았던 우주의 한 부분이 바로 그런 곳이었다.

> 한 목동이 살았다네.
> 산에서 양떼들은 그 옆에서 시시로 풀을 뜯고,
> 산은 높고 높은데 그보다 높은 생각을 품고
> 그 목동은 살았다네.[27]

만일 그 양떼가 목동의 생각보다 높은 풀밭에서 끊임없이 헤매고

---

25) Damodara : 힌두교의 신 크리슈나의 다른 이름.

26) 랭글로이즈의 《Harivansa, ou Histoire de la Famille de Hari》 1:283에서 영어로 바꿔 인용했다.

27) 작가 불명. 출전은 《The Muse's Garden》(1610). 토머스 에번스의 〈옛 민요〉 3연의 제1연 8행중 4행.

있었다면 우리는 그 목동의 생활을 어떻게 생각해야 할 것인가?

매일 매일의 아침은 나에게 대자연과 더불어 자연과 똑같이 소박하게, 말하자면 때묻지 않게 살라는 즐거운 초대장이었다. 나는 그리스 사람들처럼 아침의 여신인 오로라를 숭상했다. 나는 매일 아침 일찍 일어나 호수에서 목욕을 했다. 그건 하나의 종교적인 의식이었다. 그것은 내가 했던 가장 좋은 일들 가운데 하나였다. 은殷나라 탕왕湯王의 욕조에 다음과 같은 말이 새겨져 있었다고 한다. "날마다 네 자신을 완전히 새롭게 하라. 날이면 날마다 새롭게, 영원히 새롭게 하라."[28] 나는 이 말을 이해 할 수 있다. 아침은 영웅의 시대를 다시 불러온다. 이른 첫새벽에 문과 창을 열어놓고 앉아있노라면 희미하게 윙윙거리는 한 마리 모기 소리에도 나는 크게 감동되었다. 눈에 보이지도 않고 내 집을 지나 어디로 가는지 알 수 없지만 그 가느다란 소리는 영웅을 노래하는 그 어느 트럼펫 소리에 못지않은 큰 감동을 주었다. 그것은 호메로스[29]의 진혼곡이고, 그 자체가 〈일리아드〉[30]와 〈오디세이아〉[31]와 같이 자신의 분노와 방랑을 노래하는 대 서사시였고, 이 서사시가 공중에서 들려오는 것이었다. 모깃소리에는 무언가 우주적인 것이 있었다. 그것은 우주의 영원한 활기와 생산성을 죽을 때까지 줄곧 외쳐대는 하나의 선전관이었다.

아침은 잠에서 깨어나는 시간으로 하루 중에도 가장 두드러진 시간이다. 그때 우리의 내부에는 졸음이 가장 적고, 낮이나 밤이나 잠

---

28) 《대학大學》 II. 2. "湯之盤銘曰 苟日新 日日新 又日新." 소로는 프랑스어로 번역된 파우시어의 《Confu-cius et Mencius 44》를 영어로 옮겨 인용했다.

29) Homer: 고대 그리스의 대 서사시인.

30) Iliad: 〈일리온(Ilion, 트로이의 별칭)의 노래〉라는 뜻. 스파르타의 왕비 헬렌을 트로이에 빼앗겨 전 그리스 용사들이 결속하여 트로이를 공략, 10년의 전쟁을 소재로 한 호메로스의 서사시. 총사령관의 무례와 친구의 전사에 대한 아킬레스의 분노가 주제임.

31) Odyssey: 호메로스의 서사시. 그리스의 영웅 오디세우스가 트로이를 함락한 후 20년에 걸친 모험과 방랑 끝에 귀국한다는 내용.

들어 있는 부분까지도 그 아침 한 시간 동안만은 적어도 깨어있다. 우리가 우리 자신의 '혼'[32]에 의해서가 아니라 어느 하인의 기계적인 팔꿈치로 깨어난다면 그런 날은 날이라 할 수 있을지는 몰라도 그 날은 기대할 것이 거의 없다. 공장의 종소리가 아니라 하늘에서 들리는 음악의 진동소리와 대기를 가득 채우는 향기와 더불어 우리가 새롭게 얻은 힘과 우리의 내부에서 우러난 열망에 의해서 — 잠자리에 들 때의 삶에 비해 보다 더 고귀한 삶을 위해 깨어나야 한다. 이처럼 밤의 어둠은 열매를 맺고 그 자체가 선이요 결코 빛보다 못하지 않음을 보여준다.

그날그날 하루하루는 그때까지 자신이 더럽힌 날보다 더 새롭고 더 성스러운 여명의 시간을 지니고 있다는 사실을 믿지 않는 사람이라면 그는 삶에 절망하여 타락과 암흑의 길을 추구하고 있는 사람이다. 인간이 감각적인 삶을 일단 중지하고 나면 그의 영혼, 아니 그 기관들은 그날그날 아침에 다시 활기를 찾게 된다. 그러면 우리 내부의 '혼'은 모든 노력을 다 하여 고귀한 삶을 다시금 시도한다. 두드러지게 훌륭한 일은 분명히 말하지만 아침시간에 또 아침의 분위기 속에서 이루어진다.

《베다》[33]에 "모든 지혜는 아침과 함께 눈을 뜬다"라는 말이 있다. 시와 예술, 인간의 행위 가운데서 가장 아름답고 훌륭한 것은 이와 같은 아침시간에서 비롯된다. 모든 시인들과 영웅들은 멤논[34]처럼

32) 원문 Genius: 원래 '수행하는 혼(attendant spirit)'이나 '개인의 자연스런 소망 혹은 취향'을 의미했다. 에머슨은 〈Genius〉라는 글에서 이 술어를 1차적으로는 '사람의 타고난 성벽 혹은 마음의 성향', 2차적이고 일반적인 의미는 '진리에 대해 자발적으로 감지하고 표현하는 지력智力'이라 정의했다. 소로는 '내면의 혼' 혹은 자신을 지켜주는 '수호신' 같은 것을 의미하는 것으로 역자는 보았다.

33) Veda: 힌두교의 가장 오래된 종교문학. 최고신 브라마(Brahma)를 찬양하는 힌두교의 경전. 종교적인 계시의 산물로 넷으로 수합되어 전해왔다. 소로는 이 경전을 무척 좋아했다(J 2:4).

34) Memnon: 여명의 여신 오로라(Aurora)의 아들. 트로이 전쟁에서 아킬레스에게 죽음. 테

여명의 여신 오로라의 아들이다. 그들의 음악은 해가 뜰 때 연주된다. 탄력 있고 활기찬 생각을 계속 태양의 보조에 맞춰서 하는 사람에게는 하루가 계속 아침이다. 시계가 가리키는 시각이나 사람의 활동 혹은 노동과는 관계가 없다. 아침은 내가 깨어 있고 나의 내부에도 새벽이 있는 때다. 도덕적 개혁은 잠을 쫓아내려는 노력이다. 사람이 졸고 있는 것이 아니라면 어찌 그날을 그렇게도 쓸모없이 보낼 수 있겠는가? 우리는 그렇게 계산에 둔한 사람은 아니다. 우리들이 잠에 지배되고 있지 않았다면 무언가를 했을 것이다.

수백 만의 사람들이 육체노동을 할 만큼은 깨어 있다. 그러나 백만에 한 사람만이 효과적인 지적 활동을 할 만큼 깨어 있고, 1억 명 중 한 사람만이 시적인 삶 즉 신성한 삶을 살 수 있을 만한 상태로 깨어 있는 것이다. 깨어 있는 것이 살아 있는 것이다. 나는 아직도 완전히 깨어 있는 사람을 본 적이 없다. 그러니 내 어찌 그런 분의 얼굴을 감히 들여다볼 수 있었겠는가?

우리는 다시 눈을 뜨고 우리 자신을 계속 깨어 있게 하는 법을 배워야만 한다. 하지만 어떤 기계적인 도움으로써가 아니라 새벽에 대한 무한한 기대감으로써 깨어나는 법을 배워야 한다. 새벽은 우리가 아무리 깊은 잠에 빠져 있을 때도 우리를 저버리지 않는다. 사람은 자기의 의식적인 노력으로 자신의 삶을 향상시킬 수 있는 능력을 갖고 있다는 사실은 의심할 나위가 없다. 나는 이 사실보다 더 고무적인 사실을 달리 알지 못하고 있다.

어떤 특수한 그림을 그린다거나 어떤 상像을 조각해서 어느 대상물 몇몇 개를 아름답게 할 수 있다는 것은 대단한 것이다. 그러나 우리가 사물을 보는 그 분위기나 매체 그 자체를 새기고 칠할 수 있다면

베 근처에 그의 동상이 몇 개 있는데 그 중에 한 동상은 아침 햇빛을 받으면 음악소리를 냈다 함.

그것이야 말로 훨씬 더 거룩한 일이다. 그리고 우리는 실제로 그렇게 할 능력을 가지고 있다. 그날의 질에 영향을 주는 것, 그것이야말로 예술 중에서도 가장 높은 예술이다.

사람은 누구나 자신의 삶을, 그것도 아주 작은 부분에 이르기까지 값지게 할 의무가 지워져 있다. 자신이 가장 숭고하게 되는 중대한 시간이 될 만하게 살아야 한다. 우리가 얻은 그 알팍한 지식 따위를 털어버리면, 아니 다 써서 없애버리면 우리 내부의 혼이 이 일을 어떻게 하면 이룰 수 있는지 우리에게 분명히 알려줄 것이다.

내가 숲으로 들어가기를 원한 것은 삶을 철저하게 살기 위해서였다. 말하자면 삶의 본질이 되는 것만을 마주 대하고서 삶이 가르치는 바를 내가 배울 수 있는지 없는지를 알고 싶었고 또 죽게 되었을 때 내가 헛되게 살았다는 사실을 깨닫는 일이 없도록 하기 위해서였다. 나는 삶이 아닌 것을 살고 싶지 않았다. 삶은 그만큼 소중한 것이기 때문이다. 그리고 또 아주 불가피하지 않는 한 체념의 방법을 따르고 싶지도 않았다.

나는 삶을 깊이 살고 싶었고 삶의 모든 골수를 빨아 마시고 싶었다. 삶이 아닌 것은 모두 갈아엎고 그 너절너절한 잡풀을 면도질하듯 잘라내버릴 만큼 강인하게 그리고 스파르타 사람[35]처럼 살기를 원했다. 나는 삶을 구석으로 몰아넣고 가장 기초적인 조건으로 끌어내려서 만일 그 삶이 미천한 것으로 밝혀지면 그 때는 아무튼 철저하고 거짓 없이 그 미천함을 파악하여 삶이 미천하다는 것을 세상에 널리 알리고 만일 삶이 숭고하다면 그것을 경험으로 터득하여 다음의 내 인생여정에서 그에 대한 진실한 보고를 하기 위해서였다. 왜냐하면 사

35) Sparta:그리스의 옛 도시국가. 그 곳 사람은 검소 · 엄격 · 용맹의 대명사가 될 만큼 강인한 생활을 하였다.

람들 대부분은 삶이 신의 것인지 악마의 것인지 확신을 갖지 못한 상태에 있는 것 같고, '신을 찬미하고 그를 영원히 기쁘게 하는 것'[36]이 사람이 사는 주된 목적이라고 '무언가 성급하게' 결론을 내리는 것 같기 때문이다.

아직도 우리는 여전히 개미처럼 미천하게 살고 있다. 우화에 의하면 우리는 이미 오래 전에 개미에서 사람이 되었다고 하지만 말이다.[37] 우리는 난쟁이 족속처럼 학과 싸우고 있다.[38] 이건 잘못에 잘못이 겹쳐진 잘못이다. 이건 누더기에 누더기를 덧대는 짓이다. 우리의 가장 훌륭한 미덕이 발휘되어야 할 기회가 불필요하고 피할 수도 있는 미천한 것에 자리를 내주고 있다. 우리의 삶이 사소한 일에 찔끔찔끔 헛되이 소모되고 있는 것이다.

정직한 사람은 셈을 할 때 열 손가락을 쓸 필요가 거의 없다. 극단적인 경우에도 발가락 열 개를 더 쓰면 된다. 그 나머지는 버리라. 간소, 간소, 간소! 그렇다. 당신의 일을 두 가지나 세 가지로 줄일 것이며, 백 가지 천 가지가 되게 하지 말라. 백만 대신에 다섯이나 여섯까지만 셈하고 필요하면 엄지손톱 위에나 적어두라.

문명생활이란 바람과 파도가 어디서 덮쳐올지 모르는 풍랑 한가운데서 사는 것이나 다름없다. 구름과 폭풍과 유사流砂 등 천 가지 만 가지의 무수한 조건들을 고려해야 한다. 그러므로 침몰하여 바닥에 가라앉지 않으려면, 항구에 들어가지도 못하게 되지 않으려면 추정항법[39]으로 살아갈 수밖에 없다. 그러니 살아남는 사람은 정말로 셈을

---

36) 17세기에 나온 《뉴잉글랜드 기본독본(New England Primer)》에 있는 교리문답 중 하나.

37) 그리스 신화 . 제우스 신의 아들 아이아코스가 전염병으로 백성이 죽어 나라가 망하자 제우스 신이 아들의 청을 들어 고목을 오르내리는 개미들을 모두 사람이 되게 하여 아들의 국민이 되게 했다는 고사.

38) 그리스 신화. 난쟁이 종족인 피그미(Pygmy)들이 매년 겨울에 날아드는 두루미와 싸워 멸망을 자초했다. 호머의 〈일리아드〉에 나온 고사.

39) 위도와 경도를 알고 있는 지점을 기준으로 다음 진로와 항주거리를 계산하여 항해하는

잘 하는 위대한 타산가일 수밖에 없다. 제발 간소화하라, 간소화하라. 하루 세 끼가 아니라 필요하면 한 끼로 줄이고, 백 가지 요리 대신에 다섯 가지로 줄이고, 다른 것들도 이에 비례하여 줄이라.

지금 우리의 생활은 개인이나 국가나 혼란스럽기가 독일연방[40] 같다. 수십 개의 작은 나라로 복잡하게 구성되어 있어 국경은 끊임없이 변동하고, 독일 사람조차도 자기나라의 국경선이 어디에 접해있는지 모른다. 비단 우리의 생활만이 아니라 국민 그 자체도 온갖 내적 개선을 했다고는 하지만, 그 모두가 사실은 안을 개선한 것이 아니라 밖과 겉만을 개선한 것이기 때문에 오히려 그 개선으로 인하여 지나치게 힘에 버겁고 과대한 조직체가 되었다. 그 나라의 수백만 가정들처럼 가구들이 너무나 너절하여 자기가 친 덫에 자기가 걸려서 넘어지고, 사치와 무분별한 낭비에 더해 또한 아무런 계산이 없고, 어떤 값진 목표도 없기 때문에 파멸하게 되는 거다. 이에 대하여 가정과 국가를 위한 유일한 구제책은 단단한 경제와 스파르타 사람들의 엄격하고 간소한 생활보다 더 간소한 생활을 하고, 목적을 보다 높게 갖는 일이다.

국가는 지나치게 서두르고 있다. 사람들은 '국가'는 사업을 해야 하며, 얼음을 수출하고, 전신으로 말을 하고, 한 시간에 30마일을 달려야 한다고 생각하며, 그래야만 하는 것인지 그렇지 않은 것인지에 대해서는 아무런 의심도 하지 않고, 사람이 원숭이처럼 살아야 하는 것인지 사람답게 살아야 하는지에 대해서도 '그들은' 잘 알지 못한다. 하지만 만일 우리가 침목枕木을 잘라오고 쇠를 벼려 철길을 놓으며 밤낮으로 그 일에 전념하지 않고, 우리의 '삶'을 향상시킨답시고

방법.

40) German Confederacy:비스마르크가 이룩한 통일독일제국(1871) 이전에 35개의 주권 왕국, 4개의 자유시로 구성된 연방 체제를 말함. 300여개의 영주들의 나라로 분열되었던 것이 1815년 나폴레옹 전쟁 후 비엔나 회의 이후 조직되었다.

그것을 만지작거리고 있으면 누가 철길을 놓느냐? 그리고 철도가 건설되지 않으면 때가 왔을 때 우리가 어떻게 천국에 갈 수 있느냐?[41)]라고 묻는다. 그러나 우리가 집에 앉아 자기 일에만 전념한다면 누가 철길을 필요로 하겠는가?

우리가 철로 위를 달리는 것이 아니라 알고 보면 철로가 우리 위를 달리는 것이다. 철로 밑에 깔린 그 침목들이 무엇인지 생각해 본 적이 있는가? 침목 하나하나가 사람이다.[42)] 어느 아일랜드 사람이 아니면 미국 사람이다. 이 사람들 위에 철로가 놓이고 모래가 덮이면 기차는 그 위를 유유히 달린다. 그들은 참으로 깊이 잠자는 사람들이다. 몇 년마다 한 번씩 잠자는 사람이 바뀌고 기차는 그 위를 달린다. 그래서 어떤 사람이 기차를 타는 기쁨을 누리면 다른 사람은 그 밑에 깔리는 불행을 겪는다. 기차가 그 잠꾸러기들 중에 몽유夢遊 상태로 걸어가는 사람 하나를 즉 잘못 놓인 남아도는 침목 하나를 치어 잠을 깨우면 사람들은 갑자기 기차를 세우고서 그것이 마치 예외적인 사건이라도 되는 것처럼 소란을 떤다. 나는 그것들을 움직이지 않게 제자리에 고정시켜 두기 위해 매 5마일 지점마다 한 떼의 선로 수리공

41) 나다니엘 호손의 소설 〈천국행 철로(The Celestial Railroad)〉(1843)를 비유한 말.

42) 원문 sleeper:'침목'과 '잠자는 사람'이란 이중의미의 언어유희. 소로는 이를 이용하여 철로 밑에 깔린 침목이 사람임을 강조한다.

들을 배치한다는 말을 듣고 은근히 흐뭇한 생각이 들었다. 그건 바로 그들이 언젠가는 다시 깨어 일어나리라는 징후이기 때문이다.

왜 우리는 이렇게 허둥지둥 삶을 낭비하면서 살아야 하는가? 우리는 배가 고프기도 전에 굶어 죽을 각오를 하고 있다. 사람들은 제때의 바늘 한 뜸이 나중에 아홉 바늘의 뜸질을 하는 수고를 덜어준다고 말한다. 그래서 내일의 아홉 뜸을 덜기 위해서 오늘 천 바늘을 꿰매고 있다. 이 '일'이란 것도 그렇다. 우리는 이렇다 할 중요한 일 하나 하고 있지 않다. 그저 무도병[43]에 걸려 머리를 가만히 놓아둘 수 없을 따름이다.

만약 내가 불이 났다고 교회의 종을 몇 번 치기라도 하면 종이 채 멈추기도 전에 곧 콩코드 주변 농장에는 사람 하나 보이지 않을 것이다. 오늘 아침까지만 해도 중대하고 급한 일이 있다고 그렇게도 여러 번 핑계를 대던 사람들이었는데, 아니 아이들까지도 심지어 부인네들까지도 하던 일을 모두 팽개치고 종소리를 따라 농장에서 몰려올 것이기 때문이다. 그것도 주로 불길에서 재산을 건지기 위해서가 아니라 — 사실을 실토하자면 — 불에 타는 것을 구경하려는 목적이 더 크다. 어차피 타버릴 텐데, 또 알고 보면 우리가 불을 낸 것도 아니니까 하면서 말이다. 아니면 불이 꺼지는 것이나 구경하고, 완전히 꺼지면 그때나 좀 거들자는 것이다. 사실이 그렇다. 심지어 마을의 교회에 불이 났다 하더라도 다를 것이 없을 것이다.

사람들은 대부분 점심 식사 후에 낮잠을 반시간쯤이라도 붙이고 나면 그동안이 궁금하여 눈을 뜨자마자 머리를 쳐들고서 "무슨 뉴스 없나?" 하고 묻는다. 마치 자기 이외의 전 인류가 보초를 서고 있다고 생각하는 것만 같다. 어떤 사람은 분명히 특별한 목적이 있는 것

43) the Saint Vitus's dance:신경장애의 일종. 신체 부분들이 자기의지와 상관없이 움직여 걸을 때는 마치 춤추는 것처럼 보이는 병.

도 아닌데 반시간마다 깨워 달라고 당부한다. 그래서 깨워주면 그 답례로 한다는 소리가 자기 꿈 이야기다. 하룻밤 자고 나면 뉴스는 아침식사처럼 빼놓을 수 없다. "제발 말해 주게나. 이 세상 어디서 누구에게 일어난 일이든 상관없으니, 무슨 새로운 일이 없나?" 하고 커피와 롤빵을 들면서 신문을 읽는다. 그가 본 뉴스는 오늘 아침 워치토 강변[44]에서 어떤 사람이 싸우다가 두 눈알이 뽑혔다는 기사다. 그런데 그 순간에도 정작 자신은 이 세상이라는 어둡고 깊이를 알 수 없는 거대한 동굴 속에서 살고 있고, 자신도 퇴화되어 없어진 흔적밖에 없는 눈 하나뿐이라는 사실은 꿈에도 알지 못하고 있을 것이다.

우체국이란 것도 나로서는 없어도 별 불편 없이 지낼 수 있을 것 같다. 우체국을 통해서 중요한 연락을 하는 경우는 거의 없다고 생각한다. 정확히 말하면 수년 전에 이런 말을 한 적이 있지만, 내 일생을 통해서 우표 값이 아깝지 않을 만큼 가치 있는 편지를 받은 것은 한두 통에 불과하다. '페니 우편제도'란 것도 대체로 "무슨 생각을 하는지 말해주면 1페니 주지" 하고 아이들에게 장난으로 그리도 자주 말하던 그 페니를 이제 정말로 내놓고서 "당신 생각을 말하라"고 장난하는 제도에 지나지 않는다.

또 나는 기억해 둘 만한 뉴스를 신문에서 읽은 적이 없다고 확신한다. 누가 강도를 당했다거나 살해되었다, 어떤 집에 불이 났다거나 배가 침몰했다, 어떤 증기선이 폭발했다거나 소 한 마리가 서부 철도에서 기차에 치였다, 어떤 미친개가 살해되었다거나 메뚜기 떼가 겨울에 나타났다는 등 신문에 실린 소식은 두 번 읽을 필요가 없다. 그런 것은 한 번이면 족하다. 원칙을 알았으면 됐지, 무수한 실례와 용례를 다 알 필요가 있겠는가?

44) Wachito River:현재의 와치타 강으로 아칸소 주에서 루이지애나 주로 흐르는 강. 당시 이 지역의 주민들은 매우 거칠어서 적의 눈을 도려내는 악습이 있었다함.

철인에게는 이른바 '뉴스'는 모두 가십에 지나지 않는다. 그런 것을 편집하고 또 읽는 사람은 한가하게 차나 마시고 있는 할머니들이다. 한데 적지 않은 사람들이 이 가십에 걸신들린 것 같다. 얘기를 듣자니 얼마 전에 어느 신문사에서 최근에 들어온 외신기사를 알려고 사람들이 어찌나 요란하게 몰려들었던지 사무실의 통유리 몇 장이 깨졌다는 것이다. 그런데 이 해외뉴스라는 것에 대해 나는 곰곰이 생각해 보곤 하는데, 웬만큼 재치가 있는 사람이라면 열두 달 아니 열두 해 전에 거의 정확히 써낼 수도 있을 기사들이라고 생각한다.

예를 들어 스페인에 관한 경우라면 돈 카를로스나 인판타 공주, 돈 페드로[45] 같은 사람들의 이름과 세비야, 그라나다[46]를 — 내가 마지막으로 신문을 본 뒤에 지명이 바뀌었을지는 모르지만 — 그때그때 적당히 섞어 넣어 기사를 만들고, 특별한 얘깃거리가 없을 때는 투우에 관한 것을 내놓으면 그것이 글자 그대로 스페인의 실상이 될 것이고, 스페인의 흥망성쇠에 관해서 신문에 이런 제목으로 실린 가장 간결하고 명료한 기사에 못지않게 정확한 상황을 우리에게 알려줄 것이다.

영국에 관해서 이야기하자면 그 나라에서 발생한 중요 뉴스들 중에서 가장 최근의 뉴스래야 1649년의 청교도혁명이 고작이다. 영국의 연평균 수확량을 이미 알고 있다면 영국의 농업과 관계된 투기를 하지 않는 한 — 이 문제에 다시 주목할 필요는 없다. 신문을 거의 들

---

45) *Don Carlos:후사 없는 형 페르난도 7세의 왕위 승계를 기대했으나 공주 이사벨라가 출생하여 계승권을 잃자 반란을 일으켰으나 실패하고 프랑스로 망명.
*Infanta:스페인 왕의 딸 또는 왕위계승권이 없는 왕자의 처를 칭하는 말임. 여기서는 이사벨라를 말함.
*Don Pedro:포르투갈 왕 주앙 6세의 차남. 1807년 나폴레옹의 군대에 쫓겨 브라질로 망명, 그곳에서 왕이 되었다 함.

46) *Seville:스페인 서남부의 항구. 옛 무어인의 궁전과 대성당이 있음.
*Granada:스페인 남부의 도시. 세계 3대 불가사의인 이슬람 왕조의 알람브라 궁전이 있음.

여다보지 않는 나 같은 사람의 판단으로는 외국에서 일어난 새로운 일이란 거의 없다고 해도 지나친 말이 아니다. 프랑스 혁명 같은 것도 예외가 아니다.

도대체 무엇이 뉴스인가! 시간이 지나도 결코 낡지 않는 것을 아는 것이 얼마나 더 중요한가! 위衛나라의 대인大人 거백옥蘧伯玉은 공자의 소식을 듣기 위해 사람을 보냈다. 공자는 그를 가까이 앉게 하고 이렇게 물었다. "주인은 무얼 하고 계신가?" 그는 공손히 대답하였다. "제 주인은 허물을 줄이고자 하시나, 아직 다하지 못하고 계신 것으로 아옵니다." 그가 떠나자 공자는 이렇게 말했다. "훌륭한 사자使者로다! 참으로 훌륭한 사자로다."[47)]

설교하는 사람은 주일의 마지막 날인 휴일에 — 사실 일요일은 잘못된 한 주일의 적절한 종말이지 새롭고 씩씩한 주일의 시작은 아닐 테니 — 지루하기 짝이 없는 설교로 농부들의 귀를 또다시 괴롭히는 대신에, 이왕 질질 끄는 소리를 또 한 마디 할 양이면 우레와 같은 큰 소리로 외쳐야 할 것이다. "이제 좀 쉬라! 그만 멈추라! 왜 이리도 빠른 척하면서 멈추는 것은 그리도 느려 터졌는가?" 하고 말이다.

거짓과 기만이 가장 건전한 진리로 존중받고 있다. 반면에 진실은 황당한 거짓으로 여겨지고 있다. 만일 사람들이 진실을 꾸준히 지키면서 자기 자신을 속임수에 빠지도록 허용하지 않는다면, 우리의 삶은 지금과는 달리 동화나 〈아라비안나이트〉의 이야기처럼 즐거운 것이 될 것이다. 만약 우리가 불가피한 것과 꼭 있어야 할 것만을 존중한다면, 노래와 시가 거리에 울려 퍼질 것이다. 우리가 허겁지겁하지 않고 현명하게 될 때, 오로지 위대하고 값진 것만이 항구적이고 절대적인 존재이고 사소한 걱정이나 사소한 쾌락은 실재實在의 그림

---

47) 《논어》 14 헌문憲問 26. "蘧伯玉 使人於孔子 孔子與之坐而問焉曰 夫子何爲 對曰, 夫子 欲寡其過而未能也 使者出 子曰, 使乎 使乎"를 옮긴 말.

자에 불과하다는 것을 깨달을 수 있을 것이다. 이 실재하는 것은 언제나 즐겁고 숭고하다. 한데 어디를 가나 사람들은 눈을 감고 잠들어 있거나 가식적인 것에 속는 생활을 판에 박은 일상생활로 굳히고 있다. 이런 삶은 아무리 확고해도 어디까지나 완전히 환상을 바탕으로 삼고 있는 것이다.

소꿉놀이 하는 아이들이 어느 면에서는 삶의 진정한 법칙과 그에 관련된 것들을 어른들보다 더 명확하게 알아차린다. 어른들은 삶을 값지게 살지 못하면서도 자신은 경험이 있으니, 달리 말하면 실패에 의해서 자신들이 더 현명해졌다고 생각한다. 나는 힌두교의 책에서 이런 이야기를 읽은 적이 있다.

> 임금에게 아들이 하나 있었는데, 갓난아기 때에 왕궁에서 쫓겨나 숲속의 나무꾼의 손에서 자랐다. 그는 이런 상태로 어른이 되었기 때문에 자신을 자신과 함께 살아온 야만족의 한 사람이라 생각했다. 부왕父王의 신하가 그를 발견하여 그의 신분을 밝혀줌으로써 자신의 신분에 대한 오해를 풀고 자신이 왕자임을 알게 되었다.[48)]

이어 그 힌두교의 철인은 계속해서 말했다.

> 영혼 또한 자신이 놓인 환경 때문에 자기의 본성에 대해 잘못 알고 있지만, 언젠가 어느 거룩한 성자가 진실을 밝혀주면, 그제야 자신이 '브라마'[49)]임을 알게 된다.

---

48) 《The Sankhya Karika, or Memorial Verses on the Sankhya Philosophy by Iswara Krishna》, trans. by Henry Thomas Colebrooke(1765~1837)(Oxford, 1837) 72에서 인용.

49) Brahme:Brahma. 범천梵天. 힌두교 사상에서 우주의 본체를 의미함. 우주의 일체의 존재는 범梵에서 나오고 범으로 들어간다고 생각하여 해탈에 이르면 개인의 주체인 아(我, Atman)와 동일함을 깨닫는다 함.

나는 우리 뉴잉글랜드 사람들이 지금같이 미천하게 사는 것은 우리의 눈이 사물의 표면을 꿰뚫어보지 못하기 때문이라 생각한다. 우리는 '존재하는 것처럼 보이는 것'을 실제로 '존재하는 것'으로 잘못 생각하고 있다. 만일 어떤 사람이 이 마을을 지나면서 오직 실재實在만을 본다면 밀댐거리[50]는 그대의 생각에 어디로 가겠는가? 만일 그가 거기서 본 실재를 우리에게 설명한다면 우리는 그가 묘사하는 장소를 알지 못할 것이다. 공회당이나 재판소, 감옥, 점포, 주택을 보라. 진정으로 진실한 눈으로 바라보고 그것들이 무엇인지 말해 보라. 그러면 당신이 설명하는 도중에 그것들은 모두 조각조각 분해되고 말 것이다.

사람들은 진리는 멀리, 태양계 밖에, 가장 먼 별 저 너머 어딘가에, 아니면 아담의 시대 이전 혹은 최후의 심판 이후에나 있는 것이라 생각한다. 사실 영원 속에는 진실하고 숭고한 무엇이 있다. 그러나 이 모든 시간과 장소와 사건은 지금 현재 여기에 있다. 하느님도 현재의

50) Mil-dam:콩코드의 중심가. 옛날 인디언의 선착장이었다 함. 콩코드 시가는 처음 여기서 비롯되었다.

순간에 가장 높은 곳에 계시는 것이지, 시간이 흘러 시대가 변한다 해서 더 거룩했거나 더 거룩해지는 것은 결코 아닐 것이다. 지금 이 순간에도 실재는 우리를 둘러싸고 있다. 우리는 오직 우리를 둘러싸고 있는 이 실재를 우리의 내부로 계속 흡입하여 그에 흠뻑 젖음으로써만이 비로소 숭고하고 고결한 것을 조금이라도 포착할 수 있게 된다. 그렇게 하려는 우리의 생각에 우주는 언제나 순순히 응해 준다. 우리가 빨리 가든 느리게 가든 우리에게 길은 이미 놓여있다. 그러니 이 실재를 마음에 품는 일로 생활하자. 시인이나 예술가가 아름답고 고귀한 계획을 일단 지니게 되면 적어도 그 후손 중에 누군가는 그것을 완성한다. 그렇지 않은 적은 결코 없었다.

하루라도 대자연처럼 신중하게 보내자. 길에 떨어진 도토리 껍질이나 모기 날개쪽지 같은 하찮은 것들에 눈을 팔다가 그 길에서 밀려나지 않도록 하자. 하루를 그렇게 하기로 마음을 정했으면 일찍 서둘러 일어나자. 아니, 동요하지 말고 조용히 하루를 빨리 시작하자. 사람들이 오건 사람들이 가건, 종이 울리건, 애가 울건 상관하지 말자. 왜 우리가 무너져서 세상 물결에 떠밀려가야 하는가?

정오의 맛있는 점심이 옅은 여울에 있어 보이지만 실은 그것이 무서운 급류와 소용돌이인데, 이에 휘말려 뒤집혀서 그 물결에 휩쓸려 가지 않도록 하자. 이 위험을 견디어 내자. 그러면 나머지 길은 내리막길이니 우리는 안전하다. 마음을 놓지 말고 아침 활기와 더불어 율리시즈[51]처럼 돛대에 몸을 묶은 채 딴 곳을 보면서 그 소용돌이를 지나가라. 엔진이 기적소리를 내거들랑 목이 쉴 때까지 울게 놓아두라. 종소리가 났다고 해서 우리가 달려갈 이유가 있는가? 그것이 어떤

51) Ulysses:그리스 신화. 오디세우스의 로마 이름. 트로이를 함락하고 출발 후 20년 동안 수난과 방랑 끝에 돌아옴. 그 여러 가지 수난 중 아름다운 소리로 뱃사람을 유혹하여 죽이는 마녀 사이렌의 섬을 지날 때, 그 유혹에 빠지지 않기 위해 몸을 돛대에 묶고 다른 곳을 보고 그곳을 지남으로써 난을 피했다 함.

종류의 음악인가를 우리는 생각해야 한다.

이제 마음을 잡고서 일에 착수하자. 그리고 우리의 발을 말뚝 삼아 아래로 쐐기를 들이박자. 고집과 편견, 전통과 망상과 외양外樣이라는 진흙과 수렁, 지구를 덮고 있는 바로 그 충적층을 뚫고, 파리와 런던을 뚫고, 뉴욕과 보스턴과 콩코드를 뚫고, 교회와 국가를 뚫고, 시와 철학과 종교를 뚫어 마침내 단단한 밑바탕과 요지부동의 반석에 이르기까지, 우리가 '실재'라 부를 수 있고, "바로 이것이다. 틀림없다"라고 말할 수 있는 곳에 이르기까지 뚫고 내려가자.

그 다음에 시작하자. 급류와 서리와 불길이 미치지 못할 거점을 잡아 성을 쌓고, 나라의 초석을 놓을 장소를 잡아 등불을 안전하게 매달 기둥을 세우거나 아니면 어떤 계기計器를, 수위를 재는 수위측정기가 아니라, 진실 즉 '실재'를 측정하는 '진실측정기'를 설치하여 후세 사람들이 허위와 허식의 물살이 때때로 얼마나 깊이 몰려드는지를 알 수 있도록 하자.

당신이 만약 어떤 사실[52]에 직면하여 똑바로 선다면 그 양면에 신월도新月刀처럼 번득이는 눈부신 햇살을 볼 것이다. 그리고 그 예리한 칼날이 당신의 심장과 골수를 가르는 것을 느낄 것이다. 그러면 당신은 삶을 행복하게 마치게 될 것이다. 삶이든 죽음이든 우리는 오직 실재만을 갈구할 뿐이다. 우리가 정말 죽어간다면 목구멍에서 죽음의 가래가 끓는 소리를 들으며 사지가 식어가는 것을 느껴보자. 그러나 우리가 살아 있다면 우리가 할 일을 해 나가도록 하자.

시간은 내가 낚시를 드리우는 시내에 흐르는 물일 따름이다. 나는 그 시냇물을 마신다. 그러나 물을 마시면서 모래 바닥을 바라보고 이

---

52) 원문 facts:보다 높고 보다 신화적인 진실을 의미한다. "참다운 의미의 감지는 자연의 올바른 탐구에 불가결한 것이다. 언젠가는 그 사실(fact)이 꽃을 피워 진리(truth)가 될 것이다"라고 일지에 기록했다(J 1:18).

시내가 얼마나 얕은가를 깨닫는다. 시간의 얕은 물은 흘러가버린다. 그러나 영원은 남아 있다. 나는 더 깊은 물을 마시고 싶고, 별이 조약돌처럼 깔린 하늘에 낚시를 드리우고 싶다. 나는 셈을 전혀 할 줄 모른다. 알파벳 첫 단어도 알지 못한다. 나는 태어나던 그날만큼도 현명하지 못하였음을 늘 아쉬워하였다.

지성은 칼과 같다. 그것은 사물의 비밀을 가려내고 그 비밀을 뚫고 들어가는 길을 연다. 나는 꼭 필요할 때 외에는 손을 더 이상 바쁘게 놀리고 싶지 않다. 나의 머리가 손이고 발이기 때문이다. 나는 나의 가장 좋은 기능이 머릿속에 집중되어 있음을 느낀다. 어떤 동물이 주둥이와 앞발을 이용하여 굴을 파듯이 내 머리가 굴을 파는 기관임을 나는 본능적으로 느낀다. 나는 이 머리로 이 산을 뚫어 내가 갈 길을 파보고자 한다. 이 근처 어딘가에 가장 값진 광맥이 있다고 나는 생각한다. 탐지봉과 엷게 피어오르는 증기를 보면 알 수 있다. 그러니 나는 여기서부터 굴을 뚫기 시작하련다.

제3장 독 서

자기의 직업을 좀 더 신중하게 선택한다면 아마 모든 사람들이 본질적으로는 연구가나 관찰자가 되고 싶어 할 것이다. 왜냐하면 사람의 본성과 운명에 관해서는 모두 한결같이 관심이 많기 때문이다. 우리들 자신이나 후손을 위해 재산을 모으고, 가문이나 국가를 세우고, 명성까지 얻는다 해도 우리는 죽을 수밖에 없는 존재로 되어 있다. 하지만 진리를 다루고 있으면 우리는 영원불멸의 생명을 얻게 되며 어떤 변화나 우연을 두려워할 필요가 없게 된다.

신神의 입상立像을 가리고 있는 베일자락 한쪽을 걷어 올린 사람은 가장 오래된 고대 이집트나 인도의 철인이었을 것이다. 그 떨리는 옷자락은 지금도 여전히 들쳐진 채로 있고, 그 영광의 장면은 아직도 내 눈에 선하다. 그 옛날 그처럼 대담하게 베일을 걷어 올린 사람은 그 철인의 내부에 들어있던 나 자신이고, 지금 그 광경을 다시 그려보는 사람은 나의 내부에 있는 옛 '철인'이기 때문이다. 그 옷자락에는 아직도 먼지 한점 앉지 않았다. 그 신이 드러난 이래 시간이 조금도 흐르지 않았기 때문이다. 우리가 진정으로 보람 있게 하거나 할 수 있는 그런 시간은 과거도 현재도 미래도 아닌 시간 이전의 시간 같은 것이라 생각한다.

나의 거처는 사색을 위해서뿐만 아니라 진지한 독서를 위해서도 그 어느 대학보다 더 좋은 곳이었다. 내가 사는 곳은 그 흔한 이동도서관도 오지 않는 곳이었지만 나는 세계 방방곡곡을 순회하는 몇몇 권의 책들에서 그 어느 때보다 더 깊은 감화를 받았다. 그 책들의 문장은 원래 나무껍질에 쓰였던 것인데 지금은 아마지亞麻紙에 가끔 복제되어 나온다. 시인 미르 카마르 우딘 마스트[1]는 말하기를 "앉아서 정신세계를 순례하는 이득을 책에서 얻고, 한 잔 술에 취하는 기쁨을 오묘한 교리의 신비로운 술잔에서 맛본다"라고 하였다. 여름내 나는 호메로스의 〈일리아드〉를 계속 책상 위에 올려놓았다. 하지만 이따금 책장을 들춰봤을 뿐 계속 읽지는 못했다. 나는 집 짓는 일도 끝내야 하고 동시에 콩밭도 매주어야 했기에 처음에는 일손을 놓을 수 없어 더 많은 독서를 하지 못했다. 그러나 앞으로는 책을 읽을 시간이 많으리라고 스스로 위로하였다. 일을 하다 짬짬이 가벼운 여행기를 한두 권 읽었지만 결국 나 자신이 부끄러웠고, 도대체 지금 '내'가 어디에서 살고 있기에 이런 책을 읽는 것인가 하고 자책하기도 했다.

학생이 호메로스나 아이스킬로스[2]를 그리스어로 읽는다면 사치나 무절제의 위험에 빠지지는 않을 것이다. 왜냐하면 이 책을 읽는 동안에 등장하는 영웅들을 어느 정도 본받으려 할 것이고 또한 적어도 아침 몇 시간은 그 책에 바칠 것이기 때문이다. 영웅들을 그린 이런 책은 비록 우리의 모국어로 인쇄되었다 하더라도 타락한 시대의 사람들에게는 언제나 죽어있는 언어로 있을 것이다. 따라서 현재 우리가 지니고 있는 '지혜'라든가 '용기'라든가 '관용'과 같은 개념을 벗어나

---

1) Uddin Mast:18세기 힌두 시인. 소로는 프랑스어로 된 〈힌두 문학사〉인 가시아 드 타시(1794~1878)의 《Histoire de la Literature Hindoui et Hindoustani》(Paris, 1839~47) 1:331에서 번역 인용.

2) Aeschylus(기원전 525~기원전 456):고대 그리스 3대 비극 작가 중 한 사람. 70여 편의 작품을 썼으나 7편이 전해졌을 뿐이다. 소로는 그의 작품 일부를 영어로 번역하기도 했다.

서 일반적으로 사용하는 의미보다 훨씬 더 큰 의미를 헤아려가면서 일일이 낱말 하나하나 문장 하나하나의 의미를 애써서 찾아 읽어야 한다.

오늘날 값싼 대량 출판이 자리를 잡고 많은 번역서를 내놓았지만 이 책들이 우리로 하여금 우리의 고대영웅을 그린 옛 작가들에게 보다 더 가까이 다가가게 하지는 못하였다. 그들은 여전히 고독해 보이고 인쇄된 글자는 여전히 희귀하고 신기해 보인다. 하지만 그 책을 읽는 것은 젊은 시절의 값진 시간을 바칠만한 가치가 있다. 비록 고대 언어의 낱말 몇 개를 배운 것에 불과할지라도 그 말들은 적어도 일반 시중의 천박성을 초월한 말이기에 끊임없이 암시해주고 끊임없이 삶을 자극해 줄 것이기 때문이다.

비록 농부라 하더라도 얻어들은 라틴어 몇 마디를 외우고 되뇌어 보는 것은 절대 헛된 일이 아니다. 사람들은 때때로 고전 연구는 결국 보다 현대적이고 실용적인 학문의 연구에 자리를 내어주고 말 것처럼 말한다. 그러나 모험적인 학생이라면 그 책이 어느 언어로 쓰였건 얼마나 오래되었건 상관없이 언제나 고전을 연구할 것이다. 왜냐하면 고전이야말로 인류의 가장 고귀한 사상을 기록한 것이기 때문이 아니고 달리 무슨 이유가 있겠는가?

고전은 지금까지 소멸하지 않고 남아있는 유일한 신탁神託이다. 거기에는 가장 현대적인 질문에 대해 델포이[3]나 도도나 숲[4]도 결코 우리에게 준 적이 없는 해답이 바로 그 안에 들어 있다. 고전이 오래되었다 해서 그 연구를 그만두는 것은 자연이 낡았다 해서 연구를 그만두는 것이나 다름없다.

---

3) Delphi: 신탁이 내리던 곳으로 유명한 아폴론 신의 신전이 있는 곳. 그리스 중부 파르나소스 산 기슭에 있음.

4) Dodona: 고대 그리스 서북부 에피루스의 도시로 제우스 신의 신전이 있는 곳. 참나무 잎이 스치는 소리로 신탁이 전해졌다 함.

독서를 잘한다는 것 즉 참다운 책을 참다운 정신으로 읽는다는 것은 고귀한 수련이다. 이것은 오늘날 사람들이 중요시하는 그 어느 수련보다도 더 힘이 드는 수련을 독자에게 요구한다. 그것은 운동선수들이 치르는 것과 같은 훈련을 요구한다. 그리고 이 일에는 거의 전 생애에 걸친 꾸준한 자세로 임할 마음가짐이 있어야만 한다.

책이란 원래 그 책을 쓸 때와 똑같이 신중하게 또한 조심스럽게 마음 속으로 읽어야 하는 것이다. 그 책에 쓰인 언어를 말할 수 있는 것만으로는 충분하지 않다. 왜냐하면 말로 하는 언어와 글로 쓰는 언어, 듣는 언어와 읽는 언어 사이에는 아주 현저한 차이가 있기 때문이다. 앞의 것은 대체로 일시적인 것으로 하나의 소리, 하나의 혀, 한 지방의 말에 불과하다. 그것은 동물적이어서 우리도 다른 동물들처럼 무의식적으로 어머니에게서 배운다. 이 말이 경험을 쌓아서 성숙된 것이 후자인 것이다. 앞의 것을 어머니의 말이라 한다면 뒤의 것은 아버지의 말이라 할 수 있다. 이 말은 신중하게 골라내고 골라낸 표현이다. 이 표현은 너무도 뜻이 깊어서 귀로 들어서는 알 수가 없다. 이 말을 알아듣도록 말하려면 다시 한 번 태어나야 한다.[5)]

중세에 그리스어와 라틴어를 '말'했던 사람들은 그 말을 사용했던 나라에서 어쩌다 태어났다고 해서 그 언어로 쓴 천재적인 작품들을 '읽을' 자격을 얻은 것은 아니었다. 왜냐하면 이 책들은 그들이 아는 그리스어나 라틴어가 아니라 정선된 문학의 언어로 쓰였기 때문이다. 그들은 그리스와 로마의 보다 고상한 방언을 배우지 않았으니 이 방언으로 쓰인 책이야 말로 그들에게는 휴지 쪽이나 다름없었다. 그들은 그 값진 책 대신에 당시에 유행했던 값싸고 천한 당대의 문학을 더 존중했다.

---

5) 《신약성서》〈요한복음〉 3:3에서 "사람이 거듭나지 않으면 하느님 나라를 볼 수 없느니라"와 같은 종교적 귀의를 말함.

그러던 것이 유럽의 몇몇 나라들이 미숙하기는 하나 분명한 '문어文語'를 익혀서 자기 나라의 문학을 일으키면서부터 비로소 처음으로 학문이 되살아나고, 학자들은 시대적인 거리에도 불구하고 고대의 보물을 식별할 수 있게 되었다. 당시의 로마와 그리스의 사람들이 '알아들을' 수 없었던 것을 무수한 세월이 지난 뒤에야 몇몇 학자들이 '읽을' 수 있게 되었고, 지금도 소수의 몇몇 학자들이 그것을 읽고 있다.

때때로 토해 내는 웅변가의 연설이 제아무리 훌륭하다 해도 글자로 기록된 가장 고귀한 말들은 그때그때 사라지는 입을 통한 말보다 훨씬 더 멀고 훨씬 더 높은 차원에 있다. 그건 마치 별이 있는 하늘이 구름보다 훨씬 높은 곳에 있는 것과 같다. 그렇듯 '거기에' 별이 있을진대 그 별을 읽을 수 있는 사람이 있게 마련이다. 천문학자들이 별을 끊임없이 관찰하고 설명하지 않는가? 고귀한 글은 우리의 일상적인 말이나 우리가 내뿜는 숨처럼 무의식적으로 발산된 것이 아니다.

이른바 강연장에서 토해내는 웅변이라는 것은 서재에서 보면 미사여구로 분칠한 말에 지나지 않을 때가 많다. 연설을 하는 사람은 일시적인 순간의 감흥에 이끌려 자기 앞에 서 있는 군중 즉 자기 말을 '들을' 수 있는 사람들을 향해서 말한다. 그러나 작가는 한결 더 잔잔한 자기의 생활이 글을 쓰는 계기가 되고, 오히려 연설하는 사람에게 영감을 주는 사건이나 군중을 보면 정신이 산란해지는 사람이다. 그는 인간의 지성과 감성을 향해서 시대를 초월하여 자기를 '이해'할 수 있는 모든 사람을 향해서 말한다.

알렉산더 대왕이 원정을 나갈 때 《일리아드》를 귀중품 상자에 넣어 항상 가지고 다녔던 것[6]은 전혀 이상한 일이 아니다. 글로 기록된 언어는 역사의 유물 중에서도 가장 귀중한 유물이다. 그것은 다른 어

6) 플루타르크의 《영웅전》 중 〈알렉산더 대왕 편〉에 언급되어 있다.

느 예술 작품보다 우리에게 무언가 더 친근하면서도 동시에 보편적이다. 그것은 삶 그 자체에 가장 가까운 예술작품이다. 그것은 모든 언어로 옮겨질 수 있으며, 단순히 읽힐 수 있을 뿐만 아니라, 모든 사람의 입술을 통해서 실제로 호흡될 수 있는 것이다. 그것은 화폭이나 대리석으로 재현될 수 있을 뿐만 아니라 생활 그 자체의 숨결로 새겨져 나올 수도 있다. 고대인의 사상의 상징이 현대인의 말이 된다. 2천년 세월의 뜨거운 햇빛과 비바람은 그리스 문학의 기념비에 그의 대리석 조각에 그랬던 것처럼 오히려 더 무르익은 황금의 가을빛을 더해 주었을 따름이다. 그 작품들은 그들 자체의 맑고 고요한 천상天上의 분위기를 모든 나라에 전하여 세월의 부식작용에서 자신을 지켜왔기 때문이다.

책은 소중히 비장된 세계의 귀중한 재산이다. 그것은 어느 세대나 어느 민족에게도 알맞은 유산이다. 가장 오래되고 가장 훌륭한 책들은 어느 가정의 선반 위에 꽂혀있어도 자연스럽고 당당하다. 책은 자신의 명분을 내세우지 않는다. 다만 읽는 사람에게 정신적인 빛과 자양분을 줄 따름이다. 그러니 건전한 상식을 지닌 사람이라면 이를 물리칠 리가 없다. 그런 책을 쓴 분들이야 말로 어느 사회에서나 자연스럽고도 거부할 수 없는 귀족이다. 그리고 왕이나 황제보다 인류에게 더 큰 영향을 끼친다.

무식하고 어쩌면 냉소적이기도 할 장사꾼이 열심히 사업을 하여 바라고 바란 여가와 독립을 얻어 부와 유행을 자랑하는 사교계에 낄 수 있게 되면, 그 때는 결국 보다 더 높은 그러나 접근할 수 없는 지식인들과 천재들의 모임에 필연적으로 눈길을 돌리게 된다. 하지만 자기의 교양이 부족함을 깨닫게 되면서 자신이 그토록 애써 이룬 그 모든 부에 대해서도 허무감과 부족감을 절실히 느끼게 된다. 그래서 자신이 그 결핍을 뼈저리게 느낀 지적교양을 자식들에게만은 보장해 주려고 무진 애를 씀으로써 자신이 그래도 건전한 상식을 지니고 있음을 보여준다. 이렇게 해서 한 가문의 창시자가 나오는 것이다.

옛 고전을 원어 그대로 읽는 것을 익히지 못한 사람은 인류의 역사에 대한 지식이 매우 불완전할 수밖에 없다. 왜냐하면 놀랍게도 어느 고전도 현대의 그 어느 언어로도 완전히 옮겨진 적이 없기 때문이다.[7] 물론 우리의 문명 자체가 그런 사본의 일종이라 한다면 문제는 좀 다르겠지만 말이다. 호메로스는 아직도 영어로 인쇄된 적이 없고, 아이스킬로스[8], 베르길리우스[9]까지도 마찬가지다. 그들의 작품들은

---

7) 비유적인 말이다. 말하자면 원전의 정신은 완전히 옮겨진 적이 없다는 말이다. 호메로스의 영역은 조지 채프먼에 의해 1600년대에 처음 시작되고 1624년에 출판되었다.

8) Aeschylus(기원전 525~456):그리스의 3대 비극 시인의 한 사람. 로버트 포터(1721~1804)가 최초로 번역하여 1777년에 출판했다. 소로도 아이스킬로스의 〈Prometheus Bound〉를 번역하여 《다이얼》지 1943년 1월호에 발표했고, 〈The Seven Against Thebes〉는 사후에 출판되었다.

9) Vergil(기원전 70~19):고대 로마 서사시인. 〈Aeneid〉의 작가. 가빈 더글러스(1475~1522)

거의 아침 그 자체만큼이나 정제되고, 견실하고, 아름다운데, 그것들이 그대로 옮겨진 적이 없다는 거다. 왜냐하면 우리가 그들의 천재성을 말하고는 있지만, 후세의 작가들은 거의가 고대 작가들의 그 정묘한 아름다움과 그 마무리 솜씨 그리고 문학에 바친 평생의 영웅적 노력을 따라가지 못했고, 설사 그런 작가가 있다하더라도 극히 드물기 때문이다.

고전을 모르는 사람들은 고전을 잊자고 한다. 그러나 우리가 고전에 관심을 기울이고 그것을 충분히 감상하게 될 만한 학식과 재능을 갖추게 되고 나서 고전을 잊어도 늦지 않을 것이다. 우리가 고전이라 일컫는 문화적 유물과 그보다 더 오래되고 고전적이나 우리에게는 잘 알려지지 않은 여러 나라의 경전이 쌓이게 될 때, 바티칸 궁전[10] 같은 곳들에 《베다》[11]와 조로아스터교의 《젠드아베스타》[12]와 《성경》 같은 경전들과 호메로스, 단테[13]와 셰익스피어 같은 작가들의 작품이 함께 어우러져 쌓일 때, 그리고 앞으로 올 모든 세기가 각자가 거둔 전리품을 세계의 광장에 계속 쌓을 때, 바로 그런 시대가 진정으로 풍요로운 시대가 될 것이다. 이러한 문화적 유물의 더미를 딛고서야 우리는 마침내 천국에 도달할 희망을 가질 수 있을 것이다.[14]

위대한 시인들의 작품은 아직 인류에 의해 완전히 읽힌 적이 없다. 왜냐하면 오직 위대한 시인만이 위대한 시를 읽을 수 있기 때문이다.

의 번역이 1513년에 완성되었다.

10) Vatican:로마교황의 궁전. 도서관의 고전 장서로 유명.

11) Vedas:옛 힌두교의 성전.

12) Zendavestas:조로아스터교의 경전. 이 종교는 선과 악의 양쪽 신이 영원히 싸운다고 가르침. 이슬람교 이전 기원전 600년경에 페르시아를 지배하고 있었음. 지금도 봄베이 지방에 남아 있다.

13) Dante(1265~1321):이탈리아의 시인. 〈신곡〉의 저자.

14) 《구약성서》 〈창세기〉 11:1~9에서 말하는 하늘에 도달하려는 인간의 시도인 바벨탑 혹은 오티스와 에피알테스가 올림포스 산에 다시 산을 쌓아서 하늘의 크기를 재려고 시도했으나 실패했다는 신화를 생각하고 하는 말이다.

만약 그 작품들을 읽었다면 그것은 일반 대중이 별을 읽듯이 천문학적이 아닌 기껏해야 점성술적으로 읽었을 것이다. 회계 장부를 기입하고 장사에서 속지 않기 위해 셈을 배우듯이, 거개의 사람들은 하찮은 목적을 위해 글 읽기를 배운다. 고상한 지적 수련을 위한 독서에 대해서 그들은 거의 또는 전혀 알지 못한다. 하지만 고상한 지적 수련을 위한 독서만이 높은 의미의 독서인 것이다. 자장가를 듣듯이 심심풀이로 하는 독서는 우리의 지적 기능을 잠재우는 독서에 불과하다. 따라서 참다운 독서라고 할 수 없다. 발돋움하여 서듯이 하는 독서, 우리가 가장 또렷하게 깨어 있는 시간을 바치는 것만이 참다운 독서인 것이다.

우리가 이미 문자를 배운 이상 문학상 가장 좋은 작품을 읽어야 하며, 일생 동안을 초등학교 4,5학년 학생처럼 교실 맨 앞줄의 가장 낮은 자리에 앉아서 언제까지나 'a b c'와 단음절 낱말만을 기계적으로 되뇌고 있어서는 안 된다고 생각한다. 대부분의 사람들은 글자를 읽을 줄 알거나 남이 읽어주는 것을 듣는 것만으로 만족한 채 한 권의 성서라는 양서의 가르침에 전적으로 몸을 맡긴다. 그리고 여생을 무기력하게 살면서 소위 '가벼운 읽을거리'로 지적 능력을 낭비해버린다.

우리 마을의 순회도서관에는 몇 권으로 된 책이 있는데 제목이 '리틀 리딩(작은 읽을거리)'이라 되어 있었다. 나는 그 이름이 처음에는 내가 가보지 못한 어느 도시 이름을 말하는 것이라 생각했다.[15] 세상에는 이렇듯 타조나 가마우지가 하는 것처럼 고기와 야채를 잔뜩 먹은 다음에도 남은 것 또한 버리기 아까워서 그것마저 모조리 쓸어먹듯이 이런 잡동사니 책들을 얼마든지 소화해 내는 사람들이 있다. 다른 사람들이 이런 종류의 여물을 공급하는 기계라면 이 사람들은 이

15) 영국에 'Reading'이라는 지명이 있고 매사추세츠 주에도 'Reading' 읍이 있다.

여물을 먹어 치우는 기계다. 그들은 '제블론'과 '세프로니아'[16]에 관한 9천 번째의 이야기를 읽는다. 두 사람이 그 누구보다도 전에 없는 열렬한 사랑을 했다느니, 그들의 진정한 사랑이 순탄치 못했다느니[17], 아무튼 그 사랑이 가다가 어떻게 넘어졌고 다시 일어나 또 어떻게 계속 가는가에 넋을 잃고 있다.

그밖에도 또 어느 불운한 사나이가 어떻게 해서 교회의 뾰족탑까지 올라가게 되었는가, 이 사나이는 처음부터 종루까지 높이 올라가지는 말았어야 했다는 등의 이야기도 있는데, 주인공을 쓸데없이 높은 곳에 올려놓고 신이 난 소설가는 온 세상 사람들에게 모이라고 종

16) Zebulon and Sephronia:당시 유행했던 감상적인 통속 로맨스 스토리의 주인공을 대표하는 인명.

17) 셰익스피어의 〈한여름 밤의 꿈〉 1.1.134의 "진정한 사랑은 결코 순탄한 적이 없었다"의 인유.

을 쳐서 "참 큰 일 날 뻔했어!", "그 사람 참 아슬아슬하게 내려왔어!" 하는 식의 감탄을 자아내는 이야기를 들어보라는 것이다.

나로서는 옛날 사람들이 영웅들을 높은 별자리에 두었던 것처럼, 이들 높이 솟아오르기를 좋아하는 전 세계의 소설왕국의 그 모든 주인공들을 인간 바람개비로 만들어 그 높은 곳에서 녹이 슬 때까지 뱅글뱅글 돌게 하여 다시는 지상으로 내려와서 쓸데없는 농담으로 선량한 사람들을 괴롭히지 못하도록 하는 것이 더 좋다고 생각한다. 다음에 그 소설가가 종을 칠 때는 공회당이 불에 타서 무너진다 해도 나는 꼼짝하지 않을 것이다.

"〈티이틀 톨 탄〉[18]을 쓴 유명한 작가의 새 작품, 중세의 로맨스 〈팁 토 합의 뜀질〉[19]이 매월 분할 간행될 예정! 선풍적인 인기! 혼잡하니 한꺼번에 오는 것은 삼가시라!" 이런 책이라면 사람들은 유치한 호기심에 끌려 눈을 접시처럼 번뜩 뜨고 잔뜩 긴장해서 열심히 읽어댄다. 지칠 줄 모르는 그들의 위장은 주름살을 다시 펼 필요조차 없이 어떤 책이든 잘도 소화해 낸다. 마치 어느 네 살짜리 어린애가 벤치에 앉아 2센트짜리 금박표지의 〈신데렐라〉에 정신이 팔려있는 것과 같다. 그런데 내가 보기에는 그들이 이런 책들을 아무리 많이 읽어도 발음 즉 악센트나 강세에 조금도 향상이 있는 것 같지도 않고, 이야기에서 어떤 교훈을 끌어내거나 첨가하는 능력이 조금도 좋아지는 것 같지도 않다. 이런 독서의 결과는 시력의 감퇴와 생명의 원천인 순환의 장애를 가져오고, 모든 지적 능력의 총체적인 탈진과 퇴화를 가져올 뿐이다. 한데 이런 종류의 생강 과자가 진짜 밀이나 옥수수 빵을 제치고 거의 모든 가마솥에서 매일 꾸준히 구워져 나오고 보

18) 제임스 페니모어 쿠퍼(1789~1851)의 소설 표제 〈The Wept of Wish-ton-Wish〉(1829)를 암시한 것일 수도 있다.

19) 소리의 언어유희. 소로는 〈Walking〉이란 글에서 어린이들이 재잘대는 이야기를 'lery wiery ichery van, tittle-tol-tan'이라 칭했다.

다 더 확실한 판로를 확보하고 있다.

가장 훌륭한 책들은 좋은 독자라는 사람들까지도 읽지 않는다. 우리 콩코드의 문화는 어느 정도의 수준에 올라와있는가?[20] 이 읍에는 극소수의 예외가 있기는 하지만 가장 훌륭한 책을 읽거나 심지어 모두가 읽고 쓸 줄 아는 말로 된 영문학에서조차도 아주 좋은 양서를 좋아하는 사람이 없다. 이 지역에는 — 물론 다른 지역도 마찬가지지만 — 대학출신이고 이른바 실컷 교육을 받았다는 사람들까지도 영문학의 고전을 아는 사람은 거의, 아니 전혀 없다. 또 기록으로 남은 인류의 예지인 옛 고전이나 경전에 대해서는 어떠한가? 알려는 의지만 있으면 누구나 쉽게 접근할 수 있음에도 불구하고 그것들을 알려는 노력은 어디에서나 극히 미미하기 그지없다.

나는 중년의 나무꾼 한 사람을 알고 있는데 그 사람은 프랑스어 신문을 받아본다. 그의 말에 의하면 뉴스는 이미 초월했기 때문에 뉴스를 보기 위해서가 아니라 자기는 캐나다 태생이므로 '프랑스어를 잊지 않고 계속 사용하기 위해서'[21] 읽는다는 것이다. 그에게 이 세상에서 가장 성취하고 싶은 것이 무엇이냐고 물으니, 프랑스어 외에도 영어공부를 더해서 지식을 늘리는 것이라 했다. 이 정도의 수준이 대학출신들이 대체로 하고 있거나 하기를 열망하는 일반적인 지적 활동이고, 이 목적을 위해서 영자 신문이나 읽는다. 그러니 영어로 된 가장 훌륭한 양서 한 권을 방금 읽은 사람이 있다면 그가 그 책에 대한 이야기를 나눌 만한 사람을 몇이나 찾아낼 수 있겠는가? 아니 그가 그리스어나 라틴어 고전을 원어로 읽었다면 어떻겠는가? 그 책의 칭

---

20) 일반적으로 콩코드의 문화는 높은 수준이었다. 마을 유지들은 거의 하버드 대학 출신이고, 라이시엄이 1829년에 개관되었다. 하지만 소로는 보다 높은 초월적인 지성을 말한다.

21) 캐나다는 원래 프랑스 식민지였던 것이 영국식민지로 바뀌었고, 동부의 퀘벡 주 등에서는 아직도 프랑스어가 공용어로 사용되고 있다.

송이 소위 무식한 사람들에게까지도 잘 알려진 것이라 할지라도 그 책에 대한 이야기를 나눌 만한 사람은 전혀 만나지 못하고 그에 관해서는 입을 다물 수밖에 없을 것이다.

사실 우리의 대학에는 어려운 그리스어를 통달한 교수는 있다 하더라도 그에 비례하여 그리스 시인의 지혜와 시의 깊은 뜻을 완전히 통달하고 또한 그가 통달한 지식을 영웅적으로 고전을 탐독하는 학생들에게 전수하려는 친절한 성의까지 겸비한 교수는 거의 없다. 또 성스런 경전들, 아니 인류의 성서들은 어떤가? 이 읍내에 누가 이 책들의 이름만이라도 내게 일러줄 수 있는가? 대부분의 사람들은 유태 민족 이외에도 경전을 가지고 있는 민족이 있다는 사실조차도 알지 못하고 있다.

어떤 사람은, 아니 누구나 1달러짜리 은화를 줍기 위해서는 가던 길을 꽤 멀리 벗어나 돌아가는 것도 서슴지 않을 것이다. 한데 여기 '황금 같은 말'이 있다. 고대의 가장 현명한 사람들의 말씀이고, 그 뒤의 모든 세대의 현인들이 그 가치를 우리에게 보증한 황금 같은 말들이 있다. 그런데도 우리는 거들떠보지 않고 '쉬운 읽을거리'[22] 즉 학교에서 겨우 《어린이 독본》이나 《초급 독본》 정도의 교과서를 배우고, 학교를 나온 뒤에도 소년이나 초보자를 위한 《작은 읽을거리》나 동화책을 보는 것으로 그친다. 그러니 우리의 독서나 대화나 사고는 모두 피그미족이나 난쟁이 족속들에게나 어울릴 뿐인 극히 낮은 수준을 벗어나지 못하고 있다.

나는 이 지역에 이름이 알려지지 않은 사람일지라도 우리 콩코드 땅이 배출한 어떤 인물보다 더 현명한 사람들과 사귀기를 갈망한다. 한데 내가 플라톤[23]의 이름만 듣고 그의 책은 읽지 않아도 되는 것일

---

22) 《Easy Reading for Little Folks》(Boston)를 생각한 것일 수도 있다.

23) Platon(기원전 427?~기원전 347?):고대 그리스의 철학자. 소크라테스의 제자.

까? 그건 마치 플라톤이 우리 읍내 사람인데도 내가 한 번도 만나본 적이 없는 것과 무엇이 다른가? 그가 바로 옆집 사람인데도 그의 말소리를 들어보지도 못하고 예지가 가득 찬 그의 말에 귀를 기울이지도 않는 것과 같지 않은가? 한데 실제는 어떤가? 플라톤의 〈대화편〉[24], 그 안에 영원불멸의 지혜가 들어있는 그 책이 바로 내 옆 선반에 놓여있지 않은가? 그럼에도 불구하고 나는 그 책을 한 번도 통독한 적이 없는 것이다.

우리는 본데없이 자랐다. 우리는 천하게 살았다. 우리는 무식하다. 이 점에 대해서 사실을 고백하자면 나는 글을 전혀 읽지 못하는 읍내 사람들이 무식한 것이나 아이들이나 지능이 낮은 사람들을 위한 책밖에는 읽을 줄 모르는 사람들이 무식한 것이나 거기에 별로 큰 차이가 없다고 생각한다. 우리는 고대의 위인들만큼 훌륭해져야 한다. 그러자면 우선 그들이 얼마나 훌륭했는가 알아야 한다. 우리는 일종의 얼간이 같은 족속이고, 우리의 지성은 그저 일간 신문의 칼럼 이상으로 더 높이 날지 못하고 있다.

책을 읽는 사람은 어리석지만 모든 책들이 그처럼 어리석은 것이 아니다. 어떤 책들 가운데는 어쩌면 우리가 살고 있는 현재의 사정을 정확하게 일러주는 말이 있을 것이다. 만일 우리가 그 말을 듣고 진정으로 이해한다면 아마도 우리의 삶에 아침이나 봄 이상으로 이로울 것이다. 그리고 어쩌면 우리로 하여금 사물의 새로운 측면을 보도록 해줄 수도 있을 것이다. 한 권의 책을 읽음으로써 얼마나 많은 사람들이 자기 인생에 새로운 기원을 마련했던가!

우리에게 기적을 설명해 주고 또한 새로운 기적을 계시해 주는 책이 우리를 위해 아마 어디엔가 있을 것이다. 바로 지금 설명이 불가

24) 〈Apologia〉를 제외한 플라톤의 모든 현존 작품은 대화 형식으로 되어 있다.

능한 문제일지라도 어느 책엔가는 설명되어 있을 것이다. 왜냐하면 현재 우리를 괴롭히고, 우리를 곤혹스럽게 하고, 우리의 마음을 어지럽게 하는 이 모든 문제들과 똑같은 문제들이 일찍이 모든 현인들에게도 하나도 빠짐없이 차례차례 일어났던 것이고, 이 문제들을 현인들은 단 하나도 생략하지 않고 각자 자기의 능력에 따라 자기의 언어와 자기의 삶을 통해서 풀어왔기 때문이다. 나아가서 우리는 책에서 얻은 지혜와 더불어 관대한 마음까지도 배울 것이다.

콩코드 교외의 어느 농장에서 머슴을 사는 한 고독한 사람이 있었다. 그는 다시 태어나는 특이한 종교적 체험을 하고서 자기가 믿는 대로 자기 신앙에 따라 집에 들어앉아 말도 하지 않고, 사람을 만나지도 않고, 엄숙한 침묵 속에 빠져 있었다. 사실이 아니라 생각할지도 모르지만, 수천 년 전에 이미 조로아스터[25] 도 똑같은 길을 걸었고, 똑같은 체험을 했다. 다만 그는 현명했기 때문에 그 경험이 자기만의 특수한 것이 아니라 일반적인 것임을 알았고, 따라서 자기 이웃을 평소대로 대했으며, 하나의 종교를 창시하여 사람들이 믿도록 확립하기까지 했다. 그렇다면 그 농부는 겸손한 자세로 조로아스터와 대화하는 것이 어떨까? 나아가서 모든 위대한 사람들의 감화로 마음이 넓어졌으면 예수 그리스도와도 마음을 터놓고 이야기하면서 '우리 교회, 우리 교회' 하는 배타성은 사라지게 버려두라.

우리는 우리가 지금 19세기에 속해 있고, 어느 나라보다 가장 급속한 발전을 하고 있다고 뽐내고 있다. 그러나 이 마을이 스스로의 문화 향상을 위해서 무엇을 했는지를 생각해보라. 얼마나 한 일이 없는가! 나는 읍내 사람들에게 아첨하고 싶은 생각도 없고, 아첨 받고 싶은 생각도 없다. 그렇게 해봤자 피차 발전에 아무런 도움이 되지 않

25) Zoroaster(기원전 628~기원전 551):차라투스트라로 불리기도 하며, 페르시아의 조로아스터교의 창시자.

을 것이기 때문이다. 우리는 자극이 필요하다. 실제로 우리는 황소처럼 소몰이 막대로 얻어맞고서라도 뛰어야 할 필요가 있다.

우리는 아이들만을 위한 초등학교를 위해서는 비교적 훌륭한 제도를 갖추고 있다. 그러나 성인을 위한 교육 시설은 전혀 없다. 겨울철에만 열리고, 그나마도 재정난으로 반쯤 굶어 죽어가는 상태인 열악한 라이시엄[26]과 근래에야 주州 정부의 권장으로 미미하게 시작한 보잘것없는 도서관[27]이 고작이다.

우리는 정신을 위한 자양분보다 육체를 위한 자양분이나 질병에 관한 것이라면 거의 무엇에건 더 많은 돈을 쓰고 있다. 이젠 우리 마을에 성인을 위한 특수학교를 세워서 청소년이 성인이 되려는 시기에서 교육을 중단하는 일이 없도록 해야 할 때가 되었다. 이제 마을마다 대학이 되고 마을의 나이 많은 분들이 그 대학의 특별 연구원이 되어 — 우리들이 말처럼 잘 산다는 것이 정말이라면 — 남은 생애를 여유롭게 교양 학습을 추구하는 것으로 보낼 수 있도록 할 시기가 온 것이다.

언제까지나 세계가 하나의 파리 대학, 옥스퍼드 대학으로 한정되어야 한단 말인가? 이 마을에 학생들이 하숙을 하고, 콩코드의 하늘 아래에서 교양 교육을 받게 할 수는 없는가? 우리는 아벨라르[28] 같은

---

26) Lyceum: 아리스토텔레스가 제자를 가르쳤던 아테네 교외의 학원 이름에서 비롯되어 문화운동이나 문화회관을 일컫게 됨. 1826년에 조시아 홀브룩이 코네티컷 주에서 이를 시작한 것을 필두로 뉴잉글랜드에 문화보급을 목적으로 라이시엄 건립운동이 전개되어 1831년에는 '아메리칸 라이시엄'이 됨. 콩코드 라이시엄은 1829년에 설립, 강연과 음악회 등이 열렸다. 소로는 당시 12살 소년으로 회원이 되고, 1839년(22세) 10월에 서기로, 11월에는 관장으로 뽑혔고, 그 후에 여러 차례 관장으로 선출되었다. 재임 기간에 여러 훌륭한 연사들을 초청했고 자신이 19번 강연했다. 1843~44의 관장재임 중에는 $109.20의 예산을 받아 에머슨, 그릴리, 파커 등 25명의 훌륭한 연사들을 초청했다.

27) 1851년에 매사추세츠 주 정부는 지방 도서관 설립을 허용했다. 콩코드는 공공 도서관을 설립한 최초의 읍 중 하나였다.

28) 피에르 아벨라르(1079~1142):프랑스의 스콜라 철학자, 신학자, 교육자. 제자인 엘로이즈와의 연애 이야기와 학생들의 인기로 유명.

뛰어난 학자를 초빙하여 우리에게 강연하게 할 수는 없는 것인가?

안타깝다! 우리는 가축을 돌본다, 상점을 돌본다는 이유 때문에 너무도 오랫동안 학교에서 멀어졌고, 우리 자신의 교육을 서글프게도 너무 소홀히 하였다. 이 나라에서는 각 마을이 어느 면에서 유럽의 귀족이 하는 역할을 해야 한다. 마을이 유럽의 귀족처럼 예술의 후견인이 되어야 한다. 마을은 그렇게 하기 위한 충분한 돈이 있다. 다만 넓은 아량과 높은 품격이 없을 뿐이다. 마을은 농부나 상인들이 가치 있다고 생각하는 일에는 많은 돈을 쓴다. 그러나 보다 지성적인 사람들이 그보다 훨씬 더 가치 있다고 확신하는 일에 돈을 쓰자고 제의하면 꿈같은 이야기 말라며 묵살해 버린다. 번영을 누리게 된 덕인지 정치의 덕인지 이 읍은 공회당을 짓는 데 1만 7천 달러를 소비했다. 그러나 이 공회당이라고 하는 껍데기 안에 넣을 참다운 알맹이 즉 '살아 있는 지혜'를 초빙하는 데는 아마 앞으로 백 년의 세월을 통틀어도 그만한 돈을 쓰지 않을 것이다. 겨울철 라이시엄을 유지하기 위한 연간 125달러의 기부금은 읍내에서 모금된 같은 액수의 어느 기부금보다 가치 있게 쓰이고 있다.

우리가 19세기에 살고 있다면 어째서 19세기가 주는 이점을 최대한 활용하지 않는 것인가? 왜 우리의 생활이 모든 면에서 지역적으로 치우쳐져 있어야만 하는가? 어째서 우리가 이왕 신문을 구독할 바에는 가십 기사나 싣는 보스턴 신문들을 무시하고 세계에서 가장 훌륭한 신문을 받아보지 않는가? 여기 뉴잉글랜드의 신문들, 특히 오락물이나 싣는 '중립적 가정' 신문들의 젖꼭지를 빨고 있거나 《올리브 나무 가지》[29] 같은 신문을 뜯어먹고 있지는 말자. 대신에 모든 학회의 보고서를 우리 손에 들어오게 하자. 그래야 그들이 무엇을 알

29) Olive-Branches:1836년 보스턴에서 창간한 감리교 주간지.

고 있는지 살펴볼 수 있을 것이다. 왜 우리는 우리의 독서 선택[30]을 하퍼 출판사나 레딩[31] 출판사에만 내맡겨야 하는가?

고상한 취미를 가진 귀족이 자기 교양에 도움이 되는 것이면 무엇이든—즉 천재, 학식, 재치, 서적, 그림, 조각, 음악, 과학실험 도구 등등 갖가지 것들을 자기 주변에 두고 있듯이 우리 마을도 그렇게 하도록 하자. 그리하여 우리의 청교도 조상들이 황량한 바위땅에서 겨울을 날 때 교사 한 명, 목사 한 명, 교회지기 한 명, 교구 도서관 하나와 위원 세 명으로 만족했다고 해서 우리마저 거기서 멈추지 말자.

집단적으로 행동하는 것은 우리의 여러 제도의 정신에도 부합하는 것이다. 그리고 나는 확신하거니와 우리의 형편이 옛날 귀족의 형편보다 더 풍요로우니 우리의 재력 또한 그들보다 낫다. 우리 뉴잉글랜드는 여러 마을이 체재비를 공동 부담하는 조건으로 세계의 모든 현인들을 초빙하여 우리를 가르치게 할 수 있으며, 그렇게 함으로써 지방성을 완전히 탈피할 수 있다. 그것이 바로 우리가 원하는 '성인 학교'다. 귀족 대신에 평민이 사는 고귀한 마을을 건설하자. 만일 이를 위해 필요하다면 강에 놓을 다리를 하나 줄이고, 좀 더 멀리 돌아서 가더라도 그 비용으로 우리를 둘러싸고 있는 보다 어두운 무지의 심연에 구름다리 하나만이라도 놓도록 하자.

---

30) 당시 Harper & Brothers에서 연속 간행물로 내놓은 추천 작품목록 《Select Library of Valuable Standard Literature》를 말함.

31) *Harper & Brothers: 뉴욕에 있는 출판사. 1817년에 설립, 1850년에는 《Harper's New Monthly Magazine》의 발행인이 되었다.
*Redding & Co.: 보스턴에 있는 출판사. 1830년대에 신문, 40년대에는 정기간행물, 50년대에는 서적출판과 판매회사가 되었다.

제4장 소 리[1)]

그러나 아무리 좋은 책이라도 책에만 빠져있으면 보다 더 중요한 것을 잃을 위험이 있다. 제아무리 잘 고른 고전일지라도 책에 쓰인 언어는 특정 언어이고, 그 자체가 어디까지나 하나의 사투리 즉 지역의 방언에 불과하기 때문에 그 특정 언어만 읽고 있으면 우리는 모든 사물과 사건이 아무런 비유도 없이 우리에게 직접 말해주는 삼라만상의 언어를 잊어버릴 위험이 있다. 삼라만상의 언어는 어휘가 풍부할 뿐만 아니라 그 자체가 표준이 되는 언어다. 그런데 이 언어는 발표된 것은 많지만 책으로 인쇄된 것은 거의 없다. 이 언어는 마치 덧문 틈으로 새어든 햇빛이 덧문을 완전히 열어버리면 사람의 눈에 보이지 않는 것과 같다. 이 언어를 읽는 데는 귀와 눈을 맑게 뜨고 항상 주의 깊게 살피는 것이 필수다. 이보다 더 좋은 방법이나 훈련은 없다. 역사를 공부하는 과정 혹은 철학과정 혹은 시를 공부하는 과정이 아무리 잘 선택된 것일지라도, 아니 아무리 좋은 친구를 사귀고 아무리 좋은 일상생활을 한다하더라도 꼭 보아야 할 것을 언제나 놓치지

1) 앞 장의 '문어에 관한 독서'에 '소리'를 대응하여 연속성을 꾀했다. 소로는 이 외에도 각장의 제목을 짝을 지어 대응시켰다. '독서'와 '소리', '고독'과 '찾아온 사람들', '콩밭'과 '마을' 등으로 대응하여 궁극적으로 1년의 축약으로 되어 있고, 이 '소리' 또한 아침으로 시작하여 아침으로 끝나는 하루의 축약으로 되어 있다.

않고 보는 훈련에 비하면 그 모두가 무어란 말인가? 당신은 그저 단순한 독자나 학생이 되겠는가? 아니면 진정한 관찰자가 되겠는가? 당신의 운명을 읽고, 당신의 앞에 있는 것을 보고, 당신의 미래를 향해 계속 발걸음을 내딛어라.

첫여름에 나는 책을 거의 읽지 못했다. 그 대신 나는 콩밭을 가꿨다. 아니다. 나는 일을 하기보다 더 좋은 방법으로 시간을 보낼 때도 자주 있었다. 나는 삶의 활기가 뭉글뭉글 피어오르는 그 순간을 그 어떤 일에도 — 그것이 머리로 하는 일이건 손으로 하는 일이건 — 희생시키고 싶지 않을 때가 가끔 있었다. 나는 나의 생활에 넓은 여백을 주고 싶다.

여름날 아침에는 나의 습관이 된 목욕을 하고[2] 나서 이따금 나는 양지바른 문지방에 앉아 해돋이부터 한낮이 되도록 망상에 빠져있기도 했다. 주위는 소나무와 호두나무와 옻나무로 둘러 있을 뿐, 나는 아무도 방해하지 않는 고독과 정적에 싸여 있었다. 오직 새들만이 곁에서 지저귀거나 소리 없이 집을 넘나들었다. 그러다가 이윽고 서쪽 창문에 햇빛이 들거나 멀리 큰 길[3]을 지나는 여행자의 마차바퀴 소리를 듣고서야 문득 시간이 흘러간 것을 깨닫는다. 이런 날에 나는 밤에 옥수수가 자라듯[4] 성장하였다. 이런 시간은 내게는 손으로 하는 그 어떤 일보다 훨씬 더 소중한 것이었다. 그런 시간은 내 생애를 축내는 시간이 아니라 오히려 나에게 주어진 평생의 시간에 훨씬 더 많은 시간을 보태주는 일종의 특별 수당과도 같은 시간이었다.

나는 동양인의 명상과 아무 것에도 목적을 두지 않는 '무위無爲'가

2) 소로는 물이 차갑지 않은 동안은 집에서 가까운 만에서 매일 목욕했다. 1854년 9월 26일 일지에 "24일 마지막으로 목욕했다. 아마 일기가 차서 올해에는 다시 못할 것 같다"라고 쓰여 있다(J 7:58).

3) 콩코드에서 링컨으로 가는 길. 현재 126번 도로를 말함.

4) "인디언 옥수수는 더운 여름밤에 빨리 자란다"는 속담이 있었다. 소로는 이 이미지를 일지 여러 곳(J 1:124, J 1:174, J 1:263 등)에서 사용했다.

무엇을 의미하는지 알 수 있었다.[5] 대체로 시간이 가는 것에 나는 마음을 쓰지 않았다. 하루하루가 마치 내 일의 일부를 거들어주려는 듯이 지나갔다. 아침이다 싶으면 어느새 저녁이 되었다. 그렇다고 특별히 해놓은 일도 없었다. 끊임없이 이어

지는 행운에 대하여 나는 새처럼 지저귀는 대신에 조용히 미소를 지었다. 문 앞의 호두나무에 참새가 앉아 지저귈 때면 나는 새처럼 지저귀고 싶은 충동을 억누르고 혼자서 킬킬거리거나 소리를 죽여 흥얼거렸다. 그 소리가 내 둥지에서 새어나오는 것을 참새들은 아마 들었으리라.

내가 보내는 나날은 이교도의 신의 이름이 붙은 한 주일의 어느 요일이 아니었다.[6] 또 몇 시 몇 시로 나뉘어 시계의 똑딱거리는 소리로 없어지는 그런 하루가 아니었다. 나는 푸리 인디언처럼 살았다. 그들은 "어제와 오늘과 내일을 나타내는 데는 오직 한 가지 말밖에 없다. 그래서 어제를 나타내야 할 경우 뒤를 가리키고, 내일은 앞을 그리고 오늘은 머리 위를 가리키는 것으로 그 의미의 차이를 표현한다."[7] 나의 이런 생활은 마을 사람들에게는 철저히 게으른 생활로 보였을 것이다. 그러나 새나 꽃이 자기들의 기준으로 나를 판정한다면 나를 기

---

5) 소로의 '명상'과 '무위'의 이해는 찰스 위킨스(1750~1836)가 번역한 《Mahābhārata Bhagvat-Gēētā, or Dialogues of Kreeshna and Arjoon》에서 얻은 것이다.

6) 요일들의 어원은 신들의 이름들이다. 수요일(Wednesday)은 앵글로색슨 족의 주신 오딘(Woden, Odin)에서, 목요일(Thursday)은 뇌신雷神 토르(Thor)에서, 금요일(Friday)은 북유럽의 사랑, 미, 결실의 여신 프레야(Freya)에서 옴.

7) Puri Indians:브라질 동부에서 살았던 인디언. 인용은 이다 파이퍼의 《A Lady's Voyage Round the World》(1852) 36에서.

준미달로 보지는 않을 것이다. 인간은 자기의 내부에서 행동의 동기를 찾아야 한다. 자연 그대로의 하루는 지극히 평온하다. 그리고 인간의 게으름을 나무라지도 않는다.

나는 나의 생활양식으로 적어도 한 가지 이점은 누리고 있다. 사람들은 사교 모임이니 극장이니 하여 오락을 밖에서 찾는데, 나의 생활은 그 자체가 오락일 뿐만 아니라 그 신기한 느낌이 끊이지 않는다는 점이다. 나의 생활은 장면은 많은데 끝은 없는 한 편의 드라마였다. 만일 우리가 언제나 정말로 최신 최선의 방법으로 생계를 꾸리고 생활을 통제하고 있는 것이라면 우리는 결코 권태로 인해 괴로워하지는 않을 것이다. 자신의 내부의 수호신을 바짝 따르라. 그러면 그것은 반드시 새로운 시야를 시시각각 열어줄 것이다.

나의 집안일은 즐거운 소일거리였다. 마룻바닥이 더러워지면 나는 일찍 일어나 가구를 모두 집 밖으로 끌어내어 풀밭에 옮겨놓고 침구와 침대를 한 무더기로 쌓아놓은 다음에 마루에 물을 끼얹는다. 그 다음에 호수에서 깨끗한 흰 모래를 가져다 그 위에 뿌리고 깨끗하고 하얗게 될 때까지 비로 문지른 다음 모래를 말끔히 쓸어냈다. 마을 사람들이 아침식사를 끝낼 즈음이 되면 집안은 아침 햇볕에 물기가 말라 가구를 다시 옮겨놓을 수 있었고, 나의 명상은 아무런 방해를 받지 않고 계속되었다.

나는 풀밭에 나와 있는 내 모든 살림도구가 마치 집시의 봇짐처럼 작은 무더기로 쌓여있고, 삼각 탁자가 책이며 펜과 잉크가 그대로 놓인 채로 소나무와 호두나무 사이에 서 있는 모습을 바라보는 것이 퍽 유쾌하였다. 그 물건들도 밖에 나와 있는 것이 즐거운 듯 안으로 들어가고 싶지 않은 것 같았다. 나는 때로는 그것들 위에다 천막을 치고 그들 곁으로 옮겨 앉고 싶은 유혹을 받곤 했다. 그 위로 햇빛이 비치고 바람이 자유롭게 스쳐가는 소리는 들어볼 만한 가치가 있는 것이었다.

그것들은 거의 평생 동안 봐온 낯익은 물건인데도 집 밖에서 보니 안에서보다 훨씬 더 색다르고 재미있게 보였다. 나뭇가지에 한 마리 새가 앉아 있고, 탁자 밑엔 연리초連理草가 얼굴을 내밀고, 먹딸기 덩굴이 탁자의 다리를 휘감고 있다. 솔방울, 밤송이 껍질, 딸기 잎사귀가 주위에 흩어져 있다. 이 광경을 보고 있노라니 마치 이 형상들이 가구로, 탁자들 의자들 침대들로 옮아가는 것만 같았다. 하기야 가구들이 예전에는 그들 속에 있었기 때문이리라.

내 집은 산중턱인데 주위에 한창 때의 리기다소나무와 히코리나무가 무성한 새 숲으로 둘려 있었고, 바로 더 큰 숲의 끝자락에 있었다. 집에서 호수까지는 6로드[8] 떨어져 있었고, 거기까지는 언덕을 내려가는 좁은 오솔길이 나 있었다. 앞마당에는 딸기와 먹딸기, 연리초, 물레나물, 미역취, 떡갈나무와 좁쌀버찌, 월귤나무와 감자콩 등이 자라고 있었다.

5월 하순이 가까워지면 좁쌀버찌나무의 짧은 줄기 끝에 원통형의 우산살 모양으로 배열된 정교한 꽃이 피어 오솔길 양쪽을 장식하였다. 가을로 접어들면 꽃을 달고 있던 줄기들은 결국 꽤 크고 예쁜 열매의 무게를 이기지 못하여 햇살이 퍼지듯 방사상의 화환 모양으로 휘어졌다. 나는 자연에 대한 경의의 표시로 열매를 따서 먹어보았으나 그다지 맛이 있지는 않았다.

내 집 주위에는 거망옻나무(학명 '루스 그라브라')들이 내가 쌓아놓은 나지막한 토담을 뚫고 들어와서 집 주위에 무성하게 자랐다. 그것들은 첫해에 벌써 5,6피트나 되었다. 그 옻나무의 넓고 깃털 모양의 열대성 잎사귀는 낯설면서도 보기가 좋았다. 그 나무는 말라죽은 것

---

8) rod:길이 1rod=5.5야드, 5.0292미터. 면적 1rod=30.25평방야드, 25.29평방미터.

만 같던 고목의 줄기에서 늦봄에야 큼직한 새싹이 갑자기 밀고 나와서 어느새 지름이 1인치나 되는 부드럽고 우아한 초록색 가지로 갑자기 변하였다. 그 갑작스런 변화는 마치 요술을 부리는 것 같았다. 이 가지들은 너무나 빨리 커서 연약한 마디에 심한 부담을 주기 때문에 창가에 앉았을 때는 싱싱하고 부드러운 새 가지가 제 무게를 이기지 못해 바람 한 점 없는데도 마디가 꺾여서 부채처럼 땅에 떨어지는 소리가 들리곤 했다. 꽃이 필 시절에는 무수한 야생의 벌을 끌어들이던 그 무수한 딸기들이 8월이 되면 점차 벨벳처럼 밝은 진홍색을 띠었고, 여린 줄기는 자신의 무게를 이기지 못하여 활처럼 휘어지다가 부러졌다.

여름날 오후 창가에 앉아 있으면 매들이 집 주위를 빙빙 돌고, 산비둘기들이 두 마리씩 세 마리씩 눈앞을 가로질러 날아가거나 집 뒤의 백송나무 가지에 쉴 새 없이 이리저리 옮겨 앉았다. 그때마다 공중에서 민첩하게 움직이는 소리가 들렸다. 그런가 하면 유리같이 잔잔한 호수의 수면에 파문을 일으키며 물수리 한 마리가 물고기를 낚아 올리고, 집 앞의 늪에서 족제비 한 마리가 살짝 모습을 드러내어 호숫가의 개구리를 잡는다. 갈대풀은 모여든 뱁새들이 이리저리 날아 앉을 때마다 그 무게에 눌려 허리를 굽힌다.

반시간 전부터 나는 덜컹거리는 기차의 바퀴소리를 들었다. 멀리 사라졌는가 하면 들꿩이 날개 치는 소리처럼 다시 살아나 보스턴에서 시골로 손님을 실어 나른다. 그러고 보면 나는 기적소리도 들리지 않았다는 어느 소년만큼 세상에서 그렇게 멀리 떨어져 살았던 것은 아니었다. 소문에 의하면 그 소년은 마을 동쪽에 있는 어느 시골 농가에 가서 머슴살이를 했는데 얼마 견디지 못하고 향수병에 걸린 나머지 도망쳐 초췌한 모습으로 집에 다시 돌아왔다는 것이었다. 그는

그 농가처럼 따분하고 외진 곳을 본 적이 없으며 사람들은 모두 떠나가 버려 기적소리조차 안 들리는 곳이었다니! 오늘날 매사추세츠 주에 그런 곳이 남아 있으리라는 생각이 들지 않는다. ……

정말로 우리 마을은 이제
저 철로의 화살이 날아오는 과녁이 되어버렸다.
평화로운 들판을 넘어, 위로하듯 들려오는 그 소리 — 콩코드.[9)]

피츠버그 철로는 내가 사는 곳에서 남쪽으로 약 100로드쯤 떨어져 호수 옆을 지나간다. 나는 마을로 갈 때는 으레 철로의 둑을 따라가곤 했다. 이를테면 나는 이 연결선으로 사회와 접하는 셈이다. 화물열차를 타고 이 길의 전 노선을 자주 왕복하는 사람들은 나와 구면이기나 한 듯이 차 위에서 나를 보고 인사를 했다. 그만큼 자주 나를 철로 가에서 보기 때문에 그들은 나를 철도회사의 종업원으로 생각한

9) 앨러리 채닝(1810~1901)의 《The Woodman and Other Poems》에 있는 〈Walden Spring〉에서 인용. 그는 소로의 가까운 친구로 후에 소로의 전기를 썼다.

것이 분명하다. 어떤 의미에서는 그렇다고 할 수도 있다. 나 역시 지구 궤도의 어딘가에서 선로를 보수하는 공원 노릇을 하고 싶은 생각이 있으니 말이다.

기관차의 기적소리는 여름이나 겨울이나 나의 숲속으로 파고든다. 어느 농가의 마당을 덮치는 매의 날카로운 울음소리 같기도 하다. 이 소리로 나는 많은 도시 상인들이 부산하게 읍내로 오고 있거나 한몫 잡으려는 시골 상인들이 다른 쪽에서 읍내로 들어가는 것을 알게 된다. 그들이 한 선로에서 마주치면 상대편에게 길을 비켜서라며 경고의 비명을 지른다. 때때로 그 소리가 두 마을을 넘어서까지 들리기도 한다. "자, 시골이여! 당신들의 식료와 잡화가 왔소. 시골 사람들이여! 당신들의 식량이 왔단 말이오!" 그러나 자기 농장에서 생산하는 농산물로 자급자족하므로 "필요 없소"라고 말할 수 있는 농민은 한 명도 없다. 그러니 "그 물건 값 여기 있소" 하고 시골 사람의 기적이 비명을 지른다. 그 기차 안에는 파성퇴[10]같은 큰 통나무 목재들이 도시의 성곽을 향해 시속 20마일의 속도로 내달린다. 성 안에서 사는 무거운 짐에 눌려 지친 사람들을 앉히기에 충분한 의자도 실려 있다. 크고 투박한 인사말과 함께 시골은 도시에 의자를 내준다. 인디언 허클베리 산들이 모두 벗겨지고, 덩굴딸기가 지천으로 뒤덮여있던 초원도 갈퀴로 모두 긁어 열매란 열매는 전부 도시로 보내진다. 면화는 도시로 올라가고 옷감은 시골로 내려온다. 견직물은 도시로 올라가고 모직물은 시골로 내려온다. 그런데 책이 도시로 올라가면 그 책을 쓴 사람은 시골로 내려온다.

기관차는 차량을 줄줄이 달고 '행성行星'의 운행처럼 질주한다. 아니 행성이 아니라 오히려 '혜성彗星'이라 하는 것이 좋겠다. 왜냐하면

10) 파성퇴破城槌: 성문을 부술 때 수십 명의 병사들이 붙어서 밀어치는 큰 통나무.

그 궤도가 다시 돌아올 곡선으로 되어있는 것 같지 않으니 그 방향으로 그처럼 빠른 속력으로 내달리면 태양계에 언제 다시 돌아올지 구경꾼으로서는 알 수 없기에 하는 말이다. 기관차는 증기구름을 금빛 은빛의 화환으로 뿜어내어 깃발처럼 뒤로 휘날리며 질주한다. 이는 무수한 솜털 구름이 높은 하늘에서 햇빛에 제 몸을 드러내는 것 같다. 나는 그 황혼의 솜털구름들을 많이 보아 왔다. 한데 이 달리는 귀신 같은 괴물은 구름을 제멋대로 만들어서 머지않아 석양하늘을 온통 제 옷으로 삼아버릴 것만 같다. 이런 광경을 볼 때는, 이 철마鐵馬[11]가 큰 콧소리로 우레같이 산을 쩡쩡 울려대는 소리를 들을 때는, 그 발굽으로 지축을 뒤흔들고 콧구멍으로 화염을 내뿜는 소리를 들을 때는 이들이 미래의 새로운 신화에서 어떤 종류의 날개 돋친 말이나 불을 뿜는 용으로 분류될지 모를 일이다 싶고, 이 지구가 이제야말로 그 위에서 살만한 자격을 갖춘 새 종족을 갖게 된 것만 같다.

만약 이 모두가 겉으로 나타난 그대로이고, 인간이 고상한 목적을 위해서 자연의 힘을 자기 하인으로 삼았다면야 더할 나위 있으랴! 만일 기관차 뒤에 떠있는 구름이 영웅적인 행위에서 발산된 땀이요, 농부의 논밭 위에 떠있는 구름처럼 은혜로운 것이라면 그때는 아마 자연의 요소들, 아니 자연의 여신 자신까지도 기꺼이 인간의 사명 완수에 동행할 것이다. 그리고 기꺼이 인간의 경호원이 되어 주리라.

나는 해돋이를 지켜보는 것과 같은 심정으로 아침 열차가 지나가는 것을 지켜본다. 열차도 꼬박꼬박 제 시간에 지나가니 해돋이도 이보다 더 규칙적이라 할 수는 없으리라. 보스턴을 향해 기차가 지나가는 순간에는 그 위로 연기의 구름 행렬이 이어져 하늘을 향해 점점 피어오르면서 잠시 해를 가려 멀리 있는 나의 밭에까지 그늘을 드리운

---

11) 기차를 말에 비유하여 일컫는 말. 석탄이나 나무를 때서 얻은 증기의 힘으로 운행되었으므로 달릴 때는 기차의 연통에서 나온 연기와 증기가 섞여 긴 구름 띠를 형성했다.

다. 그것은 하늘을 달리는 또 하나의 열차요, 이에 비하면 땅을 달리는 기차는 한낱 창끝의 작은 쇠붙이에 불과하다.

철마鐵馬의 마부는 이 추운 겨울 날 아침에 산골짜기 사이로 반짝이는 별빛을 따라 일찍 일어나서 말에게 여물을 주고 안장을 채운다. 그 이른 시각에 불도 또한 일찍 깨워서 철마에게 '생명의 열'을 불어넣어 출발하도록 해야 한다. 아침 일찍부터 바쁘게 돌아가는 이 일들이 이른 아침처럼 순진무구한 것이라면 얼마나 좋겠는가!

눈이 깊이 쌓이면 말에 눈 덧신을 신기고 큰 쟁기를 채워 산중에서 해안까지 이랑을 낸다. 그러면 뒤의 차량들이 마치 쟁기 뒤를 따르는 파종기[12] 처럼 모든 들뜬 사람들과 떠돌이 상품들을 씨앗 대신 시골에 뿌린다. 화마火馬[13] 는 주인이 쉬도록 잠시 멈출 뿐 온종일 전국을 누비며 질주한다. 그 발굽소리와 반항적인 콧김소리에 나는 밤중에도 잠을 깬다. 그런 때는 그가 숲속의 어느 외진 골짜기에서 눈과 얼음에 덮인 자연과 대치하고 있을 때다. 그는 새벽별이 뜰 때에야 자기 마구간에 들어가기는 하지만, 그것도 휴식을 취하거나 잠을 자기 위해서가 아니라 또다시 여행길에 나서기 위해서일 따름이다. 저녁때 가끔 나는 화마가 자기의 마구간에서 그날 쓰고 남은 힘을 내뿜는 소리를 듣는다. 아마도 몇 시간이라도 굳은 잠을 이뤄 신경을 가라앉히고 간장과 두뇌를 식히기 위해서이리라. 지칠 줄 모르고 계속되는 이 일들이 과연 영웅적이고 당당한 것이라면 얼마나 좋겠는가!

예전에는 읍에서 멀리 떨어져 대낮에도 사냥꾼이나 겨우 들어갔을 뿐인 인적 없는 깊은 숲을 깊숙이 뚫고 칠흑같이 캄캄한 밤에 불을 훤히 밝힌 응접실들이 승객도 모르는 사이에 쏜살같이 내달린다. 어느 순간에는 사람들이 우글거리는 어느 읍이나 도시의 밝은 정거장에서

---

12) Drill-Barrow:바퀴달린 파종기. 1841년에 미국에 소개된 당시로는 비교적 새로운 농기구.
13) 원문 the fire steed:화력으로 증기를 얻어서 운행하는 기차를 말에 빗댄 말.

멈추는가 하면, 다음 순간에는 '무시무시한 늪지'[14]에서 올빼미와 여우들을 놀라게 한다.

기차가 떠나고 도착하는 시간은 이제 마을의 하루하루의 생활에 아주 획기적인 것이 되었다. 오고가는 시간이 규칙적이고 정확한데다 그 기적소리 또한 아주 멀리까지 들리는 것이어서 농부들은 기차가 지나가는 것으로 시계를 맞춘다. 이와 같이 잘 운행되는[15] 하나의 제도制度가 온 나라를 지배하게 된다. 철도가 생기고 나서 사람들이 시간을 꼬박꼬박 지키는 것은 무언가 좋아진 것이 아닌가? 사람들은 과거의 역마차의 역사에서보다 지금의 기차역에서 말도 빨리하고 생각도 빨리하지 않는가?

기차역의 분위기에는 무언가 흥분을 자아내는 것이 있다. 나는 기차역이 이뤄놓은 기적에 여러 번 놀란 적이 있다. 내 이웃사람들 가운데 어떤 분들은 평생에 단 한 번도 그렇게 빠른 교통수단으로 보스턴에 가는 일은 결코 없으리라고 단호하게 장담할 만한 사람들이었는데 글쎄 정거장에서 발차의 종이 울릴 때 보니 승강장에 나와 있지 않은가!

무슨 일이든 '철도식으로' 한다는 말은 이제 입버릇이 되었다. 그러니 힘이 있는 사람은 누구나 자기의 선로에 접근하지 말라고 그처럼 자주 또한 그처럼 진지하게, 말하자면 철도식으로 경고할 만도 하다. 한데 철도역의 경우에는 사람이 많이 몰려도 잡아 세우고 소요단속법령[16]을 읽는 일도 없고, 총을 쏘아 몰려든 사람들을 해산시키는

---

14) Dismal Swamp: 소로는 특정한 늪지를 마음에 두지 않았을 수도 있지만, 버지니아 주 남동쪽과 북부 캐럴라이나 주의 북동지역에 걸쳐 이 지명의 광활한 늪지가 있다. 이 지명은 또한 윌리엄 버드(Byrd, 1674~1744)의 《History of the Dividing Line Betwixt Virginia and North Carolina》, 헨리 워즈워스 롱펠로(1807~1882)의 《The Slave in the Dismal Swamp》, 토머스 무어의 《The Lake of the Dismal Swamp》에도 나와 있다.

15) 원문 well conducted: run well(잘 운행된다)의 뜻과 기차를 운행하는 차장을 말하는 언어유희.

일도 없다. 우리는 이제 결코 옆길로 벗어날 수 없는 일종의 운명 같은 것을, 말하자면 아트로포스[17] 같은 것을 만들어놓았다. 기관차에 그 이름을 붙여도 되리라. 이 화살들은 몇 시 몇 분에 어느 방향으로 어느 지역의 어느 지점에 발사되는지 사람들에게 미리 알려진다. 하지만 기차는 사람의 일을 방해하지 않고 아이들은 다른 길로 학교에 간다. 우리는 철도 때문에 그만큼 더 고착된 생활을 한다. 우리 모두는 은연중 윌리엄 텔[18]의 아들이 되도록 교육받고 있는 거다. 대기에는 눈에 보이지 않는 화살이 가득 차 있다. 네 자신의 길 외에는 모두 운명의 길이다. 그러니 네 자신의 길을 고수하라.

상업에서 내 마음에 드는 점은 그 모험심과 용맹심이다. 상업은 두 손을 모아 주피터[19]에게 빌지 않는다. 나는 상인들이 많든 적든 용기를 지닌 채 만족스럽게 자기 일을 하고, 때로는 자기가 생각한 것 이상으로 많은 일을 해내기도 하고, 어쩌면 자기가 의식적으로 계획한 것 이상으로 일에 몰두하고 있는 것을 본다. 사실 그 엄동설한에 제설 기관차를 자기 집으로 삼고 겨울 내내 일하는 사람들을 보면 그 꾸준하고 활기찬 용맹성에 탄복하지 않을 수 없다. 나는 그들에게서 그 치열했던 부에나비스타[20]의 격렬한 격투에서 반시간이나 버티고 있었던 용사들의 영웅적인 용맹성에서 받는 감동보다 오히려 더 큰 감동을 받는다. 나폴레옹은 '새벽 세 시의 용기'를 가장 귀한 용기로 생각했다고 하지만 그들은 '새벽 세 시의 용기'만을 지닌 것이 아니다.

---

16) The Riot Act:1715년 영국의 법이 되었다. 열두 사람 이상이 모이면 해산하거나 아니면 법조문이 낭독된 다음 중죄로 처벌되었다.

17) Atropos:그리스 신화. 운명의 세 여신 페이츠(Fates) 중 하나. 생명의 실을 끊는 역할을 맡음. '아트로포스'는 '결코 비켜가지 않는다'라는 뜻이다.

18) William Tell:전설의 인물. 아들의 머리 위에 놓인 사과를 활로 쏘아 맞혔다고 전해짐.

19) Jupiter:로마신화. 하늘을 지배하는 최고의 신. 그리스의 제우스 신에 해당.

20) Buena Vista:멕시코 동북부의 한 마을. 1847년 멕시코 전쟁에서 멕시코 군을 격파한 가장 치열했던 전쟁터. 소로는 이 전쟁을 반대하여 인두세 납부를 거부했다.

그들의 용기는 그렇게 일찍 잠들지도 않고 다만 폭설이 잠들거나 철마의 힘줄이 얼어붙은 때나 겨우 눈을 붙인다.

그 '대설'[21]과 같은 오늘 아침, 어쩌면 계속 폭설을 퍼붓고 있고 사람의 피를 얼어붙게 하는데 그 기관차의 목쉰 기적소리가 들린다. 뉴잉글랜드 동북쪽의 폭설이 가로막고 있었는데도 시간에 크게 늦지 않고 지금 열차가 '오고 있다'고 알리는 소리다. 그 소리가 기관사들의 차가운 숨결이 응결된 안개 둑을 뚫고 들려오는 것을 나는 지금 듣고 있다. 그리고 그 하얀 눈과 서리를 뒤집어쓰고 기관차의 제설판 위로 머리를 내밀고 있는 제설인부들, 아니 쟁기꾼들을 나는 지금 바라보고 있다. 그들은 들판의 들국화나 들쥐의 집[22]을 뒤엎고 있는 것이 아니라 세계의 외곽에 있는 시에라네바다[23]의 바윗덩이 같은 것을 뒤엎고 있다.

상업은 의외로 자신만만하고, 침착하고, 민첩하고, 대담하고 끈기가 있다. 더욱이 상업은 방법상에서도 지극히 자연스럽다. 그 외의 많은 환상적인 사업이나 감상적인 실험에 비하면 훨씬 더 자연스럽다. 그렇기에 이에서 그 나름의 성공이 있다고 할 수 있다. 화물 열차가 덜컹덜컹 지나가는 소리를 들으면 나는 기분이 새로워지고 마음이 커지는 것 같다. 실린 화물들이 보스턴의 롱 부두[24]에서 챔플린 호수[25]의 주변으로 줄곧 흘리고 가는 냄새를 맡으면 외국의 여러 지방들, 산호초, 인도양, 열대의 풍토, 지구의 넓이 등이 차례로 머리에 떠오른다.

---

21) The Great Snow:1717년에 있었다는 가공스러운 대 폭설을 뜻함. 그해 2월 17일부터 시작한 것으로 뉴잉글랜드 사람들에게 당시의 상황이 계속 전해지고 있다함. 코튼 마더의 《Magnalia Christi Americana》에 기록되어 있다.

22) 로버트 번스의 두 시, 〈To a Mouse〉와 〈To a Mountain Daisy〉의 인유.

23) Sierra Nevada:캘리포니아 주 동부에 있는 산맥. 광산의 돌덩이를 은유한 것으로 보임.

24) Long Wharf:보스턴의 주요 부두. 수입 화물은 여기서 하역되어 월든 호수 옆을 지나 뉴잉글랜드 서쪽 지역과 북쪽 지역으로 수송되고 지방에서는 이곳으로 운송되었다.

25) Lake Champlain:뉴욕 주와 버몬트 주 사이의 길고 큰 호수로 북쪽으로 캐나다의 퀘벡 주까지 이어져있다.

내년 여름에 뉴잉글랜드 사람들의 그 많은 황갈색 머리들을 덮어줄 종려나무 잎사귀, 마닐라 삼베와 코코야자껍질,[26] 낡은 밧줄, 낡은 마대麻袋, 고철과 녹슨 못들을 보고 있노라면 내가 일개 지방민이 아니라 세계시민이 된 기분이다. 차에 가득 실린 찢어진 돛을 보고 있으면 이것들이 종이로 재생되어 책으로 인쇄되는 것보다 오히려 지금처럼 그대로 차에 실려 있는 편이 더 잘 읽을 수 있고 더 흥미롭겠다는 생각이 들기도 한다. 그 돛이 지금까지 겪은 폭풍의 역사를 사실 누가 그 찢어진 자국들만큼 여실히 기록할 수 있겠는가? 그들은 더 이상 고칠 필요가 없는 교정쇄校正刷[27]인 것이다.

여기 메인 주의 숲에서 베어낸 목재가 실려 간다. 지난번 홍수 때 바다로 떠내려가지 않고 남은 것들이다. 그때 나무들이 떠내려가기도 하고 또 절단 난 것들도 있었기 때문에 값이 1,000달러당 4달러나 올랐다.[28] ― 소나무, 전나무, 향나무들이 글쎄 1등, 2등, 3등, 4등으로 품질의 등급이 매겨져 있는데, 얼마 전까지만 해도 모두 하나의 같은 품질로 곰이나 노루와 사슴의 머리 위에서 바람에 흔들리고 있던 것들이다. 그 다음으로 쏘마스턴[29] 산 석회가 지나간다. 일급 원료인데 소석회消石灰가 되려면 꽤 멀리 있는 산중으로 들어가야 하는 거다.

이제 가지가지 색깔과 가지가지 품질의 넝마 꾸러미들이 지나간다. 무명과 아마천이 낡고 낡아 최악의 상태가 된 것들이다. 모든 의상의 마지막 모습이다. 그 넝마의 무늬들은 화려했겠지만 밀워키[30]

26) 종려나무 잎으로 된 모자와 신발을 만드는 일은 뉴잉글랜드 지방의 겨울철 가내공업이었고, 야자껍질은 멍석이나 돗자리의 재료였다.

27) 원문 proof sheet:'인쇄의 교정쇄'의 의미와 '풍랑을 입증하는 돛'이란 이중의미의 언어유희.

28) 소로는 메인 숲에 자주 갔었다. 그때 봄철 홍수에 목재가 떠내려가는 것을 보았다.

29) Thomaston:메인 주 남부의 한 도시. 석회의 원산지.

30) Milwaukie:위스콘신 주 남동부 미시간 호반의 당시 신흥 공업도시. 마가렛 풀러의

에서라면 몰라도 이젠 더 칭찬 받을 수 없는 것들이다. 거기에는 영국, 프랑스, 미국에서 날염한 문양들도 있다. 바둑판 줄무늬의 깅엄, 격자무늬 모슬린 등등 사교계 사람들, 가난한 사람들 가릴 것 없이 세계 도처에서 수집되어 온 것들이다. 그것들이 지금 지나가고 있다. 이 가지가지 색깔과 무늬의 넝마꾸러미들이 이제 한 가지 색 아니면 다만 두세 가지 옅은 색조의 종이가 될 참이다. 그리고 그 위에 정말 실제의 인생 이야기가 즉 상류 인사의 인생도 그리고 밑바닥 사람의 인생도, 그것도 사실에 근거하여 기록될 것이 아닌가![31]

이 밀폐된 화물칸에서는 생선을 소금에 절인 자반 냄새가 난다. 뱅크스 어장[32]과 어업에 관한 생각이 떠오른다. 생선 자반을 한 번도 보지 않은 사람이 있겠는가? 어찌나 철저히 절였던지 무슨 짓을 해도 썩지 않을 것 같다. 그 지구성은 성자들의 인내도 무색하게(?) 할 것이니 그것으로 도로를 쓸거나 포장으로 깔기도 하고, 불쏘시개로 쪼개 쓸 수도 있고, 마부라면 그것으로 뜨거운 햇볕과 비바람을 막아 자신과 하물을 보호할 수도 있을 것만 같다. 상인이라면 — 전에 어느 콩코드 상인[33]이 그랬듯이 — 개업할 때 간판 대신 생선 자반을 문설주에 매달아도 좋을 것이다. 그러면 세월이 지나 결국 오랜 단골손님조차도 그것이 도대체 동물성인지 식물성인지 광물성인지 확실히 분간을 못할 것이다. 그래도 그것은 눈송이처럼 여전히 깨끗할 것이니 냄비에 넣어 끓이면 다시금 훌륭한 생선자반[34]으로 토요일 저녁

《Summer on the Lakes, in 1843》에 "밀워키에는 …… 매일 매일 가난한 난민들이 몰려온다. 그들은 그들 나라의 갖가지 의상을 입었는데 그 옷들은 여행으로 때묻고 낡아 있었다"라고 적혀있다. 소로는 이 책을 생각한 것 같다.

31) 19세기 후반에 값싼 목재섬유의 종이가 나오기 전 당시에는 넝마가 종이의 원료였다.

32) the Grand Banks: 캐나다 뉴펀들랜드 남동의 세계적인 대 어장.

33) 잡화상을 한 윌리엄 파크만(1741~1832)을 말함. 에머슨의 1838년 9월 8일 일지(*Journal* V, 36~7)에 이 가게에 간판으로 걸린 생선자반에 대한 소로의 이야기가 있다.

34) 원문 dun fish: '암갈색 생선'이란 뜻과 '소금에 절인 생선(Webster)'이란 2중 의미의 언어유희.

밥상에 나올 것이다.

다음은 스페인산 소가죽이다. 가죽에 달린 꼬리는 이 소들이 스패니쉬 메인[35]의 대초원을 질주할 때와 똑같은 각도로 쳐들려 있고 그때와 똑같은 모양으로 끝이 꼬여 있으니 이 꼬리야 말로 모든 옹고집의 한 표본으로서, 타고난 악덕은 거의 어찌할 수 없고 또한 얼마나 고치기 어려운가를 증명하고 있다. 솔직히 고백하는데 나는 어떤 사람의 본래 성품을 일단 알고 나면 이 세상에 사는 동안에는 그 성품을 더 좋게든 더 나쁘게든 바꾼다는 것 자체를 실상 기대하지 않는다. 동양 사람들의 말대로 "개꼬리를 따뜻하게 한 다음 꼭 눌러서 끈으로 꼭꼭 묶어 12년의 정성을 바치더라도 그 뒤에는 여전히 본래의 모습으로 되돌아 갈 것이다."[36] 이 꼬리들이 보여주는 것과 같이 뿌리 깊은 완고함을 효과적으로 고치는 유일한 방법은 그것으로 아교풀을 만들어 굳혀버리는 것이다. 흔히들 그렇게 다룬다고 믿는데, 그렇게 해서 아교가 되면 붙여놓은 대로 움직이지 않고 그대로 있을 것이다.

이번에는 당밀이나 브랜디가 들어있는 커다란 통이다. 버몬트 주 커팅스빌의 존 스미스 씨 앞으로 가는 것이다. 그는 그린 산맥의 산중에서 사는 상인으로 자기 개간지 부근의 농민들을 상대로 이 물건들을 수입해 판다. 아마도 지금쯤 자기 가게 입구에 서서 최근에 입항한 상품이 자기 물건 값에 어떤 영향을 미칠까 생각하며 고객들에게 다음 기차로 최상품이 온다고 전에 이미 스무 번이나 되풀이해 온 말을 오늘 아침에도 되풀이하고 있을 것이다. 그것도 《커팅스빌 타임스》 신문에 이미 광고되어 있는 말이다.

이런 화물들이 실려 가는가 하면 다른 화물들이 실려 온다. 휭휭

---

35) the Spanish Main:남미 북쪽 해안. 특히 파나마 지협에서 베네수엘라의 오리노코 강에 이르는 지역.

36) 찰스 윌킨스(1749~1836)의 번역서 《Fables and Proverbs from the Sanskrit》에서 (Cramer).

지나가는 소리에 놀라 책에서 눈을 들어보니 어느 큰 소나무가 먼 북쪽의 산에서 베어져 그린 산맥과 코네티컷 주를 넘어 날아오더니, 10분도 못 되는 사이에 마을 중심부를 쏜살같이 지나 다시 한 번 눈을 들어보니 보이지 않는다. 그것은 실려 가서,

어느 장수가 탄 큰 군함의
돛대가 되려는 것이려니.[37)]

자, 귀를 기울여 들어 보라! 여기 가축을 실은 열차가 온다. 수천의 산과 언덕에서 자란 가축들을 실었다. 공중에 떠가는 양의 우리, 마구간, 외양간들이다. 막대를 든 소몰이꾼들이 있다. 양치기들도 양떼 한가운데 끼여 있다. 산의 목초지만 없고, 모든 것이 다 있는 셈이다. 이 모든 것이 9월의 강풍으로 산에서 휘날리는 낙엽처럼 날아오고 있다. 마치 목장의 계곡이 송두리째 지나가고 있는 것 같다. 사방은 온통 송아지와 양떼의 울음소리, 그리고 황소들이 법석대는 소리로 가득하다. 맨 앞의 양이 방울을 울리면[38)] 산들도 숫양처럼 껑충 뛰고 작은 산들 또한 어린 양들처럼 깡충 뛴다.[39)] 소몰이꾼을 실은 열차 한 칸이 중간에 끼여 있다. 이들은 직업이 사라지고 소와 같은 신세가 되었는데 쓸모없게 된 막대를 직무의 표식인 양 여전히 쳐들고 있다. 한데 몰이꾼들의 개들, 그 개들은 어디에 있는가? 개들은 이 가축의 대 탈주에 어쩔 줄 모른다. 그들은 완전히 버려졌고 이젠 말을 냄새도 사라졌다. 그들이 피터보로 산[40)] 너머에서 가축을 찾으려

37) 존 밀턴(1608~74)의 〈실락원〉 I, 293-94. 원문 'great ammiral'은 프랑스어 'le vaisseau amiral'로 해군 제독이 탄 배를 말함.

38) 여기서는 기관차를 말함.

39) 《구약성서》 〈시편〉 114-4. 참조. "The mountains skipped like rams, the little hills like lambs."

40) Peterboro' Hills:뉴햄프셔 남서부에 있는 산들.

고 짖어대는 소리, 그린 산맥 서쪽 비탈을 헐떡거리며 올라가는 소리가 들리는 것만 같다. 개들은 아마 가축들이 도살되는 현장에 있지는 않을 것이다. 그들의 천직도 사라졌다. 그들의 충직함과 총명함도 이제 수준 이하가 되었다. 그들은 불명예스럽게도 제 집으로 슬금슬금 들어가거나 아니면 아마 황야로 도망쳐 늑대나 여우와 한패가 될지도 모른다. 이렇게 그대의 목가적인 생활은 순식간에 회오리처럼 멀리 사라진다. 그러나 열차의 종은 울리고 나는 철로에서 나와 열차가 지나가도록 내버려 둘 수밖에 없으니, ……

> 철도는 내게 무엇인가?
> 어디서 끝나는지
> 보러가지는 않으리.
> 그것은 웅덩이 몇 개 메우고,
> 제비 위해 둑을 쌓고,
> 모래 바람 일으키고,
> 먹딸기 자라게 하는 것.[41)]

그러나 나는 숲속의 마찻길을 건너듯 철길을 건너간다. 그 연기와 증기와 소음 때문에 내 눈이 멀고 귀가 먹게 하고 싶지는 않기 때문이다.

이제 기차는 가고 그와 함께 들뜬 세상도 갔다. 호수의 물고기도 땅의 진동을 더는 느끼지 않을 만큼 조용하다. 나는 그 어느 때보다 더욱 나 홀로가 되었다. 남아 있는 긴 오후 시간 동안 나의 명상에 방해되는 것이 있다면 아마 멀리 길을 지나가는 마차나 짐수레의 바퀴가 덜거덕거리는 희미한 소리가 있을 뿐이다.

---

41) 소로의 자작 시. 1850년 8월의 일지에도 나와 있다(Cramer).

일요일에는 가끔 종소리가 들렸다. 바람이 알맞게 불 때는 링컨이나 액턴, 베드포드[42]나 콩코드 읍에서 아주 은은하고 감미롭게 들려온다. 이를테면 황야에 들어올 자격을 얻은 자연의 멜로디였다. 그 종소리는 멀리서 넓은 숲을 건너오면서 약간 떨리는 소리가 가미된 것이었다. 마치 지평선의 가는 솔잎들을 하프의 현을 켜듯 쓸고 오는 것만 같았다. 사실 모든 소리들은 들을 수 있는 한 아주 먼 거리에서 들으면 하나로 합쳐져서 '우주의 칠현금七絃琴'이 떨리는 소리와 동일한 음향효과를 낸다. 마치 멀리 보이는 산들이 중간에 끼어있는 대기로 인해 맑은 하늘색이 되어 우리의 눈을 즐겁게 하는 것과 같다.

이 종소리의 경우 나에게 들려오는 선율은 공기로 팽팽해진 선율인 동시에 숲속의 가늘고 넓은 가지가지 나뭇잎 하나하나와 속삭이고 오는 선율이다. 이를테면 원래의 소리에서 자연의 요소들에 붙들려 조율된 부분이 골짜기에서 골짜기로 메아리쳐 나온 선율이다. 메아리는 어느 정도는 그 자체의 독창적인 소리이기도 하다. 바로 이 점에 메아리의 마력과 매력이 있다. 그 메아리는 종소리 중에서 되울릴 가치가 있는 소리만을 되울릴 뿐만 아니라, 그 소리의 일부는 숲 자체가 내는 소리이고 숲의 요정들의 속삭임과 노래이기도 하다.

석양에 숲 너머 지평선 멀리서 들려오는 송아지의 울음소리는 감미로운 멜로디였다. 그 소리를 듣고 처음에는 나에게 이따금 세레나데를 들려주던 어느 거리의 악사들이 산과 들을 헤매면서 부르는 노래 소리로 착각했다. 그러나 그 소리가 계속 이어지면서 송아지들이 우는 평범한 자연의 음악이라는 것을 알고서 다소 실망했지만 조금도 싫지는 않았다. 일종의 즐거운 실망이었다. 내가 지금 그 젊은이들의 노래 소리가 송아지 울음소리에 아주 가깝고 또한 그 어느 쪽이

42) Lincoln, Acton, Bedford:콩코드 주변의 작은 읍들.

나 결국 자연의 한 목소리라는 사실을 분명히 파악했다고 말하고 있지만, 결코 그 젊은이들의 노래를 빈정대려는 것이 아니라 오히려 그들의 진가를 인정하고 싶어서 하는 말이다.

여름 한동안에는 저녁 열차가 지나간 뒤인 일곱 시 반이 되면 어김없이 쏙독새들이 집 앞의 나무 그루터기 아니면 지붕 용마루에 나타나 반시간 동안 운다. 마치 저녁 기도의 성가를 부르는 것 같다. 저녁마다 그들은 해가 지는 특정한 시각에서 5분 이내로 거의 시계만큼 정확하게 노래를 부르기 시작한다. 나는 그들의 습관을 알 수 있는 귀중한 기회를 얻었다. 그들은 이따금 네댓 마리가 숲속 여기저기에서 동시에 울었다. 우연히도 한 소절이 끝나면 다음 소절이 이어졌고 또한 내가 아주 가까이 있었기 때문에 각 소절 다음에 내는 인후음뿐만 아니라 거미줄에 걸린 파리의 날갯소리 같은 — 물론 몸집이 크니까 소리도 더 컸지만 — 그 독특한 떨림소리까지도 들을 수 있었다. 또 내가 숲속에 들어가면 쏙독새 한 마리가 마치 끈에 묶여 있는 것처럼 불과 몇 피트의 거리를 두고 내 둘레를 빙빙 돌 때도 있었다. 아마 알을 낳아놓은 둥지가 바로 근처에 있었기 때문일 것이다. 그들은 간격을 두고 밤새껏 이따금 울다가 바로 여명을 전후하여 그 어느 때보다 음악적으로 다시금 소리높이 울어댄다.

다른 새들이 조용해지면 부엉이들이 그 뒤를 이어 비탄에 잠긴 여인들이 통곡하듯이 우-루-루 하고 태고太古의 울음소리를 내기 시작한다. 그들의 음산한 절규는 그야말로 진정으로 벤 존슨[43]적이다. 교활한 한밤중의 마녀들! 그것은 시인들의 정직하고 투박한 노래가 아

43) Ben Jonson(1572~1637): 영국의 극작가, 최초의 계관 시인, 비평가, 비극 배우. 벽돌공장의 노동자였던 의붓 아버지 밑에서 성장, 집을 나와 전전하다 후에 배우가 되었다. 그러나 동료 배우 스펜서와 결투하여 그를 살해한 죄로 오래 투옥되었다. 주로 비극을 맡은 배우였고, 셰익스피어에 버금가는 극작가였지만 고독한 불운의 작가였다. 여기서는 그의 〈Masque of Queens〉(1609) 2.317~18에 나온 〈마녀들의 노래(Witches' Song)〉의 시행 'Wee give thee a shout: Hoo!'의 암시.

니라 실로 진지하고 엄숙하기 짝이 없는 '무덤의 노래'다. 아니 동반 자살한 연인들이 지난날 하늘에서 나눈 사랑에 대한 쓰라린 통한과 희열을 회상하며 지옥의 숲에서 서로를 위로하는 울음소리다. 한데도 나는 이 숲 언저리를 타고 짜릿짜릿 울려오는 그들의 통곡과 구슬픈 응답의 울음소리를 좋아한다. 그 소리는 때로는 음악과 노래하는 새들을 생각나게 하는데, 마치 노래로 표현되기를 갈망하는 부분은 음악 중에서도 눈물겨운 측면인 회한과 탄식인 것만 같다.

그들은 사람의 망령亡靈들이다. 그것도 지옥에 떨어진 영혼의 저급한 망령들이다. 아니 우울한 전조다. 그들은 한때 사람의 모습으로 한밤중에 지상을 돌아다니면서 음흉한 죄를 저질렀는데 이제 그 현장에 와서 통곡하며 찬송가를 부르고 서글픈 만가로 자신들의 죄를 속죄하고 있다. 그들은 나에게 우리의 공동의 집인 이 자연의 다양성과 가능성에 대한 새로운 의미를 주고 있다. "홍-오-오-오-오 그-래 나는 태어나지 않았어야 했는데-에!" 하고 호수 이쪽에서 부엉이 한 마리가 탄식을 하며 절망의 불안 때문인지 빙글빙글 돌다가 잿빛 참나무 가지 위에 새로 자리를 잡고 앉는다. 그러면 호수 저쪽에서 다른 한 마리가 "아, 그래 나도 태어나지 않았어야 했는데!" 하고 떨리는 목소리로 진지하게 응답한다. 그러자 멀리 링컨 숲에서도 "태어나지 말 것을" 하고 응답하는 소리가 희미하게 들려온다.

올빼미는 나에게 세레나데를 불러주기도 했다. 물론 아주 가까이서 들으면 대자연에서 가장 우울한 소리로 생각할 수도 있으리라. 마치 자연은 죽어가는 사람의 신음소리를 올빼미 소리로 형식화해서 자기의 합창단에 영구적으로 넣으려는 뜻인 것만 같다. 그것은 어느 가련하고 연약한 인간의 영혼이 지옥의 어두운 골짜기에 들어서자 희망을 버리고 짐승같이 울부짖는 소리인데 거기에 인간의 흐느낌이 더해진 소리다. 그런데 이 소리가 더 을씨년스럽게 들리는 것은 그것이 목구멍에서 나오는 끄르륵끄르륵 넘어가는 멜로디 때문이다. — 나도 그 소리를 옮기려니 글자 '글(gl)'이 먼저 나온다. — 이 소리야 말로 모든 건전하고 담대한 사상이 억눌려 끈적끈적한 아교질의 곰팡이가 된 상태의 사람의 마음을 표현하고 있다. 그 울음소리는 나로 하여금 시체를 뜯어먹는 귀신과 백치와 광인의 울부짖음을 연상하게 한다. 그러나 지금 먼 숲에서 들려오는 올빼미 한 마리가 응답하는 소리는 거리가 멀어서인지 진정으로 아름다운 선율이 되어 들려온다. — "후우우 후우우 후우러 후" 그리고 그 소리는 낮이건 밤이건, 여름이건 겨울이건 나에게는 대부분 즐거운 연상만을 불러오게 한다.

나는 이 세상에 올빼미가 있다는 것이 즐겁다. 올빼미들이 사람들을 위해서 그 백치 같고 광적인 울음소리를 계속해 주었으면 한다. 그 소리는 낮에도 햇빛이 들지 못하는 늪지와 침침한 숲에 너무나도 잘 어울리는 소리다. 그것은 사람들이 아직 알지 못하는 미개척의 광활한 자연을 암시해 준다. 이 새들은 모든 사람들이 가슴에 품고 있는 을씨년스럽고 어떤 황혼 같은 것을 그리고 해답을 구하지 못하고 있는 어떤 상념 같은 것을 나타낸다.

어느 황량한 늪지 위에 하루 종일 태양이 비치고 잔뜩 이끼가 낀 한 그루의 가문비나무가 우뚝 서 있고 그 위를 작은 매들이 빙빙 맴돌고 있다. 상록수 푸른 잎 사이에서 박새가 지저귀고 그 밑에서는 들꿩과 토끼가 살금살금 숨어 다닌다. 그러나 이제 더욱 음산하고 이 장소에 더 잘 어울리는 일몰이 찾아오고 있다. 그리고 또 다른 종류의 생물들이 잠에서 깨어나 주위의 대자연의 의미를 표현하려 하고 있다.

저녁 느지막이 마차가 다리를 지나며 덜걱대는 소리가 멀리서 들려왔다. 밤에는 이 소리가 다른 어떤 소리보다 멀리 들린다. 개가 짖는 소리, 때로는 멀리 어느 외양간 앞마당에서 구슬피 우는 암소의 울음소리도 들려오곤 했다. 그런가 하면 호숫가에는 온통 황소개구리들의 합창소리가 울려 퍼진다. 그들이야말로 그 옛날 술깨나 마셔 대던 주정꾼들이나 흥청망청했던 탕아들의 억센 망령들이다. 그들은 아직도 뉘우치는 기색은 전혀 없이 이 '저승의 호수'[44]에서 한바탕 돌림노래 가락을 멋들어지게 불러댈 모양이다. 이 '저승의 호수'라는 말을 월든 호수의 요정들이 용서해 줄지 모르지만, 호수에 수초는 거의 없는데 개구리들은 있어서 그런 비유를 한 것이니 용서를 바랄 따름이다.

이 개구리들은 그 옛날 잔칫상에서의 유쾌한 격식을 차리려고 해보지만, 이미 목이 쉬어 엄숙하고 근엄한 소리밖에 나오지 않으니 오히려 환희를 조롱하는 꼴이다. 술도 향기를 잃고 맹물이 되어 배만 불려주는 액체가 되어버렸다. 달콤한 술에 흠뻑 취하여 과거의 기억을 없애고 싶지만 그런 취기는 이젠 다시 오지 않고, 오직 물로 배만 잔뜩 불러 이젠 터질 것만 같은 포만감과 팽만감이 있을 뿐이다.

호수의 북쪽 기슭에서 장로격인 한 개구리가 축 늘어진 턱을 턱받이 대신에 부초浮草로 떠받치고, 한때는 경멸했던 물을 한 모금 크게 들이키고 나서 잔을 돌린다. "개굴, 개굴, 개굴. 아, 취한다, 취해!" 그러고 나면 물 건너 멀고 후미진 어느 곳에서 곧바로 똑같은 소리가 반복된다. 이것은 나이에서나 허리 굵기에서나 두 번째 자리에 해당하는 개구리가 자기 몫을 다 마셨다는 신호다. 이와 같은 의식이 호숫가를 한 바퀴 돌고 나면 이 잔치의 주최자는 만족해서 "개굴" 하고 환호의 일성을 올린다. 그러면 제각기 차례로 개굴 소리를 반복하는데 여기엔 어김이 없다. 마지막으로 가장 배가 홀쭉하고 물이라도 금방 새어나올 것 같은 어린 개구리에 이르러서야 끝이 난다. 이렇게 술잔은 계속해서 몇 순배 돌아간다. 그러다 이윽고 아침 햇살이 이슬

44) 원문 Stygian Lake:그리스 신화의 스틱스 강을 뜻함. 저승으로 가는 도중의 강.

을 거두어갈 때가 되면 가장 나이 많은 개구리만 빼고 모두 취해서 쓰러져 버리고 그 혼자만 남아 이따금씩 "개굴" 하고 울어보지만 이젠 아무런 응답이 없다.

나는 나의 이 개간지에서 수탉이 '꼬끼오' 하고 우는 소리를 들은 적이 있는지 확실하지 않다. 하지만 그저 노래하는 새로서 그 울음소리만이라도 듣기 위해서 수평아리를 기를 가치는 있겠다는 생각을 했다. 전에 야생 꿩이었던 수탉의 음악이야말로 분명 어느 새의 음악보다 두드러진다. 만약 집에서 사육하지 않고 자연에서 야생하도록 할 수 있다면 아마도 그 울음소리는 머지않아 이 근처 숲에서 가장 높은 명성을 얻을 것이다. 아마 기러기의 끼룩끼룩 하는 울음소리나 부엉이의 부엉부엉 하는 소리는 이에 비교도 되지 않을 것이다. 그리고 자기 낭군인 수탉이 나팔 부는 소리를 멈추고 쉬는 동안에 암탉이 꼭꼭거리는 소리로 그 막간을 채우는 것을 한 번 상상해보라!

이 닭을 사람이 가축으로 삼은 것은 — 달걀과 닭다리 요리를 생각하지 않더라도 — 당연한 것이었다. 이 닭들이 떼를 지어 사는 숲에서 즉 그들의 고향인 숲속에서 우리가 어느 겨울날 아침에 산책을 하면서 이 야생의 수탉이 나뭇가지 위에 앉아 우는 그 맑고 날카로운 소리를 듣는다고 상상해보라! 다른 새들의 가냘픈 울음소리를 삼키고 대지를 울리며 수 마일에 걸쳐 멀리 퍼져 나가는 그 소리를 듣는다고 한번 상상해 보라! 아마도 그 소리는 여러 민족을 긴장시킬 것이다. 그 소리를 들으면 아침 일찍이 일어나게 된다. 또한 평생 동안 아침마다 보다 더 일찍이, 보다 더 일찍이 일어날 것이다. 그리하여 이윽고 형언할 수 없이 더욱 건강하고, 더욱 풍요롭고, 더욱 현명하게 되지 않을 사람이 어디에 있겠는가? 이 낯선 외래의 새소리에 모든 나라의 시인들은 자기 고장의 명금鳴禽의 노래와 함께 찬양을 아끼지 않을 것이다. 이 용감한 수탉은 어떤 풍토와 기후에도 잘 적응한다. 그는 그 고장의 토박이 새들보다 더 토착적이다. 그의 건강은 언제 보아도 좋고, 그의 허파는 언제나 튼튼하다. 그리고 그는 결코 의기소침해지는 법이 없다. 대서양과 태평양을 항해하는 선원들까지도 그의 울음소리에 잠을 깬다.

그러나 이곳에서는 그 수탉의 날카로운 소리도 나를 깊은 잠에서 깨울 만큼 크게 들려온 적은 없다. 나는 개나 고양이, 소나 돼지나 닭을 키우지 않았으니 내가 사는 곳에는 사람이 사는 가정에서 나오는 소리가 없다고 말할 수도 있을 것이다. 이곳에서는 우유를 휘젓는 소리도, 물레 돌리는 소리도, 주전자에서 물이 끓는 소리도 없고, 단지에서 김이 새는 소리도 없고, 아기 울음소리도 들리지 않는다. 사람을 위로한다는 이런 소리들이 전혀 없다. 그러니 낡은 습관에 젖은 사람이 이런 상황에 처하면 아마 미쳐버릴지도 모르고 또한 권태를 이기지 못해 죽어버릴지도 모른다.

내 집 벽장에는 쥐도 살지 않았다. 먹을 것이 없어서 굶어 죽었거나 아니면 처음부터 들어오지 않았을 것이다. 다만 지붕 위나 마루 밑에는 다람쥐가 있었고, 지붕 위에 쏙독새 한 마리, 창 밖에서 짹짹거리는 푸른 어치, 집 앞에는 산토끼나 우드척, 집 뒤에는 부엉이나 올빼미, 호수에는 한 떼의 기러기와 자비, 밤에만 우는 여우가 있었다. 그러나 농장 주변에 사는 온순한 새인 종달새나 꾀꼬리는 나의 경작지에는 찾아오는 일이 한 번도 없었다. 마당에는 목청을 뽑아대는 수탉이나 꼬꼬댁거리는 암탉도 없었다. 아니, 마당 자체가 아예 없었다. 바로 문지방에 아무것에도 막히지 않은 자연이 닿아 있을 뿐이었다.

창 바로 밖에서 새 숲이 활기차게 자라고 있고, 야생 옻나무와 먹딸기가 지하 저장실로 뚫고 들어오고 있었다. 단단하게 생긴 리기다 소나무들이 공간이 좁다는 듯 지붕 판자에 맞닿아 문질러대거나 딱

딱거리는 소리를 냈고, 그 뿌리는 아주 집 밑까지 뻗고 있었다. 강풍이 분다 해도 날려 보낼 덧문이나 차양이 없다. 그 대신 집 뒤의 소나무 가지가 꺾이거나 뿌리째 뽑혀서 오히려 나의 땔감이 되어주었다. 큰 폭설이 내리면 앞마당의 대문에 이르는 길이 막히기도 하지만 어차피 대문도 없고, 마당도 없고, 문명 세계로 가는 길 자체가 없다!

제5장 고 독

참으로 감미로운 저녁이다. 이런 때는 온몸이 하나의 감각기관이 되어 신체의 모든 땀구멍으로 기쁨을 빨아들인다. 나는 '자연'의 일부가 되어 그 속에서 전에 없는 미묘한 해방감에 젖어 한가로이 이리저리 배회한다. 날씨가 흐리고 바람이 불어 좀 쌀쌀하기는 하지만 셔츠만 걸치고 돌로 된 호숫가를 거닐어 본다. 특별히 눈길을 끄는 것은 없지만 자연의 모든 요소들이 평소와 달리 흔쾌하게 나와 하나로 어울리는 기분이었다.

황소개구리들은 밤을 맞아들이려고 요란하게 울어대고, 쏙독새 울음소리가 수면의 잔물결을 타고 호수를 넘어 온다. 바람에 나부끼는 오리나무와 백양나무 잎새들이 살랑대는 소리에 그만 내 호흡이 빨려드는 것만 같다. 그러나 마음은 여전히 고요하고, 잔물결이 일뿐 출렁이지 않는다. 저녁 바람에 이는 호수의 잔물결도 여전히 매끄러운 수면일 뿐 폭풍이 일 때와는 사뭇 다르다.

이제 날은 완전히 어두워졌지만 바람은 여전히 불어 숲에서 으르렁거리고 물결은 계속 철썩인다. 짐승들의 일부는 자장가를 불러 다른 짐승들을 잠재운다. 그러나 모든 것이 잠드는 완전한 휴식은 결코 없다. 야성적인 동물들은 잠을 자지 않고 이제부터 그들의 먹이를 찾는다. 여우와 족제비, 토끼까지도 이제 두려움 없이 들과 숲을 어슬렁거린다. 그들은 밤에 순찰을 하는 자연의 파수꾼들이다. 활기찬 생명의 나날을 이어주는 생명의 연결고리이기도 하다.

밖에 나갔다 집에 돌아오면 나없는 사이에 찾아온 사람들이 놓아둔 명함이 있다. 그 명함이란 한 다발의 꽃일 때도 있고 화환처럼 엮어진 상록수 가지일 때도 있다. 아니면 노랑 호두나무 잎사귀나 나뭇조각에 연필로 이름을 적어놓은 것도 있다. 모처럼 숲에 오는 사람들은 도중에 나뭇가지 같은 것을 꺾어서 만지작거리다가 떨어뜨리거나 일부러 놓고 가기도 한다. 어떤 이는 버드나무 가지를 꺾어 껍질을 벗겨내고 둥근 고리를 만들어 내 탁자 위에 놓아두기도 한다.

나는 휘어진 나뭇가지나 풀잎 혹은 신발 자국으로 내가 집에 없을 때 찾아온 사람이 있었는지 언제나 알 수 있었고, 그들이 남긴 어떤 작은 흔적들, 이를테면 떨어뜨린 꽃 한 송이라든지 혹은 쥐어뜯어 버리고 간 풀 한 줌으로 그들의 성별, 나이 혹은 품성까지도 대체로 헤아릴 수 있었다. 심지어 반마일 떨어진 철로만큼 먼 곳에 있을지라도, 아니면 남아있는 잎담배 냄새나 파이프 담배 냄새로도 거의 알아맞힐 수 있었다. 아니, 나는 파이프 담배냄새로 60로드(약 300미터)나 떨어진 도로에 사람이 지나가는 것을 알게 된 경우도 자주 있었다.

대체로 우리 주위에는 공간이 충분히 있는 셈이다. 우리의 시야가 우리 코앞에서 완전히 막히는 일은 결코 없다. 울창한 숲이나 광활한 호수가 바로 우리 문 앞에 닿아있는 것은 아니지만 어느 정도의 공간은 언제나 있다. 우리에게 친숙하고, 우리의 발길에 닳고, 어떤 식으로든 몫 지어 울타리가 쳐있고, 대자연에서 떼어내어 길들여 놓은 공간이 있다. 그런데 도대체 무슨 이유로 나는 이 방대한 구역을, 이 인적 드문 숲을 수 평방마일이나 내 사생활을 위해서 혼자 차지하고 있고, 사람들은 이를 나에게 그대로 버려두는 것일까?

나의 가장 가까운 이웃이래야 1마일이나 멀리 떨어져 있다. 내가 사는 곳에서 반마일 안에서는 산마루에 올라가지 않는 한 어디서 보아도 집은 전혀 보이지 않는다. 나는 숲으로 둘러싸인 나의 시야를 온통 나 홀로 누리고 있다. 한쪽으로 호수에 접한 철로가 멀리 보이고, 다른 한쪽으로 멀리 길을 따라 둘려있는 울타리가 보일 뿐이다. 내가 살고 있는 곳은 대체로 대초원만큼이나 한적하다. 뉴잉글랜드 안에 있는데 아시아나 아프리카에 와있는 느낌이다. 말하자면 나는 나 혼자만의 해와 달과 별을 지니고 있고[1], 나 혼자만의 작은 세계를 지니고 있다. 더욱이 밤에는 내 집을 지나가는 사람도 없고 문을 두드리는 사람도 없다. 아니, 그 이상으로 내가 이 세상 최초의 인류이거나 최후의 인류가 아닌가 싶었다.

다만 봄에는 어쩌다 마을에서 한두 사람이 메기를 잡으러 오기는 했다. 그러나 그들은 월든 호수에서 메기보다 솔직히 그들 자신의 본성을 더 많이 낚았다. 그들의 낚시 바늘에는 어둠의 미끼만 끼어 있을 뿐이어서 곧 빈 바구니를 들고 '온 누리를 어둠과 내게 맡기고'[2] 서둘러 물러났고, 밤의 검은 정수精髓는 어느 이웃 사람이 찾아와도 결코 때묻는 일이 없었다. 마녀를 모두 교수형에 처하고[3] 기독교와 촛불을 세상에 전했지만 아직도 사람들은 대체로 여전히 어둠을 좀 두려워하는 것 같다.

그러나 나는 그 어떤 것이라도 자연 속의 사물이라면 거기에 가장 감미롭고 다정한 교제가 있고, 가장 순수하고 마음을 북돋아주는 벗을 얻을 수 있다는 사실을 이따금 경험하였다. 그것은 심지어 사람을

---

1) 소로가 번역한 베르길리우스의 〈Aeneid〉 6.641에 "그들은 그들 자신의 해와 그들 자신의 별을 알고 있다"라는 구절이 있다(W 1:406).

2) Thomas Gray(1716~71): 영국의 시인. 그의 〈묘반의 애가(Elegy Written in a Country Churchyard)〉(1751), II. 4 "And leaves the world to darkness and to me"를 인용.

3) '살렘의 마녀 재판(Salem witch trials)'에서 최후로 유죄를 언도받은 사람은 1692년 9월 22일에 교수되었다.

싫어하는 가련한 대인기피증 환자나 극도의 우울증에 빠진 사람이라도 다를 것이 없을 것이다. 자연 가운데서 살고 있고 또 감각기관을 제대로 유지하고 있는 사람에게는 극히 암담한 우울 같은 것은 있을 수 없다. 아무리 심하게 휘몰아치는 폭풍일지라도 건강하고 순수한 사람의 귀에는 아에올로스의 음악[4]으로 들리지 않을 수 없다. 소박하고 담대한 사람을 속된 슬픔에 내몰 수 있는 것은 정말 아무것도 없다. 내가 사계절과 우정을 나누면서 확신하게 된 것은 그 어떤 것도 나의 삶을 내게 짐이 되게 할 수 없다는 사실이었다.

오늘 내 콩밭을 적시는 부슬비는 나를 집 안에 가둬 놓지만 전혀 지루하거나 우울하지 않고 또한 콩에 좋을 뿐만 아니라 내게도 좋다. 비는 콩밭을 매지 못하게 하지만 내게는 밭을 매는 일보다 훨씬 더 값지다. 장마가 설령 계속되어 땅 속에서 씨앗이 썩고 저지대의 감자를 망친다 하더라도 고지대의 초목에는 좋을 것이고 또한 그 초목에 좋으면 내게도 좋은 것이다.

이따금 나는 나 자신을 남들과 비교해 볼 때가 있다. 그럴 때마다 나는 그들보다 신의 은총을 분에 넘치게 많이 받고 있는 것만 같이 느껴진다. 남들이 갖고 있지 않은 신의 어떤 증표와 약속을 나는 갖고 있고 또한 신의 각별한 인도와 가호를 받고 있는 것만 같다. 나는 지금 나 자신을 추어올리는 것이 아니다. 하지만 그런 일이 가능하다면, 내가 아니라 신들이 나를 추어올리는 거다.

나는 외로움을 느낀 적이 전혀 없다. 조금이라도 어떤 고독감에 시달린 적도 없다. 그러나 꼭 한 번, 숲으로 온지 겨우 몇 주 되었을 때였다. 나는 평온하고 건강한 생활에는 사람이라는 가까운 이웃이 꼭

---

4) Aeolian music:그리스 신화의 '바람의 신'인 아에올로스의 음악을 의미하지만, 여기서는 아에올리안 하프(Aeolian Harp)를 의미한다. 이 악기는 울림소리를 내는 상자에 장선을 당겨 맨 것으로 바람이 부는 곳에 놓아두면 아름다운 소리가 나는 악기다. 이 악기는 소로가 가장 좋아했던 악기 중 하나다.

있어야 할 필요가 정말 없는 것일까 하는 생각을 했었다. 한 시간쯤 나는 그런 회의 속에 빠져있었다. 혼자 있는 것이 왠지 유쾌하지 않았던 것이다. 그러나 동시에 나는 내 기분이 뭔가 좀 정상이 아니라는 것을 의식했고 곧 회복되리라는 생각이 드는 듯 했다.

이런 생각에 싸여있는 사이에 부드러운 비가 부슬부슬 내렸고, 그 빗줄기 한 가운데서 나는 홀연히 대자연의 감미롭고 은혜로운 이웃을 깨달았다. 바로 그 후두두 떨어지는 빗방울 소리에서, 내 집 주위의 모든 소리와 모든 광경 속에서 무한하고 형언할 수 없이 다정한 우정이 갑자기 나를 감싸고 있는 대기처럼 느껴졌다. 이런 느낌은 이웃에 사람이 있으면 이롭다는 막연한 생각을 완전히 무의미하게 하기에 충분했다. 그리고 그 뒤로 나는 결코 다시 그런 생각에 빠진 적이 없다.

이제 그 작은 솔잎 하나하나가 나와 교감을 이루고 친화감으로 확대되어 다정한 친구가 되어주었다. 나는 사람들이 흔히 황량하고 쓸쓸하다고 말하는 장소일지라도 거기에는 나와 친근한 그 무엇이 반드시 있고, 내게 혈연적으로 가장 가깝거나 가장 자비로운 것이 반드시 어떤 인간이나 어떤 마을사람이 아니라는 것을 분명히 알게 되었다. 그렇기에 어느 곳에 가더라도 나는 다시는 낯선 느낌은 결코 받지 않으리라는 생각이 들었다.

> 죽은 자에 대한 비탄은 슬퍼하는 산 사람까지
> 쉬 이울게 하느니,
> 사람이 이 세상에서 사는 날은 길지 않단다.
> 내 귀여운 딸, 토스카여![5)]

5) 패트릭 맥그레거가 번역한 《Croma:A Poem' in The Genuine Remains of Ossian,》 (London, 1841) 193에서 인용. 전설적인 3세기의 시인 오시안의 것으로 전사한 아들의 약혼자인 토스카 낭자를 위로한 시로 전해 내려옴.

나에게 무엇보다도 즐거운 시간의 일부는 봄이나 가을에 폭풍우가 오래 계속되는 기간 중에 있었다. 오전은 물론 오후에도 집에 틀어박혀있을 수밖에 없었지만 끊이지 않고 으르렁거리는 바람소리와 철벅철벅 내리는 빗소리가 나를 위로해주었고, 일찍 찾아든 어둠이 긴 밤을 맞아들이면 많은 사념思念들이 뿌리를 내리고 나래를 펼 시간적 여유를 누렸다. 북동쪽에서 휘몰아치는 그 무서운 큰비가 마을의 집들을 엄습할 때는 여인들까지 나서서 집이 물에 잠기는 것을 막으려고 대걸레와 물통을 들고 출입구 앞에 서 있었다. 그런 때도 나는 문이래야 하나가 전부인 그 작은 집의 방문을 닫고 그 안에 앉아 있으면 완전히 보호받을 수 있었다.

한번은 천둥과 비바람이 몰아치던 어느 날, 호수 건너편 기슭의 리기다소나무에 번갯불이 떨어졌다. 그것은 마치 지팡이에 조각을 하듯 꼭지에서 밑동까지 깊이가 1인치가 넘고 폭이 4,5인치나 되는 뚜렷하고 완벽한 나선형의 홈을 파놓았다. 나는 요전 날 그 나무 옆을 지나간 일이 있었다. 8년 전에 그 끔찍하고 불가항력적인 번갯불이 악의 없는 하늘에서 내리쳤던 그 나선형의 흔적이 지금 그 때보다 오히려 더 뚜렷하게 남아있는 것을 보고 나는 그 놀라운 위엄에 압도되지 않을 수 없었다.

사람들은 자주 내게 이런 말을 한다. "그런 곳에 있으면 외로워서 사람들이 그립겠네요. 특히 눈비가 오는 날이나 밤에는 더하시겠지요." 그런 사람들에게 나는 이렇게 대답하고 싶어진다.

"우리가 살고 있는 이 지구 전체가 우주에서는 아주 작은 하나의 점에 불과하오. 저기 있는 저 별의 크기는 우리가 현재 쓰고 있는 잣대로는 잴 수조차 없을 정도로 작지 않소? 그 별에서 가장 멀리 떨어져 사는 두 사람 사이의 거리를 당신이라면 얼마나 멀리 떨어져 있다고 생각하지요? 한데 왜 내가 외로움을 느껴야 하지요? 우리가 살고 있는 지구도 은하계에 있지 않는가요? 당신이 내놓은 질문은 내게는 전혀 문제되는 질문이 아닌 것 같소" 하고 말이다.

사람을 그의 동료에게서 분리시켜 고독하게 만드는 공간은 도대체 어떤 종류의 공간인가? 아무리 부지런히 다리를 놀려 서로 오고간다 할지라도 그 두 사람의 마음이 가까워지는 것은 아니라는 사실을 나는 깨달았다. 사람은 무엇에 가장 가까이 살기를 원하는가? 분명히 많은 사람들의 곁은 아니다. 기차역, 우체국, 술집, 집회소, 학교, 시장, 비콘 힐[6]이나 파이브 포인츠[7] 등 사람들이 가장 많이 몰려드는 곳이 아니라 수양버들이 뿌리를 물기 있는 쪽으로 내뻗듯이 우리의 모든 경험에 비춰 생명이 흘러나오는 곳 즉 영원한 생명의 원천이라고 생각되는 곳에 가까이 살고 싶을 것이다. 이는 사람의 본성에 따라 다를 것이다. 그러나 현명한 사람이라면 반드시 그런 곳에 자기 집을 지으리라. ……

나는 어느 날 저녁 월든 로路에서 앞서 가는 읍내사람 한 분을 앞질러 간 적이 있었다. 그는 이른바 '한밑천'을 — 나야 그 한밑천이란 것을 잘 알지 못하지만 — 톡톡히 장만했다는 사람이었다. 그는 시장으로 소 두 마리를 몰고 가는 중이었다. 나를 만나자 그는 내게 어떻게 그 많은 세상의 편의들을 포기할 수 있었느냐고 물었다. 나는 나도 분명히 그 '생활의 편이'를 꽤 좋아한다고 대답했다. 그건 농담이 아니었다. 거기서 그와 헤어진 뒤 곧바로 나는 집에 와서 잠자리에 드는 '생활의 편이'를 누렸고 그는 오히려 어두운 밤에 진창길을 헤치고 브라이튼[8]인가 브라이트타운[9]으로 간 것인데 아마도 다음날 오전 어

---

6) Beacon Hill:보스턴의 매사추세츠 주 의회 의사당이 있는 번화가로 사교계 인사들이 모이는 곳.

7) Five Points:뉴욕 맨해턴에 있는 빈곤과 범죄가 우글거리는 슬럼 지역.

8) Brighton:보스턴 교외의 지명. 당시 도살장이 많이 있었다함.

9) Bright-town:'밝은 도시'란 뜻이지만 여기서는 도살장이 많은 Brighton을 빈정거리는 언

느 때쯤에야 그곳에 도착했을 것이니 말이다.

죽은 사람이 눈을 뜨고 다시 살아날 가능성이 있다면 그런 일이 발생할 시간과 장소가 따로 있는 것이 아니고 모든 시간 모든 장소에 차이가 있는 것도 아닐 것이다. 그런 기적이 일어날 수 있는 장소는 항상 같은 장소이고 또한 우리의 모든 감각기관에 형용할 수 없는 기쁨을 주는 장소일 것이다. 대부분의 경우에 우리는 피상적이고 일시적인 상황들만이 우리에게 좋은 기회가 될 수 있는 것으로만 생각한다. 바로 그것들이 사실은 우리의 정신을 혼란스럽게 하는 원인이다. 모든 사물을 존재하게 하는 힘은 바로 그 사물의 가장 가까이에 있다. 우리들의 바로 '옆에서' 가장 위대하고 장엄한 법칙이 끊임없이 집행되고 있다. 바로 우리의 '옆에' 일꾼이 있다. 우리가 고용하여 좋은 말상대로 삼는 일꾼이 아니라 우리 자신을 일감으로 삼아 끊임없이 일하는 일꾼이다.

> "천지天地의 오묘한 힘의 영향이 얼마나 방대하고 심오한가!"
>
> "우리는 그 힘을 인식하고자 하지만 그것을 보지 못한다. 우리는 그 힘을 듣고자 하지만 들리지 않는다. 사물의 본질과 일치되어 있어서 사물과 분리할 수 없다."
>
> "그 힘으로 인해 온 천하의 사람들은 마음을 맑고 신성하게 하고, 정갈한 옷으로 복장을 갖춰 조상에게 제물을 바친다. 그것은 오묘한 지혜의 바다다. 그것은 우리의 위와 좌우 어디에나 있어 우리를 사방에서 감싸고 있다."[10)]

어유희.

10) 이 세 구절은 각각 《중용》에서 인용하였다. 《중용》〈장구章句〉 16-1 "子曰 鬼神之爲德 其盛矣乎". 같은 곳 16-2 "視之而弗見 聽之而弗聞 體物而弗可遺". 같은 곳 16-3 "使天下之人 齋明盛服 以承祭祀 洋洋乎 如在其上 如在其左右". 소로는 프랑스어로 된 포티에의 《Confucius et Mencius》 77에서 번역했다.

우리들은 어떤 실험의 대상들이다. 이 실험은 나와 적잖이 관계가 있는 실험이다. 자신이 실험의 대상이 되어있는 이런 상황에서 우리는 다른 사람들과 어울려 잡담하는 사교로부터 잠시라도 벗어날 수는 없을까? 우리 자신의 사색으로 우리 자신을 기쁘게 할 수는 없는 것일까? 공자는 다음과 같은 참된 말을 남겼다.

"덕은 결코 버려진 고아가 아닌지라 반드시 이웃이 있다."[11]

우리는 사색에 잠김으로써 건전한 의미에서 우리 자신에서 벗어날 수 있다. 마음을 훈련하는 의식적인 노력으로써 우리는 현재의 행동과 그 결과에 대해서 초연할 수 있다. 그렇게 되면 세상의 모든 것들은 좋든 궂든 급류처럼 우리를 스쳐 가버린다. 우리는 '자연'의 일부이지만 완전히 꼼짝 못하게 자연에 묶여있는 것은 아니다. 나는 시냇물에 흘러가는 나무토막일 수도 있고 또는 인드라[12]가 되어 하늘에서 그것을 내려다볼 수도 있다. 나는 어떤 연극 공연에서 감동을 '받을 수 있지만' 반대로 내게 관련이 더 많은 실제 사건에서는 감동을 '받지 않을 수도' 있다. 나는 나 자신을 하나의 인간적인 실체로만 알고 있을 따름이다. 이를테면 여러 가지 사상과 감정의 현장일 따름이다. 그리고 나는 타인과는 물론 나 자신으로부터도 멀리 떨어져 있을 수 있는 어떤 이중성을 느낀다. 나의 경험이 아무리 강렬할지라도 나는 나의 일부분이면서 나의 일부분이 아닌 것처럼 내 경험에 참가하지 않고 단지 방관자로서 메모를 하고 있는 나의 다른 한 부분이 존재하는 것을 의식한다. 그 부분은 '나'라기보다는 제삼자라고 할 수 있다.

---

11) 《논어》 〈이인제사편里仁第四篇〉 25節: "子曰 德不孤 必有隣." 포티에의 《Confucius et Mencius》 12에서 옮겼다.

12) Indra: 《베다》 신화의 최고신. 공기, 눈, 비, 바람, 천둥을 다스림.

그 삼자에게는 실제 인생이 하나의 연극이다. 그것이 비극일 수도 있다. 극이 끝나면 관객은 제 갈 길을 간다. 관객으로서 관여하는 한은 그 인생이 일종의 허구에 불과하다. 이와 같은 이중성이 때로는 우리로 하여금 타인에게는 탐탁한 이웃이나 친구가 되지 못하게 하기도 한다.

나는 보다 많은 시간을 홀로 지내는 것이 건전하다는 것을 깨달았다. 사람과 함께 있는 것은 아무리 좋은 사람이라도 얼마 가지 않아 지루하고 주의가 산만해진다. 나는 혼자 있기를 좋아한다. 혼자 있는 것만큼 친해지기 쉬운 벗을 아직 발견하지 못했다. 대부분의 경우 우리는 방 안에 있을 때보다 밖에 나가 사람들 속에 끼어 있을 때 더 외롭다. 사색하거나 일을 하고 있는 사람은 그가 어디에 있게 될지라도 언제나 혼자 있는 것이다. 고독은 어느 한 사람과 그의 동료 사이에 있는 공간의 거리로 측정되는 것은 아니다. 학생들이 우글거리는 벌집 같은 캠브리지 대학[13]의 한 강의실 안에 들어 있을지라도 진정으로 열심히 공부하는 학생은 사막 한가운데 있는 수도승만큼이나 고독하다.

농부는 하루 종일 혼자 밭에서 김을 매거나 숲에서 나무를 베면서 일하지만 외로움을 느끼지 않는다. 그건 그가 일에 몰두해 있기 때문이다. 그러나 밤에 집에 돌아왔을 때는 여러 가지 생각이 떠올라 방 안에 가만히 혼자 앉아 있을 수가 없다. 그래서 하루 종일 혼자 있었던 것에 대해 스스로를 보상해 주어야겠다고 생각하고 '사람들을 만나' 기분전환을 할 수 있는 곳을 찾아 나선다. 그래서 농부는 학생이 밤과 낮으로 대부분을 집에 혼자 있으면서 어떻게 권태와 우울증을 느끼지 않을 수 있나 하고 의아해 한다. 그러면서도 그는 그 학생이

13) 현재의 하버드 대학.

집안에 있지만 들에서 일하는 농부처럼 그 나름대로의 밭을 갈고, 그 나름대로의 나무를 베고 있으며, 그런 다음에는 — 보다 더 집중된 형태이기는 하지만 — 농부와 똑같은 휴식과 교제를 원한다는 건 알지 못하고 있다.

사람들의 교제는 일반적으로 값진 만남이 아니다. 우리는 너무 자주 만나기 때문에 각자 새로운 가치를 조금이라도 얻는 시간을 갖지 못한 채 다시 만난다. 하루 세 끼 밥을 먹을 때마다 서로 만나서 곰팡내 나는 똑같은 치즈를 서로에게 맛보이는 꼴이다. 우리가 예의범절이라는 일련의 규칙에 합의할 수밖에 없었던 것도 사실은 자주 만나는 것을 견뎌낼 수 있게 하기 위함이다. 견디다 못해 서로 터놓고 싸움질은 하지 않도록 하기 위한 것에 불과하다. 우리는 우체국에서 만나고, 친목회에서 만나고 또한 매일 밤 난롯가에서 만난다. 우리는 너무 밀집해서 살고 있기에 서로에게 방해가 되고 또한 서로 걸려 넘어지기도 한다. 그 결과 우리는 서로에 대한 존경심을 잃는다고 나는 생각한다. 그처럼 자주 만나지 않더라도 중요하고 진정한 의사소통에는 전혀 지장이 없을 것이다. 결코 혼자가 아닌, 아니 꿈에서조차도 혼자 있지 않을 공장의 여공들[14]을 한번 생각해 보라. 내가 현재 사는 이곳처럼 1평방마일에 한 사람만 산다면 더 좋을 것이다. 한 인간의 가치는 우리가 만나서 손으로 만질 수 있는 그의 피부에 있는 것이 아니다.

나는 숲에서 길을 잃고 굶은 나머지 탈진하여 나무 밑에 쓰러져 죽을 뻔했다는 사람의 이야기를 들은 적이 있다. 그는 신체가 허약해서 생긴 병적인 상상력으로 인해 자신의 주변에 나타난 기괴한 환영을 환영이 아니라 실제인 것으로 믿었기 때문에 오히려 고독감을 느끼

14) 당시 로웰 시의 방직공장 여공들을 말함. 1846년 11월 14일호의 《The Harbinger》에 그들의 생활상이 실려 있었다.

지 않았다는 것이다. 그렇다면 또한 그와 비슷하기는 하지만 우리들에게는 또한 육체적 정신적 건강과 힘도 있으니 오히려 더 정상적이고 자연스런 교제를 함으로써 끊임없이 위로를 받을 수 있고, 그것으로써 우리들이 결코 혼자가 아니라는 사실을 알 수 있게 될 것이다.

내 집에는 무척 많은 친구들이 있다. 특히 아무도 찾아오지 않는 아침에는 친구들이 더욱 많다. 나의 환경에 대해 이해할 수 있도록 비유를 몇 가지만 들어보겠다. 내가 혼자가 아닌 것은 호수에서 즐거워 크게 소리를 지르는 자비물새가 아니 월든 호수 자체가 혼자가 아닌 것과 다름이 없다. 도대체 저 고독한 호수가 무슨 벗을 가지고 있단 말인가? 그런데도 저 호수는 그 하늘색 물 속에 우울증을 가져오는 푸른 악마들[15]이 아니라 희열을 가져오는 푸른 천사들을 가지고 있다. 태양은 혼자다. 비록 안개 자욱한 날씨에는 둘로 보일 때도 있으나 하나는 가짜 태양이다. 하느님 역시 혼자서 존재한다. 그러나 악마, 그는 혼자 있는 것과는 거리가 멀다. 그는 많은 동료들을 만난다. 그는 하나의 군단을 거느린다. 내가 외롭지 않은 것은 들판에 핀 한 떨기의 해란초나 민들레 혹은 하나의 콩잎이나 괭이밥 잎사귀 혹은 한 마리의 땅벌이 외롭지 않은 것과 다름없다. 내가 외롭지 않은 것은 밀브룩 하천[16]이나 하나의 풍향계, 북극성이나 남쪽에서 부는 바람 혹은 사월의 봄비나 정월의 해빙 그리고 새집에 처음 들어온 거미가 외롭지 않은 것과 다름없다.

눈이 펑펑 내리고 바람이 숲에서 울부짖는 긴 겨울밤에 나는 가끔 한 노인의 방문을 받는다. 그는 이곳의 개척자이고 원래 주인이었던 노인이다. 들리는 바로는 월든 호수를 파서 호숫가에 돌을 놓고 주위에 소나무를 심었다 한다. 그는 옛 시절의 이야기를 들려주기도 하고

---

15) blue devils:우울증.

16) Mill Brook:월든 호수의 북쪽으로 콩코드 중심가를 지나 콩코드 강으로 흐르는 하천.

새로운 미래의 영원에 관한 이야기를 내게 들려준다. 우리 두 사람은 비록 과일이나 음료수 없이도 친교의 환희와 유쾌한 이야기를 나누며 즐거운 저녁 시간을 보내곤 한다. 그 분은 가장 슬기롭고 익살스러운 친구여서 나는 그를 무척 좋아한다. 그는 망명생활을 했던 고프나 휠리[17] 이상으로 사람들의 눈에 띄지 않고 돌아다닌다. 사람들은 그가 죽었다고 여기지만 묻힌 곳을 아는 사람은 아무도 없다.

나이 지긋한 초로의 한 노부인[18]도 내 이웃에 산다. 거개의 사람들에게는 보이지 않지만 나는 향기로운 그녀의 약초밭을 때때로 거닐면서 약초를 캐고 그녀의 이야기에 귀를 기울이기를 좋아한다. 그녀는 비길 데 없이 풍요로운 천성을 지녔다. 그녀의 뛰어난 기억력은 신화 이전까지 거슬러 올라간다. 그녀는 모든 전설의 기원과 그 전설이 어떤 사실에 근거를 두고 있는지도 내게 들려 줄 수 있다. 그녀가 젊었을 때 일어난 사건들이기 때문이다. 혈색이 좋고 원기 왕성한 이 노부인은 모든 날씨와 계절을 좋아하고 아직도 그녀의 어느 자녀보다 더 오래 살 것 같다.

해, 바람과 비, 여름과 겨울, 이 대자연의 그 형용할 수 없는 순수함과 자애로움이 우리에게 무궁무진한 건강과 환희를 영원히 줄 여유가 있지 않는가! 그리고 우리 인간에 대해 무한한 동정심을 가지고 있기에 만약 어느 누가 참으로 정당한 이유로 슬퍼한다면 대자연은 이에 감화되어 모두 함께 슬퍼해주리라. 태양은 그 빛을 감추고 바람은 인간처럼 한숨을 내쉴 것이다. 구름은 눈물의 비를 뿌리고 숲의 나무들은 한여름에도 잎을 떨어뜨리고 소복을 할 것이다. 내가 이 대

---

17) Edward Whalley(1615~75):1649년 청교도 혁명 당시 판사로 찰스 1세의 사형에 서명한 인물. 1660년 왕정복고 후 대역죄로 몰려 사위인 윌리엄 고프(William Goffe, ?~1679?)와 함께 뉴잉글랜드로 망명하여 숨어 살았다함.

18) 대자연, 어머니의 자연을 은유함. 혹은 그리스 신화의 농업, 건강, 탄생의 여신 데메테르(Demeter).

지와 서로 알지 못해서야 되겠는가? 나 자신이 부분적으로는 나뭇잎이요 식물이 썩은 퇴비가 아닌가?

무엇이 우리를 계속 건강하고 평온하고 충만하게 하는 묘약인가? 그것은 나의 증조부나 당신의 증조부가 빚은 환약이 아니라 바로 우리 모두의 증조모인 대자연이 조제한 모든 풀과 나무로 된 약인 것이다. 그 약으로 자연의 여신은 자신의 젊음을 언제까지나 유지해 왔고, 당시의 수많은 파[19]처럼 오래 산 사람들보다 더 오래 살았고, 그들의 지방이 썩은 거름으로 자신의 건강을 키웠다.

만병통치약이라면 저 에케론[20]이란 저승의 강물이나 사해의 물에 적셔낸 혼합물을 병에 담은 그런 엉터리 약[21]이 아니다. 우리는 그런 약병을 포장마차에 싣고 다니면서 파는 것을 가끔 보는데 그런데서 꺼내 파는 약이 아니다. 나에게 여과하지 않은 아침 공기를 한 모금 들이마시도록 해 달라. 아침 공기라! 만일 사람들이 하루의 원천이 되는 샘에서 아침의 공기를 마시려 하지 않으면, 아무렴 그 때는 병에 담아서 이 세상의 아침시간에 참가할 입장권을 잃어버린 사람들을 위해 가게에 내놓아야 한다. 하지만 기억해 두라. 아무리 시원한 지하실에서도 이 약은 점심때까지밖에는 견디지 못할 것이다. 아니, 그보다 훨씬 이전에 병마개를 박차고 나와서 서쪽으로 여명의 여신 오로라의 발걸음을 좇아 날아가버린다는 것을 잊지 말아야 한다.

나는 나이 많은 의사醫師인 아스클레피우스[22]의 딸이요 한 손에 뱀을 들고 또 한 손에는 뱀에게 약을 먹이는 컵을 들고 있는 히기에이아[23]의 숭배자가 아니라, 오히려 주노[24] 여신과 야생 상추의 딸이며

19) 152세를 살았다는 영국의 토머스 파(1483?~1635)를 말함.

20) Acheron:그리스 신화에 나오는 저승의 강.

21) quack vial:당시 암거래되고 있었던 가짜 만병통치약을 빗댐.

22) Aesculapius:로마 신화의 의약과 의술의 신.

23) Hygeia:그리스 신화의 건강의 여신.

신과 인간을 다시 젊게 해줄 수 있는 능력을 가지고 있고 주피터 신에게 술을 따라 올리기도 하는 헤베[25] 여신의 숭배자다. 이 여신이야말로 지구 역사상 어쩌면 가장 완벽한 신체 조건을 갖춘 가장 건강하고 씩씩한 젊은 여인이 아니었나 싶다. 그리고 그녀가 나타났을 때는 언제나 어김없이 봄이었다.

---

24) Juno: 로마 신화. 주피터 신의 아내로 결혼의 여신. 그리스의 헤라 여신에 해당.
Jupiter: 제우스 신에 해당하는 로마의 최고신. 하늘의 지배자.

25) Hebe: 그리스 신화. 청춘의 여신. 제우스 신과 헤라 여신의 딸. 로마신화의 주노 여신이 야생의 초목의 정기로 혼자서 낳았다는 설이 있음.

제6장 찾아온 사람들

대부분의 사람들 못지않게 나도 사교를 퍽 좋아한다. 순수하고 건강한 사람을 만나면 누가 되었든 언제라도 나는 찰거머리처럼 한동안 철썩 달라붙어 있을 것이다. 나는 물론 은둔자가 아니다.[1] 볼일이 있어서 술집에라도 간다면 아마 제일 끈질긴 손님보다 더 오래 눌러앉아 있을지도 모른다.

내 집에는 의자가 세 개 있다. 하나는 고독을 위해서, 다른 하나는 우정을 위해서, 또 하나는 사교를 위한 것이다. 찾아오는 사람들이 뜻밖에 더 많을 때도 그들을 위해 내놓을 수 있는 의자는 세 번째 의자밖에 없다. 하지만 대개의 경우 손님들이 서 있는 것으로 장소를 절약해 주었다. 집은 작아도 훌륭한 분들을 얼마든지 받아들일 수 있었다는 것이 놀랍기만 하다. 나는 자주 이 작은 지붕 밑에 한꺼번에 스물다섯 사람, 아니 서른 사람의 육신을 영혼과 함께 맞아들이곤 했다. 그런데도 우리는 너무 비좁아 서로 끼여 있었다는 느낌은 받지 않고 헤어지곤 했다.

---

1) 호레이스 호스머는 《Remembrances of Concord and the Thoreaus》에서 "우리 소년들은 토요일 오후에는 월든의 움막으로 그를 찾아가곤 했고, 그는 우리들에게 근처의 숲에서 재미있는 것들을 보여주곤 했다"라고 회상했다(Cramer). 이 외에도 그가 은둔자가 아님은 여러 곳에서 입증된다.

우리의 집들은 대다수가 공공의 것이나 개인의 것이나 그 안에서 사는 사람들에 비해서 터무니없이 크다. 그런 집들은 헤아릴 수 없을 정도로 많은 방들과 거대한 홀, 포도주와 그 밖에 소위 '전쟁 중이 아닐 때의 군수품'이라는 것들을 저장하는 지하실들을 갖추고 있다. 그것들이 어찌나 크고 웅장한지 그 안에서 사는 사람들은 거기서 거주하는 사람이라기보다 오히려 빌붙어 있는 해충에 불과한 것 같다. 트레몬트 호텔이나 애스터 호텔, 미들섹스 하우스[2] 같은 어느 큰 건물 앞에 직원이 나와서 소집 나팔을 불어대면 그 안에서 사는 사람 전원이 모이도록 된 넓은 회랑에 겨우 우스꽝스런 생쥐 한 마리가 기어 나왔다가 성큼 회랑을 건너 어느 틈새로 다시 슬쩍 숨어버리는 꼴이니 어처구니가 없다.

내가 이런 작은 집에서 살면서 가끔 겪었던 불편 한 가지는 손님과 내가 어떤 큼직한 사상을 큼직한 말로 이야기할 때 거리를 충분히 유지할 수 없었던 점이었다. 우리의 사상이 목적한 항구에 도착하기 위해서는 그 이전에 우선 출범 준비를 하고 한두 항로는 시험 삼아 운항해 볼 공간적 여유가 필요하다. 사상이라는 탄환이 듣는 사람의 귀에 명중하기 위해서는 우선 좌우상하의 요동을 극복하고 일정한 탄도에 진입해야 하기 때문이다. 그렇지 않으면 그 탄환은 듣는 사람의 옆머리를 뚫고 다시 나가버릴지도 모른다.

문장도 마찬가지다. 펼쳐놓고 사이사이에 대열을 정돈할[3] 공간이 필요하다. 개인도 국가와 마찬가지로 상호간에 적절한 넓이의 자연스러운 경계가 있어야 하고 또한 상당한 크기의 중립 지대까지도 있어야 한다. 나는 호수를 사이에 두고 그 건너편의 한 친구와 이야기를 주고받은 적이 있었다. 알고 보니 그것은 아주 각별한 즐거움이었다.

---

2) Tremont, Astor, Middlesex House:각각 보스턴, 뉴욕과 콩코드에 있었던 호텔.

3) form their columns:기동작전의 군사용어인 동시에 신문이나 잡지의 칼럼을 의미하는 익살.

내 집 안에서는 서로 거리가 너무 가까워서 상대방의 이야기를 정확히 알아들을 수 없었다. 즉 서로에게 들릴 만큼 목청을 낮출 수가 없었던 것이다. 마치 잔잔한 수면에 두 개의 돌을 너무 가까이 던지면 두 개의 파문이 서로를 교란하는 것과 같다. 그저 큰 소리로 떠들어대는 것만을 즐긴다면 바짝 다가서서 뺨과 턱을 마주 대고 서로 입김을 맡을 만큼 가까이 있어도 상관이 없을 것이다. 그러나 신중하고 조심스럽게 이야기하고 싶다면 우리는 동물적인 열기와 습기를 발산할 시간과 거리가 있어야 한다.

만일 우리가 말로 전달할 수 없는 속마음까지 주고받는 가장 진정한 교제를 갖고자 한다면 우리는 말이 없어야 하고 또한 어떤 경우에도 서로의 목소리가 들리지 않을 만큼 신체적으로 멀리 떨어져 있어야 한다. 이 기준에 비춰 말한다면 언어는 말을 잘 알아듣지 못하는 사람들을 위한 것이라 할 수 있다. 한데 우리가 큰 소리를 칠 수밖에 없다면 말을 꺼낼 수조차 없는 섬세한 것들이 많다. 주고받는 말이 점점 고상하고 장엄한 어조를 띠어감에 따라서 우리의 의자는 점점 뒤로 물러나다가 마침내 맞은편 벽에 부딪히고 그렇게 되면 대체로 더 이상 물러날 여지가 없었다.

그러나 내 집 뒤의 소나무 숲은 언제나 손님을 맞을 수 있는 나의 '가장 좋은' 방과 응접실이었다. 그곳의 양탄자에는 따가운 햇볕이 드는 일이 거의 없다. 여름철에 특별한 손님들이 오면 나는 그 분들을 그곳으로 맞아들였다. 그러면 적당히 부는 바람이 아주 착한 가정부가 되어 바닥을 쓸고 가구의 먼지를 털고 물건들을 잘 정돈해 주었다.

손님이 한 사람일 때는 나의 조촐한 식사를 가끔 함께 나눴고 그럴 때면 옥수수 죽을 휘저어 만들거나 재속에 묻은 한 덩이의 빵이 익어 부풀어 오르는 것을 지켜보면서 그동안에도 우리는 중단 없이 서로 이야기를 나눴다. 그러나 손님들이 스무 명쯤 와서 앉으면 비록 두 사람 몫의 빵은 있다 할지라도 식사에 대해서는 아무런 말이 없었으니 마치 식사하는 습관이 사라져버리기라도 한 것처럼 우리는 자연스럽게 금욕을 실천하였다. 그래도 이것에 대해 손님 접대에 어긋난 것이라고 생각하는 사람은 아무도 없었다. 오히려 모두 아주 적절하고 사려 깊은 방법이라 생각했다. 계속해서 보충해 주어야 하는 육체적 생명의 소모와 쇠약까지도 이런 경우에는 기적적으로 그 속도가 느려지는 것이었다. 이런 식이라면 스무 명이 아니라 이천 명이라도 대접할 수도 있었다. 누구든지 내가 집에 있었는데도 실망하거나 배고픈 상태로 돌아가는 일이 있었다면 그 분들은 내가 적어도 그 기분을 충분히 이해하고 있다는 점만은 믿어주기 바란다.

주부들이야 거의 믿으려 하지 않겠지만 낡은 습관 대신에 새롭고 더 좋은 습관을 확립하는 것은 생각처럼 그렇게 어려운 일이 아니다. 자신의 명성을 손님에게 베푸는 음식 대접으로 판가름할 필요는 없다. 어느 집을 자주 방문하지 못하게 나를 가로막는 것으로는 지나친 식사대접 만큼 효과적인 것도 없을 것이다. 케르베로스[4] 같은 무서운 개가 문을 지키고 있어도 그처럼 효과적으로 나를 가로막지는 못할 것이다. 그런 대접은 다시는 와서 괴롭히지 말아달라는 뜻을 아주 정중하게 에둘러 전달하는 것으로 나는 받아들인다. 나는 다시는 그런 집에는 가지 않을 생각이다.

나는 다음과 같은 스펜서의 시 한 구절을 내 오두막의 표어로 삼고 있으니 영광스러울 따름이다. 그 시구는 내 집에 찾아온 손님 한 분이 누런 호두나무 잎사귀에 명함을 대신하여 적어놓고 간 것이다.

그곳에 이르러 그 작은 움막을 가득 채웠으나
아무것도 없으니 아무도 대접 바라지 않고,

4) Cerberus:그리스 신화. 지옥문을 지키는 머리 셋 달린 개.

쉬는 것이 그들의 잔치요, 모든 것은 마음대로,
가장 고귀한 정신에 가장 큰 만족 있노라.[5]

후에 플리머스 식민지[6]의 지사가 된 에드워드 윈슬로[7]는 인디언 추장 매사소이트[8]를 예방한 적이 있었다. 그가 수행원 한 사람과 함께 걸어서 숲을 지나 추장의 집에 이르렀을 때는 피로하고 배가 몹시 고팠다. 추장은 융숭하게 대접했지만 그날의 식사에 대해서는 한마디 말도 없었다. 그들의 말을 그대로 옮기면, 저녁이 되자 "추장은 우리를 자기 부부와 한 침대에 눕게 했다. 침대래야 1피트 높이의 판자 위에 돗자리를 깐 것이었는데, 한쪽 끝에 그들 부부가 눕고 다른 끝에 우리가 누워 잤다. 그 외에도 추장의 부하 두 사람이 잘 곳이 없어 우리 옆으로 끼여 들어와서 서로 밀리고 눌렸다. 그래서 여행에서보다 오히려 이 잠자리에서 우리는 더욱 지쳤다."

다음날 오후 1시쯤에 매사소이트는 "그가 손수 활로 쏘아 잡은 물고기 두 마리를 가져왔다." 잉어보다 세 배나 큰 것이었다. "그것을 끓여놓자 무려 마흔 명이나 되는 사람들이 먹기를 기다리고 있었고 거의 모두가 그것을 나누어 먹었다. 이것이 2박 3일의 체류 중에 대접받은 유일한 식사였다. 만일 일행 한 사람이 들꿩 한 마리를 사오지 않았더라면 우리는 내내 굶으면서 여행했을 것이다." 먹을 것도

---

5) Edmund Spenser(1552~99):영국 시인. 《Faerie Queene》 1권 1편 35연.

6) Plymouth Colony:아메리카 대륙에 형성된 두 번째의 영국 식민지. 1620년 신교의 자유를 찾아 메이플라워 호를 타고 매사추세츠 주 동남부 플리머스에 도착. 초대 지사는 윌리엄 브레드포드였으나 후에 청교도 식민지에 합병되었다.

7) Edward Winslow(1595~1655):메이플라워 호를 타고 온 최초 이민자로 그의 일지는 플리머스 식민지에 관한 최초의 기록물 중 하나다. 인용은 그의 《A Relation or Journall of the Beginning and Proceedings of the English Plantation at Plimouth in New England》(1622)에서 온 것으로 알렉산더 영(1800~54)의 《Chronicles of the Pilgrim Fathers of the Colony of Plymouth from 1602 to 1625》(1841) 210~213에도 인용되어 있다.

8) Massassoit:뉴잉글랜드에 처음 도착한 영국인들에게 호의를 베풀었던 인디언의 추장.

없는데다 "인디언들은 노래하면서 잠드는 버릇까지 있어서 그 야만적인 노래 때문에 잠까지 설쳤기에 머리가 돌지 않을까 두려웠다. 그래서 기력이 남아 있을 때 떠나야 집에 도착할 수 있으리라 생각하고 그만 그곳을 나설 수밖에 없었다."

잠자리에 관해서 말하자면 그들이 받은 대우가 좋지 않았던 것은 사실이었다. 하지만 그들이 느낀 불편은 인디언들이 경의를 표시하기 위한 데서 비롯되었음은 의심할 나위가 없다. 그리고 식사에 관해서는 인디언들이 그 이상 어떻게 할 수 없었음을 우리는 알 수 있다. 그들은 먹을 식량이 없었고 그에 대한 변명이 손님에게 음식을 대신해 줄 것이라고 생각할 만큼 어리석지 않았을 뿐이다. 그래서 그들은 허리띠를 조이면서도 아무런 변명을 하지 않았을 뿐이다. 그후 다시 방문했을 때는 먹을 것이 풍부한 계절이어서 이점에서는 아무런 부족이 없었다고 한다.

사람이라면 어디에서 살든지 찾아오는 사람이 없을 수는 없을 것이다. 나에게는 내 인생에서 그 어느 시기보다 숲속에서 사는 동안에 찾아온 사람들이 더 많았다. 내 말은 어느 정도 그렇다는 뜻이다. 그곳에서 나는 몇몇 사람들을 그 어느 곳에서 맞이했던 것보다 더 호의적인 상황에서 만났다. 그러나 사소한 일로 찾아오는 사람들은 그만큼 더 줄었다. 이점에서 보면 내 집이 마을에서 떨어져 있는 것만으로도 나와 함께할 사람들이 저절로 선택되어졌다고 할 수 있다. 이를테면 나는 멀리 '고독의 큰 바다' 한가운데로 물러나 있는 셈이고 그 때문에 이 바다로 사교라는 이름의 여러 강물들이 흘러들어 그 강물을 따라 대부분 내가 필요한 가장 훌륭한 침전물만이 주위에 쌓였다. 그뿐만 아니라 그 바다의 다른 쪽에서는 사람의 발길이 아직 닿지도 않고 개척되지도 않은 대륙에 관한 여러 가지 증거들이 내게로 떠내려 오는 것이었다.

오늘 아침 내 집에 찾아온 사람은 정말로 호메로스 풍의 인물이나 파플라고니아[9] 풍의 인물이다. 그가 아니고서야 누구겠는가! 그의 이름은 너무나도 잘 어울리는 시적인 이름이기에 여기 밝히지 못하니 유감이다.[10] 그는 캐나다 태생의 나무꾼으로 기둥 깎는 일도 하는 사람이다. 하루에 쉰 개나 되는 기둥에 구멍을 거뜬히 뚫고 개가 잡아온 우드척으로 저녁식사를 했다. 그 역시 호메로스는 들어서 알고 있고 또한 '책이 없으면 장마철에 무엇으로 소일할지 모를 것'이라고 말하기도 했다. 그러나 장마철이 여러 차례 지나는 동안에도 어쩌면 한 권의 책도 다 읽은 적이 없을지도 모른다. 그리스어를 웬만큼 할 줄 아는 어느 신부가 그가 태어난 먼 고향 땅에서 그가 좋아하는 성경 구절을 그리스어로 읽는 법을 그에게 가르쳐주었다고 했다. 이번에는 내가 그가 손에 책을 들고 있는 동안에 아킬레스가 파트로클로스[11]의 슬픈 표정을 나무라는 구절을 번역하여 들려주어야 한다. ─

9) Paphlagonia:소아시아 흑해 북쪽의 산간지대에 있었던 고대 국가. 그곳 주민들은 숲에서 매우 소박한 생활을 했다함. 호메로스의 〈일리아드〉에 등장함.

10) 저자의 일기에 알렉 테리언(Alek Terien)으로 언급되어 있다. '테리언'이란 이름은 프랑스어로 '땅' 또는 '농민'이라는 뜻이다. 1811년생으로 당시 34세였다.

11) Patroclus:아킬레스의 친구로 그와 함께 트로이 전쟁에 참가. 결국 트로이의 왕자 헥토르에게 살해되었고, 아킬레스가 그의 원수를 갚았다.

"파트로클로스여, 그대 어찌하여 어린 계집애처럼 눈물을 흘리고 있는가?" —

아니, 그대 혼자서
프티아[12]에서 온 무슨 소식 들었단 말인가?
듣자니 악토르[13]의 아들
메노이티오스[14]가 살아있고,
아이아코스[15]의 아들 펠레우스[16]도
프티아의 주민들[17] 속에 끼여 살아 있다네.
하기야 그들 중 어느 누가 죽었다면
우리 당연히 크게 슬퍼해야지.[18]

"그거 좋은데요" 하고 그는 말한다. 그는 떡갈나무 껍질[19]을 묶은 큼직한 다발을 겨드랑이에 끼고 있었다. 어느 병자를 위해 오늘 일요일 아침에 채취한 것이었다. "오늘은 안식일이지만 이런 책은 읽어도 나쁠 것은 없겠네요" 하고 덧붙인다. 그는 호메로스를 위대한 작가라고 생각하고 있었지만 그의 글이 무엇에 관한 것인지는 잘 알지 못하는 것 같았다. 아마 이 사람보다 더 자연스럽고 소박한 사람을 찾기는 쉬운 일이 아닐 것이다. 세상에 어두운 그림자를 드리우는 죄악과

12) Phthia:그리스의 중동부 고대 테살리아 남부의 주요 도시.
13) Actor:프티아의 왕. 아들이 없어 펠레우스에게 양위하였다 함.
14) Menoetius:악토르와 아에기나의 아들. 파트로클로스의 아버지.
15) Aeacus:아에기나의 왕. 제우스 신과 아에기나의 아들.
16) Peleus:프티아의 왕. 아에기나의 왕인 아에아쿠스의 아들.
17) Myrmidons:프티아의 주민. 아에아쿠스가 아버지인 제우스 신에게 빌어서 개미가 사람이 되게 했는데 그 사람들을 아에아쿠스가 미르미로돈이라 불렀다함.
18) 호메로스의 〈일리아드〉 16.7, 16.13~16에서 소로가 직접 번역 인용했다.
19) white oak:북미산 참나무의 일종. 동양의 자작나무나 떡갈나무에 가깝다. 껍질은 '화피樺皮'라 하여 한약제로 유종乳腫과 두진痘疹의 치료제로 쓴다.

질병이 그에게는 존재조차 하지 않는 것 같았다.

그는 나이가 스물여덟쯤 되었는데 12년 전에 캐나다의 고향집을 떠나 미국으로 왔다. 그는 일을 해서 돈을 벌어 언젠가는 어쩌면 고국에 돌아가서 농장을 장만하겠다는 계획을 갖고 있었다. 그의 생김새는 극히 투박하고 거칠어보였다. 체격은 땅딸막하고 나른해 보였지만 몸가짐에는 품위가 있었다. 그는 굵고 햇볕에 그을린 목덜미, 검고 덥수룩한 머리털, 묵직하고 졸리는 듯한 푸른 눈을 가지고 있었다. 그 푸른 눈은 표정에 따라 이따금 밝게 빛나곤 했다. 그는 납작한 회색 천으로 된 모자에 우중충한 양털 외투를 입고 소가죽 장화를 신었다.

그는 육식을 굉장히 좋아하는 사람이었다. 그는 거의 매일 점심을 양철 도시락에 담아들고서 내 집을 지나 2마일이나 떨어진 자기의 일터로 갔다. 그는 여름내 그곳에서 나무 베는 일을 했다. 그의 도시락에는 주로 냉 고기, 흔히 냉 우드척 고기일 때가 많았다. 그는 곱돌 호리병에 커피를 담아 끈으로 허리띠에 매달고 가면서 내게도 가끔 한 잔을 권하기도 했다.

그는 아침 일찍 나의 콩밭을 가로질러 지나갔다. 하지만 미국의 양키들처럼 출근이 늦을까 불안해하거나 서두르는 기색은 전혀 없다. 그는 일로 자신을 괴롭히지 않았다. 그저 그날 하숙비만 벌면 되었다. 일하러 가는 도중에 함께 간 개가 우드척을 잡기라도 하면 도시락을 숲에 내던져두고 1마일 반이나 되는 하숙집으로 되돌아와서 그것을 손질하여 지하실에 보관하고 다시 일터로 가는 일이 자주 있었다. 처음에는 일을 마치고 돌아오는 저녁 시간까지 그것을 호수의 물속에 안전하게 보관해둘 수는 없을까 하고 한 반시간 동안이나 궁리하고 나서야 하숙집에 보관하기로 결정하였다는 것이었다. 그는 이런 문제들에 대해 오랫동안 생각하기를 퍽 좋아하였다.

아침에 내 집을 지나면서 그는 이렇게 말하곤 했다. "아유, 비둘기들이 너무 많아요! 내 직업이 매일 일하는 것이 아니라면 사냥으로 먹고 싶은 고기 전부를 얻을 수 있겠어요. 산비둘기, 우드척, 산토끼, 들꿩. 정말로! 하루만 사냥해도 일주일 분은 넉넉히 얻을 수 있을 거예요."

그는 능숙한 벌목공이었다. 그는 기술이 좋아서 날렵하고 멋있는 솜씨를 부리는 데 심취하곤 했다. 나무를 자르되 후에 새싹이 왕성히 자랄 수 있고 또한 썰매를 타더라도 걸려 넘어지지 않도록 땅에 바짝 대어 잘랐다. 땔나무를 다발로 묶을 때도 그대로 묶는 것이 아니라 가늘게 깎고 쪼개어 나중에 맨손으로도 떼어낼 수 있도록 손질해서 묶곤 했다.

그가 나의 흥미를 끌었던 것은 그처럼 말이 없고 고독하면서도 무척 행복해 보였기 때문이었다. 그의 눈에서는 기쁨과 만족의 샘이 넘쳐흐르는 것 같았다. 그의 기쁨은 순수했다. 나는 그가 숲에서 나무를 베며 일하는 모습을 가끔 구경했다. 그는 표현할 수 없을 정도로 흡족한 웃음을 띠우고 영어도 곧잘 했지만 캐나다 투의 프랑스 말로 내게 인사하곤 했다. 내가 가까이 가면 그는 일손을 멈추고 기쁨을 억누르지 못하는 듯 자기가 베어 넘긴 소나무 위에 길게 누웠다. 그리고 소나무의 속껍질을 벗겨 둘둘 말아서 입에 넣고 씹으면서 웃기도 하고 이야기를 하곤 했다. 야성적인 정력이 어찌나 넘치던지 이야기하는 중에 어떤 일이 우스워서 못 견디겠다 싶으면 웃다가 그만 굴러 떨어져 땅바닥에 뒹굴면서까지 웃어댔다. 나무를 둘러보면서 그는 감격에 찬 소리를 지르곤 했다. "사실 여기서 나무를 베는 일로 아주 즐겁게 지내지요. 이보다 더 재밌는 일은 원치 않아요."

한가할 때는 가끔 권총을 들고 숲속을 산책하며 일정한 간격을 두고 자신을 위한 축포를 쏘기도 하면서 온종일 혼자서 즐겼다. 겨울에는 모닥불을 피워놓고 점심때는 주전자에 커피를 끓였다. 그가 통나무에 걸터앉아 점심을 먹을 때는 가끔 박새들이 날아와서 그의 팔에 내려앉아 손에 든 감자를 쪼아 먹곤 했다. 그러면 그는 "이 꼬마 친구들이 이렇게 와서 노는 게 참 좋아요"라고 말한다.

그의 내부에는 주로 동물적인 인간이 발달되어 있었다. 육체적인 인내력과 만족감으로 말하면 그는 바위와 소나무의 사촌이었다. 나는 언젠가 온종일 일하고 나면 때로는 고달프지 않느냐고 그에게 물은 적이 있었다. 그는 "천만에요! 나는 평생 지친 적이 없어요" 하고 진지하고 심각한 표정으로 대답했다. 그러나 지적인 인간, 소위 정신적인 인간은 그의 내부에서 어린아이의 상태로 잠들어 있다.

그는 겨우 가톨릭 신부들이 토착민을 가르치는 정도의 교육을 받았을 뿐이다. 그건 지나치게 단순하고 효과가 없는 방법이었던 것으로 학생들 스스로 자신과 사물에 대한 의식을 갖도록 하는 수준이 아니라 그저 신뢰감과 존경심만을 갖게 하는 수준이었던 것이다. 그래서 아이를 어른이 되게 하기보다는 계속 아이로 남아 있게 했을지도 모른다. 어떻든 자연의 여신은 그를 창조하였을 때 그에게 튼튼한 몸과 자기에게 주어진 운명에 만족하는 마음을 주었고, 칠십 평생을[20) 어린아이로 살 수 있도록 존경심과 신뢰감으로 자신을 지탱할 수 있게 하였다. 그는 너무도 순진하고 세속적인 때가 묻지 않은 사람이었기 때문에 말로써 그를 소개한다는 것은 마치 우드척을 이웃에 소개할 수 없는 것만큼이나 어려워서 그를 소개할 적당한 방법이 없었다. 그를 알고 싶으면 우리가 그랬듯이 그를 직접 보고 알아보는 수밖에 없다.

그는 어떤 일에도 끼어들려 하지 않았다. 사람들이 그에게 일의 대

20) 원문 threescore years and ten: 《구약성서》〈시편〉 90:10 "the days of our lives are threescore years and ten, ……"

가로 품삯을 주고 그는 그것으로 입고 먹는 것을 해결하고 있는데도 그 사람들과도 자신의 의견을 주고받는 일이 거의 없었다. 그가 어찌나 소박하고 또 어찌나 겸손함이 자연스럽던지 — 보다 높은 것을 바라지 않는 것을 겸손이라 할 수 있을는지 모르나 — 그의 성격의 어떤 특징으로 남의 눈에 띠지 않는다. 또 본인도 그것을 의식하지 못하고 있다. 자기보다 현명한 사람은 그에게는 신에 가까운 존재다. 만일 그런 사람이 그에게 오고 있다고 누가 말하면 그는 마치 그처럼 훌륭한 사람이 자기에게 볼일이 있을 리 없고, 또 그런 사람은 자기 스스로 모든 일을 할 수 있으니 자기는 없는 것으로 해달라고 말할 것만 같은 행동을 취했다. 그는 평생 칭찬하는 소리를 듣지 못했다. 물론 나무라는 소리도 듣지 못했을 것이다.

그는 작가와 목사를 특히 존경했다. 그들이 하는 일이 그에게는 기적을 행하는 일과 같았다. 그에게 나도 글을 좀 쓰노라고 말했더니 그는 한동안 내 말을 '글자를 많이 쓴다'라는 뜻으로만 알고 있었다. 글자를 쓰는 데는 그도 상당한 솜씨가 있었다. 그는 가끔 하얀 눈이 덮인 길 위에 자기 고향 이름을 프랑스어 악센트까지 붙여 정확히 써놓곤 했다. 그것을 보고 나는 그가 지나갔다는 것을 알 수 있었다. 나는 그에게 생각을 글로 나타내고 싶은 적이 있느냐고 물어봤다. 그의 대답은 글을 모르는 사람을 위해서 편지를 대신 읽거나 써준 일은 있지만 자기 생각을 글로 써보려 한 적은 한 번도 없다는 것이었다. 아니, 써보려고 해도 쓸 수 없고 무슨 말로 시작해야 할지 분간할 수 없을 뿐만 아니라 철자법까지 신경을 써야 하니 글을 쓰다가는 자기는 죽고 말 거라고 했다.

저명한 지식인이고 사회 개혁가인 어느 분[21]이 그에게 세상이 좀

---

21) 어쩌면 에머슨을 암시하는지도 모른다. 에머슨은 나무를 베고 장작을 쪼개서 쌓는 일에 테리언을 고용했었다.

바뀌기를 원하지는 않느냐고 물었다는 말을 들은 적이 있다. 그런 질문이 항간에 늘 있는 화제라는 것을 그는 전혀 알지 못하고 뜻밖이라는 듯이 웃어대면서 그 특유의 캐나다 식 억양으로 "천만에요, 이대로가 좋습니다"라고 대답하더라는 것이다. 아마 철학자가 그와 교제를 하면 퍽 많은 것을 암시받을 수 있을 것이다.

그는 처음 보는 사람에게는 대체로 세상 물정을 전혀 모르는 사람처럼 보인다. 한데 나는 그에게서 전에 보지 못한 측면을 가끔 발견하곤 한다. 그래서 그가 셰익스피어처럼 현명한 것인지 아니면 어린아이처럼 단순히 무지한 것인지, 또는 그가 섬세한 시적 의식을 지닌 사람인지 아니면 우둔한 사람인지 분별하기가 어려웠다. 어느 읍내 사람은 그가 딱 맞는 작은 모자를 눌러쓰고 혼자 휘파람을 불며 마을을 산책하는 모습을 보면 어느 변장한 왕자님이 나타난 것이 아닌가 하는 생각을 하게 된다고 했다.

그가 가지고 있는 책이라곤 한 권의 연감과 한 권의 산수책뿐이었다. 그의 산수 실력은 상당히 높았고 연감은 그에게는 일종의 백과사전이었다. 그는 연감을 인간지식의 압축판으로 여겼다. 사실 그것은 상당부분 그렇기도 하다. 나는 당시의 여러 가지 개혁에 관해 그의 의견을 탐색하기를 좋아했다. 그는 그런 문제에 관해 들어본 적이 전혀 없었다. 그런데도 그 문제를 그는 언제나 가장 단순하고 실제적인 눈으로 보고 있었다.

"공장이 없어도 사는 데 지장이 없을까?" 하고 물으면, 자기는 집에서 짠 회청색 옷감으로 지은 옷을 입고 있는데 그것이 좋다고 했다. "차와 커피가 없어도 될까?"라고 물으면 "이 나라가 물 말고 다른 음료를 마실 여유가 있나요?" 하고 반문한다. 그는 물에 솔송나무 잎사귀를 넣고 그 물을 마셨고 더운 날씨에는 맹물을 마시는 것보다 좋다고 생각했다.

내가 화폐를 사용하지 않고 살아갈 수 있을까하고 물으니 그는 화폐 제도의 기원에 대한 가장 철학적인 설명은 물론이고 라틴어로 돈을 뜻하는 페쿠니아[22]의 어원과도 일치하는 방법으로 돈의 편의성을 설명하였다. 예를 들어 그의 재산을 소 한 마리로 친다면 상점에서 바늘과 실을 사고 싶을 경우 그 값에 해당하는 소의 일부분을 그때마다 저당한다면 불편할 뿐더러 불가능하다는 것이었다.

그는 어느 학자보다 여러 가지 제도를 더 잘 변호할 수 있었다. 어느 제도건 그것들을 자기와 관련된 그대로 설명하여 그것들이 널리 존재하는 참다운 이유를 제시하고 다른 이유를 찾아 생각을 이리저리 굴리지 않기 때문이었다.

또 한 번은 플라톤이 사람을 정의하기를 '깃털 없는 두발동물'이라 했는데 어떤 사람이 털을 뽑은 벌거숭이 수탉을 쳐들어 보이며 "이것이 플라톤의 인간이다!"라고 외쳤다는 이야기를 했더니 그 말을 듣고 그는 닭은 무릎을 뒤로 굽히는데 그것이 사람과 다른 중요한 차이라 생각했다. 그는 이따금 "이야기하는 게 이렇게 재밌다니! 정말이지 하루 종일이라도 이야기할 수 있겠어요!" 하고 외치곤 했다.

언젠가 한 번은 여러 달 동안 그를 보지 못하였기에 그를 만나자 이번 여름에 무슨 새로운 생각이라도 한 게 있느냐고 물은 적이 있었다. 그는 "천만에요. 나처럼 일이나 하는 사람은 자기가 갖고 있는 생각을 잊지 않으면 다행이지요. 가령 당신과 함께 김을 매는 사람이 김매기 경쟁을 하자고 한다면 당신도 거기에 정신을 쏟을 수밖에 없죠. 즉 잡초만을 생각하겠죠" 하고 대답했다. 이런 경우 가끔은 그가 먼저 내게 진보한 것이 조금이라도 있냐고 묻기도 했다.

어느 겨울날, 나는 그에게 늘 자신에 대해 언제나 만족하느냐고 물

22) pecunia: 라틴어로 돈을 뜻하며, pecus 즉 '소'에서 유래.

었다. 나는 그에게 성당의 신부와 같은 사제를 대신할 사제가 우리의 내부에 있고 우리의 삶에 보다 차원 높은 목적이 있다는 사실을 암시해주고 싶었던 것이다. 한데 그는 "만족이라! 어떤 사람은 이 일에 만족하고 또 어떤 사람은 다른 일에 만족하지요. 사람에 따라서 가진 것이 넉넉하면 뜨뜻한 난로에 등을 대고 식탁에 배를 맞대고 온종일 앉아 있는 것으로 만족해하겠죠"라고 말했다.

나는 모든 수단을 다 써봤지만 그로 하여금 아직까지 사물의 정신적인 면을 보도록 할 수는 없었다. 그가 이해하는 것으로 보이는 최고의 개념은 단순한 '편의' 같은 개념이 고작이었다. 그런 개념은 동물도 이해하리라는 생각이 들었다. 한데 대부분의 세상 사람들도 이와 비슷하다고 말할 수 있을 것이다. 내가 그의 생활방식의 개선을 제시하면 그는 아무런 후회의 기색도 없이 때가 너무 늦었다고 대답할 뿐이었다. 하지만 그는 정직과 그밖의 여러 가지 덕목을 철저히 신봉하고 있었다.

그의 내부에는 비록 미미하기는 해도 어떤 확실한 독창성이 있는 것이 분명했다. 나는 그가 독자적으로 생각하고 또한 자신의 의견을 표현하는 것을 목격하기도 했다. 한데 그것은 매우 드문 일이었다. 그런 장면을 보기 위해서라면 나는 아마도 언제라도 10마일을 걷는 것쯤은 마다하지 않았을 것이다. 사실 잠재된 그의 독창성은 어쩌면 사회의 많은 제도를 다시 새로 만드는 것에 비길 만한 것일 수도 있었다. 그는 몹시 주저하기 때문에 어쩌면 자신을 분명하게 표현하지는 못할지라도 어떤 제시 가능한 사상을 언제나 이면에 지니고 있었다. 그러나 그의 사색은 너무 원시적이고 동물적인 생활에 젖어있었기 때문에 단순한 지식인의 사상보다 훨씬 유망한데도 사람들에게 설명할 수 있는 것으로 성숙하지는 못하였다.

이 나무꾼의 존재는 인생의 최하층일지라도 거기에 천재적인 인물이 존재할 수 있음을 암시해준다. 이 사람들은 비록 천하고 무식한 상태를 영원히 벗어나지 못할지라도 언제나 그들 자신의 생각을 가지고 있다. 하지만 그들은 아는 것을 전혀 아는 체하지 않을 뿐이다. 비록 그들이 캄캄하고 진흙탕 같을지라도 그들은 마치 깊이를 알 수 없는 것으로 알려진 월든 호수의 밑바닥처럼 헤아릴 수 없는 깊이를 지닌 사람들이다.

많은 행인들이 나와 내 집의 내부를 보려고 가던 길을 우회하여 내 집에 들러가기도 했다. 그들이 찾아온 구실은 거의 물 한 잔 달라는 것이었다. 나는 물은 호수에서 마신다는 말과 함께 그쪽을 가리키며 표주박을 빌려주겠다고 했다. 나는 뚝 떨어져 외진 곳에서 살았지만 4월 초순쯤으로 생각되는데 모든 사람들이 움직이는 연례의 나들이 철에는 사람들의 나들이 대상에서 벗어나지는 못했다.

찾아온 사람들 가운데는 좀 별난 사람들도 있었지만 나는 그들을 맞는 데서 내 나름대로 내 몫의 행운을 누렸다. 예를 들면 빈민 구호소나 그 외의 곳에서 지능이 온전하지 못한 사람들이 나를 만나러오는 경우였다. 나는 그들로 하여금 자신의 지력을 최대로 발휘하여 자신의 신변 이야기를 털어놓을 수 있도록 노력했다. 이런 경우 지력을 대화주제로 삼았고 또한 애쓴 보람도 상당히 있었다. 그들의 일부는 소위 빈민 '감독관' 이나 시의원들보다 더 현명하다는 사실을 나는 알게 되었다. 어쩌면 주객이 서로 바뀌어져야 할 시기가 아닌가 하는 생각이 들기까지 했다. 지능이라는 것도 온전한 사람과 바보 사이에 큰 차이가 없음을 알았다.

특히 어느 날 온순하고 머리가 좀 모자란 가난한 사람이 나를 찾아와서 나와 같은 생활을 하고 싶다고 했다. 나는 그 사람이 들판에서 다른 사람들과 함께 부셸[23] 통 같은 망대 위에 앉았다 섰다 하면서 가축이, 아니 어쩌면 자기 자신이 달아나지 못하도록 인간 울타리 노릇을 하는 것을 가끔 본 적이 있었다. 그는 자기는 지능이 모자란 사람이라고 말했다. 그의 말은 이른바 겸손이란 것을 '능가한다'고 해야 할지 '그에 미치지 못한다'고 해야 할지 어떻든 극도의 소박성과 진실성을 지닌 사람이었다.

그의 말인즉 이렇다. 하느님은 자기를 그렇게 모자란 사람으로 만드셨지만 그래도 그분은 다른 사람들을 돌보시는 것과 다름없이 자기를 돌보신다고 생각한다고 했다. "나는 어렸을 때부터 언제나 그랬어요. 정신이 온전했던 적이 한 번도 없었죠. 다른 아이들 같지 않았어요. 정신박약이죠. 하지만 이것도 하느님의 뜻이었을 겁니다"라고 그는 말했다. 그리고 마치 자기 말의 진실을 입증이나 하려는 듯이 그는 내 앞에 서 있었다. 그는 내게 하나의 형이상학적 수수께끼였다. 나는 이처럼 믿음직한 입장에서 동료 인간을 만나본 적이 없다. 그가 한 말은 모두 너무나도 소박하고 진지하고 또한 너무도 진실했다. 그리고 겸손해 하면 할수록 더욱 높아보였다.[24] 처음에는 몰랐지만, 그것은 현명한 일상행동의 결과라는 것을 알았다. 만일 우리의 교제가 이 가련한 정신박약자들이 다져놓은 진실과 정직을 바탕으로 이루어진다면 현자들 사이의 교제보다 더 훌륭한 교제로 발전할 가능성이 있을지도 모른다.

나를 찾아오는 손님들 가운데는 대체로 마을의 극빈자에 들지는 않으나 사실은 그에 속해야 할 사람들이 있었다. 아무튼 그들은 세계의 극빈자 대열에는 들어가는 사람들이다. 이 손님들은 그저 손님 대접을 호소하는 것이 아니라 '후한 대접에 후한 대접'을 호소했다. 그

---

23) bushel: 곡식의 양을 재는 그릇. 약 2말.

24) 〈마태복음〉 23:12의 인유. "…… he who humbles himself will be exalted(스스로를 낮추는 자는 높아지리라)."

들은 매우 진지하게 도움을 청하는 것이었다. 한데 그들은 그 호소로써 자기 스스로를 돕는 일은 하지 않기로 결심했다고 미리 알려주는 셈이다. 나는 방문자에게 요구한다. 세계에서 제일가는 훌륭한 식욕을 어떻게 얻었건 정말로 굶어죽어 가면서까지 내 집에 찾아오지는 말아달라고 말이다. 찾아온 손님이 자선의 대상일 수는 없다. 또 어떤 손님은 내가 다시 일을 하려고 자리를 떠나 점점 더 먼발치에서 대답을 하는데도 자기의 방문이 끝났음을 알아차리지 못하는 사람들도 있었다.

사람들이 많이 움직이는 계절에는 지능이 서로 다른 각양각색의 사람들이 나를 방문했다. 처치할 바를 모를 만큼 재능이 넘치는 이들이 있는가 하면, 농장에서 도망쳐 나온 노예들도 있었다. 그들은 겁에 질리곤 했던 농장에서의 버릇 때문에 우화에 나오는 여우처럼[25] 마치 뒤쫓아 오는 사냥개 짖는 소리가 들리기라도 한 듯이 이따금 귀를 기울이며 ……

"아 크리스천이여, 나를 돌려보내시려오?"[26]

하고 말할 듯이 애원하듯 나를 쳐다봤다. 그 중에는 정말 도망친 노예가 있었다. 나는 그를 북극성을 향해 계속 도망치도록 도와준 적이 있다.[27]

---

25) 《이솝 우화》 〈수탉과 여우(The Cock and the Fox)〉를 말함.

26) '크리스천(Christian)'은 존 번연의 〈천로역정〉의 주인공. 조지 W. 클라크의 《The Liberty Minstrel》(New York, 1845)에 실린 엘리저 라이트(1804?~85)의 시 〈The Fugitive Slave to the Christian〉(1845)의 각련 끝의 후렴. "The hounds are baying on my track,/O Christian! Will you send me back?"(사냥개들이 내 발자국을 보고 짖어대고 있소./아 크리스천이여! 나를 돌려보내려오?)

27) 탈주노예들은 전통적으로 캐나다 혹은 '자유로 가는 길'에 대한 안내자로 북극성을 이용했다. 소로는 많은 탈주노예를 도왔다. 그러나 그의 움막은 그들의 체류장소로 이용하기에는 너무나 드러난 곳이어서 그는 그의 부모가 사는 집을 이용했고 그의 누이동생 소피아가 그들을 돌봤다.

또 어떤 이들은 병아리 한 마리를 — 그것도 실은 오리 새끼인데 — 달고 다니는 암탉처럼 한 가지 생각만 품고 있었다. 그런가 하면 수많은 생각을 하다가 머리가 덥수룩해진 사람도 있었다. 마치 백 마리의 병아리를 돌봐야 하는데 모두 한 마리의 벌레를 쫓다가 아침 이슬에 날마다 스무 마리씩 없어지고 그 없어진 병아리를 찾다 마침내 털이 다 빠져 옴투성이가 되어버린 암탉과 같았다. 또 발 대신에 생각으로 걷는 사람들도 있었다. 일종의 지적 지네들이다. 그런 사람들은 생각만 해도 몸이 온통 굼실거린다. 어떤 분은 화이트 산에서처럼 방문객들의 이름을 적어놓는 방명록을 비치하는 것이 어떠냐고 제의했다.[28] 그러나 유감이지만 내 기억력은 퍽 쓸만하여 그렇게까지 할 필요는 없었다.

나는 방문객들의 특징 몇 가지를 주목하지 않을 수 없었다. 대체로 소년 소녀와 젊은 여인네들은 숲속에 있기를 좋아하는 것 같았다. 그들은 호수를 들여다보기도 하고 꽃을 바라보기도 하면서 시간을 퍽 유익하게 보냈다. 그러나 사업을 하는 사람들, 심지어 농사를 짓는 사람들까지도 관심은 오직 내가 어떻게 홀로 사는가, 무엇을 하는가, 이런저런 일에서 그렇게도 멀리 떨어져 어떻게 사는가에 관한 것일 뿐, 말로는 이따금 숲속에서 산책하기를 좋아한다고 하지만 사실은 그렇지 않은 것이 분명했다.

살아가기 위해 자기의 시간을 돈벌이에 모두 빼앗기고 쉴 틈 없이 일에 매달려 있는 사람들, 마치 신의 문제에 대한 독점권이라도 가진 듯이 말하고 다른 어떤 견해도 용납하지 못하는 목사들 그리고 의사나 변호사들 및 내가 집에 없는 사이에 내 찬장과 침대를 엿보는 까다로운 아줌마들 — 글쎄 모 부인은 어떻게 내 침대보가 자기 것만큼 깨

28) 당시 관광지에 방명록을 비치하는 것이 보통이었다. 일찍이 1824년부터 뉴햄프셔 주의 화이트 산의 워싱턴 산정에서도 방명록을 유지하고 있었다.

끗하지 않은 것을 알았는지 — 또한 젊기를 포기하고 이미 잘 닦인 전문 직업가도를 가는 것이 가장 안전하다고 결론지어버린 젊은이들, 이런 사람들은 대체로 현재의 내 위치에서는 좋은 일은 할 수 없다고 말했다. 아! 그렇다. 문제는 바로 여기에 있었다.[29)]

늙은 사람들, 병약자들, 겁쟁이들은 나이와 성별에 관계없이 질병과 불의의 사고 아니면 죽음에 관해서만 주로 생각했다. 그들에게는 인생이 위험으로 가득 차있는 것으로만 생각되는 것이었다. — 한데 위험에 대해 전혀 생각하지 않는다면 무슨 위험이 있는 것일까? — 그리고 조심성이 있는 사람이라면 어디를 가더라도 신중하게 장소를 택하여 위험할 때 의사 B씨[30)]가 달려올 수 있는 가장 안전한 곳에서 벗어나지 않을 것이라 생각한다. 그들에게는 마을이야말로 문자 그대로 컴-뮤니티[31)] 즉 '상호 방어를 위한 동맹'이다. 그들이 약상자 없이는 산딸기를 따러 가지도 못하리라는 것을 짐작하고도 남을 것이다. 내 말은 사람이 살아 있는 동안에는 죽을 수도 있는 위험이 언제나 있다는 것이다. 하기야 처음부터 죽은 송장처럼 산다면야 그 정도에 비례하여 죽을 위험은 그만큼 더 줄어드는 것이겠지만 말이다. 사람은 앉아 있을 때나 달릴 때나 위험은 똑같다.

마지막으로 자칭 사회 개혁자들이란 사람들이 있다. 무엇보다 따분한 존재들이다. 그들은 내가 영원히 이렇게 노래하고 있을 것으로 생각한다.

---

29) 원문 Ay! there was the rub.:셰익스피어의 〈햄릿〉 3.1.65행의 인유, "To be, or not to be, — that is the question: ……"로 시작된 햄릿의 독백. "To die, — to sleep; — To sleep! perchance to dream: — ay, there's the rub: ……"

30) 콩코드에서 57년간 개업하였고 소로의 형 존이 죽을 때 임종한 조시아 바틀렛 박사(1796~1878)를 말한 것 같다.

31) 원문 a com-munity:낱말의 분철로 어원의 의미소를 강조하는 수법. 여기서는 '방위' '방어'를 뜻하는 라틴어 어원 'munio'에서 파생되고 '공동' '함께'를 뜻하는 라틴어 접두사 'com'이 붙어있는 의미로 '공동방위'의 뜻을 강조한다.

이것은 내가 지은 집,[32)]
바로 이 사람이 내가 지은 집에서 사는 사람이라오,

그러나 그들은 그 다음 줄이 이렇다는 것은 모르고 있었다.

바로 이들이 내가 지은 집에 사는 사람을
괴롭히는 사람들이로다.

나는 병아리를 키우지 않으니 병아리 솔개는 두렵지는 않았으나 사람을 귀찮게 하는 '인간 솔개'[33)]는 두려웠다.

내게는 위에 말한 사람들보다 훨씬 더 유쾌한 또 다른 방문객들이 있었다. 딸기를 따러 오는 아이들, 깨끗한 셔츠를 입고 일요일 아침 산책을 나온 철도원들, 낚시꾼과 사냥꾼들, 시인들과 철학자들. 간단히 말해서 자유를 위해 숲으로 온 사람들, 마을을 진정으로 떨쳐버리고 온 정직한 순례자들, 그 모두를 나는 반겨 맞을 준비가 되어있었다. "어서 오시오, 영국인들이여! 어서 오시오, 영국인들이여!"[34)] 왜냐하면 이미 나는 그런 사람들과는 친밀한 관계를 맺고 있었기 때문이었다.

---

32) 자장가 〈This Is the House That Jack Built〉를 패러디한 것이다.

33) 원문 the men-harriers:주로 남부에서 탈주한 노예를 노리는 직업적인 노예 사냥꾼들을 지칭하는 말.

34) 메이플라워 호를 타고 순례의 조상(Pilgrim Father)들이 1620년 플리머스 항구에 처음 왔을 때 인디언 추장인 사모세트가 했다는 환영 인사.

제7장 콩 밭

그동안에 밭이랑의 길이를 합하면 모두 7마일쯤[1] 되게 이미 심어 놓은 내 콩들이 이젠 김매기를 갈망하고 있었다. 맨 먼저 심은 것이 상당히 자란 후에야 나중의 것을 심었기 때문에 먼저 심은 것들을 그대로 더 이상 버려두고서는 사실 마음이 편할 수 없었다. 무척 꾸준하고 자존심이 있어야 하는 이 노동, 헤라클레스[2]의 노역의 축소판 같은 이 노동의 의미가 과연 무엇인지 나는 알지 못했다. 이 콩밭은 내가 원했던 것 이상으로 많기는 하였지만 나는 그저 나의 밭이랑과 거기에 심어놓은 콩을 사랑하게 되었다.

이 콩이 나를 대지에 달라붙게 했고, 그래서 안타이오스[3]처럼 나는 대지에서 힘을 얻고 있었다. 그러나 내가 왜 이 콩을 가꿔야 하는가? 오로지 하늘만이 아는 일이다. 양지꽃이며 먹딸기, 물레나물 등등 전에는 향기로운 야생 열매와 아름다운 꽃들을 산출하던 이 부분의 대지 표면으로 하여금 그들 대신에 이 콩을 산출하게 하는 일이 온

1) 이는 과장이 아니다. 넓이 2$\frac{1}{2}$에이커, 골의 길이 15로드(약 247$\frac{1}{2}$피트)에 골 간격 3피트로 심었다. 이는 골이 모두 약 146개가 되고 총 연장은 약 36,000피트가 된다. 이는 7마일에서 조금 부족한 수치다.

2) Herculean labor:〈제1장 경제〉의 각주 1) 참조.

3) Antæus:그리스 신화. 포세이돈 신과 가이아(대지) 여신 사이에서 난 거인으로 흙과 접하면 힘을 얻었다 함. 헤라클레스가 그를 땅에서 잡아떼어 죽임.

여름 동안에 내가 했던 진기한 노동이었다.

내가 이 콩에서 무엇을 배울 것이며 또한 콩은 내게서 무엇을 배울 것인가? 나는 콩을 아껴주고, 김을 매고, 아침저녁으로 보살피다 보니 그것이 나의 일과가 되었다. 널찍한 콩잎은 보기만 해도 탐스럽다. 이슬과 비가 말라붙은 땅에 물을 주어 나를 도왔고 또한 대부분 척박한 땅인데도 얼마간의 생산력이 남아 있었다. 나의 적은 벌레와 차가운 날씨 그리고 무엇보다도 우드척이었다. 그놈들은 내 콩밭의 4분의 1에이커를 말끔히 갉아먹었다. 그러나 나는 또 무슨 권리가 있어 물레나물과 그 밖의 풀을 몰아내고 그들이 예로부터 이룩해 놓은 잡초의 정원을 파괴하는 것일까? 어쨌든 이제 나머지 콩은 우드척을 당해낼 만큼 강해질 것이고 또한 다른 새로운 적을 만나게 될 것이다.

내가 네 살 때의 일이다. 지금도 기억이 선명하다. 나는 어른들을 따라 보스턴에서 내가 태어난 이 고향 마을에 왔고,[4] 그때 바로 이 숲과 이 들판을 지나 이 호수에도 왔었다. 그것이 나의 기억에 새겨진 추억 중에서 가장 오래된 장면 중 하나다. 한데 바로 오늘밤 그때의 그 호수 너머로 나의 피리소리가 메아리를 불러일으키고 있다.[5] 나보다 나이가 더 많은 그때의 소나무들이 아직도 서 있고 또한 내가 지금 저녁밥을 짓는 나무 그루터기들은 그때 있었던 나무들 일부가 넘어진 것일지도 모른다. 사방에는 온통 어린 나무들이 새로 올라와서 새로운 어린아이들의 눈에 보여줄 새로운 풍경을 준비하고 있고, 그때와 거의 동일한 물레나물이 똑같은 다년생 뿌리에서 싹이 터 이 풀밭에서 솟아오르고 있다. 마침내 나까지도 내 어린 시절의 꿈같은 그 전설적인 풍경을 장식하는 데 한 몫을 하였고, 내가 여기 있음으로써

4) 소로는 1817년 7월 12일 콩코드에서 출생. 1818년 가족이 메사추세츠 첼름즈퍼드로 이사한 후 1821년 보스턴으로 이사했고, 이어 1823년에 콩코드로 다시 돌아와 정착했다.

5) 소로와 그의 형, 그리고 그의 아버지는 모두 플루트를 연주했다. 소로는 그 악기를 늘 휴대했다.

영향을 준 결과 중 하나가 바로 이 콩잎과 옥수수 잎 그리고 감자 덩굴로 나타나 있다.

나는 높직한 지대의 땅 2에이커 반 정도를 경작했다. 개간한 지 불과 15년밖에 되지 않았고, 내 손으로 나무 그루터기를 캐어낸 것만 해도 두세 코드[6] 쯤은 되었으니 군데군데 새로 개간한 것이나 다름없는 땅이었다. 그래서 나는 거름을 전혀 주지 않았다. 그러나 여름 동안 괭이질을 하다 파낸 화살촉으로 미뤄보아 백인들이 이 땅에 와서 개간하기 전에도 지금은 멸망한 인디언 부족[7]이 이곳에 살면서 옥수수와 콩을 심었던 것이다. 그래서 내가 지금 가꾸고 있는 작물에 필요한 지력이 다소 약해진 것 같았다.

나는 우드척이나 다람쥐가 아침에 일어나 길을 건너오기 전에, 떡갈나무 위에 햇빛이 들기 전에, 그리고 새벽이슬이 한 방울이라도 마르기 전에 내 콩밭에서 오만하게 자라고 있는 잡초를 뽑아내어 그 머리 위에 흙을 덮었다. 농부들은 새벽일을 하지 말라고 내게 충고하지만 나는 오히려 가능하면 아침 이슬이 가시기 전에 모든 일을 마치라고 권하고 싶다. 이른 아침에는 이슬을 머금어서 잘 부스러지는 모래흙을 나는 마치 조형미술가처럼 맨발로 밟으면서 일을 했으나 시간이 갈수록 점점 강해지는 햇빛 때문에 나중에는 발에 물집이 생겼다.

이처럼 햇볕을 쪼이며 나는 길이 15로드(약 75미터)의 푸르고 긴 콩 두둑 사이로 노란 자갈땅을 밟으며 천천히 오고가면서 콩밭의 김을 맸다. 콩 두둑의 한 끝에는 떡갈나무 관목의 숲이 있어서 그 그늘에서 쉴 수 있었고, 또 다른 한 끝은 먹딸기 밭이어서 김매기를 한 차례 하고 돌아와서 보면 그 푸른 딸기 열매들이 더욱 짙은 파랑색으로 변

---

6) cord: 목재나 장작의 부피를 재는 단위. 128입방피트. 4x4x8피트.

7) 소로의 인디언에 관한 관심은 필생에 걸친 것이었다. 그는 900여점의 인디언의 유물과 공예품을 수집했다. 그 수집된 유품들은 현재 매사추세츠 주의 하버드 읍에 있는 프루틀랜즈 박물관에 소장되어 있다.

해 있었다. 나는 잡초를 뽑아내고, 콩대 둘레에 새 흙을 북돋아서 내가 씨를 뿌린 이 잡초를 격려하고, 이 황색 모래땅으로 하여금 '여름에 대한 자신의 사상'을 들쑥이나 개밀이나 피 같은 잡초가 아니라 이 콩의 잎과 꽃으로 나타내도록 하고, 이 대지가 '풀'이라 말하는 대신에 이제 '콩'이라 외치게 하는 것, 이것이 나의 일과였다.

나는 말이나 소를 부리지 않았고 또한 애 어른 할 것 없이 인부를 거의 쓰지 않았다. 그리고 개량 농기구도 쓰지 않았다. 이런 도움을 거의 받지 않았기 때문에 일은 무척 더뎠지만 전보다 훨씬 더 콩과 친해질 수 있었다. 어쨌든 손으로 하는 노동은 일이 아무리 느리고 무척 고된 노역에 가까울지라도 어쩌면 가장 나쁜 형태의 게으름은 결코 아닐 것이다. 손으로 하는 노동에는 항구 불변의 교훈이 깃들어 있고 또한 학생에게는 가장 좋은 결과를 가져온다.

링컨과 웨이랜드[8]를 지나 서쪽을 향해 어디론가 여행하는 사람들의 눈에는 나야말로 '열심히 일하는 농부'의 표본처럼 보였을 것이다. 그들은 이륜마차에 편히 앉아서 팔꿈치를 무릎에 얹은 채 고삐를 둥글게 감아 느슨하게 쥐고 있었다. 그들에게는 나야말로 고향에 눌러앉아 집에서 힘들게 땅을 파는 농사꾼이었다. 그러나 곧 나의 농장은 그들의 시야와 생각에서 벗어났다. 길 양쪽으로 멀리 보아도 눈에 띄는 경작지는 나의 농지뿐이었으니 지나가는 사람들은 이를 가장 좋은 심심풀이 대상으로 삼았다. 때때로 여행자들이 자기들끼리 주고받는 잡담이나 비평이 밭에서 일하는 내 귀에까지 들리기도 했다. "강낭콩을 이렇게 늦게 심다니! 완두콩을 이렇게 늦게 심다니!" 다른 사람들이 모두 이미 콩밭의 김매기를 시작했을 때도 나는 계속 콩을 심었던 것이니, 저 목사 농사꾼님[9]으로서는 생각지도 못할 일이었다. "여보게, 가축 사료로는 옥수수가 최고야. 암, 옥수수가 제일이지." "저 사람 저기서 '사는' 걸까요?" 검정 보닛을 쓴 여인이 회색 코트의 남자에게 묻는다.

그런가 하면 얼굴이 험상궂게 생긴 농부 한 사람이 고삐를 당겨 말을 세우더니, 거름도 주지 않은 밭고랑에서 뭘 하고 있느냐고 묻고서 조금이라도 좋으니 톱밥이나 재, 석회라도 뿌리라고 권한다. 그러나 밭은 2에이커 반이나 되지만 내게 있는 것은 수레 대신에 호미 한 자루와 그것을 잡아당길 두 손이 있을 뿐이다. 나는 수레와 말을 부리기는 싫었다. 게다가 톱밥을 가져오려면 거리도 멀었다. 덜거덕거리는 마차를 타고 지나가는 행인들은 자신들이 지나쳐온 밭과 내 밭을 큰 소리로 비교했다. 그래서 나는 농업 세계에서 내가 어떤 상태에 놓여 있는지 알 수 있었다. 이 밭은 콜맨 씨의 농업 보고서에도 들어

8) Lincoln and Wayland:현재는 126번 국도로 월든 호수를 지나는 길이다. 콩코드에서 링컨과 웨이랜드로 이어지는 길.

9) Henry Coleman(1785~1849):목사. 농업연구가. 1838년에서 1841년까지의 4차에 걸친 일련의 농업실태 조사서인 《Report on the Agriculture of Massachusetts》의 저자.

있지 않은 밭이다.

그런데 사람의 손이 닿지 않은 야생의 들판에서 대자연이 산출하는 수확물의 가치를 누가 평가할 것인가? '영국 목초'[10)]를 수확하면 즉시 꼼꼼하게 무게를 달고 습도를 측정하고 규산염과 칼리 성분의 함량을 계산한다. 그러나 모든 골짜기와 호수, 모든 숲과 초원과 늪에도 풍성하고 다양한 수확물이 자라고 있는데 다만 사람들이 거둬들이지 않을 따름이다.

어느 면에서 내 밭은 야생의 들판과 개간된 경지의 중간쯤 되는 것이다. 마치 어떤 나라는 개발국이라 하고, 또 어떤 나라들은 개발도상국, 또 어떤 나라들은 미개국이나 야만국이라 하듯 나의 밭은 — 나쁜 의미에서가 아니라 — 반 개척된 땅이라 할 수 있었다. 내가 가꾸는 콩은 기꺼이 그들의 야생 원시 상태로 돌아가고 있었으며 나의 괭이는 그들을 위해 목동의 피리를 연주해 주었던 것이다.

콩밭 바로 가까이의 자작나무 맨 윗가지에서 갈색 개똥지빠귀 — 아니, 어떤 사람은 빨강지빠귀라고 부르고 싶어 하는데 — 그 새가 나와 함께 있는 것이 즐겁다는 듯이 아침 내내 노래를 부른다. 만일 밭이 여기 있지 않았다면 그들은 어느 다른 농부의 밭을 찾아 날아가리라. 내가 씨앗을 뿌리고 있으면 그 새가 노래를 한다. "씨를 뿌려라, 씨를 뿌려. 흙을 덮어라, 흙을 덮어. 씨를 따라, 씨를 따." 그러나 이 씨는 옥수수가 아니어서 그 새와 같은 적들로부터는 안전하였다. 한데 이 개똥지빠귀의 지저귐은 한 개의 현을 타는 것인지 스무 개의 현을 타는 것인지 이 아마추어 파가니니[11)]의 연주가 나의 씨 뿌리는 작업과 도대체 무슨 관계가 있는 것인지 알 수는 없지만 아마도 그 씨

---

10) 수입된 외래 곡물이나 목초를 재래 초원의 목초와 구별하여 '영국 목초' 또는 '영국 건초'라 칭했다.

11) Niccolo Paganini(1782~1840):유명한 이탈리아 바이올리니스트. 현 하나로 전 악절을 연주하는 능력으로 유명했다.

앗은 재나 석회 같은 거름보다 그 새의 노랫소리를 더 좋아할 것이다. 그 소리야말로 내가 전적으로 믿어 의심치 않는 일종의 값이 들지 않는 웃거름이었다.

괭이로 새 흙을 밭이랑으로 긁어 올리다 보면 고이 묻혀 잠들어있는 옛 사람들의 유해를 건드리기도 한다. 그들은 원시 시대에 이곳의 하늘 아래에서 살았으나 역사에 아무런 기록을 남기지 않은 민족의 잔해들이다. 때로는 그들이 쓰던 전쟁과 수렵의 작은 도구들을 발견하여 현대의 밝은 햇빛에 모습을 드러내도록 했다. 이들은 다른 돌과 뒤섞여 있었고, 그중 어떤 것은 인디언의 모닥불에 그을린 흔적이 있는가 하면 또 어떤 것은 햇볕에 그을린 자국이 있었고, 근래에 이 땅을 개간한 사람들이 가져온 그릇의 파편과 유리조각도 나왔다.

괭이가 돌에 부딪쳐 땡그랑 소리를 낼 때는 그 음향[12]이 희귀한 음악이 되어 숲과 하늘에 울려 퍼졌고 순간순간 무한히 수확을 하고 있는 나의 노동에 반주 역할을 했다. 내가 김을 매고 있는 것이 이젠 콩밭이 아니었고 또한 콩밭을 매고 있는 사람도 이미 내가 아니었다. 이 음악소리를 들을 때는 이따금 오라토리오[13]를 들으러 도시로 나들이 가는 지인들이 생각나기도 하는데 그럴 때는 그들에 대한 연민과 함께 나는 어떤 자부심을 느끼기도 했다.

날씨 좋은 오후에는 머리 위에서 쏙독새가 맴돌았다. 나는 가끔 이런 것을 보는 것으로 즐거운 하루를 보낸다. 그건 마치 눈에 — 아니,

---

12) 소로는 자기 주위의 소리에서 음악을 발견한다. 일지 여러 곳에 이 같은 표현이 있다. "홀든 늪 근처의 숲에 들어가 앉아 나무 끝에서 으르렁대는 바람소리를 듣는다. …… 그것은 내 생각에 어느 오페라보다 잘 나타난 하나의 음악이다. ……"(J 5:492) "개 짖는 소리 같은 가장 흔하고 값싼 소리도 신선하고 건강한 귀에는 가장 귀한 음악과 똑같은 효과를 낸다. …… 우리가 음악에 대한 고귀한 귀를 갖는 것보다 값싼 소리가 우리에게 음악이 되게 하는 것이 어떤 의미에서는 보다 더 좋다. ……"(J 10:227).

13) oratorio:성담곡聖譚曲. 보통 성경에서 취재한 성시聖詩를 합창, 독창 또는 관현악으로 작곡한 종교적 악극. 그는 1851년 일지에 "성담곡이나 오페라에 참석하지 않는다 해서 사람이 음악을 잃는 것은 아니다"(J 2:379)라고 말하고, "내 직업은 …… 자연 속에 있는 성담곡과 오페라에 참석하는 것이다"(J 2:472)라고 썼다.

하늘의 눈의 티라 할까 — 아주 작은 점이 빙글빙글 돌다가는 이따금 밑으로 곤두박질치며 하늘을 갈기갈기 찢는 소리를 낸다. 그러나 머리를 들어보면 푸른 하늘은 기운 자국 하나 없이 그대로였다. 그들은 하늘을 차지하고 있으면서도 알은 사람들이 잘 찾아낼 수 없는 지상의 모래땅이나 산마루 바위틈에 낳아 놓는 장난꾸러기 꼬마 요정들이다. 그들의 우아하고 날렵한 모습은 낙엽이 바람에 날려 하늘에 떠 있는 것처럼 호수에서 잔잔한 물결을 떼어내어 하늘에 띄워놓은 것만 같다. 자연에는 이처럼 친족관계가 분명히 있다. 호수 위에서 항해하며 물결을 굽어보는 쏙독새는 '공중에 있는 물결의 형제'다. 공기로 부풀어 오른 그의 완벽한 두 날개의 모습은 바다의 털 없는, 아직은 초보적인 날개와 서로 대응한다.

어떤 때는 한 쌍의 큰 솔개가 하늘 높이 치솟았다가 내려오고 서로 가까이 갔다가 떨어지는 모습을 본다. 그 모습이 마치 나 자신의 사상을 구현하는 것만 같았다. 때로는 산비둘기가 날개의 진동음을 가볍게 내며 이 숲에서 저 숲으로 전령처럼 황급히 지나가는 모습이 내 눈길을 끌었다. 또 어떤 때는 괭이로 썩은 나무 그루터기를 파내다가 그 밑에서 둔중한 몸집을 한 이국적인 점박이 도롱뇽을 파내기도 했다. 이집트와 나일 강 냄새가 나는 이놈은 실은 우리와 동시대의 생물이다. 일을 멈추고 괭이자루에 기대어 쉬노라면 나는 밭고랑 어디에서나 이와 같은 소리와 풍경을 보거나 들을 수도 있었다. 그것들은 시골이 제공하는 무궁무진한 즐거움의 일부일 따름이다.

마을에서 축포를 터뜨리는 축제일[14]에는 그 소리가 마치 딱총소리처럼 이곳 숲에까지 울려왔다. 어떤 때는 군악소리 일부가 멀리 여기

---

14) 콩코드의 축제일은 4월 19일의 독립전쟁의 콩코드 전투 기념일과 7월 4일 독립기념일이었다. 소로의 월든 체류 중에 친노예제도적인 멕시코 전쟁(1846~48)이 진행되고 있었고 또한 콩코드에도 2개 중대의 민병대가 주둔하고 있었다.

까지 바람에 실려오기도 했다. 마을의 반대편 끝의 콩밭에 있는 나에게는 큰 대포 소리도 말불버섯 터지는 소리처럼 들렸다. 미처 몰랐던 군사 훈련이 있는 경우 나는 때때로 성홍열이나 발진 같은 질병이나 가려움증이 지평선에서 터질 것 같은 막연한 예감으로 온종일 몸이 근실거렸다. 풍향이 좀 알맞게 바뀌어 바람이 급히 들판을 건너 웨일랜드 도로道路 쪽으로 불어오면 그 때에야 민병대가 '군사 훈련'을 하고 있다는 소식이 바람에 실려 내게 전해진다. 멀리서 들리는 그 윙윙거리는 소리는 마치 어느 집의 벌통에서 벌떼가 밖으로 나와 웅성대는 것을 그의 이웃 사람들이 베르길리우스의 충고대로 부엌에서 소리가 잘 나는 양철 그릇을 들고 나와서 두들기며 벌떼를 벌통으로 불러들이는 소리 같았다. 이윽고 그 딸랑대는 소리가 완전히 사라지고 또 윙윙 소리도 멎어 가장 부드러운 미풍에서도 아무런 소리가 들리지 않으면 그 때에야 마지막 벌까지 미들섹스 벌통[15]에 안전하게 불러들였고 또한 이제 벌들은 벌집에 발린 꿀에 정신을 팔고 있다는 것을 알게 된다.

나는 이처럼 매사추세츠 주와 조국의 자유가 안전하게 지켜지고 있음을 알게 되어 자랑스럽게 느꼈고, 내가 다시 괭이질을 했을 때는 형언할 수 없이 무한한 확신으로 벅차서 은근히 미래를 믿고 기꺼이 내 일을 계속했다.

또 몇 개의 악대가 동시에 연주할 때는 마치 온 마을이 거대한 풀무가 되어 모든 건물들이 악대의 장단에 맞춰 번갈아 풍선처럼 부풀었다 줄었다 하는 것 같았다. 한데 이 숲에 들려오는 소리는 때로는 실로 고상하고 용기를 불러일으키는 가락과 함께 무용을 구가하는 트럼펫 소리였다. 이 소리에 나는 멕시코 사람이 옆에 있기라도 하면

15) 군대를 벌떼에 비유. 콩코드가 속한 군郡 미들섹스의 병영을 뜻함.

그를 꼬챙이에 꿰어 맛있게 구워먹을 수도 있을 것 같은 기분이 되어,[16] 우드척이나 스컹크라도 찾아서 나의 용감한 기사도를 발휘하기 위해 주위를 두리번거렸다. 아무렴 이런 판국에 언제까지 사소한 것을 위해 싸워야 하겠는가? 이 용감한 군악소리들이 팽팽하게 고조될 때는 저 멀리 중동의 팔레스타인까지 미칠 것 같았고, 마을을 덮고 있는 느릅나무[17] 잎들이 흔들려 조금만 돌진하는 소리를 내거나 가지들이 떨려도 지평선에서 십자군이 행군하는 모습이 떠올랐다. 오늘은 평시와는 달리 소위 '위대한' 날에 속하는 하루였다. 하지만 내 밭에서 보는 하늘은 언제나 변함없이 위대한 모습 그대로였고 여느 날과 다른 점은 전혀 없었다.

나는 콩을 경작하면서 그와 오랜 교제를 하였다. 콩을 심고 풀을 매고 거둬들이고 타작하고 고르고 내다 팔고 또 맛도 봤으니 먹는 것도 추가할 수도 있겠는데 — 무엇보다 내다 파는 일이 가장 어렵기는 했지만 — 이 모든 일들을 통해 콩과 사귄 것은 좀 특별한 경험이었다. 나는 콩을 철저히 알기로[18] 마음을 정했다. 콩이 자라는 동안 아침 다섯 시에서 점심때까지는 으레 콩밭의 김을 매곤 했다. 그리고 그 이후의 시간은 대개 다른 일로 보냈다.

사람이 여러 종류의 잡초와 맺는 친밀하고 진기한 교제를 생각해 보라. 이를 설명하는 데는 다소의 중복을 피할 수 없겠다. 밭일 자체에 중복이 적지 않기 때문이다. 괭이로 잡초의 섬세한 조직을 무자비하게 파괴하고 어떤 종류는 큰 것 작은 것 할 것 없이 줄줄이 있는 대

16) 당시 진행되고 있었던 멕시코 전쟁(1846~48)과 맹목적인 애국심의 팽배에 대한 풍자. 소로는 이 전쟁을 반대하여 인두세의 납부를 거부하였기 때문에 옥에 갇혔고, 이 일을 계기로 유명한 〈시민의 불복종〉을 써서 《미학》지에 발표했다.

17) 당시 느릅나무는 가로수로 콩코드의 거의 모든 거리에 줄 서 있었다. 후에 느릅나무 병에 걸려 제거되었다.

18) to know beans:'무지'나 '무식'을 암시하는 표현으로 뉴잉글랜드에서 흔히 쓰는 'He doesn't know beans(콩도 모른다)'라는 말을 거꾸로 쓴 말.

로 다 잘라버리고 다른 종류는 애써 가꾸는 그런 불공평한 차별 대우를 행사한다. 저건 로마 쑥 — 저건 돼지풀 — 저건 괭이밥 — 저것은 개밀 — 저놈을 잡아라, 저놈을 잘라라, 뿌리를 뽑아라, 뒤집어 햇볕에 말려버려라, 잔뿌리 하나라도 그늘에 들지 않게 하라! 그렇지 않으면 이틀도 못 되어 몸을 스스로 뒤집고 부추처럼 파릇파릇 되살아난다. 이 긴 싸움은 두루미와 싸우는 것[19]이 아니라 잡초 즉 해와 비와 이슬을 제 편으로 둔 그 트로이 사람들과의 싸움이다.

콩은 날마다 내가 괭이로 무장하고 와서 자기들을 구출하기 위해 적의 대오를 무찌르고 적들의 시체가 밭고랑에 가득 쌓이는 것을 지켜봤다. 모인 전우보다 키가 한 자는 더 크고 튼튼한 그 수많은 헥토르[20] 장군들이 투구에 깃털을 휘날리며 용맹을 떨치고 있었는데 내 무기 앞에 무참히 쓰러져 흙먼지 속에 나뒹굴었다.

그해 여름의 나날을 나와 동시대 사람들 일부는 보스턴이나 로마에서 미술 연구에 바치고, 어떤 사람들은 인도에서 명상을 하고, 또 어떤 사람들은 런던이나 뉴욕에서 장사에 전념할 것이다. 그들과 마찬가지로 나는 뉴잉글랜드의 농부들처럼 열심히 농사를 지었다. 먹을 콩이 필요해서가 아니었다. 왜냐하면 남이야 콩으로 죽을 쑤건 투표를 셈하는 데 쓰건 내가 상관할 바는 아니다. 하지만 콩에 관한 한 나는 날 때부터 피타고라스[21]였기 때문이다. 그가 콩을 싫어했듯이 나도 콩을 먹기가 싫어서 그것들을 쌀과 바꿨다.

내가 콩을 가꾼 것은 어쩌면 언젠가 어느 우화작가에게 도움을 줄 비유적인 표현의 재료를 제공하기 위한 목적만으로도 누군가는 밭에

---

19) 그리스 신화. 난쟁이 피그미족들이 두루미와 싸웠다는 고사에 비유.

20) Hector:호메로스의 〈일리아드〉에 나오는 트로이의 왕자. 가장 용맹을 떨친 장군이었으나 아킬레스와의 싸움에서 전사.

21) Pythagoras:기원전 6세기 그리스 철학자. 콩을 싫어했고 제자들에게 콩을 먹지 말라고 권했다함.

서 일할 필요가 있기 때문이었다. 대체로 이 일은 맛보기 어려운 귀한 즐거움을 제공해 주었고 너무 오래 하면 오히려 일종의 낭비가 되었을지도 모른다. 나는 콩에 거름을 전혀 주지 않았다. 밭 전체에 한꺼번에 김매기를 다해준 일도 없다. 하지만 나로서는 무척이나 정성 들여 밭을 맸고 그 결과 좋은 결실을 맺을 수 있었다. 저술가 이블린[22]의 말대로 "사실 어떤 퇴비나 거름도 삽으로 흙을 파고 또 파서 흙을 뒤엎어놓는 것에는 비할 만한 것이 없다." 이블린은 또 다른 곳에서 다음과 같이 덧붙여 말하였다.

> 흙은, 특히 신선한 흙은 그 안에 어떤 자력磁力 같은 것이 있어서 그 자력으로 생명력을 주는 염분과 힘을 빨아들인다. 우리가 늘 흙을 뒤집고 파헤치는 이유가 바로 거기에 있다. 인분 비료나 기타의 다른 더러운 퇴비를 쓰는 것은 이 개량법에 대신하는 방책에 불과하다.

더욱이 내가 경작하는 이 땅은 '지칠 대로 지치고 쇠진하여 안식을 즐기는' 일종의 황무지였으므로 케넬름 디그비 경[23]이 생각했던 것처럼 공기로부터 '생명의 정기'를 빨아들였는지도 모른다. 어쨌든 나는 강낭콩 12부셸(약 24말)을 수확할 수 있었다.

그러나 코맨 씨까지도 주로 비용이 많이 드는 아마추어 농부의 실험에 대해서만 보고했다는 불평을 듣고 있으니 내 지출을 좀 더 구체적으로 보고하면 아래와 같다.

괭이 한 자루 54센트

---

22) John Evelyn(1620~1706): 영국 일기작가. 《땅에 대한 철학적 담론(Terra: a Philosophical Discourse)》 (1729) 14~16에서 인용.

23) Sir Kenelm Digby(1603~65): 영국의 박물학자, 철학자. 《Discourse Concerning the Vegetation of Plants》(1661)의 저자. 소로의 수첩에 디그비의 말을 이블린의 《땅에 대한 철학적 담론》에서 읽은 것으로 표시되어 있다.

쟁기질, 써레질, 고랑 내는 값	7달러 50센트(너무 비싸다)
콩 종자	3달러 12 1/2센트
씨감자	1달러 33센트
완두콩 종자	40센트
무 종자	6센트
허수아비용 흰 줄	2센트
쟁기와 소년 품삯(3시간)	1달러
수확용 말과 마차	75센트
합　계	14달러 72 1/2센트

"집안의 가장이 해야 할 일은 사는 일이 아니라 파는 일이다"[24]라고 하니 내가 팔아서 얻은 수입은 다음과 같다.

콩 9부셸 12쿼트(18말 6되) 판매대금	16달러 94센트
굵은 감자 5부셸(10말)	2달러 50센트
작은 감자 9부셸(19말)	2달러 25센트
건초	1달러
콩대	75센트
합　계	23달러 44센트

앞에서 언급한 대로 순이익금은 8달러 71 1/2센트였다.

내가 콩을 재배하면서 얻은 경험을 요약하면 이렇다. 6월 초순경, 보통의 흰 콩 중에서 싱싱하고 둥근 순종을 골라서 두둑과 두둑의 간격은 3피트, 콩과 콩의 간격은 18인치로 띄어 심는다. 처음에는 벌레

24) 카토의 《De Agri Cultura》 2.7에서 인용.

를 조심하고 빈 곳이 있으면 다시 심어 메운다. 다음에는 방책 없이 노출된 밭에서는 우드척을 조심해야 한다. 그놈이 지나가면서 갓 나온 새싹을 거의 말끔히 갉아먹기 때문이다. 또 새 덩굴이 나오면 그것을 알아차리고 다람쥐처럼 꼿꼿이 앉아서 콩의 꽃봉오리와 콩꼬투리가 달린 덩굴을 그대로 잘라버린다. 그러나 무엇보다 중요한 것은 되도록이면 일찍 수확하여 서리를 피하고 또한 가장 적당한 판매시기를 잡는 일이다. 그렇게 하면 큰 손실은 막을 수 있다.

이외에도 나는 이런 경험도 했다. 나는 콩을 거두고 난 뒤 혼자 생각했다. 이렇게 콩과 옥수수만 열심히 심을 것이 아니라 아직 씨앗을 완전히 잃어버린 것이 아니라면 다음 여름에는 이제 정직, 진실, 소박, 믿음, 순진과 같은 씨앗들을 심겠다고 혼자서 말했다. 그래서 이보다 노력도 적게 들고 땅도 덜 차지하더라도 그 씨앗들이 이 토양에서 싹이 자라 나를 부양할 수 있을지 시험해 보기로 마음먹었다. 분명히 이런 곡식들이 자라지 못할 만큼 메마른 땅이 되어버린 것은 아니라 생각했기 때문이었다.

한데 이를 어찌하랴! 나는 홀로 탄식했다. 그러나 이제 그 다음 여름도 가고, 그 다음 여름도, 그 다음 여름마저 가버렸으니.[25] 이제 독자 여러분에게도 어쩔 수 없이 말할 수밖에 없게 되었다. 내가 심었던 씨앗들이 — 정말로 덕의 씨앗들인데 — 그만 해충에 먹혀버렸거나 아니면 생명력을 잃어버렸다. 그래서 싹이 나오지 못하고 말았다.

대체로 사람들은 자기 선조들이 용감했거나 겁쟁이였던 것만큼만 용감할 뿐이다. 현 세대는 몇 세기 전에 인디언들이 심었고 그들이 최초의 이주자들에게 가르쳐준 그대로 정확히 새해가 올 때마다 마치 거기에 운명이라도 걸려있는 듯이 꼬박꼬박 옥수수와 콩을 심는다.

---

25) 《구약성서》〈예레미야〉 8:20 "추수할 때가 지나고 여름이 다하였으나 우리는 구원을 얻지 못한다 하는 도다"의 은유.

나는 요전 날 어느 칠순이 넘어 보이는 늙은 노인 한 분이 괭이로 열심히 밭매기를 하는 것을 보고 놀랐다. 어찌 보면 해마다 하나씩 열심히 무덤을 파고 있는 것 같이 생각되었기 때문이었다. 그 노인의 나이라면 적어도 일흔 번째 되는 구덩이를 파는 것인데 그것도 자신이 들어가 누울 구덩이도 아니지 않은가!

한데 우리 뉴잉글랜드 사람들은 왜 새로운 모험을 시도하면 안 된다는 것인가! 곡물이나 감자, 건초와 과수의 재배에만 그렇게 전념할 것이 아니라 그 외의 다른 작물을 재배하면 왜 안 되는가! 왜 우리는 종자용 콩에는 그처럼 많은 관심을 두면서 인간의 새 세대에 대해서는 관심이 없는가?

위에서 내가 말한 여러 가지 미덕의 씨앗들은 우리 모두가 다른 생산물보다 더 큰 자랑으로 삼고 있지만 거의가 바람에 날리는 씨앗처럼 공중에 떠돌고 있을 따름이다. 한데 만약 어떤 사람을 만났을 때, 그 사람 속에 그 씨앗이 뿌리내려 성장하는 것을 분명히 보게 된다면 우리는 틀림없이 정신적인 자양滋養과 활기를 얻을 것이 분명하다.

이를테면 진실이나 정의 같은 섬세하고 형언할 수 없이 아름다운 미덕의 씨알이 — 아무리 양이 적고 또 새로운 변종이라 할지라도 — 그런 미덕을 지닌 인물이 길을 따라 여기 오고 있다 하자. 바로 이런 씨앗들을 본국에 보내도록 해외에 나가 있는 우리의 대사들에게 훈령을 내려야 한다.[26] 그리고 국회는 협조해서 그 씨앗들이 전국에 보급되도록 해야 한다.[27] 성실에는 격식을 차릴 필요가 없다. 인격과

---

26) 미국 건국 초기에 영국에 있었던 벤저민 프랭클린, 프랑스에 있었던 토머스 제퍼슨(3대 대통령)은 희귀종의 씨앗들을 구하여 미국에 보급한 것을 비롯하여 6대(1825~29) 대통령인 존 퀸시 애덤스(1767~1848)는 이를 이어 행정부가 모든 재외공관에 지시하여 희귀종의 씨앗을 워싱턴에 보내어 보급하도록 지시했다. 프랭클린은 실제로 영국인 사상가 토머스 페인을 미국에 보내 패색이 짙어진 독립전쟁을 승리로 이끌었다.

27) 당시는 국회의원들이 선거구민에게 종자를 무료로 보급하는 관습이 있었다. 1839년에 국회는 '국회 종자 배급 계획'에 1,000 달러를 투자하여 원하는 자에게는 무료로 우송하도록 보급량을 늘렸던 일이 있었다. 소로는 이에 빗대 '진실의 씨앗'을 보급해야 한다고

우정의 핵만 있다면 우리는 결코 비열하게 서로 속이고 모욕하고 배척하는 일이 없을 것이다.

그렇기에 우리는 허겁지겁 만나서는 안 된다. 나는 요즘 사람들을 거의 만나지 않는다. 왜냐하면 그들이 시간이 없는 것 같아서다. 그들은 그들의 콩 농사를 짓느라 분주하다. 나는 그처럼 늘 바쁘게 일하는 사람들과는 상대하고 싶지 않다. 그들은 일을 하다가 괭이나 삽을 지팡이 삼아 기대는데 그 모습이 버섯처럼 안전하게 땅을 딛고 있는 것이 아니라 서 있다기보다는 무언가 땅에서 반쯤 엉거주춤 떨어져 있는 것 같다. 마치 땅에 내려놓은 제비가 걷고 있는 모습처럼.

……

> 그리고 말할 때, 그는 날개를
> 이따금 날아갈 듯 폈다 다시 접곤 했다.[28)]

그래서 그런 사람과 이야기를 나눌 때는 우리가 천사와 이야기하고 있는 것은 아닌가 하는 생각이 든다.

빵은 우리를 언제나 살찌게 하지는 못할 수도 있다. 그러나 인간이나 대자연 가운데서 어떤 관대함을 깨닫는 것, 순수하고도 영웅적인 희열을 함께 나누는 것은 우리를 언제나 이롭게 한다. 무엇이 우리를 고통스럽게 하는지 알지 못할 때도 그 희열은 우리의 굳은 관절을 부드럽게 해주고 또한 우리를 유연하고 흔쾌하게 한다.

고대의 시와 신화는 농업이 예전에는 신성한 예술이었음을 최소한 암시하고 있다. 그러나 지금은 대형 농장과 대량생산만을 목표로 삼

주장한다.

28) Framcis Quarles(1592~1644):〈목동의 신명神命(The Shepherd's Oracles)〉 다섯 번째의 목가(Eclogue)에서 인용.

은 나머지 성급하고 무분별하게 농사를 짓고 있다. 농부로 하여금 자기 직업의 신성함을 표현하고 또 그 직업의 거룩한 기원을 회상하도록 하는 축제나 행사나 의식을 우리는 전혀 찾아볼 수 없다. 이것은 가축 전시나 이른바 추수감사절도 예외가 아니다. 농부의 관심은 오직 돈벌이와 잔치에만 있다. 농부들은 농업의 여신 케레스[29]와 대지의 신 주피터[30]에게 제물을 바치는 것이 아니라 오히려 지옥의 황금의 신 플루토[31]에게 제사를 지내고 있다.

탐욕과 이기심 때문에 그리고 땅을 재산으로 보거나 재산 획득의 수단으로 보는 일종의 천박한 습성 때문에 이 습성에서 벗어난 사람이 우리들 가운데는 아무도 없기 때문에, 자연 경관은 일그러지고 농사일은 품위를 잃고 농부는 가장 천한 생활을 한다. 농부는 자연을 그저 도둑으로만 보고 있다. 카토는 농업 수익은 특히 신성하고 정당하고 가장 존경스러운 것이라 말했다. 또 바로[32]의 말에 따르면 고대 로마인들은 "대지를 어머니라 부르기도 하고 농업의 여신 케레스라 부르기도 했다. 대지를 경작하는 사람은 신성하고 유익한 생활을 하고, 오직 그들만이 사투르누스[33] 왕족의 후손이라고 생각했다"는 것이다.

태양은 우리의 경작지와 초원과 숲을 차별 없이 내려다본다는 사실을 우리는 쉽게 잊는다.[34] 또한 그것들은 모두 태양 광선을 똑같이

---

29) Ceres:로마신화. 수확의 여신.

30) Jupiter:하늘과 땅의 로마의 신. 그리스의 제우스 신에 해당함.

31) Plutus:그리스 신화. 부富의 신 데메테르(Demeter)의 아들. 소로는 'infernal(지옥의)'란 형용사를 붙여 발음이 비슷한 '명계冥界의 신' 플루토(Pluto)를 암시한다.

32) Marcus Terentius Varro(기원전 116~기원전 27):로마의 학자. 저술가. 70개가 넘는 작품을 저작했으나 그중에 《Rerum Rusticarum》 만이 온전하게 남아있다. 아래의 인용은 이 저서 3.1.5에서 소로 자신이 번역한 것이다.

33) Saturn:로마신화. 농업의 신.

34) 〈마태복음〉 5:45 "하나님이 그 해를 악인과 선인에게 비추게 하시며 비를 의로운 자와 불의한 자에게 내리우심이니라"의 인유.

반사하고 흡수한다. 우리의 경작지는 태양이 매일 순회하면서 내려다보는 장엄한 풍경의 아주 작은 부분일 따름이다. 태양의 눈에는 대지 전부가 고루고루 똑같이 가꿔진 하나의 정원이다.

그러므로 우리는 태양의 빛과 열의 혜택을 그에 상응하는 신뢰와 아량으로 받아야 한다. 내가 이 종자 콩을 소중히 여기고 가을에 그것을 수확한들 그것이 무슨 대수겠는가? 내가 그토록 오랫동안 보살펴온 이 넓은 밭은 나를 진짜 경작자로 보지 않으며, 나를 무시한 채 밭에 물을 주어 푸르게 해주는 보다 더 다정한 자연의 힘을 향해 얼굴을 돌린다. 이 콩의 결실을 내가 다 거둬들이도록 되어 있는 것이 아니다. 그들은 부분적으로 우드척을 위해 자라고 있지 않은가?

밀 이삭은 라틴어로는 'spica'이고, 사라진 말인 'speca' 그리고 희망이란 의미의 'spe'에서 유래된 말이다. 하지만 이것이 농부들의 유일한 희망이 되어서는 안 된다. 그리고 그 핵 즉 알갱이, 라틴어로는 'granum' 즉 출산을 의미하는 'gerendo'에서 온 말인데 이것만이 밀 이삭이 산출하는 것 전부가 아니다. 그렇다면 어찌 수확에 실패가 있을 수 있겠는가? 잡초의 무성함을 또한 내가 기뻐해야 하지 않을까? 그 씨가 새들의 주식이니 말이다. 밭농사가 잘 되어 농부의 곳간에 곡식을 채워주느냐 아니냐는 별로 중요한 일이 아니다. 다람쥐가 올해 숲에 밤이 열리든 말든 아무런 근심이 없듯이 참다운 농부는 걱정에서 벗어나 자기 밭의 소출에 대한 독점권을 버리고 자신의 첫 생산물뿐만이 아니라 마지막 생산물도 제물로 바칠 마음자세를 가져야 할 것이다.[35)]

---

35) 《구약성서》 〈출애굽기〉 23:19 "너의 토지에서 처음 익은 열매의 첫 것을 가져다가 너의 하나님 여호와께 드릴 지니라 ……"의 인유.

제8장 마 을[1)]

오후에 김매기를 하거나 때로는 책을 읽거나 글을 쓰고 난 다음에 나는 으레 호수로 나가서 다시 목욕을 했다. 그리고 정해 놓은 대로 작은 만 하나를 가로질러 헤엄치기를 했다. 이것으로 그동안 일에서 묻은 먼지를 말끔히 씻어내고 공부에서 생긴 주름살을 완전히 폈다. 그런 다음의 오후는 그야말로 완전히 자유였다.

날마다 아니면 하루걸러 나는 어슬렁어슬렁 마을로 내려가 세상 이야기를 얼마간 얻어 듣곤 했다. 마을에는 이야깃거리가 끊이지 않는다. 이 사람 입에서 저 사람 입으로 옮겨가고 이 신문에서 저 신문으로 소문은 퍼진다. 소문이란 동종요법[2)]에서 투약을 하듯이 조금씩만 들으면 그런대로 살랑거리는 나뭇잎 소리나 개구리의 울음소리만큼이나 상쾌하다.

나는 새와 다람쥐를 보려고 숲을 거닐었듯이 이제 어른과 아이들을 보려고 마을을 거닐었다. 소나무 사이로 불어오는 바람소리 대신 마을에서는 수레들이 굴러가는 덜컥대는 소리들이 들렸다. 내 집에

---

1) 이 장은 존 버니언(1628~88)의 〈천로역정〉에 나오는 허영에 차있고 경박스런 일상을 풍자한 베니티의 시장(Vanity Fair)의 패러디다.

2) 원문 homeopathic doses:동종요법同種療法의 투약. 독을 독으로 치료하는 것과 같은 요법에서 쓰는 소량의 투약을 의미함.

서 어느 방향으로 가면 강변의 초원에 사향쥐들이 떼 지어 사는 곳이 있었고 그 반대쪽 지평地平으로 느릅나무와 플라타너스나무 아래에는 분주하게 움직이는 인간의 마을이 있었다. 마치 초원에 구멍을 파고 사는 프레리도그[3]들이 각자의 굴 앞에 앉아 있다가도 옆 굴로 쪼르르 달려가듯이 소문을 주고받으려고 그들의 이웃으로 쪼르르 달려가는 것이 내게는 퍽 신기하게 보였다. 나는 그들의 습관을 관찰하기 위해서 자주 마을로 나가곤 했다.

마을은 하나의 커다란 뉴스 열람실 같았다. 한쪽에는 마을을 먹여 살리기 위해서 예전에 스테이트 가街의 레딩 회사[4]에서 고객들에게 제공했듯이 사람들은 땅콩이나 호두, 건포도 혹은 소금, 옥수수와 호밀가루며 그 외의 식료품들을 공급하고 있었다. 어떤 사람들은 뉴스라는 그 상품을 먹어치우는 방대한 식욕과 엄청나게 튼튼한 위장을 갖고 있었다. 그 식욕을 채우려고 그들은 큰길가에서 언제까지 꼼짝 않고 주저앉아서 뉴스의 바람이 지중해의 계절풍처럼 지글거리고 지나가는 소리를 듣고 있었다. 그들은 마치 마취제인 에테르[5]를 들이

3) prairie dog:우드척의 일종. 북미 대초원에서 무리지어 사는 설치류. 몸집은 토끼보다 크고 귀는 짧고 작음.

키듯이 뉴스를 들이킨다. 그래서 의식에는 아무런 영향을 주지 않고 다만 감각을 마비시켜 통증을 없애줄 따름이다. 그렇지 않다면야 듣는 것이 무척이나 고통스러울 것이다.

마을에 오면 나는 대체로 그런 양반들이 줄지어 앉아 있는 모습을 어김없이 보게 된다. 그들은 사다리에 올라앉아 햇볕을 쪼이며 몸을 앞으로 숙이고 게슴츠레한 눈으로 신문의 글줄을 이리저리 훑어본다. 아니면 호주머니에 손을 넣고 건물에 기대어 서 있다. 그 모습이 마치 마네킹으로 된 기둥이 건물을 떠받치고 있는 것만 같다. 그들은 거의 언제나 밖에 있으므로 바람결에 실려 오는 소문이란 소문은 다 듣는다. 이들은 말하자면 일종의 거친 방앗간이다. 소문이란 소문은 먼저 여기서 거칠게 빻아진 다음에 집안의 제분기 깔때기로 들어가 더 섬세하게 정제된다.

내가 보기에는 마을의 심장부는 식료품점, 술집, 우체국, 은행이었다. 그들은 마을의 조직에 없어서는 안 될 필수불가결의 요소로 종과 대포와 소방차를 편리한 장소에 비치해 놓고 있었다. 그리고 건물들은 지나가는 사람들을 최대한 이용할 수 있도록, 다시 말하면 최대한 발라낼 수 있도록 길 양쪽에서 서로 마주보게 배열해 놓았다. 그래서 마을을 지나는 행인은 누구나 길 양쪽에서 때리는 몰매를 맞는 일종의 태형笞刑[6]을 거쳐야 했다. 길 양쪽에서 남자, 여자, 아이들 할 것 없이 모두가 길 가는 사람을 한 대씩 갈길 수 있도록 되어 있었다.

---

4) Redding & Company's on State Street:보스턴의 스테이트 가 8번지에 있는 서적판매회사.

5) inhaling ether:1846년에 처음 사용된 흡입용 마취제. 소로는 이를 1851년에 치과병원에서 최초로 경험했다. 일지(J 2:194)에 "요전 날 에테르를 취함으로써 사람이 자신의 감각에서 얼마나 멀리 동떨어지고, …… 의식 상태에서 얼마나 멀리 떨어질 수 있는지를 나는 믿게 되었다. ……"라고 기록되어 있다.

6) 사람을 서로 마주보도록 두 줄로 세우고 벌할 사람을 줄 사이로 통과하도록 하고 양쪽에서 두들기는 형벌이다. 뱃사람들이나 군대에서 행해졌고 인디언들에게도 이런 형벌을 하는 습관이 있었다.

물론 지나가는 사람을 가장 잘 볼 수 있고 또한 가장 눈에 잘 띄어 가장 먼저 행인을 때릴 수 있는 위치, 곧 줄의 맨 앞머리에 가까이 위치할수록 비싼 값을 치러야 하고, 마을 변두리에 흩어져있는 소수의 건물들은 행인들이 몰매를 피해 담을 넘어 도망치거나 송아지나 드나드는 샛길로 빠져나갈 수 있으므로 아주 적은 지세地稅와 창세窓稅[7]를 낸다.

또 그 길의 모든 측면에는 행인들을 유혹하기 위해서 형형색색의 간판들이 밖으로 내걸려 있었다. 어떤 것들은 술집과 식료품가게처럼 식욕을 미끼로 행인을 낚으려 했고, 어떤 것들은 양품점과 보석상처럼 환상과 허영심을 미끼로 삼고, 또 다른 것들은 이발소, 구둣방과 양복점과 같이 각각 머리칼이나 발 또는 바지자락을 물고 늘어졌다. 이런 간판들의 유혹 외에도 나는 줄서 있는 모든 집에서 찾아오라는 초청장을 받아놓고 있고 지금쯤 오기를 기대하고 있으니 이는 한 번 통과하면 끝나는 몰매를 맞는 것보다 더 무섭고 지속적이다.

거개의 경우 나는 이러한 위험을 기막히게 잘 피했다. 몰매를 맞고 지나가야 하는 사람들이 흔히 받는 충고대로 이것저것 생각하지 않고 목적지를 향해 과감하게 그리고 단번에 돌진해버리는 방법을 썼다. 아니면 "칠현금[8] 가락에 맞춰 신에 대한 찬미의 노래를 큰 소리로 불러서 마녀 세이렌[9]의 노랫소리를 압도함으로써 위험을 모면했다"는 오르페우스[10]처럼 위험을 벗어날 때까지 줄곧 고상한 생각에

---

7) 로마의 지세地稅는 곡물은 1/10, 기름과 포도주는 1/5을 생산자가 정부에 내도록 요구했다. 영국의 창세는 1696년에 도입된 것으로 주거의 창문 수에 따라 부과되었다. 식민지시대의 미국에서도 이 세금이 부과되었다.

8) lyre:고대 그리스의 줄이 7개인 현악기. 하프와 비슷함. 음유시인들이 노래나 시를 읊을 때 씀.

9) Siren:그리스 신화. 반인반조半人半鳥인 바다의 요정. 아름다운 노래로 뱃사공들을 홀려 물에 빠져 죽게 함.

10) Orpheus:그리스 신화. 뮤즈 여신 칼리오페의 아들. 마력을 지닌 뛰어난 시인이며 음악가. 인용은 프랜시스 베이컨의 《De Sapienta Veterum》 31에서 소로 자신이 번역한 것

몰두함으로써 유혹을 피하는 방법이었다. 어떤 때는 갑자기 길에서 도망쳐서 아무도 내가 어디 있는지 알지 못하게 하기도 했다. 나는 체면 같은 것은 별로 따지지 않고 울타리에 개구멍이라도 있으면 망설이지 않고 빠져나갔다. 그뿐만 아니라 나는 남의 집에 불쑥 뛰어드는 것도 예사였다. 거기서 대접도 받고 뉴스의 핵심 즉 모두 걸러내고 마지막의 고운 가루에 해당하는 부분을 듣고 전쟁과 평화에 대한 전망이라든지 세상이 이대로 더 오래 지탱이 될 것인지 아닌지를 알아본 다음 뒷길로 빠져나와 다시 숲으로 도망쳐오곤 했다.[11)]

마을에 늦게까지 머물러 있을 때는 캄캄한 밤에 집에 돌아오는 것이 무척 즐거웠다. 특히 사나운 비바람이 몰아치는 어두운 밤에 호밀이나 옥수수를 담은 자루를 등에 메고 등불이 밝혀진 마을의 어느 객실이나 강연장을 뒤로 하고 숲속의 안락한 나의 항구를 향해 칠흑의 어둠 속으로 출항하는 것은 무척 즐거운 일이었다. 이런 항해를 할 때는 나의 껍데기인 외부의 나를 키잡이로 남겨놓고 — 순항일 때는 키마저도 아예 묶어놓고 — 알맹이인 나는 '사색'의 유쾌한 선원들과 함께 갑판 밑의 선실로 물러앉는다. 나는 '항해하면서'[12)] 선실의 난롯가에서 즐거운 사색을 많이 했다. 나는 때로는 아주 거친 비바람을 만나기도 했지만 날씨가 아무리 험해도 표류나 조난을 당한 일은 한 번도 없었다.

숲속의 밤은 평상시에도 사람들이 흔히 생각하는 것보다 훨씬 더 어둡다. 진로를 알기 위해서 나는 길 위의 나무들 사이로 보이는 별들을 자주 쳐다봐야 했다. 그리고 수레바퀴 자국도 없는 곳에서는 내가 밟아서 닳아진 희미한 길을 발로 더듬어 찾곤 했다. 가장 어두운

으로 생각됨(Cramer).

11) 에머슨의 집을 방문했을 때는 뒷문으로 나와 들과 숲을 지나는 것이 월든으로 가는 지름길이었다.

12) 원문 as I sailed: 미국의 옛 민요 〈로버트 키드 선장〉이란 민요의 후렴.

밤에 숲의 한가운데에 들어왔을 때는 어쩔 수 없이 손으로 더듬어 내가 아는 특정한 나무들의 상호 관계로 키의 방향을 잡을 수밖에 없었다. 이럴 때는 두 소나무 사이의 간격이 예를 들어 반자도 못 되는 좁은 틈을 통과할 때도 있었다.

어떤 때는 어둡고 축축한 늦은 밤에 눈에 보이지 않는 길을 발로 더듬어 오는 동안 줄곧 몽상이나 어떤 깊은 생각에 푹 빠져 있기도 했다. 이런 때는 내 집에 이르러 문 걸쇠를 올리려고 손을 들 때에야 비로소 정신이 들었고 집에까지 걸어온 발길을 단 한 걸음도 생각해 낼 수 없었다. 그래서 나는 내 몸뚱이가 그 주인에게서 버림을 받더라도 — 마치 손이 아무런 도움 없이 입으로 찾아가는 것처럼 — 제 집을 찾아갈 수 있겠다는 생각을 했었다.

또 몇 번은 어쩌다 손님이 늦게까지 머물러 있다가 그만 깜깜한 밤이 되어버린 적이 있었다. 그런 때 나서는 손님을 나는 집 뒤의 마찻길까지 안내한 다음 그가 가야 할 방향을 가르쳐주어야 했다. 그러면 그 방향을 따라 손님은 눈으로보다는 발로 길을 더듬어 돌아가야 했다. 아주 캄캄했던 어느 날 밤이었다. 나는 호수에서 낚시질하던 두 청년[13]에게도 그런 식으로 길을 찾아가게 해주었다. 그들은 숲에서 1마일쯤 떨어진 곳에서 살고 있었고 그 길을 평소에 잘 알고 있었다. 그런데 하룬가 이틀이 지난 뒤에 그 중 한 청년이 내게 말하기를 자기 집 근처까지 다 와 있었는데도 모르고 헤매다가 아침이 거의 되어서야 집에 도착했다는 것이었다. 그 동안에 몇 차례 심한 소나기가 내린데다 나뭇잎이 몹시 젖어 있어서 살까지 흠뻑 물에 젖었다는 것이었다.

"어둠이 두터워 칼로 자른다"는 속담이 있다. 말 그대로 칼로 잘라

13) 조지 윌리엄 커티스(1824~92)와 그의 형 제임스 버릴 커티스로 짐작된다. 그들 형제는 1845년에 링컨 도로의 호스머 농가에서 살았고, 움막을 지을 때 소로를 도왔다.

낼 수 있을 만큼 캄캄할 때는 마을의 거리에서도 길을 잃는 사람이 많다는 말을 들었다. 또 외곽에서 사는 사람이 물건을 사러 마차로 읍내에 왔다가 길을 잃고 하룻밤을 자고갈 수밖에 없었던 일도 있었다. 또 어떤 때는 나들이 가던 신사 숙녀가 앞이 보이지 않아 발만으로 보도를 더듬어가다가 어디서 방향이 바뀌었는지도 모르고 계속 가다보니 길을 반마일이나 벗어나 있었다고 했다.

어느 때고 숲에서 길을 잃는 것은 놀랍고도 잊을 수 없을 뿐만 아니라 또한 값진 경험이기도 하다. 폭풍이 몰아칠 때는 대낮에 자기가 늘 다니는 길에 나와서도 어느 길이 마을로 통하는 길인지 분간할 수 없는 경우가 자주 있다. 자신이 그 길을 무수히 다녔다는 사실은 알고 있지만 그 길의 특징은 하나도 알아보지 못하니, 마치 시베리아에 있는 도로에 나와 있는 것처럼 낯설 따름이다. 물론 밤이 되면 그 당혹감은 한없이 더 커진다.

우리는 아무리 사소한 산책을 할 때도 무의식적이기는 하지만 언제나 뱃길 안내인처럼 등대나 갑岬[14]을 표적삼아 계속 키의 방향을 잡고 있는 것이다. 그리고 흔히 다니던 낯익은 길 밖으로 벗어나는 경우에도 여전히 그 근처의 어느 지세를 마음 속으로 생각한다. 그러니 우리는 완전히 길을 잃거나 한 바퀴 헤매고 나서야 비로소 대자연이 광대하고 불가사의하다는 사실을 깨닫게 된다. 길을 잃는 경험을 해보려면 그저 눈을 가리고 근처를 한 바퀴만 돌아보라.

항해 중에는 누구나 잠에서 혹은 방심한 상태에서 깨어날 때마다 나침반의 방향을 확인해야 한다. 우리는 완전히 길을 잃었을 때에야, 달리 말하면 우리가 세계를 완전히 잃어버렸을 때에야 비로소 우리는 우리 자신을 또 우리가 어디에 있는지를 발견하게 된다.[15] 그리고

---

14) 해안선이 툭 튀어나온 끝부분.

15) 《신약성서》〈마태복음〉 10:39 "자기 목숨을 얻는 자는 잃을 것이요, 나를 위하여 자기 목

그때에 비로소 그 잃어버린 세상과 우리의 관계가 무한하다는 사실을 깨닫게 된다.

첫해의 여름이 끝나갈 무렵의 어느 날 오후였다. 나는 구둣방에서 구두를 찾으려고 마을에 갔다가 체포되어 투옥되었다. 그 이유는 다른 지면[16]에서 언급한 대로 마치 가축을 사고 팔 듯이 바로 우리의 의사당 앞에서 남녀노소를 가리지 않고 사람을 사고파는 정부에 세금을 바치지 않았기 때문이었다. 다시 말하면 그 정부의 권위를 인정하지 않았기 때문이었다. 내가 숲으로 들어간 것은 그런 정치적 이유가 아닌 다른 이유에서였다. 아무튼 사람이 어디로 가나 다른 사람들이 뒤쫓아와서 그들의 더러운 제도라는 앞발로 사람을 덮친다. 그리고 모든 수단을 써서 그 사회라는 그들의 필사적인 공제조합[17]에 강제로 예속시키려 든다. 사실 마음만 먹었다면 그 사회에 대해 효과가 크든 작든 더 강력하게 항거할 수도 있고 그에 대해 '살인적인 광란'을 부릴 수도 있었을 것이다. 하지만 나는 오히려 그 사회가 내게 그런 '광란'을 부리도록 했다. 왜냐하면 절망적인 쪽은 그 쪽이지 내가 아니기 때문이다. 아무튼 나는 다음날 풀려났고 수선한 구두도 찾아가지

숨을 잃는 자는 얻으리라"의 인유.

16) 소로는 수 년간 인두세 납부를 거부했다. 처음에는 매사추세츠 주가 노예제도에 가담한 데 대한 항의로 다음에는 1845년에 발발한 멕시코 전쟁에 대한 항의였다. 1846년 7월 23일 혹은 24일, 당시 콩코드의 세금징수관이고 교도관이었던 스테펄즈가 그를 붙잡아 납부를 요구했으나 거부하고 자신이 대납하겠다는 제의도 거부해서 부득이 투옥했다고 한다. 그러나 신분을 밝히지 않은 사람이 스테펄즈의 딸에게 세금을 지불하여 소로는 다음 날 풀려나기는 했으나 자기 일에 끼어든 익명의 시혜자에게 무척 화를 냈다고 한다. 이에 대한 내용은 엘리자베스 피보디(1804~94)의 《미학(Aesthetic Papers)》지 1849년 5월호에 〈민간 정부에 대한 항거(Registance to Civil government)〉란 글로 처음 발표되고 또한 〈시민의 불복종(Civil Disobedience)〉으로 사후에 《A Yankee in Canada with Anti-Slavery and Reform Papers》에 수록되었다. 소로는 1848년 1월 26일과 2월 16일 콩코드 라이시엄에서 이 내용을 강연했다. 이 글은 세계로 퍼져서 간디와 마틴 루터 킹 같은 비폭력 저항 운동가들에게 큰 영향을 끼쳤다.

17) 원문 Odd-fellow society:18세기에 영국에서 창립된 'Independent Order of Odd Fellows'라는 비밀 공제 조합을 칭함과 동시에 'odd fellow' 즉 '괴상한 녀석'이란 뜻의 언어유희.

고 숲으로 돌아와서 그 길로 페어헤븐 언덕[18]에서 있을 '산딸기 잔치'에 늦지 않을 수 있었다. 나는 국가를 대표한다고 내세우는 무리들 이외의 다른 어느 누구에게서도 괴로움을 당한 적이 없다.

내 집에는 원고가 들어 있는 책상 외에는 자물쇠나 빗장 같은 것이 없고 문의 걸쇠나 창문에 못 하나 꽂은 적이 없었다. 나는 낮이나 밤이나 며칠씩 집을 비울 때도 문을 잠근 적이 없었다. 심지어 이듬해 가을 2주 동안이나 메인 주의 숲속에서 보낼 때도 그랬다.[19] 그런데도 내 집은 군인들이 겹겹으로 둘러싸고 있는 집보다 더 존중되었다. 숲을 산책하다 지친 사람이 내 집 벽난로 앞에 앉아 몸을 녹일 수도 있었고, 문학에 취미를 가진 사람이라면 내 책상에 놓인 몇 권의 책을 뒤적이며 즐길 수도 있었을 것이다. 또한 호기심 많은 사람이라면 내가 점심에 무엇을 먹은 뒤 남겨놓았고 저녁식사로 무엇을 마련해 놓았는지도 알 수 있었을 것이다. 하지만 각계각층의 많은 사람들이 내 집 근처를 지나 호수를 다녀갔지만 나는 그들로 인해 큰 불편을 받지 않았고 또한 아무것도 잃은 것이 없었다. 다만 호메로스의 작은 책 한 권[20]이 눈에 보이지 않았을 뿐이었다. 어쩌면 금박이 어울리지 않았던 것[21]인지도 모르는데 아마 지금쯤 그 가치를 아는 아군我軍의 수중에 들어가 있으리라 생각한다.[22]

---

18) Fair-Haven Hill: 소로의 움막에서 반마일 거리로 소로는 물론이고 에머슨, 올콧의 가족들도 즐겨 소풍한 곳.

19) 1846년 8월 31에 월든을 떠나 9월 중순에 돌아왔다. 이때의 여행은 《The Maine Woods》의 제1장인 〈Ktaadn〉에 자세히 이야기되어 있다.

20) 소로는 월든 움막에서 살 때 포프가 번역한 《일리아드》(Baltimore, 1812) 제1권을 갖고 있었다. 잃었던 이 책은 프랑스계 캐나다인 나무꾼 알렉스 테리언이 가져간 것으로 밝혀졌다.

21) 원문 improperly gilded: 금박이 되어 책이 비싸 보이고 도둑의 눈길을 끌었다는 뜻이기도 하고, '부적절하게'란 말로 금박이 잘못되었다는 의미만이 아니라 그로 인해서 책 내용의 가치를 손상했다는 이중의 의미로 사용했다.

22) 소로는 1843년 4월호의 《다이얼》지 3권 494에 'Sayings of Confucius'란 표제로 21개의 구절을 중국 사서四書에서 발췌번역하여 소개했다. 그중 18번째 구절에 "한 병사가 방패를 잃고 오랫동안 찾아보았으나 헛수고였는데 '**아군 진영의 병사**'가 발견하여 쓰리라

만약 모든 사람이 그때 내가 생활했던 것처럼 소박하게 산다면 절도나 강도는 존재하지 않으리라는 것을 나는 확신한다. 이런 일은 일부 사람들이 필요 이상으로 많은 것을 가지고 있는데 그에 반해서 꼭 필요한 것도 갖지 못한 사람들이 있는 사회에서만이 발생하는 것이다. 포프[23]가 번역한 호메로스의 책들이 적절히 필요한 사람들에게 배포될 날도 머지않으리라. ……

> 나무 그릇으로 만족했던 시절에는
> 전쟁으로 사람들이 고통을 받지는 않았노라.[24]

"정치하는 이들이여. 형벌을 써야 할 필요가 있는가? 덕을 사랑하라. 그러면 백성들도 덕을 사랑하리라. 군자의 덕은 바람과 같고 소인小人의 덕은 풀과 같아서 풀잎은 바람이 그 위로 불면 저절로 쓰러지느니라."[25]

는 생각이 들어 위안이 되었다"는 구절이 있다.

23) Alexander Pope(1688~1744):영국 시인. 호메로스의 작품들에 대한 번역으로 명성을 떨침. 〈Iliad〉(1715~20), 〈Odyssey〉(1725~26).

24) 로마 시인 알비우스 티불루스(기원전 54?~기원전 19?)의 〈비가(悲歌, Elegies)〉 3. II. 7-8.

25) 《논어》 X11, 〈안연顔淵〉 19. "도道가 없는 자를 죽여서 도를 세우면 어떠냐?"는 계강자季康子의 물음에 "孔子 對曰 子一 爲政 焉用殺 子一 欲善 而民 善矣 君子之德 風也, 小人之德 草也, 草上之風 必偃." 《맹자》 V. 〈등문공騰文公〉 章句 上 II.에도 맹자가 연우然友에게 공자의 이 말을 인용하였다.

제9장 호 수

때로는 사람들을 만나는 교제나 잡담에 싫증이 나고 또한 마을에 새로이 더 만나고 싶은 친구도 없게 되면 나는 평상시에 늘 다니던 곳에서 벗어나 서쪽으로 더 멀리 나가서 산책을 했다. 마을에서도 비교적 사람들이 아직 자주 드나들지 않은 지역의 '신선한 숲과 새로운 초원'[1] 으로 나가거나 아니면 해질녘에 페어헤븐 언덕에서 월귤이나 블루베리로 저녁식사를 하고 며칠 저장할 것까지 따오기도 했다.

과일은 그것을 사먹는 사람이나 시장에 내다 팔기 위해서 재배하는 사람들에게는 자신의 참다운 맛을 드러내지 않는다. 과일의 참다운 맛을 보는 데는 꼭 한 가지 방법이 있다. 그런데 아직 그 방법을 택하는 사람은 거의 없는 것 같다. 산딸기의 참맛을 알고 싶으면 목동이나 들꿩에게 물어보라. 산딸기를 손수 직접 따서 먹어보지 않은 사람도 그 맛을 안다고 생각하지만 그건 흔히 있는 세상 사람들의 착각이다. 허클베리는 보스턴에 단 한 톨도 나온 적이 없다. 허클베리가 보스턴의 세 언덕[2] 에서 옛날에 자랐던 적은 있었다. 하지만 그 뒤에

---

1) John Milton(1608~74): 영국시인. 〈실낙원〉의 저자. 그가 친구를 애도한 목가적 비가悲歌 〈Lycidas〉 193행.

2) 원래 보스턴 시는 세 언덕 '콥스', '포트', '비콘'에 설립되었다.

참다운 허클베리는 그곳에 알려진 적이 없다. 장사꾼의 수레에 실려 오면서 겉의 흰 과분果粉이 문질려나가는 순간에 과일의 본질인 '하늘이 내린 맛'은 사라지고 그저 사람에게 먹이는 여물에 불과한 것이 되어버린다. '영원한 정의'가 있는 한 순수 그대로의 허클베리는 단 한 톨도 시골 언덕에서 도시로 옮겨올 수 없을 것이다.

때로는 친구가 아침부터 낚시를 하면서 나를 몹시 기다릴 때도 있었다. 그런 때는 그날의 밭매기를 마치고 나는 곧바로 호수로 나와 그와 어울렸다. 그는 물오리나 물에 떠있는 나뭇잎처럼 아침부터 꼼짝 않고 묵묵히 앉아서 오직 낚시에만 몰두하고 있었다. 그동안 여러 가지 철학적인 사색을 하다가 내가 도착할 즈음에는 대체로 자신은 옛 수도승[3]이라고 결론을 짓는 것이었다.

3) 원문 Coenobites:'수도승'의 의미지만 발음은 'see no bite'와 같아 "보게나. 한 마리도 물리지 않네"라는 이중의미의 언어유희.

그 친구 외에 호수에 자주 오는 노인 한 분이 있었다. 그분은 낚시질에 아주 뛰어날 뿐만 아니라 모든 종류의 목공예에도 조예가 깊었다. 그는 낚시꾼들의 편의를 위해 내 집이 지어진 것으로 생각하고 즐겨 내 집에 왔다. 나 또한 그가 내 집의 문 앞에 앉아서 낚싯줄을 손질하는 것을 보는 것이 즐거웠다. 가끔 우리는 함께 호수로 나가 보트 한쪽 끝에는 그가 앉고 다른 한쪽에는 내가 앉았다. 그러나 우리들 사이에는 별로 말이 없었다. 최근 들어 노인의 귀가 거의 들리지 않게 되었기 때문이었다. 그러나 그는 이따금 찬미의 콧노래를 흥얼거렸다. 이는 나의 철학에도 어울리는 것이었다. 그래서 우리의 교제는 전혀 조화를 잃지 않았다. 말로 하는 교제보다 뒤에 생각하면 생각할수록 훨씬 더 즐거워지는 그런 교제였다.

평소에도 대체로 그랬지만 보트에서 이야기를 나눌 사람이 아무도 없으면 나는 이따금 노로 뱃전을 두들겨서 메아리를 울리곤 했다. 그 소리는 둥글게 퍼져나가 호수 주위의 숲을 가득 채웠다. 마치 동물원의 조련사가 야수들을 자극해서 울음소리를 끌어내듯이 나는 숲을 뒤흔들어서 마침내 우거진 골짜기와 산허리에서 으르렁대는 소리를 끌어냈다.

날씨 따뜻한 저녁에 나는 자주 보트에 앉아서 피리를 불었다. 그런 때는 마치 내 피리소리에 매혹된 듯이 물고기들이 배 주위를 맴돌고 호수 바닥에 여기 저기 갈비뼈처럼 흩어져 있는 숲의 잔해 위를 건너가는 달이 보였다.

전에도 나는 캄캄한 여름밤에 친구 한 사람과 함께 대담하게도 이 호수까지 온 적이 있었다. 그때도 고기를 유인할 생각으로 호숫가에 모닥불을 피워놓고 실에 꿴 지렁이를 미끼로 메기를 잡았다. 밤이 아주 깊어질 때까지 고기를 잡고 나서 불붙은 나뭇가지를 폭죽이라도 되는 것처럼 하늘 높이 던졌다. 그러면 호수에 떨어지면서 칙 소리를 내며 꺼졌다. 그 순간 우리는 갑자기 칠흑으로 변해버린 어둠에 휩싸였다. 그 어둠을 뚫고 우리는 더듬더듬 휘파람을 불면서 사람들이 사는 마을로 빠져나왔었다. 그런데 이젠 그 호수 바로 옆에 내 집을 마련한 것이다.

이따금 나는 마을의 어느 집 응접실에 밤늦게까지 앉아 있다가 가족들이 모두 잠자리에 들 때에야 일어나 숲으로 돌아오기도 했다. 또 어떤 때는 얼마간은 다음 날 저녁거리를 생각해서 한밤중에 몇 시간 동안 배를 타고 달빛을 받으며 낚시질을 하기도 했다. 그럴 때는 부엉이와 여우가 세레나데를 들려주는가 하면, 가끔 어느 이름 모를 새들이 바로 가까이에서 짹짹거리는 소리도 들렸다.

이런 경험들은 나에게는 무척이나 소중하고 잊을 수 없는 경험이었다. 호숫가에서 20이나 30로드(약 150미터)쯤 떨어진 물 위에 자리를 잡고 깊이 40피트 가량 되는 곳에 닻을 내리면, 때로는 수천 마리의 농어 새끼와 피라미 떼에 둘러싸였다. 이놈들이 그만 달빛 속에서 일제히 꼬리로 수면에 잔물결을 일으켰다. 때로는 긴 낚싯줄을 통해 저 아래 40피트 물밑에서 밤에만 돌아다니는 신비스러운 고기들과 신호를 주고받기도 했다. 때로는 부드러운 밤바람에 배가 밀리면서 낚싯줄을 60피트나 길게 풀어줘야 했는데 이따금 줄을 타고 전해오는 짜릿짜릿한 촉감을 느낄 때도 있었다. 그건 낚싯줄 끝을 기웃거리는 어떤 생명체가 꿈틀거리고 있다는 의미였다. 그 생명체는 막연하고 불확실한 큰 실수를 저지를 생각이 있는데도 결심을 망설이고 있다는 표시였다. 마침내 나는 줄을 당기기 시작했다. 한 손 한 손 천천히 줄을 감아올리면 뿔이 달린 메기가 끽끽 소리를 내며 몸을 요동치면서 물 밖으로 끌려 나왔다.

깜깜한 밤에 특히 하늘의 천체들을 보면서 방대한 우주론적인 주제에 정신이 완전히 팔려있을 때, 고기가 낚싯밥을 무는 짜릿한 충격이 나를 몽상에서 일깨워 다시 대자연에 연결시켜 주었다. 이는 참으로 신비스러운 체험이 아닐 수 없다. 이런 때는 나는 공기보다 더 진할 것 같지 않은 아래쪽 물 속으로 만이 아니라 위쪽의 하늘로도 낚싯줄을 던질 수 있을 것 같기도 했다. 이렇게 해서 나는 낚시 하나로 말하자면 고기 두 마리를 잡았다.

월든 호수의 경관은 그 규모 면에서는 크지 않은 편이다. 매우 아름답기는 하지만 웅대하다고는 할 수 없다. 그리고 자주 와서 본 사람이나 그 호숫가에서 살았던 사람이 아니면 별로 크게 관심을 갖지 않는다. 그러나 이 호수의 깊이와 맑은 물은 특별히 설명할 가치가 있을 만큼 매우 두드러진 것이다. 이 호수는 아주 맑고 깊은 초록 빛 샘이다. 길이 0.5마일 둘레 1.75마일에 넓이 약 61.5에이커 가량 된다. 소나무와 떡갈나무 숲 한가운데 자리잡고 있는 영원한 샘이다. 구름에서 비가 떨어지거나 증기로 증발하는 것 외에는 물이 흘러들어오는 입구도 없고 흘러나가는 출구도 없다. 호수를 둘러싸고 있는 작은 산들은 물에서 가파르게 솟아 높이 40피트 내지 80피트에 이른다. 하지만 남동쪽과 동쪽으로 1/4마일과 1/3마일 거리에 각각 약 100피트와 150피트에 이르는 산들이 있다. 이 일대는 완전히 삼림지대다.

우리 콩코드의 모든 강과 호수는 적어도 두 가지 색깔을 지니고 있다. 하나는 멀리서 볼 때의 색이고 또 하나는 가까이서 볼 때의 보다 고유의 색이다. 앞의 빛깔은 광선과 하늘의 상태에 따라 크게 좌우된다. 여름철 맑은 날씨에 그리 멀지 않은 곳에서 보면 청색으로 보이고 특히 물결이 일렁일 때는 더욱 그렇다. 그리고 아주 먼데서 보면 전체의 수면이 똑같은 색으로 보인다. 비바람이 부는 날씨에는 때로는 짙은 청회색으로 보인다.

그러나 바다의 빛깔은 대기에 감지할 만한 변화가 없을 때에도 어떤 날에는 청색으로 보이고 또 어떤 날에는 녹색으로 보인다고 한다. 나는 사방이 눈으로 덮였을 때 콩코드 강의 물과 얼음이 풀처럼 초록색을 띠고 있는 것을 본 적이 있다. 어떤 사람들은 청색을 고체 상태에서나 액체 상태에서나 '순수한 물의 색깔'로 생각한다. 그러나 보트에서 물 속을 바로 내려다보면 우리 마을의 강과 호수는 각각 아주 다른 여러 가지 빛깔로 보이는 것을 알 수 있다. 월든 호수는 똑같은 지점에서 봐도 어떤 때는 청색 또 어떤 때는 초록색으로 보인다.

이 호수는 땅과 하늘 사이에 가로놓인 것이어서 그 양쪽 빛깔을 다 가지고 있는 것 같다. 산마루에서 보면 호수는 하늘의 빛깔과 같은 색을 띤다. 그러나 가까이서 보면 모래가 보이는 호숫가의 물은 누르스름하고 좀 더 깊은 곳은 엷은 녹색이다. 그보다 더 멀어질수록 색이 점차 짙어져 호수 중심부 일대는 한결같이 거무스름한 초록색 한 가지다. 광선에 따라서는 산마루에서 봐도 호수 가장자리에 가까운 물의 빛깔이 밝은 초록색일 때가 있다.

어떤 사람은 주위 나무들의 푸른색이 반사되기 때문이라고 하지만, 모래가 깔린 철로에 가까운 쪽의 물도 초록색이고 또한 봄에 나뭇잎이 무성해지기 전의 호숫가의 물도 초록색이다. 아마도 그건 단지 전체적으로 지배하고 있는 청색이 모래의 노란색과 혼합된 결과인지도 모른다. 바로 이것이 월든 호수의 홍채虹彩에 해당하는 부분의 빛깔이다. 바로 이 부분이 봄에는 호수 밑바닥에서 반사된 태양열과 땅을 통해 전해진 태양열을 받기 때문에 얼음이 맨 먼저 녹아서 아직도 얼어 있는 중심부 주변에 좁은 운하를 형성하는 부분이기도 하다.

월든 호수도 우리 마을의 다른 호수나 강과 마찬가지로 날씨 좋은 날에 바람이 불어 물이 크게 출렁일 때는 — 물결의 면에 하늘이 직각으로 반사하기 때문인지 아니면 보통 때보다 더 많은 광선이 물과 섞이기 때문인지는 모르나 — 조금 떨어진 곳에서 보면 물의 빛깔은 하늘색보다 더 짙은 푸른색으로 보인다. 그런 때 나는 호수의 수면에 떠서 물결의 양쪽 면에 비친 반사광선을 보았을 때 어디에도 비길 데 없고 형용할 수 없이 밝은 푸른색을 발견했었다. 그것은 방향에 따라 물결이 아롱지거나 빛깔이 달라지는 명주비단이나 장검의 칼날에서 발산하는 것 같은 그런 색이었다. 그 밝은 청색은 하늘 그 자체보다 더 하늘색에 가까운 색이었다. 이 빛깔이 물결의 반대 면의 호수 본래의 빛깔인 어둡고 짙은 녹색인 암록색과 번갈아 나타났다. 양쪽의 빛깔을 비교하면 그 암록색은 진흙 색이랄 수밖에 없을 정도로 어둡게 보였다.

내가 기억하는 바에 의하면 그건 유리 같은 녹청색이다. 해가 지기 전의 서쪽 하늘의 구름 사이로 드문드문 보이는 겨울 하늘에서 보는 빛깔과 같았다. 그러나 그 물을 유리잔에 담아서 햇빛에 비춰 보면 같은 양의 공기처럼 색깔이 없다. 큰 판유리가 초록색을 띤다는 것은 누구나 알고 있다. 유리 제조업자들의 말대로 유리의 '몸체' 때문이다. 그러나 같은 유리의 작은 조각은 색이 없다. 월든 호수의 '몸체' 즉 물이 어느 정도 많아야 초록색을 띠는 것인지 내가 실험으로 증명해 본 적은 없다.

우리 지방의 강물은 수직으로 내려다보면 검은색이나 암갈색이다. 대부분의 호수물이 그렇듯이 이 강물은 목욕하는 사람의 몸에 누르스름한 색을 더해 준다. 그러나 이 월든 호수의 물은 수정같이 맑아서 목욕하는 사람의 몸은 더욱 석고상 같은 흰색으로 나타난다. 이는 한층 더 부자연스럽게 보인다. 게다가 물 속에서는 팔다리가 확대되고 뒤틀려 보이기 때문에 일종의 괴물 효과를 낸다. 그야말로 미켈란젤로[4)]와 같은 예술가에나 알맞은 연구대상이다.

월든 호수의 물은 어찌나 투명하던지 25피트나 30피트 깊이라도 바닥을 쉽게 볼 수 있다. 이 물 위에서 노를 젓고 있으면 물밑으로 수십 피트 깊이에서 헤엄치고 있는 농어 새끼와 피라미 떼를 볼 수 있다. 아마 1인치의 길이밖에 안 되겠지만 농어류는 세로줄무늬가 있어서 쉽게 구별할 수 있었다. 이런 맑은 물에서 먹이를 구하는 그들이야말로 금욕적인 물고기임에 틀림없다.

몇 해 전 겨울의 어느 날이었다. 창꼬치고기를 잡으려고 얼음에 구멍을 몇 개 뚫고 있던 중이었다. 나는 호숫가로 올라오면서 두고 가려고 얼음 위에다 도끼를 툭 던졌던 것인데 마치 악령에 끌리기라도 하듯 얼음 위에 떨어진 도끼가 20여 미터나 미끄러지더니 파놓은 한 구멍으로 빠지고 말았다. 그곳은 수심이 25피트나 되었다. 나는 호기심으로 얼음 위에 엎드려 그 구멍 속을 한참 들여다보다가 호수 바닥 한쪽으로 거꾸로 서 있는 그 도끼를 발견했다. 위로 향한 도끼 자루가 호수의 맥박에 따라 앞뒤로 흔들흔들 움직이고 있는 것이 보였다. 그냥 놓아두면 자루가 썩을 때까지 똑바로 선 채 흔들거리고 있을 것이 분명했다. 나는 가지고 있던 끌로 그 도끼 바로 위에 또 하나의 구멍을 뚫었다. 그리고 그 근방에서 가장 길쭉한 자작나무를 칼로 잘라낸 다음 올가미를 만들어 그 끝에 매달았다. 그것을 구멍 속으로 조심스럽게 넣어 도끼 손잡이 옹이에 씌우고 자작나무에 매단 줄을 잡아당겼다. 이렇게 해서 나는 겨우 도끼를 다시 끌어올렸다.

호숫가는 한두 군데 작은 모래밭을 제외하고 전부 포장용 돌처럼 반질반질 하고 둥글둥글 한 흰 돌로 둘려 있다. 가파른 데가 많아서 물 속으로 펄쩍 뛰어 들어가면 바로 그 자리에서 키가 넘을 만큼 물이 깊다. 만일 호수의 물이 그처럼 투명하지 않았다면 뛰어든 바로 그 자리부터 밑바닥이 보이지 않고 맞은편의 낮은 곳에 가서야 겨우 다

4) Michelangelo Buonarroti(1475~1564):르네상스 시대의 이탈리아 예술가. 울뚝불뚝하고 힘찬 남성의 근육미의 그림과 조각으로 유명하다.

시 보일 것이다.

어떤 사람들은 이 호수에는 밑바닥이 없다고 생각한다. 그 어느 곳에도 흙탕이 될 만한 곳은 한 군데도 없다. 언뜻 보면 수초도 전혀 없는 것처럼 보인다. 호수에 속하는 것으로 보이지 않는데 최근에 수위가 높아져 침수된 작은 풀밭을 제외하고는 눈에 띄는 수초들이라고는 아무리 보아도 창포나 부들은커녕 심지어 노랑이나 흰 백합도 볼 수 없다. 겨우 몇 개의 작은 심장초와 가래풀 그리고 순채蓴菜 한두 포기가 있을 뿐이다. 그러나 거기서 수영하는 사람은 이 수초마저 있는지도 모를 것이다.

이 식물들은 호수의 물처럼 맑고 밝다. 물가의 흰 돌은 물 속으로 5미터나 10미터쯤 더 깔려 있고 그 다음엔 밑으로 깨끗한 모래가 깔려 있다. 다만 가장 깊은 부분에는 약간의 침전물이 있다. 수없이 많은 가을에 떨어져 물결에 흘러온 낙엽이 바닥에 쌓여 썩은 것이리라. 한겨울에도 밝은 녹색의 수초들이 보트의 닻에 묻어 올라오기도 했다.

여기서 서쪽으로 약 2마일 반쯤 가면 '나인 에이커 코너'라는 작은 마을에 이와 똑같은 화이트 호수가 있다. 그러나 이곳을 중심으로 12마일 이내에 있는 호수들은 거의 다 알고 있지만, 이 월든 호수만큼 맑고 샘물 같은 성질을 지닌 호수는 보지 못했다. 오랜 시간이 흐르는 동안 여러 부족이 이 호수에서 물을 마시고 그 아름다움에 감탄하고 그 깊이를 재보고 시간의 뒤안길로 사라졌을 테지만, 호수의 물은 여전히 푸르고 맑기 그지없다. 단 한 번도 마르는 일이 없는 샘이 아닌가!

어쩌면 아담과 이브가 에덴동산에서 쫓겨나던 바로 그 봄날 아침에도 이 월든 호수는 이미 있었을 것이다. 그때에도 안개와 남쪽에서 불어오는 훈훈한 바람과 더불어 내리는 부드러운 봄비 속에서 겨울의 추위가 풀렸을 것이고, 그 물 위에는 지금처럼 수많은 물오리와 기러기들이 내려앉았을 것이다. 그리고 그들은 인간의 몰락에는 아랑곳없이 이 맑은 호수들이 있다는 것으로 흡족하였으리라. 아마 그 당시에 월든 호수는 물이 불었다 줄었다 하면서 자신을 정화하여 지금과 같은 빛깔을 띠었을 것이다. 그리고 세상에서 하나밖에 없는 월든 호수가 되어 하늘에 오를 이슬을 증류하는 제조특허를 하늘에서 받아냈으리라. 사라지고 없는 얼마나 많은 민족들의 문학에서 이 호수가 '카스탈리아의 샘'[5)]과 같은 역할을 해왔는지 또는 황금시대에는 어떤 요정들이 이 호수를 지배했는지 뉘라서 알겠는가? 이 호수야말로 콩코드 마을이 자신의 작은 왕관에 달고 있는 가장 빛나는 물의 보석이다.

하지만 이 샘에 최초로 온 사람들은 아마도 어딘가에 그들의 발자취를 조금은 남겨놓았을 것이다. 실제로 나는 호수의 둘레를 돌다가 호숫가의 빽빽한 숲을 막 베어낸 지역에서 가파른 산허리에 선반처럼 층져있는 길이 나 있는 것을 발견하고 놀란 적이 있었다. 산허리를 따라 오르락내리락 물가에 닿았다 떨어졌다 하는 그 좁은 길은 아마 이곳에서 살아온 인간의 역사만큼이나 오래된 것이리라. 원시 시대의 사냥꾼의 발길에 닳고 또한 지금도 이곳에 사는 주민들이 그 사실을 모르고 이따금 밟고 다니는 길이다. 이 길은 겨울에 호수 한가운데서 보면 더욱 뚜렷하게 보인다. 특히 흰 눈이 살짝 내린 뒤에는 잡초나 나뭇가지에 가려지지 않아 오르락내리락 기복을 이룬 하얀 선이 뚜렷하다. 여름에는 바로 가까이에서도 그 길을 알아볼 수 없었던 곳이 여러 군데 있었지만 그런 곳까지도 1/4마일 정도 떨어져서 보면 아주 분명히 보인다. 말하자면 겨울의 흰 눈이 그 길을 양각인쇄처럼 흰 색으로 또렷이 부조시켜 놓기 때문이다. 언젠가 이곳에 별

5) Castalian Fountain:그리스 신화. 아폴론 신과 뮤즈 여신들이 살았다는 파르나소스 산에 있는 샘으로 시적인 영감의 원천이 되었다함.

장이 세워져 곱게 장식한 정원이 생기는 일이 있다하더라도 이 길의 흔적 일부는 여전히 남아 있을 것이다.

이 호수의 물은 불었다 줄었다 한다. 그러나 그것이 주기적인지 아닌지 또 어떤 기간에 그런 현상이 일어나는지 늘 그렇듯이 많은 사람들이 아는 척은 하지만 확실하게는 아무도 모른다. 일반적으로 겨울에는 수위가 높고 여름에는 낮다. 그렇다고 비가 많이 내린다거나 비가 오지 않고 가물다거나 하는 것과는 일치하지 않는다. 내가 이 호숫가에서 살았던 때보다 물 높이가 무려 1, 2피트나 낮아졌던 때도 있었고 혹은 적어도 5피트 이상이나 높았던 때도 있었다는 것을 나는 기억하고 있다.

호수 안쪽으로 쭉 뻗어있는 좁은 모래톱이 하나 있다. 그 한쪽은 물이 매우 깊다. 1824년쯤이던가, 호숫가에서 6로드(약 32m)쯤 떨어진 그 모래톱 끝에서 어른들이 냄비에 생선찌개를 끓이는 일을 내가 거들었던 기억이 있다. 그러나 수위가 높아져 그 후 25년 동안 그런 일을 하는 것이 불가능했다. 그런가 하면 친구들은 귀를 기울이면서도 믿지 않곤 했지만 실은 그 생선찌개를 끓였던 일이 있은 다음 수년이 지난 뒤에 나는 그 친구들이 호수 기슭으로만 알고 있는 곳에서 뒤쪽으로 15로드(약 75m)나 떨어진 숲 안쪽으로 외지고 우묵한 작은 만이 있어서 보트를 타고 그곳에서 자주 낚시질을 하곤 했었다. 그런데 그곳이 오래전에 풀밭[6] 으로 변해버렸다.

그러나 호수는 최근 2년 동안에 계속 물이 불어났다. 지금 1852년 여름에는 내가 그곳에 살았던 때보다 물 높이가 꼭 5피트나 더 높아졌다. 그러니 이제 30년 전과 같은 높이가 되어 앞서 말한 그 풀밭에

6) 소로의 움막에서 남동쪽으로 몇 10m 떨어진 '와이먼 메도우'(Wyman Meados), 혹은 '메기의 집(Pout's Nest)'을 말한다. 호수 수위의 변화에 따라 풀밭이 되기도 하고 작은 만이 되기도 한다.

서 다시 낚시질을 할 수 있게 되었다.

이것으로 보면 월든 호수의 수위 변동 폭은 최대 6피트에서 7피트가 된다. 그렇다고 주변의 산에서 흘러내린 물이 있는 것도 아니다. 있다하더라도 양으로 봐서 무시해도 될 만한 것이다. 그러니 이처럼 물이 넘치게 된 것은 지하의 깊은 수맥水脈에 영향을 끼치는 어떤 원인이 있기 때문이라고 말할 수밖에 없다. 올여름에도 호수의 물은 다시 줄기 시작했다. 이처럼 수위 변동은 주기적이든 아니든 증감에는 오랜 시간이 걸린다는 점은 주목할 만하다. 나는 한 차례의 상승 국면과 두 차례의 하강 국면 일부를 관찰했다. 이로써 이제부터 12년 또는 15년 후에는 호수의 수위는 내가 알고 있는 최저 수치 이하로 낮아지리라 생각된다. 여기서 1마일 동쪽에 있는 플린트 호수는 물이 들어오는 입구와 나가는 출구가 몇 개 있으니 이것들을 계산에 넣는다 하더라도 월든 호수와 보조를 같이 하여 최근에 최고 수위에 달했다. 그리고 두 호수 사이에 있는 보다 작은 호수들도 같았고 또한 내가 관찰한 바로는 화이트 호수의 경우도 역시 같았다.

월든 호수는 물이 불었다 줄었다 하는 기간이 이처럼 길기 때문에 적어도 다음과 같은 효과를 얻고 있다. 높은 수위가 1년 혹은 그 이상 오래 지속되면 호수 주위를 걸어다니기에는 불편하게 된다. 하지만 저번의 높은 수위에서 물이 줄기 시작할 때부터 물가에서 자라기 시작한 덤불과 나무들 즉 소나무, 자작나무, 오리나무, 사시나무 등은 완전히 물 속에 잠겨 죽게 된다. 그래서 수위가 완전히 내려갔을 때 호수 기슭은 거치적거릴 것 하나 없이 말끔히 정리된다. 간만의 차가 매일 있는 많은 호수나 강과는 달리 월든 호수의 기슭은 수위가 가장 낮을 때 가장 깨끗하다.

내 집 바로 옆의 호숫가에는 높이 15피트의 소나무가 한 줄로 죽 서 있었다. 그런데 호수의 수위가 높아지면서 마치 지렛대로 쓰러뜨린 것처럼 죽어 넘어졌다. 그들이 호수를 침입하는 것이 바로 거기서 저지당한 것이다. 쓰러진 그 나무의 크기와 형태를 보면 마지막으로 수위가 이 정도로 높았던 때로부터 몇 해가 지나갔는지 짐작할 수 있다. 이와 같은 수위의 변동으로 호수는 기슭에 대한 자기의 소유권을 주장하고 그 기슭을 가위질하듯 말끔히 치운다. 따라서 나무는 그 소유권 때문에 호수를 점유할 수 없게 된다.

호수의 기슭은 그 호수의 입술이다. 거기서는 수염이 자랄 수 없다. 호수는 자신의 입술을 가끔 핥아서 그곳을 깨끗하게 한다. 물이 불어나 있을 때는 오리나무와 버드나무와 단풍나무들은 넘어지지 않으려고 물 속에 잠긴 줄기에서 수많은 분홍빛 섬유질 뿌리를 사방으로 뻗는다. 그 길이가 무려 수 피트나 된다. 또 호숫가에 있는 월귤나무 덤불은 보통 때는 열매를 맺지 않는데 이런 상황에서는 많은 열매를 맺는다는 사실을 나는 알게 되었다.

이 호숫가에는 고운 돌들이 고르게 깔려있다. 어떻게 해서 그처럼 고운 돌이 깔리게 되었는지 사람들은 무척 궁금하게 여겨왔다. 이에 대한 전설이 하나 있다. 마을 사람들은 그 전설을 거의 모두 알고 있다. 가장 나이 많은 노인들이 내게 말하기를 그들이 어렸을 때 들은 바로는 옛날 옛적에 이 근처의 산 위에서 인디언들이 종종 모임을 갖곤 했다는 것이다. 그 산은 지금의 월든 호수가 땅 밑으로 내려앉은 깊이만큼이나 하늘 높이 솟아 있었다고 한다. 신을 모독하는 죄를 인디언들이 범할 리는 결코 없었겠지만 어떻든 그 이야기에 따르면 그들은 집회에서 신을 모독하는 말을 많이 했고 그들이 그런 집회를 하고 있는 동안에 산이 갑자기 진동하면서 무너져 내려앉았다는 것이다. 이때 '월든'이라는 이름을 가진 한 노파만이 도망쳐 살아남았고 호수의 이름은 그녀의 이름에서 유래되었다고 한다. 그 산이 뒤흔들릴 때 돌무더기들이 산자락으로 굴러 내려와 현재의 호수 둘레의 가장자리가 된 것으로 사람들은 추측하고 있다.

어떻든 옛날에는 여기에 호수가 없었는데 지금은 호수가 있다는 사실만은 아주 분명하다. 그리고 이 인디언의 우화는 내가 전에 언급한 적이 있는 원시 개척자의 이야기와 어느 면에서도 모순되지 않는다. 그 개척자는 탐지 막대를 들고 이곳에 처음 왔을 때 잔디에서 엷은 수증기가 올라오는 것을 보았고 또 개암나무 탐지 막대가 점점 아래로 숙여지는 것을 보고 여기에 샘을 파기로 결정했다는 것을 아주 잘 기억하고 있다.

호숫가의 돌에 관해서는 아직도 많은 사람이 호수의 물결이 언덕에 부딪히는 마모작용에 의한 것으로는 해명할 수 없다고 생각한다. 그러나 내가 관찰한 바로는 호수 주변의 산에는 이와 똑같은 종류의 돌이 놀라울 만큼 많았다. 그래서 호수 근처를 지나는 철로를 개설할 때도 그와 똑같은 돌이 이곳에서 많이 나왔기 때문에 철로 양 옆의 축대를 그 돌로 쌓아올릴 수밖에 없었던 것이다. 더욱이 호수 기슭에서도 가장 가파른 곳에 돌이 가장 많다. 그러니 불행하게도 이 돌의 유래는 나에게는 더 이상 신비스러운 일이 되지 못한다. 나는 돌을 깔아놓은 사람의 정체[7]를 알아낸 것이다. 호수의 이름이 '새프론 월든'[8] 같은 영국의 어느 지방의 이름에서 나온 것이 아니라면, 원래부터 월드 인(Walled-in) 호수 즉 '담으로 둘려진 호수'라 불린 데서 유래한 것으로 봐도 될 것이다.

이 호수는 나의 우물로서 미리 파여 있던 셈이다. 1년 중 넉 달 동안은 물이 줄곧 맑고도 차갑다. 그때의 호수의 물은 — 가장 좋은 물

---

7) 빙하작용氷河作用을 말함.

8) 1853년 6월 4일 소로는 읍사무소의 토지대장에서 '월든 호수(Wallden Pond)'와 '페어헤븐(Fair Haven)'이란 이름이 "일찍이 1653년에도 있었다는 것을 발견하고 놀랐다"(PJ 6:178). 소로는 자기 소유의 《월든》 책에 '새프론 월든(Saffron Walden)'이란 지명을 이블린의 일지에서 취했다는 메모가 있다. "수 년 후에 소로의 인척이기도 한 콩코드의 미노트 집안이 원래 런던 교외의 새프론 월든 교구 출신임을 알고 흥분했다"(J 10:219).

은 아닐지라도 — 마을에서는 그 어느 물에 못지않게 좋은 물이라 생각한다. 겨울철에 대기에 노출된 물은 대기로부터 보호받고 있는 샘물이나 우물보다 차갑다. 1846년 3월 6일 오후 5시부터 다음날 정오까지 조사해 보니 그 사이에 방 안의 온도계는 — 지붕에 내려쬐인 햇빛 때문이기도 하지만 — 화씨 65도 내지 70도까지 오를 때도 있었다. 그러나 내 방에 떠다 놓은 호수의 물은 42도에 머물러 있었다. 이는 마을에서 가장 차가운 우물에서 방금 길어온 물보다 1도가 더 낮은 것이었다. 같은 날 보일링 샘[9]의 물은 45도였다.[10] 이는 내가 시험해 본 여러 샘물 가운데서 온도가 가장 높았다. 그러나 이 샘물은 수면에 얕게 괸 물이 섞이지 않으면 내가 아는 한 여름에는 가장 차가운 물이다. 또 월든 호수는 그 깊이 때문에 여름에도 햇빛에 노출된 대부분의 물처럼 따뜻해지는 일이 없다.

날씨가 가장 더운 때는 나는 으레 통에 물을 가득 담아 지하실에 저장해 둔다. 그러면 밤 사이에 냉각되어 다음날 하루 종일 그대로 차가웠다. 나는 근처의 샘에서 물을 길어오기도 했지만 호수의 물은 1주일이 되어도 그 맛이 길어올 때와 똑같았고 펌프 냄새도 나지 않았다. 여름에 한 일주일 호숫가에서 야영하는 사람이라면 누구나 텐트 그늘 밑에 2, 3피트만 땅을 파고 물통을 묻어두기만 하면 사치스런 얼음에 의존할 필요가 없다.

월든 호수에서 잡히는 고기로는 우선 창꼬치고기가 있다. 언젠가

---

9) Boiling Spring: '끓는 샘'이란 이름이지만 '온천'이 아니라 거품이 바닥에서 솟기 때문에 붙은 이름이다. 월든 호수에서 서쪽으로 반마일 정도 떨어져 있다.

10) 이러한 사실의 열거는 당시 19세기 과학 탐구에 대한 관심의 증대와 더불어 허먼 멜빌(1819~91)이 〈모비딕〉에서 고래들의 크기를 구체적으로 열거한 것처럼 작가에게도 하나의 유행이었다. 후에 소로는 점차 이 구체적인 사실 열거에 시간을 빼앗기느라 철학적인 사색의 시간을 갖지 못했다고 가끔 후회했다. 1851년도의 일지(J 2:406)에 "나는 내 앎의 성격이 해가 갈수록 더 과학적이 되어가는 것이 두렵다. 나는 하늘의 규모로 넓게 보는 대신에 현미경적인 세계로 줄어들고 있다. 이 때문에 미세한 부분은 보면서도 온전한 전체의 모습은 아니 전체의 그림자도 보지 못한다"라고 기록되어 있다.

는 무서운 속력으로 릴을 낚아채고 도망친 놈이 있었다. 그 낚시꾼은 그 고기를 보지 못했기 때문에 8파운드는 되고도 남는다고 우겼다. 이 말은 무시하더라도 실제로 7파운드 나가는 놈은 잡혔다. 농어와 메기도 잡혔고 그중에 2파운드가 넘는 것도 있었다. 피라미와 황어, 기름종개와 송어 몇 마리도 잡혔다. 장어 두 마리도 잡았는데 그중 한 마리는 4파운드나 나갔다. 내가 무게에 대해 신경을 쓰는 이유는 물고기에게는 무게가 유일한 자랑거리이기도 하지만 이 두 마리의 장어는 월든 호수에서 잡힌 것으로는 유일한 장어이기 때문이기도 하다. 이외에도 기억은 뚜렷하지 않으나 길이 5인치쯤 되는 비교적 작은 물고기들도 있었다. 그것들은 은빛 옆구리에 등은 초록 빛이 도는 것으로 성질이 무언가 황어 비슷했던 것들이었던 것 같다. 여기서 이런 이야기를 하는 것은 주로 사실들을 우화에 연결시키고 싶기 때문이다.

그렇지만 이 호수는 물고기가 아주 풍부하지는 않다. 수는 많지 않지만 창꼬치고기가 제일 큰 자랑거리다. 나는 얼음 위에 엎드려서 적어도 세 종류의 창꼬치고기를 동시에 본 일이 있었다. 하나는 길쭉하고 납작하고 쇠 빛을 띠는 놈으로 강에서 잡히는 종류와 닮았다. 또 하나는 선명한 황금 빛깔에 초록 빛 광택을 유난히 짙게 띠고 있다. 이 종류가 이 호수에서 가장 많이 눈에 띈다. 세 번째 것 역시 황금 빛에 형태는 두 번째 것과 비슷하나 배에 짙은 갈색이나 검은 반점을 뿌려놓은 듯 박혀 있고 또한 몇 개의 엷은 핏빛 붉은 반점이 사이사이 섞여 있었다. 그 점에서는 송어와 아주 흡사하다. 이 세 번째 물고기에 종명種名인 '레티쿨라투스(그물 무늬)'라는 이름은 알맞지 않다. 오히려 '구타투스(점박이)'란 이름을 붙여야 할 것이다.

여기서 잡히는 고기들은 모두 살이 단단하다. 그래서 크기에 비해 무게가 더 나간다. 그 점은 피라미나 메기나 농어도 마찬가지다. 사실

물이 깨끗하기 때문에 이 호수에서 사는 모든 물고기는 다른 강이나 호수에서 사는 고기보다 훨씬 더 깨끗하고 잘 생기고 살도 단단하다. 그들은 다른 곳의 물고기와 쉽게 구별된다. 아마도 어류학자들은 이곳의 물고기들의 일부를 새로운 변종으로 삼을지도 모른다. 이 호수에는 또 깨끗한 인상을 주는 개구리와 거북이의 한 종족도 살고 있고 민물조개도 더러 있다. 사향뒤쥐와 밍크가 호숫가에 발자국을 남기고 가끔 자라도 찾아와 돌아다닌다. 때로는 아침에 보트를 밀어내다가 밤 사이에 그 밑에 들어가 숨어 있던 큰 자라를 놀라게 한 적도 있다.

봄과 가을에는 물오리와 기러기가 호수를 자주 찾아왔다. 그리고 여름 내내 흰 가슴무늬 제비들이 수면을 스쳐 날아가고 붉은발 도요새들이 돌 많은 호숫가에서 사푼사푼 걸어 다녔다. 나는 이따금 호수 위로 뻗은 백송白松 나무 가지에 앉아 있는 물수리를 놀라게 한 적도 있었다. 그러나 페어헤븐[11]에서처럼 갈매기의 날개로 이 호수가 한 번이라도 더럽혀진 적이 있었을 것 같지는 않았다. 이 호수는 기껏해야 아비가 1년에 한 번 찾아오는 것을 허용할 뿐이다. 위에 말한 것들이 현재 이 호수에 자주 찾아오는 주요 동물들이다.

날씨가 맑고 잔잔할 때 배를 저어 모래가 많은 동쪽 기슭으로 나가서 깊이 8피트나 10피트 되는 물 속을 내려다보면 호수 바닥에 돌무더기가 보인다. 지름 6피트에 높이 1피트로 달걀보다 작은 돌이 둥그렇게 쌓여있고 그 둘레는 맨 모래로 되어 있다. 이런 돌무더기는 이곳 외에도 호수의 다른 여러 곳에서도 발견된다. 처음에는 인디언들이 어떤 목적을 위해서 얼음판 위에 돌무더기를 쌓아놓았는데 얼음이 녹자 바닥에 가라앉은 것이 아닌가 생각했다. 그러나 그렇게 보기에는 이 돌무더기가 너무 고르게 쌓여 있고 그중 어떤 것은 분명히 그

---

11) Fair Haven: 월든 호수 남서쪽으로 약 1마일에 있는 서드버리 강이 넓게 퍼진 만.

렇게 오래되어 보이지 않았다. 그것은 강이나 하천에서 발견되는 돌무더기와 흡사한데 이 호수에는 서커[12]나 칠성장어가 있는 것도 아니어서 어떤 물고기가 이런 돌무더기를 쌓아놓았는지 알 도리가 없었다. 어쩌면 황어의 보금자리인지도 모르겠다. 아무튼 호수 바닥에 재미있는 수수께끼를 제공하고 있는 셈이다.

호수 둘레의 기슭은 단조롭지 않을 만큼 알맞게 불규칙하다. 나는 지금 그 기슭을 '마음의 눈'으로 바라보고 있다. 서쪽 기슭은 만들이 깊숙이 들쭉날쭉하고 북쪽은 그보다 더 선이 굵고 대담하다. 아름다운 가리비조개 모양을 한 남쪽 기슭은 불쑥불쑥 삐져나온 갑들이 서로 겹치듯 줄줄이 이어져 있다. 그 사이사이엔 아직 무언가 사람이 가보지 않은 후미진 작은 만들이 있을 것만 같아 보인다.

산으로 둘러있는 조그마한 호수 한가운데서 바라볼 때보다 그 기슭이 더 아름답게 보이는 장소가 또 있을까. 아니 그처럼 선명하게 그 아름다움이 드러날 때가 또 있을까. 숲이 비친 수면이 가장 좋은 경치를 이룰 뿐만 아니라 굽이굽이 휘어든 기슭이 그 숲과 호수의 경계로 가장 자연스럽고 가장 잘 어울려 보인다.

그곳 호숫가에는 도끼로 벌목한 곳이 전혀 없다. 가까이에 개간된 밭도 전혀 없다. 벗겨진 상처라거나 불완전한 구석은 찾아보려 해도 찾아볼 수 없다. 호숫가의 나무들은 공간이 많은 호수의 수면 위로 제각기 힘찬 가지를 기세 좋게 내뻗고 있다. 여기에 자연의 여신은 수를 놓아 호수의 가장자리를 장식해 놓았다. 그러니 바라보는 사람의 눈길은 자연히 이 호수 기슭의 낮은 관목 숲에서 시작하여 점차 위쪽으로 가장 높은 나무에 이르도록 되어있다. 거기엔 인간의 손이 닿은 흔적은 거의 보이지 않고 오직 호수의 물만이 철썩철썩 천 년 전이

12) sucker : 잉어과에 가까운 북미의 담수어로 검은 반점이 있음.

나 다름없이 그 기슭을 씻어주고 있다.

호수는 풍경 중에서도 가장 아름답고 가장 표정이 풍부한 부분이다. 그것은 대지의 눈이다. 그 눈망울을 들여다보고 있노라면 사람은 자신의 본성의 깊이를 헤아리게 된다. 호숫가를 따라 자라는 나무들은 눈언저리의 가느다란 속눈썹이다. 그리고 그 둘레의 우거진 숲과 낭떠러지는 굵직한 눈썹과 이마다.

고요한 9월의 어느 오후였다. 나는 동쪽 호숫가의 부드러운 모래밭에 서서 호수를 바라보았다. 엷은 안개가 걸쳐있어 건너편 물가는 또렷하지 않았다. 이때 나는 비로소 '호수의 거울 같은 수면'이라는 표현이 어디에서 비롯된 것인지 알았다. 머리를 거꾸로 숙여서 가랑이 사이로 보면 호수의 수면은 계곡에 걸쳐진 엷디엷은 한 가닥 거미줄처럼 보인다. 그 선이 먼 소나무 숲을 배경으로 반짝이며 대기층을 두 개로 갈라놓은 것만 같다. 마치 그 밑으로 걸어서 건너편의 산으로 건너가더라도 물에 젖지 않을 것만 같고 호수 위를 스치듯 날아가는 제비들이 수면에 앉아도 될 것만 같았다. 아니, 사실 제비들은 이따금 앉으려다 물 밑으로 곤두박질하고서야 착각임을 깨닫고 놀라서 물을 박차고 다시 날아오른다.

서쪽을 향해 호수를 바라보면 진짜 태양과 물 위에 반영된 태양이 똑같이 눈부시기 때문에 두 손으로 눈을 가릴 수밖에 없다. 그 두 개의 태양 사이의 수면을 자세히 바라보면 문자 그대로 거울처럼 매끄럽다. 다만 호수 전체에 일정한 간격으로 점점이 흩어져 있는 소금쟁이들이 햇빛에서 움직이면 섬세하게 빛이 반짝이는 파문이 일어나고, 때로는 물오리 한 마리가 날개를 가다듬고 있거나 앞에서 말했듯이 제비가 너무 낮게 날다가 수면을 스치며 파문을 일으키는 것이 거울과 다를 뿐이다.

하기야 멀리서 물고기 한 마리가 아치의 곡선을 그리며 3, 4피트나 공중으로 뛰어오르는 경우도 있기는 하다. 그럴 때는 물 위로 솟아오른 곳에 밝은 섬광이 한 번 일고 물에 떨어지는 곳에 또 한 번의 섬광이 인다. 때로는 은빛의 아치가 그대로 드러나기도 한다. 혹은 물 위 여기저기에 엉겅퀴의 솜털 같은 관모가 떠돌아다닐 때는 물고기가 그것을 향해 돌진하는 바람에 다시 파문이 일기도 한다. 호수의 물은 마치 녹은 유리가 식기는 했으나 굳어지지 않은 상태와도 같다. 그 안에 이 작은 반점들도 유리 속의 작은 불순물과 같이 자연스럽고 아름답다. 우리는 자주 호수 수면의 일부가 다른 부분보다 더 매끄럽고 색이 더 진한 것을 보기도 한다. 마치 물의 요정들이 눈에 보이지 않는 거미줄이나 밧줄로 자기들의 놀이터를 다른 부분과 구별해 놓은 것만 같다. 언덕 위에서 호수를 바라보면 거의 어느 곳에서 물고기가 뛰더라도 그 모습이 우리의 눈에 확연히 들어오게 되어있다. 왜냐하면 창꼬치나 피라미가 그 잔잔한 수면 위에 떠 있는 벌레 한 마리라도 잡을 때는 그 즉시 호수의 반반한 수면의 균형이 무너지고 말기 때문이다. 잔잔한 수면에 파문을 일으키지 않고서는 그들은 곤충 한 마리도 은밀히 잡을 수 없는 거다. 이 단순한 사실이 얼마나 교묘하게 사방으로 알려지는 것인지, 마치 살인은 드러나기 마련이란 듯이 이 물고기의 살생이 드러나는 것이[13] 신기하기만 하다. 동그랗게 펴져 나가는 그 파문이 직경 2,30미터쯤 되면 멀리 내가 앉아있는 언덕에서도 식별할 수 있다.

잔잔한 수면에서는 심지어 한 마리의 물방개가 끊임없이 행진하는 것을 1/4마일 떨어진 먼 곳에서도 알아볼 수 있다. 그들은 물에 살짝 골을 내어 두 줄 사이에 뚜렷한 이랑을 만들기 때문이다. 그러나 소금쟁이들은 수면에서 활주를 하지만 그렇게 멀리서 볼 수 있을 만큼

---

13) 영국 시인 제프리 초서(1340?~1400)의 〈여수도원장의 이야기(The Prioresses Tale)〉에 나오는 "살인은 밝혀진다(Mordre wol out)"의 인유.

뚜렷한 물결을 일으키지 않는다. 수면이 조금이라도 일렁인다 싶을 때는 물방개나 소금쟁이들은 완전히 모습을 감춘다. 그러나 수면이 잔잔한 날에는 이들 곤충들은 어디에 숨어 있었는지 다시 나와 호숫가 여기저기에서 조금씩 활주의 모험을 하다가 순식간에 호수를 완전히 덮어버린다.

태양의 따뜻함이 정말 고맙게 느껴지는 맑은 가을날에 이처럼 언덕 위에 올라 나무 그루터기에 걸터앉아서 호수를 내려다보고 있으면 정말로 마음이 차분해진다. 잔잔한 수면에 끊임없이 새겨지는 동그란 파문을 자세히 들여다보고 있으면 하늘과 나무들이 그대로 반사되어 파문이라도 일지 않으면 보이지 않을 정도로 잔잔한 수면처럼 마음 또한 잔잔해진다. 이 넓은 수면에는 아무런 혼란이 없다. 동요가 있어도 곧장 다시 잔잔히 가라앉는다. 마치 항아리에 담긴 물을 잡아 흔들면 출렁이는 파문이 항아리의 가장자리에 닿았을 때 곧장 잔잔해지는 것과 같다.

이 잔잔한 호수에서는 고기 한 마리가 뛰거나 벌레 한 마리만 떨어져도 아름다운 선으로 동그란 파문이 일어 그 사실이 사방으로 전달된다. 마치 호수에 샘물이 끊임없이 솟아오르는 것 같기도 하고 호수의 생명이 잔잔히 고동치는 것 같기도 하다. 호수의 가슴이 숨을 쉬며 끊임없이 들썩이는 것 같이 보이기도 한다. 기쁨의 전율과 고통의 전율이 구별될 순 없다. 호수에서 벌어지는 이 모든 현상이 얼마나 평화스러운가! 인간이 하는 일도 다시금 봄날처럼 빛나고 있다. 그렇다. 모든 나뭇잎과 가지들, 돌멩이와 거미줄이 지금 이 한낮의 오후 중반에 봄날아침 이슬에 젖은 것처럼 반짝이고 있지 않은가? 노櫓와 곤충의 움직임 하나하나에서 눈부신 섬광이 번뜩이지 않는가? 이럴 때 노가 물을 철썩이는 소리가 있다면 그 메아리 소리는 얼마나 감미롭게 들리겠는가!

9월이나 10월의 이런 날에는 월든 호수는 완벽한 숲의 거울이 된다. 그 거울의 둘레는 보석으로 장식되어 있다. 내 눈에는 보석 이상으로 희소하고 진귀하게 보인다. 아마 지구 표면에 호수처럼 아름답고 순수하고 그러면서도 그렇게 큰 것은 없을 것이다. '하늘의 물.' 거기엔 울타리가 필요 없다. 수많은 민족이 오갔지만 호수는 더럽혀지는 일이 없다. 그것은 돌을 던져도 깨지지 않는 거울이다. 그 거울의 뒤에 도금된 수은은 영원히 닳아지는 일이 없다. 자연은 그 도금을 끊임없이 손질해 준다. 어떤 폭풍이나 먼지도 언제나 깨끗한 그 표면을 흐리게 하지 못한다. 호수의 거울에 붙으려는 불순물은 모두 그 속에 가라앉거나 안개라는 태양의 솔이 쓸어주고 털어준다. 이것이야말로 빛을 더 빛나게 하는 '빛 걸레'다. 그 위에 입김을 불어도 그 거울의 얼굴에는 김이 서리지 않는다. 오히려 자신의 입김을 자기 얼굴 위로 하늘 높이 구름이 되게 하여 자신의 가슴에 다시 비치게 한다.

넓고 잔잔한 호수는 대기에 떠다니는 정령의 비밀을 드러내 보인다. 물은 새로운 생명과 움직임을 끊임없이 위에서 받아들이고 있다. 물은 그 성질상 땅과 하늘의 중간이다. 땅에서는 풀과 나무만이 나부끼지만 물은 바람이 불면 몸소 잔물결을 일으킨다. 나는 빛의 줄무늬나 빛의 파편이 물 위에서 반짝이는 것을 보고 그 정령이 수면의 어디를 달려가고 있는지를 안다. 이처럼 우리가 수면을 내려다볼 수 있다는 것은 아주 대단한 일이다. 어쩌면 언젠가는 우리가 공기의 표면을 내려다보며 더욱 더 신묘한 정령이 어디를 스쳐 가는지 보게 될지도 모른다.

소금쟁이나 물방개들은 된서리가 내리는 10월 하순에는 마지막으로 모습을 감춰버린다. 그때부터 11월을 거치는 기간에 맑고 잔잔한 날에는 대체로 수면에 물결을 일으키는 것이란 정말 아무것도 없다. 11월 어느 날 오후였다. 며칠 동안 내리던 비바람이 멎고 다시 평온해졌다. 하지만 하늘은 아직도 구름으로 완전히 덮여있었고 대기는 안개로 가득 차 있었다. 한데 호수는 희한하게도 잔잔하여 수면을 거의 구별하기 어려울 정도였다. 이제 호수는 10월의 화려한 색깔을 반영하는 것이 아니라 주위를 두르고 있는 산들이 투영된 침울한 11월의 색깔이었다.

나는 보트로 수면에 떠 있는 그 영상 위를 되도록 조용히 지나갔다. 하지만 보트가 일으킨 잔물결은 내 시야의 범위까지 멀리 뻗어나갔다. 물결은 수면에 비친 영상에 마치 갈비뼈처럼 이랑을 만들었다. 한데 수면을 자세히 살펴보니 멀리 이곳저곳에서 희미하게 가물거리는 빛이 보였다. 서리를 피한 소금쟁이들이 거기에 모여 있거나 아니면 수면이 너무도 잔잔하여 어쩌면 호수 바닥에서 솟는 샘이 그곳 수면 위에 드러나는 것이 아닌가 싶었다. 한데 가만히 노를 저어 그곳에 이르니 놀랍게도 수많은 작은 농어 떼에 내가 둘러싸여 있는 것이었다. 푸른 물 속에서 길이 5인치쯤 되는 아름다운 청동색 농어 떼가 뛰놀다가 끊임없이 수면으로 올라와 잔물결을 일으키고 때로는 수면에 거품을 남기기도 했다.

이처럼 투명하고 밑바닥이 없어 보이는 호수 물에 구름까지 비치고 보니 나는 마치 기구를 타고 하늘을 날고 있는 기분이 들었다. 지느러미를 돛처럼 펼치고 헤엄치는 이 물고기들은 나보다 조금 아래의 고도로 나의 좌우 양쪽에서 날고 있는 새 떼와 같다는 생각이 들었다. 호수에는 그런 농어 떼가 많았다.

겨울이 그들의 넓은 하늘의 창문에 얼음의 덧문을 드리우기 전에 그들은 이 얼마 남지 않은 짧은 계절을 마음껏 이용하는 것이었다. 고기 떼가 수면에서 노는 모습이 어떤 때는 미풍이 스치는 것 같았고 또 어떤 때는 빗방울이 우수수 떨어지는 것 같기도 했다. 내가 무심코 배를 저어 가다가 그들을 놀라게 했을 때는 마치 누군가 잎 많은 나뭇가지로 물을 철벅거리는 것 같은 소리를 내며 꼬리로 수면에 잔물결을 일으키고는 깊은 물 속으로 사라져버렸다.

마침내 바람이 일기 시작했다. 그리고 안개가 점점 더 짙어지고 물결이 일기 시작했다. 그런 때면 농어들은 전보다 더욱 더 높이 뛰었다. 그들은 몸을 절반쯤 물 밖으로 드러날 정도로 높이 뛰기 시작했는데, 그 순간 길이 3인치 정도의 수많은 검은 점이 되어 수면 위로 일시에 모습을 드러냈다. 어느 해던가 해 늦은 12월 5일까지도 수면에 얼마간의 파문이 이는 것을 나는 보았다. 나는 곧장 심한 비가 쏟아지리라는 생각이 든데다 대기는 안개로 가득 차는 것이어서 급히 노를 저어 집으로 돌아가려고 서둘렀다. 빗방울이 내 볼에 떨어지지는 않았는데도 비가 점점 심하게 오는 것 같았고 금방이라도 옷이 흠뻑 젖어오는 기분이었다. 그러나 갑자기 수면에서 그 파문이 사라졌다. 농어 떼가 파문을 일으켰던 것인데 나의 노 젓는 소리에 놀라 물속 깊이 달아난 것이었다. 나는 어렴풋이 그들이 사라지는 것을 보았다. 그날 오후 끝내 비는 오지 않았다.

60여 년 전에 이 호수에 자주 드나들곤 했다는 한 노인[14)]이 내게 들려준 말에 의하면 그때만 해도 이 호수는 주위의 무성한 숲 때문에 어둑어둑했었고 물오리와 그밖에 여러 물새들이 참 많았었다고 한다. 또한 호수 주변에는 독수리가 많이 살았다는 것이다. 그는 이곳에 낚시하러 올 때면 호숫가에서 발견한 오래된 통나무배를 사용했다고 했다. 그 배는 두 개의 백송 통나무를 파서 맞붙이고 양쪽 끝을 네모지게 잘라놓은 것이었다. 모양은 조잡했지만 오랜 세월 동안 사용했는데 결국에는 침수되어 호수 바닥에 가라앉았을 거라고 했다. 그 노인은 그것이 누구의 것인지 알지 못했으니 결국 월든 호수가 주인일

14) 미상의 인물. 1853년 6월 16일 일지(J 5:260)에 그 노인이 '55년 전에' 호수를 자주 드나들었다는 말이 있을 뿐이다.

수밖에 없었다. 그 노인은 히코리 나무껍질로 밧줄을 엮어서 배의 닻줄로 썼다고 했다.

그 노인은 독립전쟁 이전에 이 호수 근처에서 살았던 한 옹기장이 노인[15]에게서 들었다는 이야기를 내게 들려주었다. 그의 말에 의하면 호수 바닥에 쇠 상자가 하나 있었고 그 옹기장이 노인은 그것을 본 적이 있었다고 말했다는 것이다. 가끔 그것이 호숫가로 떠밀려오곤 했으나 사람이 가까이 가면 다시 물 속 깊이 사라지곤 했다고 한다. 나는 그 낡은 통나무배에 대한 이야기를 듣는 것이 기뻤다. 그 배는 인디언들이 똑같은 재료로 보다 정교하게 만든 카누를 대신하였을 것이다. 어쩌면 처음에는 한 그루의 나무로 이 호숫가에 서 있었고 그 다음에는 말하자면 물 속으로 쓰러져 한 세대 동안 그곳에서 둥둥 떠다니며 호수에 가장 알맞은 배의 역할을 했을 것이다. 내가 처음 월든 호수의 깊은 물 속을 들여다보았을 때 호수 밑바닥에 큰 통나무들이 많이 쌓여 있는 것이 가물가물 보이던 것이 생각난다. 아마 바람에 밀려갔거나 아니면 마지막으로 벌채된 나무가 값이 쌀 때여서 얼음 위에 방치된 것이었을지도 모른다. 그러나 지금은 대부분 사라지고 보이지 않는다.

내가 월든 호수에 처음으로 배를 띄웠을 때 호수는 키 큰 소나무와 떡갈나무의 울창한 숲으로 완전히 둘러싸여 있었다. 그리고 몇몇 작은 만에는 포도덩굴이 양쪽 물가의 나무를 휘어감아 정자 같은 모습을 이뤘고 그 밑으로는 보트가 지나갈 수 있었다. 호숫가를 이루는 언덕은 무척 가파르고 그 위의 나무들 또한 당시에는 무척이나 키가 컸다. 호수 서쪽 끝에서 내려다보면 호수는 어떤 숲의 아름다운 풍경을 구경하기 위한 일종의 원형극장 같은 모습이었다.

---

15) 토미 와이먼을 말함. 그는 호수 북동쪽 끝에 오지그릇 제조소를 가지고 있었다. 이 책 〈제14장 전에 살았던 사람들〉과 그의 일지(J 5:260)에도 언급되어 있다.

내가 보다 더 젊었을 때 나는 이곳에서 많은 시간을 보냈다. 여름날 오전에 노를 저어 호수 한가운데로 나가서 부드러운 바람에 보트를 내맡기고 그 안에 길게 누워 공상에 잠기곤 했었다. 그런 때는 몇 시간이 지난 후에 배가 모래사장에 부딪혔을 때에야 비로소 몽상에서 깨어나 운명의 여신이 호수의 어느 기슭으로 나를 밀고 왔나 보기 위해서 몸을 일으켰다. 그야말로 아무것도 하지 않는 '무위無爲'가 가장 매력적이고 가장 생산적인 근면이 되는 그런 날들이었다. 나는 하루 중에서 가장 값진 시간을 이렇게 보내고 싶어서 많은 날의 오전 시간에 살짝 이 호수로 빠져나오곤 했었다. 왜냐하면 나는 부자였기 때문이다. 돈으로 셈하면 부자가 아닐지 몰라도 햇볕이 드는 양지의 시간과 여름날은 얼마든지 가진 부자이기 때문이었다. 그렇기에 이것들을 마음껏 소비했던 것이다. 그 시간들을 좀 더 많이 작업장이나 교사의 책상에서 보내지 않았다[16] 해서 나는 결코 후회하지 않는다.

그러나 내가 그 호숫가를 떠난 후에 벌목꾼들이 그곳을 더욱 더 황폐화시켜 놓았다. 이젠 때때로 숲 사이로 호수를 바라보며 밀림 속의 오솔길을 이리저리 거니는 일도 앞으로 오랫동안 없게 될 것이다. 나의 뮤즈 신이 이제 침묵을 지킨대도 어쩔 수 없다. 숲이 잘리고 없는데 어찌 새가 노래하기를 기대할 수 있으랴?[17]

호수 물밑의 그 통나무들, 그 오래된 통나무배와 호수 주위의 울창한 숲은 이제 사라지고 없다. 호수가 어디 있는지조차 모르는 마을 사람들이 호수에 와서 멱을 감거나 물을 마시는 대신 적어도 갠지스 강처럼 신성시되어야 할 그 호수의 물을 수도관으로 마을에 끌어다 그것으로 접시를 씻으려고 궁리하고 있지 않은가! 그들은 수도꼭지를 틀거

---

16) 소로는 아버지가 경영했던 연필공장에서 일하기도 했고 학교 교사로서 일했던 적도 있다.

17) 에머슨 가문의 기증으로 현재 주의 자연보호구역으로 지정된 덕분에 호숫가의 숲이 많이 회복되었다.

나 마개를 뽑아서 월든 호수를 손에 넣으려 하고 있지 않은가![18] 저 악마 같은 철마鐵馬는 귀를 찢을 듯한 울음소리로 온 마을을 뒤흔들고 발굽으로 '솟아오르는 샘'을 짓밟아 더럽혀놓았다. 바로 그가 이 호반의 숲을 말끔히 뜯어먹은 장본인이다. 그는 돈에 눈이 어두운 그리스인이 데려온 트로이의 목마[19]가 아닌가! 그 뱃속에 무수한 적병들이 숨어 들어온 것이 아닌가! 산을 깊이 절단한 철길 모퉁이[20]에서 이 거만한 괴물을 맞아 그의 갈비뼈 사이에 복수의 창을 깊이 꽂을 '무어 홀의 무어'[21] 같은 용사는 우리나라 어디에 있단 말인가?

그럼에도 불구하고 내가 알고 있는 그 모든 품성들 중에서 아마 월든 호수가 가장 훌륭한 품성을 지니고 있고 또한 그의 순수성을 가장 잘 보존하고 있을 것이다. 많은 사람들이 이 호수의 순수성에 비교되어 왔지만 그 명예를 받을 만한 사람은 거의 없다.

벌목꾼들이 호숫가의 여기저기를 야금야금 베어내고, 아일랜드 사람들이 호숫가에 돼지우리 같은 움막을 짓고, 철로가 그 언저리를 침범하고, 얼음을 채취해가는 장사꾼들이 그 호수의 얼음을 한 꺼풀 벗겨갔지만 호수 그 자체는 아무런 변함이 없다. 내가 어렸을 때 보았던 그 호수 바로 그대로다. 어떤 변화가 있었다면 그것은 오히려 나 자신에게 있었을 뿐이다. 호수는 무수한 잔물결을 일으키지만 영원히 지워지지 않는 주름살은 하나도 없다. 월든 호수는 영원히 젊다. 지금이라도 내가 호숫가에 서면 제비가 옛날 옛적과 다름없이 그 수면에서 곤충을 잡으려고 물을 스치고 날아가는 광경을 볼 수 있다.

---

18) 소로 생전에 이 계획은 취소되고 대신 플린트 호수가 이 목적에 이용되었다.

19) Trojan horse: 그리스 병사들이 목마木馬에 숨어 트로이의 성에 침투했다는 고사.

20) 원문 Deep Cut: 월든 호수 북서쪽의 지점으로 철길을 내기 위해 산을 절단한 곳.

21) the Moore of Moore Hall: 용을 죽였다는 영국 민요에 나오는 영웅. 토머스 페르시의 《고요사유집(古謠拾遺集, Reliques of Ancient English Poetry)》(1765)에 〈The Dragon of Wantley〉로 실려 있다. 이 민요는 헨리 카레이(1689~1743)에 의해 희극 오페라로 각색되어 18세기에 크게 유행했다. 소로는 이 가극 대사를 참작한 것으로 보인다.

지난 20여 년 동안 나는 거의 매일같이 월든 호수를 봐왔다. 그런데도 마치 그런 일이 전연 없었던 것처럼 오늘밤에도 이 호수는 나에게 다시금 새로운 감동을 준다. 아니 여기에 월든이 있다니! 내가 오래 전에 발견했던 그 호수와 똑같은 숲속의 호수가 아닌가! 지난 겨울에 숲의 일부가 잘려 없어졌지만 호숫가에서는 새로운 어린 숲이 변함없이 활기차게 자라고 있다. 그때와 똑같은 생각이 그때 있었던 그 수면으로 샘처럼 솟아오르고 있다. 이 호수는 그 자신과 그의 창조자에게 언제나 변함없이 맑은 기쁨과 행복의 샘이다. 그렇다. 그것은 나에게도 한결같은 기쁨과 행복의 샘이다.

이 호수는 분명 마음 속에 아무런 사심을 품지 않은 용감한 사람의 창조물이리라! 그는 그의 마음 속에서 자신의 손으로 이 호수를 둥글게 빚어 깊이 파고 그 물을 정화하였다. 그리고 자신의 유산으로 그것을 콩코드 마을에 남겨준 것이다. 나는 호수의 표정으로 그도 나와 같은 회상에 잠겨 있음을 안다. 그렇기에 그만 나도 모르게 "오, 월든이여! 거기 있는 것이 정말 자넨가?" 하는 말이 나올 것만 같다.

시 한 줄 장식하려고
꿈을 꾼 것이 아니로다.
월든 호숫가에 사는 것보다
내가 신과 천국에 더 가까울 순 없는 일,
나는 그 호수의 돌 많은 기슭이요,
그 위에 스쳐가는 미풍이어라.
오목한 내 손바닥에는
호수의 물과 모래 담겨 있고,
호수의 깊고 깊은 쉼터
나의 사상 속에 드높이 떠 있다.[22)]

열차는 이 호수를 보기 위해 멈추는 일이 없다. 그래도 나는 기관사, 화부, 제동수 그리고 정기 승차권을 가지고 이 호수를 자주 보고 지나가는 승객들은 호수를 보기 때문에 어쩐지 보다 더 좋은 사람이 되어 있으리라는 생각을 하게 된다. 기관사는 적어도 그날 한 번은 이 평온하고 순수한 광경을 봤다는 사실을 밤에도 잊지 않을 것이다. 아니, 적어도 그의 본성은 그럴 것이다. 비록 그날 한 번밖에 보지 못했다 하더라도 이 호수의 모습은 혼잡한 스테이트 가街[23]와 기관차의 검은 그을음을 씻어내는 데 도움이 될 것이다. 어떤 사람은 이 호수를 '신의 안약'[24]이라 부르자고 제안하기도 한다.

월든 호수에는 눈에 보이는 물의 입구와 출구가 없다고 앞에서 말한 바 있다. 그러나 이 호수는 한 쪽으로 지대가 더 높은 곳에 위치한 플린트 호수와 그 지역의 일련의 작은 호수들에 의해 거리상으로 간접적인 관계가 있다. 또 다른 한쪽으로는 지대가 낮은 콩코드 강과 앞과 유사한 일련의 작은 호수들에 의해서 직접적이고도 뚜렷한 관련을 맺고 있음이 분명하다. 그리고 지금과는 다른 어떤 지질학적인 시기에는 월든의 물이 그 작은 호수들을 통해서 콩코드 강으로 흘렀을 것이다. 그러니 지금이라도 호수의 밑바닥을 조금만 파보면 — 이를 신이 용서할 리 없겠지만 — 월든 호수의 물을 그쪽으로 다시 흐르게 할 수도 있을 것이다. 만일 이 호수가 숲속의 은자처럼 오랜 세월 동안 이처럼 과묵하고 근엄한 생활을 함으로써 이와 같은 놀라운 순결성을 얻은 것이라면, 이 호수보다 불순한 플린트 호수의 물이 월든의 물과 섞이거나 혹은 월든의 물이 바다의 물결 속에서 그 단맛을 잃게 되는 것을 누군들 유감스럽게 여기지 않겠는가?

---

22) 소로의 시.

23) State-Street: 보스턴의 금융 중심가.

24) 원문 God's Drops: 에머슨은 1840년 4월 9일의 그의 일지에서 월든 호수를 그렇게 불렀다.

링컨 마을에 있는 플린트 호수는 일명 샌디 호수라고도 한다. 이는 이 지방 최대의 호수다. 호수라기보다 일종의 내해內海에 가깝다. 월든 호수에서 동쪽으로 약 1마일 지점에 있다. 넓이가 197에이커나 된다니 월든 호수보다 훨씬 크고 물고기 또한 더 풍부하다. 그러나 이 호수는 비교적 수심이 얕고 물이 그다지 맑지 않다. 나는 기분전환 삼아 숲을 걸어서 플린트 호수까지 여러 번 간 적이 있다. 제법 드센 바람을 뺨에 맞으며 물결이 출렁이는 모습을 보면서 어부들의 생활을 상상하는 것만으로도 그곳에 가볼 가치가 충분했다. 바람 부는 가을날에 알밤을 줍기 위해 몇 차례 그곳에 간 적도 있었다.[25] 알밤이 호수 물에 떨어졌다가는 물결에 실려 내 발밑까지 밀려오기도 했다. 언젠가는 얼굴에 물보라까지 맞아가며 사초莎草가 우거진 호숫가를 헤집고 나가다가 우연히 썩은 보트의 잔해를 발견했다.

뱃전은 완전히 없어지고, 판판한 배 밑바닥이 우거진 골풀 속에 묻혀 배의 흔적만 남아 있었다. 그러나 마치 물에 떠서 썩은 넓은 수련 잎의 힘줄처럼 그 본래의 형태는 뚜렷했다. 그것은 해안에 떠밀려온 어느 난파선처럼 인상적이었다. 그리고 그에 못지않은 하나의 훌륭한 교훈을 지니고 있었다. 배는 이제 그저 부토腐土가 되어 호숫가와 구별되지 않는다. 그리고 그 바닥을 뚫고 올라온 창포와 골풀이 무심히 자라고 있었다.

이 호수 북쪽 물가에 가면 물밑의 모래바닥에 생긴 물결무늬의 자국에 나는 감탄하곤 했다. 그 자국은 물의 압력으로 다져져서 상당히 단단하였다. 물 속으로 발을 넣어 그 위를 밟아보니 그 단단함을 바로 느낄 수 있었다. 그 물결무늬에 골풀이 자라고 있다. 마치 물결이 심어놓은 것처럼 무늬의 선을 따라 줄줄이 질서정연하게 배치되어

---

25) 미국의 밤나무는 당시 가장 흔한 나무 중 하나였으나 20세기 초에 병이 들어 거의 전멸했다.

있는 것이 신기하였다.

나는 또 그 물가에서 가는 풀잎이나 풀뿌리가 공처럼 뭉쳐진 진기한 것들을 상당히 많이 발견했다. 이것들은 직경 반 인치에서 4인치에 이르는 완전한 공 모양이었다. 이 풀로 된 공들은 모래 바닥의 얕은 물 속에서 앞뒤로 하늘거리거나 어떤 때는 물 밖으로 밀려나오기도 했다. 그들은 속까지 완전히 풀인 것도 있고, 아니면 중심에 모래가 좀 들어 있는 것도 있었다. 처음 보면 이것들이 물가의 조약돌처럼 물결의 작용에 의해 형성되었을 것이라고 생각할지도 모른다. 그러나 그들 중에 가장 작은 것도 구성 재료는 똑같이 반 인치 길이의 좀 까칠까칠한 재료로 되어있고 1년 중에 오직 한철에만 만들어진다. 더욱이 물결은 이미 내구성을 갖춘 어떤 물질을 형성하는 작용을 한다기보다는 오히려 그 물질을 마모시키는 작용을 하지 않을까 하는 생각이 든다. 이것들은 물기 없이 마른 상태에서도 거의 항구적으로 오랜 기간 그 형태를 그대로 유지한다.

플린트 호수라니! 붙일 이름이 그렇게도 없단 말인가? 불결하고 우둔한 농장주[26]가 하늘이 내린 이 물가에 자기 농장을 만들고 나무들을 베어내어 물가를 벌거숭이로 만들고서 무슨 권리로 그 호수에 자기 이름을 붙인단 말인가? 어지간한 철면피다. 그는 호수의 수면보다는 번쩍이는 은화나 동전을 더 사랑했다. 그 속에서 그는 자기 자신의 청동색 얼굴을 볼 수 있었던 것이다. 그는 호수에 내려앉는 물오리조차도 무단 침입자로 간주했다. 그의 손가락은 하르피아[27] 처

26) 소로의 친구인 찰스 휠러가 1837년 이 호수 근처에 움막을 짓고 살았고 소로는 움막을 방문하여 그와 함께 지낸 적이 있었다. 이와 관련하여 소로도 원래 이 호숫가에 움막을 짓고자 했다. 하지만 그때 소유주인 플린트가 허락을 하지 않았기 때문에 그에 대한 분노가 비난으로 나타났다고 말하기도 한다. 허나 그것은 추정에 불과할 뿐 아직 그 증거가 밝혀지지 않았다.

27) harpy:그리스 신화. 탐욕스러운 괴수로 얼굴과 몸이 여자 모양이고 새의 날개와 발톱을 지녔음.

럼 재물을 그러모으는 오랜 습성 때문에 갈고리처럼 휘어진 각질 손톱으로 변해 버렸다. 그러니 나로서는 수긍할 수 없는 이름이다. 나는 그 사람을 만나거나 그에 대한 이야기를 듣기 위해 거기 가는 것이 아니다. 그는 결코 이 호수를 참다운 눈으로 본 적이 없다. 그는 그 호수 물에서 목욕 한 번 해본 적이 없다. 그는 호수를 좋아한 적도 없고 그 호수를 보호한 적도 없다. 그는 호수에 대해 찬사 한 마디 한 적도 없고 그 호수를 만드신 하느님께 감사한 적도 없다.

차라리 이 호수의 이름을 그 물 속에서 헤엄치는 물고기 혹은 그곳을 자주 드나드는 야생의 새나 짐승 아니면 그 물가에서 자라는 들꽃의 이름을 따서 붙였으면 한결 좋았을 것이다. 아니면 삶의 실오라기가 그 호수의 내력과 밀접하게 얽힌 어느 야성적인 사람이나 아이의 이름이 붙도록 해야 했다. 자신과 비슷한 생각을 가진 이웃이나 법률이 부여한 권리증에 적혀있는 권리 외에 아무런 자격을 내세울 수 없는 그자의 이름은 결코 붙이지 말았어야 했다.

그자는 그 호수의 금전적 가치만을 생각했다. 그의 출현은 아마도 호숫가의 모든 지역에 저주가 되었을 것이다. 그는 호수 주변의 땅을 피폐시키고 호수의 물까지도 다 팔아 없애버리고 싶었을 것이다. 그는 이 호수가 목초지나 월귤을 따는 초원이 아닌 것이 오직 유감일 따름이었다. 그의 눈에는 돈과 바꿀 만한 것이 그 호수에는 정말 아무것도 없었다. 그는 가능하다면 호수의 물을 전부 빼내고 바닥의 진흙이라도 팔고 싶었을 것이다. 그 호수는 그의 물방아를 돌려주는 것이 아니었다. 호수를 그냥 바라다보는 것만으로는 그에게는 아무런 '특권'이 아니었다. 나는 그런 사람의 노력을 존경하지 않는다. 모든 것에 가격이 매겨져 있는 그의 농장도 존경하지 않는다.

그는 단돈 몇 푼이라도 받을 수 있다면 그 호수의 경치라도, 아니 그가 믿는 하느님이라도 시장으로 가져가 팔고 싶을 것이다. 실제로 그는 자신의 진짜 하느님인 돈을 찾기 위해 시장으로 간다. 그의 농장에서는 아무것도 공짜로 자라는 것이 없다. 그의 밭에서는 곡식 대신 돈이 자란다. 그의 꽃밭에서는 꽃 대신 돈이 핀다. 그의 과일 나무에는 과일 대신 돈이 열린다. 그는 그 과일의 아름다움을 사랑하지 않는다. 그는 과일이 달러로 바뀌기 전에는 완전히 익었다고 생각하지 않는다.

내게 진정한 부를 누릴 수 있는 가난을 다오. 내게는 농부들이 가난할수록 또한 가난한 농부일수록 그에 비례하여 더 존경스럽고 더 관심이 간다. 모범농장! 거기에는 쓰레기 더미에 독버섯 같은 집이 있으며 일꾼들의 방들, 말과 소와 돼지의 방들, 청소가 된 것들과 그렇지 않은 방들이 모두 다닥다닥 서로서로 붙어 있다. 가축과 더불어 인간이 사육되는 곳! 가축의 똥오줌 냄새와 버터밀크 냄새가 뒤섞인 거대한 기름덩이 같은 곳! 사람의 심장과 두뇌가 거름이 된 고도의 경작 상태! 마치 교회 묘지에서 감자를 경작하려는 것 같지 않은가! 이것이 모범농장이다.

아니다. 아니다. 만일 풍경 중에서도 가장 아름다운 곳에 사람의 이름을 따서 지명을 붙여야 한다면 가장 고귀하고 가장 현명한 사람들의 이름으로만 한정하여 붙이도록 하자. 우리 고장의 호수들로 하여금 "아직도 여전히 그 해안에 용감한 모험의 주인공에 대한 칭송이 자자하다"[28]는 '이카로스의 바다'[29]와 같이 적어도 참된 이름으로 불리도록 하자.

---

28) 스코틀랜드의 시인 '호손덴의 윌리엄 드루몬드(William Drummond of Hawthornden)'(1585~1649)의 시 〈이카로스(Icarus)〉에서 인용.

29) Icarian Sea:그리스 에게 해에 있음. 그리스 신화의 이카로스에서 유래된 이름. 신화에 의하면 이카로스는 발명가인 다이달로스의 아들. 두 부자는 아버지가 만든 밀랍으로 날개를 만들어 붙이고 폭군에 의해 유폐된 크레타 섬의 감옥을 탈출하였다. 그러나 하늘로 높이 오르자 태양에 가까이 가지 말라는 아버지의 경고를 무시하고 이카로스는 태양에 가까이 간 나머지 그 열로 밀랍이 녹아 바다에 떨어져 죽었다.

작은 규모인 구스 호수는 플린트 호수로 가는 도중에 있다. 콩코드 강이 넓어진 곳인 페어헤븐은 넓이가 약 70에이커나 된다. 이곳은 구스 호수에서 남서쪽으로 1마일 지점에 있다. 넓이가 약 40에이커인 화이트 호수는 페어헤븐을 지나 1마일 반쯤 되는 지점에 있다. 이 지역이 나의 '호반의 고을'[30] 이다. 이 호수들이 콩코드 강과 더불어 내가 특권을 가진 수역이다. 밤이나 낮이나, 한 해가 가고 또 한 해가 와도 이 호수들은 언제나 내가 가지고 가는 대로 곡식들을 어김없이 잘게 빻아준다.

나무꾼들과 철도 그리고 또 나마저도 월든 호수를 더럽혀 놓았으니 아마 우리 지방의 호수들 중에 가장 아름답지는 않더라도 가장 매력적인 호수, 말하자면 숲속의 보석과도 같은 호수는 화이트 호수가 될 것이다. 그러나 '화이트'라는 이름은 물이 맑은 데서 나왔건 혹은 호수 모래의 색깔에서 나왔건 너무 평범해서 잘 지은 이름이라고 할 수는 없을 것 같다.

그러나 이런 점에서나 또 다른 여러 가지 점에서 이 호수는 월든 호수의 쌍둥이 동생이다. 이 두 호수는 너무 비슷하기 때문에 땅 밑으로 연결되어 있음이 틀림없다는 생각이 든다. 호숫가에 돌이 많은 것도 같고 물도 같은 빛깔이다. 월든 호수에서처럼 무더운 복날에 과히 깊지 않은 만들의 일부를 숲 사이로 바라보면, 밑바닥에서 색이 반사되어 이 호수의 물도 월든 호수의 물처럼 엷은 청록색을 띤다.

여러 해 전에 나는 사포砂布를 만들기 위해 그 호수에서 외바퀴수레로 모래를 실어 나르곤 했던 적이 있었다. 그리고 그 후에도 계속 자주 갔었다. 그 호수에 나처럼 자주 드나드는 사람 중에는 그 호수를 '비리드(Virid) 호수' 즉 '녹색 호수'라 부르자고 하는 사람도 있다. 나

30) my lake country: 영국의 호반 시인들, 특히 워즈워스, 콜리지, 사우디(1774~1843) 등이 연상되는 영국 북서부의 호반의 고을을 말한다.

는 다음과 같은 사연으로 봐서 어쩌면 '옐로파인 호수' 즉 '미송美松 호수'라 해도 되겠다고 생각했다.

약 15년 전만 해도 그 호수 한가운데에 소나무 한 그루가 서 있는 것을 볼 수 있었다. 물가에서 수십 미터 떨어진 깊은 곳에 윗부분만을 수면 위로 내밀고 있었는데, 그 소나무가 어느 종으로 분류되는지는 확실치 않으나 이 지방에서는 '옐로파인'이라 불리는 종류의 소나무였다. 어떤 사람은 육지가 밑으로 가라앉아서 이 호수가 생겨났고 그렇기에 이 나무는 전에 그 자리에 있던 원시림 중에서 한 그루가 남은 것이라고 추정하기도 했다.

나는 매사추세츠 역사학회의 논문집에서 〈콩코드의 지세〉라는 글을 읽은 적이 있다. 거기에 그 미송나무에 대한 말이 있었다. 그 글은 콩코드 사람 한 분이 상당히 오래전인 1792년에 쓴 것이다. 그는 이 글에서 월든 호수와 화이트 호수를 논한 다음 이렇게 덧붙였다.

> 화이트 호수는 — 수위가 아주 낮아질 때 — 호수 한가운데에 나무 한 그루가 서 있는 게 보인다. 비록 수면에서 50피트 밑에 뿌리가 있기는 하지만 그 자리에서 자란 것 같다. 이 나무의 맨 윗부분은 잘려 나갔는데 그 잘린 부분의 지름이 14인치쯤 된다.[31)]

나는 1849년 봄에 서드베리 마을 사람들 중에서 그 호수에 가장 가까이 사는 사람을 만나 이야기를 나눈 적이 있었다. 그는 10년인가 15년 전에 그 나무를 호수에서 끌어낸 장본인이라 했다. 그의 기억이 확실하다면 그 나무는 호숫가에서 12 내지 15로드(60~75미터) 떨어진 물 속에 있었고 또한 그곳의 수심은 30 내지 40피트였다고 한다. 어

31) 윌리엄 존스(1772~1813)의 논문 〈A Topographical Description of the Town of Concord〉(《Massachusetts Historical Society Collections》 1:238)에서 인용. 윌리엄 존스는 이 논문을 1792년 8월 20일에 발표했다. 그는 당시 하버드 대학의 학생이었다.

느 겨울날 아침나절, 그는 호수에서 얼음을 채취하다가 오후에 이웃 사람들의 도움을 받아 그 오래된 미송나무를 끌어내기로 결심했다고 한다.

그는 나무가 서 있는 곳에서 호숫가 쪽으로 얼음을 톱으로 잘라 골을 내고 황소로 그 나무를 잡아당겨 얼음 위로 끌어올렸다. 한데 일을 착수한 지 얼마 되지 않아 놀랍게도 그는 위로 올라온 부분이 실은 밑 부분이었고 가지 부분이 아래로 향해 있음을 알았다. 그 가는 가지 끝이 모래 바닥에 단단히 박혀 있었던 것이다. 가장 굵은 쪽의 지름이 1피트 가량이어서 그는 좋은 판자 재목이 되리라 기대했다. 그러나 막상 꺼내놓고 보니 너무 썩어서 겨우 땔감으로밖에 쓸모가 없었다. 그는 나와 이야기할 때까지만 해도 그 나무의 일부를 헛간에 넣어두고 있었다. 나무 밑 부분에는 도끼 자국과 딱따구리가 쪼아놓은 자국이 있었다.

그는 추측하기를 그 나무는 호숫가에서 이미 말라죽은 것이었는데 마침내 바람에 의해 호수 쪽으로 넘어졌으리라는 것이었다. 윗부분은 물이 배어 있었고 밑 부분은 여전히 말라서 가벼웠기 때문에 호수로 떠밀려가다가 거꾸로 호수 바닥에 박혔으리라는 것이었다. 그의 아버지는 나이가 여든 살인데도 그 나무가 호수에 없었던 때가 있었는지 기억하지 못할 정도로 그 일은 오래 전에 있었던 일이었다. 이 호수 밑바닥에는 꽤 큰 통나무 몇 개가 아직도 있는 것을 볼 수 있었다. 수면의 파동 때문에 그것들은 마치 큰 물뱀이 꿈틀거리는 것처럼 보였다.

이 호수에서 사람들이 배를 띄우는 일은 거의 없다. 낚시꾼을 끌어들일 만큼 고기가 많지 않기 때문이다. 진흙에서 사는 흰 수련이나 호숫가에 흔한 창포 대신에 붓꽃이 호숫가의 돌 많은 바닥에서 올라와 맑은 물 속에서 가냘프게 자라고 있다. 6월에는 벌새가 붓꽃을 찾아 이곳으로 날아온다. 붓꽃의 푸르스름한 긴 잎과 그 꽃, 특히 물에 비친 그 그림자는 청록색의 물빛과 기묘한 조화를 이룬다.

화이트 호수와 월든 호수는 지구 표면에 있는 커다란 수정이다. 아니 그들은 '빛의 호수'들이다. 만일 이들이 영구히 응고되어 훔쳐갈 수 있을 만큼 작다면 아마도 제왕들의 머리를 장식하는 보석으로 쓰기 위해 노예들이 이미 캐갔을 것이다. 그러나 이 두 호수는 액체인데다 그 양이 방대하기에 우리와 우리 후손들에게 영원히 보장될 수 있었던 것이다. 그런데 오히려 이 때문에 우리는 이들을 무시하고 그저 코히누르의 다이아몬드[32]만 쫓아 헤매고 있다. 이 두 호수는 너무도 순수하여 그 가치를 측정할 수 없다. 그들에겐 불결한 것이라고는 전혀 없다. 이 호수들은 우리의 생활에 비하면 얼마나 더 아름다운가! 우리의 품성보다 얼마나 더 투명한가! 그들에게서 천한 것을 아무리 찾아보려 해도 우리는 결코 찾을 수 없다. 집오리들이 헤엄치는 집 앞의 웅덩이 물에 비하면 그 얼마나 더 깨끗한가! 여기에는 깨끗한 야생 물오리들이 찾아온다. 자연에서 살고 있는 인간은 대자연의 고마움을 알지 못하고 있다. 새들은 아름다운 깃털과 노래로 꽃들과 조화를 이룬다. 그런데 어느 젊은이나 아가씨가 자연의 야성적이고 풍요한 아름다움과 함께 호흡하고 사는가? 자연은 그들이 사는 도시에서 멀리 떨어져 거의 혼자서 성장盛裝의 나래를 펴고 있다. 그대여. 자연을 놓아두고 천국을 말하다니! 그건 대지를 욕되게 함이로다.

32) Kohinoor:106캐럿짜리 인도산 유명 다이아몬드로 영국 왕실 소장.

제10장 베이커 농장

나는 때때로 소나무 우거진 숲으로 한가로이 산책을 나가곤 했다. 소나무 숲은 마치 신전 같기도 하고 또는 활짝 돛을 펴 올리고 항해하는 큰 함대처럼 당당하다. 바다의 잔물결이 햇빛에 반짝이듯 부드럽게 흔들리는 큰 가지들이 햇빛에 반짝인다. 그 나무들이 드리운 그늘은 어찌나 부드럽고 시원하던지 드루이드교[1] 승려들이 보았다면 아마 참나무 숲을 버리고 이 소나무 숲에서 예배를 드리려 했을지도 모른다.

또 가끔 나는 플린트 호수 너머 삼목의 숲을 산책하기도 했다. 그곳의 나무들은 회백색의 블루베리 덤불 위로 보다 더 높이 치솟아 있었다. 그 모습은 발할라의 전당[2] 앞에 서 있어도 어울릴 모습이었다. 엎드린 노간주나무는 열매를 가득 달고 화환처럼 둥글게 휘어져 땅을 덮고 있었다.

어떤 때 나는 늪으로 산책을 나갔다. 그곳엔 회색 잎사귀 모양을 한 지태류 이끼가 흰 가문비나무에 꽃 줄 장식처럼 늘어져 있고, 늪

---

1) Druid:옛 영국, 아일랜드, 프랑스 등지에 살았던 고대 켈트인들이 창시한 기독교 이전의 원시종교. 큰 참나무 숲속에서만 종교의식을 치렀다함.

2) Valhalla:북유럽 신화에 나오는 최고신 오딘의 전당으로 용감하게 죽은 전사자를 맞아 위로하는 곳.

의 신들이 둘러앉는 원탁인 우산모양의 버섯들이 땅을 덮고 있었다. 더욱 더 아름다운 것은 진균류眞菌類 버섯들이다. 이것들은 나비나 조개 모양으로 나무 그루터기를 장식하고 있다. 그 붙어있는 모습이 마치 식물성 다슬기 같다. 늪에는 패랭이꽃과 말채나무가 자라고 감탕나무의 붉은 열매가 꼬마 도깨비의 눈망울처럼 빛을 내고 있었다. 노박덩굴은 나무들을 휘감아 홈을 내어 아무리 단단한 나무라도 바스러뜨릴 듯이 쥐어짜고 있다. 야생 감탕나무의 빨간 열매는 어찌나 아름다운지 보는 이로 하여금 발걸음을 떼지 못하게 한다. 그밖에도 사람이 맛보기에는 너무나도 아름다운 이름 모를 금단의 야생 과일들이 사람의 눈길을 유혹한다.

나는 어떤 학자를 찾아가는 대신 특정한 나무들을 여러 차례 찾아다녔다. 그런 나무들은 이 근처에서 찾아보기 어렵고 멀리 떨어진 어느 초원 한가운데 있거나 숲이나 늪 깊숙한 곳이 아니면 산마루에 있는 나무들이다. 그런 나무들로는 첫째 검정자작나무가 있다. 직경이 2피트나 되는 몇 그루의 잘 생긴 표본들을 나는 알고 있다. 그리고 느슨한 황금색 조끼를 입은 그 사촌격인 노랑자작나무가 있다. 이놈도 검정자작나무와 같이 향기로운 냄새를 풍긴다.

다음엔 너도밤나무다. 아주 매끈한 몸통에 이끼로 아름답게 채색까지 되어있어 모든 점에서 완벽하다. 이 너도밤나무들은 — 몇몇 흩어져 있는 나무들을 빼놓고는 — 내가 알기로는 이 콩코드 지역에는 오직 한 곳에 꽤 작은 숲이 하나 남아 있을 뿐이다. 어떤 사람들은 전에 이 근처에서 너도밤나무 열매를 산비둘기를 잡는 미끼로 썼는데 그 열매를 산비둘기가 물고 가다가 떨어뜨린 곳에 그 너도밤나무 숲이 생기게 되었다고 생각했다. 이 나무를 쪼갤 때 그 은빛 나뭇결의 섬광은 참 볼 만하다.

또 참피나무와 서나무가 있다. 또 잘 자란 단 한 그루의 개느릅나무(Celtis Occidentalis)도 있다. 또 높은 돛대 같은 소나무와 싱글 트리[3] 도 있다. 또 보통 이상으로 완벽하게 성장하여 숲 한가운데 탑처럼 우뚝 서 있는 솔송나무를 찾아가기도 했다. 이외에도 내가 찾아다닌 나무들의 이름을 나는 더 많이 열거할 수 있을 것이다. 이 나무들이야말로 여름과 겨울을 가리지 않고 내가 참배하는 신전들이었다.

언젠가 나는 우연히 무지개의 아치 한쪽 끝에 서게 된 적이 있었다. 무지개는 대기의 하층을 가득 메워 주위의 풀과 나뭇잎을 물들였다. 마치 색깔 있는 수정을 통해서 보는 것 같이 황홀했다. 온 세상이 완전히 무지개 빛 호수였다. 그 속에서 잠시 동안 나는 돌고래처럼 살았다. 만일 그 상태가 더 오래 지속되었더라면 나의 일과 생활도 무지개 빛으로 채색되었을 것이다.

철둑길을 걸을 때 이따금 내 그림자에 비친 후광에 이상한 생각이 들곤 하였고 또한 기꺼이 나 자신이 신의 선택을 받은 사람이라 생각하고 싶었다.[4] 나를 찾아온 어떤 사람은 자기 앞에 있었던 아일랜드 사람들의 그림자에는 후광이 전혀 없고 오직 미국 사람에게만 그런 특징이 있노라고 선언하기도 했다.

벤베누토 첼리니[5]는 그의 회고록에서 이렇게 말하고 있다. 그가 성 안젤로 성[6]에 유폐되어 있을 때 어떤 무서운 꿈이나 환영을 본 뒤에는 아침저녁으로 자기 머리의 그림자에 찬연한 빛이 나타났다고

---

3) Shingle tree: 인도산 목재의 일종. 질기고 단단함.

4) 신이 특정한 사람만을 선택하여 구원한다고 믿는 청교도들의 사상을 소로는 조롱하고 있다.

5) Benvenuto Cellini(1500~71): 이탈리아 조각가, 공예가, 자서전 작가. 교황의 관에 달린 보석을 훔친 혐의로 투옥되었다. 체르니의 후광에 관한 이야기는 소로의 일지 1851년 9월 12일에 언급되어있다(J 2:494~95). 소로는 토머스 로스코어(1791~1871)의 번역본 《Memoirs of Benvenuto Cellini, a Florentine Artist, written by Himself, Containing a Variety of Information Respecting Arts and the History of the Sixteenth Century》 (New York, 1845)를 읽었다.

6) the castle of St. Angelo: 로마에 있는 성으로 원래 헤이드리언(Hadrian) 황제의 무덤이었다.

하는데, 이탈리아와 프랑스에 있을 때도 그랬고, 특히 풀잎이 이슬에 젖어 있을 때 더욱 뚜렷했다는 것이다. 내가 말한 현상도 아마 이와 같은 것이리라. 내가 본 것도 아침에 특히 잘 보였다. 그러나 그 외의 시간에도 보였고 심지어는 달빛에서도 보였다. 이 현상은 언제나 있는 것이지만 사람들은 거의 주의하여 보지 않는다. 첼리니처럼 흥분하기 쉬운 상상력을 갖고 있는 경우에는 미신이 될 소지가 있을지도 모른다. 더욱이 그는 그것을 거의 아무에게도 밝히지 않았다고 말하고 있다. 어찌되었든 자신이 주목을 받고 있음을 의식하는 사람들은 사실 별다른 사람이 아닌가?

어느 날 오후였다. 나는 야채만으로는 부족한 식단을 보충하기 위해 물고기를 잡으려고 숲을 지나 페어헤븐으로 나섰다. 가는 길은 베이커 농장에 속한 플레전트 초원[7]을 거치게 되어 있었다. 그곳을 지나노라니 어느 시인이 그곳의 한적함을 노래한 시구가 떠올랐다.

> 너의 입구는 즐거운 들판.
> 몇 그루 이끼 낀 과일나무
> 불그레 단풍든 개울에 반쯤 허리 굽히고
> 미끄러지듯 쪼르르 달리는 사향쥐들,
> 쏜살같이 이리저리 내닫는 민첩한 송어들이
> 이 개울의 임자로세.[8]

월든에 가기 전에 나는 그곳에서 살까 하는 생각도 했었다. 나는 걸어가면서 사과를 '슬쩍 잡아채기'도 하고 개울을 껑충 뛰어넘어 사

---

7) 월든 호수 남쪽으로 페어헤븐 만에 접해 있다.
8) 앨러리 채닝(1818~1901): 미국 시인. 그의 시 〈베이커 농장〉에서 인용.

향뒤쥐와 송어를 놀라게 하기도 했다. 그날의 오후는 막연히 오래 전의 어느 날의 오후같이 느껴지는 그런 오후였다. 많은 사건이 일어날 수도 있는 기간보다, 아니 우리가 살아온 대부분의 기간보다 훨씬 이전의 어느 오후 같기만 하였다. 하지만 집을 나섰을 때는 오후의 절반이 이미 지난 시간이었다.

그건 그렇고, 나는 갑자기 소나기를 만나 어느 소나무 밑으로 피할 수밖에 없었다. 겹겹이 겹쳐진 가지 밑에서 손수건을 쓰고 흐르는 빗물을 닦으면서 무려 반시간이나 서 있어야 했다. 그러고서야 이윽고 허리춤까지 닿는 물 속에 서서 수초水草너머로 낚시를 겨우 한 번 던질 수 있었는데 그만 또 갑자기 먹구름에 휩싸인다 싶더니 천둥소리가 무섭게 으르렁대기 시작했다. 그 소리가 어찌나 강하던지 나는 넋을 잃고 서 있을 수밖에 없었다. '아무런 장비도 없는 이 가련한 낚시꾼을 쫓아내려고 저 무시무시한 벼락불까지 동원하고서 신들은 득의양양해야만 하는가'라고 나는 생각했다. 나는 은신처를 찾아 급히 서둘러 가장 가까운 움막으로 달려갔다. 그곳은 길에서 반마일이나 떨어져 있었다. 그러나 호수에는 그만큼 더 가까웠다. 그리고 오랫동안 사람이 살지 않은 곳이었다. ……

> 그래서 이곳에 시인이 집을 지었느니,
> 더할 나위 없던 시절에.
> 보기에도 초라한 움막인데
> 그도 지금 무너지고 있구나.[9]

이렇게 뮤즈의 여신은 이야기한다. 그러나 가서 보니 그 안에 존 필드라는 아일랜드인 부부가 살고 있었다. 큰 아이에서 막내에 이르

---

9) 앨러리 채닝의 시 〈베이커 농장〉에서 인용.

기까지 몇 명의 아이들도 있었다. 큰 아이는 얼굴이 넓적한 소년으로 아버지의 일을 돕다가 비를 피해 방금 그와 나란히 늪에서 뛰어왔다. 막내는 얼굴에 주름진 늙은 점쟁이무당[10] 같은 얼굴에 머리가 원추형인 젖먹이였다. 그는 귀족의 대저택이라도 되는 듯이 아버지의 무릎에 앉아있었다. 그리고 습기와 굶주림에 차 있는 속에서도 호기심에 찬 눈으로 자기의 아늑한 궁전에서 밖의 낯선 사람인 나를 내다보았다. 그것이 갓난아이의 특권이었다. 자신은 정작 알지 못하지만 사실 그는 존 필드의 가난하고 굶주린 아이가 아니라 고귀한 가문의 귀여운 막내둥이로 세상의 희망인 동시에 만인이 주목하는 대상이 될 수 있는 것이었다.

비가 가장 덜 새는 지붕 밑을 골라 우리는 함께 앉아 비를 피했다. 그동안에도 밖에서는 소나기가 퍼붓고 천둥이 울렸다. 나는 이 가족들을 미국으로 싣고 온 배가 만들어지기 전인 옛날에도 여러 번 이곳에 와서 이 자리에 앉은 적이 있었다.

존 필드는 분명 정직하고 부지런한 사람이었다. 그러나 솔직히 주변머리 없는 사람이었다. 그의 아내 또한 같았다. 저 높다란 화덕 이 구석 저 구석에서 날이면 날마다 이어지는 끼니 마련에 무척이나 애를 쓰는 것 같았다. 기름때 묻은 둥근 얼굴에 가슴팍을 드러내놓고

---

10) 원문 sibyl-like:Sibyl은 그리스 신화에 나오는 무당. 손으로 움켜쥐는 모래알의 수만큼 여러 해를 사는 수명이 허락되었으나 여러 해를 살아가면 갈수록 늙어가는 모습이 더 심해가는 노파.

언젠가는 형편이 나아지리라는 생각을 계속하면서 손에서 걸레자루를 내려놓을 사이도 없이 부지런히 일을 하지만 그 효과가 나타나는 데는 어느 곳에도 없었다.

비를 피해 역시 이곳으로 피신한 한 떼의 닭이 한 가족이나 다름없이 방 안을 이리저리 걸어다녔다. 이 닭들은 너무나 인간화되어 구워 먹을 수 없겠다는 생각이 들었다. 그들은 우뚝 서서 내 눈을 들여다보기도 하고 신중하게 머리를 갸웃거리며 내 신발을 쪼아댔다.

그러는 동안 주인은 내게 자기의 사정 이야기를 들려주었다. 그는 이웃의 어느 농부와 계약을 맺고 '진흙탕에서 허우적대는' 작업을 얼마나 열심히 하는지 모른다고 했다. 그는 삽과 늪지용 곡괭이를 써서 목초지를 개간하면 1에이커 당 10달러를 받고 그 땅을 1년 동안 퇴비를 써서 경작하는 권리를 갖는다는 것이었다. 얼굴이 넓적한 그의 아들은 자기 아버지가 얼마나 불리한 계약으로 일을 하는지는 모르고 아버지를 따라다니며 즐겁게 일한다고 했다.

나는 나의 경험을 말해 주는 것으로 그에게 도움을 주고 싶었다. 나는 그가 나의 가장 가까운 이웃 중 한 사람이라는 것, 내가 한가하게 낚시질이나 하며 빈들거리는 사람처럼 보이겠지만 실은 나도 그와 똑같이 먹고 살기 위해서 일을 하고 있다는 것, 그래도 나는 밝고 깨끗하고 아담한 집에서 살고 있고 그런 집을 짓는 비용은 대체로 그의 집과 같은 폐가를 빌려 쓰는 데 들어가는 1년간의 집세를 넘지 않으며 원한다면 그도 한두 달 안에 자기 소유의 궁전 같은 집을 지을 수도 있다는 것을 말했다.

또한 나는 이런 말도 해주었다. 나는 차나 커피, 버터나 우유, 쇠고기를 먹지 않기 때문에 그것을 얻기 위해서 힘든 일을 할 필요가 없고 또한 중노동을 하지 않으니 많이 먹을 필요가 없으므로 식료품비용이 극히 적게 드는데 반해서, 그는 차나 커피, 버터나 우유와 쇠고기를 먹기 때문에 그것들을 얻기 위해서 고된 일을 할 수밖에 없고 또한 고된 일을 하니까 신체조직의 소모를 회복시키기 위해 다시 많은 식사를 해야 한다. 그러니 결국 길이가 길어지면 폭이 그만큼 넓어지니[11] 사정은 나아지는 것이 없다. 그런데 사실은 나아지는 것이 없는 데서 그치는 것이 아니라 사정은 더 나빠진다. 왜냐하면 그가 자신이 놓인 처지에 당장 만족하지 못하고 있을 뿐만 아니라 덤으로 삶을 축내는 결과가 되기 때문이다.

그런데도 그는 여기서는 매일 차와 커피를 마시고 고기를 먹을 수 있기 때문에 미국에 오면 얻는 것이 있다고 생각했던 것이다. 하지만 오직 하나인 진짜 미국이란 나라는 오히려 그런 것들이 없이도 살아갈 수 있는 생활양식을 자유롭게 추구할 수 있게 해주는 나라이고, 또한 그런 물건들을 사용한 결과 직접 또는 간접적으로 생긴 노예제도와 전쟁과 그 외 불필요한 경비를 국민들이 짊어지도록 강요하는 나라가 아니라고 말했다. 이런 말까지 한 것은 그가 철학자나 철학지망자라도 되는 것처럼 말하고 싶었기 때문이었다.

설사 지구상의 모든 초원이 가꾸지 않은 황량한 상태 그대로 있다 하더라도 그것이 인류가 스스로를 구원하려는 데서 비롯된 결과라면 나는 기뻐할 것이다. 또 사람이 자기 자신을 가꾸는 데 무엇이 최선인가를 알기 위해서 일부러 역사를 탐구할 필요는 없을 것이다. 한데 슬픈 일이 아닌가! 한 사람의 아일랜드 사람을 가꾸는 일이 일종의 정신적인 늪지대용 곡괭이를 가지고 착수해야 할 어려운 사업이니 말이다.

나는 말을 이었다. 그는 힘든 개간 작업을 하기 때문에 두꺼운 장화와 튼튼한 옷이 필요하고 그것조차도 곧 더러워지고 닳아 없어지

11) 원문 as broad as long:17세기부터 있었던 영국 속담. 1678년에 발행된 존 레이의 《English Proverbs》에 실려 있다.

지만, 나는 가벼운 신발을 신고 얇은 옷을 입고 있기에 내가 신사 같은 옷차림을 하고 있다고 생각할지 모르지만 실은 신사가 아닐 뿐더러 나의 옷값은 그의 옷값의 절반에도 미치지 않는다고 말했다. 그리고 내가 원하기만 하면 노동이 아니라 오락으로 한두 시간에 이틀간 먹을 물고기를 잡거나 아니면 1주일 살기에 충분한 생활비를 벌어들일 수 있고, 만약 그와 그의 가족들이 소박하게 살려고만 한다면 여름에는 가족 모두 허클베리를 따러가는 즐거움을 맛볼 수도 있을 것이라는 말도 하였다.

존은 이 말에 한숨을 내쉬었고 그의 아내는 양손을 허리에 얹고 팔꿈치를 편 자세로 나를 쳐다봤다. 그들은 자기들에게 그런 생활을 시작할 자본이 있는지 또 일단 시작하면 그것을 계속하기에 충분한 셈이 되는지 따져보는 것 같았다. 그런 생활은 그들에게는 추측항법으로 항해하는 것과 같아서 어떻게 목적한 항구에 들어갈 수 있는 것인지 분명하게 알 수 없는 것이다. 그렇기 때문에 나는 그들이 계속 자기들의 방식대로 인생을 직접 물어뜯고 할퀴며 필사적으로 용감하게 싸우는 것이라 생각한다. 그들은 인생이라는 거대한 기둥을 예리한 쐐기로 쪼개내어 철저하게 파헤쳐 볼 능력이 없다. 그러니 인생을 가시 돋친 엉겅퀴를 다루듯 험하게 다뤄야 하는 것으로 생각한다. 그러나 그들은 엄청나게 불리한 싸움을 한다. 슬프도다! 존 필드. 계산 없이 살고 있으니 그렇게 실패하고 있다.

"낚시질을 해봤소?" 하고 나는 물었다. "아무렴요. 해봤죠. 할 일이 없을 때는 나가서 한 끼니 정도의 물고기를 잡죠. 좋은 농어를 꽤 잡았습니다." "미끼는 무엇을 쓰나요?" "지렁이로 먼저 피라미를 잡고 그것을 농어의 미끼로 쓰죠." 이런 말을 하고 있을 때 그의 아내가 재촉했다. "존, 이제 가보는 것이 좋겠어요." 희망에 찬 얼굴로 그녀가 말했으나 존은 주저하는 것이었다.

이제 소나기가 그쳤다. 동쪽의 숲 위에 걸린 무지개가 맑은 저녁을 약속하고 있었다. 그래서 나는 자리에서 일어섰다. 나는 밖으로 나오면서 물 한 그릇을 청했다. 마지막으로 집 주변을 조금이라도 더 살펴볼 겸 우물 바닥을 보고 싶었다. 한데 딱하게도 우물은 거의 말라서 모래가 드러나 보였다. 게다가 두레박줄은 끊어지고 두레박은 돌이킬 수 없는 상태였다. 그동안 주인은 적당한 주방 그릇을 골랐다. 물을 끓이기라도 하는 것인지 한참 무슨 말을 둘이서 주고받았고 꽤 시간이 지난 후에야 목마른 나에게 물그릇을 내놓았다. 아직 식지도 않고 티끌이 가라앉지도 않은 물이었다. 이런 구정물이나 다름없는 물로 여기서는 생명을 유지하고 있구나 하는 생각이 들어서 나는 눈 딱 감고 솜씨 있게 그 물을 흔들어 티끌을 그릇 한쪽으로 빼내고 마셨다. 그들의 손님 접대에 대해 내 나름대로 지극한 성의를 보였던 것이다. 이처럼 예의에 관계되는 경우 나는 별로 까다로운 편이 아니었다.

비가 갠 후에 나는 이 아일랜드인의 집을 뒤로 하고 다시 발걸음을 호수 쪽으로 옮기고 있었다. 한데 이 한적한 초원에서 물을 철벅이며 늪과 수렁에 빠지면서 이 쓸쓸하고 황량한 곳에서 창꼬치고기를 잡기 위해 이처럼 황급히 서둘러대는 내 꼴이 명색이 대학까지 나온 사람으로서 너무 시시한 게 아닌가 하는 생각이 잠시 머리를 스쳤다. 그러나 붉게 물든 서쪽을 향해 언덕을 내려가니 내 등 너머로 무지개가 펼쳐지고 맑게 씻긴 대기를 통해서 딸랑거리는 소리가 희미하게 들렸다. 어디에서 들리는지 마치 나의 착한 내부의 혼이 내게 이렇게 속삭이는 것 같았다.

너 가거라. 날마다 멀고 넓은 곳으로 낚시도 가고 사냥도 가거라. 아니, 더 멀리 더 넓은 곳으로, 그리고 개울가든 화롯가든 아무 걱정 말고 푹 쉬어라. 너의 젊은 시절에 너의 창조주를 기억하라.[12] 새벽이 오기 전에 근심을 털고 일어나 모험을 찾아 떠나라. 한낮에는 다른 호수를 찾아가 있도록 하고 밤이면 어디든 너의 집으로 삼고 푹 쉬어라. 이보다 더 넓은 들판은 없고 예서 노는 놀이보다 더 값진 놀이도 없다. 이 사초나 고사리처럼 너의 천성에 따라 야성적으로 성장하라. 사초나 고사리는 소나 말을 먹이는 건초가 결코 되지 않을 것이다. 천둥벼락이 치면 으르렁대게 놓아두라. 농부의 수확을 망칠 우려가 있다 하더라도 그것이 어떻다는 것인가? 그것이 천둥이 너에게 전하려는 뜻은 아니다. 사람들이 천둥번개를 피해 마차나 헛간으로 도망치면 너는 구름 밑으로 피하라. 밥벌이를 너의 직업이 되게 하지 말고 너의 놀이가 되게 하라. 너는 대지를 즐기되 그것을 소유하지 말라. 계획과 신념이 없기에 사람들은 현재의 위치에 계속 머물러 자신의 인생을 사고팔면서 농노처럼 살고 있다.

오, 베이커 농장이여!

풍경에 가장 값진 요소는
때 묻지 않은 햇빛이다. (**)

울타리 둘려진 너의 초원에서
잔치 벌리고 흥청댈 사람 아무도 없다. (**)

너는 다툴 사람 아무도 없고,
성가신 질문을 받을 일도 결코 없다.
처음이나 지금이나 다소곳이
소박한 갈색 옷을 입고 있구나. (**)

---

12) 《구약성서》 〈전도서〉 12:1 "Remember now your Creator in the days of your youth, ……."

사랑하는 사람들아, 오라.
미워하는 사람들도 오라.

오라! 신성한 비둘기의 아이들도,
국가의 반역자 가이 포크스[13]의 아이들도.
그리고 음모를 교수형에 처하라,
단단한 서까래에 매달아서![14]

사람들은 밤이 되면 꼬박꼬박 집으로 돌아온다. 외출이라 해야 집 안 살림살이 부딪치는 소리가 들릴 정도의 가까운 논밭이나 가까운 동네 거리에 불과하다. 그러니 자신이 내뱉은 공기를 다시 들이키는 것을 반복하는 것이다. 그 때문에 생명은 시들어간다. 하루에 활동하여 걷는 범위래야 대개 아침저녁에 뻗는 자기 자신의 그림자의 길이에도 미치지 못한다. 우리는 언제나 먼 곳에서 돌아와야 한다. 매일 모험하고 위험을 겪고 무언가를 발견하고 새로운 경험과 새로운 성격을 얻어가지고 돌아와야 한다.

내가 호수에 도착하기 전에 존 필드는 무언가 새로운 자극을 받았는지 마음을 바꾸어 해지기 전인데도 그의 개간 작업을 놓아두고 내가 있는 곳으로 왔다. 그러나 이 가련한 사람은 내가 족히 한 꾸러미를 잡는 동안에 겨우 한두 마리의 물고기를 놀라게 했을 뿐이었다. 그는 그것이 자기의 운이라 했다. 그래서 보트 안의 자리를 서로 바꿔 보았는데 그 운도 그를 따라서 자리를 바꿔버리는 것이었다.

가엾은 존 필드! 나는 그가 이 글을 읽기만 한다면 — 그럴 리는 없겠지만 — 틀림없이 그에게 유익하리라 믿는다. 그는 여전히 낡은 나

13) Guy Fawkes(1570~1606): 영국 가톨릭 신자. 가톨릭에 대한 영국국교회의 탄압에 항의하기 위한 1605년 국회폭파 음모사건으로 처형되었음.

14) 앨러리 채닝의 시 〈베이커 농장〉에서 인용. 별표는 생략을 표한 것이다.

라에서 쓰던 어떤 전래적인 방법, 즉 농어를 피라미로 잡는 방법을 가지고 이제 처음 탄생한 새 나라에서 살려고 한다. 그 피라미가 때로는 좋은 미끼란 것을 나도 인정한다. 하지만 그의 지평선이 모두 그 자신의 것인데도 그는 가난한 사람이고 또한 가난하도록 태어난 것이라 생각한다. 아일랜드적인 빈곤인지 어리석은 생활인지 아담의 할머니 때부터 내려온 진흙수렁[15]에서의 생활 습관을 유산으로 물려받았으니, 필드는 물론이고 그의 후손들도 물갈퀴를 달고 늪지를 달리는[16] 발뒤꿈치에 타라리아[17]의 날개를 달지 않는 한 이 세상의 늪에서 벗어나지 못할 것이다.

15) boggy:끈끈하고 늪에 빠진다는 의미도 있지만 '외지의 생활에 대한 경험과 지식이 전혀 없는 시골뜨기 아일랜드 사람(bog Irish)'을 말하는 이중의미.

16) bog-trotting:'늪지를 빨리 걷는다'라는 뜻이지만 17세기부터 영국 사람들이 아일랜드 사람들을 비하해서 부르는 말이기도 하다. 따라서 양쪽을 의미하는 이중의미의 익살이다.

17) talaria:날개 또는 날개가 달린 샌들. 로마와 그리스 신화에서 머큐리, 아이리스, 헤르메스, 페르세우스 등 여러 신들의 발목에 달린 날개.

제11장 보다 높은 법[1)]

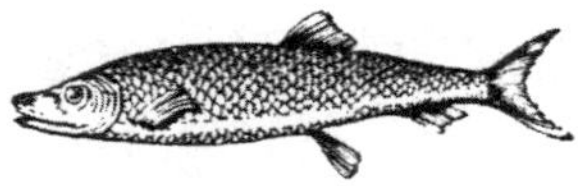

날이 완전히 저물어서 나는 잡은 물고기를 줄에 꿰어 들고 낚싯대를 질질 끌며 집으로 돌아오는 길이었다. 숲을 지날 때 우드척 한 마리가 길을 슬그머니 가로질렀다. 그것을 보는 순간 나는 어떤 야릇한 전율을 느꼈다. 일종의 야만적인 희열이었다. 나는 그 전율과 동시에 그놈을 잡아서 그만 날로 먹어 치우고 싶은 강한 충동을 받았다. 배가 고파서가 아니었다. 그 짐승이 나타낸 야성[2)]에 대한 갈구 같은 것이었다.

아무튼 호숫가에서 사는 동안에 나는 한두 번 자포자기적인 이상스러운 감정에 휩싸인 적이 있었다. 자신을 잊은 상태에서 문득 정신을 차리고 보니 나는 굶주린 사냥개처럼 정신없이 숲을 누비며 무언가 잡아먹을 것을 찾고 있었다. 그런 때는 아마 어떤 날고기를 한입

---

1) 소로의 〈시민의 불복종〉(1849)은 인권의 문제를 '국가 헌법'에 호소한 것이 아니라 '보다 높은 법'에 호소한 것이다. 이 용어는 뉴욕 상원의원 윌리엄 헨리 수어드가 1850년 3월 11일 '탈주 노예 단속법'의 표결에서 "헌법은 국가의 통일, 정의, 국방, 복지와 자유 등에 공헌한다. 그러나 그 '헌법'보다 더 '높은 법'이 있다"라고 한 의회연설로 대중에게 알려졌다. 이에 응답하듯 소로는 〈Slavery in Massachusetts〉라는 글에서 "필요한 것은 사람이다. 정치적인 사람이 아니라 정직한 사람이다. 그 사람들은 '헌법'이나 '다수의 결정'보다는 '보다 높은 법'을 인정한다"라고 썼다(W 4:403).

2) 원문 wildness:소로는 '통제되지 않은 자유'(uncontrolled freedom) 즉 '절대 자유'를 의미있는 말로 자주 사용했다(W5:205, J2:448).

에 먹어치운다 해도 지나치게 야만적이라는 생각이 들지 않았을 것이다. 더할 나위 없이 거칠고 야성적인 장면도 왠지 친숙하게 느껴졌던 것이다.

그때도 그랬지만 지금도 대부분의 사람들처럼 나는 여전히 나의 내부에서 보다 높은 차원의 이른바 정신적인 생활을 추구하는 본능을 발견한다. 그러면서도 나는 또 원시적이고 야만적인 차원의 또 하나의 다른 본능을 발견한다. 이 양쪽의 본능을 나는 다 같이 존중한다. 이 야성적인 것을 선한 것에 못지않게 나는 사랑한다. 낚시에는 이 야성과 모험이 있기에 지금도 나는 낚시를 여전히 좋아한다. 나는 이따금 삶의 이 야성적이고 거친 측면을 좇아서 나의 생애를 보다 많이 동물처럼 보내고 싶은 충동을 느낀다. 아마도 이 낚시와 사냥이 있었기에 나는 아주 어린 나이에 자연과 가장 가까운 친분을 맺은 것이 아닌가 싶다. 낚시와 사냥은 우리를 일찍부터 자연의 풍광에 접하게 하고 또한 우리를 그 속에 붙잡아 둔다. 그렇지 않으면 우리는 그 어린 나이에 달리 자연과 친분을 맺을 수 없었을 것이다.

어부와 사냥꾼과 나무꾼과 그밖에 또 인생을 들과 산에서 보내는 사람들은 어떤 의미에서는 그들 자체가 자연의 일부라 할 수 있다. 자연의 관찰에서는 그 사람들이 철학자나 시인들보다 오히려 더 좋은 분위기에 놓일 때가 많다. 철학자나 시인은 어떤 기대를 걸고 의식적으로 자연에 접근하지만, 그들에게는 일상의 생활을 추구하는 시간이 곧 자연의 관찰이기 때문이다. 그들에게는 자연의 여신도 자신의 모습을 두려움 없이 드러낼 것이다.

대초원을 여행하는 사람은 저절로 사냥꾼이 된다. 그리고 미주리 강이나 컬럼비아 강[3] 상류를 여행하는 사람들은 자연스럽게 덫을 놓

3) 미주리 강은 미국 중부, 컬럼비아 강은 미국의 극서부에 있음.

아 짐승을 잡는다. 그런가하면 세인트메리 폭포[4]에서는 자연히 어부가 된다. 그저 단순히 여행만 하는 사람은 사물을 간접적으로 반쪽만 배울 수밖에 없다. 그렇기에 정말로 무엇을 알아가지고 왔다 할 수 없다. 그러므로 진정한 여행의 권위자가 될 수는 없는 것이다. 자연 속에서 직접 사는 사람들이 본능적으로 이미 알고 있거나 혹은 실제적인 경험을 통해서 알고 있는 사실들을 과학자들이 충실히 보고했을 때 우리는 가장 큰 관심을 갖게 된다. 왜냐하면 그것만이 참다운 '인문학' 즉 인간 경험의 보고서이기 때문이다.

어떤 사람들은 주장하기를 미국은 영국보다 공휴일이 적고 어른도 아이도 영국인들이 하는 것만큼 여러 가지 놀이를 하지 않으니 미국인에게는 즐거운 오락이 거의 없다고 말한다. 그러나 그런 주장은 옳지 않다. 왜냐하면 미국에서는 사냥과 낚시와 또 그 밖의 보다 원시적이고 혼자 즐기는 개인적인 오락들이 다른 오락에 아직 자리를 내준 것이 아니기 때문이다. 내 또래의 거의 모든 뉴잉글랜드 사람들은 아마도 열 살에서 열네 살 사이의 소년 시절에 엽총을 메고 사냥을 다녔던 기억이 있을 것이다. 그때의 사냥터와 낚시터는 영국 귀족의 전용 수렵지역처럼 한정되어 있지 않았다. 그리고 아마 인디언들의 사냥터보다 더 넓었다 할 수도 있었다. 그래서 미국인들이 마을 광장[5]에 자주 나와서 놀이를 하지 않는다 해서 하나도 이상스러울 것이 없었다.

한데 이제는 이미 사정이 많이 달라지고 있다. 그건 동물에 대한 자비심이 많아졌기 때문이 아니라 사냥감이 점점 줄어들고 있기 때

---

4) Falls of St. Mary:캐나다와 미국 경계의 슈퍼리어 호에서 동남쪽으로 휴론 호에 이르는 폭포들을 말함. 이 외에도 북미대륙에는 이와 같은 이름의 폭포가 몇 개 있다.

5) 원문 the common:대개의 뉴잉글랜드 읍의 중심부에는 원래 농사용 말과 소의 사육을 위한 공동소유의 목초지가 있었다. the common은 이를 칭하는 말이었으나 오늘날은 그것이 광장과 공원으로 변했다.

문이다. 그것을 걱정하는 것은 누구보다 사냥꾼들이다. 왜냐하면 사냥을 당하는 동물에게는 아마 어느 누구보다 사냥꾼이 가장 좋은 친구이기 때문이다. 동물애호가협회[6] 사람들이라 해서 결코 예외는 아니다.

좀 더 이야기하자면 호숫가에서 사는 동안에 나는 때때로 내 먹을거리에 물고기를 추가하고 싶었다. 그리고 실제로 물고기를 잡았다. 그것은 인류 최초의 어부가 물고기를 잡았던 것과 똑같은 필요성 때문이었다. 이를 반대하는 어떤 자비심을 내가 불러일으켰다 하더라도 그것은 어디까지나 인위적으로 꾸며낸 짓에 지나지 않을 것이다. 그것은 나의 감정에 관계된다기보다 나의 철학에 관계되는 것이다.

나는 지금 낚시에 대해서만 그렇다는 것이다. 날짐승 사냥에 대해서는 이미 오래전부터 달리 느끼고 있었다. 그래서 숲으로 들어오기 전에 이미 엽총을 팔아 없앴다. 다른 사람보다 내가 유달리 자비심이 적은 것도 아닌데 낚시에 대해서는 별다른 감정이 느껴지지 않았다. 물고기나 지렁이에 대해서는 가엾다는 느낌이 들지 않았던 것이다. 이는 그저 습관적인 것일 수밖에 없다.

날짐승 사냥에 대해 이야기하자면 지난 몇 년 동안 내가 총을 메고 다닐 때도 나는 나름대로 변명을 했었다. 나는 현재 조류학을 공부하

6) 원문 the Humane Society:동물보호를 위해 조직한 단체를 일컫는 일반적인 용어. 원래는 1770년에 창립된 '런던의 왕립 자선 단체'처럼 인간고통의 구제를 위해 조직되었으나 후에 어린이를 포함하여 노인과 동물로 확대되었다. 'The English Society for the Prevention of Cruelty to Animals'는 1824년에 창립되었으며 미국에서는 소로의 사망 4년 뒤인 1866년에 창립되었다.

는 중이고 또 새롭거나 희귀종에만 총을 사용한다는 변명이었다. 그러나 고백하는 바이지만 나는 조류의 연구에는 총을 쓰는 것보다 더 좋은 방법이 있다는 생각을 이제 하기 시작했다. 조류의 연구는 새들의 습관을 보다 더 철저히 관찰하는 것이므로 만일 조류의 연구라는 이유만이라면 나는 기꺼이 엽총을 포기해도 되겠다는 생각을 하고 있었다.

그러나 동물애호적인 견지에 입각한 반대에도 불구하고 사냥을 대신할 만한 좋은 스포츠가 달리 있는지에 대해서는 나 자신도 의문을 품지 않을 수 없다. 그래서 몇몇 친구들이 자기 자녀들에게 사냥을 시켜야 할지 걱정이 되어 내게 물어올 때는 사냥을 시키라고 조언한다. 사냥이 나의 교육 중에서도 가장 귀중한 부분이었음을 기억하고 있기 때문이다. "암, 시켜도 되고말고. 아이들을 꼭 사냥꾼으로 만들게. 처음에는 그저 운동 삼아 하는 사냥꾼으로 시작해서 가능하면 나중에는 큰 사냥꾼이 되게 하게나. 그래서 그 아이가 사냥감이라 생각할 만큼 큰 사냥감이 이 지역만이 아니라 그 어느 초원에서도 찾을 수 없을 만큼 큰 사냥꾼, 아니 인간을 낚는 낚시꾼으로 만들게나"[7] 하고 말이다.

여기까지 나는 초서의 작품에 나오는 수녀의 의견에 전적으로 찬성하는 바다.

사냥꾼은 성자가 못 된다는 말에
털 뽑힌 암탉만큼도 아랑곳 하지 않았다.[8]

---

7) 《신약성서》 〈마가복음〉 1:17의 인유. 예수께서 시몬과 안드레에게 "나를 따라 오너라. 내가 너희로 하여금 사람을 낚는 어부가 되게 하리라."

8) 제프리 초서(1340~1400)의 〈켄터베리 이야기〉의 프롤로그에서 인용. 대구로 된 이 시의 원문은 수녀(nun)가 아니라 남자 수도승(monk)에 관한 것임.

앨곤퀸 족 인디언[9]이 사냥꾼을 '가장 훌륭한 사람'이라는 호칭으로 불렀던 것처럼 인류의 역사에서 사냥꾼이 '가장 훌륭한 사람'이었던 시기가 있었다. 그와 마찬가지로 개인의 역사에도 그런 시기가 있다. 엽총 한 번 쏘아보지 못한 소년을 우리는 가엾게 여기지 않을 수 없다. 왜냐하면 그 소년이 총을 쏘지 않았다 해서 동물에 대한 자비심이 많아진 것이 아니라 오히려 그가 받을 교육마저 무시된 것이기 때문이다.

이런 식으로 내가 사냥취미에 빠진 젊은이들에 관해 말하는 것은 어디까지나 그 아이들이 머지않아 사냥에서 벗어나리라는 것을 믿기 때문이다. 인간이라면 철없는 소년기를 지난 뒤에도 자기와 똑같은 조건으로 삶을 살아가는 동물을 함부로 살생하지는 못할 것이다.[10] 산토끼도 막다른 골목에 몰리면 어린아이처럼 운다고 하지 않는가? 세상 어머니들이 알아두어야 할 것은 지금 내가 말하는 동정심은 흔히 동물 애호가들이 말하는 사람과 동물을 차별하는 종류의 동정심이 아니라는 사실이다.[11]

이렇게 해서 청소년들이 숲 그리고 자기 자신의 가장 근원적인 부분과 만나는 것이 가장 흔히 있는 과정이다. 누구나 처음에는 사냥꾼이나 낚시꾼이 되어 숲을 찾아 간다. 하지만 자신의 내부에 보다 좋은 생명의 씨앗을 지닌 사람이라면 그 다음 과정으로 시인으로든 박물학자로든 자신의 고유한 목표를 찾아낸다. 그렇게 되면 자연히 총이나 낚싯대를 놓게 된다. 이런 점에서 본다면 대다수 인간은 여전히

---

9) Algonquins: 미국 북동 지역의 인디언 부족. 전에는 캐나다의 세인트 로렌스 강의 북쪽에서 살았음.

10) 동물의 생명을 취하는 것에 대해 소로는 여러 곳에서 '살인(murder)'이란 표현을 쓰고 있다(C 175, W 3:134).

11) '박애주의'를 의미하는 'philanthrope'를 여러 곳에서 'phil-*anthrope*'로 즉 philos(사랑)-anthropos(인간)으로 분할 표기하여 '인간에 국한된 사랑'의 뜻을 나타내어 이보다 더 큰 사랑을 강조한다(W 1:36).

그리고 언제나 청소년기를 벗어나지 못한 상태일지도 모른다. 하기야 어떤 나라에서는 목사가 취미로 사냥을 하는 광경도 흔히 볼 수 있다. 그런 사람들은 아마 목자牧者의 훌륭한 개는 될지 모르지만 진정으로 '선한 목자'[12]는 되지 못할 것이다.

나는 다음과 같은 사실을 생각하고 퍽 놀랐던 적이 있다. 벌목이나 채빙 등 직업적인 일을 제외하면 — 지금까지 내가 아는 한 어른이나 아이를 막론하고 — 마을 사람 중 어느 누구라도 한나절을 온전하게 월든 호수에 계속 붙들어 놓는 일이 거의 없다. 그런 일이 있다면 유일한 예외로 낚시질이 있을 뿐이라는 사실이다. 그 낚시꾼들조차도 호수를 줄곧 바라보는 정화淨化의 기회를 가졌는데도 긴 줄에 꿸 많은 물고기를 낚지 못하면 운이 좋았다거나 시간을 유익하게 보냈다고 생각하지 않는다. 그런 사람들의 낚시질에서 나온 나쁜 찌꺼기가 호수 밑바닥에 가라앉고 또한 그들의 목적도 순수해지려면 아마도 그들은 천 번은 더 이 호수에 다녀와야 할 것이다. 그러나 어떻든 그와 같은 정화작용이 끝없이 진행되리라는 것은 의심할 여지가 없다.

주州 지사와 의원들은 호수를 어렴풋이나마 기억한다. 소년 시절에 그곳으로 낚시를 갔기 때문이다. 그러나 이제 나이가 들었고 위엄을 갖춰야 하니 낚시를 갈 수 없게 되었다. 그래서 호수와는 이제 영원히 모르는 사이가 되었다. 하지만 자기 정화의 기회를 잃은 이런 사람들도 죽으면 그래도 하늘나라에 가기를 기대할 것이다. 만일 주의회가 이 호수에 관심을 갖는다면 그건 주로 이곳에서 쓰는 낚싯바늘의 수를 규제하는 일 정도일 것이다. 의회를 미끼로 꿰어 호수 그 자체를 낚아내는 낚시 중의 낚시에 대해서는 전연 알지 못하고 있다. 이처럼 아무리 문명사회라 할지라도 인간 배아는 그 발달 단계로 보

12) Good Shepherd: 《신약성서》 〈요한복음〉 10:11을 비유. "나는 선한 목자라. 선한 목자는 양들을 위하여 목숨을 버린다."

면 이제 겨우 사냥꾼의 단계를 통과하고 있는 수준을 벗어나지 못하고 있다.

요즘 들어서 나는 낚시를 할 때마다 어쩐지 자존심이 조금씩 손상되는 기분을 자주 느꼈다. 나는 낚시를 꽤 많이 한 사람이다. 그리고 낚시에 대해 상당한 기술도 있다. 또 내 또래의 많은 친구들처럼 낚시에 대한 어떤 본능을 지니고 있다. 그리고 그 본능의 충동을 나는 때때로 받는다. 그러나 낚시를 하고 난 다음에는 언제나 하지 않았더라면 더 좋았을 것이란 생각이 든다. 내 기분을 내가 착각하고 있는 것은 아니라고 생각한다. 그건 희미한 암시 같은 것이다. 하지만 아침의 첫 햇살도 희미하기는 마찬가지다. 나의 내부에는 의심의 여지없이 하등동물에 속하는 본능이 있다. 또 요즘에 와서 인정이나 지혜가 유별하게 더 많아진 것도 아니다. 그런데도 해가 갈수록 나는 낚시질을 덜 하게 되었다. 그리고 지금은 전혀 하지 않는다. 그러나 만일 내가 황야에서 살게 된다면 아마 나는 다시 본격적으로 낚시꾼과 사냥꾼이 되고 싶을 것이다.

낚시를 주저하게 된 또 한 가지 이유는 모든 짐승의 고기가 그렇지만 물고기를 먹는 데도 뭔가 본질적으로 불결한 데가 있다는 점이다. 나는 집안 일거리라는 것이 도대체 어디서부터 시작된 것인지 또한 매일 매일 보기 좋게 깔끔한 몸단장을 하고, 냄새와 보기 흉한 것들을 없애고, 집안을 신선하게 유지하기 위해서 많은 비용을 들이면서까지 애쓰는 연유가 도대체 어디에 있는지를 이제야 알게 되었다. 나는 요리를 대접받는 신사 노릇도 해봤고 또한 푸줏간 주인인 동시에 설거지노릇과 요리사도 겸직해 봤다. 그러니 이에 관해서라면 나는 아주 흔치 않은 완벽한 경험에서 우러나온 이야기를 할 수 있다.

내 경우 육식을 반대하는 근본적인 이유는 그 불결함 때문이다. 게다가 나는 직접 물고기를 잡아 내장을 빼내고 요리해 먹은 다음에도 왠지 배가 채워진 것 같지 않았다. 육식은 섭생에 중요하지도 않고 꼭 필요한 것도 아니었다. 그것에서 얻는 것에 비하면 들어간 수고가 훨씬 더 많았다. 약간의 빵이나 몇 개의 감자만 먹어도 그에 못지않게 훌륭했고 수고도 덜 하고 그렇게 불결하지도 않았다. 내 나이 또래의 많은 사람들처럼[13] 나 역시 육식이나 차茶 혹은 커피 등을 여러 해 동안 거의 먹지 않았다. 그와 같은 음식이 건강에 무슨 나쁜 영향을 끼치는 것을 알아내서가 아니라 어쩐지 꺼림칙했기 때문이다.

육식에 대한 거부감은 경험의 결과가 아니라 일종의 본능이다. 검소한 생활과 검소한 식사를 하는 것이 여러 면에서 더 아름다워 보였다. 그렇게 완벽하게 해내지는 못했지만 나는 나의 상상력을 만족시키기 위해 할 만큼은 실천했다. 자신의 보다 고매한 능력 즉 시적인 능력을 최선의 상태로 간직하려고 진정으로 애쓴 적이 있는 사람은 누구나 육식을 특히 삼가고 또한 어떤 음식도 과식하지 않는 경향이 있었다는 사실을 나는 의심치 않는다.

곤충학자들의 말에 의하면 "어떤 곤충은 완전히 성숙한 상태에 도달하면 영양을 섭취하는 기관을 갖추고 있으면서도 그것을 사용하지 않는다"라고 한다. 이는 의미심장한 사실이 아닐 수 없다. 나는 이 말을 커비와 스펜스의 책에서 읽었다. 그분들은 나아가서 "이 상태가 되면 거의 모든 곤충들이 애벌레 때보다 훨씬 적게 먹는다. 물릴 줄 모르고 먹어대기만 하던 유충이 나비로 변하고, …… 식욕이 왕성한 구더기가 파리로 변했을 때는 한두 방울의 꿀이나 단물로 만족한다"[14] 라고 말했으며 또한 이를 하나의 일반 법칙으로 규정하고 있다.

나비의 날개 밑에 있는 배 부분은 과거에 애벌레였던 때의 모습을

13) 1840년대와 50년대에 실베스타 그레이엄 박사를 비롯하여 많은 채식주의자들이 있었다.

14) 윌리엄 커비(1759~1850)와 윌리엄 스펜스(1783~1860)의 공저 《An Introduction to Entomology, or Elements of the Natural History of Insects》 (Philadelphia, 1846) 258(초판1815).

나타낸다. 가장 맛있게 보이는 이 부분이 누군가에게 잡아먹힐 그의 운명을 불러들인다. 대식가는 말하자면 유충 상태에 있는 사람이다. 그리고 국민 전체가 그런 상태에 있는 나라도 있다. 이런 국민들은 아무런 꿈도 사상도 없기 마련이다. 이런 나라들은 그들이 가진 그 큼직한 배통을 보면 바로 그 정체를 알 수 있다.

우리의 상상력을 해치지 않을 만큼 소박하고 청결한 음식을 마련하기란 쉬운 일이 아니다. 그러나 육체에 먹이를 줄 때 상상력에도 먹이를 줘야 하지 않겠는가? 이 두 가지는 같은 식탁에 함께 앉아야 한다. 그것이 아마 불가능한 일은 아닐 것이다. 과일을 적당히 먹는다면 그것이 우리로 하여금 우리의 식욕에 수치심을 느끼게 하지는 않을 것이다. 또한 그것이 우리가 추구하는 고상한 일을 방해하지도 않을 것이다. 그러나 음식에 너무 많은 양념을 치면 그것은 바로 독이 된다. 사치스럽고 기름진 요리로 생활하는 것은 바람직한 일이 아니다.

대부분의 사람들은 남에게 시켜서 만든 요리로 매일매일 식사를 하면서도 아무렇지 않게 생각한다. 그런데 그와 똑같은 음식을 자기 손으로 직접 만들다 남의 눈에 띄기라도 하면 육식이건 채식이건 수치심을 느낀다. 그러나 이런 식생활이 달리 바뀌지 않는다면 우리가 문명화 되었다고 할 수 없다. 신사 숙녀일지는 몰라도 진정한 남자와 진정한 여자라고 할 수는 없다. 이는 분명 어떤 변화가 이루어져야 하는지를 암시하는 것이다.

상상력이 왜 고기나 기름기와 조화되지 않는가라고 묻는 것은 부질없는 일이다. 나는 그 대답을 모른다. 나로서는 조화되지 않는다는 사실로 만족할 따름이다. 사람이 육식동물이란 사실은 치욕이 아닐까? 사실 사람은 주로 다른 동물들을 잡아먹으며 살아갈 수도 있고 또한 현재 그렇게 살고 있다. 그러나 이는 비참한 일이다. 덫을 놓아

산토끼를 잡아본 사람이나 양을 도살해 본 사람이라면 그것을 알 것이다.

인간에게 보다 깨끗하고 건전한 식사만 하도록 가르치는 사람이 있다면 그는 인류의 은인으로서 존경받아 마땅할 것이다. 내 식사 취향과는 관계없이 인간이 점점 진보함에 따라 결국 육식 습관 역시 버리게 될 것이 인류의 운명이란 것을 나는 전혀 의심치 않는다. 이는 야만족들이 보다 문명화된 사람들과 접촉하게 되면 서로를 잡아먹는 식인의 악습을 어김없이 버리는 것과 같이 분명하다.

만일 사람이 자신의 깊은 내면의 혼이 희미하나마 끊임없이 암시해주는 진실한 충고에 진정으로 귀를 기울인다면 — 처음에는 그것이 자신을 어떤 극단의 상태나 심지어 어떤 비정상적인 상태로 이끌어갈지를 알지 못하지만 — 점차 각오와 신념이 커질수록 자기 내면의 혼이 이끄는 방향으로 갈 길이 놓이게 된다. 어느 한 건전한 사람이 느끼는 악습에 대한 확실한 불복은 그것이 아무리 미미할지라도 결국에는 전 인류의 여론과 습관을 좌우하게 될 것이다. 자기 자신의 내면의 혼을 충실히 따르는 사람은 결코 잘못된 길로 빠지지 않는다.[15] 비록 육식을 그만둔 결과 육체가 허약해진다 하더라도 그래도 그 때문에 후회된다고 말할 사람은 없다. 왜냐하면 그것이 보다 높은 원칙과 일치하는 생활이기 때문이다. 만일 낮과 밤이 우리가 기쁨으로 맞이할만한 그런 낮과 밤이 된다면, 만일 우리의 인생이 활짝 핀 꽃이나 향초와 같이 향기를 내고 또한 보다 탄력 있고 별처럼 보다 더 초롱초롱하여 불멸에 보다 더 가까워진다면 그것이 곧 우리의 성공이다. 그때 모든 자연이 우리를 축하하고 또한 우리는 그 순간순간 우리 자신을 축복할 명분을 갖게 된다.

15) 초월주의의 중심사상인 이 주제는 에머슨의 〈자기 신뢰(Self-Relience)〉에 자세히 설명되어 있다.

진정으로 가장 큰 소득과 가치는 제대로 평가되는 일이 거의 없다. 그런 것들이 정말 존재하는지 우리는 쉽게 의심하고 쉽게 잊어버린다. 그러나 그들이야말로 가장 높은 실체實體다. 가장 경탄스럽고 가장 참된 여러 가지 사실은 사람이 사람에게 전달하지 못하는 것인지도 모른다. 나의 일상생활에서 얻은 참된 수확은 새벽이나 초저녁의 빛처럼 만질 수도 없고 설명할 수도 없는 그 무엇이다. 그것은 내 손에 잡힌 작은 은하계의 별이고 한 조각의 무지개인 것이다.

내 식성은 남달리 까다롭지 않다. 먹을 것이 없어 굶주린다면 쥐[16]를 튀긴 것이라도 맛있게 먹을 것이다. 나는 아편쟁이의 하늘[17]보다는 자연의 하늘을 택하고 싶다. 그와 같은 이유에서 나는 오랫동안 물만을 음료수로 마셔온 것을 기쁘게 생각한다. 나는 언제나 취하지 않은 채 지내고 싶다. 취하는 것에도 무수한 등급이 있다. 나는 물이 현명한 사람에게 어울리는 유일한 음료라고 생각한다. 와인은 그리 고상한 음료가 아니다. 한 잔의 뜨거운 커피로 아침의 희망을 그리고 한 잔의 홍차로 저녁의 희망을 산산이 붓는다는 사실을 생각해 보라! 아, 이런 음료의 유혹을 받다니 내가 얼마나 타락한 것인가! 음악까지도 취하게 하는 요소가 있다. 분명히 이런 극히 하찮은 원인들이 그리스와 로마를 멸망시켰고 또한 영국과 미국을 멸망시킬 것이다. 취하게 하는 모든 것들 가운데서 자신이 호흡하는 공기로 취하고 싶지 않은 사람이 있을까?

거친 노동을 오래 계속하는 것을 나는 반대한다. 그 가장 큰 이유 중 하나는 그런 노동을 하고나면 어쩔 수 없이 음식까지도 거칠게 많이 먹게 되기 때문이다. 그러나 사실을 말하자면 나는 이 점에 관해

---

16) 아마 실제로 쥐는 아니고 사향뒤쥐(muskrat)를 말한 것 같다. 식용으로 먹는 사람도 있었다.

17) 당시에는 아편은 합법이었고 중독자도 많았다. 아마 토머스 드 퀸시(1785~1859)의 〈아편쟁이의 고백(Confessions of an English Opium-eater)〉을 비유한 것으로 보임.

서 현재는 특별히 신경을 쓰지 않고 있음을 스스로 깨닫고 있다. 식탁에서 하는 종교적 의식도 줄었고 또한 식사 전에 감사 기도도 하지 않는다. 내가 전보다 더 현명해져서가 아니다. 유감스럽게도 나이가 들수록 나 자신이 투박하고 무감각해진 탓임을 고백하지 않을 수 없다. 이런 문제는 아마도 많은 사람들이 시에 대해 그렇게 느끼듯이 청년 시절에나 문제 삼는 것이 아닌가 하는 생각이 든다. 나의 실천은 '아무데도 없고' 나의 의견만 있는 셈이다. 그렇지만 나는 나 자신을 《베다》[18]에서 말하는 특권 있는 사람으로 생각하는 것은 결코 아니다. 그 경전에는 "우주의 가장 높은 존재를 진실로 믿는 자는 무엇이든지 먹어도 된다"[19]라고 쓰여 있다. 다시 말하면 먹는 음식이 무엇이며 누가 마련했는지를 묻지 않는다는 뜻이다. 한데 그런 경우에도 인도의 한 경전 주석자의 말대로 《베다》가 이 특권을 '위급한 때'로 한정한다는 사실에 주목해야 한다.

때때로 식욕과 무관한 음식에서도 설명할 수 없는 만족감을 느껴본 적이 없는 사람이 있는가? 나는 정신적인 지각이 천박한 미각에 힘입고 있다는 사실을 즉 미각을 통해서 내가 영감을 얻어왔다는 사실을 그리고 산에서 따먹은 산딸기가 나의 내면의 영성을 살찌웠다는 사실을 생각하면 어쩐지 짜릿한 느낌을 받곤 하였다.[20] 증자曾子는 말하기를 "마음이 거기에 있지 않으면 보아도 보이지 않고, 들어도 들리지 않고, 먹어도 그 맛을 알지 못한다"[21]라고 하였다. 사실 자기

18) 원문 Ved:Veda. 힌두교의 경전으로 최고신 브라마(Brama)를 찬양하는 찬송집.

19) 라자 람모훈 로이의 《Translation of Several Principal Books, Passages, and Texts of the Veds and of Some Controversial Works of Brahmunical Theology》(London, 1832) 21.

20) 소로는 '산언덕'을 '언제나 차려진 밥상'이라 했다(J 5:330). 또 앨러리 채닝의 말에 의하면 "그는 딸기를 보면 그것을 따지 않고 그대로 지나칠 수 없었다"라고 한다.

21) 소로 자신이 번역한 《대학》 제7장 2절 "心不在焉 視而不見 聽而不聞 食而不知 其味." 소로는 포티에의 중국사서의 프랑스어 번역본에서 96개의 문절을 영어로 번역하여 자기의 수첩에 기록해놓고, 그 중 일부를 《다이얼》지 1843년 4월호와 10월호에 각각 21개 및 43개

가 먹는 음식의 맛을 진정으로 아는 사람은 폭식가가 될 수 없다. 그 맛을 모르는 사람이 폭식가일 수밖에 없다.

비록 어느 청교도는 통밀빵을 먹고 어느 시의원은 바다거북 요리를 먹는다 해서 거기에 차이가 있는 것이 아니다. 시의원이 거북 요리를 대할 때 갖는 탐욕스러운 식욕과 똑같은 식욕으로 청교도가 통밀빵을 천박하게 대한다면 서로 다를 것이 없다. 입으로 들어간 음식이 사람을 천하게 하는 것이 아니라 그것을 먹을 때의 식욕이 사람을 천하게 한다.[22] 그건 음식의 질이나 양의 문제가 아니라 음식의 감각적인 풍미에 대한 집착이 문제다. 먹는 음식이 우리의 동물적 생명을 유지하는 식량, 우리의 정신적인 삶을 고무하는 식량이 되지 못하고 우리에게 기생하는 벌레의 식량이 될 때 문제가 되는 것이다. 사냥꾼이 자라나 사향뒤쥐나 그 외의 야만스런 짐승 고기를 좋아하고 또한 귀부인이 송아지 다리로 만든 젤리나 바다에서 잡은 정어리를 좋아한다면 이 두 사람은 크게 다를 바 없다. 그는 사냥감을 잡으러 물가로 가고 또한 그녀는 먹을 것을 찾아 저장실로 가는 것이 다를 뿐이다. 의아스러운 것은 어떻게 그들이 또 어떻게 당신과 내가 그처럼 먹고 마시면서 세월을 보내는 이 저열한 동물적인 생활을 하면서도 아무렇지 않을 수 있느냐는 거다.

우리의 일생은 놀라울 정도로 도덕적이다. 선과 악 사이에는 잠시도 휴전이 없다. 선은 결코 손해 보지 않는 유일한 투자다. 온 세계를 진동시키는 하프의 음악이 우리를 감동시키는 것은 그 하프가 선을 주장하기 때문이다. 그 하프는 '우주보험주식회사'의 순회 세일즈맨으로 우주의 법칙을 우리에게 계속 권유한다. 그리고 우리의 작은 선

를 발표하고 〈월든〉을 비롯한 자기의 여러 글에 인용할 만큼 동양사상에 관심이 컸다.

22) 《신약성서》 〈마태복음〉 15:18의 인유. "But those things which proceed out of the mouth come from the heart, and they defile a man"(입에서 나오는 것들은 마음에서 나오나니 이것들이야 말로 사람을 더럽게 하느니라).

행은 지불해야하는 보험 불입금이다. 젊은이는 나이가 들면서 결국 무심하게 되지만 그 우주의 법칙은 결코 무심해지는 일이 없다. 그것은 언제나 감수성이 예민한 사람들 편에 있다. 산들바람이 불 때마다 질책의 소리에 귀를 기울여보라. 분명히 거기에 질책의 소리가 있다. 그 소리를 듣지 못하는 사람은 불행한 사람이다. 우리가 그 하프의 현을 한 가닥이라도 만지고 뜯어보기만 하면 그 아름다운 도덕의 선율이 우리의 가슴을 파고든다. 지루한 소음이 많다 하더라도 멀리 떨어져서 들으면 음악으로 들리고 우리들의 미천한 생활에 대한 자랑스럽고 달콤한 풍자로 들린다.[23)]

우리는 우리 내부에 한 마리의 동물이 들어있음을 인식하고 있다. 그놈은 우리의 보다 높은 본성이 잠들어 있으면 있을수록 그에 비례하여 깨어난다. 이 동물성은 파충류와 같은 것이고 육욕적이다.[24)] 어쩌면 우리는 그것을 완전히 몰아낼 수 없을지도 모른다. 그건 우리가 건강하게 살고 있을 때도 우리 몸에 기생하고 있는 기생충과 같다. 우리는 거기에서 빠져나갈 수는 있을지라도 그 본성을 바꾸지는 못할 것 같다. 나는 그것이 그 나름대로의 어떤 건강마저 즐길 수 있다는 것이 두렵고 그렇기에 우리가 건강하기는 하나 순수하지 않을 수 있다는 것이 두렵다.

요전 날 나는 멧돼지의 아래턱뼈를 하나 주웠다. 그 하얗고 튼튼한 이빨은 정신적인 것과는 다른 동물적인 건강과 활기가 있었음을 말해준다. 이 짐승은 '절제'와 '순결'이 아닌 다른 방법으로 성공적인 생활을 했을 것이다. 맹자는 다음과 같이 말했다.

---

23) 소로를 포함한 초월주의자들은 우주의 자연 법칙과 도덕 법칙을 동일시하고 또한 직관으로 선악을 판단할 수 있다고 봤다. 하프의 음악은 바람을 비유함.

24) 참조 호손의 단편 〈이기심 즉 가슴 속의 뱀(Egotism, or Bosom Serpent)〉.

사람이 금수와 다른 점은 아주 적은데, 보통사람은 이 다른 점을 쉬 잃어버리고 군자는 이를 알뜰하게 보존한다.[25)]

만일 우리가 순수성을 완전히 얻는다면 그 때는 어떤 종류의 삶이 우리를 기다릴지 아는 사람이 있는가? 나에게 순수함을 가르쳐줄 현자가 있다면 나는 곧바로 그를 찾아 나설 것이다.

《베다》는 또 이렇게 선언하였다.

인간이 정신적으로 신에게 다가가기 위해서는 모든 번뇌와 육신의 외적 감각을 억제하고 선행을 쌓는 일이 필수 불가결하다.[26)]

아무튼 정신은 그때그때 육신의 모든 부분과 기능에 침투하여 이들을 통제하고 보기에도 천박한 육신의 관능을 순결과 헌신으로 변화시킬 수 있다. 생식력도 우리가 그대로 두면 방탕으로 치달아 우리를 불결하게 하지만 오히려 절제할 때는 기력을 북돋고 영감을 준다. '순결'은 인간의 꽃이다. 소위 천재, 영웅적 행위, 성스러움 등으로 불리는 것은 모두 이 꽃에서 생긴 여러 열매일 따름이다. 인간은 순결의 물길이 열리면 곧장 신을 향해 흐른다. '순결'과 '불결'은 서로 자리를 바꿔가며 우리를 고무하기도 하고 낙담시키기도 한다. 자기 내부에서 동물성이 나날이 사라져가고 신성이 확립되고 있음을 확신할 수 있는 사람은 행복한 사람이다.

아마 자신의 본성에 이 저급하고 야비한 성질이 결합되어 있다는 사실 때문에 누구나 수치심을 갖지 않을 수 없을 것이다. 나는 우리가 파우누스나 사티로스[27)]처럼 반은 사람이고 반은 짐승인 그런 존

---

25) 《맹자》〈권지팔卷之八 이루장구하離婁章句下〉"孟子 - 曰, 人之所以異於禽獸者- 幾希 庶民去之 君子存之."

26) 라자 람모훈 로이의 《Translation of …… of the Veds》(London, 1832) 19.

재, 아니면 신의 성질이 짐승의 성질과 결합된 존재로서 온갖 욕구에 사로잡힌 피조물에 불과하다는 사실이 두렵고 또한 우리의 생활 자체가 어느 정도는 수치스럽기도 한 것이 아닌가 하는 두려운 생각이 들기도 한다.

그 얼마나 행복한가, 적당한 장소를
마음 속의 짐승에게 내어주고,
마음의 숲을 개척하는 사람이라면!

******

말과 염소와 늑대와 모든 짐승들을,
마음대로 부리고, 그러면서도
그 외의 모든 것에 얼간이가 되지 않는다면!
그렇지 않으면 인간은 돼지몰이꾼,
그들을 격분시켜 더 타락하게 하는 악마들이다.[28)]

육체적인 욕망은 여러 가지 형태를 취하고 있지만 실은 모두가 뿌리는 하나다. 모든 순결 또한 하나다. 한 사람의 관능적인 행동은 그가 음식을 먹든, 마시든, 동침하든 모두가 같은 것이다. 그것들은 결국 모두 똑같이 감각적인 욕망이다. 사람이 얼마나 육체적인 욕망의 노예인지를 알려면 그 사람의 어느 하나의 행위를 보는 것으로 충분하다. 순결하지 못한 사람은 서거나 앉아도 순결하지 못하다. 파충류 같은 이 불결성은 구멍의 한 끝에서 공격을 받으면 다른 끝에서 모습

---

27) faun:파우누스. 로마 신화. 목신牧神으로 반은 사람 반은 양의 모습을 한 신으로 음탕한 성질을 가졌다함.
satyrs:사티로스. 그리스 신화. 로마 신화의 파우누스와 같음. 반인반수의 숲의 신으로 말의 귀와 꼬리를 가졌고 술과 여자를 좋아함.

28) 존 돈(1573~1631)의 〈To Sir Edward Herbert at Julyers〉의 9~10행과 13~17행. 찰머스의 〈The Works of the English Poets, from Chaucer to Cowper〉 5:165. 《신약성서》〈마가복음〉5:11~14의 인유.

을 드러낸다. 순결하기를 원한다면 절제해야 한다. 한데 그 순결이란 무엇인가? 사람이 어떻게 자신이 순결한지 알 수 있는가? 자신은 알지 못한다. 우리는 이 덕목에 대한 말은 들었으나 그것이 무엇인지는 모르고 있다. 우리는 얻어들은 풍문을 옮기고 있는 것에 지나지 않는다. 그만큼 우리는 쉽게 생각하고 있다.

지혜와 순결은 노력에서 나오고 무지와 육체적 욕망은 게으름에서 나온다. 공부하는 사람이 육체적인 욕망에 빠진다면 그것은 정신을 가꾸는 일을 게을리 하는 습관 때문이다. 불결한 인간은 모두 게으른 자들이다. 난로를 껴안고 있거나 한낮이 되도록 늦잠을 자거나 피로하지도 않은데 늘 쉬는 사람들이다. 만일 불결을 피하고 모든 죄악을 피하고자 한다면 열심히 일하라. 비단 그 일이 마구간을 청소하는 것에 불과할지라도 말이다.[29] 타고난 성질을 극복하기는 어렵다. 그러나 나쁜 성질은 극복되어야만 한다. 만일 당신이 이교도보다 더 순결하지 않다면 또는 이교도보다도 더 자제하지 않는다면 또는 이교도보다도 더 종교적이지 않다면 그대가 기독교도인 것이 무슨 소용이 있는가? 나는 우리가 이교로 보는 여러 종교체제들을 알고 있다. 그들의 계율도 신자로 하여금 부끄러움을 깨닫게 하여 — 비록 의식에 대한 것에 불과할지라도 — 그로 하여금 새로운 열의를 갖도록 독려한다.

이런 문제들을 말하려면 나는 좀 주저하게 된다. 그건 그 이야기의 주제 때문이 아니다. 나는 내 이야기가 얼마나 외설스러울까 염려하는 것은 아니다. 다만 이야기를 하다보면 나 자신이 순결하지 못함이 어쩔 수 없이 드러나지 않을 수 없기 때문이다. 우리는 육체적인 욕

29) 소로는 자기의 말을 실천했던 것이 분명하다. 1841년 4월 20일 일지에 "오늘 나는 마구간에서 퇴비를 퍼내는 일로 75센트를 벌었다. 참 좋은 거래다. 만일 도랑 파는 일꾼이 어떻게 하면 올바르게 살아갈 수 있을까 하고 깊이 생각한다면 아마 그의 삽과 괭이가 후손의 갑옷에 새겨질 것이다"라고 기록했다(J 1:250~ 51).

망의 어떤 형태에 대해서는 수치스럽게 생각하지 않고 거리낌 없이 이야기하지만 다른 어떤 형태에 대해서는 말하는 것조차 꺼리고 침묵을 지킨다. 이는 사실 우리가 너무나 타락했기 때문이다. 그렇기 때문에 신체의 필요한 기능에 대해서조차 터놓고 이야기할 수 없게 된 것이다. 고대의 어느 나라에서는 신체의 모든 기능에 대해 경건하게 논의되었고 또한 법으로도 규정하고 있다. 현대인의 취향에 거슬릴지 모르나 인도의 입법자[30]에게는 그 어느 것도 법에서 다루지 못할 만큼 사소한 것이 없었다. 그들은 먹고 마시는 행위, 다른 사람과 동침하는 행위, 대변과 소변을 배설하는 행위 등등 비천한 것들을 승화시켜 그 방법들을 백성들에게 가르쳤다. 그리고 이것들을 하찮은 것이라 말하는 위선적인 변명은 하지 않았다.

모든 사람은 각자 자기가 '육체'라 부르는 신전을 짓는 건축가들이다.[31] 이 신전은 완전히 자기 나름의 고유한 형식으로 축조되어 각자가 신봉하는 신에게 바쳐진다. 이 육체 대신에 대리석 신전을 짓기 위해 아무리 망치질을 한다고 해서 이를 벗어날 수는 없다. 우리는 모두가 조각가이고 동시에 화가들이다. 그 작품의 소재는 우리 자신의 살과 피와 뼈다. 우리의 내부에 어떤 고귀함이 있으면 그것은 곧바로 우리의 용모를 정교하게 다듬기 시작한다. 반대로 마음 속에 조금이라도 비열함이나 관능적인 욕구가 들어있다면 곧바로 그의 외모를 더럽히기 시작한다.

9월의 어느 날 저녁, 존 파머[32]는 하루의 고된 일을 마치고 자기의

---

30) 인도 신화에서 인류의 최초 조상으로 〈마누 법전〉의 창시자인 마누(Manu)를 지칭. 〈마누 법전〉은 기원전 2세기에 성립한 법전. 12장에 걸쳐 시가체로 권리, 의무, 생활의 조건을 서술한 것이다. 소로는 윌리엄 존스 경(1746~94)이 번역한 《Institutes of Hindu Law》(London, 1825)에서 발췌 편집한 〈마누 법전(Law of Manu)〉을 《다이얼》지 1843년 1월호에 실었다.

31) 《신약성서》〈고린도전서〉 3:16: "너희가 하나님의 성전인 것과 하나님의 성령이 너희 안에 거하시는 것을 알지 못하느뇨."

집 문간에 앉아있었다. 그의 마음은 오늘 한 일에 대해 아직도 계속 생각하고 있었다. 목욕을 하고서 그곳에 앉아 그는 마음 속으로 자신의 지적인 인간을 되살리고 있는 중이었다. 날씨가 조금 쌀쌀한 저녁이었다. 몇몇 이웃 사람들은 서리가 내릴 것을 걱정하고 있었다. 그가 잠시 자기 생각을 좇고 있었는데 어디선가 피리소리가 들려왔다. 그 소리는 그의 기분에 잘 어울렸다. 그는 여전히 일에 대한 생각이 떠나지 않았다. 그러나 그 생각이 머릿속에서 이어지고 있기는 해도 이미 무게를 잃은 것이었다. 자기 의지와는 상관없이 그 일을 계속 계획하고 궁리하고 있다는 생각은 들었지만 이젠 자기 자신과 거의 상관이 없는 것이라 여겨지고 있었다. 이젠 그저 계속 떨어져 나가는 한낱 피부의 비듬에 지나지 않았다.

한데 그 피리의 선율은 그가 일하는 세계와는 전혀 다른 어떤 세계에서 그의 귓속으로 깊숙이 파고 들어와서 그의 내부에 잠들어 있는 어떤 기관들을 향해 할 일을 넌지시 암시하였다. 피리의 선율은 그의 머리에서 그가 사는 거리와 마을과 나라[33]를 서서히 지우고 있었다. 한데 그때 어떤 목소리가 그에게 들렸다. "마음만 먹으면 영광스럽게 살 수 있는데 자네 왜 여기서 이 천하고 힘든 생활을 하고 있는가? 여기서 반짝이는 저 별들은 다른 들판 위에서도 똑같이 반짝이고 있는데 ……."

그러나 어떻게 해야 이 상황에서 벗어나 실제로 저쪽 세계로 옮겨갈 수 있는가? 그가 생각해 낼 수 있는 것은 오직 새로운 금욕생활을 실천하여 정신이 육체 속으로 내려가서 육체를 구제하고 또한 자기 자신을 더욱 더 존경스럽게 대접하는 것이었다. 그리고 그것이 그가 할 수 있는 것 전부였다.

32) John Farmer:개인의 이름이 아니고 어떤 유형의 인물을 말함.

33) 원문 the state:매사추세츠 주와 그가 놓인 환경의 상태를 동시에 의미하는 언어유희.

제12장 이웃의 동물들[1)]

나는 때때로 함께 낚시를 할 친구[2)]가 있었다. 그는 읍의 반대편에서 마을을 지나 나의 오두막집으로 찾아왔다. 그런 때는 저녁식사 재료인 물고기를 낚는 일이 그 요리를 함께 먹는 것에 못지않은 하나의 사교적인 행사가 되었다.

은자 : 요즘 세상이 어찌 되어 가는지 통 궁금하군. 지난 세 시간 동안 소귀나무에 매미 울음소리조차 들리지 않는군. 산비둘기도 모두 둥지에 들어가 잠든 건지 파닥거리는 날갯소리도 없네. 방금 숲 너머에서 들려온 소리가 점심시간을 알리는 농부의 나팔소리였던가? 삶은 쇠고기에 사과술과 옥수수 빵으로 일꾼들이 달려들고 있겠

---

1) 1856년 3월 23일 일지(J 8:220)에 "나는 꽤 많은 부분의 나의 시간을 야생 동물과 내 이웃 동물들의 습성을 관찰하면서 보냈다. 그들의 다양한 이동과 철새들의 움직임이 내게는 계절의 변화였다"라고 기록했다.

2) 아래의 대화와 〈제13장 새 집에 불 지피기〉 장에 나온 '시인'은 앨러리 채닝이다. 그는 소로의 절친한 친구로 소로의 전기를 최초로 쓴 시인이다. 당시 월든에서 북쪽으로 6마일 떨어진 푼카타셋 언덕에서 살았다. 여기서 소로 자신이 '은자'로 칭한 것은 사실이 그렇다는 것은 아니다. 이미 〈제6장 찾아온 사람들〉 및 〈제8장 마을〉 등에서 보듯 그는 사람들과 거의 매일 접촉하고 있었다. 이 대화 형식을 아이작 월튼(1593~1683)의 〈The Compleat Angler〉에서 '낚시꾼'과 '사냥꾼'의 대화 형식을 모방한 것으로 보기도 하고(Blending), '보다 높은 법'의 차원에서 '야생동물'의 차원으로 화제가 급강하하는 것을 막기 위한 익살스러운 막간의 장치로 보기도 한다(Shanley).

지. 왜 그렇게 사람들은 걱정을 할까? 먹지 않으면 일할 필요도 없는데. 그 사람들이 수확은 얼마나 했는지 모르겠는데, 개 짖는 소리 때문에 생각조차 제대로 할 수 없는 곳에서 누가 살고 싶어 할까? 게다가 저 집안일 하는 꼴이란! 이 화창한 날에도 문의 손잡이나 번쩍번쩍 닦고 또한 물통이나 벅벅 문질러 닦아야 하겠지! 집 따위는 없는 것이 좋지. 구멍 뚫린 고목나무 안에서 사는 것도 괜찮을 거야! 그리고 아침에 찾아오는 사람도 없고, 저녁 만찬 모임도 없을 거고 그저 딱따구리 또닥대는 소리뿐이겠지! 아, 사람들이 구물구물 떼를 지어 살고 있으니 그쪽엔 햇볕도 너무 뜨겁지. 그 사람들은 태어나면서부터 생활에 너무도 깊숙이 빠져 있으니 나로서는 따라 갈 수가 없지. 한데 내게는 샘에서 길어온 물이 있고, 선반 위에 통밀빵 한 덩이가 있으니 더 이상 바랄 게 없지. 가만! 조용히. 나뭇잎 바스락거리는 소리가 났어. 어느 배고픈 동네 사냥개가 수렵 본능을 발휘하는 중인가? 아니면 이 숲으로 도망쳤다는 돼지일까? 그놈 발자국을 비가 온 뒤에 본 적이 있었지. 발걸음이 빨라지고 근처의 거망옻나무와 들장미 덩굴이 흔들리는군. 아니 시인 선생 아닌가? 자네였군 그래. 오늘은 세상이 어떤가?

시인 : 저 구름을 보게나. 저기 하늘에 걸려있는 모습을! 오늘 내가 본 것 중에서 가장 멋진 광경이네. 저런 구름은 옛날 그림에도 없고 또한 외국에도 없네. 스페인 해안은 빼놓고 말일세. 그러고 보니 저것이야말로 진짜 지중해 같은 하늘이야. 나는 오늘 아직 먹은 것이 없으니 끼닛거리로 낚시나 하러 갈까 하네. 그것이야말로 시인에게 어울리는 진정한 사업이라네. 내가 배운 재주는 이것밖에 없다네. 자, 함께 가세나.

은자 : 거절하기 어려운 얘기군. 내 통밀빵도 거의 떨어져가고 있네. 기꺼이 함께 가겠네만, 나는 지금 중요한 명상을 끝내려는 참일

세. 거의 끝이 났으니 잠시만 혼자 있게 해주게나. 그 동안 자네는 늦지 않도록 미끼를 잡게. 이 지역은 흙이 척박해서 지렁이가 귀하다네. 거의 멸종했다고 해도 과언이 아냐. 배가 고프지 않을 때는 미끼를 잡는 재미도 물고기를 잡는 재미 못지않지. 이 재미를 오늘은 자네 혼자 차지하게나. 저기 감자콩 덩굴 사이를 파보게. 물레나물이 나부끼고 있는 곳일세. 제초를 하듯이 풀뿌리 사이를 자세히 보면 풀뿌리 세 포기마다 지렁이 한 마리는 잡을 수 있을 걸세. 아니면 더 멀리 가는 것도 좋지. 멀리 갈수록 그 거리에 비례해서 좋은 미끼감이 곱절로 많다는 것을 발견했거든.

은자(혼잣말로) : 가만 있자. 내 생각이 어디까지 갔더라? 아참, 그래. 이런 생각까지 했지. 세상이 이런 모습이었다는 생각까지 말이지. 한데 천국으로 갈까 아니면 고기를 낚으러 갈까? 이 명상을 여기서 끝낸다면 이처럼 감미로운 기회가 다시 올까? 나는 지금까지 사물의 본질에 이 정도로 흠뻑 녹아든 적이 없었어. 나의 생각이 다시는 돌아올 것 같지 않아서 두렵군. 휘파람을 불어서 그 생각을 불러올 수 있으면 좋을 텐데. 이 '생각'이란 것이 자기 쪽에서 제안의 손길을 내밀 때 '우리가 생각을 좀 해보고' 하는 식으로 우리 쪽에서 주저한다면 그것이 현명할까? 내 생각들은 이제 자취도 남기지 않고 가버렸고 또한 나는 그 생각들이 지나간 길을 다시 찾을 수도 없어. 한데 내가 생각하고 있었던 것이 무엇이었지? 안개가 잔뜩 낀 날처럼 자욱한 상태에 빠져있었지. 아무튼 공자의 이 세 가지 말[3]이나 생각해봐야겠어. 그 글귀들이 좀 전의 상태로 돌아가게 할 수도 있을 거야. 내가 그때 우울한 상태에 빠져있었는지 또는 황홀감이 싹트려는 참이었는지 알 수가 없군. 메모 — 기회는 단 한 번뿐이다.

---

3) 〈제5장 고독〉에서 인용한 《중용》 장구 제16장 1~3을 말함. 참조 〈제5장 고독〉 주10).

시인 : 이제는 어떤가, 은자 양반? 내가 너무 일찍 왔나? 통통한 지렁이 열세 마리하고 작은 것을 몇 마리 잡았네. 이거라면 작은 고기는 잡을 수 있겠지. 낚싯바늘을 다 덮지는 못하지만 말야. 마을에서 잡은 것은 너무 커서 피라미 같은 것은 낚싯바늘을 물지 않고도 배불리 먹을 수 있거든.

은자 : 아, 왔군. 그러면 됐네. 이제 출발하세. 콩코드 강으로 갈까? 물이 너무 불지 않았으면 고기가 많이 잡힐 거야.

왜 우리 눈에 보이는 것들만이 확실히 하나의 세계를 이룬다고 생각하는가? 왜 인간은 마치 보이지 않는 세계 사이의 틈을 매울 수 있는 것이 오직 생쥐뿐인 것처럼 이런 종류의 동물만을 자기 이웃으로 삼고 있을까? 동물을 이용하는 것이라면 필파이[4] 같은 옛날 우화 작가들이 최대로 이용했지 않았나 싶다. 왜냐하면 우화의 동물들은 모두 짐을 지고 있고 어떤 의미로는 인간의 사상 일부를 가져 나르도록 되어 있기에 하는 말이다.

내 집을 드나드는 생쥐들은 구대륙에서 건너왔다고 하는 보통 쥐가 아니라 마을에서는 볼 수 없는 야생 토착종이었다. 나는 생쥐 한 마리를 어느 저명한 박물학자[5]에게 보냈다. 그분도 그 쥐에 큰 관심을 보였다. 내가 집을 짓고 있을 때 그 중 한 마리가 집터 밑에 보금자리를 틀고 있었다. 내가 두 번째 마루를 놓고 대팻밥을 쓸어낼 때까지는 점심때가 되면 그놈은 규칙적으로 기어 나와서 내 발치에 떨어진 빵 부스러기를 주워 먹곤 했다. 이놈은 사람이라고는 한 번도 본

---

4) Pilpay & Co.:산스크리트 우화집의 저자로 추측되는 '비드파이'와 그의 동료. 즉 이솝을 비롯한 모든 우화작가를 총칭함. 찰스 윌킨스의 번역본에서 발췌된 일부가 《다이얼》지 1842년 7월호에 실렸다.

5) 하버드 대학의 교수였던 스위스 태생의 미국 박물학자 루이스 애거시(Lewis Agassiz, 1807~73)를 말함. 1840년대 후반에 소로는 그에게 여러 가지 표본들을 종종 보냈다.

적이 없는 것 같았다. 그러나 얼마 지나지 않아 나와 아주 친하게 되자 내 구두 위로 달려와 옷 위로 기어오르곤 했다. 그놈은 행동이 다람쥐를 닮아서 내 집 안의 벽을 다람쥐처럼 순식간에 거뜬히 기어올랐다. 이윽고 어느 날 내가 작업대에 팔을 기대고 앉아 있으려니 이놈이 내 옷으로 기어올라 소매를 타고 도시락을 싼 종이 주위를 빙글빙글 맴도는 것이었다. 나는 도시락을 숨기기도 하고 그 녀석을 피하기도 하면서 숨바꼭질을 하고 놀았다. 마침내 내가 치즈 한 조각을 엄지와 집게손가락으로 들고 가만히 있자 녀석은 내 손바닥으로 올라오더니 거기에 앉은 채로 조금씩 갉아먹고 나서 파리처럼 얼굴과 앞발을 깨끗이 털고 사라졌다.

얼마 되지 않아 딱새 한 마리가 헛간에 집을 지었다. 그리고 내 집 바로 옆에서 자라고 있던 소나무에 개똥지빠귀가 둥지를 틀었다. 6월이 되자 들꿩 한 마리가 — 무척 겁이 많은 새인데도 — 어린 새끼들을 거느리고 집 뒤의 숲에서 창문을 지나 마치 암탉처럼 '구구'하고 새끼들을 부르면서 앞장을 서서 집 앞쪽으로 가는 모습이 보였다. 그 모습은 영락없는 숲속의 암탉이었다.

새끼들은 사람이 다가올 때는 어미의 신호에 따라 마치 회오리바람이 휩쓸어 없애기라도 한 듯이 갑자기 흩어졌다. 그리고 그 모습이 마른 나뭇잎이나 나뭇가지와 너무나도 닮았기 때문에 지나가는 사람은 그 새끼들의 한가운데에 발을 들여놓고 서 있으면서도 그것들이 자기 근처에 있다는 것을 전혀 알아채지 못한다. 왜냐하면 이때 어미가 갑자기 날아오르면서 요란한 날갯소리를 내거나 불안에 가득 찬 이상한 울음소리를 내기도 하고 땅을 날개로 질질 끄는 모습을 보여 사람의 주의를 끌기 때문이다.

어미 새는 때로는 사람 앞에서 털을 풀어헤친 모습으로 몸을 굴리고 맴돌기 때문에 잠시 동안은 그것이 무슨 짐승인지 식별할 수 없다.

새끼들은 나뭇잎 밑에 머리를 처박고 꼼짝 않은 채 웅크리고 있으면서 멀리서 하달하는 어미의 지시만을 기다린다. 사람이 아무리 가까이 접근해도 달아나거나 자기 몸을 드러내지 않는다. 그래서 사람은 심지어 새끼 한 마리를 밟거나 그것들을 한동안 바라보면서도 그 새끼들이 있다는 것을 알아보지 못한다. 이런 때 한 번은 그 새끼들을 내 손바닥에 올려놓았다. 그런데도 여전히 그들의 모든 신경은 오직 어미의 지시와 본능을 따를 뿐 두려워하거나 몸을 떠는 일도 없이 꼼짝 않고 그대로 엎드려 있었다. 이 본능이 어찌나 완벽한지 한 번은 손에 든 새끼들을 나뭇잎에 다시 내려놓다가 한 마리가 우연히 옆으로 떨어졌는데 10분이나 지나서 그곳에 다시 와보니 그놈도 다른 새끼들과 똑같은 자세를 취하고 그대로 있었다.

들꿩 새끼는 다른 새들의 새끼와는 달리 일찍부터 완전히 털이 나고 병아리에 비해 성장도 빠르다. 그 또렷하고 맑은 눈의 표정은 어찌나 어른스러우면서도 천진한 표정이던지 좀처럼 기억에서 사라지지 않는 인상이다. 그 눈망울 속에는 모든 지성이 투영되어 있는 것 같다. 그 눈망울은 유아기의 순수성만이 아니라 경험으로 정화된 예지를 느끼게 한다. 그런 눈은 들꿩이 태어날 때 타고난 것이 아니라 그 눈에 비춰진 하늘과 함께 태어난 것이다. 이 숲은 다른 보석은 몰라도 이와 똑같은 보석은 결코 산출하지 못할 것이다. 아무리 여러 곳을 돌아다니는 길손이라도 이처럼 맑고 티 없는 샘을 들여다볼 기회는 흔치 않을 것이다.

한데 무지하고 지각없는 사냥꾼들이 이런 시기의 어미 들꿩을 쏴 죽이는 경우가 종종 있다. 그렇게 되면 이 천진한 어린 것들은 떠돌아다니는 짐승이나 새의 먹이가 되거나 아니면 그들과 퍽 비슷한 썩은 낙엽에 점차 묻혀버린다. 어미가 죽은 알을 암탉에게 부화시키면 무엇엔가 놀라는 경우 곧장 흩어졌다가 다시는 돌아오지 않는다고

한다. 그들을 다시 불러 모으는 어미 새의 신호가 다시 들려오지 않기 때문이다. 이들 들꿩들이 나의 암탉이요 병아리였다.

얼마나 많은 동물들이 숲에서 사람의 눈에 띄지 않고 야생으로 자유롭게 생활하는가. 또한 유일하게 낌새를 노리는 사냥꾼의 눈총을 받기는 하지만 그래도 여전히 마을 이웃에서 그들 자신을 부양해 가는가를 생각해보면 참으로 놀랄만하다. 여기서 수달은 얼마나 한적하게 생활을 꾸리는가! 다 크면 키가 4피트나 되어 작은 소년만한데도 사람의 눈에 띄지 않고 생활한다. 아마 이 수달을 먼발치에서라도 본 사람은 아무도 없을 것이다. 나는 전에 내 집 뒤의 숲에서 너구리를 본 적이 있는데 밤에는 가끔 그놈의 울음소리를 들을 수 있었다.

나는 씨를 뿌리는 일을 하고 나서 점심때는 대체로 샘터의 그늘에서 한두 시간 쉬었다. 점심을 먹기도 하고 책을 좀 읽기도 했다. 그

샘은 내 밭에서 반마일쯤 떨어진 브리스터의 언덕[6] 기슭에서 솟아오른 물이었다. 그 물이 늪과 작은 시내의 원천이 되고 있었다. 그 샘터에 가려면 어린 리기다소나무가 가득 들어서 있고 풀이 우거져 있는 낮은 지대를 계속 내려가서 다시 늪 근처의 보다 더 큰 숲으로 들어가야 한다. 그곳은 아주 한적하고 그늘진 장소였다. 햇빛이 들지 않은 그늘 밑에는 대개 잔디가 없는데 우거진 소나무 그늘인데도 앉기에 적당한 아주 깨끗하고 튼튼한 잔디가 있었다. 나는 샘을 더 깊이 파서 맑은 잿빛 우물을 만들었다. 그 샘에서는 밑바닥을 휘젓지 않고도 물 한 통을 떠낼 수 있었다. 호수의 물 온도가 가장 높아지는 한여름에는 물을 길어올 목적으로 거의 매일 그곳에 갔었다.

샘가에는 도요새가 새끼들을 거느리고 진흙 속의 벌레를 찾으러 오곤 했다. 어미 도요새가 둑을 따라 1피트 정도의 높이로 날면서 오고, 그 어미 밑에서 새끼들은 떼를 지어 종종거리며 따라왔다. 그러나 어미 새가 이윽고 나를 발견하고선 새끼들은 놓아두고 내 주위를 빙빙 돌며 4,5피트 안팎까지 다가왔다. 그리고 날개와 다리를 다친 시늉을 하여 내 눈길을 끌어 그 사이 새끼들을 도망치게 하려는 것이었다. 새끼들은 어느새 어미의 지시대로 희미하고 가느다란 울음소리를 내며 일렬종대로 늪을 가로질러 퇴각 행군을 하곤 했다. 어떤 때는 어미 새가 보이지 않고 새끼들의 울음소리만 들릴 때도 있었다.

거기에는 멧비둘기들도 날아와 샘터 위에 앉아 쉬거나 내 머리 위의 부드러운 백송나무에서 이 가지에서 저 가지로 퍼드덕퍼드덕 옮겨 다녔다. 또 붉은 다람쥐 한 마리가 아주 가까운 나뭇가지에서 내려오는데 이들은 매우 친근하게 굴면서도 강한 호기심을 드러내보였다. 숲에서 이처럼 매력적인 장소에 조용히 오래 앉아있기만 하면 그

---

6) Blister's Hill: 월든 호수에서는 북쪽으로 1/4마일 떨어진 작은 둔덕이다. 월든 길에 있다.

숲에서 사는 모든 동물들이 차례로 모습을 드러내 보인다.

나는 그다지 평화롭다 할 수 없는 사건을 목격할 때도 있었다. 어느날 내 나뭇더미, 아니 나무 그루터기를 쌓아놓은 곳에 나왔을 때 나는 두 마리의 큰 개미가 격렬하게 서로 싸우는 것을 보게 되었다. 하나는 붉은 색이고 다른 하나는 훨씬 더 큰 검정 개미였다. 이놈은 크기가 거의 반 인치나 되었다. 그들은 한 번 붙었다 하면 결코 상대를 놓아주지 않고 몸부림치고 뒹굴었다. 자세히 보니 놀랍게도 나뭇더미 전체가 이런 개미 전사들로 가득 차 있었다. 그건 두 마리의 결투가 아니라 두 종족의 개미들 사이의 전쟁이었다. 어디서나 붉은 개미가 검은 개미에 대항하고 있었다. 검은 놈 한 마리에 붉은 놈 두 마리가 달라붙은 경우도 많았다. 쌓아놓은 나뭇단의 모든 숲과 계곡은 그야말로 미르미돈[7]의 군단들로 뒤덮여 있었다. 땅 위에는 양쪽 군대의 전사자와 부상자들이 이미 널려 있었다. 그건 지금까지 내가 목격한 유일한 전쟁이었고 또한 치열한 교전 중에 내가 발을 디뎌본 유일한 전쟁터였다. 한쪽은 붉은 색의 공화주의자들 그리고 다른 한쪽은 검은 색의 제국주의자들이 벌이는 대규모 전쟁이었다. 사방에서 필사적인 전투를 하고 있었지만 내 귀에 들려오는 소리는 전혀 없었다. 아무튼 인간 군인들도 그처럼 결사적으로 싸운 적은 없었을 것이다.

나는 개미 한 쌍을 지켜봤다. 나뭇더미 사이의 햇볕이 잘 드는 작은 골짜기에서 서로 상대에게 엉겨 붙은 채 떨어지지 않았다. 이미 정오에 시작한 싸움을 해가 질 때까지, 아니 목숨이 다할 때까지 계속할 작정인 것 같았다. 몸집이 작은 붉은 용사는 적의 가슴에 바이스처럼 꼭 달라붙어 상대의 한쪽 더듬이를 뿌리 근처에서 꽉 물고 전장에서 계속 뒹구는 동안 한순간도 놓아주지 않는 것이었다. 다른 하

---

7) Myrmidons: 트로이 전쟁에서 그리스 연합군인 아킬레스 장군 휘하의 전사들.

나의 더듬이는 이미 물어 뜯겨 나가고 없었다. 힘이 더 센 검정 개미는 적을 양쪽으로 막 흔들어댔다. 좀 더 가까이 가보니 이미 상대의 수족을 몇 개나 잘라버린 상태였다. 불도그 개보다 더욱 집요한 싸움이었다. 어느 쪽도 전혀 후퇴의 기미를 보이지 않았다. 그들의 전쟁 구호는 '승리 아니면 죽음'[8] 인 것이 분명했다.

그 사이에 한 마리의 붉은 개미가 자기 편 계곡 언덕을 타고 나타났다. 분명히 흥분을 억제하지 못한 것 같았다. 적군을 물리쳤거나 아니면 아직 전투에 참가하지 않은 것이다. 수족이 모두 온전한 것으로 봐서 후자일 것이다. 그의 어머니가 그에게 방패를 들고 나가 싸워 이기고 개선하든지 아니면 방패에 얹혀 시체로 돌아오라고 가르친 모양이었다.[9]

아니면 그는 어쩌면 개미족의 아킬레스로서 홀로 떨어져서 타오르는 분노를 삭이고 있다가 그의 친구 파트로클로스[10]의 죽음에 대한 복수를 하거나 그를 구조하기 위해 왔을 것이다. 검은 쪽이 붉은 쪽보다 몸집이 거의 두 배였으므로 이 불공평한 전투를 그는 멀리서 보고는 빠른 걸음으로 다가와 두 전사로부터 반 인치쯤 되는 거리에서 전투태세를 갖췄다.

그는 기회를 엿보다가 검은 전사에게 달려들어 그의 오른쪽 앞다리 뿌리를 공격하기 시작했다. 자기 다리는 아예 적에게 내맡긴 채였

---

8) Conquer or die:영국 켄트 공작의 표어. 미국 독립전쟁 당시의 콩코드 전투에서 당시 베드포드 민병대 깃발의 휘장이기도 했다. 소로는 또한 펠리시아 허먼스의 시 〈The Spartan Mother and Her Son〉의 한 연의 끝줄인 아들의 말 "I'll bravely fall in battle's rushing tide / **Conquer or Die**— as my brave father died!"(몰아치는 전투의 밀물 속으로 나 용감히 뛰어 들리라/**승리 아니면 죽음** — 내 용감한 아버지가 죽었듯이!)를 알고 있었을 것이다.

9) 플루타르크의 〈스파르타 여인의 격언〉에 의하면 출전하는 아들에게 방패를 주며 "이 방패로 개선하거나 이 위에 시체로 실려 오너라"라고 간곡히 충고했다고 한다.

10) Patroclus:그리스 신화. 아킬레스의 친구. 트로이 전쟁에서 전사. 아킬레스는 처음에 총대장인 아가멤논의 무례에 분노하여 전장에 나가기를 거부했으나, 친구 파트로클로스가 전사했다는 소식을 듣고 참전하여 복수했다함.

다. 그리하여 이 세 마리는 평생 떨어지지 않을 것처럼 달라붙었다. 그 모습은 모든 자물쇠와 시멘트도 무색하게 할 어떤 새로운 접착제라도 발명된 것 같았다. 이쯤 되면 양쪽 진영에서 나뭇개비 높직한 곳에 각각 군악대를 배치해 놓고 그동안 계속 애국가를 연주하여 지친 병사들을 격려하고 죽어가는 투사들에게 갈채를 보내는 광경을 봤다 하더라도 전혀 이상하게 생각되지 않았을 것이다. 그들이 마치 사람들인 것만 같아서 나까지도 다소 흥분이 되었다.

사실 생각하면 생각할수록 사람과 그들과는 차이가 없어 보였다. 미국 역사라면 몰라도 적어도 콩코드의 역사에서는 병사들의 숫자로 보나 싸움터에서 발휘한 애국심과 영웅적 행위로 보나 이 개미들의 전쟁에 비길 만한 전투는 기록되어 있지 않음이 분명하다. 병력의 규모와 그 처절한 살육으로 보아서는 아우스텔리츠 아니면 드레스덴[11] 전투에 필적한다. 콩코드 전투라고! 독립군 측에서 두 사람이 전사하고 루터 블랜처드[12]가 부상을 입은 그 싸움 말인가! 이곳 개미는 모두가 버트릭[13]이 되어 "사격! 제발 사격하라!" 하고 발포를 명했으며 또한 수천 마리의 개미가 데이비스와 호스머[14]와 같은 운명을 맞았던 것이다. 또 이곳에서는 단 한 마리의 용병도 없었다.[15] 나는 이 개미들이 우리의 조상들과 마찬가지로 신념을 위해 싸웠으며 또한 그들이 마시는 차에 붙는 3페니의 세금[16]을 피하기 위해서가 아님을 의심치 않는다. 그리고 이 전쟁의 결과는 적어도 벙커 힐 전투[17]의 결과와

11) Austerlitz:슬로바키아 접경의 체코의 도시. 1805년 12월 2일 나폴레옹이 러시아-오스트리아 연합군을 격파한 격전장. Dresden:독일 동부의 도시. 1813년 8월 16~27일 나폴레옹 전쟁의 격전장. 양 전투에서 8만여 명이 전사했다함.

12) Luther Blanchard:1775년 4월 19일 콩코드 전투에서 영국군의 총에 맞은 최초의 미국인.

13) Major John Buttrick:독립전쟁 당시 콩코드 전투의 민병대 지휘자.

14) Isaac Davis & David Hosmer:독립전쟁 최초의 전투인 콩코드 전투에서 전사한 민병대원.

15) 영국이 독일 헤센 지방 사람들을 고용하여 독립전쟁에 투입한 용병을 지칭함.

16) 영국이 부과한 세금으로 미국인의 분노를 일으켜 '보스턴 차사건(Boston Tea Party)'과 독립전쟁으로 이어졌다.

같이 거기에 참가한 개미들에게는 중요하고 기억에 남을 만한 것이었으리라.

나는 앞서 특별히 언급한 그 세 마리가 뒤엉켜 싸우고 있는 나뭇개비를 들어서 집으로 가져와서 이 싸움의 최종 결과를 보려고 창문턱 위에 올려놓고 컵으로 씌워놓았다. 확대경으로 처음 말한 붉은 개미를 보니 적의 하나 남은 더듬이마저 잘라버리고 이제 그의 앞다리 하나를 물어뜯느라고 정신이 없었다. 실상 붉은 개미 자신의 가슴통은 완전히 찢겨나가서 그의 내장이 검은 용사의 사나운 입의 공격에 무방비 상태로 있었다. 상대의 가슴팍이 너무 단단해서 물어뜯을 도리가 없는 것이 분명했다. 이 수난자인 붉은 개미의 검은 홍옥 같은 눈동자는 전쟁에서나 볼 수 있는 살기로 가득했다. 그들은 유리컵 속에서 반시간을 더 싸웠다. 다시 그들을 관찰해 보니 그 검은 병사는 두 적의 목을 이미 잘라놓은 상태였다. 아직도 살아 꿈틀거리는 머리는 안장 머리에 매달린 흉측한 전리품처럼 그의 양 옆구리에서 대롱거리고 있었다. 여전히 적의 옆구리를 계속 단단히 물고 있는 것이 분명했다. 검은 개미는 잘려 나간 두 더듬이와 하나만 남은 다리, 그 외에도 내가 모를 많은 상처를 입은 몸으로 아직도 매달린 적의 머리를 떼어버리려고 힘없이 버둥거리고 있었다. 반시간이 더 지난 뒤에야 그는 결국 그 일을 완료했다. 내가 컵을 들어주니 절름발이 상태로 창턱을 넘어 밖으로 나갔다. 그가 전투에서 살아남아 오텔 데 쟁발리데[18]에서 여생을 보냈는지 나는 알지 못한다. 그러나 그의 용맹도 이후로는 별 쓸모가 없으리라는 생각이 들었다. 나는 어느 쪽이 승리했는지 알 수 없었고 또한 그 전쟁의 원인도 모른다. 다만 그날 하루 종

17) Bunker Hill:보스턴에 있는 언덕으로 독립전쟁 최초의 큰 전투가 벌어진 곳. 1775년 6월 17일의 실제 대규모 전투는 이웃의 찰스타운의 브리드 언덕에서 있었다.

18) Hotel des Invalides:프랑스 파리에 있는 상이병사의 요양소. 1607년대에 루이 14세가 세움.

일 마치 내 집 문 앞에서 '인간의 전쟁'을, 그 '포학'과 '살육'을 직접 목격한 것처럼 내 감정이 흥분되었으며 또한 그 처절한 심정에서 내내 벗어날 수 없었다.

곤충학자 커비와 스펜스[19]는 개미의 전투를 목격한 이야기를 쓴 사람은 현대인으로서는 후버[20]가 유일한 사람이지만 개미의 전투는 오래전부터 잘 알려진 것으로 그에 대한 연대도 기록되어 있다고 말하면서 그 옛날의 기록에 대해 이렇게 전하고 있다.

> 아이네아스 실비우스[21]는 배나무 가지에서 큰 개미와 작은 개미 사이에 벌어진 끈질긴 전투에 관해 상세하게 기록한 다음 "이 전투는 교황 에우게니우스 4세의 임기 중에도 있었고 또한 유명한 법학자인 니콜라스 피스토리엔시스가 직접 관찰하여 그가 자기에게 그 전투사를 아주 세밀하게 이야기해 주었다"라고 말했다. 또 올라우스 망누스[22]도 이와 비슷한 큰 개미와 작은 개미의 전투에 대해 기록했다. 그는 승전한 작은 개미는 자기편의 시체는 땅에 묻었지만, 몸집이 큰 적군의 시체는 새의 먹이가 되도록 내버려두었다는 것이다. 이 사건은 스웨덴에서 폭군 크리스티에른 2세[23]가 축출되기 직전에 있었다.[24]

내가 목격한 개미의 전쟁은 웹스터[25]의 '탈주노예 법안'의 통과 5

---

19) William Kirby(1759~1850) & William Spence(1783~1860): 영국의 곤충학자. 《곤충학 개론》의 저자.

20) 스웨덴 곤충학자 피에르 후버. 《Huber's Natural History of Ants》 (London, 1820)에 〈붉은 개미와 검정 개미의 전투〉에 관한 이야기가 있다.

21) Aeneas Sylvius(1405~64): 교황 비오 2세. 실명은 에네아 실비오 드 피콜로미니로 시인이자 지리학자이며 역사학자이기도 했다.

22) Olaus Magnus(1490~1558): 스웨덴의 가톨릭 대주교. 사학자.

23) Christian II(1481~1559): 덴마크, 노르웨이, 스웨덴의 폭군. 신하들에 의해 1532년에 축출되어 종신 투옥됨.

24) 커비와 스펜스의 《An Introduction to Entomology》 361~362.

25) Daniel Webster(1782~1852): 매사추세츠 주 출신 상원의원. 노예제가 폐지된 주에서도 탈주노예를 체포 환송하도록 한 〈탈주노예법안〉을 직접 발의한 사람은 아니었으나 이

년 전 즉 미국의 포크 대통령 임기[26] 중에 벌어진 것이다.

그저 식료품 저장용 지하실에서 자라 같은 것이나 쫓기에 딱 알맞을 뿐인 마을의 여러 마리 개들이 주인 몰래 육중한 엉덩이를 끌고 숲속에 나타나서 오래된 여우굴이나 우드척 구멍을 헛되이 뒤지고 다녔다. 이들의 안내역을 맡은 것은 몸집이 작은 들개였다. 이놈은 재빨리 숲을 누비고 다니면서 숲속의 동물들에게 공포심을 불러일으키고 있었다. 안내자인 들개의 뒤에 축 처져 따라가던 마을의 개들은 기껏 자기들을 피해 나무 가지에 올라앉아 내려다보는 작은 다람쥐를 향해 — 개에 속하는 황소라고나 할까 — 황소처럼 육중하게 짖어댔다. 그런 다음에는 길 잃은 들쥐라도 쫓을 생각인지 육중한 몸으로 덤불을 넘기며 다시 쫓아갔다.

언젠가 나는 고양이 한 마리가 돌 많은 호숫가를 거니는 것을 보고 놀란 적이 있었다. 고양이가 인가에서 이렇게 멀리 떨어진 곳에서 돌아다니는 일은 거의 없기 때문이었다. 나도 놀랐지만 고양이도 놀란 것 같았다. 거의 매일 양탄자에 온종일 누워 지내는 데 잘 길들여진 고양이라도 일단 숲에 들어오면 마치 제 집에 온 것처럼 자연스러워 보이고 또한 그 능청스럽고 은밀한 동작은 오히려 계속 숲에서 사는 동물들보다 더 숲에 잘 어울린다는 사실을 증명해주는 것 같았다. 한번은 숲에 산딸기를 따러 들어갔다가 새끼들을 거느린 어미 고양이를 만났다. 그들은 완전히 야생이었다. 나를 보더니 어미는 물론이고 새끼들까지 내게 등을 움츠리고 무섭게 으르렁거렸다.

내가 숲속에서 살기 몇 년 전, 호수에서 가장 가까운 링컨 마을의

법을 재확인하는 1850년의 타협법안을 지지하였기 때문에 노예폐지 운동가들과 시민들의 혹독한 비난을 받음.

26) James K. Polk(1795~1849):미국 제11대 대통령(1845~49).

한 농가인 길리언 베이커 씨의 집에는 소위 '날개 달린 고양이'가 한 마리 있었다. 1842년 6월에 그 고양이를 보려고 그 집을 찾아갔으나 고양이는 평시의 습관대로 숲으로 사냥을 나가고 없었다. 안주인의 말에 의하면 1년이 좀 지난 작년 4월에 그 고양이가 자기 집 근처에 나타났는데 결국 자기 집 식구가 되었다는 것이다. 그 고양이는 전체적으로는 짙은 갈색이 도는 회색인데 목에는 하얀 반점이 있고, 발은 흰색이고, 꼬리는 여우 꼬리처럼 덥수룩했다는 것이다. 겨울에는 털이 무성하게 자라 몸 양쪽으로 두텁고 넓적하게 길이 10~12인치 폭 2.5인치 정도의 납작한 띠가 양옆구리에 생기고, 턱 밑에는 타래 같은 것이 붙어 있고, 그 타래의 위쪽은 부풀고 아래쪽은 펠트 천 같다는 것이었다. 그리고 봄에 털갈이를 할 때가 오면 이 덧붙은 털들은 모두 떨어져 나간다고 말했다. 베이커 씨 부부는 그 고양이에게서 떨어져 나온 털 즉 '날개' 한 쌍을 내게 주었다. 나는 지금도 그것을 간직하고 있다. 이 날개라 하는 것에는 피막 같은 것이 전혀 붙어 있지 않았다. 어떤 사람은 날다람쥐거나 또 다른 야생동물의 잡종이라 생각하는데 사실 그것도 무리는 아니었다. 박물학자들에 의하면 담비와 집고양이의 교배로 많은 잡종들이 나왔다고 하니 말이다. 내가 고양이를 기른다면 바로 이런 종류의 고양이였을 것이다. 시인은 그의 말[27]은 물론이고 그의 고양이에도 날개가 달려야 하지 않겠는가?

가을이 되자 아비(학명 Colymbus glacialis)가 여느 해나 다름없이 월든 호수에 날아와서 털갈이도 하고 물놀이도 하였다. 그 야성적이고 거친 울음소리는 내가 아직 잠에서 눈을 뜨기도 전에 숲을 뒤흔들었다. 아비가 왔다는 소문이 전해지면 도시의 사냥꾼들은 서둘러 최신식 엽총과 원추형 실탄과 망원경으로 무장을 하고 마차로 혹은 걸어

27) 그리스 신화. 뮤즈 신들이 타고 다니는 말인 페가수스는 날개를 단 말이었다는 신화에 비유.

서 삼삼오오 짝을 지어 찾아든다. 그들은 가을 낙엽처럼 바삭거리며 숲을 뚫고 들어온다. 아비 한 마리에 사냥꾼은 열 명꼴이다. 일부는 호수 이쪽에 또 다른 일부는 호수 저쪽에 진을 친다. 그 가련한 새는 어디에도 안심하고 모습을 드러낼 수가 없다. 호수 이쪽에서 잠수하면 반드시 저쪽에서 나올 수밖에 없다. 하지만 이제 친절한 10월의 바람이 나뭇잎을 흔들어 살랑대는 소리를 내고 수면에 잔물결을 일으키면 아비의 적들이 망원경으로 호수를 아무리 훑어보고, 총소리가 숲을 울려대도 아비의 모습을 볼 수 없고 또한 날갯소리도 들을 수 없게 된다. 물결이 모든 물새의 편이 되어 고맙게도 들고 일어나 성난 듯 출렁대면 사냥꾼들은 어쩔 수없이 마을로, 상점으로 또는 각자 하다 만 일로 퇴각할 수밖에 없다. 그러나 그들이 성공하는 경우는 너무나도 많다.

아침 일찍 물을 기르러 호숫가에 나갈 때 이 당당한 물새가 불과 몇 로드 되지 않는 물가에서 헤엄쳐 나오는 것을 자주 봤다. 어떻게 하나 보려고 보트를 타고 따라가면 이놈은 곧바로 물 속으로 완전히 모습을 감추곤 했다. 어떤 때는 오후 늦게까지도 그놈을 발견하지 못하는 때도 있었다. 그러나 수면 위의 경주에서는 그보다 내가 한 수 위였다. 비가 오면 그놈들은 호수에 나타나지 않았다.

아주 고요한 10월 어느 날 오후였다. 나는 호수의 북쪽 기슭을 따라 노를 저어가고 있었다. 이런 날씨에는 아비들이 마치 씀바귀의 솜털처럼 호수에 떠 있는 것이어서 그 물새가 어디에 있나 찾아보려고 호수를 자세히 훑어봤지만 전혀 보이지 않았다. 그런데 갑자기 아비 한 마리가 나와 불과

몇 로드 떨어진 물가에서 호수 가운데로 헤엄쳐 나오며 그 거친 소리로 울어댔다. 그 울음소리가 아니었으면 눈에 띄지 않았을 것이다. 내가 노를 저어 뒤를 쫓으니 그놈은 다시 물 속으로 숨었다. 다시 머리를 들고 모습을 나타냈을 때는 나와의 거리가 오히려 더 좁혀져 있었다. 그는 다시 잠수했는데 그가 헤엄쳐가는 방향을 내가 잘못 짚어 오히려 이번에는 거리가 더 벌어졌다. 그가 물 위로 올라왔을 때는 50로드(약 250미터)나 서로 떨어져 있었다. 그 멀어진 거리를 보고서 이놈은 한참 동안 큰 소리로 웃어댔다. 이번에야말로 웃어댈 만했다. 이놈이 어찌나 교묘하게 꾀를 부리던지 나는 도저히 6로드 이내로 거리를 좁힐 수가 없었다. 물 위로 올라올 때마다 이쪽저쪽으로 머리를 돌려 호수와 육지를 정확히 측량하여 수면이 가장 넓고 보트와는 가장 먼 거리가 되는 곳에서 나올 수 있도록 물 밑에서 헤엄칠 거리를 정하는 것 같았다. 그가 얼마나 신속하게 마음을 정하고 그 결심을 실천에 옮기는지 참으로 놀라지 않을 수 없었다.

그는 곧장 나를 수면이 가장 넓은 곳으로 유인하여 추적을 못하게 한다. 그가 그의 머릿속에 무엇인가를 생각하고 있는 동안에 나는 내 머리로 그의 생각을 점치고 있었다. 이것이야말로 한 인간과 한 마리의 아비가 호수의 잔잔한 수면 위에서 벌이는 한 판의 재미난 게임이었다. 갑자기 상대의 말이 장기판 밑으로 사라진다. 문제는 이때 내 말을 상대의 말이 다시 나타나리라 예상되는 지점에 가져다놓는 게임이었다. 어떤 때는 예기치 않게 내 반대쪽에서 모습을 드러내곤 했다. 분명히 보트 밑을 직접 통과한 것이다.

그는 얼마나 호흡이 길고 지칠 줄 모르는지 물 속에서 가장 멀리 헤엄쳐 갈 때도 곧장 다시 물 속으로 뛰어들곤 했다. 그래서 일단 물 밑으로 잠수하면 수면이 잔잔해도 이 깊은 호수의 어느 곳을 그가 물고기처럼 재빠르게 헤엄쳐 가는지 제아무리 머리가 좋은 사람이라도 감을 잡을 수 없을 것이다. 그는 가장 깊은 호수 밑바닥까지 갈 수 있을 만큼 긴 잠수 시간과 수영 능력을 지녔다. 뉴욕 주의 여러 호수에서는 수면 밑 80피트에 송어를 잡으려고 설치한 낚싯바늘에 아비가 걸린 적이 있었다고 한다. 그런데 월든 호수는 그보다 더 깊다. 물 속의 물고기들이 딴 세계에서 난데없이 찾아온 이 꼴사나운 방문객이 자기들 틈에서 헤엄치는 것을 보고 얼마나 놀랐을까! 하지만 그놈은 수면에서나 다름없이 물 속에서도 정확히 자기의 진로를 알고 있고 또한 물 속에서 오히려 훨씬 더 빠른 속도로 헤엄치는 것 같았다.

나는 한두 번 잔물결이 이는 것을 봤다. 그놈이 물 위로 나타나리라는 기대와는 달리 수면에 접근하자마자 그저 머리만 살짝 내밀고 밖을 정찰하고서는 순식간에 물 속으로 다시 사라지는 것이었다. 나는 이제 그놈이 나타날 장소를 알아맞히려고 애쓰느니 차라리 그저 노에 기대고 다시 나타나기를 기다리는 것이 오히려 낫겠다는 생각을 했다. 왜냐하면 나는 그놈의 속임수에 번번이 넘어가기 때문이었다. 그놈이 나오리라 생각하는 방향을 두 눈을 부릅뜨고 지켜보고 있으면 내 등 뒤에서 갑자기 들리는 그 섬뜩한 웃음소리에 깜짝 놀란 적이 한두 번이 아니었다.

한데 그는 왜 그처럼 교활한 꾀를 부리고 나서 물 위로 올라오는 순간에는 그 큰 웃음소리로 자신의 위치를 어김없이 드러내는 것일까? 그의 하얀 가슴털만으로도 쉽게 모습이 드러나는 편이 아닌가? 나는 그가 참 어리석다고 생각했다. 그가 수면에 나올 때 나는 물 튀기는 소리를 종종 들을 수 있었다. 그리고 그 소리로 그의 위치 또한 알아차릴 때도 많았다.

그러나 이렇게 경주를 한 지 한 시간이 지난 뒤에도 그는 지친 기색이 전혀 없이 여전히 신선해 보였다. 그 녀석은 언제고 기꺼이 물 속으로 들어가서 처음보다 더 멀리 헤엄쳐 가곤 했다. 물 속에서 헤엄치느라 물갈퀴 달린 발로 온갖 동작을 다 했을 터인데도 일단 수면 위로 나오면 가슴털 하나 흩트리지 않고 태평스럽게 유유히 헤엄쳐간다. 그런 모습을 본다는 것은 참으로 뜻밖의 일이다.

그의 평상시의 울음소리는 영락없이 악마의 웃음소리다. 그렇지만 그래도 거기에는 약간은 물새의 울음소리 같은 데가 있었다. 그러나 때때로 나를 아주 멋지게 따돌리고 멀리 떨어진 데서 물 위로 올라왔을 때는 길게 늘여 빼는 괴상한 울음소리를 냈다. 그것은 새의 소리라기보다는 늑대의 울음소리에 가까운 것이었다. 마치 어느 짐승이 주둥이를 땅에 대고 일부러 울어대는 소리 같았다. 이것이 바로 아비의 울음소리였다. 이 숲에서 멀리 울려 퍼져나가는 아비의 이 울음소리야말로 내가 월든 호숫가에서 들어본 소리들 가운데서 가장 황량한 소리였는지도 모른다. 그는 자기의 실력에 자신이 있는 것이기에 자기를 쫓는 나의 노력에 대한 조롱으로 웃는 것이라고 나는 결론지었다.

이 무렵에는 하늘에 구름이 덮였지만 호수의 수면은 몹시 잔잔했다. 이런 때는 울음소리가 들리지 않아도 아비가 수면을 뚫고 나오는 것을 볼 수 있었다. 그의 순백색의 가슴, 바람 한 점 없는 날씨, 잔잔한 수면, 이 모두가 그에게는 불리했다. 마침내 그는 50로드(약 200m) 떨어진 수면에서 물 위로 올라오더니 예의 그 긴 울음소리를 냈다. 마치 자기들의 신에게 도움을 호소하는 것만 같았다. 그러자 즉시 동쪽에서 바람이 불어와 수면에 잔물결을 일으키고 또한 사방에 안개 같은 비가 내리기 시작했다. 마치 아비의 기도가 받아들여지고 또한 그의 신이 내게 화를 내는 것만 같은 기분이 들었다. 그래서 나는 그가 거친 수면 위로 멀리 사라지는 모습을 그냥 바라보고만 있었다.

가을날에는 몇 시간 동안이고 나는 호수에서 물오리들이 교묘한 꾀를 부려 방향을 바꿔 이리저리 헤엄쳐서 사냥꾼을 멀리 따돌리고 호수 중심부를 확보하는 모습을 지켜봤다. 남쪽 루이지애나의 늪지대에서는 그처럼 교묘한 재주를 부릴 필요가 없을 것이다. 어쩔 수 없이 공중으로 날아올라야 할 때는 그 녀석들은 이따금 상당한 높이까지 올라가 마치 하늘의 검정 먼지처럼 호수 위에서 빙글 빙글 돌곤 했다. 그런 높이라면 그들은 다른 호수와 강들을 쉽게 볼 수 있을 것이다. 나는 다른 곳으로 벌써 날아가버린 지 오래려니 생각했는데 그들은 1/4마일쯤 되는 높은 상공에서 비스듬히 하강비행을 하여 멀리 떨어진 안전한 수면에 내려앉곤 했다. 한데 다른 호수나 강으로 가지 않고 월든 호수 한가운데서 오리들이 수영하는 것으로 안전성을 얻는 것이 아니고 또 달리 무엇을 얻는지 나는 알지 못한다. 다만 그들도 내가 월든 호수의 물을 좋아하는 이유와 똑같은 이유로 이 호수를 사랑한다는 것 외에 달리 생각할 수가 없다.

제13장 새 집에 불 지피기[1)]

10월이 되자[2)] 나는 강가의 초원으로 포도를 따러 갔다. 식품으로 보다는 그 아름다움과 향기로 인해 더욱 소중하게 여겨지는 포도송이들을 나는 잔뜩 따서 집으로 가져왔다. 그곳에서 나는 또 덩굴월귤의 열매를 보고 무척 감탄했다. 하지만 그것들을 따지는 않았다. 밀랍의 은은한 광택을 내는 이 깜찍한 보석을 바라보는 것으로 즐거웠다. 그것들은 초원의 억새풀에 매달려 대롱거리는 영롱하고 빨간 구슬 목걸이였다.

한데 농부들은 이것들을 흉측한 갈퀴로 마구 훑어 모은다. 그로 인해 아름다운 초원이 엉망진창이 되어도 아랑곳하지 않는다. 그들은 오직 부피와 돈만으로 셈하여 초원에서 빼앗은 이 약탈품을 보스턴이나 뉴욕에 내다 판다. 그러면 이 초원의 보석들은 도시의 소위 '자연' 애호가들의 입맛에 맞게 잼으로 짓이겨지는 운명을 맞는다. 이와 마찬가지로 도살업자들은 대초원의 풀밭에서 들소[3)]의 혀를 마구 긁

---

1) 원문 House-Warming은 '새 집들이 축하'의 뜻과 문자 그대로 집이 따뜻하도록 '집에 불을 때기'라는 이중의미의 언어유희.

2) 소로는 일지(J 5:502)에 "10월은 인생에서 사람이 더 이상 순간의 기분에 좌우되지 않는 그런 시기, 그의 모든 경험이 이제 지혜로 숙성하고 그의 모든 뿌리와 가지와 잎이 익어가는 시기에 해당한다. 이때 사람이 자신의 봄과 여름에 겪고 행한 것이 나타난다. 즉 열매를 맺는 것이다"라고 썼다.

어모은다. 초목이 갈기갈기 찢기든 시들든 아랑곳하지 않는다.

매발톱나무의 아름다운 열매 또한 내게는 눈요기용 식품이었다. 그러나 땅 임자나 행인들이 보지 못하고 지나친 야생 사과는 잼을 만들기 위해 약간 챙겨두었다. 그리고 알밤이 여물면 반 부셸 정도를 겨울용으로 비축했다. 가을철에는 링컨 마을의 끝없이 넓은 밤나무 숲을 배회하는 것이 무척이나 즐거운 일이었다. 한데 지금은 베어져 철로 밑에 깔린 침목이 되어 영원히 잠들어 있다.[4] 그 때 나는 서리가 내릴 때까지 기다리지 못하고 어깨에 자루를 메고 밤송이를 깔 막대를 손에 들고서 나뭇잎이 바스락거리는 소리와 붉은 다람쥐와 어치들이 꾸짖는 소리를 들으며 밤나무 사이를 돌아다녔다. 이따금 나는 그들이 절반쯤 먹다 남긴 알밤을 훔치기도 했다. 그들이 골라다 놓은 밤송이 안에는 성한 알밤이 꼭 들어있었기 때문이었다. 어떤 때는 내가 직접 나무에 올라가 잡아 흔들기도 했다.

밤나무는 내 집 뒤에도 있었다. 그중 가장 큰 나무는 집을 거의 덮을 정도였다. 꽃이 필 때는 온 주변에 향기를 뿌리는 화환이 되었다. 하지만 밤은 거의 다람쥐와 어치의 몫이었다. 특히 어치는 아침이 되면 떼를 지어 날아와서는 밤송이에서 밤이 떨어져 나오기도 전에 알밤을 쪼아 먹곤 했다. 나는 집 근처의 밤나무는 아예 그들에게 내주고 온통 밤나무만 들어서 있는 보다 더 먼 숲을 찾아갔다. 이 알밤들은 식빵의 제법 훌륭한 대용품이 되었다.

주위를 살펴보면 밤 외에도 대용식품이 될 만한 것은 많이 있을지도 모른다. 어느 날 나는 미끼로 쓸 지렁이를 파내다가 뿌리의 줄기

---

3) 원문 bison:'American buffalo'로 잘못 불리기도 한다. 초원에서 사는 야생 초식동물로 특히 혀의 맛이 진미로 알려져 그 값이 비쌌다. 1851년 7월호의 《하퍼》지에 "방대한 들소(bison)떼들이 단지 그 혀 때문에 절멸된 것으로 알려졌다"라는 기사가 있었다.

4) 원문 sleep their long sleep under the railroad:'sleeper'가 '철로의 침목'이란 뜻을 이용하여 '긴 잠을 잔다'라는 의미와 '오랫동안 침목노릇을 한다'라는 이중의미의 익살.

에 달린 땅콩 같은 덩이 뿌리를 발견했다. 그것은 원주민의 감자라 할 일종의 전설의 열매였다. 그것을 보니 어렸을 때 실제로 캐서 먹은 적이 있었던 것도 같은데 어쩌면 그저 그런 꿈을 꾼 것은 아니었던가 하는 생각이 들기도 했다. 전에도 나는 그 주름 잡힌 붉은 비로드 같은 꽃이 다른 식물에 기대어 피어 있는 것을 자주 봤지만 그 뿌리에 이런 괴근이 달려있는 것은 까마득히 몰랐다. 한데 사람들이 땅을 경작하면서 이 전설의 식물이 거의 멸종되었다. 이 식물은 단맛이 있어서 서리 맞은 감자와 비슷했다. 내 경험으로는 불에 굽는 것보다 삶는 것이 맛이 더 좋았던 것 같다.

이 덩이줄기는 대자연의 여신이 그녀의 자녀들을 미래에 언젠가 이곳에서 검소하게 먹여 키우겠다는 희미한 약속처럼 느껴졌다. 살찐 소와 밭에 곡물이 남실거리는 오늘날에는 한때 인디언들의 자연 숭배의 대상이었던 이 검소한 풀뿌리는 완전히 잊혀졌거나 겨우 꽃이 피는 줄기로만 알려져 있을 뿐이다. 그러나 야성의 자연이 다시 한 번 이곳을 지배하게 된다면 연약하고 사치스러운 영국의 곡물은 무수한 적을 당해내지 못하고 사라져버릴 것이다. 옥수수 역시 원래 까마귀들이 남서부에서 물어왔다고 하니[5], 만약 인간이 돌보지 않는다면 까마귀는 마지막 한 톨까지도 인디언의 신이 다스리는 남서부의 광활한 옥수수 밭으로 다시 가져가 버릴 것이다.

그때 가서는 지금 거의 멸종되다시피 한 이 괴근이 서리와 험한 환경에도 불구하고 다시 되살아나서 번창할 것이다. 그리고 그들 자신이야말로 이 땅의 토박이라는 것을 보여줄 것이고 또한 수렵 민족의

---

5) 로저 윌리엄(1603?~83)의 《A Key into the Language of America》에 뉴잉글랜드의 인디언들에게는 "까마귀가 남서쪽의 신의 땅에서 옥수수와 콩을 처음 물어다 주었다"라는 전설이 있었다고 기록되어 있고, 《Collection of the Massachusetts Historical Society for the Year 1794》 (3:219)에도 있다. 소로는 1852년 5월 9일 일지(J 4:43)에 "따뜻한 하늬바람, 어리둥절한 개구리, 잎이 트는 버들, 안개 낀 날들, …… 까마귀가 남서쪽에서 옥수수를 물어온 것은 이런 계절과 이런 바람이 불 때였다"라고 썼다.

주식으로서 그들의 중요성과 권위를 되찾을 것이다. 이 식물을 창조하여 인디언에게 내려준 것은 그들의 곡물의 신이 아니면 지혜의 신이었음에 틀림없다. 그리고 이곳에 시의 지배가 시작되면 그 식물의 잎과 열매가 우리의 예술 작품에 그 모습을 나타낼 것이다.

9월 1일로 채 접어들기 전이었다. 호수 건너편에 있는 두세 그루의 작은 단풍나무들이 벌써 빨갛게 물들어 있는 것을 나는 봤다. 그 빨간 단풍나무들은 호수 안쪽으로 쭉 튀어나온 돌기부분 끝의 물가에 서 있었다. 그 뒤로 세 그루의 사시나무들의 하얀 줄기가 갈라져 빨간 단풍나무 위로 가지를 뻗고 있었다. 아아! 그 빛깔들, 그 얼마나 많은 이야기를 하고 있는가![6]

6) 토머스 무어의 〈Those Evening Bells〉에서 "그 저녁 종소리! / 그 저녁 종소리! / 그 음악은 얼마나 많은 이야기를 하는가"의 인유일 수도 있다. 소로의 1852년 9월 1일의 일지에 "아! 그들의 색깔이 인디언의 시대에 관해 많은 이야기를 한다. — 가을의 샘 — 태고의 골짜기에 관해서"라는 문장이 있다.

그때부터 한 주일 한 주일이 지날수록 나무들은 제각기 특징을 드러내 보이며 거울같이 매끄러운 호수의 수면에 비쳐진 자신의 모습을 자랑스러운 듯이 바라보고 있었다. 그것은 한 폭의 그림이었다. 그 화랑의 지배인은 아침마다 전에 걸려있는 그림을 떼어내고 더욱 멋있고 보다 색깔이 조화된 새로운 그림을 내걸었다.[7)]

10월에는 수천 마리의 말벌이 겨울을 지낼 자리를 찾기 위해 내 집으로 몰려왔다. 그들은 머리 위의 벽과 창문 안쪽에 자리를 잡고는 이따금 찾아오는 사람이 집 안으로 들어오는 것을 방해했다. 매일 아침 날씨가 추워 벌이 꼼짝 못할 때 나는 몇 마리씩 밖으로 쓸어내곤 했다. 그러나 그들을 굳이 몰아내려고 애쓰지는 않았다. 오히려 그들이 내 집을 쓸 만한 은신처로 여기는 것에 대해 싫지 않은 기분이 들기까지 했다. 말벌들은 나와 잠자리를 같이했지만 나를 크게 괴롭히지는 않았다. 그들은 어느 틈새로 들어갔는지 점점 모습을 감춰 겨울의 혹한을 피하는 것이었다.

11월에 완전히 겨우살이에 들어가기 전에 나도 말벌들처럼 따뜻한 곳을 찾아 월든의 북동쪽 호숫가에 자주 갔다. 그곳은 햇빛이 리기다소나무 숲과 돌이 많은 기슭에서 반사되어 '월든 호수의 난롯가'를 만들어 주는 곳이다. 인공적인 불보다 가능한 한 태양열로 몸을 녹이는 것이 훨씬 상쾌하기도 하고 건강에도 좋았다. 나는 이처럼 집 떠난 사냥꾼처럼 여름이 남겨놓은 아직도 따뜻한 호숫가의 열기로 내 몸을 따뜻하게 했다.

굴뚝을 쌓아야 할 때가 되자[8)] 나는 석공 일을 배웠다. 내 벽돌은 전

---

7) 소로는 1859년 2월에 〈가을의 빛깔들〉이라는 제목으로 강연을 했고, 그 글이 사후에 《월간 대서양(Atlantic Monthly)》 1862년 10월호에 발표되었다.

8) 1845년 여름이 끝나갈 무렵이었다.

에 쓴 적이 있는 헌 벽돌이었다. 나는 이것들을 우선 흙손으로 깨끗이 다듬어내야 했다. 이 때문에 나는 벽돌이나 흙손의 성질을 더 많이 알게 되었다. 벽돌에 붙어 있는 석회는 50년이나 된 것이었다. 어떤 사람은 이 석회가 지금도 계속 단단해지는 중이라 했다. 하지만 이 말은 사람들이 사실 여부를 가리지 않고 남이 한 말을 그대로 따라하기를 좋아하는 말 중 하나다. 그런 말 자체가 세월이 지날수록 점점 더 굳어지고 단단히 달라붙는 것이어서 아는 척하는 낡은 식자에게서 이런 잘못된 생각을 털어내려면 흙손으로 무수히 두드려야 할 것이다. 메소포타미아 지방의 많은 마을들은 바빌론[9]의 폐허에서 얻은 매우 질이 좋은 헌 벽돌로 되어 있다고 한다. 그 벽돌에 붙어 있는 시멘트는 더 오래 되었으니 어쩌면 아직도 계속 단단해지고 있는지도 모를 일이다. 그것은 그렇다 치고 흙손의 경우 내가 깊은 인상을 받은 것은 강철 특유의 강인함이었다. 그렇게도 무수히 두들겨대는데도 닳지도 않고 견뎌냈다.

나의 벽돌에 바빌론의 왕 네부카드네자르[10]의 이름이 새겨져 있는 것은 없었지만 전에 굴뚝에 쓰였던 것들이어서 벽난로에 쓸 만한 벽돌들을 되도록이면 많이 골라내어 시간과 일손을 덜기로 했다. 그리고 벽난로 주위의 벽돌과 벽돌 사이에는 호숫가에서 가져온 돌로 메웠다. 또한 같은 장소에서 하얀 모래를 가져다 회반죽에 썼다.

벽난로는 집의 가장 핵심적인 부분이었기 때문에 나는 이 일을 하는 데 수공을 제일 많이 들였다. 어찌나 꼼꼼히 작업을 했던지 아침에 기초공사를 시작했는데 하루 종일 방바닥 위로 겨우 몇 인치 높이

9) Babylon: 유프라테스 강 유역의 메소포타미아 지방(현재 이라크)에 있었던 고대도시. 당시 중동에서 진행 중에 있었던 유적 발굴에 소로는 큰 관심이 있었고 유적에 대한 여러 가지 보고문들을 널리 읽었다.

10) Nebuchadnezzar: 바빌론의 왕(기원전 605~562). 그 백성들은 햇볕에 말린 진흙벽돌을 만드는 기술에 능했다. 에드워드 힝크스(1792~1866)가 유적에서 나온 벽돌에 그의 이름이 찍혀있는 것을 발견했다.

의 단 한 층의 벽돌밖에 쌓지 못했다. 그날 밤에는 이 벽돌을 베개 삼아 베고 잤다.[11] 이 때문에 내 목이 뻣뻣해진 것은 아니라고 생각한다. 내 목이 굳은 것은 옛날부터다.[12] 그 무렵에 나는 시인[13] 한 분을 손님으로 맞아 2주 동안 함께 지냈기 때문에 공간이 그만큼 비좁았다. 그는 오면서 칼을 한 자루 가져왔고 내게도 칼이 두 자루 있어서 우리는 그것들을 땅에다 쑤셔서 닦곤 했다. 그는 으레 밥 짓는 일도 나와 함께 하곤 했다.

벽난로가 점차 네모반듯하고 단단하게 쌓여 올라가는 것을 보는 것은 즐거운 일이었다. 작업이 오래 걸리면 견디는 수명도 길어진다는 말이 떠올랐다. 굴뚝은 지면에 기초를 두고 그 위에 서서 집을 뚫고 하늘로 솟아 있으니 어느 정도는 하나의 독립된 구조물이다. 집이 불탄 후에도 굴뚝은 때로는 여전히 서 있으니 그 중요성과 독립성은 분명한 것이다. 이 작업은 여름이 막바지로 가고 있을 때의 일이었고 이제 때는 동짓달로 접어들었다.

북쪽에서 불어오는 싸늘한 바람이 호수에 벌써 냉기를 불어넣기 시작했다. 그러나 완전히 차가워지려면 여러 주일에 걸쳐 끊이지 않고 북풍이 불어야 할 것이다. 그만큼 호수의 물은 깊었다.

내가 처음으로 저녁에 불을 지피기 시작했을 때는 집에 석회를 바르기 전이었다. 굴뚝은 연기를 무척 잘 빨아올렸다. 그건 판자와 판자 사이에 틈이 많았기 때문이었다. 그래도 이처럼 바람이 솔솔 통하는 서늘한 방에서 나는 며칠 동안 즐거운 밤을 보냈다. 사방이 옹이

---

11) 《구약성서》 〈창세기〉 28:11, '야곱의 돌베개'를 인유한 것이기도 하다.

12) a stiff neck:'목이 뻣뻣하다'는 의미와 《구약성서》 〈출애굽기〉 32장 9절에 나오는 '고집 세고 완고하다'는 뜻의 2중 의미로 썼다.

13) 친구인 앨러리 채닝을 칭함. 1845년 가을에 소로의 움막에 체류하는 동안 방바닥에서 잤다.

투성이인 거친 갈색 판자로 둘려있고 머리 위로 높지막한 서까래에는 나무껍질이 그대로 붙어있는 방이었다. 회칠을 하고 나니 집이 훨씬 포근해지긴 했지만 그전만큼 즐거운 느낌을 주지는 않았다.

사람이 사는 모든 집은 모름지기 천장이 높직해서 그곳에서 어두컴컴한 곳이 형성되어 저녁이면 서까래 주변에서 아른거리는 그림자가 춤을 추게 해야 하지 않을까? 이런 형태가 프레스코 벽화[14)]나 값비싼 가구보다 환상과 상상의 날개를 펴기에는 더 잘 어울린다. 이제 집을 숙소로서 뿐만 아니라 추위를 피하는 데도 사용하기 시작했으니 이제야 비로소 내 집에 들어와 산다고 말할 수 있겠다. 나는 벽난로 바닥에 장작을 고여 불을 잘 타게 하는 받침쇠 헌것 한 벌을 구해두었었다. 내가 직접 세운 굴뚝의 뒤쪽에 그을음이 생긴 것을 보니 여간 흐뭇한 것이 아니었다. 그 어느 때보다 마음 놓고 불을 쑤석거릴 수 있는 권리라도 얻은 기분이었다.

나의 집은 작기 때문에 그 안에서 메아리 소리를 기대할 수는 없었다. 그러나 방 한 칸으로 된 집이기는 하지만 마을에서 멀리 떨어져 있는 관계로 한결 크게 보였다. 집의 모든 편의시설이 방 하나에 집중되어 있었다. 그것은 부엌이자 침실이었고, 안방이자 거실이었다. 부모와 자녀, 주인과 하인이 한 집에서 사는 데서 얻는 온갖 만족감을 나는 실컷 즐기고 있었다.

로마의 원로 카토는 한 집안의 가장家長은 그의 시골집에 "기름과 포도주를 저장할 지하실이 있어야 하고 또한 식료품이 담긴 많은 통이 있어야 한다. 그래야 어려움을 당해도 염려가 없으며, 그것이 그를 이롭게 하고 또한 그의 힘과 광영이 될 것이다"[15)]라고 말했다. 나는 내 집의 지하창고에 한 통 정도의 감자와 바구미 섞인 완두콩을 약

---

14) fresco painting:갓 바른 회벽에 수채로 그린 그림 또는 그 화법.

15) 카토의 《De Agri Cultura》 3.2에서 번역 인용.

한 되 정도 가지고 있고 또한 선반에는 쌀 조금과 당밀 한 병 그리고 각각 한 말 가량 되는 호밀가루와 옥수수가루를 가지고 있다.

나는 이따금 어느 황금시대에 있을 보다 더 크고 보다 더 많은 사람이 사는 집 한 채를 꿈꿔 본다. 자재는 질기고 튼튼하되 겉치레 장식[16]은 하나도 없으며 전체가 방 하나로 되어있다. 크고 질소質素하고 실질적이고 원시적인 큰 방으로 되어있다. 천장도 없고 또한 회칠도 없다. 다만 머리 위로 낮은 하늘을 떠받쳐 눈과 비를 막아주는 서까래와 마룻대가 그대로 보인다. 문턱을 넘어 옛 태평성대의 제왕인 농업의 신 새턴 왕[17]에게 경의를 표하면 보를 받치는 기둥들이 나와 인사를 받는다. 하나의 큰 동굴과 같은 집. 지붕 밑을 보려면 장대 끝에 횃불을 달아 쳐들어야 하는 그런 집을 상상해 보는 거다.

거기에선 어떤 사람은 벽난로 주변에서 살기도 하고, 또 어떤 사람은 움푹 들어간 창문틀에서 살고, 또 어떤 사람은 긴 의자에서 살기도 한다. 어떤 사람은 방 한구석에서 사는가 하면, 또 어떤 사람은 그 맞은편 구석에서 산다. 또 원하는 사람은 대들보 위에서 거미와 함께 살기도 한다. 밖에서 문만 열면 곧장 방 안으로 들어서게 되고 그것으로 인사치레는 끝나는 집이다.

길을 가다 지친 나그네는 더 이상 걸어갈 필요 없이 들어와 세수도 하고, 밥도 먹고, 이야기를 나누기도 하고, 잠들 수 있는 집. 비바람이 세차게 몰아치는 밤에 만나면 다시없이 반가울 그런 집이다. 거기에는 집으로서 꼭 필요한 것은 모두 갖추고 있으나 관리해야 할 살림은 아무것도 없다. 한눈에 집안의 모든 보물이 다 보이고 사람이 쓸 도구는 하나하나 못에 다 걸려 있다. 바로 부엌인 동시에 식당이고

---

16) ginger-bread work:값싸고 번지르르한 장식. 당시 유행했던 로코코 장식.

17) Saturn:로마 신화. 농업의 신. 주피터 신 이전의 황금시대에 세계를 지배한 주신主神. 그리스 신화에서 제우스 신의 아버지 크로노스 신에 해당함.

거실, 침실, 창고, 다락방이다. 큰 통이나 사다리 같은 필요한 물건이나 붙박이장 같은 편리한 것도 갖춰져 있다.

앉아서 냄비 끓는 소리를 들을 수도 있고 저녁식사를 요리해 주는 불, 빵을 굽는 화덕에 다가가서 경의를 표할 수도 있다. 절대 필요한 가구와 살림살이가 이 집의 주요 장식품 역할을 한다. 빨랫감도 없고, 불이 꺼지는 일도 없고, 안주인도 없다. 이 집에서는 아무도 간섭하는 사람이 없다. 모르고 지하실 출입구인 뚜껑문을 딛고 서 있는 경우 좀 비켜 달라 할지는 모르나 그때는 요리하는 사람이 지하 저장실로 내려갈 때일 것이고, 그런 경우는 발로 쿵쿵 구르지 않아도 서 있는 곳이 단단한 땅인지 밑에 지하실이 있는지 알 수 있어 오히려 좋을 것이다.

집의 내부는 새의 둥지처럼 툭 트여서 한눈에 훤히 볼 수 있기 때문에 앞문으로 들어와서 뒷문으로 바로 나가더라도 안에서 사는 사람 몇 사람은 만나게 된다. 이 집에 들어온 손님은 누구나 집 안에서 마음대로 돌아다닐 수 있는 자유가 주어지고 또한 어떤 특별한 방에 가두어 집안의 8분의 7에는 얼씬도 못하게 하고서 그 방에서 — 다시 말하면 '그 독방 유치장'에서 — 부디 편히 쉬라고 말하는 따위의 대접은 받지 않는다.

요즘에 와서는 집 주인들은 손님을 '자기의' 벽난로가로 인도하지 않고 그 대신 석공을 시켜 손님의 방에 별도로 벽난로를 만들어놓는다. 그러니 손님에 대한 융숭한 대접은 손님을 되도록 멀리 격리시키는 기술이 되었다. 요리도 마치 손님을 독살하려는 것이 아닌가 싶을 정도로 비밀리에 준비한다.

나는 많은 사람들의 사유지에 드나든 적은 있었다. 법률적으로 퇴거명령을 받을 수도 있었던 일은 기억하지만 남의 집에 그렇게 여러 번 들어가 본 것 같지는 않다. 내가 방금 말한 그런 집에 왕과 왕비가 소박하게 살고 있고 내가 마침 그곳을 지나게 되었다면 헌 옷을 입은 채로 찾아볼지도 모르겠다. 하지만 현대식 궁전이라면 어쩌다 그곳에 발을 들여놓았더라도 나는 뒷걸음질을 쳐서 빠져나올 궁리만 할 것이다. 궁전의 법도가 왕에게는 등을 보이지 않는다니 말이다.

손님을 맞이하는 우리의 '응접실'이란 말 자체도 그 기능을 완전히 잃은 체 무의미하게 지껄이는 '수다쟁이의 밀실'[18]이란 말로 완전히 타락한 것만 같다. 이처럼 우리는 언어의 상징[19]과 멀리 떨어진 상태에서 생활하고 있으니 그 비유나 수식어를, 말하자면 음식을 미끄럼틀이나 급속운반기로 먼 곳에서 실어오듯이 어쩔 수 없이 멀리서 끌어다 붙여야 하게 되었다. 달리 말해서 응접실이나 거실이 부엌과 작업장에서 너무도 멀어졌다는 말이다. 식사도 식사가 아니라 흔히 '식사의 비유'에 불과하다. 마치 '자연'과 '진실'에서 비유를 끌어낼 만큼 그에 가깝게 사는 것은 야만인뿐인 것만 같다. 하기야 멀리 북서부[20] 변방이나 맨 섬[21]에서 외따로 사는 것만큼이나 '자연'과 '진리'에서 멀리 떨어져 산다면 아무리 학식이 있는 사람이라도 어찌 그 자연의 상징을 알 수 있겠는가? 그처럼 부엌에서 멀리 떨어져 있는 사람이 또 어찌 부엌 안에서 오순도순 나누는 이야기를 알 수 있겠는가?

하지만 내 집에 온 손님도 계속 눌러앉아 '즉석푸딩'을 나와 함께 나누어 먹을 만큼 대담한 사람은 한두 사람뿐이었다. 한데 그 사람들까지도 식사시간이라는 위기가 닥치는 것을 알면 마치 내 집이 뿌리

---

18) 원문 'parlaver'는 parlor(객실)와 palaver(수다, 아첨, 객담)를 결합한 소로의 신조결합어로 '잡담하는 방' 또는 '잡담하는 사람'이란 뜻으로 씀.

19) 소로는 에머슨과 같이 '자연을 정신의 상징'으로 '언어를 그 은유'로 봤다. "자연의 모든 현상은 일종의 언어이고 또한 그 언어를 통해서 진리가 전달된다"고 본 것이다.

20) North West Territory:1783년에 취득한 영토로 현재 오하이오 주, 인디아나 주, 일리노이 주, 미시간 주, 위스콘신 주와 미네소타 주 일부. 19세기까지도 먼 변방으로 간주되었다.

21) the Isle of Man:아일랜드 해에 있는 영국의 외딴 섬.

째 흔들리기라도 하는 것처럼 서둘러 도망치는 경우가 많았다. 그렇지만 내 집은 제법 많은 즉석푸딩을 차려냈는데도 무너지지 않고 끄떡없이 서 있었다.

나는 몹시 차가운 날씨가 되어서야 집의 벽에 회칠을 시작했다. 여기에 쓰기 위해 보다 희고 깨끗한 모래를 호수 건너편에서 배로 실어 날랐다. 필요하다면 더욱 멀리 노를 저어 나아가고 싶은 충동을 일으키는 수송 방법이었다. 그동안 나는 사방의 벽에 밑까지 널빤지를 대는 작업을 했다. 욋가지를 댈 때는 망치질 한 번에 못이 제대로 쏙 들어박히니 내 솜씨에 좀 으쓱해지는 기분이었다. 이제 이 널빤지 벽을 회칠하여 빨리 말쑥한 벽으로 바꿔놓고 싶었다.

나는 어느 우쭐대기 좋아하는 사람 이야기가 생각났다. 그는 옷을 깨끗이 차려입고 마을을 어정거리고 다니면서 일하는 사람들을 참견하는 버릇이 있었다. 어느 날은 말로만이 아니라 용감하게 행동으로 시범을 보일 생각으로 소매를 걷어붙이고 미장이의 흙받이 판을 손에 들었다. 그러고서 흙손에 무사히 진흙을 옮겨 담고는 자신만만한 표정을 지으며 머리 위의 욋가지를 향해 대담하게 덥석 가져다 붙였다. 그 순간 주름잡아 모양을 낸 그의 가슴으로 흙손에 담긴 진흙이 몽땅 쏟아지는 바람에 큰 망신을 당하는 사태가 벌어지고 말았다는 것이다.

나는 회칠을 하는 것이 얼마나 경제적이고 편리한 것인가를 새삼 깨달았다. 회벽은 효과적으로 추위를 막아내고 집도 멋있게 단장해준다. 나는 또한 미장이가 유의해야 할 여러 가지 실수들도 알게 되었다. 나는 벽돌이 의외로 흡수력이 강한 데 놀랐다. 벽돌은 내가 미처 회를 고르게 손질할 사이도 없이 회의 수분을 모두 빨아들인다. 그래서 새 벽난로를 처음 사용할 수 있게 되기까지는 여러 통의 물이 필요했다. 바로 그 전년의 겨울에 나는 실험 삼아 콩코드 강에서 조가비를 태워서 소량의 석회를 만들어 본 적이 있었다. 그래서 그 원료가 어디서 나오는지 알고 있었다. 그렇게 하기로 마음만 먹었다면 1,2마일 떨어진 곳에서 좋은 석회석을 입수하여 내 힘으로 석회를 구워낼 수도 있었다.[22)]

그동안 호수에는 가장 그늘지고 가장 얕은 작은 만에 살얼음이 얼었다. 호수 전체가 다 얼려면 며칠이 아니 어떤 해에는 심지어 여러 주일이 더 걸리기도 한다. 맨 처음 언 얼음은 완벽한 것이어서 특히 흥미가 있었다. 그것은 검은 색으로 보이지만 단단하고 투명하여 호수의 얕은 밑바닥을 관찰하는 데는 더할 나위 없이 좋은 기회를 제공해 준다. 얼음의 두께가 1인치만 되도 물 위의 소금쟁이처럼 수면에 길게 엎드리고서 마음 놓고 밑바닥을 볼 수 있기 때문이다. 바닥이 2,3인치거리밖에 되지 않고 또한 이때는 물도 어김없이 잔잔하기 때문에 바닥은 마치 유리에 낀 그림 같다.

호수 바닥의 모래에는 골이 많이 패여 있었다. 어떤 동물이 주변을 이리저리 기어 다니다가 다시 갔던 자국으로 돌아온 흔적이었다. 생물의 잔해로는 여기저기 흩어져있는 상태로 아주 작은 흰모래 알갱이로 된 날도래 유충의 집들이 있었다. 그 벌레집의 일부가 고랑에 있는 것으로 봐서 어쩌면 이 벌레들이 고랑을 냈을지도 모른다. 하지만 그렇게 보기에는 고랑이 너무 깊고 넓다.

그러나 무엇보다도 특히 흥미를 끄는 것은 얼음 그 자체였다. 이것을 관찰하기 위해서는 최초의 기회를 최대로 활용해야 한다. 얼음이 언 다음날 아침 자세히 조사해보면 처음에는 얼음 속에 박혀있는 것 같던 공기방울의 절반 이상이 실은 얼음의 밑면에 달라붙어 있고 또

22) 콩코드 북부 에스타브룩 지역에서 석회석이 채굴되었고 지금도 그 구덩이가 있다.

한 끊임없이 호수 바닥에서 기포가 올라오고 있다는 것을 알게 된다. 좀 더 정확히 말하면 얼음이 아직 비교적 단단하고 검을 때에 한해서 얼음을 통해 물이 보인다는 말이다. 이 공기방울은 지름이 1인치의 80분의 1에서 8분의 1까지의 다양한 크기다. 그리고 매우 맑고 아름답다. 얼음을 통해서 그 공기방울들을 들여다보면 그 속에 반사된 자기의 얼굴이 보이기도 한다. 이와 같은 공기방울이 1평방인치에 30 내지 40개는 되는 것 같았다. 또한 얼음 안에도 수직으로 서 있는 타원형의 좁고 기다란 공기방울이 이미 들어있었다. 이것들은 꼭지를 위로한 날카로운 원추형으로 길이가 약 반 인치쯤 된다. 아니면 얼음이 곧바로 얼었을 때는 아주 작은 구슬 모양의 기포들이 하나의 기포 위에 바로 또 하나의 기포가 얹혀있는 형태로 줄에 꿰어놓은 염주처럼 죽 매달려 있을 때가 더 많다. 그러나 이처럼 얼음 안에 들어 있는 것은 얼음 밑에 붙어 있는 것만큼 수가 많지 않고 눈에 잘 띄지도 않는다.

나는 이따금 얼음이 얼마나 단단한가 알아보기 위해서 돌을 던져보곤 하였다. 돌이 얼음을 깨고 물 속으로 들어갈 때는 공기가 함께 들어가서 얼음 밑면에 눈에 띌 만큼 아주 크고 하얀 공기방울이 생겼다. 어느 날 48시간 후에 그 장소에 다시 갔었는데 그 후로 얼음이 1인치나 더 두꺼워졌는데도 그 큰 공기방울은 완전히 그대로 있었다. 얼음이 두꺼워진 것은 얼음 덩어리가 깨졌다가 다시 붙은 자리를 보고서 확실히 알 수 있었다.

그러나 지난 이틀 동안 날씨가 봄날처럼[23] 따뜻했으므로 이제 얼음은 투명하지 않게 되었을 뿐만 아니라 짙은 초록빛 물과 호수의 밑바닥을 보여주던 투명성마저 잃고 말았다. 얼음은 불투명해진데다 색

23) 원문 an Indian summer:늦가을이나 겨울에 봄날 같은 화창한 날씨를 말함. 소로는 1850년 10월 31일 일지(J 2:76)에서 Indian summer를 '가장 좋은 계절'이라 불렀다.

깔도 희뿌연 색이거나 회색이 되었다. 두께는 두 배나 되었지만 전만큼 단단한 것 같지는 않았다. 기온으로 인해 기포가 크게 팽창하여 서로 맞붙게 되어 그 규칙적인 형태를 잃었기 때문이었다. 이젠 일정한 방향으로 서로 이어진 기포가 없어지고 마치 자루에서 쏟아놓은 은화처럼 서로 겹쳐져 있거나 아니면 아주 좁은 틈에 끼여 있는 것 같은 얇은 박편이었다. 이제 얼음의 아름다움은 사라지고 더 이상 호수 밑바닥을 살펴볼 수도 없게 되었다.

나는 앞서 말한 그 큰 기포가 새로 언 얼음과 어떤 관계가 있는지 알아보고 싶은 호기심에서 중간 크기의 기포가 있는 얼음 덩어리를 깨내어 뒤집어보았다. 그 공기방울의 주위와 밑에 새 얼음이 얼어 있었고 또한 그 공기방울은 두 얼음 사이에 끼여 있었다. 그 방울은 완전히 아래쪽 얼음 속에 자리를 잡고 있었으나 위쪽 얼음에 딱 달라붙어 있었다. 모양은 납작한 편이지만 오히려 양면이 약간 볼록하고 또한 가장자리 둘레는 날카롭지 않고 두께는 1/4인치에 지름 4인치 정도 크기의 렌즈 모양이었다. 나는 그 공기방울 바로 밑의 얼음이 아주 일정하게 엎어놓은 접시 모양으로 녹아 있는 것을 보고 놀랐다. 중심부는 높이 5/8인치까지 녹아서 물과 공기방울 사이에 겨우 1/8인치가 될까 말까 한 얇은 칸막이벽만 남겨놓고 있었다. 이 칸막이 얼음 속에 있는 많은 작은 공기방울들은 여러 곳에서 밑이 터져 있었다. 지름이 1피트쯤 되는 가장 큰 공기방울 밑에는 아마 얼음이 전연 없었을 것이다.

내가 처음에 본 얼음 밑면에 달라붙어 있던 그 무수한 공기 방울들은 지금쯤 똑같이 얼음 속에 갇혀 있을 것이다. 그리고 그 공기방울 하나하나가 그 밑에 있는 얼음에 볼록 렌즈를 대는 것과 똑같은 작용을 하여 얼음을 녹이고 침식해 가는 작용을 했을 것이다. 이들이야말로 얼음을 쨍하고 금이 가게 하는 작은 공기총이라고 할 수 있다.

내가 회벽칠을 끝내자마자 드디어 본격적인 겨울로 들어섰다. 바람은 이제야 때를 만났다는 듯이 집 주위에서 무섭게 으르렁대기 시작했다. 땅에 눈이 덮인 다음에도 밤마다 기러기가 어둠을 뚫고 마구 몰려들었다. 울음소리와 날개 치는 소리가 요란했다. 그들 중 일부는 월든 호수에 내려앉고 일부는 나지막이 숲 위를 스치며 페어헤븐 쪽으로 혹은 멕시코를 향해 날아갔다. 밤 10시나 11시쯤 마을에서 집으로 돌아올 때, 여러 번 내 집 뒤쪽인 호수의 후미진 구석의 숲속에서 한 떼의 기러기나 물오리가 가랑잎을 밟으며 먹이를 주워 먹는 소리가 들려왔고, 곧이어 선도자의 울음소리를 따라 그들이 재빨리 떠나는 소리도 들렸다.

1845년에 월든 호수의 물이 처음으로 완전히 언 것은 12월 22일 밤이었다. 플린트 호수와 비교적 수심이 얕은 다른 호수는 열흘 혹은 그 이전에 얼었다. 1846년에는 12월 16일, 1849년에는 31일경, 1850년에는 12월 27일경, 1852년에는 정월 5일에 그리고 1853년에는 12월 31일에 얼음이 얼었다.

눈은 11월 25일부터 이미 대지를 덮었고 내 주위도 일시에 겨울 풍경으로 바뀌었다. 이제 나는 내 껍질 속에 더욱 깊숙이 들어앉아서 나의 집안에도 그리고 나의 가슴 속에도 밝은 불을 지펴 그것이 계속 활활 타게 하려고 노력했다.

내가 집 밖에서 할 일은 이제 숲에서 마른 나무를 모아 그것을 가슴에 안거나 어깨에 메고 헛간까지 나르는 일이었다. 때로는 죽은 소나무를 하나씩 양쪽 겨드랑이에 끼고 질질 끌고온 적도 있었다. 한때 제 몫을 단단히 했을 숲의 헌 울타리는 내게는 큰 횡재였다. 경계의 신 테르미노스[24]를 더 이상 모시지 못하는 이 울타리를 나는 불의 신

24) Terminus:로마 신화. 경계境界의 신.

불카누스[25]에게 희생의 제물로 바쳤다. 그저 눈 속을 헤집고 나가서 사냥해온 — 아니 훔쳐왔다고 할 수도 있을 — 그 땔감으로 손수 밥을 지은 사람의 그 저녁식사는 얼마나 더 흥미로운 사건인가? 그런 사람의 빵과 고기가 감미로운 것이다.[26]

우리가 사는 마을 근처의 숲에는 대부분 온갖 삭정이와 죽은 나무가 있어서 가정의 땔감이 될 만도 하다. 그러나 그것들이 현재로서는 이용되지 않고 방치되어 있다. 그 때문에 어린 나무의 성장에 장애가 된다고 생각하는 사람도 있다. 그밖에도 또 호수에 떠다니는 나무가 있었다. 여름 동안에 나는 뗏목을 하나 발견했었다. 그것은 철로공사를 할 때 아일랜드 사람들이 나무 껍데기를 채 벗기지 않고 엮은 리기다소나무였다. 나는 그때 이 뗏목을 기슭으로 반쯤 끌어올려 놓았었다. 그러니 그 나무는 2년 동안이나 물에 떠 있다가 육지에서 또 여섯 달이나 지난 것인데도 마르지 않고 아직 물을 머금고 있을 뿐 상태는 아주 완전했다.

나는 그 뗏목을 풀어서 그 통나무들을 거의 반마일이나 되는 호수를 가로질러 건너편으로 운반하는 것으로 겨울 하루를 즐겼다. 15피트 길이의 통나무 한끝을 내 어깨에 메고 다른 한끝을 얼음 위에 내려놓고 밀고 가기도 하고, 자작나무의 연한 가지로 몇 개의 통나무를 묶은 다음 고리 달린 길쭉한 자작나무나 오리나무를 걸어서 끌고 가기도 했다. 완전히 물에 젖은 것이어서 거의 납덩이처럼 무거웠지만 오래 탈 뿐만 아니라 불길이 강하기까지 했다. 마치 송진이 물에 갇혀 있기 때문에 램프에서 더 오래 타는 것과 같이 물이 배여 있기에 더 잘 타는 것이라 생각했다.

영국의 박물학자 길핀은 영국의 숲 주변에서 사는 사람들에 관한

25) Vulcan:로마 신화. 불의 신.

26) 《구약성서》 〈잠언〉 9:17에 "훔쳐 마신 물이 달고 몰래 먹은 떡이 맛있다"라는 말이 있다.

이야기에서 다음과 같이 말하고 있다.

> 사람이 무단으로 침입하여 잠식하거나 숲의 경계를 범하여 집을 짓거나 울타리를 치는 행위는 옛날의 산림법에서는 중대한 불법 행위로 간주되었다. 그런 행위는 새와 짐승을 놀라게 하고 또한 그들이 서식하는 산림을 해칠 우려가 있으므로 불법산림침해의 죄명으로 엄벌에 처해졌다.[27)]

하지만 나는 야생 동물이나 초목의 보존에 관해서는 사냥꾼이나 나무꾼보다 더 깊은 관심을 기울였다. 그 점에서라면 산림 감독관청의 수장 못지않았다. 숲의 어느 일부라도 불에 타는 경우 — 사실은 나도 실수로 산불을 낸 적은 있었지만[28)] — 그 숲의 주인보다 내가 더 오래 마음이 쓰리고 아팠다. 아니, 주인이 직접 나무를 베어 갈 때도 나는 속이 상하고 안타까웠다.

옛날 로마인들은 벌채할 때는 물론이고 햇빛이 들도록 간벌을 할 때도 그 신성한 숲에 대해 아주 큰 외경심을 느꼈다는데 우리 농민들도 산림을 벌채할 때는 옛 로마인들이 느꼈던 외경심의 일부만이라도 느꼈으면 한다. 다시 말하면 숲을 어느 신에게 바치는 신성한 공물이라 생각했으면 한다는 말이다. 고대 로마인들은 벌채할 때 속죄의 제물을 바친 다음 "어느 분이시든 이 숲에 계신 신이시여. 부디 저와 제 가족과 제 아이들에게 자비를 베풀어 주소서"[29)] 하고 기도를 올렸다고 한다.

오늘날 이 새 나라인 미국에서도 나무에는 여전히 아주 큰 가치가

---

27) William Gilpin(1724~1804): 영국 박물학자. 《Remarks on Forest Scenery》(Edinburgh, 1834) 2:122에서 인용. 영국 박물학자로 모국의 자연을 시적으로 묘사한 작가.

28) 소로는 1844년 에드워드 호어와 함께 우연한 실수로 페어헤븐 만에 있는 숲에 불을 낸 적이 있었다. 이에 대한 그의 슬픔은 6년이나 지난 그의 일지(J 2:24~25)에서도 찾아볼 수 있다.

29) 카토의 《De Agri Cultura》 129.에서 소로 자신이 번역 인용.

부여되고 있다. 그 가치가 황금의 가치보다 더 항구적이고 더 보편적인 데는 놀라지 않을 수 없다. 오늘날 우리의 그 모든 발견과 발명에도 불구하고 나무 한 다발 없이 살아갈 사람은 아무도 없다. 나무는 우리 조상인 색슨족이나 노르만족에게 소중했던 것과 똑같이 오늘날 우리에게도 여전히 소중하다. 우리 선조들이 나무로 활을 만들었다면 우리는 그것으로 총의 개머리판을 만든다.

프랑스 박물학자 미쇼[30]는 30여 년 전에 쓴 책에서 뉴욕과 필라델피아의 장작 값이 "파리의 가장 좋은 장작 값과 거의 같거나 때로는 더 비싸다. 파리라는 이 거대한 수도는 해마다 30만 코드[31] 이상의 장작이 소요되고, 사방으로 300마일 안으로는 모두 개간된 평야로 둘러싸여 있는데도 그렇다"라고 말하고 있다.

우리 콩코드에서도 나무 값은 거의 꾸준히 오르고 있다. 문제가 있다면 그것은 오직 작년보다 금년에 얼마나 더 오를 것이냐 하는 것뿐이다. 달리 특별한 볼 일이 없는데 숲에 직접 찾아오는 일꾼들이나 장사꾼들은 분명히 나무 경매에 찾아온 사람들이다. 그들은 벌목꾼들이 나무를 베고 난 뒤에 떨어진 부스러기를 주워 가는 권리를 얻기 위해서 높은 값을 치르기도 한다. 인간이 연료와 목공의 재료를 숲에 의지해 온 것은 어제오늘의 일이 아니다. 뉴잉글랜드 사람이나 뉴 홀란드[32] 사람이나, 파리 사람이나 켈트[33] 사람이나, 농부들과 로빈 후드[34], 구디 블레이크와 해리 길[35] 그리고 거의 모든 나라에서 임금님

---

30) François Michaux(1770~1855):프랑스 박물학자. 《North American Sylva, or a Description of the Forest Trees of the United States, Canada, and Nova Scotia》(Paris, 1817-19), 3:269에서 인용.

31) cord:부피의 단위. 길이 8피트의 나무를 폭 4피트, 높이 4피트로 쌓은 부피. 약 128입방피트.

32) New Hollander:New Netherlander. 옛 네덜란드 영토였던 뉴욕 뉴저지와 델라웨어 사람들을 칭함.

33) Celt:아리안 인종의 한 종족. 현 영국인의 조상.

34) Robin Hood:중세 영국의 전설에 나오는 의적.

이든 농사꾼이든, 유식한 사람이든 무식한 사람이든 똑같이 몸을 따뜻하게 하고 밥을 짓기 위해서는 숲에서 나온 나무 한 다발을 필요로 한다. 나 역시 그것 없이 살아갈 수 없다.

사람은 누구나 자기의 장작더미를 일종의 애정 어린 눈으로 바라본다. 나는 내 장작을 눈에 잘 보이는 창문 앞에 쌓아놓기를 좋아했다. 이 장작더미가 높이 쌓이면 쌓일수록 그만큼 더 나무를 할 때의 즐거운 시간이 생각나곤 했다. 내게는 도끼 한 자루가 있었다. 아무도 주인이라고 나서지 않는, 말하자면 주인 없는 낡은 도끼였다. 겨울에는 가끔 그 도끼를 들고 양지바른 쪽에 나와 내 콩밭에서 캐낸 나무 그루터기를 향해 이리저리 휘두르며 시간을 보냈다. 내가 쟁기질을 할 때 소를 몰던 사람이 예언했듯이 그 나무 그루터기는 나를 두 번이나 따뜻하게 해주었다. 한 번은 그것을 쪼개느라 도끼를 휘두르던 때이고, 또 한 번은 그것을 불에 넣어 땔 때였다. 그러고 보면 이 나무 그루터기만큼 큰 화력을 제공해 줄 땔감은 없을 것 같다.

도끼로 말할 것 같으면 마을 대장간에 가서 날을 벼리라는 충고를 받았다. 그러나 내가 직접 날을 세워 숲에서 잘라온 호두나무로 자루를 만들어 박았으니 충고한 사람을 오히려 대장질한 셈이다. 그래서 도끼는 그런대로 쓸 수 있게 되었다. 날은 무딜지 몰라도 적어도 자루 하나만은 제대로 박힌 것이다.

기름진 송진이 잔뜩 들어 있는 몇 개의 소나무 토막들은 아주 큰 보물이었다. 불의 먹이가 될 식량이 아직도 이 대지의 그릇 속에 얼마나 많이 숨겨져 있는지 생각해 보는 것은 흥미로운 일이었다. 예전에는 리기다소나무 숲이었으나 지금은 나무가 전혀 없는 발가벗은 산등성이가 있었는데, 지난 몇 해 동안 나는 여러 차례 '답사'하여 송진

---

35) 윌리엄 워즈워스(1770~1850)의 시 〈Goody Blake and Harry Gill〉에서 장작 때문에 말다툼하는 여자(Blake)와 남자(Gill).

이 잔뜩 박힌 소나무 뿌리들을 캐내곤 했다. 이 뿌리들은 거의 썩지 않고 단단했다. 적어도 3,40년이나 된 그루터기인데 속은 여전히 말짱한 채로 있었다. 하지만 겉의 흰 목질은 모두 부식토가 되어 있었다. 그것은 두꺼운 비늘과 같은 나무껍질이 지면과 같은 높이에서 중심부와 4,5인치 거리를 두고 둥근 고리를 형성하고 있는 것으로 알 수 있었다. 도끼와 삽으로 이런 광산을 찾아내어 쇠기름같이 노란 골수처럼 박힌 줄기를 따라서, 아니 마치 금맥이라도 만난 기분으로 땅속 깊이 파들어 가는 거다.

그러나 나는 대체로 눈이 오기 전에 숲에서 긁어다 헛간에 넣어둔 가랑잎으로 불을 지폈다. 나무꾼들이 숲에서 야영할 때는 호두나무를 가늘게 쪼개 불쏘시개로 쓴다고 한다. 이따금 한 번씩 나도 이 불쏘시개를 조금 써보기도 했다. 지평선 너머에서 마을 사람들이 불을 때고 있을 때 나도 이제 내 굴뚝으로 긴 연기를 내보내는 것으로 이 월든 골짜기의 여러 야생의 주민들에게 내가 깨어 있음을 알렸다.

가벼운 날개 달린 연기여,
제 날개 녹이며 높이 나는
이카로스[36] 닮은 새여,
노래 없는 종달새, 새벽의 사자여,
산마을이 둥지인 양, 그 위를 맴도누나.
아니면 떠나는 꿈인가, 치맛자락 여미는
어스름 그늘진 한밤중의 환영인가,
밤에는 별을 가리고, 낮에는
빛을 막아 해를 가리누나.

---

36) 원문 Icarian bird:그리스 신화의 이카로스(Icarus) 같은 새. 이카로스는 발명가인 다이달로스(Dae- dalus)의 아들. 두 부자는 아버지가 만든 밀랍으로 날개를 만들어 붙이고 유폐된 크레타 섬의 감옥을 탈출했다. 그러나 하늘로 높이 오르자 이카로스는 아버지의 경고를 무시하고 태양에 가까이 간 나머지 밀랍이 녹아 바다에 떨어져 죽었다.

그대, 나의 향불이여! 이제 이 난로에서 피어올라,
신들에게 가서 청해 다오,
이 밝은 불꽃을 용서하라고.[37]

갓 잘라낸 단단한 생나무는 다른 어느 것보다 나의 땔감으로는 알맞은 것이었다. 하지만 나는 평상시에는 그것을 거의 사용하지 않았다. 겨울날 오후에 산책을 나갈 때 나는 가끔 한참 타는 불을 그대로 놓고 나가기도 했다. 서너 시간 후에 산책에서 돌아오면 그때까지도 불은 여전히 훨훨 타고 있었다. 내가 집에 없더라도 내 집은 비어 있는 것이 아니었다. 마치 집을 지켜주는 쾌활한 가정부를 한 사람 둔 것만 같았다. 나와 불이 거기서 함께 사는 셈이었다. 그리고 그 가정부는 대체로 믿을 만했다.

그러나 어느 날 밖에서 장작을 패고 있을 때였다. 나는 창문에서 아무 생각 없이 그저 안을 들여다보고 집에 불이 붙은 것은 아닌지 보고 싶은 생각이 들었다. 내 기억으로는 불 때문에 특히 불안했던 것은 아마 그때뿐이었던 것 같다. 안을 들여다보니 불똥이 침대에 튀어 정말 불이 붙어 있는 것이었다. 바로 들어가 불을 껐지만 이미 내 손바닥 크기만큼 탄 뒤였다. 이런 일이 있었지만 내 집은 양지바르고 바람막이도 잘 되어 있는 위치에 있었으며 또한 지붕도 아주 낮았기 때문에 겨울철인데도 거의 어떤 날이라도 한낮에는 불을 피우지 않고도 지낼 수 있었다.

내 지하실에는 두더지[38]가 둥지를 틀고 그곳에 저장해 둔 감자를 세 개에 하나 꼴로 갉아먹었다. 이놈들은 회칠에 쓰고 남은 털과 갈색 마분지로 아늑한 잠자리마저 만들어놓았다. 더할 나위 없이 야성

37) 소로의 시. 《다이얼》지 1843년 4월호에 〈Smoke(연기)〉로 발표되었다.
38) 원문 mole(두더지)는 순 육식동물이니 들쥐를 잘못 칭한 것이라는 주장도 있다.

적인 동물도 편안함과 따뜻함을 좋아하는 것은 사람과 다를 것이 없다. 그들도 꼼꼼하게 따뜻한 잠자리를 챙기기 때문에 겨울을 이겨내고 살아남을 수 있는 것이다.

나의 친구들 중에 몇몇 사람은 마치 내가 얼어 죽기 위해서 숲으로 가는 것처럼 말하기도 했다. 동물은 그저 은폐된 곳에 보금자리를 만들어놓고 그것을 체온으로 따뜻하게 만들 뿐이다. 그러나 사람은 불을 발견하였기 때문에 넓은 방에 공기를 가둬놓고 자기 자신의 체온을 빼앗기지 않고 그 공기를 데워서 자기의 보금자리로 만든다. 그리고 그 안에서 거추장스런 옷은 벗고 돌아다니고 한겨울에도 일종의 여름 같은 상태를 유지할 수 있다. 게다가 창문이란 수단을 이용하여 빛이 들어오게 하고 등불로 낮을 연장시킨다. 그리하여 인간은 본능을 한두 단계 넘어서 순수 예술을 위해 얼마간의 시간을 할애한다.

가장 혹독한 찬바람이 몰아칠 적에 밖에 오랫동안 나가있으면 나는 온몸이 점점 마비되기 시작했다. 그렇지만 그런 때에도 내 집의 온화한 분위기에 들어서기만 하면 나는 곧장 몸의 기능을 되찾아서 생명을 연장할 수 있었다. 가장 호화로운 집에서 사는 사람도 이 점에 있어서는 내 집보다 내세울 것이 별로 없을 것이다. 또 인류가 결국 어떻게 멸망하게 될까 지레 생각하느라 고심할 필요도 없다. 그야 북녘에서 조금만 더 차가운 강풍이 불기만 해도 인류 운명의 실오라기는 쉽게 끊어질 것이다. 우리가 '대혹한의 금요일'[39]이니 '최대 폭설의 날'[40]이니 하면서 그런 날을 기준으로 날짜를 짚어가지만, 그보다 조금 더 추운 금요일 혹은 조금 더 큰 폭설이 있게 되면 인류의 존재는 지구상에서 종지부를 찍게 될지도 모른다.

---

39) 1810년 1월 19일에 있었던 기록적인 추위를 말함. 갑작스런 질풍과 혹한이 뉴잉글랜드에 몰아쳐 화씨 영하 50도를 넘나들었다 함.

40) 1717년 2월 17일 뉴잉글랜드에 내린 폭설을 지칭. 이에 대한 코튼 마더의 기록을 소로는 자기의 일지(J VIII, 163~5) 1856년 2월 3일자에 인용하였다.

나는 그 숲을 소유하고 있는 것은 아니었으므로 그 다음 겨울에는 나무를 절약하기 위해서 조그마한 요리용 스토브를 썼다. 그러나 툭 터진 벽난로만큼 그렇게 불이 잘 유지되진 못했다. 스토브를 쓰게 되니 이젠 밥 짓는 작업도 대부분의 경우 시적인 것이 아니라 그저 단순한 화학적인 작업이 되고 말았다. 이 스토브를 쓰게 된 오늘날엔 우리가 전에 인디언식으로 재 속에 파묻어 감자를 굽곤 했던 일들은 곧 잊고 말 것이다. 스토브는 장소를 차지하고 집에 냄새를 피울 뿐만 아니라 불이 밀폐되어 불꽃이 보이지 않으니 나는 마치 친구를 잃은 것 같은 기분이었다.

불을 피우고 그것을 들여다보면 언제나 하나의 얼굴이 보인다. 고된 일을 한 노동자도 저녁에 그 불 속을 들여다보면서 하루 종일 쌓인 찌꺼기와 먼지를 정화한다. 그러나 나는 이제 가만히 앉아서 불을 들여다볼 수 없게 되었으니 이에 붙인 어느 시인의 적절한 시구만이 새로운 힘으로 내 머리에 자꾸만 떠올랐다. ……

밝은 불꽃이여! 결코 나를 떠나게 할 수 없느니.
너의 그 다정하고 친밀한 공감을.
너를 보면 인생을 보는 것이었느니,
나의 희망 외에 무엇이 너처럼 밝게 솟아오르고,
나의 행운 외에 무엇이 너처럼 한밤중에 꺼져갔으랴.

어찌하여 네가 우리의 화로와 거실에서 쫓겨났는가?
우리 모두 너를 환영하고 사랑하지 않았더냐?
우리의 진부한 인생의 평범한 불빛에는
너의 존재, 너무도 환상적이었더냐?
너의 휘황한 불빛, 잘 어울리는 우리의 혼과
신비로운 이야기를 다정하게 주고받지 않았더냐?

주고받은 비밀이 너무도 대담하였더냐?
자 이제 우리는 난로 곁에 앉아 안전하고 튼튼한데,
거기에는 어스름 그림자 아른거리는 일 없고,
거기에는 아무것도 신바람 일으키는 것 없고,
거기에는 아무것도 슬프게 하는 것 없고,
거기에는 다만 불이 손발을 덥힐 뿐,
거기에는 그 이상 아무런 열망을 심어주는 것 없다.
이 간편하고 실리적인 물건 옆에서,
지금 앉아 있을 수도 있고, 잠을 잘 수도 있고,
그 희미한 먼 과거에서 걸어 나와
그 옛날 흔들리는 장작불 곁에서 함께 이야기 나누던
그 유령들을 무서워할 일도 없게 되었구나.

후퍼 부인[41]

41) 엘렌 후퍼 부인(1812~48)의 〈The Wood-Fire(장작불)〉(1840)에서 발췌. 《다이얼》지 제2호, 1840년 10월호에 발표되었으나 시인의 이름은 기록되어 있지 않았다. 시인의 이름은 소로가 밝혔다. 시의 첫 부분은 인용에서 생략되었다.

제14장 전에 살았던 사람들 그리고 겨울에 찾아온 사람들

나는 험한 눈보라를 몇 차례나 겪었지만 마음은 유쾌했다. 밖에서는 눈이 사납게 휘몰아치고 올빼미 울음소리마저 멎어버린 동안에도 나는 난롯가에서 며칠의 즐거운 겨울밤을 보냈다. 여러 주일 동안 산책에서 만난 사람이라고는 이따금 숲에 와서 나무를 베어 썰매에 싣고 마을로 가는 사람 외에는 아무도 없었다.

그러나 자연의 요소들이 나를 도우며 길을 내도록 부추겼다. 숲속에 눈이 가장 깊이 쌓일 때도 내가 한 번 밟고 가면 바람이 그 자리에 떡갈나무 잎을 날려보냈다. 그러면 내려앉은 갈색 잎들은 거기에 머물러 햇살을 흡수하여 눈을 녹였다. 이처럼 나뭇잎들은 걷기 좋게 마른 자국을 마련해 줄 뿐만 아니라 밤에는 거무스름한 줄로 나타나서 내게 길잡이 노릇도 해주었다.

사람과의 교제를 말하자면 나는 전에 이 숲에서 살았던 사람들을 머릿속에 떠올려보는 수밖에 없었다. 아직도 기억하는 사람들이 마을에 많은데 그분들의 기억에만 따르더라도 내 집 근처의 길[1]을 지날 때는 이 숲에서 살았던 사람들이 웃고 수군대는 소리가 들렸고 또한

1) 소로의 오두막에서 가장 가까운 길은 콩코드에서 링컨으로 가는 길이었다.

그들의 작은 집과 화단이 이 숲속 여기저기에 있었던 것이다. 그 무렵에는 길 양쪽 숲이 지금보다 훨씬 울창했었다고 한다. 내 기억으로도 이륜마차가 그 길을 지나가자면 길 양쪽에서 소나무가 동시에 스치는 곳이 몇 군데 있었다. 그리고 어린이나 여자들이 혼자서 이 길을 따라 링컨 마을까지 가야 했을 때는 겁에 질려 대부분의 길을 뛰어가다시피 했었다.

이 길은 주로 사람들이 이웃 마을로 가거나 벌목꾼의 수레를 위해 만든 보잘것 없는 길이었다. 하지만 전에는 지금보다 여러 가지 다양한 것이 있어 길손들은 결코 심심치 않았다고 한다. 따라서 이 길은 그들의 추억에 오래 남는 길이었다. 지금은 마을에서 숲까지 단단한 땅으로 완전히 개간된 넓은 밭이 펼쳐져 있지만, 그때는 단풍나무가 자라는 늪지대를 가로질러 수레가 지날 수 있도록 통나무를 깐 길이었다. 지금은 구빈원의 농장이 된 스트래튼 농장[2]에서 브리스터 언덕에 이르는 먼지 많은 큰길 밑에는 분명 그 통나무 길이 있었던 흔적이 지금도 남아 있을 것이다.

내 콩밭 동쪽으로 길 건너에는 카토 잉그램[3]이라는 사람이 살고 있었다. 그는 콩코드 마을의 유지였던 덩컨 잉그램 씨[4]의 노예였다. 주인이 그에게 월

2) Stratton Farm:17세기 말까지는 현 월든 길 서쪽에서 월든 호수까지의 땅이 스트래튼 가의 소유였으나 휴 카길이 가난한 사람들을 위해서 콩코드 읍에 유증했다 함(레무엘 샤터크의 《History of the Town of Concord》).

3) Cato Ingraham:1805년 8월 23일 54세로 사망. 잉그램의 노예였으나 해방되어 일일 노동자로 일했으며 또한 그들 부부는 나그네를 재우는 여관방을 운영했다.

4) Duncan Ingraham:카토의 주인. 노예무역으로 큰돈을 벌어 18세기 후반 콩코드로 은퇴한 콩코드 제1의 부자였다.

든 숲속에 집을 한 채 지어주고 거기서 살도록 했던 것이다. 그러니 그는 '우티카의 카토'[5]가 아니라 '콩코드의 카토'인 셈이다. 어떤 사람의 말에 의하면 그는 서아프리카의 기니[6]에서 잡혀온 흑인이었다고 한다.

호두나무 숲 가운데 있었던 카토의 작은 밭을 기억하는 사람이 아직도 더러 있다. 그는 호두나무를 키워 늙어서 생계수단으로 삼을 생각이었다. 하지만 결국 더 젊고 피부가 흰 투기꾼의 손에 넘어가고 말았다. 그러나 그 사람도 지금은 카토와 똑같이 한 조각의 작은 땅[7]을 차지하고 잠들어 있다. 카토가 살던 집 지하실은 땅에 반쯤 묻힌 채로 아직도 남아 있다. 하지만 몇 그루의 소나무들에 가려져 지나가는 사람의 눈에는 보이지 않기 때문에 그것을 아는 사람은 거의 없다. 지금은 거기가 매끈한 옻나무 덤불로 뒤덮여 있고 가장 일찍 꽃이 피는 식물인 미역취가 무성히 자라고 있다.

바로 여기 내 콩밭 한 귀퉁이에 — 그래도 카토의 집보다는 마을에 더 가까운 곳에 — 질파[8]라는 흑인 여자의 작은 집이 있었다. 그녀는 여기서 린넨 천을 짜서 마을사람들에게 팔아 생계를 유지했다. 그녀는 크고 특이한 목소리를 가지고 있어서 노래를 하면 월든 숲이 쩡쩡 울리곤 했다고 한다. 그런데 결국 1812년의 전쟁[9] 때 가석방된 영국

---

5) 원문 Cato not Uticensis, but Concordiensis: 라틴어 접미사 '주인'이란 뜻의 ensis를 이용한 언어 유희. 카토는 마르쿠스 포르시우스 카토 혹은 소小 카토(기원전 95~기원전 46)를 말함. 근검, 정직으로 명성이 있는 로마의 정치가. 폼페이우스 편을 들었다는 이유로 카이사르 군대의 공격에 몰려 아프리카의 우티카에서 자살했기 때문에 '우티카의 카토'라고도 불림.

6) Guinea: 아프리카 서해안 지방. 16세기~18세기에 노예의 주된 공급원이었다.

7) 원문 an equally narrow house: 소로는 〈제1장 경제〉에서도 '똑같이 좁은 집'이란 말로 무덤을 말하였다.

8) Zilpha White: 1820년 4월 16일 사망. 사망 당시 82세(읍사무소 기록)와 72세(당시 지역신문)로 각각 다른 두 기록이 있다. 만년에는 시력을 거의 잃었으나 예배에는 충실히 참석했다.

9) 미국이 포고한 대영전쟁(1812~14). 나폴레옹 전쟁 중 미국의 교역에 대한 영국의 지나친 제한 조치, 미국 선원의 강제 징집, 미국서부의 인디언 전쟁에서 캐나다와 함께 인디언을

군 포로들이 그녀가 없는 사이에 그 집에 불을 지르고 말았다. 집과 함께 고양이와 개와 닭들도 모두 타 죽고 만 것이다. 그녀는 비인간적이라 할 만큼 어려운 생활을 했다. 이 숲에 자주 드나들었다는 어떤 사람이 기억하는 바로는 그가 어느 날 점심 때 그녀의 집을 지나가는데 "이것들이 모두 뼈다귀뿐이야, 뼈다귀뿐이야!" 하고 펄펄 끓는 냄비를 보고 중얼거리는 소리가 들렸다고 한다. 떡갈나무의 작은 숲 속에 있던 그녀의 집터에는 이제 벽돌 몇 장만이 남아 있다.

길을 좀 더 내려가서 오른쪽으로 브리스터 언덕에는 이 지방 유지였던 커밍스 씨의 노예였다가 해방된 브리스터 프리먼이란 사람이 살았었다. 그는 '손재주 좋은 흑인'으로 알려져 있었다. 거기에는 브리스터가 심고 돌봤던 사과나무들이 지금은 커다란 고목이 되어 아직도 서 있는데, 그 과일은 여전히 야생 그대로 사과술 같은 맛이었다.

나는 얼마 전에 링컨 마을의 오래된 공동묘지에 갔다가 브리스터의 묘비명을 읽은 적이 있다. 콩코드 전투[10]에서 후퇴하다 전사한 영국군 척탄병들의 무명 묘지 한쪽에 있었다. 거기에는 '시피오 브리스터 유색인有色人'이라 쓰여 있었다. 그를 '시피오 아프리카누스'[11]라고 부를 수도 있었겠지만 굳이 '유색인'이라고 한 것은 그가 이제 죽었기 때문에 탈색되어 '무색인'이라도 되었다는 뜻일까? 또 거기에는 그가 죽은 날짜가 강조되어 새겨져 있는데 그것은 나에게 그가 한때는 살아 숨을 쉬는 사람이었다는 것을 간접적으로 알려줄 뿐이다.

브리스터는 펜다라는 마음씨 좋은 아내와 함께 살았다. 그녀는 사람들에게 점을 쳐주는 것으로 그들의 기분을 즐겁게 해 주었다. 그녀

지원했던 것 등이 전쟁을 촉발시켰다.

10) 1775년 4월 19일의 콩코드 전투.

11) Scipio Africanus(기원전 237~기원전 183):로마의 장군, 북아프리카에 있는 카르타고의 한니발을 무찔렀기 때문에 '아프리카누스'라는 이름이 붙었음. 원문의 철자는 각각 Sippio Brister, Scipio Africanus로 이름은 같이 '시피오'가 되고 브리스터 또한 출신지인 아프리카를 성姓으로 붙이면 동명이라는 익살로 언어유희를 한 것이다.

는 몸집이 크고 통통했으며 피부는 그 어떤 '밤의 아이'들보다 검었고 또한 콩코드에서는 전에도 후에도 그처럼 검고 둥근 얼굴은 볼 수 없을 것이다.

언덕을 좀 더 내려가면 왼쪽으로 숲속에 오래된 길이 있다. 거기에는 스트래튼 가의 농장 흔적이 일부 남아 있다. 한때는 그들의 과수원이 브리스터 언덕의 비탈을 완전히 덮고 있었다. 그러나 과일 나무들은 오래전에 리기다소나무에 압도되어 지금은 몇 그루의 그루터기만 남아 있다. 그러나 그 오래된 뿌리에서 아직도 새순이 나와 부지런한 마을 사람들은 꽤 많은 과일 나무 묘목을 이곳에서 가져간다.

마을 쪽으로 더 가까이 가면 길의 반대쪽 숲의 언저리에 있는 브리드의 집터에 이르게 된다. 이곳은 옛 신화에 이름이 뚜렷이 나와 있지 않은 어떤 악마[12]가 못된 장난질을 했다는 곳으로 유명하다. 그는 우리 뉴잉글랜드의 생활에서 놀랍고도 두드러진 역할을 맡아온 것이니 신화에 나오는 어떤 인물에 못지않게 언젠가는 그의 전기傳記가 기록될 만도 하다. 그 악마는 처음에는 친구 혹은 일꾼으로 가장하고 들어와서 가족 모두를 약탈하고 살해한다는 것이다. 그 이름은 다름 아닌 바로 '뉴잉글랜드 럼주'라는 것이다.

그러나 이곳 우리 지역에서 일어난 이 비극들이 아직 역사로 이야기되기에는 너무 이르다. 좀 더 시간이 흘러 그 비극이 어느 정도 순화되어 맑은 하늘색을 띠도록 해야 한다. 한때 여기에 주막이 있었다는 말이 있지만 매우 희미하고 믿을 수 없는 전설이어서 정말 있었는지 알 수 없다. 어떻든 그 전설에 의하면 이곳의 우물은 그 때에 있었

12) 금주운동에서 사용한 '악마의 럼주(demon rum)'을 비유한 용어. 럼주는 마시는 사람은 물론이고 양조업자의 삶과 뉴잉글랜드에 큰 역할을 했다. 19세기 당시 보스턴에만 40여 양조업자가 있었다. 17세기와 18세기에 럼주는 기니 연안에서 노예매매의 지불 수단이었다. 그 노예들은 서인도제도로 운송되어 당밀과 교환되고 또한 그 당밀은 뉴잉글랜드에서 팔렸다. 뉴잉글랜드의 많은 부호들은 이 노예삼각무역으로 치부했다.

던 바로 그 우물로 나그네의 독한 술에 섞기도 하고 혹은 목마른 말의 기운을 북돋워주었다고 한다. 그 때 여기서 사람들은 서로 인사를 하고, 세상 소식을 주고받고, 다시 제 갈 길을 갔던 것이다.

브리드의 오두막에 사람이 살지 않은 지는 오래되었지만 불과 12년 전만 해도 그 오두막은 그 자리에 서 있었다. 그것은 내 집 크기만 했다. 내 기억이 틀림없다면 마을의 개구쟁이들이 그 집에 불을 지른 것은 선거를 하던 어느 날 밤이었다.

그당시 나는 그 마을의 변두리에서 살면서[13] 대버넌트의 〈곤디버트〉[14]를 읽는 데 정신이 팔려 있었다. 내가 일종의 기면증[15]에 시달렸던 것도 바로 그해 겨울이었다. 한데 이 병은 내 외삼촌도 걸린 적이 있어서 면도를 하다가 잠들기도 했다. 그래서 잠들지 않고 안식일을 지내기 위해 일요일에 지하 창고에 내려가 감자 싹을 따야 했었다. 그러니 집안의 유전으로 봐야 할지, 아니면 차머스[16]의 《영시선집》을 빼놓지 않고 읽으려는 욕심 때문인지 알 수가 없었다. 아무튼 그 병이 내 신경[17]을 온통 꼼짝 못하게 했다.

내가 이 〈곤디버트〉에 얼굴을 처박고 있을 때 화재를 알리는 종이

---

13) 화재 발생일은 1841년 5월 26일(수요일). 소로가 에머슨의 집에서 살았던 기간(1841년 4월~43년 5월) 중에 일어났다. 당시 소로는 에머슨의 집에 있었다. 그가 뛰어넘은 개울은 밀브룩을 말한다.

14) William Davenant(1606~68): 영국의 계관 시인, 극작가. 옥중에서 장편 서사시 〈곤디버트(Gondibert)〉(1651)를 썼다. 이 책은 일종의 영웅시로 작가 자신도 읽기에 길고 지루하다고 할 정도로 지루한 책이지만, 인용할 만한 값진 시행들이 많이 들어 있는 것으로 알려져 있다.

15) 기면증嗜眠症: 고열이나 고도의 쇠약으로 외계의 자극에 응하는 힘이 약해져서 아주 수면 상태에 들어가는 병.

16) Alexander Chalmers(1759~1834): 스코틀랜드 태생의 영국의 전기 작가. 영국 시인의 거의 전 작품을 수록한 《English Poets from Chaucer to Cowper》(전 21권, 1810)를 말함.

17) 원문 It fairly overcame my Nervii: 네르비(Nervii)는 기원전 57년 카이사르에게 전멸당한 벨기에 지역의 고대 부족이다. 여기서는 nerves(신경)이란 의미를 결합한 언어유희로 셰익스피어의 〈줄리어스 시저〉 3.2.167 "That day he overcame the Nervii"를 인유했다.

울렸고 이어 소방차가 그쪽으로 황급히 달렸다. 이미 그 소방차를 앞질러 한떼의 어른과 아이들이 달려갔다. 그러나 나는 개울을 뛰어넘어 지름길로 갔기 때문에 맨 앞에 설 수 있었다. 우리는 숲 너머 훨씬 남쪽 어느 헛간이나 상점 아니면 사람이 사는 집 혹은 그 모두에 불이 난 줄 알았다. 전에도 우리는 불난 곳에 달려간 적이 있었지만 사실 분간하기 어려웠다. "베이커 씨네[18] 헛간이다" 하고 누군가 소리를 질렀다. 또 누군가는 "아니야, 코드맨 씨네 집[19]이다" 하고 확실하다는 듯이 외쳤다.

그리고 이때 지붕이 내려앉는 듯 숲 위로 새 불꽃이 확 튀어올랐다. 우리는 모두 "콩코드를 살리자!"고 외쳤다. 마차들이 사람들을 터질듯이 빽빽이 싣고 무서운 속력으로 달렸다. 아마 그들 가운데는 아무리 멀어도 가볼 수밖에 없는 보험회사[20] 대리인도 타고 있었을 것이다. 그 뒤에는 소방차[21]가 이따금 종을 울리면서 그보다 더 천천히 그러나 꾸준히 달려갔고 맨 뒤에 몇 명의 소년들이 소리치며 좇아왔었다. 나중에 사람들은 그 애들이 불을 지르고 불이 났다고 외쳤다고 수군거렸다.

이처럼 우리는 진정한 이상주의자라도 된 듯이 모든 감각을 무시하고 오직 불을 향해 계속 내달렸다. 이윽고 우리가 길모퉁이를 돌아섰을 때 불이 튀는 소리가 들리면서 담 너머로 불기운을 느낄 수 있었다. 그제야 우리는 저런! 우리가 바로 현장에 와있다는 것을 깨달았다. 화재 현장에 막상 접근하니 오히려 우리의 열의는 식는 것이었다. 처음에는 개구리 웅덩이의 물을 통째로 퍼부으려 했다. 그러나

---

18) James Backer:당시 월든 남쪽에서 살았다.

19) John Codman(1755~1809):링컨에서 가장 큰 부자. 그 장엄한 저택이 지금도 링컨 철도역의 서쪽에 서 있다.

20) 1826년 3월에 미들섹스 상호화재보험회사가 콩코드에서 창립되었다.

21) 당시 소방차는 손수레로 된 것이었다.

타도록 그냥 놓아두기로 했다. 이미 거의 타버린 데다 집으로서의 가치도 대단치 않았기 때문이었다.

우리는 서로 밀치락달치락할 정도로 빽빽이 소방차 둘레에 서서 손으로 나팔을 지어 큰 소리로 자기의 감정을 말하기도 하고, 낮은 소리로 배스콤 상점의 화재[22]를 포함하여 세상의 이목을 끈 큰 화재에 대한 이야기를 나누기도 했다. 그리고 우리끼리 말이지만 만일 소방차가 우리와 함께 좀 더 빨리 때맞춰 도착하고 근처의 개구리 웅덩이에 물이라도 가득 차 있었다면, 이 다 타버린 최근 최대의 대화재를 하나의 홍수로 바꿔놓았을 수도 있었을 것이라는 생각을 했었다. 결국 우리는 어떤 장난도 치지 않고 침통한 마음으로 현장을 물러나 잠자리로 그리고 나는 읽고 있던 〈곤디버트〉로 되돌아왔다. 이 〈곤디버트〉에 대해 말한다면 "기지機智는 영혼의 화약火藥" 운운하는 머리글에서 "대부분의 사람들은 마치 인디언들이 화약을 잘 모르듯이 기지에 대해선 낯선 사람들이다"라는 구절은 없었더라면 더 좋았겠다는 생각이 들었다.

나는 우연히 그 다음날 저녁 거의 같은 시각에 들판을 건너 산책을 하다가 브리드의 불탄 집 근처를 지나게 되었다. 그곳에서 나지막한 신음소리가 들렸다. 어둠 속에서 가까이 다가가 보니 내가 아는 브리드 집안의 가족으로는 유일하게 살아 남아있는 그의 아들이었다. 그는 그 집안의 장점과 단점을 함께 이어받은 사람으로서 이 화재에 이해관계가 있는 유일한 사람이라고 할 수 있었다. 그는 배를 땅에 대고 엎드리고는 지하실 벽 너머로 그 밑에서 아직도 타고 있는 불의 잔재를 바라보며 늘 하던 버릇처럼 혼자서 무어라 중얼대고 있었다.

그는 멀리 떨어져 있는 강변 초원에서 온종일 일하고 있었는데 자

---

22) 콩코드의 중심가 밀댐에 있었던 'Bascom & Cole English and West Indian Shop'이 1828년 4월 25일 저녁 화재로 붕괴됨.

유 시간을 얻기만 하면 자기 조상들이 살았고 또한 자신의 어린 시절을 보냈던 그 옛집을 찾아오곤 했던 것이다. 그는 몸을 움직여가며 지하실을 사방 여러 각도에서 전과 같이 계속 엎드린 자세로 들여다보고 있었다. 마치 자신이 어느 틈 사이에 무슨 보물을 숨겨놓았던 것이 생각난 것만 같았다. 하지만 밑에는 벽돌과 잿더미 외에는 아무것도 없었다. 집은 사라졌으니 거기 남은 것이라도 볼 수밖에 없었으리라.

그는 내가 그 현장에 와있는 것만으로도 위로를 받았다. 어두워서 잘 보이진 않았지만 그는 내게 우물이 덮여있는 곳을 가르쳐주었다. 다행히도 우물은 불에 탈 수 없는 것이다. 그는 벽을 이리저리 더듬어서 지렛대로 된 두레박틀을 찾았다. 그의 아버지가 나무를 잘라 만든 것이었다. 그는 손으로 더듬어서 한쪽 끝에 무게를 매다는 쇠갈고리를 찾아서 매만지고 또 매만지며 그것이 결코 보통 갈고리가 아님을 내게 납득시키려 했다. 어쩌면 그것이야말로 이제 그가 매달릴 수 있는 유일한 것인지도 모른다. 나도 그 고리를 만져봤다. 지금도 거의 매일 산책을 하면서 그 집터를 지날 때마다 나는 그것을 유심히 보곤 한다. 거기에 한 집안의 역사가 매달려 대롱거리고 있기 때문이다.

거기서 조금 더 가다가 왼쪽으로 브리드 집터의 우물과 그 담장 옆으로 라일락 관목이 보이는 빈터에는 예전에 너팅이란 사람과 르 그로스라는 사람이 살았다. 하지만 이제 링컨 마을 쪽으로 돌아가 보자.

지금까지 말한 어느 집보다도 더 깊이 숲속으로 들어가서 길이 호수에 가장 가깝게 지나는 곳에 와이먼[23] 이라는 옹기장이가 살았다. 그는 도기 그릇을 만들어 마을 사람들에게 팔았고 또한 자식들에게도 그 일을 물려주었다. 그들은 물질적으로 부유하지 못했다. 그들의

23) 〈제9장 호수〉에 언급되었다.

집터마저도 소유주가 묵인해 주어 그대로 눌러 사는 처지였다. 세금 징수원들이 세금을 받으러 왔지만 번번이 허탕을 치고 갔다. 나는 그의 세무 보고서를 본 적이 있는데 그저 형식상으로 '딱지를 붙였다'고 했을 뿐 실상 손을 대서 차압할만한 물건은 아무것도 없었다.

한여름의 어느 날 내가 밭을 매고 있을 때, 어떤 사람이 오지그릇을 잔뜩 싣고 장으로 가다가 내 밭머리에서 마차를 세우고서 와이먼의 아들에 대한 소식을 묻는 것이었다. 그는 오래 전에 그에게서 오지그릇 제조용 물레를 샀는데 지금은 그가 어떻게 되었는지 알고 싶다고 했다. 나는 성서에서 오지그릇 만드는 진흙과 물레[24]에 대해 읽은 적은 있었지만, 우리가 지금 쓰고 있는 오지그릇이 그 시절부터 깨지지 않고 대물림해 내려오거나 조롱박처럼 어디에선가 무슨 나무에서 열리는 것이 아니라는 사실은 까마득히 잊고 있던 터였다. 그런데 그 그릇들을 직접 손으로 빚어 만드는 기술이 우리 이웃에서 한때 시행되었다는 말을 들으니 나는 기쁘지 않을 수 없었다.

이 숲에서 내가 살기 이전에 마지막으로 살았던 사람은 아일랜드 사람인 '휴 코일'이었다. 그는 와이먼이 살던 집에 세를 들어 살았다. 사람들은 그를 '코일 대령'이라 불렀다. 소문에 의하면 그는 워털루[25] 전투에 참전한 군인이었다 한다. 만일 그가 지금도 살아있다면 나는 그에게 그가 참가한 여러 전투의 이야기를 들려달라고 했을 것이다. 여기서 살면서 그가 가졌던 직업은 도랑을 파는 일이었다. 나폴레옹은 결국 세인트헬레나 섬[26]으로 쫓겨 가고 코일은 월든 숲으로 쫓겨 온 셈이었다.

그에 대해 내가 들은 이야기는 모두가 비극이다. 그는 세상을 많이

---

24) 《구약성서》〈예레미아서〉 18장 2~6 토기장이와 진흙의 비유가 있다. "보라. 토기장이의 손에 진흙과 같이 네가 내 손에 있느니라."

25) Waterloo:벨기에 중부의 마을. 1815년 나폴레옹이 영국군에 의해 패전한 곳.

26) 남아프리카 서해안 앞바다에 있는 영국의 섬. 나폴레옹이 유배(1815~21) 당한 곳.

아는 사람답게 예의가 바른 사람이었다. 그는 조금 지나치다 싶을 정도로 정중한 말씨를 쓰기도 했다. 그는 알코올 중독으로 몸을 떨고 또한 헛소리를 하는 섬망증[27]에 걸려 있었기 때문에 한여름에도 두꺼운 외투를 입었으며 얼굴빛이 짙은 붉은 색으로 상기되어 있었다. 그는 내가 숲으로 온 지 얼마 되지 않아 브리스터 언덕 기슭의 길에서 죽었기 때문에 나는 이웃 사람으로서의 그에 대한 기억은 별로 없다.

그의 집이 헐리기 전이었다. 그를 아는 사람들은 그 집을 '불운의 성'이라 하여 한사코 피했다. 하지만 나는 그 집에 직접 들어가 봤다. 나무 침대 위에는 그의 헌옷이 마치 그를 대신하듯 구겨진 채 놓여 있었다.[28] 어차피 '샘가의 깨진 주발'[29] 대신 깨진 파이프 담뱃대가 벽난로에 놓여 있었다. 어차피 '샘가의 깨진 주발'이 그의 죽음의 상징이 될 수는 없었으리라. 왜냐하면 그는 브리스터의 샘에 대한 이야기는 들었지만 가본 적은 한 번도 없다고 내게 말했으니 말이다. 마룻바닥에는 다이아몬드와 스페이드와 하트의 킹 등 때가 묻은 트럼프 카드가 흩어져 있었다. 옆방에는 사후 처리인에게도 잡히지 않았던 검정 닭 한 마리가 밤을 나려고 전과 다름없이 들어와 자리를 잡고 있었다. 어두운 밤처럼 검은 데다 꼬꼬댁거리지도 않고 조용하기까지 하니 마치 우화 속의 여우[30]를 기다리는 것만 같았다.

집 뒤에는 채소밭 같은 것이 있었다. 씨는 뿌렸지만 손이 몹시 떨리는 발작 때문에 이제 추수철이 되었는데 한 번도 김을 매지 않아서 로마쑥과 도깨비바늘풀로 뒤덮여 있었다. 도깨비바늘풀의 씨가 마치

27) delirium(섬망증): 의식이 흐리고 착각과 망상을 일으키다 마비증상을 나타내는 병. 알코올이나 모르핀의 중독 혹은 뇌막염에서 나타남.

28) 원문 his old clothes curled: 'curled'는 그의 이름인 Quoil(coil)에 대한 언어유희.

29) 《구약성서》 〈전도서〉 12장 6절. "the golden bowl is broken, …… shattered at the fountain"에서 인용.

30) 원문 Reynard: 문학에서 전통적으로 여우를 칭하는 이름.

열매는 자기뿐이라는 듯이 내 옷에 잔뜩 달라붙었다. 집 뒷벽에는 우드척 껍질이 새로 펼쳐져 있었다. 그의 마지막 워털루 전투의 전리품이었다. 그러나 이제 우드척 가죽의 털모자도 벙어리장갑도 그에게는 필요 없게 되었다.

이젠 땅이 움푹 들어간 자국과 흙에 묻힌 지하실 초석만이 이곳이 사람이 살았던 집터라는[31] 표시일 뿐이다. 양지바른 곳에는 딸기들이 즉 나무딸기, 검정딸기, 개암나무 관목이나 거망옻나무가 자라고, 굴뚝이 있던 구석을 리기다소나무 아니면 옹이진 떡갈나무가 차지하고, 문간의 섬돌이 있었을 곳에서는 향기를 풍기는 검정자작나무가 바람에 나부끼고 있다. 때로는 오목한 샘터가 보일 때도 있다. 전에는 한때 샘물이 흘러나오던 곳이었지만 이젠 물은 말라붙었고 무정한 풀만이 무성하게 자라고 있다. 아니면 때로는 깊숙이 숨겨진 우물이 발견되기도 한다. 한 집안의 마지막 사람들이 그곳을 떠날 때 훗날을 기약하여 평평한 돌로 덮고 그 위에 뗏장을 입혀 놓은 것들이다. 우물을 닫아버린다는 것 — 그 얼마나 서글픈 일인가! 우물은 닫히고 동시에 눈물의 샘이 열렸을 테니 말이다.

한때 시끌벅적 수선을 떨던 인간의 생활이 있었고, '운명'과 '자유의지'와 '정확한 예지'[32]를 어떤 식으로든, 어떤 말로든 또한 그 밖의 어떤 방법으로든 번갈아서 따지던 곳에 이제 남은 것 모두가 이 오목한 지하실의 흔적들, 버려진 여우 굴들 그리고 오래된 구멍들이다. 한데 그들의 결말에서 내가 배울 수 있는 것은 아무리 해도 결국 '카토와 브리스터는 속았다'[33]는 것이 전부다. 그리고 이는 보다 유명한

---

31) 1857년 1월 11일 일지에 소로는 집터의 지하실 구멍을 발굴하는 작업을 오스틴 헨리 레이아드(1817~94)의 고고학적인 메소포타미아 발굴에 비교하였다. "이들이 우리의 니네베들이고 바빌론들이다. ……"라고 말했다.

32) 밀턴의 〈실낙원〉 II. 560행. 1843년 10월 16일 리디안 에머슨(1802~92)에게 보낸 편지에서 "운명 자유의지 예지라는 큰 문제는 콩코드에서 흔히 토론되고 있지만 나는 아직도 해결되지 않은 상태라 생각한다"라고 말했다(C.143).

철학 유파들의 역사가 주는 교훈에 못지않았다.

문짝과 문틀, 문지방이 모두 사라지고 한 세대가 완전히 지났는데도 여전히 라일락은 활기차게 자란다. 매년 봄이 되면 향기로운 꽃을 피우고 또한 지나가는 나그네는 유심히 바라보고 꺾어간다. 언젠가 그 집 어린 자녀들이 앞마당에 심어 가꾼 나무가 이제 새로 솟아나는 숲에 자리를 내주고 외진 목초지에 덩그러니 버려진 담벼락 가에 서 있다. 그래도 그것이 그 가계의 마지막 계승자이고 유일한 생존자다.

햇볕에 그을린 그 집 아이들은 자기들이 집의 응달에 심고 매일 물을 주던 그 떡잎 둘뿐인 여린 라일락이 그처럼 스스로 뿌리를 내리고 자신들보다 더 오래 살며, 뒤에서 그늘로 그 나무를 가려주던 집은 물론 자신이 성인이 되어 가꾸던 정원과 과수원보다도 더 오래 살아서 자신들이 어른이 되고 죽은 뒤 반세기가 지나서도 그들이 맞았던 첫봄 때와 똑같이 아름다운 꽃을 피우고 똑같이 달콤한 향기를 풍기며 그곳을 홀로 배회하는 어느 외로운 방랑자에게 자기들의 이야기를 어렴풋이 들려주리라는 것을 거의 생각하지 못했을 것이다. 나는 그 여전히 부드럽고 다소곳하면서도 명랑한 라일락의 색깔을 마음에 새기듯 바라본다.

그런데 콩코드 마을은 그 터전을 지키고 있는데 그보다 무언가 더 많은 가능성이 있었던 이 작은 마을은 어찌하여 사라지고 말았을까? 자연 조건도 보다 더 유리하지 않았던가? 특히 물의 이점이 있지 않았던가? 그렇다. 저 깊은 월든 호수와 그 시원한 브리스터의 샘물 — 여기에서 이렇듯 건강에 좋은 물을 실컷 마실 특전이 있었는데도 그들은 이것을 최대로 활용하지 못하고 그저 자기들의 술잔을 희석시키는 데 이용했던 것이다. 그들은 하나같이 술에 목마른 족속들이었다.

---

33) 원문 Cato and Brister pulled wool:Cato and Brister pulled wool (over their eyes).

여기에 바구니 짜기, 빗자루 만들기, 멍석 짜기, 옥수수 볶기, 리넨 베 짜기, 질그릇 만들기 같은 것들이 번창해서 이 미개의 땅을 장미처럼 꽃 피게 할 수는 없었을까?[34] 그리하여 많은 자손들이 그들의 조상들의 땅을 물려받게 할 수는 없었을까? 척박한 땅이기에 적어도 저지대의 타락이 스며들지 못했을 것이 확실했을 것이다.

슬픈 일이다! 한데 이곳의 옛 주민들에 대한 회상이 이 아름다운 경치에 무슨 도움이 될 것인가! 어쩌면 자연은 나를 최초의 입주자로 삼고 또한 지난봄에 세운 내 집을 최초의 집으로 삼아 새로운 작은 마을을 건설하려고 시도하는 것인지도 모른다.

내가 자리잡고 있는 이 집터는 전에도 사람이 집을 짓고 산 적이 있는 것 같지는 않다. 하지만 만일 옛날의 도시가 있었던 자리에 다시 세워진 도시 속에 내가 있는 것이라면 그런 곳에서는 살고 싶지 않으니 제발 빨리 빠져나가도록 도와 달라. 그곳의 모든 자재는 폐허의 잔해들이고 정원은 묘지일 터이니 말이다. 그런 곳은 희뿌옇게 퇴색한 저주받은 땅이다. 만일 그런 일이 피할 수 없게 된다면 그 이전에 지구 자체가 파멸할 것이다.

이처럼 나는 전에 살았던 사람들에 대한 회상으로 이 숲에 다시 사람들을 불러들이고 스스로를 달래며 꿈 속으로 빠져들었다.

이 한겨울에는 나를 찾아오는 사람은 거의 없다. 눈이 깊이 쌓이면 1주일, 때로는 2주일 동안 내내 산책하는 사람들조차도 내 집 근처까지는 감히 발걸음을 옮길 엄두를 내지 못한다. 그러나 그 속에서 나는 초원의 생쥐처럼 안락하게 살았다. 아니, 눈보라에 묻혀서 먹을 것 없이도 오랫동안 살아남았다고 전해지는 어떤 사람의 소나 닭처

34) 《구약성서》 〈이사야서〉 35장 1절의 "The wilderness …… shall …… blossom as the rose."

럼, 아니 1717년의 폭설 당시에 '서튼'이라는 마을에 처음으로 정착한 어느 가족처럼 살았다. 그때는 주인이 가족들을 집에 두고 집을 비운 사이에 그 오두막이 완전히 눈에 파묻혀서 분간할 수 없게 된 것을 어떤 인디언이 굴뚝의 연기로 인해 생긴 구멍만으로 집의 위치를 찾아내어 가족을 구했다고 하지 않던가![35] 그러나 여기에는 나를 염려해 줄 친절한 인디언이 있는 것도 아니었다. 하지만 내 집은 주인이 언제나 집에 있었으니 인디언의 도움이 없어도 살아갈 수 있었다.

큰 눈! 이 얼마나 상쾌한 말인가! 농부들은 수레를 끌고 숲이나 늪으로 갈 수 없으니 자기 집 앞에 그늘을 만들어 주는 나무까지 베어 쓸 수밖에 없다. 아니면 눈이 아직 단단할 때 늪지에 있는 나무들을 베어 와야 했다. 벤 자국이 다음 해 봄에 드러날 때 보면 서 있는 밑동은 지상 10피트의 높이였다.

눈이 가장 많이 쌓였을 때, 큰길에서 내 집까지 내가 이용하는 약 반 마일의 오솔길은 내 발자국으로 간격이 널찍널찍하게 무수히 찍힌 꼬불꼬불한 하나의 점선으로 다시 재현될 수 있을지도 모른다. 날씨가 고른 어느 1주일 동안 나는 일부러 컴퍼스로 재듯이 정확하게 전과 똑같은 보폭과 걸음 수로 눈 위에 처음 난 발자국을 그대로 밟고 갔다 오곤 했다. 사실 겨울철은 이처럼 판에 박은 짓을 하도록 사람의 활동을 위축시킨다. 그러나 사실은 그 판에 박은 발자국들 속에 하늘 그 자체의 푸른색이 가득 담길 때가 자주 있었다.[36]

아무리 험한 날씨도 나의 산책이나 외출을 막지는 못했다. 어느 너도밤나무나 노랑자작나무 혹은 예전부터 알고 지내는 어느 소나무와

35) 이 이야기는 《History of the Town of Sutton, Massachusetts, from 1704 to 1876》에 쓰여 있다(Cramer). 소로는 그 '큰 폭설'에 대한 코튼 마더의 설명에서 인용했다(Harding).

36) 소로는 "자주 공중의 푸른색을 보기 위해 눈에 구멍을 파놓고 그것을 푸른 물감들이기라 했다"(Channing).

만나기로 한 약속을 지키기 위해 나는 눈 속을 헤치면서 8마일 내지 10마일을 걸은 적도 여러 번 있었다. 이런 날에는 눈과 얼음의 무게로 인해 가지가 축 늘어지고 그 꼭대기는 더 뾰쪽하게 되어 소나무는 전나무처럼 보인다. 거의 2피트 높이로 쌓인 눈을 헤치며 높은 언덕 꼭대기에 오를 때는 발걸음을 옮길 때마다 머리 위로 새로 쏟아지는 눈보라를 털어내곤 했다. 또 어떤 때는 손과 무릎으로 기어가다가 나동그라져 허우적대기도 했다. 그런 날은 사냥꾼도 겨울 집에 틀어박혀 나올 생각을 하지 않았다.

어느 날 오후, 줄무늬올빼미 한 마리가 대낮인데도 백송의 아래쪽 죽은 가지 위에서 몸통 쪽에 바짝 앉아 있는 것을 발견하고 그것을 지켜보는 것으로 재미를 봤다. 거리는 불과 1로드(약 5m) 안이었다. 내가 발을 옮겨 눈을 밟는 소리를 내면 올빼미는 그 소리를 듣기는 하지만 나를 분명히 볼 수는 없는 것 같았다. 내가 조금 더 큰 소리를 내자 그는 목을 쭉 내뽑고서 털을 곤두세우며 눈을 크게 뜨곤 했지만 곧 눈꺼풀이 내려앉았고 머리를 끄덕이며 졸기 시작했다. 고양이의 날개 달린 형제라 할 올빼미가 고양이처럼 눈을 반쯤 뜨고 이처럼 앉아 있는 것을 반시간쯤 보고 있으면 나도 그의 영향을 받아 졸음이 오는 것 같았다. 올빼미는 실눈을 통해서 나와의 관계를 완전히 차단하지는 않고 있었다. 그는 이처럼 반쯤 감은 눈으로 꿈나라에서 밖을 내다보며 자기 꿈을 방해하는 이 막연한 물체, 아니 티눈 같은 나의 존재가 무엇인지 알아보려고 애쓰고 있었다. 이윽고 내 발소리가 더 커지거나 더 가까이 접근하자 그는 더 불안한 모습을 보이며 앉은 자리에서 천천히 몸을 뒤척였다. 마치 꿈을 꾸는데 방해받아서 마땅치 않다는 표정 같았다. 마침내 올빼미가 몸을 날려 소나무 사이로 날개를 치고 날아올랐다. 그 활짝 편 날개의 넓이는 상상 외로 컸다. 그 날개 치는 동작에서는 아무 소리도 들리지 않았다. 보이지 않는 시력 대신 주위에 대한 오묘한 감각의 인도를 받으며 올빼미는 그 예민한 날개로 황혼의 길을 더듬어 소나무 가지에 새로 앉을 자리를 찾아낸 것이다. 거기서 그는 어느 누구의 방해도 받지 않고 자기의 날이 밝아오기를 기다리려는 것이다.

초원을 가로질러 길게 뻗은 철둑길을 걸을 때는 살을 에는 찬바람이 몰아치는 경우가 많았다. 막는 것이라고는 아무것도 없으니 그 어디서보다 바람이 제멋대로 불 수 있기 때문이다. 찬바람이 내 한쪽 뺨을 치면 나는 교리에 구애받지 않는 야인이지만[37] 다른 쪽 뺨도 내주었다.[38] 브리스터 언덕에서 마찻길을 택한다 해도 사정은 별로 나을 것이 없었다. 툭 터진 넓은 들판의 눈이 바람에 날려 모두 월든 길의 담장 사이에 쌓이고, 반 시간도 못 되어 앞에 지나간 사람의 발자국을 완전히 지워버리기 때문이다. 그런 날에도 나는 우호적인 인디언처럼 변함없이 마을로 내려갔다. 돌아올 때는 바람에 밀린 새 눈더미가 생기곤 했고, 나는 그것을 허우적대며 뚫고 나갔다. 북서풍이 길모퉁이에 눈가루를 부지런히 쌓아올리니 어디를 둘러봐도 토끼 발자국은 고사하고 들쥐의 활자처럼 작은 발자국도 보일 리가 없었다.

하지만 한겨울에도 따뜻한 샘물이 솟는 늪지는 있게 마련이다. 그곳에는 풀과 앉은부채가 여전히 솟아올라 사시사철 푸르고, 때로는 봄이 돌아오기를 기다리는 보다 강인한 새도 볼 수 있었다.

때로는 저녁때 눈 오는 날 산책에서 집으로 돌아오자면 내 집으로 이어지는 나무꾼[39]의 깊은 발자국과 마주치기도 했다. 그런 때는 벽

---

37) 원문 'heathen as I was': 'heathen'은 원래 '이교도'가 아니라 황무지(heath)에서 사는 '야인'이란 뜻으로 소로는 일지에 "옛날에 도시와 멀리 떨어진 황무지에서 사는 사람을 나쁜 의미로 '황무지인(heathen)'이라 불렀다고 하는데 우리는 허클베리 초원에서 살고 있으니 우리 또한 나쁜 의미로 '황무지인(heathen)'이다"고 했다.(J 14:299). '이교도'라는 의미보다는 교리에 구애받지 않는 '야인'이란 뜻을 연상시킨다.

38) 《신약성서》〈마태복음〉 5:39. '……whoever slaps you on your right cheek, turn the other to him also'.

난로 위에 그가 나무로 조각을 하다만 물건들이 놓여 있기도 하고, 집 안이 그의 파이프 담배 냄새로 가득하기도 했다. 또 때로는 일요일 오후에 때마침 내가 집에 있으면 뿌드득뿌드득 눈을 밟는 소리가 들리기도 했다. 그 소리는 학식이 높은 한 농부[40]가 사교적인 '유쾌한 이야기'를 나누기 위해 멀리서 눈 덮인 숲을 지나 내 집을 찾아오는 발소리였다.

그는 농민으로서는 드물게 진정으로 '자립한 농민'이었다. 그는 대학 교수가 입는 가운 대신에 작업복을 걸치고 뒷마당에서 퇴비를 끌어내듯이 즉석에서 교회나 국가에서 교훈을 끌어내곤 하였다. 우리는 보다 더 투박하고 단순했던 옛 시절에 대한 이야기를 나누곤 했다. 그때는 오금이 죄도록 추운 날씨에 사람들은 맑은 정신으로 큰 모닥불에 둘러앉곤 했다는 이야기였다. 그리고 달리 후식꺼리가 없을 때는 수많은 호두나 개암을 우리의 치아로 까보곤 했다. 그런데 그것들 가운데는 영리한 다람쥐들이 오래 전에 버린 것들이 많았다. 껍질이 단단한 것은 대부분 속이 비었다는 것을 다람쥐들은 이미 알고 있었던 것이다.

가장 깊이 눈이 쌓이고 가장 끔직한 폭풍을 무릅쓰고 가장 먼 거리에서 내 집에 찾아온 사람은 시인[41]이었다. 농부나 사냥꾼, 군인이나 신문기자는 물론이고 철학자까지도 겁을 먹을 날씨일지라도 시인은 결코 겁을 내지 않는다. 그가 하고자 하는 행동을 막을 수 있는 것은

---

39) 〈제6장 찾아온 사람들〉에서 언급한 캐나다 사람.

40) 원문 a long-headed farmer:'long-headed'는 사이비 과학인 '골상학'에서 머리가 길면 예민하고 재주가 있다는 주장에서 나온 말로 '선견지명이 있다'는 뜻으로 쓰였다. '골상학'은 조지 콤(George Combe, 1788~1858)의 《Constitution of Man》(1829)이 나오면서 당시 미국에 유행했다. 농부는 소로의 친구인 콩코드 토박이 에드워드 호스머를 말한다.

41) 앨러리 채닝을 말함. 그는 어떤 날씨에도 산책하는 버릇이 있었다. 당시 그가 살고 있었던 콩코드 반대편의 푼카타셋 언덕에서 6마일을 걸어 소로에게 찾아오는 것은 그에게는 문제도 아니었다.

아무것도 없다. 왜냐하면 그의 행동의 동기는 순수한 사랑이기 때문이었다. 시인이 오고가는 것을 누가 미리 알 수 있는가? 시인은 그 자신의 고유한 업무를 위해서는 종잡을 수 없는 시간에 — 심지어 자신을 돌보는 의사가 잠시 잠든 틈을 노려서라도 — 그 일을 위해서는 밖으로 뛰쳐나간다.

그가 오면 우리는 요란한 웃음소리로 이 작은 집이 쩌렁쩌렁 울리게도 하고, 때로는 아주 진지하게 속삭이는 소리로 집을 가득 채워서 월든 골짜기에 깊숙이 쌓인 오랜 정적을 바꿔놓기도 했다. 이런 때는 뉴욕의 브로드웨이 거리도 내 집에 비하면 오히려 조용하고 적막한 편일 것이다. 적절한 사이를 두고 우리는 규칙적인 웃음의 예포를 터뜨렸다. 바로 전에 한 익살에 대해 웃음이 터져 나오기도 하고 앞으로 나올 익살에 미리 웃음을 터뜨리기도 했다. 우리는 묽은 죽 한 그릇을 나눠 먹으면서 인생에 대한 '정말 새로운'[42] 이론을 무수히 구워냈다. 그러니 죽을 나눠 먹는 행위는 우정 어린 분위기와 더불어 철학이 요구하는 맑은 정신을 제공해 주는 두 가지 장점을 함께 지니고 있었다.

내가 호수에서 지낸 마지막 겨울에 또 한 사람의 반가운 방문객[43]이 있었음을 잊을 수 없다. 그는 언젠가 한 번은 마을을 지나 눈과 비를 맞으며 어둠 속을 헤치고 오다가 이윽고 나무 틈 사이에 비친 내 집의 등불을 보고 집을 찾곤 했다. 그는 며칠 동안의 긴 겨울밤을 나와 함께 보내기도 했다. 그는 마지막 남은 철학자다운 철학자 중 한 사람이다. 코네티컷 주가 배출하여 이 세상에 보내준 선물과도 같은

---

42) 본문 bran new:'brand new'를 흔히 'bran new'로 표기하기도 했지만 'fresh or new from the fire(불에서 방금 새로 나온)'이란 뜻으로도 쓰였다.

43) 브론슨 올콧(1799~1888). 교육자·사회개혁론자·철학자. '프루틀랜즈(Fruitlands)'라는 채식주의 생활공동체(1842~48)를 시도했으나 실패. 〈작은 아씨들〉의 저자 루이지아의 아버지. 주저 《Conversations with Children on the Gospels》(1836~37).

인물이었다. 사실 그의 말에 의하면 처음에는 코네티컷 주의 생산품을 다른 주에 팔고 다녔으나 나중에는 자기의 두뇌를 팔고 다녔다. 지금도 그는 신을 고취시키고 인간을 부끄럽게 하는 사업을 계속하고 있다. 마치 호두가 알맹이를 맺듯이 두뇌만을 결실로 삼는 분이었다. 나는 그가 살아 있는 사람들 가운데서 가장 굳은 신념의 소유자가 틀림없다고 생각한다.

그의 말과 태도는 다른 사람이 알고 있는 것보다 언제나 더 좋은 상태를 가정하고 있다. 시대가 아무리 변해도 그는 결코 실망하는 일이 없을 것이다. 그의 관심은 현재에 있는 것이 아니다. 그는 지금은 세상에서 비교적 주목을 받지 못하고 있지만, 때가 오면 거의 모든 사람들이 지금까지 생각하지 못한 윤리법칙이 효력을 내게 되고 또한 집안의 어른들과 나라의 지도자들이 그를 찾아 조언을 청하리라.

> 평온을 보지 못하는 자, 그 얼마나 눈이 멀었는가![44]

그는 인간의 진정한 친구다. 어쩌면 거의 유일한 인류 진보의 친구이리라. 그는 고인의 무덤을 손질하고 비석을 닦아주고 다니던 소설 속 주인공 '올드 모탤러티'[45] 같은 사람이다. 아니 오히려 '임모탤러티(불멸)'라 해야 할 것이다. 그 역시 인간의 몸으로 새겨진 신의 상[46]을, 더럽혀지고 망가진 묘비가 되어버린 그 신의 모습을 지칠 줄 모르는 인내와 신념으로 갈고 닦아 본래 모습으로 선명하게 드러내고

---

44) 토머스 스토어(1571~1604)의 《Life and Death of Thomas Wolsey, Cardinal》(London, 1599)의 〈Wolseius Triumphans〉에서 인용.

45) 《*Old Mortality*》(1816): 월터 스콧 경(1771~1832)의 연작 소설 〈Tales of My Landlord〉의 첫 권의 표제, '죽을 수밖에 없는 운명이란 별명을 가진 늙은이'. 주인공의 한 사람인 로버트 패터슨이 40년이 넘도록 스코틀랜드의 교회 묘지를 돌아다니며 묘지를 청소하고 낡은 비석을 닦고 고치고 한데서 붙은 별명.

46) 〈창세기〉 1:26 "하나님이 가라사대 우리의 형상을 따라 우리의 모양대로 우리가 사람을 만들고 ……"에서 인유.

있기 때문이다.

그는 어린이와 거지들, 아니 미치광이가 되었건 학자가 되었건 그들을 언제나 따뜻한 지성으로 포옹하고 모든 사상을 받아들이고 또한 거기에 으레 깊이와 정확성을 더해주었다. 나는 그가 세계의 큰 길목에 모든 나라의 철인들이 머물 수 있는 큰 여관을 하나 경영했으면 싶다. 그 간판에는 '인간 환영, 단 짐승 동반은 사절.[47] 여유 있고 조용한 마음으로 진지하게 옳은 길을 찾는 사람은 들어오시오'라고 쓰는 것이 좋겠다.

그는 내가 알고 있는 사람들 가운데서 정신이 가장 온전하고 변덕이 가장 적은 사람이다. 어제나 오늘이나 한결 같고 아마 내일도 그럴 것이다. 전에 우리는 함께 숲을 산책하곤 했다. 그와 이야기를 나누다 보면 효과적으로 속세를 완전히 떨쳐버릴 수가 있었다. 왜냐하면 그는 세상의 어떤 제도에도 속박되지 않는 자유인이었기 때문이다. 우리가 어느 쪽으로 걸음을 옮기든 땅과 하늘이 함께 만나는 것 같이 보였다. 그만큼 그는 자연의 풍경을 더 아름답게 해주었다. 이 푸른 옷을 입은 사람에게는 그의 평온함을 반영하는 하늘만이 가장 알맞은 지붕이다. 그런 사람에게는 죽음이 있을 것 같지 않았다. 자연은 그를 빼놓을 수 있을 것 같지 않기 때문이다.

우리는 각자 사상의 널빤지를 잘 말려서 마주앉아 깎고 다듬으며 우리의 칼을 시험하거나 혹은 그 황송 널빤지의 선명한 노란색 결을 보고 감탄하기도 했다. 그런가 하면 우리는 어찌나 조용하고 경건하게 함께 물을 건너고 또한 어찌나 부드럽게 낚싯줄을 함께 잡아당겼던지 사상의 고기들은 개울에서 놀라 달아나지도 않았고 둑에 앉은 낚시꾼을 무서워하지도 않았다. 그 고기 떼는 마치 서쪽 하늘에 떠 있는 구름처럼

47) 당시 여관에는 일반적으로 '사람과 짐승 환영(Entertainment for man and beast)'이란 간판이 걸려있었다.

또는 때때로 그곳에 형성되기도 하고 흩어지기도 하는 진주 빛 자개구름처럼 유유히 오기도 하고 가기도 했다. 거기서 우리는 우리의 사업을 했던 것이다. 신화를 수정하고, 우화를 다듬고, 공중에 성을 쌓았다. 땅 위에는 그 기초가 될 만한 곳이 없기 때문이었다.[48)]

위대한 관찰자! 위대한 예언자! 그분과 주고받은 이야기는 하나의 뉴잉글랜드의 《천일야화千一夜話》[49)]라고도 할 수 있었다. 아아! 우리들 세 사람, 은자인 동시에 철학자 그리고 앞서 말했던 옛 개척자[50)]는 얼마나 많은 이야기를 함께 나눴던가! 이렇게 셋이서 나누는 이야기로 나의 집이 부풀어 판자가 휘청거릴 정도였다. 기압 외에 매 1인치당 몇 파운드의 압력이 추가된 것인지 굳이 말하지는 않겠다. 아무튼 집이 너무 부풀어서 그 뒤에 비가 새는 것을 막기 위해 벌어진 틈을 막는 데는 상당한 권태감이 따라야 했다. 그러나 그 틈을 막는 데 필요한 뱃밥을 나는 충분히 마련해 놓고 있었다.

내게는 오래오래 기억에 남을 '진실한 시간'을 나눴던 또 한 분의 친구[51)]가 있었다. 주로 내가 마을에 있는 그의 집에 찾아갔으나 때로는 그가 나를 찾아오기도 했다. 그러나 이분들 외에 그 숲에서 그 이상의 교제는 없었다.

다른 어느 곳에 있었을 때나 마찬가지로 그곳에서도 이따금 나는 결코 오지 않는 손님을 기다리기도 했다. 힌두교의 성전 《비슈누 푸라나》에 이런 말이 있다.

---

48) 소로는 이 책의 끝 장인 〈맺음말〉에도 "공중에 성을 쌓았다 하더라도 사라져야 하는 것은 아니다. 그곳이 그 성이 있어야 할 곳이다. 이제 그 밑에 기초를 놓으라"라고 말하고 있다.

49) 원문 Night's Entertainment : 인도 · 페르시아 · 아랍의 이야기들을 아랍어로 모아놓은 책. 《The Thousand and One Nights》로 알려져 있다.

50) 〈제5장 고독〉과 〈제9장 호수〉에서 언급한 상상의 인물을 말함.

51) 랄프 왈도 에머슨(1803~82)을 말함.

집주인은 해가 질 무렵이 되면 암소의 젖을 짜는 동안 혹은 원하면 그보다 더 늦게까지 안마당에 남아 손님이 오기를 기다려야 한다.[52]

나는 자주 손님을 환대하는 이 의무를 실천하였다. 한 마리의 암소만이 아니라 한 떼의 암소들의 젖을 다 짤 만한 시간을 기다렸다. 그러나 마을에서 가까이 오는 사람은 아무도 없었다.[53]

---

52) H. H. 윌슨 번역 《The Vishnu Purana》(London, 1840) 305 참조.

53) 옛 영국 민요 〈숲속의 어린이(The Children in the Wood)〉 II. 115~16행의 인유. 이 민요는 부모를 여읜 어린 두 남매의 양육을 맡은 잔인한 삼촌이 유산이 탐나 불량배를 시켜 아이들을 숲속에 버린다. "이 예쁜 아이들은 손에 손을 잡고 / 이리저리 숲속을 헤맸지만 / 마을에서 다가오는 / 사람은 다시 볼 수 없었다." 이렇게 헤매다 죽은 아이들의 시체를 새들이 불쌍히 여겨 나뭇잎으로 덮어주었다는 내용이다.

제15장 겨울철의 동물들

호수들이 아주 단단하게 얼어붙으면 여러 지점을 이어주는 새로운 지름길만 생기는 것이 아니다. 주위의 낯익은 경치들이 그 얼음 위에서 보면 완전히 새로운 풍경으로 바뀐다. 플린트 호수에 눈이 덮인 뒤에 그 호수를 가로질러 갔을 때였다. 그 호수라면 내가 자주 배를 젓기도 하고 스케이트도 탔던 호수다. 그런데 그 호숫가 너무도 뜻밖에 넓고 생소하여 북극해의 광활한 배핀 만灣[1]에 와있다는 생각뿐이었다.

눈 덮인 평원의 맨 끝 가장자리에 링컨의 나지막한 산들이 사방으로 나를 두르듯 솟아 있었지만 내가 과연 전에 그 지점에서 그들을 본 적이 있었던가 싶었다. 낚시꾼들은 가늠할 수 없는 먼 거리에서 늑대 같은 개를 데리고 얼음 위를 이리저리 어슬렁어슬렁 움직였다. 그 모습이 틀림없는 물개 사냥꾼이나 에스키모인 것 같았다. 안개라도 낀 날씨에는 전설에 나오는 어떤 이상한 사람들처럼 그들이 거인인지 난쟁이인지조차 분간할 수 없었다.

저녁에 링컨 마을로 강연[2]을 하러 갈 때 나는 이 호수를 가로지르

---

1) Baffin's Bay:그린란드와 캐나다 동북부의 배핀 섬 사이에 있는 만.

2) 소로는 월든 호수에 사는 1847년 1월 19일 링컨 라이시엄에서 강연을 했고, 〈월든〉을 집

는 쪽을 택했다. 내 오두막에서 강연장까지 길로 들어서는 것도 아니고 또 어떤 집을 지나지도 않는다. 가는 도중에 있는 구스 호수[3]에는 한 떼의 사향뒤쥐가 얼음 위에 집을 지어놓고 살았다. 하지만 내가 지나갈 때는 한 마리도 밖에 나와 있지 않았다.

월든 호수는 — 다른 호수도 그렇지만 — 눈이 와도 대체로 쌓이지 않거나 엷고 군데군데 바람에 밀린 곳이 있을 뿐이다. 그래서 호수는 내게 단단히 다져진 앞마당이 된다. 다른 곳에는 눈이 거의 2피트나 쌓여서 마을 사람들은 겨우 길만 이용하고 있을 때에도 나는 호수 위에서 마음대로 산책할 수 있었다. 마을의 거리에서 아주 멀리 떨어져 있고 길을 지나는 썰매의 방울소리마저 거의 들리지 않는 이 호수에서 나는 썰매도 타고 스케이트도 탔다. 마치 숲속에 눈을 밟아 만든다는 초대형 '무스 사슴의 운동장'에서 노는 것 같았다. 주위에는 떡갈나무와 엄숙한 소나무가 눈에 눌려 축 처져있거나 고드름을 잔뜩 달고 대롱거리는 가지들을 내밀고 있었다.

겨울에는 밤만이 아니라 때로는 낮에도 자주 들리는 소리들 중에 올빼미의 울음소리가 있었다. 나는 가늠할 수 없이 멀고 먼 곳에서 들려오는 그 처량하나 구성진 가락을 들었다. 마치 얼어붙은 지구를 악기 삼아 적당한 활로 켜보면 나올 것만 같은 그런 소리다. 아니, 그 울음소리는 바로 월든 숲의 토속어다. 나는 올빼미가 우는 현장을 아직 목격하지는 못했다. 하지만 이제 그 소리와 나는 아주 친숙해졌다. 어느 날 겨울밤에는 방문을 열 때마다 나는 으레 "후~ 후~ 후~후러 후~" 하는 그 낭랑한 울음소리에 귀를 기울였다. 처음 세 음절은 "하우 더 두(how der do)" 하고 인사라도 건네는 것처럼 들리고 때로

필 중이던 1849년 3월 6일과 1851년 12월 30일에 강연이 있었다. 모두 최소 75회 이상의 강연을 한 것으로 알려져 있다.

3) Goose Pond: 월든 호수에서 북동으로 1/4마일에 있다.

는 "후~ 후~"로만 들리기도 했다.

겨울이 시작될 무렵 호수가 완전히 얼기 전인 어느 날 밤 9시경이었다. 기러기 한 마리가 요란하게 울어댔다. 그 소리에 놀라서 문을 여는 순간, 무수한 기러기가 숲에서 폭풍 같은 날갯소리를 내며 내 집 위로 나지막이 날아갔다. 그들은 호수를 지나 페어헤븐 호수로 향했다. 아마 내려앉으려다 내 집의 불빛을 보고 다시 날아가는 것 같았다. 그들의 사령관격인 기러기 한 마리는 규칙적으로 계속 울어댔다.

그때 나와 아주 가까운 거리에서 올빼미 한 마리가 갑자기 매우 거칠고 요란한 소리로 기러기의 울음소리가 날 때마다 그에 대응하기 시작했다. 지금까지 숲에서는 전연 들어보지 못한 소리였다. 마치 보다 더 큰 자신의 성량과 음역을 시위하는 것으로 허드슨 만[4]에서 날아온 침입자들에게 창피를 주어 콩코드의 경계 밖으로 쫓아내려고 하는 것 같았다. "우리 올빼미에게 바쳐진 이 신성한 밤 시간에 이 숲을 시끄럽게 하는 의도[5]가 무어냐?" "내가 이런 시각에도 잠만 자고 있는 줄 아느냐?" "내가 네 것 만한 허파와 성대가 없는 줄 아느냐?" "꺼져라 부~ 부~ 사라져라, 부~ 부~ 부엉!" 하고 외치는 것 같았다. 내가 지금까지 겪어본 것 중에서 가장 몸이 오싹해지는 불협화음이었다. 하지만 분별력이 있는 귀로 듣는다면 그 소리에는 이 근처의 초원에서는 보지도 듣지도 못한 그런 화음의 요소[6]가 들어 있음을 알 수 있을 것이다.

나는 또한 호수가 우는 소리를 들었다.[7] 콩코드의 그쪽 지역에서

---

4) Hudson Bay : 캐나다 북동부에 육지로 거의 둘러싸인 만. 발견자인 헨리 허드슨의 이름을 딴 것임.

5) 원문 alarming the citadel(성채에 경고를 하다) : 기원전 390년에 갈리아가 로마를 침공할 때 주노 여신의 사원의 성스러운 기러기들이 '성채에 경고'를 했다는 고사의 인유.

6) 원문 the elements of a concord : 보통명사로 사용하여 '조화' '일치'라는 의미와 동시에 콩코드를 지칭한 언어유희.

7) 얼음의 팽창과 수축으로 생기는 현상. 〈제17장 봄〉에 더 자세히 언급되어 있다.

밤을 함께 보낸 나의 거대한 잠자리 친구인 그 호수가 마치 잠을 이루지 못하고 몸을 뒤척이거나 아니면 배탈이나 악몽에 시달리는 것만 같았다. 때로는 또 얼어붙는 추위로 땅이 갈라지는 소리에 나는 잠을 깨기도 했다. 그 소리는 누가 소떼를 몰아 내 집 문을 부수려고 하는 것만 같았다. 아침에 나가 보면 길이 1/4마일 폭 1/3인치의 금이 나 있는 것을 볼 수 있었다.

또 여우들이 달 밝은 밤에 들꿩이나 다른 야생 동물을 찾아 눈 위를 돌아다니며 숲속에 들어온 개처럼 악마같이 흉하게 짖는 소리를 들었다. 그 모양이 마치 무슨 불안감에 쫓기거나 무슨 생각을 표현하려는 것 같았다. 광명을 얻기 위한 몸부림 같기도 하고 혹은 차라리 개가 되어 거리를 마음대로 달려보려는 것 같기도 했다. 긴 세월을 놓고 보면 짐승의 세계에서도 인간의 세계에서와 마찬가지로 어떤 문명화가 계속 진행되고 있지 않을까? 나는 그들이 자기 방어의 자세로 굴 속에 살면서 인간으로의 변신을 기다리는 원초적인 인간이라 생각했다.[8] 가끔 여우 한 마리가 내 집의 불빛에 이끌려 창문 가까이 왔다가 나를 보고 캥캥 짖고는 숲속으로 사라지는 때도 있었다.

동이 틀 무렵에는 붉은 다람쥐가 내 집 지붕 위를 돌아다니다가 벽의 위아래를 달음질치며 돌아다녔다. 나는 대개 이 붉은 다람쥐 때문에 잠을 깼다. 나를 깨우기 위해 일부러 숲에서 누군가가 보낸 것만 같았다. 겨울에 나는 종종 덜 여문 채로 거둬들인 옥수수를 반 부셸쯤 눈 위에 던져놓고 이 미끼에 끌려 다가오는 여러 동물들의 행동을 지켜보면서 즐거운 시간을 보내곤 했다. 해질 무렵과 밤에는 규칙적으로 토끼들이 와서 맛있게 식사를 했고 또한 온종일 붉은 다람쥐가 드나들며 여러 가지 몸짓으로 옥수수를 공략했다.

8) 1845년 12월의 일지(J 1:396)에 여우를 '희미한 인간, 난쟁이 인간 이전에 굴 속에서 사는 미완의 인간'으로 묘사한 은유가 있다.

다람쥐는 처음에 떡갈나무 관목이 있는 데서부터 조심스럽게 접근했다. 하지만 옥수수가 놓인 눈 근처에 와서는 마치 바람에 날린 나뭇잎처럼 팔짝팔짝 뛰어온다. 마치 내기라도 건 것처럼 놀라울 정도로 빨리 뒷다리를 움직여서 달리지만 단번에 2미터 이상 앞으로 나아가지는 않는다. 그러다가 갑자기 우스꽝스런 표정을 지으며 까닭 없는 재주넘기를 한 번 하고서 그 자리에 딱 멈춰 선다. 그 동작이 마치 온 세상의 눈이 자기에게 집중되어 있는 것처럼 생각하는 것 같았다. 사실 가장 깊은 산 속에서도 다람쥐의 동작은 춤추는 어느 무희의 동작에 못지않게 관객을 의식하는 것처럼 보인다. 이렇게 머뭇거리고 주위를 살피는 데 드는 시간이 전 거리를 걷는데 — 나는 다람쥐가 걷는 것을 보지 못했지만 — 드는 시간보다 오히려 더 길다. 그러다가 갑자기 다람쥐는 눈 깜짝할 사이에[9] 어린 리기다소나무 꼭대기에 올라가서는 시계의 태엽을 감는 듯한 소리로 가상의 관객을 꾸짖는다. 그는 혼잣말을 하기도 하고 온 세상을 향해 이야기를 하면서 꾸지람을 했지만 사실 그래야만 할 이유를 나로서는 알 수가 없다. 하지만 그 자신은 그 이유를 알고 있는지 모를 일이다.

이윽고 다람쥐는 옥수수가 있는 곳으로 와서 적당한 옥수수 하나를 골라잡았다. 그러고 나서 전과 똑같이 방향을 알 수 없도록 삼각전진법으로 재빠르게 이리저리 왔다 갔다 하다가 결국 창문 앞에 있는 장작더미 위로 올라갔다. 놈은 창문을 통해 나를 한 번 힐끗 쳐다보더니 그곳에 몇 시간 동안 앉아 옥수수를 먹었다. 놈은 이따금 새 옥수수를 가져다 먹곤 하였다. 처음에는 탐욕스럽게 먹다가 다음에

9) 원문 before you could say Jack Robinson:18세기 후반부터 쓰이기 시작한 속어로 'instantly'(당장에, 곧, 즉시 등)의 의미로 쓰였다. 프랜시스 그로스의 《Dictionary of the Vulgar Tongue》(1811)에 의하면 '잭 로빈슨'이란 이름을 가진 아주 변덕스러운 사람이 있었는데 이웃집에 찾아가서는 자기 이름도 말하기 전에 사라지곤 한데서 생긴 말 (《A Dictionary of Slang》 by Paul Beale, 1989).

는 절반쯤 남은 것을 버리고 다시 새것을 가져갔다. 놈은 점점 입이 고급이 되어 결국 알갱이 속만을 맛보더니 이젠 그것을 가지고 장난을 하고 놀기 시작했다. 장작개비 위에서 앞발 하나로 균형을 잡아 붙들고 있던 옥수수자루가 방심하는 바람에 빠져서 땅으로 떨어졌다. 녀석은 뭐가 뭔지 모르겠다는 듯 우스꽝스러운 표정을 지으며 그것을 쳐다봤다. 마치 그것이 살아 있기라도 한 것이 아닌지 의심하며 그것을 다시 가져올까 아니면 새 옥수수를 하나 더 가져올까 아니면 그만 두고 갈까 마음을 정하지 못하는 것 같았다. 한순간 옥수수를 생각하다가도 바람결에 무슨 소문이 들려오는지 귀를 기울여 소리를 들으려 했다.

이렇게 해서 이 건방진 꼬마 녀석은 오후 한때 많은 옥수수를 낭비하다가는 마침내 자기 몸뚱이보다 상당히 더 크고 어느 정도 길고 통통한 한 개의 옥수수자루를 골라 능숙하게 균형을 잡은 다음 숲속으로 운반하기 시작했다. 마치 들소를 잡아가는 호랑이처럼 갈지자형으로 가다가 자주 멈추곤 했다. 자기 몸에 비해 너무도 무거운 듯 그것을 땅에 질질 끌고 가면서 줄곧 넘어졌다. 넘어지면서도 옥수수자루를 수직과 수평 사이의 대각으로 붙잡고 넘어지는 것으로 보아 어떻게 해서든 악착같이 끌고 갈 결심을 한 모양이다. 정말 별나게도 변덕스럽고 종잡을 수 없는 녀석이다. 결국 녀석은 자기가 사는 곳까지 끌고 가서 내려놓았거나 어쩌면 2,3백 미터나 멀리 떨어진 숲속의 소나무 꼭대기까지 가지고 갔을지도 모른다. 나는 그 뒤에 숲속 여러 곳에서 옥수수 속대가 흩어져 있는 것을 발견했다.

드디어 어치가 나타났다. 귀에 거슬리는 그들의 날카로운 울음소리가 들린 것은 오래전이었다. 그들은 2,3백 미터 떨어진 데서부터 조심스럽게 접근하고 있었던 것이다. 남의 눈을 피하듯 이 나무에서 저 나무로 옮겨 날면서 살그머니 다가와서 다람쥐가 흘린 옥수수 알갱이를 물어간다. 그리고는 소나무 가지에 앉아서 그 알갱이를 통째로 얼른 삼키려 들지만 너무 커서 목구멍에 걸려 숨이 막힌다. 그러면 그 녀석은 무진 애를 쓴 후에야 간신히 그 알갱이를 빼낸다. 그리고 잘게 쪼개기 위해 한 시간 동안이나 부리로 무수히 쪼아댄다. 이 녀석들은 분명 도둑들이다. 나는 이 녀석들을 크게 존중하지 않았다. 그러나 다람쥐는 처음에는 조심스러워하지만 곧 옥수수가 자기 것인 양 거리낌 없이 가져가는 작업을 하기 시작했다.

그런가 하면 박새도 떼지어 날아왔다. 그들은 다람쥐가 흘린 알갱이를 물고 가까운 나뭇가지로 날아가 자리를 잡았다. 발톱으로 알갱이를 붙잡고 마치 나무 껍데기에 들어있는 벌레인 양 부리로 쪼아서 그 가느다란 목구멍에 들어갈 수 있도록 잘게 부쉈다. 이들 꼬마 박새는 매일 몇 마리씩 무리지어 나의 장작더미에서 먹을 것을 찾거나 문앞에서 옥수수 부스러기를 주워 먹었다. 박새의 울음소리는 마치 풀잎에 맺힌 작은 고드름이 부딪칠 때 나는 희미한 짤랑 소리 같았다. 그러나 어떤 때는 기운차게 "데, 데, 데" 하는 소리로 울고, 좀 드문 일이긴 하지만 날씨가 봄날처럼 따뜻할 때는 여름철에 울듯이 금속성으로 "피, 피" 하는 날카로운 울음소리가 숲쪽에서 들려오기도 했다.

이놈들은 나와 아주 친숙해져 내가 장작을 한아름 안고 집안으로 들어가면 결국 놈이 아무 두려움 없이 그 장작 위에 내려앉아 나무를 쪼았다. 예전에도 내가 마을의 채소밭에서 김매기를 하고 있을 때 참새 한 마리가 잠시 내 어깨 위에 내려앉은 적이 있었다. 나는 그때 내가 어깨에 달 수 있는 어떤 훈장보다 그것이 더 영광스럽게 느껴졌다. 다람쥐 또한 이윽고 무척 친해졌다. 그놈이 가는 길에 내 발이 가까이 있으면 피해 가지 않고 내 신발을 밟고 그 위로 넘어가곤 했다.

아직 눈이 완전히 땅을 덮지 않은 이른 초겨울과 겨울이 끝나갈 무렵에는 내 집 근처의 남쪽 언덕 비탈과 내 장작더미 주위에 눈이 녹아 있을 때가 있다. 그런 때는 들꿩이 숲에서 나와 눈이 녹은 자리에서 먹이를 찾았다. 숲을 거닐다 보면 들꿩이 갑자기 후드득 날개를 치며 달아나기도 한다. 그러면 주위의 나뭇가지와 잎에 얹힌 눈이 햇빛을 받아 마치 체로 쳐낸 금가루처럼 쏟아져 내렸다. 이 용감한 새는 겨울을 무서워하지 않는 것 같다. 들꿩은 자주 눈 속에 파묻혀 있기도 하고, 또 "어떤 때는 공중에서 날다가 부드러운 눈 속으로 뛰어들어 그 속에서 하루나 이틀 동안 숨어서 지내기도 한다"고 한다.

나는 들꿩이 해질 무렵에 숲속에서 나와 들판에 있는 야생 사과나무의 새싹을 따먹고 있을 때 그들을 놀라게 하곤 했다. 그들은 특정한 나무를 정해 놓고 저녁마다 그곳에 규칙적으로 나타난다. 이런 곳에서 교활한 사냥꾼들은 그들을 잡으려고 숨어서 기다린다. 또한 숲에 가까이 있는 과수원들은 들꿩 때문에 적잖은 피해를 입는다고 한다. 그러나 나는 이 새가 그렇게라도 먹이를 얻는다는 것을 다행으로 여긴다. 나무의 새순과 맑은 물을 먹고 사는 들꿩은 자연의 여신에게 속해 있기 때문이다.

어두운 겨울 아침이나 또는 해가 짧은 겨울 오후에 나는 가끔 한 떼의 사냥개가 그들의 타고난 추적본능을 억제하지 못하고 요란한 소리로 짖어대며 숲을 누비고 다니는 소리를 듣곤 했다. 사람이 그 뒤를 따르는 듯 이따금 사냥 나팔을 부는 소리도 들렸다. 그때마다 다시금 숲이 쩡쩡 울렸다. 하지만 호숫가의 텅 빈 얼음판에는 여우 한 마리 뛰쳐나오지도 않았고 또한 악타이온[10]을 뒤쫓는 사냥개 한 마리도 나타나지 않았다. 어쩌면 저녁 때쯤에나 전리품으로 덥수룩한 여우꼬리 하나라도 썰매에 끌고 돌아와 여관을 찾는 것을 보게 될지도 모른다. 사냥꾼의 말에 의하면 만약 여우가 눈 속에 그대로 숨어만

10) Actaeon:그리스-로마 신화. 달의 여신 다이아나가 목욕하는 것을 보았기 때문에 그녀의 저주를 받아 사슴으로 변하여 결국 자기의 사냥개에게 살해된 사냥꾼.

있으면 안전할 것이고 아니면 직선으로 계속 도망치기만 해도 따라잡을 수 있는 사냥개는 없다는 것이다. 그런데 추적해 온 사냥개를 멀찌감치 뒤로 따돌리고 나서는 일단 멈춰 서서 귀를 기울이고 있으니 사냥개가 따라잡고 또 다시 달릴 때는 방향을 선회하여 자기 집이 있는 쪽으로 달리지만 그곳에서는 이미 사냥꾼들이 그를 기다린다는 것이다.

그러나 여우는 때로는 아주 긴 담장에 올라가 그 위를 달리다가 멀리 한쪽으로 뛰어내려 추격을 피한다. 또 물 속에 들어가면 사냥개가 자기의 냄새를 추적하지 못한다는 것도 알고 있는 것 같다. 어느 사냥꾼 한 사람이 내게 한 이야기다. 언젠가 한 번은 마침 월든 호수의 얼음에 낮은 물웅덩이가 형성되어 있을 때였는데 사냥개에게 쫓기던 여우 한 마리가 호수로 뛰어드는 것을 봤다는 것이다. 여우는 호수를 얼마간 건너다가 다시 호숫가로 되돌아왔다. 얼마 후에 사냥개들이 도착했지만 그곳에서 여우의 냄새를 잃어 더 이상 추적을 못하고 말았다는 것이다.

이따금 주인 없이 자기들끼리 사냥에 나선 사냥개 떼가 내 집 문 앞까지 와서 나는 안중에도 없이 미친 듯이 짖어댔다. 일종의 광기에 사로잡힌 것 같았다. 이런 때는 그 어떤 것도 이들의 추적을 가로막을 수 없을 것 같았다. 이런 식으로 사냥개는 여우가 지나간 마지막 흔적을 찾을 때까지 계속 한 지점을 빙빙 돈다. 현명한 사냥개는 이 목적을 위해서는 모든 것을 희생할 것이다.

어느 날은 렉싱턴[11]에서 사는 어떤 사람이 내 집에 찾아와서 그의 사냥개의 행방을 물었다. 발자국이 큰 개인데 일주일 전에 집을 나가 혼자서 사냥을 다닌다고 했다. 그러나 내가 그 개의 행방을 말해 주어

11) Lexington: 콩코드의 동쪽에 있는 소읍.

도 그에게는 별로 도움이 될 것 같지 않았다. 그의 질문에 대답하려고 할 때마다 그는 내 말을 가로막고 "선생은 여기서 뭘 하슈?" 하고 물었다.[12] 개는 잃었으나 사람을 발견했다는 표정이었으니 말이다.

극히 말수가 없고 나이가 많은 사냥꾼 한 분이 매년 한 번 물이 가장 따뜻할 때 월든 호수로 목욕을 하러 왔었다. 그런 때는 나를 보려고 내 집에 찾아오곤 했다.[13] 그분에게서 나는 다음과 같은 이야기를 들었다.

여러 해 전의 어느 날 오후 그가 엽총을 들고 사냥감이라도 있을까 하고 월든 숲으로 나갔다. 그가 웨이랜드[14] 마을로 가는 길을 걸어가고 있을 때 사냥개 짖는 소리가 들리더니 그 소리가 점점 더 가까워졌다. 얼마 지나지 않아 여우 한 마리가 담을 넘어 길로 뛰어들었다. 그가 급히 총을 쐈지만 여우는 눈 깜짝할 사이에 길에서 맞은편 담을 뛰어넘었다. 그가 쏜 총알은 여우를 스치지도 못했다. 잠시 후에 늙은 사냥개 한 마리가 새끼 세 마리를 데리고 그 뒤를 추적해 오다가 다시 숲으로 사라졌다. 그 개들은 주인의 지시 없이 제멋대로 사냥에 나섰던 것이다.

그날 오후 늦은 시각에 그가 월든 호수 남쪽의 숲이 무성한 곳에서 쉬고 있을 때, 멀리 페어헤븐 쪽에서 아직도 그 여우를 쫓고 있는 것인지 사냥개 짖는 소리가 들렸다. 개들이 가까이 오는지 짖는 소리가 온 숲을 울려대며 점점 더 가까이 들려왔다. 어떤 때는 웰메도우[15] 쪽에서 들리는가 하면 또 어떤 때는 베이커 농장 쪽에서 들렸다. 한참 동안 그는 우두커니 서서 그 소리에 귀를 기울이고 있었다. 그 소리

---

12) 구체적인 대화는 그의 일지(J 1:398~99)에 있다.

13) 소로의 1852년 7월 8일의 일지(J 4:202)로 미뤄 그의 오랜 친구 조지 미노트로 추정된다.

14) Wayland: 콩코드 남쪽, 이스트 서드버리 동쪽에 있음.

15) Well-Meadow: 월든에서 남쪽으로 1마일 떨어진 페어헤븐 연안의 초원.

는 사냥꾼의 귀에는 더할 나위 없이 감미로운 음악이었다.

그때 갑자기 여우가 나타났다. 그는 가볍게 달리는 속도로 음침한 풀숲 사이를 이리저리 꿰뚫었지만 숲을 헤치는 소리는 그를 동정하듯 살랑거리는 마른 나뭇잎소리 덕분에 드러나지 않았다. 그는 땅에 계속 달라붙어서 민첩하고 조용하게 그의 추격자들을 멀리 떼어놓았던 것이다. 그리고서 그는 나무 사이에 있는 바위로 껑충 뛰어오르더니 몸을 세우고 곧추앉아서 열심히 귀를 기울이고 있었다. 한데 그의 등이 사냥꾼 쪽을 향하고 있었던 것이다.

잠시 연민의 감정이 일어난 사냥꾼은 팔을 움직이지 않았다. 그러나 그것은 짧은 순간의 감정이었다. 그는 눈 깜짝할 사이에 총을 들어 조준했다. '탕' 하는 소리와 함께 바위에서 굴러 내린 여우는 땅에 떨어져 죽어있었다. 사냥꾼은 그 자리에 계속 우두커니 서서 사냥개의 소리에 귀를 기울였다. 그 소리는 점점 가까이 들려왔다. 이제 사냥개들이 악마같이 우짖는 소리가 주위의 숲을 뒤흔들었다.

이윽고 어미 사냥개가 땅에다 코를 대고 킁킁대기도 하고 혹은 악마에 씌운 듯 허공을 물어뜯으면서 나타나더니 곧바로 바위 쪽으로 달려갔다. 그리고 죽어 있는 여우를 보고서 갑자기 모든 사냥 동작을 멈췄다. 너무도 놀란 어미 사냥개는 마치 벙어리라도 된 듯 소리 없이 여우 주위를 빙글빙글 맴돌았다. 그 동안 새끼들도 차례로 도착했다. 어미와 마찬가지로 그들도 영문을 알 수 없다는 듯 놀란 표정으로 엄숙하게 침묵을 지켰다.

그제야 사냥꾼은 앞으로 나아가 사냥개들 가운데로 들어섰다. 이제 사냥개들의 의문이 풀린 것이다. 사냥꾼이 여우의 껍질을 벗기는 동안 개들은 소리 없이 옆에 앉아 있었다. 그가 마을로 발걸음을 옮기자 여우꼬리 뒤를 조금 따라오다가 이윽고 다시 숲속으로 사라졌다.

그날 저녁 웨스턴 마을의 유지[16] 한 사람이 이 콩코드 마을의 사냥꾼 집으로 찾아와서 자기 사냥개들에 대한 소식을 물었다. 그 개들은 웨스턴 숲에서 시작해서 1주일째 자기들끼리 사냥을 하는 중이라 했다. 이 콩코드의 사냥꾼은 자기가 아는 대로 이야기해 주고 그 여우의 껍질을 내주며 그 개들이 잡은 것이나 다름없으니 가져가는 것이 어떻겠느냐고 말했다. 그러나 그 사람은 이를 거절하고 사냥꾼의 집을 떠났다. 그는 그날 저녁 자기 개들을 찾지는 못했지만 그 개들이 강 건너 어느 농가에 들러 먹을 것을 배불리 얻어먹고 다음날 아침 일찍 그 집을 떠났다는 소식을 들을 수 있었다.

앞의 이야기를 해준 그 사냥꾼은 또 페어헤븐 산에서 전에 곰 사냥을 해서 그 가죽을 콩코드 마을로 가져와 럼주와 바꾸곤 했다는 샘 너팅이란 사람을 알고 있었다. 그 산에서 그 사람이 무스 사슴을 보기까지 했다고 자기에게 말해주었다고 했다. 너팅은 '버고인'이라는 이름을 가진 유명한 여우사냥개 한 마리를 가지고 있었고, — 그분은 '버긴'이라 발음하는데 — 그 버고인이란 개를 직접 빌리곤 했다는 것이다.[17]

예전에 이 마을에 상인 한 사람이 살았다. 그는 전직 대위였고 읍사무소 서기 겸 주의회 의원이기도 했다. 나는 그의 '거래 장부'[18]에서 이런 기록을 발견했다. 1742~43년 1월 18일, '존 멜빈, 대변. 회색 여우 한 마리, 2실링 3펜스.' 이 회색 여우는 이 지방에서는 이제는 볼 수 없다. 또 그의 1743년 2월 7일 자의 기록에는 헤스키야 스트래턴으로부터 '고양이 가죽 절반에 1실링 4 1/2펜스'로 샀다고 되어 있다. 물론 들고양이일 것이다. 왜냐하면 스트래턴은 옛날 영국-프

16) Weston:콩코드 남동쪽의 이웃 마을. 본문 Weston Squire는 헨리 필딩의 소설 〈톰 존스〉에 나오는 인물 '스퀘어 웨스턴'을 빗댄 언어유희이기도 하다.

17) 이 내용은 그 1853년 3월 10의 일지(J 5:16)에도 기록되어 있다.

18) 원문 Wast Book:콩코드 전쟁 당시 대위이었던 에브라임 존스(1705~56)의 것으로 소로의 1854년 1월 27일 일지에 자세히 기록되어 있고, 1월 31일, 2월 5일의 일지(J 6:77)에도 언급되어 있다.

랑스 전쟁[19]에 중사로 참전한 사람인데 집고양이 따위를 잡아서 팔리가 없기 때문이다. 또 사슴 가죽도 사들였다는데 그 당시에는 거의 매일 거래되었다고 한다.

마을의 어떤 사람은 이 지방에서 마지막으로 잡은 사슴의 뿔을 아직도 보관하고 있고, 또 한 사람은 그 마지막 사냥에 자기 아저씨도 끼였었다고 하면서 그 사냥에 대한 이야기를 내게 상세히 들려주기도 했다. 이 지방의 사냥꾼들은 전에는 수도 많았고 무척 재미있는 사람들이었다. 아직도 나는 몸이 바싹 여윈 니므롯[20] 같은 사냥꾼 한 사람을 기억하고 있다. 그는 길가의 나뭇잎을 따서 그것으로 곧잘 피리를 만들어 불곤 했다. 내 기억으로 그 소리는 그 어떤 사냥 나팔보다 구성지고 흥겨웠다.

달 밝은 한밤중에 숲속을 거닐다 보면 이따금 사냥개들을 만나는 경우도 있다. 그들은 내가 두려운 듯 길옆으로 피하여 내가 지나갈 때까지 소리 없이 덤불 속에 서 있곤 했다.

다람쥐와 들쥐들은 내가 보관해 둔 호두를 놓고 서로 다퉜다. 내 집 둘레에는 직경 1인치에서 4인치되는 리기다소나무들이 수십 그루 있었다. 지난 겨울에 이것들을 들쥐가 많이 갉아먹었다. 지난 겨울에는 눈이 많이 내린데다 오랫동안 녹지 않고 쌓여 있어서 들쥐들에게는 노르웨이의 겨울만큼이나 힘들었던 모양이다. 그래서 들쥐들은 다른 식량과 섞어먹는 소나무 껍데기의 비율을 더 크게 늘릴 수밖에 없었을 것이다. 들쥐들이 몸통 둘레의 껍질을 완전히 갉아 먹었지만 이 리기다소나무들은 여전히 살아서 한여름에는 싱싱했고 대부분은 1피트쯤 더 자라기까지 했다. 그러나 다음 겨울이 지나면 이런 나무들은 예외 없이 모두 다 죽고 말았다. 위아래로 갉아먹으면 살 수도

---

19) 원문 the old French War:당시 영국과 프랑스 · 인디언 연합군과의 전쟁(1754~63).
20) Nimrod: 《구약성서》 〈창세기〉 10:8~9. 여호와께서도 알아주시던 힘센 사냥꾼.

있는데 그렇지 않고 한 곳을 빙 둘러서 갉아먹기 때문이었다. 이처럼 작은 들쥐 한 마리에게 식량으로 그 커다란 소나무 하나가 완전히 허용된다는 사실은 주목할 만하다. 그러나 어쩌면 밀집해서 빈약하게 성장하는 경향이 있는 나무들이니 미리 솎아내기 위해서는 이런 일이 꼭 필요할지도 모른다.

나는 산토끼들과도 무척 친숙해졌다. 산토끼 한 마리가 내 집 밑에 집을 짓고 겨우내 살았다. 그와 나 사이에는 오직 마룻장 하나뿐이어서 내가 매일 아침 일어나 움직이기 시작하면 그놈이 급히 밖으로 나가려다 머리를 마루 판자에 쾅쾅 찧곤 하는 바람에 나는 깜짝깜짝 놀라곤 했다. 날이 어둑어둑할 때면 산토끼들은 내 집 문 앞으로 몰려와서 던져놓은 감자 껍질을 먹었다. 이놈들은 땅의 색깔과 거의 비슷해서 움직이지 않을 때는 거의 알아볼 수가 없었다. 황혼이 질 때 바로 내 창문 밑에 움직이지 않고 앉아 있는 토끼 한 마리를 보고 있노라면 어떤 때는 보였다가 또 어떤 때는 보이지 않곤 했다. 저녁에 문을 열고 밖으로 나가면 이놈들은 끽끽 소리를 치고 뛰어 달아나곤 했다.

가까이 있는 토끼는 그저 연민의 감정을 불러일으킬 뿐이다. 어느 날 저녁, 토끼 한 마리가 나와 불과 한두 발짝 떨어진 문 옆에 앉아 있었다. 나를 보자 처음에는 두려워 몸을 부들부들 떨면서도 움직일 엄두를 못내는 것이었다. 이 불쌍하기 짝이 없는 작은 동물은 여위고 앙상한 몸집에 너덜너덜한 귀와 뾰족한 코, 성장하다만 빈약한 꼬리, 가늘고 작은 앞 다리를 지녔다. 이것을 보고 있으면 자연이 마치 이젠 더 이상 튼튼한 동물은 낳을 수가 없어서 극심한 피로로 넘어질 듯 아슬아슬하게 서 있는 것만 같다는 생각이 든다. 어리고 어린 그 큰 눈은 수종에라도 걸린 듯 부어있었다. 그러나 내가 한 걸음 다가가자 산토끼는 — 이 어찌된 일인가! — 용수철이 튀듯 몸을 쭉 뻗어 우아하게도 눈 위를 사뿐히 넘어서 순식간에 숲속으로 사라졌다. 자유로운 야생동물이 자신의 활력과 자연의 권위를 확인시켜주는 순간이었다. 그의 가냘픈 몸에도 이유가 없는 것이 아니다. 경쾌함이 토끼의 천성인 것이다. (라틴어로 토끼를 '레푸스(lepus)'라고 하는데, 그 어원이 '경쾌한 발'에서 유래했다고 생각하는 학자도 있다.)

토끼와 들꿩이 없는 시골이라면 무슨 가치가 있겠는가? 그들은 가장 소박하고 토착적인 동물들이다. 그들은 예나 지금이나 잘 알려져 있고 옛날부터 존경받는 종족이다. 그들은 자연 자체의 색과 천성을 그대로 지니고 있다. 그들은 나뭇잎이나 흙과 가장 흡사하고 그들 서로의 사이도 가장 가까이 닮아있다. 한쪽은 훌륭한 날개를 그리고 다른 한쪽은 훌륭한 다리를 가진 것이 다를 뿐이다.

우리가 토끼나 들꿩이 갑자기 푸드득 사라지는 것을 볼 때는 어떤 야생 동물을 본 것처럼 느껴진다기보다는 그저 살랑거리는 나뭇잎을 본 것처럼 자연스럽게 느껴진다. 지구상에 어떤 변동이 일어난다 하더라도 들꿩과 토끼는 땅의 진정한 토박이로서 계속 번성할 것이 틀림없다. 숲이 다 잘려 없어진다 하더라도 새싹과 수풀이 솟아나서 충분히 그들을 숨겨줄 것이고 또한 수도 전보다 더 많아질 것이다.

산토끼 한 마리 먹여 살리지 못하는 들판은 정말 메마른 땅일 것이다. 우리의 뉴잉글랜드에서는 소몰이 아이들이 잔가지로 엮어놓은 함정과 말총올가미가 도사리고 있긴 하지만 숲에는 산토끼와 들꿩이 많이 있고 어느 늪 주변에서나 들꿩이나 산토끼가 평화롭게 노니는 모습을 볼 수 있다.

제16장 겨울철의 호수[1)]

고요한 겨울밤이 지나고 날이 새는 어느 날 아침, 나는 잠 속에서 어떤 질문을 받고 답을 하려고 헛되이 애만 쓰다만 아쉬운 기분으로 눈을 떴다. 그 질문이란 무엇을 — 어떻게 — 언제 — 어디서 — 와 같은 것들이었다. 그러나 모든 생물이 사는 대자연이 밝아오면서 조용하고 만족스러운 표정으로 그녀가 나의 넓은 창문을 들여다보고 있었지만, 그녀의 입술에는 아무런 질문이 없었다. 그 질문에 대해서는 이미 해답이 되었음을 깨닫고 나는 대자연과 햇빛에 눈을 떴다.

어린 소나무들이 점점이 서 있는 대지에 깊이 쌓인 하얀 눈과 내 집이 서 있는 바로 그 산비탈까지도 "앞으로 전진!" 하고 나를 부추기는 것 같았다. 대자연은 인간에게 질문을 하는 일이 없다. 인간이 묻는 질문에 대답하는 일도 없다. 자연은 이미 오래전에 그렇게 하기로 결심했던 것이다.

> 오, 왕이시여! 우리의 눈은 이 우주의 경이롭고 다양한 광경을 찬미하는 마음으로 바라보고 이들을 우리의 영혼에 전달합니다. 물론 밤은 이

---

1) 이 장은 이 책의 철학을 전체적으로 드러내고 있다고 보는 학자들도 있다. 참고: 짐 S. 보크(Borck)과 헐버트 B. 로스차일드 주니어의 《Texas Studies in Literature and Language 20》 (1978)의 〈Meditative Discoveries in Thoreau's 'The Pond in Winter'〉 93~106, (Harding).

영광스러운 창조의 일부를 베일로 가리는 것은 사실입니다. 그러나 낮이 오면 대지에서 하늘의 평원으로까지 펼쳐지는 이 위대한 작품을 우리에게 드러내 보입니다.[2)]

이제 나는 나의 아침 일로 향한다. 그 위대한 광경이 꿈이 아니기에 나는 먼저 도끼와 물통을 들고 물을 찾아 나섰다. 추운 밤에 눈이 내린 뒤 다음날 물을 찾으려면 탐지 막대가 필요했다. 공기의 작은 움직임에 그처럼 민감하고 모든 빛과 그늘을 반영하던 호수의 유동적인 수면은 해마다 겨울만 되면 1피트나 1.5피트 두께로 얼어서 아무리 무거운 마차가 지나가도 끄떡없다. 어떤 때는 그 얼음 위에 다시 그만한 두께의 눈이 쌓여 호수는 다른 들판과 구별할 수 없게 된다. 주변의 산에서 사는 우드척처럼 호수는 그 눈꺼풀을 내리고 3개월 혹은 그 이상의 겨울잠에 들어간다.

나는 마치 산으로 둘러싸인 목장에라도 서 있는 것처럼 눈 덮인 평원에 서서 먼저 1피트 깊이의 눈을 뚫어 길을 내고 다시 1피트 두께의 얼음을 깨고 내 발 밑에 호수의 창문을 낸다. 그리고 무릎을 꿇고 물을 마시면서 그 창문을 통해 물고기들의 조용한 거실을 들여다본다. 호수 속은 우윳빛 창유리를 통해 들어온 광선처럼 부드러운 광선이 사방을 밝혀주고 있다. 밝은 황금색 모래 바닥은 여름에 본 것과 다름이 없다. 그곳은 물결이 영원히 일지 않는 맑고 고요한 분위기가 지배하고 있다. 마치 노을진 황갈색 하늘의 분위기와 같다. 그곳의 주민인 물고기의 시원스럽고 한결같은 기질에도 어울린다. 천국은 머리 위에만 있는 것이 아니라 발 아래에도 있다.

이른 아침에 모든 것이 서리로 꽁꽁 얼어있는데도 사람들은 낚싯

---

2) 인도의 두 대서사시 중 하나인 《마하바라타(Mahabharata)》의 부록인 〈Harivansa〉에서 나옴(Stern). 소로는 프랑스어로 된 이 경전을 읽고 번역하였다. 랑굴루아의 《Harivansa, ou Histoire de la Famille de Hari》 (Paris, 1834,) 2:361(Cramer).

줄과 가벼운 점심 도시락을 들고 와서 눈 덮인 들판에 구멍을 뚫고 가는 줄을 늘어뜨려 창꼬치나 농어를 잡는다. 그들은 야성적인 사람들이다. 그들은 본능적으로 마을 사람들과 다른 유행을 좇고 마을 사람들이 신봉하는 것과는 다른 권위를 신봉하는 사람들이다. 어쩌면 끊어져 버릴지도 모르는 마을과 마을 사이의 유대가 이들의 내왕으로 인해 부분적으로라도 이어지고 있는지도 모른다.

그들은 두꺼운 겨울 털외투를 걸치고 마른 떡갈나무 잎을 깔고 호숫가에 앉아 점심을 먹는다. 마을 사람들이 인공적인 것에 밝다면 그들은 자연에 얽힌 지식에 밝은 사람들이다. 그들은 결코 책에 의존하는 일이 없다. 말하는 것보다 더 많은 일을 직접 실천한다. 그들이 이미 하는 일 중에는 마을 사람들이 전혀 생각하지 못하는 일도 있다.

여기 예를 들어 그들 중에는 다 큰 민물농어를 미끼로 창꼬치고기를 낚는 사람이 있다. 그의 낚시 통을 들여다보라. 마치 여름철에 어느 호수를 들여다보는 것만 같아 경탄을 금치 못할 것이다. 그는 여름을 집에 가두어놓았다가 다시 가지고 나왔거나 아니면 여름이 어

디쯤에 물러나 있는지를 알고 있는 것만 같다. 아니, 어떻게 한겨울에 이렇게 많은 물고기를 잡았을까? 아, 그야 그 사람은 땅이 얼어붙어 있을 때는 썩은 통나무에서 벌레를 잡아 그것을 미끼로 이렇게 물고기를 잡는다. 그의 생활은 그 자체가 어느 박물학자의 연구보다 자연 속에 더 깊숙이 침투되어 있다. 그러니 그 자신이 박물학자의 연구 대상이다. 박물학자는 아마도 벌레를 찾기 위해 주머니칼로 이끼와 나무 껍데기를 가만 가만 들춰 볼 것이다. 하지만 그 낚시꾼은 도끼로 통나무를 속까지 빠개 이끼와 껍데기를 멀리 튀게 하고 벌레를 줍는다. 그는 나무 껍데기를 벗기는 것으로 생계를 꾸린다. 그런 사람은 물고기를 잡을 어떤 권리가 있다. 나는 자연의 섭리가 그를 통해서 이행되는 것을 보고 싶다. 민물농어는 유충을 삼키고, 창꼬치고기는 민물농어를 삼키고, 낚시꾼은 그 창꼬치고기를 삼킨다. 이렇게 생물의 각 단계의 모든 틈이 메워져 있다.

안개 낀 날씨에 호수 주위를 거닐면 소박한 낚시꾼들이 원시적인 방법으로 고기를 잡는 모습이 나를 때때로 즐겁게 해준다. 얼음에 작은 구멍을 내고 그 위에 오리나무 가지를 걸쳐 놓은 것이 2,30미터의 일정한 간격으로 호숫가에 줄지어 있다. 낚싯줄이 물 속으로 끌려 들어가지 못하도록 줄 끝에 오리나무를 묶어놓는다. 그리고 낚싯줄의 느슨한 부분은 얼음 위 1피트 혹은 그 이상의 높이로 오리나무의 작은 가지에 걸쳐놓고 그 줄에 마른 떡갈나무 잎을 하나 달아놓는다. 그러면 고기가 물었을 때는 그 잎이 아래로 끌려가기 때문에 곧바로 알게 된다. 그래서 호수 주위를 반 바퀴만 돌아보면 이와 같이 일정한 간격으로 서 있는 오리나무 가지들이 안개 속에서 아련하게 나타나는 것을 보게 된다.

아, 월든의 창꼬치고기들! 이들이 얼음 위에나 얼음웅덩이 안에 누워있는 것을 보면 마치 전설에나 나오는 물고기인 것만 같다. 나는 언제나 그 보기 드문 아름다움에 감탄을 금치 못한다. 마치 아라비아가 콩코드의 생활에 이색적이듯 그들은 도시의 거리에서 멀고, 심지어 숲과도 그만큼 멀게 느껴질 정도로 이색적이다. 그들은 정말 눈부시게도 초월적인 아름다움을 지녔다. 그 아름다움은 거리에서 명성의 나팔을 불어대는 대구나 또 다른 물고기[3]와는 비교가 되지 않는다. 이 창꼬치고기에 비하면 그들은 시체나 다름없다.

창꼬치고기의 색깔은 소나무 같은 초록색도 아니고 돌처럼 회색도 아니다. 그렇다고 하늘처럼 푸른색도 아니다. 비교할 만한 색깔이 있는지 모르지만 혹시 있다면 내 눈에는 꽃이나 보석처럼 보다 더 희귀한 색일 것이다. 그들은 진주들이다. 그들은 월든 호수의 물이 동물로 바뀐 핵이다. 아니 그들은 월든 호수의 결정체다.

그들은 물론 겉도 속도 철저히 월든 호수다. 동물의 왕국에서는 그들 자체가 작은 월든 호수들이다. 그들은 월든 호수의 주민인 동시에 청빈을 신봉하다 희생된 월든시즈[4]들이다. 그들이 여기서 잡힌다는 사실은 놀라운 일이다. 그것만이 아니라 바로 옆에 있는 월든 길을 오고가는 짐마차들과 경마차들이 덜컹거리는 소리와 썰매에 매달려 딸랑대는 방울소리 또한 요란한데, 그 밑에서 멀리 떨어져 이 깊고 넓은 샘에서 이 커다란 황금의 에메랄드 빛 물고기들이 헤엄치고 있다는 사실이 또한 놀랍기만 하다. 나는 어느 시장에서도 이 창꼬치고기를 본 적이 없다. 만일 시장에 나왔다면 만인의 주목을 받았을 것이다. 한데 밖으로 잡혀 나온 그들은 몇 번 경련의 몸부림을 치고서 마치 사람이 임종을 앞두고 공기가 희박한 하늘로 옮겨가는 것과 같

---

3) 원문 fame is trumpeted:당시 어물상이나 어물행상들은 '물고기 모양의 나팔'을 거리에서 불고 다녔다.

4) Waldenses:1170년경 남프랑스에서 피터 왈도가 창시한 기독교의 일파인 '발도파'. 가톨릭 교회의 관행에 반대하고 초기 기독교도와 같은 청순한 생활을 주창하다 이단으로 몰려 그 신도들은 16~17세기경에 혹독한 박해를 받았다. 발음이 같은 라틴어 접미사 -ensis는 '주민' 즉 '월든 사람'이란 뜻을 암시한 언어유희.

이 정말 쉽게도 물 속의 혼을 포기한다.

나는 오랫동안 잃어버린 채로 지내온 월든 호수의 밑바닥을 되찾고 싶었다. 그래서 1846년 초, 얼음이 녹기 전에 나침반과 쇠사슬과 깊이를 재는 줄로 호수 바닥을 면밀하게 측정했다.[5] 그 동안 호수 밑바닥에 대해서는 바닥이 있다느니 없다느니 하는 의견이 분분했다. 그러나 믿을 만한 근거가 있는 것은 아니었다. 사람들이 수심을 재보려 하지도 않고 호수에 바닥이 없다고 오랫동안 믿는 것을 보면 그저 놀라울 따름이다. 이처럼 바닥이 없다고 소문이 난 호수를 나는 단 한 번의 산책으로 이 콩코드 주변에서만 두 군데나 가본 적이 있다.

많은 사람들이 월든 호숫가 지구 반대편으로 뚫려 있다고 믿어왔다. 어떤 사람들은 들어가 마차를 몰고 갈 사람만 있다면 '건초를 실은 수레 하나는 통과할 수도 있는' 커다란 구멍을 여러 개 보았고 그 구멍들은 이 지역에서 황천으로 가는 스틱스 강[6]의 원천이고 관문임이 틀림없다고도 했다. 그 사람들은 호수의 얼음판에 오랫동안 납작하게 엎드려 이렇듯 어리둥절한 물 속을 그것도 어쩌면 물기 어린 몽롱한 눈으로 내려다보다가 감기라도 들까 겁이 난 나머지 그만 성급한 결론을 내린 사람들이다.

또 어떤 사람들은 마을에서 '56파운드짜리 추'와 1인치 지름의 밧줄을 한 수레 싣고 갔지만 호수 바닥을 찾는데 실패했다. 왜냐하면 그들은 '56파운드짜리 추'가 바닥에 닿아 있는데도 쓸데없이 줄을 마구 풀어 넣었기 때문이었다. 그러니 그들은 결국 경이로움을 무한정으로 받아들이는 자기들의 능력의 깊이를 측정한 셈이었다.

---

5) 1939년에 이 측량과 분석을 재검하여 그 정확성을 확인, 육수학陸水學의 효시임이 인정되었다(Harding).

6) Styx:그리스 신화. 지옥의 강. 동양의 삼도천三途川에 해당됨.

그러나 나는 월든 호수가 상당히 견고한 바닥을 지니고 있고 또한 다른 호수보다 무척 깊기는 하지만 그렇게 터무니없이 깊은 것도 아니라고 독자들에게 확실히 말할 수 있다. 나는 대구잡이용 낚싯줄에 1파운드 반 정도의 돌멩이를 달아서 어렵지 않게 호수 밑바닥을 측정할 수 있었다. 일단 바닥에 닿은 돌을 다시 끌어올릴 때 그 돌이 바닥에서 떨어지는 순간을 나는 정확히 감지할 수 있었다. 돌이 바닥에서 떨어지면서 물의 부력을 받기 이전에는 그 후보다 그만큼 더 힘을 들여 세게 당겨야 했기 때문이었다.

가장 깊은 곳은 정확히 102피트였다. 거기에 그 후에 물이 5피트 불어났으니 107피트가 될 것이다. 면적이 이처럼 작은 호수로서는 놀랄 만한 수심이 아닐 수 없다. 하지만 막연한 상상으로 이 수치에서 단 1인치라도 에누리해서는 안 된다.

한데 모든 호수의 수심이 다 낮다면 어떻겠는가? 그것이 사람의 마음에 영향을 주지는 않을까? 다만 나는 이 호수가 하나의 상징으로서 깊고 맑게 만들어진 데 감사할 따름이다. 인간이 '무한성'을 믿고 있는 한 바닥이 없는 호수들이 여전히 존재할 것이 아니겠는가?

어떤 공장 주인은 내가 측정한 호수의 깊이에 대한 이야기를 듣고 그럴 리가 없다고 했다. 댐에 대한 자신의 지식으로 판단하면 그렇게 모래가 가파른 각도로 놓일 수 없다는 것이다. 그거야 가장 깊은 호수일지라도 대부분의 사람들이 상상하는 것만큼 넓이에 비해서 그렇게 깊지는 않다. 만약 물을 다 퍼내면 대단한 골짜기가 드러나지는 않을 것이다. 그들은 산 사이에 끼어있는 컵과 같은 형태는 아니다. 이 호수만 하더라도 넓이에 비해 보통 이상으로 깊기는 하지만 중심을 통한 수직 단면으로 보면 얕은 접시와 비슷한 모양보다 더 깊지는 않을 것이다. 거의 모든 호수들은 물을 다 퍼낸다면 우리가 흔히 보는 초원 이상으로 깊이 패여 있지는 않을 것이다.

풍경에 관한 글로 무척 찬양을 받았고 대체로 아주 정확히 묘사하기로 유명한 윌리엄 길핀[7]은 스코틀랜드에 있는 록 파인[8]을 '깊이 60~70길, 폭 4마일에 길이 50마일의 염수만이고' 사방이 산으로 둘려있다고 묘사한 뒤, 그만의 관문에 서서 그 감상을 다음과 같이 말했다. "만일 우리가 이것을 홍적기의 지층 함몰이나 혹은 그때에 일어난 자연의 격동 직후 그 안으로 물이 몰려들어오기 직전에 볼 수 있었다면 그것은 틀림없이 끔찍이도 무서운 깊은 구렁으로 나타났을 것이 아닌가!"

위로 높이 산이 치솟은 만큼
아래로 깊이깊이 내려앉은 텅 빈,
그 넓고, 깊고, 광활한 물 밑 바닥이 되고, …….

그러나 록 파인의 가장 짧은 지름을 기준으로 그 비율을 월든 호수에 적용하면 우리가 월든 호수의 수직 단면에서 이미 보았듯이 얕은 접시 모양이었는데, 록 파인 만은 월든 호수에 비해 그 깊이가 4분의 1밖에 되지 않는 것으로 보일 것이다. 하지만 이 록 파인의 물이 다 빠졌을 때 거기에 드러날 그 무시무시하게 보일 '무서운 구렁'에 대해서는 이쯤 해두자. 왜냐하면 지금 미소 짓고 있는 많은 계곡들과 옥수수 밭이 펼쳐있는 곳이 실은 정확히 그와 같은 하나의 '무서운 구렁'에서 물이 빠져나간 자리라는 것은 의심할 나위가 없기 때문이다. 한데 옛 생각을 의심할 줄 모르는 주민들에게 이 사실을 납득시키려면 지질학자의 통찰력과 천리안의 원대한 시력이 필요하기는 할 것

7) William Gilpin(1724~1804): 영국 저술가. 《Observations on the Highlands Scotland》(London, 1808) 2:4 참조. 아래의 시구는 존 밀턴(1608~74)의 〈실낙원〉 VII, 288-90에서 인용.

8) Loch Fyne: 스코틀랜드에서 가장 긴 만. 서남쪽 끝에 있음.

이다.

탐구적인 눈으로 본다면 낮은 평지의 언덕에서 원시시대에 호숫가였던 흔적을 종종 찾아낼 수도 있을 것이다. 평원이 높아졌다고 해서 원래 호수 밑바닥이 변한 내력을 완전히 숨길 수는 없기 때문이다. 도로공사를 하는 인부들이 잘 알고 있듯이 소나기 뒤에 생긴 진흙물 웅덩이를 보고서 땅이 패여 들어간 곳이 어디인가를 찾기는 무엇보다도 쉬운 일이다. 요는 상상력이란 것은 약간의 틈만 주면 대자연보다 더 깊이 잠수하기도 하고 더 높이 치솟기도 한다는 점이다. 그러니 대양의 깊이도 그 넓이에 비해 보면 어쩌면 대단치 않은 것일지도 모른다.

나는 얼음을 뚫고 호수의 깊이를 쟀기 때문에 얼음이 얼지 않는 항구를 측량하여 얻은 것보다 훨씬 더 정확하게 호수 밑바닥의 형태를 알 수 있었다. 놀랍게도 그 밑바닥은 대체로 고른 편이었다. 가장 깊은 곳이라도 햇빛과 바람에 노출되고 쟁기질로 더 평탄하게 되었을 대부분의 밭보다 오히려 더 평탄한 평지가 수 에이커나 되었다. 한 예로서 임의선상의 여러 지점의 깊이를 재어보았는데 30로드(약 150미터) 이내에서는 1피트 이상의 변화가 없었다. 그리고 대체로 중심부 가까이에서는 사방 어느 방향으로든 매 100피트에 해당된 부분에서 3,4인치 이내의 변화가 있을 뿐임을 나는 미리 계산할 수가 있었다. 어떤 사람들은 이 호수처럼 모래 바닥으로 된 고요한 호수에도 깊고 위험한 구멍이 있다고 버릇처럼 말하지만 이런 상황 하에서는 물의 힘으로 인해 모든 기복이 평평해진다.

호수 바닥의 규칙성과 그 바닥이 호안과 그 주변 산들의 형세에 대한 상응성에 있어 상당히 완벽하기 때문에 멀리 있는 갑은 맞은편 호숫가의 깊이에 반영되고, 또한 그 뻗은 방향도 대안을 관찰함으로써 알 수 있었다. 갑은 사주와 모래톱이 되고, 평지는 수심이 낮은 부분을 이루고, 계곡과 깊은 협곡은 수심이 깊은 곳과 해협이 된다.

나는 10로드(약 50미터)를 1인치로 축소한 호수의 지도를 작성하였다. 모두 100군데 이상의 수심을 측정하여 지도에 기입하면서 나는 다음과 같은 놀라운 일치성을 봤다. 수심이 가장 높은 수치는 분명히 지도의 중심부에 있는 것을 보고 나는 다시 지도 위에 자를 길이 방향과 폭 방향으로 놓아보았다. 이것으로 나는 놀랍게도 가장 긴 길이가 되는 선과 가장 긴 폭이 되는 선이 수심이 가장 깊은 점에서 정확히 마주친다는 사실을 알았다. 호수 중심부는 바닥이 거의 평면이고, 호수의 둘레는 매우 불규칙하며 또한 가장 긴 길이와 가장 긴 폭은 작은 만의 속까지 포함해서 잰 수치인데도 그렇다.

그래서 나는 혼자 중얼거렸다. 만일 이것이 암시하는 바에 의하면 호수나 웅덩이는 물론 대양의 가장 깊은 곳도 찾아낼 수 있을지 누가 아는가? 이것은 계곡의 반대라고 할 수 있는 산악의 높이에도 해당되는 규칙이 아닐까? 우리는 산기슭의 넓이가 가장 좁은 곳에 산이 가장 높이 솟아 있지 않다는 것을 알고 있다.

월든 호수에 있는 다섯 개의 만 가운데 세 개는 내가 깊이를 측정하였는데 그것들이 모두 입구를 똑바로 가로지른 방향으로 모래톱이 있는 것이 관찰되었다. 또 이곳보다 그 안쪽의 물이 더 깊다는 것을 알 수 있었다. 따라서 작은 만은 수평으로만이 아니라 수직으로도 육지 안쪽으로 물이 뻗혀서 일종의 내만內灣 혹은 독립된 호수를 형성하려는 경향이 있었다. 그리고 두 갑의 방향은 모래톱이 형성된 방향을 보여주는 것이었다.

해안의 모든 항구 역시 그 입구에 사주가 있다. 작은 만의 입구가 그 만의 길이에 비해 넓으면 넓을수록 그에 비례하여 사주 위의 수심은 만 안쪽의 수심에 비해 깊었다. 그렇다면 작은 만의 길이와 넓이 그리고 그 주위 호숫가의 특징에 대한 정보만 있으면 어떤 경우에 대해서나 하나의 공식을 세울 만한 모든 자료를 갖춘 것이나 다름없다.

나는 이 경험으로 호수 표면의 윤곽선과 그 호숫가의 특징을 관찰한 것만으로 그 호수의 가장 깊은 곳을 얼마나 정확하게 맞힐 수 있는지 보기 위해서 화이트 호수의 도면도 만들어보았다. 이 호수의 면적은 약 41에이커였다. 그리고 월든 호수와 같이 호수 내부에 섬이 없고 눈에 띄는 물의 유입구나 유출구가 없었다. 서로 거리가 가장 먼 곳을 잇는 선과 가장 가까운 곳을 잇는 선이 아주 가깝게 지나갔다. 거기서 마주 보는 두 갑은 서로 접근하고 또한 마주 보는 두 만은 서로 멀어지는 형태였다. 그래서 나는 후자인 짧은 선에서는 좀 떨어지고, 가장 먼 곳을 이은 긴 선 위에 있는 한 점을 최대 수심점이라고 대담하게 표시해 보았다. 나중에 조사해 보니 내가 표시한 곳에서 100피트 내의 지역이 가장 깊은 지역이었고 또한 내가 애초에 생각했던 방향에 있었다. 최대 수심은 내가 지적한 점의 수심보다 불과 1피트 더 깊은 60피트였다. 물론 호수 안에 조류가 흐른다든지 섬이 있는 경우에는 추정이 훨씬 더 복잡할 것이다.

우리가 대자연의 법칙들을 모두 다 안다면 다만 하나의 사실이나 하나의 실제 현상만으로 그 시점에서 일어나는 개개의 모든 결과를 추리할 수 있을 것이다. 그러나 현재 우리가 알고 있는 법칙은 몇 가지에 지나지 않는다. 그래서 우리가 추리한 결과들은 확실하지 않게 된다. 물론 그것은 대자연이 무언가 혼란스럽고 불규칙하기 때문이 아니다. 다만 계산에 없어서는 안 될 꼭 필요한 요소를 우리가 모르고 있기 때문이다. 법칙과 조화에 대한 우리의 개념은 일반적으로 우리가 찾아낸 소수의 예에 한정되어 있다.

그러나 겉으로 보기에 서로 모순되게 보이지만 실제로는 일치되는 법칙은 훨씬 더 많다. 다만 우리가 아직 찾아내지 못하고 있는 것이지 그 법칙들에서 생기는 조화는 훨씬 더 경이롭다. 개개의 특정 법

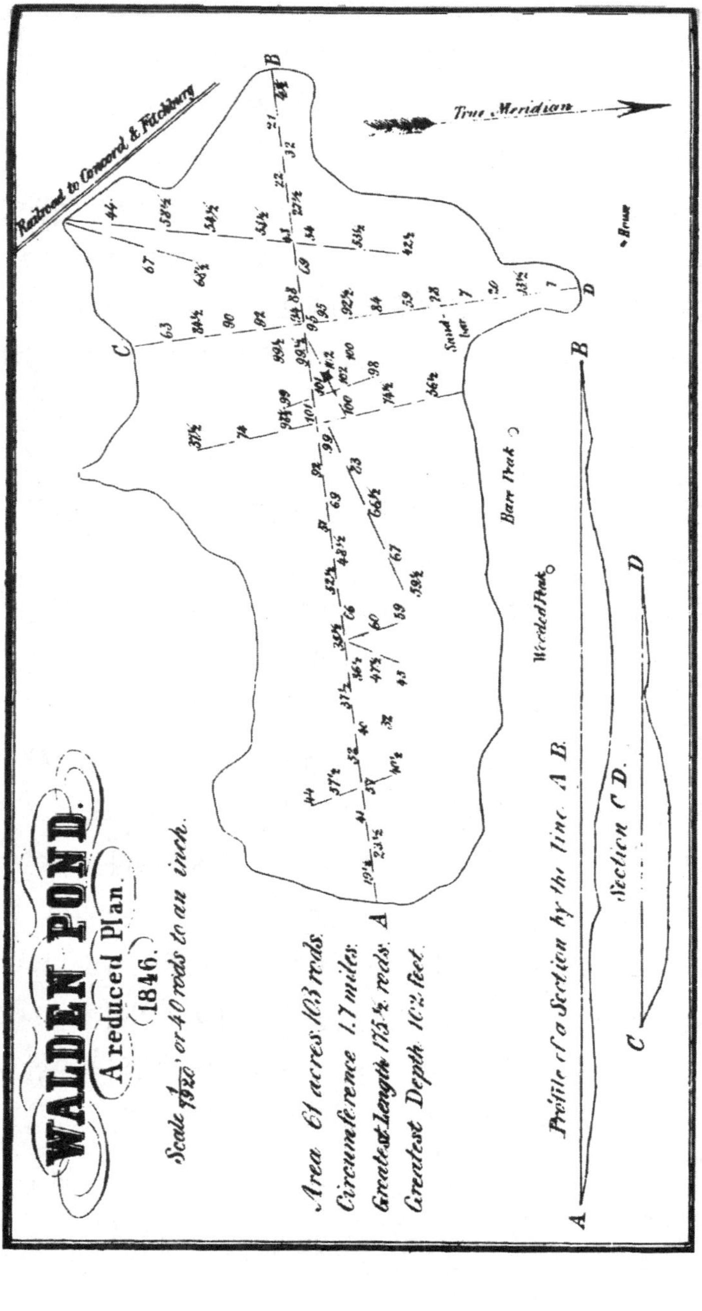
WALDEN POND.
A reduced Plan.
1846.
Scale 1/1920 or 40 rods to an inch.
Area 61 acres 103 rods.
Circumference 1.7 miles.
Greatest Length 175½ rods.
Greatest Depth 102 feet.
Railroad to Concord & Fitchburg
True Meridian
Bare Peak
Wooded Peak
Sand bar
Profile of a Section by the line A B.
Section C D.

칙은 마치 지나가는 나그네가 걸음을 옮길 때마다 산의 형태가 달라져 보이는 것과 같다. 산은 분명히 하나의 형태일 뿐이다. 그런데 우리의 시각에 따라 무수한 형태로 보인다. 산은 쪼개거나 구멍을 뚫는다 해도 그 전체가 파악되지 않는다.

내가 호수에서 관찰한 것은 인간의 도덕적 심성에서도 똑같이 관찰할 수 있을 것이다. 그것은 바로 평균의 법칙이다. 이와 같은 '두 지름의 법칙'이 우리를 태양계의 태양으로 그리고 인간의 심장으로 인도한다. 그뿐만 아니라 '두 지름의 법칙'에 의해 한 인간이 행한 그 날그날의 구체적인 일상 행동을 합한 집체의 길이와 폭이 그어지고, 그의 삶의 파도가 형성한 작은 만과 그 어귀의 길이와 폭에 어떤 선이 그어질 것이다. 그리고 그 두 선이 만나는 곳에 바로 그 사람의 심성의 높이와 깊이가 결정될 것이다.

우리가 한 인간의 깊이와 숨은 밑바닥을 추정하기 위해서는 어쩌면 그의 마음의 호수가 어떻게 기울어져 있고 또한 그가 접하는 고을의 환경이 어떤지를 아는 것으로 충분할지도 모른다. 만약 그의 환경이 고산준령의 높고 험한 산과 '아킬레스의 고향'[9] 처럼 험준한 해안으로 둘러싸여 있고 또한 그 산마루들이 그의 가슴에 그늘을 지우고 거기에 반영이 되어 있다면, 그의 내부에도 그에 상응하는 깊이가 있음을 암시해 준다. 반대로 낮고 평평한 연안으로 둘러있다면, 그 면에서는 그의 깊이는 크지 않음을 말해준다. 우리의 인체로 말하자면 대담하게 튀어나온 이마가 그에 상응하는 생각의 깊이를 시사해준다.[10] 우리 내부에 있는 하나하나의 작은 만들 즉 각각의 특수한 성향의 입구에도 또한 이를 가로지르는 어떤 모래톱이 있다. 그리고 그것

9) Achillean shore:아킬레스는 호메로스의 《일리아드》에 나오는 트로이 전쟁 때 그리스 군의 영웅으로 그리스 북동의 험준한 산간의 해안 지방인 테살리아에서 태어남.

10) 당시 미국에서 유행했던 사이비 과학인 '골상학'에서 사람의 성격이 그의 머리 형태와 어떤 관계가 있다는 주장을 인유한 것임(Harding).

은 어느 기간 동안에는 폭풍우를 피하는 우리의 항구 역할을 하게 되며 또한 우리는 그 안에 갇히게 되고, 부분적으로 외부의 물과 차단된다.

이와 같은 성향들은 대체로 그때그때 어떤 변덕에 의해 이루어지는 것이 아니다. 그 모양과 크기와 방향은 곧 즉 예로부터 오랜 세월에 걸쳐 이루어진 융기隆起의 축軸에 의해 결정된다. 그 모래톱이 폭풍우나 조류로 점차 높아지거나 혹은 물이 줄어들어 수면 위로 나오게 되면 한 사상이 일시 정박하고 있던 기슭에 불과했던 것이 이제 바다와 완전히 단절되어 하나의 독립된 호수가 되고 그 안에서 사상은 독자성을 확보하게 된다. 그것은 어쩌면 바다의 짠물에서 육지의 민물로 변할 수도 있고 또한 물맛이 좋은 담수호가 되거나 사해死海나 늪이 될지도 모른다.

각 개인이 이 세상에 출현할 적에 이와 같은 모래톱이 어딘가에서 수면에 도달한 것이라 생각할 수는 없을까? 사실 우리의 항해 기술은 어설프기 짝이 없다. 그렇기 때문에 우리의 사상은 흔히 항구 없는 해안에 닿았다 떨어졌다 할 뿐이다. 시詩라는 만의 얕은 가장자리에 근접할 뿐이거나 아무 배나 드나드는 자유항으로 키를 향하게 하여 과학이란 이름의 물 없는 선거장船渠場[11]으로 들어가서 세속에 맞도록 배를 수리하고 만다. 한데 그곳에는 그들을 개성화할 수 있도록 도와줄 자연의 조류는 존재하지 않는다.

월든 호수의 물이 흘러들어오는 입구와 흘러나가는 출구에 대해서 말하자면 나는 비나 눈이 오거나 증발하는 것 외에는 달리 아무것도 발견하지 못했다. 하지만 온도계와 낚싯줄만 있으면 그 장소를 어쩌

---

11) dry docks: 선박의 건조, 수리 또는 하역을 하기 위한 설비로 배를 물에 띄워놓고 작업하는 부선거浮船渠가 아니고 배를 넣은 다음 물을 빼서 건조한 상태로 작업하는 건선거乾船渠를 말함.

면 찾을 수 있을지도 모른다. 물이 호수로 들어오는 곳이 아마 여름에는 가장 차고 겨울에는 가장 따뜻할 것이기 때문이다.

얼음을 채취하는 인부들이 1846~47년에 이곳에서 작업을 할 때였다. 어느 날 호숫가로 옮겨놓은 얼음덩이를 마차에 싣던 인부들이 인수하기를 거부한 적이 있었다. 너무 얇아서 다른 얼음덩이와 함께 쌓을 수 없었기 때문이었다. 그래서 얼음을 절단하던 인부들은 호수의 어느 작은 장소에서 채취한 얼음이 다른 장소의 얼음보다 2, 3인치 얇다는 것을 알게 되었다. 그들은 그 지점에 물이 흘러들어오는 구멍이 있을 것이라 생각했다. 그들은 나를 얼음 덩어리에 태워서는 호수의 물이 '새는 구멍'이라고 생각되는 또 다른 장소를 보여주었다. 그들은 호수의 물이 이 구멍으로 스며들어 언덕 밑을 통해 가까운 풀밭으로 새나간다는 것이었다. 그것은 물 밑 약 10피트에 있는 작은 구멍이었다. 그보다 더 심하게 새는 구멍이 발견되지 않는 한 호수를 땜질할 필요는 없을 것이 확실했다. 어떤 이는 그와 같이 '새는 구멍'이 발견되면 그 구멍 입구에다 물감을 착색한 가루나 톱밥을 넣은 다음 저습지의 샘에 물을 거르는 장치를 설치해 놓으면 흐르는 물을 따라 운반된 가루가 걸릴 것이므로 물이 그곳으로 새는지 아닌지를 입증할 수 있을지도 모른다고 했다.

내가 호수를 측량하고 있는 동안 얼음은 두께가 16인치나 되는 고체인데도 조금만 바람이 불어도 물결처럼 파동을 일으켰다. 얼음 위에서는 측량에 쓰는 수평기를 사용할 수 없다는 것이 잘 알려져 있다. 얼음판 위에 눈금자를 세우고 지상에서 수평기로 측정해 보니 호수 기슭에서 1로드 떨어진 지점에 있는 얼음의 최대 파고가 3/4인치나 되었다. 얼음이 호숫가에 단단히 붙어 있는 것처럼 보였는데도 그런 수치가 나왔다. 아마 호수 중심부의 파동은 이보다 훨씬 높을 것이다. 만일 우리의 측정 기구가 보다 더 정밀하다면 지각地殼의 파동도 탐지해 낼 수 있을지 누가 알겠는가?[12] 수평기의 두 다리는 호숫가의 땅에 나머지 하나는 얼음 위에 놓고서 가늠자를 얼음판에 놓인 다리 쪽으로 향하게 하고 관측해 보니 얼음의 극히 미세한 상하 부동이 호수 건너편의 나무에서는 수 피트의 차이로 나타났다.

물의 깊이를 재기 위해 얼음에 구멍을 뚫을 때 보니 얼음을 덮고 있는 두툼한 눈 밑에는 물이 2, 3인치나 괴어 있었다. 그러나 이 물은 내가 판 구멍으로 곧장 흘러들어가면서 깊은 수로를 만들고 또한 이틀 동안이나 계속 흘렀다. 이는 사방의 얼음을 침식하는 작용을 했으며 또한 얼음 표면의 물을 말리는 데도 실질적인 기여를 했다. 그 물이 호수로 흘러들어서 얼음을 위로 올려 뜨게 한 것이다. 이것은 무언가 물을 빼기 위해 배 밑바닥에 구멍을 뚫는 셈이었다.

이런 구멍들이 다시 얼어붙고 이어 비가 온 뒤에 마지막으로 새로운 얼음이 호수 전체에 매끈하게 덮이면 새로 덮인 얼음 안에 아름다운 검은 무늬가 생긴다. 한 구멍을 중심으로 사방에서 물이 흘러들 때 생긴 수로가 거미줄 같은 무늬를 형성한다. 그것은 가히 얼음의 장미꽃 무늬라 할 수 있을 것이다. 때로는 얼음판에 얕은 웅덩이들이 생길 때도 있다. 그런 때는 나 자신의 그림자가 이중으로 비치는 것을 볼 수 있었다. 그림자 하나는 다른 하나의 머리 위에 서 있다. 하나는 얼음판 위에 그리고 다른 하나는 나무 위나 산자락에 서 있는 모습이었다.

아직 날씨가 차가운 정월이어서 눈과 얼음이 두껍고 단단하다. 이런 때에 빈틈없는 지주地主는 여름철에 음료를 식히는 데 쓰려고 이 얼음을 채취하러 마을에서 찾아온다. 지금은 정월인데 칠월의 더위

12) 지진과 화산 폭발의 예견 가능성을 시사한다. 20세기 초반에 이루어진 지각 부동 원리를 반세기 앞서 예견한 것이다(Harding).

와 갈증을 미리 생각하고 있으니 그 현명함이 어찌나 인상적인지 측은하기까지 하다. 미래를 위해 준비하지 못한 것이 얼마나 많은데 얼음을 준비하기 위해 두꺼운 외투와 장갑을 끼고 나오다니! 그런 사람도 아마 내세의 여름철 음료를 식혀줄 보물을 현세에 쌓아 두지는 못하리라.[13)]

지주는 고체가 된 호수를 마구 잘라 물고기들의 집에서 지붕을 벗겨낸다. 바로 고기들이 호흡하는 원소인 공기인데 이것을 마치 장작더미라도 되는 듯 쇠사슬과 말뚝으로 묶어 마차에 싣고 싸늘한 겨울 공기를 뚫고 겨울 지하실로 옮겨놓은 뒤 그곳에서 여름을 나게 하려는 것이다. 호수의 얼음이 멀리 마을의 길로 운반될 때 보면 얼음덩이는 마치 고체화한 하늘 빛 같았다. 얼음을 채취하는 인부들은 농담을 잘하고 놀기 좋아하는 쾌활한 부류들이었다. 내가 그들에게 가까이 다가가면 그들은 '위아래로 밀고 당기는 톱질'[14)]을 하면서 곧잘 나를 그 일에 끼어주곤 했고 또한 나를 으레 아래쪽에 세우곤 했다.

1846~47년 사이의 겨울 어느 날 아침, 100여 명의 북극인들[15)]이 썰매, 쟁기, 파종기, 잔디 칼, 삽, 톱, 갈퀴 등 보기에도 흉한 농기구를 여러 대의 수레에 잔뜩 싣고 월든 호수로 갑자기 몰려들었다. 그들은 각자 두 개의 뾰족한 끝이 달린 장대로 무장하고 있었다. 《뉴잉글랜드 농민》이라든가 《경작자》 같은 농업 잡지[16)]에서도 소개된 적이 없는 연장들이었다. 그들이 겨우살이 호밀을 심으러 온 것인지, 아니면 아이슬란드에서 최근에 도입한 어느 다른 곡물의 씨앗을 뿌리러 왔

13) 참조: 《신약성서》 〈마태복음〉 6장 20절. "…… 오직 너희를 위하여 보물을 하늘에 쌓아 두라."

14) 원문 saw pit-fashion:한 사람은 아래쪽 우묵한 곳에 서고 또 한 사람은 높은 위치에서 밀고 당기는 톱질.

15) 원문 Hyperborean:그리스 신화. 북방 정토에서 사는 사람. 북극인.

16) 《New England Farmer》 (1822~71), 《Boston Cultivator》(1839~76)를 말함.

는지 알 수는 없었다. 비료가 눈에 띄지 않는 것으로 보면 그들은 땅이 걸고 오래 묵혀 두었다고 생각하여 나처럼 지력을 이용하여 농사를 지으려는 것이 아닌가 싶었다.

그들의 말에 의하면 이 현장의 배후 인물은 어느 부농[17]인데 그는 이미 50만 달러의 재산을 모았는데도 이 사업으로 그 재산을 다시 배로 불릴 계획이라는 것이었다. 말하자면 그는 이미 가지고 있는 달러 한 장 한 장마다 또 한 장을 덮어줄 이불을 만들려고 이 엄동설한에 월든 호수의 유일한 외투, 아니 피부 그 자체를 벗기려는 것이었다.

인부들은 곧바로 일을 하기 시작했다. 감탄할 만큼 질서정연하게 쟁기질을 하고, 써레질을 하고, 고르기를 하고, 이랑을 내는 것이었다. 마치 이곳을 모범농장으로 만들려고 온 힘을 기울이는 것 같았다. 그런데 그 밭이랑에 무슨 씨앗을 뿌리나 자세히 보니, 내 가까이에 있는 한 떼의 인부들이 갑자기 갈고리로 밀치고 당기는 특유한 동

17) 당시 'ice king'으로 알려진 프레드릭 투더(1783~1864)를 말함. 그의 조수였던 나다니엘 J. 와이어스(1802~56)가 기계적인 채취방법을 개발하면서 두 사람 사이에 무역 경쟁이 벌어지자 월든 호수를 포함하여 얼음 자원에 손을 대지 않는 곳이 없을 정도였다. 1847년에 월든 호수에서만 해도 매일 약 1천 톤의 얼음을 채취하여 수출했다(Cramer).

작으로 처녀지의 흙덩이를 완전히 모래바탕에 이르기까지, 아니 모래가 아닌 물까지 — 사실 그곳은 물기가 아주 많은 땅이니 — 아니 정말로 그 단단한 대지를 모두 찍어 올려서 썰매로 실어 나르기 시작했다. 그래서 나는 그들이 늪에서 이탄泥炭을 캐내는 것이 틀림없다고 생각할 정도였다. 이처럼 인부들은 매일 기관차의 특유한 비명 소리와 함께 북극 지방의 어느 곳에서 이 월든 호수로 드나들었다. 그들은 마치 한 떼의 북극 흰멧새들 같았다.

그러나 때로는 전설에 나오는 인디언 노파 월든이 복수하는 때도 있었다. 인부 한 사람이 마차 뒤를 따라가다가 바닥이 갈라진 틈으로 미끄러져 황천[18]으로 떨어질 뻔했던 적도 있었다. 그때까지만 해도 매우 용감한 사람이었는데도 갑자기 초죽음이 되어 체온을 완전히 포기할 뻔했는데 다행히 내 집으로 피신하여 난로 덕을 톡톡히 봤다. 또 어떤 때는 쟁기의 보습이 부러지거나 쟁기가 고랑에 박혀서 파내지 않으면 안 되는 적도 있었다.

이 이야기를 좀 더 사실대로 말하자면 양키 감독관들과 함께 100여 명의 아일랜드 인부들이 날마다 케임브리지[19]에서 얼음을 채취하러 왔다. 그들은 설명이 필요 없을 만큼 잘 알려진 방법으로 얼음을 여러 덩이로 잘라 썰매에 실어 호숫가로 날랐다. 그 다음에는 재빨리 얼음 저장 축대로 옮겨서 말의 힘으로 움직이는 쇠갈고리와 도르래 장치를 이용하여 마치 밀가루 통이라도 되는 것처럼 나란히 그리고 층층으로 차근차근 쌓았다. 마치 구름을 뚫고 솟아오르도록 설계된 방첨탑方尖塔의 토대가 구축되는 것만 같았다.

인부들의 말에 의하면 날씨가 순조로우면 하루에 1천 톤의 얼음을 채취할 수 있다는 것이었다. 그것은 약 1에이커의 면적에서 나오는

18) Tartarus:그리스 신화. 땅 위의 하늘 높이만큼 땅 밑으로 가장 낮은 지역.
19) Cambridge:콩코드 동쪽 약 15마일. 찰스 강을 사이에 둔 보스턴의 인접도시.

양이었다. 얼음을 실어 나르는 썰매가 반복해서 자주 지나가기 때문에 단단한 육지에서처럼 얼음에 깊은 바퀴자국과 홈이 파였다. 그곳에서도 말은 얼음덩이에 물통처럼 파인 구멍에서 귀리를 계속 먹어댔다.

이렇게 해서 인부들은 얼음덩이를 야외 공터에다 높이 35피트에 6,7평방로드(약 30~35평방미터)로 쌓았다. 그리고 맨 바깥쪽에 쌓은 얼음에는 사이사이에 건초를 끼워 공기를 차단했다. 바람이 불지 않을지라도 일단 들어갈 구멍만 있으면 얼음 사이에 큰 구멍이 생기고 군데군데 빈약한 기둥이 남게 되면서 결국 쌓아놓은 얼음덩이가 무너져버리기 때문이었다.

처음에는 그것은 거대한 푸른 요새나 '발할라의 전당'[20] 처럼 보인다. 그러나 얼음덩이의 틈 사이에 초원의 거친 건초가 끼워지고 또한 서리와 고드름이 그 건초에 덮이게 되면 마치 하늘빛 대리석의 집이 오랜 세월로 이끼가 끼고 하얗게 바랜 그럴싸한 폐허 같은 모습이 되었다. 마치 달력에 그려진 동장군[21] 이 사는 거처와 같고 또한 그 노인이 우리와 함께 여름을 보내려고 지은 초막집처럼 보였다.

그들은 이중에 25%도 목적지에 도착하기 어렵고 또 2,3%는 열차 안에서 녹아 없어질 것이라 계산했다. 그러나 이 얼음더미의 더 많은 부분이 당초 의도와는 다른 운명을 맞는다. 보통 때 이상으로 얼음에 공기가 들어 있어서 기대와는 달리 보존이 잘 되지 않거나 아니면 그 외의 다른 이유 때문에 시장에 도착하지 못하기 때문이다. 1846~47년 겨울에 채취한 양이 1만 톤으로 추산되었는데, 이 얼음더미는 결국 건초와 판자로 덮이게 되고, 다음해 7월에는 지붕이 벗겨져 그 일부는

---

20) Valhalla:북유럽 신화. 아스가르드 궁 안의 오딘의 전당. 전쟁터에서 죽은 자가 가는 천국. 국가적 영웅을 모시는 기념당.

21) 1850년대에 매년 간행된 《늙은 농사꾼의 연감(Old Farmer's Almanac)》의 첫 쪽인 1월의 면은 겨울을 노인의 모습으로 묘사한 그림으로 되어있다(Harding).

실려 나갔다. 그러나 나머지는 그대로 노출된 채 그 해의 여름과 다음 해 겨울 동안 남아 있다가 1848년 9월이 되어서야 완전히 녹아 없어졌다. 그래서 월든 호수는 잃었던 물의 대부분을 되찾게 되었다.

호수의 물도 그렇지만 월든 호수의 얼음도 가까이에서 보면 녹색을 띤다. 그러나 멀리서 보면 아름다운 청색이다. 그래서 4분의 1마일 떨어진 거리에서도 콩코드 강의 하얀 얼음이나 단순한 초록색인 다른 호수의 얼음과는 쉽게 구별할 수 있었다. 때때로 얼음 채취공의 썰매에서 큰 덩어리의 얼음이 마을 거리에 떨어져 1주일 동안이나 녹지 않고 놓여 있기도 하는데 그 모습이 마치 커다란 에메랄드가 길가에 놓여 있는 것 같아서 지나가는 모든 사람들의 흥밋거리가 되기도 했다.

나는 월든 호수의 어떤 부분이 물로서 있을 때는 흔히 녹색으로 보이지만 얼게 되면 같은 지점에서 봐도 청색을 띤다는 것을 알게 되었다. 그래서 이 호수 근처에 생긴 웅덩이도 겨울의 어떤 날에는 월든 호수의 물과 같은 초록색 물이 괴어 있다가도 그 이튿날에는 청색으로 얼어 있는 것을 보게 된다. 아마도 물과 얼음의 청색은 그 안에 들어 있는 빛과 공기 때문일 것이다. 가장 투명할 때 청색이 가장 짙다.

얼음은 가장 흥미로운 명상의 대상이다. 사람들의 말에 의하면 프레시 호수[22]의 얼음 창고에는 5년이나 된 얼음이 약간 있었는데 갓 잘라냈을 때와 거의 다름이 없었다고 한다. 통에 담은 물은 금방 맛이 변하지만 일단 얼면 언제까지나 그 맛이 싱싱한 것은 무슨 연유일까? 흔히들 이것이 바로 '애정과 지성의 차이'[23]라고 말한다.

이와 같이 나는 16일 동안 내 창문을 통해서 100여 명의 인부들이

---

22) Fresh Pond: 하버드 대학과 MIT 대학이 있는 케임브리지에 있음.

23) 에머슨은 그의 글에서 "지성에는 애정이 없다. 지성은 사물을 있는 그대로 과학의 견지에서 아무런 구속 없이 차갑게 본다"라고 말했다.

부지런한 농사꾼처럼 수레와 말과 온갖 농기구를 동원하여 작업하는 것을 지켜봤다. 달력의 첫 장에서 보는 것 같은 한 폭의 그림 같은 광경이었다. 밖을 내다볼 때마다 '종달새와 추수하는 사람'[24]의 우화와 '씨앗 뿌리는 사람'[25]의 비유가 생각났다.

이제 그들은 모두 가고 없다. 30일이 더 지나면 아마도 나는 똑같은 창문을 통해서 초록색이 감도는 맑은 월든 호수를 다시 바라보게 될 것이다. 수면은 구름과 나무의 그림자를 드리우고 호수는 홀로 수증기를 올려보낼 뿐 그 위에 사람이 서 있던 흔적은 하나도 찾아볼 수 없을 것이다. 얼마 전까지만 해도 100여 명의 사람들이 끄떡없이 서서 일하던 곳에 이제는 한 마리 외로운 아비가 자맥질로 깃털을 다듬으며 터뜨리는 웃음소리를 듣게 될 것이다. 아니면 나뭇잎 같은 배에 몸을 싣고 잔물결 위에 비친 자기 자신의 모습을 바라보는 외로운 낚시꾼을 보게 될 것이다.

이렇게 해서 찰스턴이나 뉴올리언스[26], 마드라스와 봄베이와 캘커타[27]에서 더위에 허덕이는 주민들이 분명히 나의 샘에서 물을 마신다. 그리고 아침에 나는 《바가바드 기타》[28]의 웅장하고 우주창시적인 철학으로 나에 지성을 목욕시킨다. 이 책이 쓰인 후 많은 신의 세월[29]이 흘러갔다. 이 오래된 책에 비하면 오늘날 우리의 세계와 문학

---

24) 이 우화는 여러 형식으로 나와 있다. 《The Fables of Aesop and Others》(Newcastle, 1818)에 〈The Lark and Her Young Ones〉로, 퐁텐의 《우화시집》에 〈The Lark and Her Young Ones with the Owner of the Field〉로 나와 있다. 소로의 비망록에는 〈The Lark and the Reapers〉의 제명으로 민요형식인 아서 보어의 〈'The Lark and Her Family〉와 몇몇 운문을 기록한 것이 발견된다. 또 《다이얼》지(3:414)에는 이 우화에 관해 〈The Lark and the Reapers〉라는 제명으로 에머슨의 글이 실려 있다.

25) The parable of the sower: 《신약성서》 〈마태복음〉 13:18, 〈마태복음〉 13:3~40에 있는 예수님의 비유를 말함.

26) Charleston and New Orleans: 각각 사우스캐롤라이나 주와 루이지애나 주에 있는 도시.

27) Madras, Bombay, Calcutta: 얼음이 수출된 인도의 세 주요도시. 채빙사업과 수출은 19세기 뉴잉글랜드의 주요산업이었다.

28) Bhagavat Geeta: 고대 인도 산스크리트 경전. 18편으로 이루어져 있음.

은 작고 하찮아 보인다. 나는 그 책에 담긴 철학이 어떤 존재 이전의 상태에 관한 것이 아닌가 싶은 생각이 들기도 한다. 그만큼 그 숭고함은 우리의 개념과 멀고 깊다.

나는 그 책을 내려놓고 나의 샘으로 물을 길러 갔다. 한데 이 어찌된 일인가! 그곳에서 나는 브라마와 비슈누와 인드라[30]의 승려인 바라문의 하인을 만난 것이다. 바라문은 갠지스 강변의 사원에 줄곧 앉아서 《베다》를 읽고 있거나 빵 껍질과 물병만으로 나무 밑에서 산다. 나는 주인을 위해 물을 뜨러 온 그의 하인을 만난 것이다. 말하자면 두 개의 두레박이 숙명적으로 같은 우물 안에서 마주친다. 이제 월든 호수의 맑은 물이 갠지스 강의 신성한 물과 섞인다. 순풍을 만나면 월든 호수의 물은 전설적인 아틀란티스 섬[31]과 헤스페리데스[32]를 지나 한노[33]가 들렀던 바다를 다시 돌 것이다. 테르나테 섬과 티도레 섬[34]과 페르시아 만 입구를 지나 인도양의 뜨거운 바람에 녹을 것이고, 알렉산더 대왕[35]조차도 이름만 들었을 뿐인 어느 항구에 이르게 될 것이다.

---

29) 원문 years of the gods: 힌두교의 연력. 1신년神年은 360년의 인간 연력에 해당.

30) Brahma and Vishnu and Indra: 힌두교의 최고의 세 신.

31) Atlantis: 대서양에 있는 낙원이었으나 천벌로 인해 바다 속에 가라앉았다는 전설의 섬. 이 신화의 최초 기록자는 플라톤이다.

32) Hesperides: 그리스 신화. 세계의 서쪽 끝에 있다는 황금 사과밭으로 된 전설의 섬.

33) the periplus of Hanno: 한노의 순항巡航. 한노는 카르타고의 항해가. 기원전 480년 서아프리카 해안을 항해하였다.

34) Ternate and Tidore: 밀턴이 〈실낙원〉에 언급한 인도양에 있는 향료의 섬들.

35) Alexander the Great(기원전 356~기원전 323): 마케도니아의 왕으로 그리스와 소아시아, 이집트에서 인도에 이르는 페르시아 제국의 정복자로 당시 여행을 가장 많이 하고 인도 북서부까지는 정복했으나 갠지스 지방은 말로만 들었지 거기까지 정복할 수는 없었다함.

제17장 봄[1]

호수에 얼음을 잘라낸 수면이 넓으면 호수의 해빙은 대체로 더 빨라진다. 날씨가 추워도 바람에 출렁이는 호수의 물이 주위의 얼음을 갉아먹기 때문이다. 그러나 그해 월든 호수에는 이런 현상이 일어나지 않았다. 호수가 낡은 외투 대신 곧장 두툼한 새 외투를 걸쳤기 때문이었다. 이 호수는 이 지역의 다른 호수들과는 달리 쉽게 해빙하지 않았다. 다른 호수들보다 깊기도 하지만 지나가는 물줄기가 없어 얼음을 녹이거나 갉아먹지 않기 때문이다. 내가 아는 바로는 겨울 중에 이 호수가 녹은 적은 한 번도 없다. 다른 호수들의 얼음에 큰 시련을 안겨주었던 1852년과 53년의 겨울도 예외는 아니었다.

월든 호수는 맨 먼저 얼기 시작한 북쪽 물가와 가장 얕은 곳부터 녹기 시작해서 플린트 호수나 페어헤븐 호수보다 한 1주일 혹은 10일 늦은 4월 초하루쯤에 대체로 해빙한다. 월든 호수는 기온의 일시적인 변화에 거의 영향을 받지 않기 때문에 이 호수의 변화는 근처 어느 호수나 강의 변화보다 계절의 절대적인 진행을 정확하게 알려주는 지표가 된다. 3월 들어 심한 추위가 며칠 동안만 지속되어도 다른 호수들은 해빙이 매우 늦어지지만 월든 호수의 수온은 거의 지속적으

1) '봄'은 좋아하는 계절로써만이 아니라 소로에게는 재생의 상징이었다.

로 상승한다.

1847년 3월 6일에 온도계를 월든 호수 한가운데에 집어넣어 보니 화씨 32도 즉 빙점이었다. 그리고 물 가장자리 가까운 곳에서는 33도였다. 같은 날 플린트 호수 중심의 수온은 33.5도였고, 물가에서 12로드(약 60미터) 떨어진 1피트 두께의 얼음 밑의 옅은 물에서는 온도가 36도였다. 플린트 호수의 깊은 곳과 옅은 곳의 온도 차이가 3.5도나 된다는 점과 이 호수의 대부분이 비교적 얕다는 사실이 월든 호수보다 이 호수가 훨씬 더 빨리 해빙하는 이유다.

이 무렵에는 가장 얕은 곳의 얼음이 호수 중심보다 2,3인치나 얇았다. 한겨울에는 반대로 호수 중심의 온도가 가장 높고 또한 그곳의 얼음이 가장 얇았다. 그러므로 여름철에 호숫가의 물 속에 들어가 그 근처를 거닐어 본 사람이면 누구나 3,4인치 깊이밖에 되지 않는 얕은 곳이 조금 더 안쪽으로 들어간 곳보다 더 따뜻하고 또한 깊은 곳에서는 수면이 그 밑바닥보다 더 따뜻하다는 것을 분명히 느낄 수 있을 것이다.

봄에는 태양이 땅과 공기의 온도를 높이는 영향력을 발휘할 뿐만 아니라 그 열이 1피트 혹은 그 이상 두꺼운 얼음을 뚫고 들어가 얕은 곳에서는 밑바닥에서 다시 반사되어 물을 데우고 얼음 아래쪽을 녹인다. 동시에 태양열이 위쪽에서 직접 더 많은 얼음을 녹여 얼음의 면을 울퉁불퉁하게 만들고 그 안에 들어있는 공기 방울을 위아래로 팽창시켜 마침내 완전히 벌집으로 만들어버린다. 그리하여 결국은 단 한 번의 봄비에도 얼음이 갑자기 사라지게 된다.

얼음에도 나무와 같이 결이 있다. 얼음덩이가 허물어지거나 '구멍'이 생길 때 즉 벌집 모양이 될 때 공기가 들어있는 작은 방들은 위치에 상관없이 본래 수면이었던 쪽과 직각이다. 바위나 통나무가 얼음 표면에 가까이 올라와 있는 곳은 얼음이 훨씬 얇거나 반사된 열로 인해 거의 녹아있을 때가 많다. 들은 바에 의하면 케임브리지에서 나무로 얕은 연못을 만들어 그 안에서 물을 얼리는 실험을 했다 한다. 그런데 찬 공기를 밑으로 순환시켜 위아래로 똑같이 접촉되도록 했지만 바닥에서 반사된 태양열이 이 찬 공기의 힘을 상쇄시키고도 남았다고 한다.

한겨울에 어쩌다 따뜻한 비가 내려 월든 호수 표면의 얼음 위에 덮인 눈얼음이 완전히 녹아 없어지고 호수 중심부에 단단하고 검고 투명한 얼음이 드러날 때도 호수 가장자리에는 1로드(약 5미터) 또는 그 이상의 폭으로 하얀 얼음 띠가 형성된다. 이 얼음은 중심부의 얼음보다 더 두껍지만 이미 부서진 얼음이다. 이런 현상은 바로 이 반사열에 의해서 된 것이다. 또한 내가 앞서 말했듯이 얼음 속에 들어 있는 공기 방울들은 집열렌즈처럼 밑에 있는 얼음을 녹이는 작용을 한다.

한 해 동안에 발생하는 여러 현상들이 작은 규모로 호수에서 날마다 일어난다. 일반적으로 아침에는 큰 차이는 아니지만 어쨌든 얕은 곳의 물은 깊은 곳의 물보다 더 빨리 따뜻해지고 저녁부터 다음날 아침까지는 더 빨리 차가워진다. 하루는 1년의 축소판이다.[2] 밤은 겨울이고 아침과 저녁은 봄과 가을이며 한낮은 여름이다. 얼음이 울거나 깨지는 소리는 온도가 변하고 있음을 알려준다. 1850년 2월 24일, 추운 밤을 보내고 상쾌한 아침을 맞은 나는 그날을 플린트 호수에서 보내려고 그곳에 갔을 때 이를 실감했다. 내가 도끼머리로 얼음을 때리니 마치 징을 치거나 팽팽한 북을 친 것처럼 울림소리가 사방 수십 미터 안팎으로 퍼지는 것이었다. 그 큰 소리에 나는 놀라지 않을 수 없었다.

---

2) 소로는 세계를 소우주로 본다. 1853년 8월 23일 일지(J 5:393)에 "나는 하루가 — 8월의 어느 하루가 — 한 해에 완전히 상응한다는 사실에 다시금 감명을 받았다. 나는 하루의 변화와 한 해의 계절 사이에 완전한 평행선을 그을 수 있다고 생각한다"고 썼다.

이 호수는 해가 뜬 후 한 시간쯤 지나자 산 너머로 비스듬히 내려쪼이는 햇빛의 영향을 받아 울음소리를 내기 시작했다. 잠에서 깨어난 사람처럼 호수가 기지개를 켜고 하품을 하면서 점점 더 시끄러운 소리를 냈다. 그리고 이런 상태가 서너 시간 동안 지속되다가 한낮에는 잠시 낮잠을 자는 듯 조용했다. 그러나 태양이 그 영향력을 거둬들이는 저녁 무렵에 다시금 '쿵'하는 울음소리를 냈다. 기후가 정상적인 상태라면 호수는 아주 규칙적으로 저녁 예포를 쏘곤 한다. 그러나 한낮에는 찰칵거리는 작은 소리가 많아지고 공기마저 탄력이 없어지기 때문에 호수는 울림소리를 완전히 잃게 된다. 이때는 아마도 얼음 위를 도끼로 때린다 하더라도 물고기나 사향뒤쥐들이 기겁하는 일은 없을 것이다.

낚시꾼들의 말에 의하면 '호수의 천둥소리' 때문에 물고기들이 놀라 미끼를 물지 않게 된다고 한다. 호수가 저녁마다 천둥소리를 내는 것은 아니다. 또 언제 그 소리를 낼지 정확히 예견할 수도 없다. 그러나 나는 일교차를 느끼지 못해도 호수는 이것을 느낀다. 이처럼 덩치가 크고 차가우며 두꺼운 살갗을 지닌 것이 이토록 예민하리라고 누가 상상인들 하겠는가? 하지만 호수는 봄이 되면 새싹이 돋아오르듯 어떤 법칙에 따라 천둥소리를 내어 그에 순종한다. 대지는 모두 살아있으며 예민한 촉각으로 덮여있다. 아무리 큰 호수라도 온도계에 들어 있는 수은처럼 대기의 변화에 민감하다.

내가 숲속에 들어와 사는 한 가지 매력은 봄이 오는 것을 지켜볼 수 있는 여가와 기회를 갖는 점이었다. 호수의 얼음은 이윽고 벌집 모양이 되기 시작하고 그 위를 걸어가면 구두굽이 박힐 정도였다. 안개와 비 그리고 점차 더 따뜻해진 햇볕이 눈을 차츰 녹여내고 낮이 느껴질 정도로 길어졌다. 나는 장작을 더 마련하지 않아도 겨울을 날 수 있을 것이다. 큰 불을 더 이상 피울 필요가 없기 때문이다. 나는 봄이 오면 맨 먼저 나타나는 징후를 찾아보려고 정신을 바짝 차렸다.[3] 돌아온 철새의 어떤 노랫소리나 줄무늬다람쥐의 짹짹거리는 소리를 들을 수 있지 않을까 해서 말이다. 지금쯤이면 다람쥐의 식량도 거의 떨어졌을 것이 분명하고 우드척도 겨울 보금자리에서 대담하게 기어 나올 때가 되었기 때문이다.

내가 블루버드와 노래참새와 티티새의 울음소리를 이미 들은 후인 3월 13일에도 호수의 얼음은 아직도 두께가 거의 1피트나 되었다. 날씨가 점점 따뜻해지고 있었지만 얼음은 눈에 띄게 물에 녹거나 강에서처럼 쪼개져 떠내려가지 않았다. 호숫가의 얼음은 반 로드(약 2,3미터) 폭으로 완전히 녹았지만 중심의 얼음은 그저 벌집 모양으로 두께가 6인치나 되는데도 발로 구멍을 낼 수 있을 정도로 물을 머금고 있을 뿐이었다. 그러나 따뜻한 비가 내리고 이어 안개가 끼면 어쩌면 다음날 저녁까지는 완전히 없어질 것이다. 마치 귀신에게 홀려가듯 안개와 더불어 감쪽같이 모두 사라진다.

어느 해인가 나는 얼음이 완전히 사라지기 불과 5일 전에 얼음 위로 호수 한가운데를 가로질러 간 적이 있었다. 1845년에는 월든 호수의 얼음이 4월 1일에 처음으로 완전히 걷혔다. 그리고 1846년에는 3월 25일, 1847년에는 4월 8일, 1851년에는 3월 28일, 1852년에는 4월 18일, 1853년에는 3월 23일, 1854년에는 4월 7일에 얼음이 완전히 녹았다.

강과 호수의 얼음이 녹는 것이나 기후의 변화와 관련된 모든 사건

3) 소로의 일지 여러 곳에 이 봄의 첫 징후들에 관한 언급이 있다. 1852년 4월 17일: "봄의 향기, 새싹에서 생명이 발생하는 향기, 대지의 결혼을 축하하는 축시의 향기. 맨 먼저 피는 꽃들은 — 버들 꽃처럼 — 가장 좋은 향기는 아니다. 맨 먼저 나온 새들도 — 찌르레기나 노래 참새들처럼 — 가장 훌륭한 명금들은 아니다. 한 해의 시작은 미미하다. 그러나 이 향기는 짙지 않지만 그 안에 그 밖의 모든 것들에 대한 예언이 들어있다"(J 3:432).

은 계절의 차이가 심한 지역에서 사는 우리들에게 각별한 흥미를 불러일으킨다. 날씨가 좀 더 따뜻해지면 강가에서 사는 사람들은 밤에 대포소리처럼 깜짝 놀랄 만큼 요란한 소리를 내며 얼음이 깨지는 소리를 듣는다. 마치 얼음을 얽어매고 있는 쇠사슬이 산산조각 나는 것만 같다. 그 후 며칠 안 되어 얼음이 급속히 사라지는 것을 보게 된다. 이와 마찬가지로 악어도 대지의 진동과 더불어 진흙 속에서 나와 모습을 드러낼 것이다.

내가 아는 사람 중에 평생 동안 자연을 면밀히 관찰해 온 노인 한 분이 있었다. 그분은 자연의 모든 활동에 관해서 철저히 알고 있는 것 같았다. 마치 그가 소년이었을 때 '대자연'이라는 배가 건조되고 그 배의 뼈대가 놓일 때 직접 도운 것은 아닌가 싶을 정도였다. 이제 이미 나이가 지긋해서 설혹 므두셀라[4]만큼 장수한다 하더라도 그가 얻을 자연에 관한 지식이 더 이상 있을 것 같지 않은 노인이었다. 그런 분이 내게 이야기를 해주었다. 그리고 나는 대자연의 활동에 대한 그분의 경이로운 이야기를 듣고 놀라지 않을 수 없었다. 왜냐하면 대자연과 그분 사이에는 아무런 비밀이 없었구나 하는 생각이 들었기 때문이었다.

그분이 내게 들려준 이야기는 어느 봄날 그가 엽총과 보트로 오리 사냥이나 좀 해볼까 하고 나갔다가 겪었다는 이야기였다. 초원에는 얼음이 아직 있었지만 강의 얼음은 완전히 사라졌기 때문에 그는 아무런 장애도 없이 자신이 사는 서드베리[5]에서 페어헤븐 만灣까지 보트로 강물을 타고 내려갔었다. 그런데 뜻밖에도 그곳은 대부분이 단단한 얼음판으로 덮여 있었다. 그날은 날씨도 따뜻했는데 그처럼 큰

---

4) Methuselah: 《구약성서》 〈창세기〉 5:27에 나오는 노아의 홍수 이전의 유대 민족의 족장으로 969세까지 살았다함.

5) Sudbury: 콩코드의 바로 남서쪽에 있는 소읍.

얼음덩이가 남아 있는 것은 뜻밖이었다.

오리들이 전혀 보이지 않았기 때문에 그는 보트를 호수 안의 섬 뒤쪽인 북쪽에 감춰놓고 섬 남쪽에 있는 덤불 속에 숨어서 오리들이 나타나기를 기다렸다. 그 섬의 가장자리에서 3, 4로드(약 15~20미터)는 얼음이 녹아 잔잔한 수면을 이루고 있었다. 그리고 그 밑바닥은 오리들이 좋아하는 진흙이어서 곧 몇 마리는 날아오리라 생각했다.

그가 그곳에 엎드려 있은 지 한 시간쯤 지났을 때였다. 멀리서 들려오는 듯한 나지막한 저음의 독특한 소리가 들렸다. 그 소리는 이상스럽게도 장엄하고 인상적이었다. 그로서는 그때까지 전혀 들어본 적이 없는 소리였다. 마치 어떤 우주적 규모의 엄청난 결말이 있기라도 할 것처럼 소리가 점점 부풀어 오르는 것이었다. 쏴 하고 몰려드는 듯 으르렁대는 음산한 소리가 그 당시에는 엄청난 새떼가 날아와 앉는 소리라 생각되었다. 그래서 총을 들고 흥분해서 급히 일어섰다. 그러나 놀랍게도 그가 엎드려 있는 동안에 호수의 그 큰 얼음덩이 전체가 움직이기 시작하여 호숫가로 떠밀려왔고 그가 들은 소리는 얼음덩이의 가장자리가 기슭에 부딪혀 긁히는 소리였다는 것을 깨닫게 되었다. 그 얼음은 처음에는 조금씩 깨지더니 나중에는 부쩍 올라와서 섬의 주위에 얼음 부스러기를 상당한 높이까지 떨어뜨리고는 멈춰 섰던 것이다.

이윽고 햇살이 중천에서 내려 쪼이고 따뜻한 바람이 안개와 비를 몰아내고 쌓인 눈을 녹였다. 태양은 안개를 헤쳐내고 황갈색과 흰색이 어우러진 향기로운 풍경을 바라보고 미소 짓는 것이었다. 그 풍경 속에서 그 나그네는 들려오는 음악소리에 신이 나서 이 섬 저 섬으로 뱃머리를 잡았다. 그 음악은 크고 작은 무수한 개천들이 겨울의 묵은 피를 혈관 가득히 졸졸 흘려보내는 소리였다.

내가 마을로 들어갈 때 지나다니는 철둑에는 철로를 놓기 위해서 산허리를 깊이 깎아놓은 곳이 있다. 나는 그곳을 지나면서 이 깎아지른 양쪽 단면을 타고 겨울에 얼었던 모래와 진흙이 녹아 흐르면서 여러 가지 모양을 형성하는 것을 관찰한다. 모든 현상들 가운데서도 이 현상을 관찰하는 것이 내게는 무엇보다 즐거운 일이었다. 철로가 발명된 후로 더 좋은 자재를 쓴 새로 생긴 둑은 무수히 많아졌지만 이처럼 큰 규모로 이런 현상이 일어나는 경우는 그리 흔한 것이 아니다.

둑의 재료는 굵기와 색깔이 다양한 모래이고 대개는 약간의 진흙이 섞여 있다. 봄에 얼었던 땅에서 얼음이 빠져나갈 때와 겨울일지라도 날씨가 아주 따뜻하여 얼음이 녹을 때는 모래가 용암처럼 비탈로 흘러내리기 시작한다. 때로는 전에 모래가 조금도 있어 보이지 않은 눈 덮인 곳에서도 그 눈을 뚫고 나와 그 위로 넘쳐흐르기도 한다. 무수히 작은 흐름이 서로 겹치기도 하고 뒤엉키기도 하여 반은 흐름의 법칙을 나머지 반은 식물의 성장 법칙을 따르는 일종의 잡종 산물로 나타난다. 모래가 흘러내리면서 수액이 많은 잎이나 줄기의 형태를 취하기도 하고 높이 1피트 혹은 그 이상의 포동포동한 잔가지 더미를 이루기도 한다. 위에서 이것들을 내려다보면 어떤 이끼 같은 것이 나뭇잎 형태로 가장자리가 둥글넓적하면서도 들쭉날쭉한 형태로 형성된 것 같기도 하고 또한 나뭇잎 모양이 물고기의 비늘처럼 중첩된 형태를 이루고 있는 것 같기도 하다. 어떤 것은 잎과 줄기와 뿌리의 구별이 없는 형태를 이루고 있는가 하면 산호나 표범의 발톱 혹은 날짐승의 발이나 뇌나 허파나 창자 또는 모든 종류의 배설물을 연상시키기도 한다.

그것은 참으로 기괴한 식물이다. 우리는 그들의 형태와 색이 청동의 주물로 모방되어 있는 것을 볼 수 있다. 건축 장식의 도안에 흔히 쓰이는 아칸더스[6] 치커리, 담쟁이덩굴이나 포도나무 혹은 그 어느 식물의 잎사귀보다 더 오래된 일종의 전형적인 건축 장식용 잎이다.

어쩌면 상황에 따라서는 그대로 화석이 되어 미래의 지질학자에게 하나의 수수께끼가 될 운명인지도 모른다.

산허리를 깎아놓은 단면 전체가 내게는 마치 종유석이 달린 동굴을 햇빛에 드러내 놓은 것 같은 인상을 주었다. 모래의 다양한 색조는 보기 좋은 독특한 윤기가 있다. 갈색, 회색, 노란색, 불그스름한 색 등 서로 다른 철분의 여러 가지 색깔을 함유하고 있기 때문이다.

흘러내리는 덩어리가 둑 기슭의 고랑에 이르면 보다 납작한 '가닥'으로 퍼진다. 흘러내린 각각의 가닥은 반원통 모양의 형태를 잃고 점점 더 납작하고 넓어지면서 수분이 더 많아짐에 따라 함께 흘러내리다가 이윽고 거의 평평한 '모래'가 된다. 그러나 여전히 다양하고 아름다운 색조를 잃지 않고 그 속에서 원래의 식물 형태의 흔적을 여전히 찾아볼 수 있다. 그러나 결국 도랑을 흐르는 물 속으로 들어가게 되면 그 '가닥'들은 '사구砂丘'로 바뀐다. 즉 강어귀에 형성되는 모래톱처럼 변하고 식물 형태는 바닥에 생기는 물결무늬 속으로 사라져 버린다.

높이가 20피트에서 40피트나 되는 둑 전체가 때로는 봄날 단 하루의 산출로 이런 종류의 잎사귀 무늬 아니면 창자가 삐져나온 것 같은 모래의 분출물로 뒤덮인다. 그것도 장장 4분의 1마일에 걸쳐서 한쪽 혹은 양쪽 벽에 이런 현상이 펼쳐지는 것이다. 무엇보다 놀라운 것은 이 잎사귀 무늬의 모래 덩어리가 어느 날 갑자기 튀어나온다는 점이다. 둑의 한쪽은 아무렇지 않은데 그 맞은편에는 — 물론 햇살이 한쪽에 먼저 작용하기 때문이겠지만 — 단 한 시간의 창작으로 이처럼 무성한 잎사귀 무늬들이 펼쳐진다.

이 현상을 보고 있으면 각별하게도 나는 이 세상과 나를 창조한 위

---

6) acanthus:아칸더스. 나도엉겅시의 일종으로 지중해 지방에서 나는 쥐꼬리망초과의 풀. 그 잎이 코린트식 둥근 기둥의 머리 장식 도안으로 많이 쓰였음.

대한 예술가의 실험실[7]에 들어와 있는 것 같은 감동을 받는다. 그것도 바로 그 예술가가 이 둑에서 흙 놀이를 하면서 그 넘치는 정열로 새로운 작품들을 여기저기 계속 늘어놓는 작업 현장에 와있는 것이다. 아니, 마치 내가 지구의 내장에 보다 가까이 있는 것 같기도 했다. 이 모래가 흘러넘치는 모양이 뭔가 동물의 장기를 닮은 잎사귀 형상의 물체이기 때문이다.

이것으로 우리는 바로 이 모래 속에서 식물의 잎을 미리 예감한다. 대지가 '잎'의 형태로 자신을 밖으로 드러낸다고 해서 이상할 것이 없다. 대지는 그 내부에 이미 '잎'의 관념을 품고 진통하고 있기 때문이다. 우주의 원자는 사실 이미 이 법칙을 알고 있고 이 법칙을 내포하고 있다. 우리 머리 위에 매달려 있는 나뭇잎은 바로 여기에 그 원형이 있는 것이다.

그 잎이 지구의 내부든 동물의 내부든 내부에 있을 때 그것은 수분이 많은 두꺼운 잎(lobe)이다. 이 말은 특히 간엽(lobe of liver), 폐엽(lobe of lung), 지방엽(leaves of fat) 등에 적용되어 있다. 이 잎의 어원인 그리스어 레이보(leibo)는 흐르거나 또는 아래로 미끄러지는 것을 뜻하며 또한 거기에서 lobos(잎), globe(지구), lap(싸다), flap(나부끼다) 등 많은 낱말이 파생되었다.[8]

---

7) laboratory: 〈제1장 경제〉에서 인생을 '실험(experiment)'이라 기술한 것에 대응하는 말로 사용되었다.

8) 소로의 어원의 해석은 에머슨의 《Nature》의 〈Language〉에서 상당한 영향을 받았다. 에머슨은 그 책에서 "낱말들은 자연에서 발생하는 사실에 대한 기호들이다" "자연의 개개의

외부로 나오면, 그것은 수분이 없는 얇은 잎(leaf)이다. 'f'와 'v' 음은 압축되고 건조된 'b' 음이다. lobe(잎)의 어근은 'lb'으로 'b'가 부드럽게 복합되어 질감을 갖는 것이다. (이를테면 b는 단엽單葉, lb는 중엽重葉이다.) 뒤에 있는 유음流音 'l'이 앞으로 밀고 나온 형국이다. globe(지구)의 경우에는 어근은 'glb'인데, 후음喉音 'g'가 '흐르다'는 'lb'의 의미에 후두喉頭의 힘을 보탠 것이다.

새의 깃털과 날개는 한층 더 수분이 마른 얇은 잎이다. 이렇게 해서 또한 땅 속의 둔한 애벌레가 공중을 훨훨 나는 나비가 된다. 지구 자체도 끊임없이 자신을 초월하고 변화하여 날개를 달고 자기 궤도를 날고 있다고 볼 수 있다. 심지어 얼음까지도 얼기 시작할 때는 정교한 수정체의 잎이다. 유리창에 얼음이 어는 것을 보라. 마치 고사리 같은 수초의 잎들을 물의 거울에 눌러 박은 틀 속으로 흘러들어간 것 같지 않은가? 나무도 그 자체가 하나의 '잎'이다. 하천 또한 더욱 방대한 '잎'이다. 사이사이에 끼어든 양 옆의 땅이 그 '잎'의 육질肉質이며 마을과 도시는 그 '입' 줄기에 붙은 곤충의 알이다.

해가 지면 모래도 흐름을 멈춘다. 그러나 아침이 되면 그 흐름은 다시 움직이기 시작한다. 가지를 뻗고 또 뻗어 무수한 다른 흐름으로 갈라진다. 어쩌면 여기서 우리는 혈관의 형성 과정을 이해할 수 있을지도 모른다. 자세히 보면 얼었던 모래 덩어리가 녹으면서 물방울과 같은 끝을 지닌 부드러운 모래의 흐름이 밀려나와, 천천히 그리고 맹목적으로 — 마치 손가락 끝으로 길을 더듬듯이 — 아래로 밀고 나온다. 그러다 결국 해가 높아짐에 따라 열과 수분이 증가하면 자연의 법칙에 순응하여 가장 유동적인 부분은 흐름이 둔한 부분과 갈라져 그 내부에 꼬불꼬불한 수로, 말하자면 동맥을 스스로 형성한다. 그

사실은 정신의 개개 사실에 대한 상징이다" "자연은 정신의 상징이다"라고 말했다.

안의 작은 은빛 흐름이 섬광처럼 눈 깜짝할 사이에 한 단계 육질이 많은 나뭇잎이나 가지 상태에서 다음 단계로 흐르다가 이따금씩 모래 속에 흡수된다.

모래가 흘러내리면서 흐르는 골의 끝을 날카롭게 만들기 위해 자신의 모래 덩어리 중에서 가장 좋은 재료를 선택해서 그처럼 빨리 그러면서도 완벽하게 자신의 조직을 형성해 가는 모습은 정말 놀랍기만 하다. 강의 근원도 바로 이와 같다. 물에 가라앉은 규산질의 물질에 어쩌면 골격 조직도 있고 또한 보다 몽근 흙과 유기물질 속에 육질의 섬유 혹은 세포 조직이 있을 것이다.

인간도 얼음처럼 녹는 진흙 덩어리가 아니고 무엇이겠는가?[9] 인간의 손가락 끝은 응결된 진흙 방울일 뿐이다. 손가락과 발가락은 해빙하는 몸체에서 그 한계까지 흘러나간 것이다. 만약 보다 알맞은 환경이라면 인간의 육체가 어디까지 확장되어 흘러갈지 누가 알겠는가? 그 손은 갈라진 열편裂片과 엽맥葉脈을 지닌 종려나무[10] 잎이 아닌가? 귀는 상상의 날개를 편다면 귓불 또는 방울을 지니고 있으면서 나무에 붙어 있는 이끼버섯으로 볼 수 있으리라. 입술('lip', labium은 'labor'에서 온 것인지도 모른다)은 동굴 같은 입의 위아래로 돌출 혹은 처져 있는 것이다. 코는 두드러진 진흙 방울이 응결된 것이거나 종유석이다. 턱은 좀 더 커다란 진흙 방울이며 얼굴 전체에서 흘러내린 것이 만난 것이다. 뺨은 이마에서 얼굴이라는 골짜기로 밀려 내려오다가 광대뼈를 만나 퍼진 것이다.

나뭇잎이나 풀잎의 둥그스름하고 두툼한 열편도 각각 크든 작든 잠시 흐름이 지체된 하나의 두툼한 방울이다. 그 갈라진 부분들은

---

9) 여러 성경 구절의 인유이기도 하다. 《구약성서》 〈이사야서〉 64:8 "…… 우리는 진흙이요. ……" 〈욥기〉 33:6 "…… 나도 흙으로 지으심을 입었은즉 ……" 〈창세기〉 2:7 "여호와 하나님이 흙으로 사람을 지으시고……' 등.

10) 원문 palm:'종려나무'와 '손바닥'이란 뜻의 동음이의同音異義를 함께 의미하는 언어유희.

'잎'의 손가락이다. '잎'이 갈라진 수만큼 그 잎은 여러 방향으로 흐르려는 경향을 지니고 있는 것이다. 온도가 더 높거나 보다 적합한 환경이었다면 보다 더 멀리 뻗었을지도 모른다.

이처럼 이 언덕 비탈에서 일어나고 있는 한 가지 현상이 대자연의 모든 활동의 원리를 예시하는 것 같았다. 이 대지의 창조자는 그저 하나의 나뭇잎에 대한 특허를 받은 것이다. 어떤 샹폴리옹[11] 같은 사람이 다시 나와서 이 상형문자를 해독하여 우리 인간으로 하여금 결국 하나의 '새로운 잎'으로 바뀌게 할 수 있을 것인가? 이 비탈에서 일어난 이 현상은 포도밭의 탐스럽고 풍성한 생산성을 보는 것 이상으로 나를 즐겁게 했다.

그것은 뭔가 배설물 같은 성질을 지닌 것이 사실이다. 간장과 폐장과 창자가 끝없이 쌓여 있는 것 같아 마치 지구가 보이려 하지 않았던 자신의 속을 뒤집어 내보이는 것만 같다. 한데 이것은 적어도 대자연이 창자를 지니고 있다는 사실을[12], 나아가 대자연은 자애로운 어머니라는 것을 시사해 주는 것이 아니겠는가?

이것은 곧 땅 속에 웅크리고 있던 얼음이 빠져나온 것이다. 그러니 이것이 바로 봄이다. 신화가 있고 나서야 순수한 시가 있듯이 이런 일이 있은 뒤에야 꽃 피는 푸른 봄이 온다. 겨울의 노여움과 소화불량을 씻어내는 데 이보다 더 효험이 있는 정장제가 달리 없을 것이다.

이는 나로 하여금 대지가 아직 강보에 싸여 있는 아기이며 그 여린 손가락을 사방으로 뻗치고 있다는 사실을 깨닫게 한다. 그 민둥민둥한 이마에 새 고수머리가 돋고 있는 것이다. 대지에는 생명이 없는 무기물이란 아무것도 없다. 이 둑에 용광로에서 나오는 쇳물찌꺼기

---

11) Francois Champollion(1790~1832):프랑스의 이집트 학자. 1799년 프랑스 군대가 나일강 어귀 로제타 시 근처에서 발견한 돌의 상형문자를 처음으로 판독했다.

12) 창자는 동정과 연민의 온상으로 여겨졌다.

처럼 흘러나와 잎 모양으로 쌓이는 현상은 이 대자연이 그 내부에서 전력으로 활동하고 있다는 것을 보여주는 것이다.

대지는 그저 지층이 책장처럼 차곡차곡 쌓여 주로 지질학자나 고고학자들의 연구 대상이 되는 죽은 역사의 단편에 불과한 것이 아니다. 그것은 살아 있는 시다. 그리고 꽃과 열매에 앞서 돋아나는 나뭇잎 같은 것이다. 화석화된 죽은 대지가 아니라 살아있는 대지다. 모든 동물과 식물의 생명은 지구 내부의 위대한 생명에 비하면 단지 기생적인 것에 지나지 않는다. 대지가 한 번 진통의 몸부림을 치면 우리 인간이라는 껍질은 그 무덤에서부터 송두리째 허물처럼 벗겨지고 말 것이다.

사람이 금속을 녹여서 만들 수 있는 가장 아름다운 틀에 넣고 주조한다 하더라도 이 대지가 녹아서 흘러나와 주조되는 이 형태만큼 나를 흥분시키지는 못할 것이다. 그리고 대지뿐만 아니라 대지 위의 어떤 제도도 도공의 손에 놓인 점토처럼[13] 변형되는 것이지 그 형태가 영원한 것이 아니다.

머지않아 이 둑에서 뿐만 아니라 모든 산과 들판과 웅덩이에서 마치 겨울잠을 자던 동물이 굴에서 빠져나오듯 웅크리고 있던 얼음이 땅 속에서 빠져나와 노래를 부르며 바다를 찾거나 구름이 되어 다른 지방으로 옮겨갈 것이다. 부드러운 설득력을 지닌 해빙이 망치를 손에 든 우레의 신神 토르[14]보다 힘이 더 세다. 전자는 단단한 것을 은근히 녹이지만 후자는 그저 산산 조각을 낼 뿐이다.

대지에 덮인 눈이 부분적으로 녹아 땅이 드문드문 드러나고 따뜻한 날씨가 며칠 계속되면 눈이 녹은 부분의 땅은 물기가 어느 정도 가

---

13) 《구약성서》 〈예레미야〉 18:6 "…… 진흙이 도공의 손에 있음과 같이 ……"

14) Thor:노르웨이 신화. 우레의 신. 해빙을 의미한 'Thaw'와 동음이의의 익살.

신다. 그러면 한 해의 유년 시절이 시작되는 최초의 징후가 나타난다. 방금 삐죽삐죽 솟아나온 이 부드러운 새싹들과 겨울을 겪어낸 초목을 견주어보는 것도 즐거운 일이다. 겨울을 견뎌낸 초목들은 이울고 초췌하지만 그 당당한 아름다움을 잃지 않고 있다. 보릿대국화, 미역취, 쥐손이풀과 같은 우아한 잡초가 마치 이제야 아름다움이 무르익었다는 듯이 여름철보다 더 잘 눈에 띄었다. 그밖에 황새풀, 쇠뜨기풀, 현삼, 물레나물, 조팝나무 그리고 피리풀과 같이 줄기가 튼튼한 식물들, 이들은 일찍 찾아온 새들을 후히 먹여주는 무진장한 곡창이다. 아니 어떻든 자연의 여신이 미망인이라도 된 듯 몸에 걸친 기품 있는 상복[15]이다.

그들 중에서도 다발처럼 묶여진 구부정한 등심초의 윗부분이 특히 내 마음을 끌었다. 겨울을 겪는 우리들에게 여름의 추억을 불러일으키는 이 풀은 예술가들이 즐겨 그리는 유형 중 하나다. 인간의 마음속에 일찍이 이루어진 전형적인 유형이다. 사람의 마음 속에 천계天界로부터 하늘의 별이 들어와 있는 것과 같이 식물계에는 이 식물이 들어와 있다. 그것은 그리스나 이집트의 양식보다 훨씬 더 역사가 오래된 고대 양식이다.

겨울에 일어나는 많은 현상은 그 이면에 형언할 수 없는 유연성과 부서질 듯한 섬세함이 있다는 것을 암시한다. 겨울의 군주는 흔히 난폭하고 요란한 폭군으로만 묘사되지만 사실은 연인처럼 부드러운 손길로 여름 아가씨의 머릿단을 장식하고 있다.

봄이 다가오자 붉은 다람쥐들이 내 집 마루 밑으로 들어왔다. 내가 앉아서 책을 읽거나 글을 쓰고 있으면 한 번에 두 마리가 바로 내 다리 밑으로 달려와서 계속 낄낄대고 짹짹거리다가 마치 입으로 발레

15) 원문 decent weeds:'잡초'의 뜻과 '상복'의 뜻인 동음이의의 언어유희.

를 추듯 혀를 돌리고 목을 굴리는 소리를 냈다. 내가 지금까지 들어본 적이 없는 진기한 소리였다. 내가 마룻장을 구르자 그들은 오히려 더 큰 소리로 조잘댈 따름이었다. 마치 자기들의 장난에 정신을 잃은 나머지 인간에 대한 모든 공포와 존경심을 완전히 잊은 듯 조용히 하라는 인간의 요구를 거역하는 것이었다. "해볼 테면 해봐요, 찍찍짹짹, 찍찍짹짹." 그들은 내 요구가 귀에 전혀 들리지 않거나 그 속에 담긴 힘을 깨닫지 못한 듯 내게 욕설만 퍼부어댔다.

봄의 첫 참새! 그 어느 해보다 젊고 희망찬 한 해의 시작! 군데군데 눈이 녹은 촉촉한 들판 너머로 들려오는 푸른 지빠귀와 노래참새와 티티새의 은구슬 굴리는 가냘프고 맑은 노랫소리! 겨울의 마지막 눈송이가 간지럽게 떨어져 내리는 소리인 것만 같다. 이런 때 역사라는 것 그리고 연대기와 전통, 모든 계시의 기록들이 무슨 의미가 있을까? 개울이 흐르며 환희의 합창으로 봄을 찬미하고 어느 사이에 늪지의 매가 나타나 풀밭 위를 나지막이 맴돌며 겨울잠에서 맨 먼저 깨어난 가냘픈 생명을 찾고 있다. 눈이 녹아 흘러내리는 소리가 모든 계곡에서 들려오고 호수의 얼음도 서둘러 녹고 있다.

산비탈에서는 풀들이 봄의 산불처럼 타오른다. —'봄비의 부름을 받은 풀잎은 이제 막 새싹이 돋아나고 있다.'[16]— 마치 대지가 다시 돌아오는 태양을 맞으려고 내부의 열을 보내는 것 같다. 단지 그 불길이 붉은색이 아니라 푸른색일 따름이다. —그 영원한 젊음의 상징인 풀잎은 기다란 초록색 리본처럼 여름의 넓은 바다로 흐른다. 사실은 겨울의 찬 서리로 제동을 받지만 밑에 간직한 새 생명으로 지난해의 마른 풀잎 끝을 들어 올린다. 실개천이 땅에서 솟아 흐르듯 풀잎의 흐름은 끊임없이 뻗어 간다.

---

16) 원문 "et primitus oritur herba imbribus primoribus evocata," Varro, Marcus Terentius (기원전 116?~기원전 27?)의 《농업론(Rerum Rusticarum)》 2.2.14.에서 인용.

사실 그 풀잎의 흐름과 실개천은 거의 같은 것이다. 왜냐하면 해가 길어지는 6월에 개천의 물이 마르면 풀잎이 물을 공급하는 수로가 되기 때문이다. 그리하여 이 푸르른 풀잎의 영원한 시내에서 짐승들은 해마다 물을 마시고 풀 베는 사람들은 여기서 때맞춰 겨울 채비를 한다. 사람의 생명도 풀잎의 흐름과 다름없다. 죽는 것이지만 실은 뿌리로 내려앉는 것에 지나지 않고 여전히 생명의 푸른 잎은 영원을 향해 내뻗는다.

이제 월든 호수는 빨리 녹고 있다. 북쪽과 서쪽 물가에 폭 10여 미터의 운하가 생기고 동쪽 끝은 그 폭이 더 넓었다. 운동장만한 큰 얼음판이 본체에서 갈라져 나갔다. 호숫가의 덤불에서는 노래참새의 울음소리가 들렸다. "올릿 올릿 올릿 — 칩 칩 칩 츠차 — 츠윗스 윗스 윗스." 노래참새도 얼음을 깨는 데 한몫 거들고 있다.[17)]

어느 정도 물가의 곡선에 대응하면서도 그보다 훨씬 완만한 곡선으로 얼음 가장자리를 따라 파도가 넘실거리는 그 크고 흔쾌한 곡선은 얼마나 늠름하고 기품이 있는가! 최근 일시적인 강추위 때문에 얼음은 아직도 단단하고 또한 물에 젖어서 생긴 물결무늬가 흡사 궁전의 마루와 같다. 동쪽에서 불어오는 바람이 그 불투명한 얼음 표면을 스쳐 지나가도 얼음은 전혀 반응이 없고 그 너머의 수면만 살아 움직인다. 리본처럼 길게 뻗은 수면이 햇빛에 반짝이는 모습은 그야말로 하나의 장관이었다.

얼음의 베일 사이로 일부만 살짝 드러내는 호수의 얼굴이 기쁨과 젊음으로 가득 차 있다. 마치 그 안에 있는 물고기의 기쁨과 물가 모래알의 환희를 전해 주는 것만 같다. 고기비늘처럼 은빛으로 반짝이는 수면은 그 전체가 살아 움직이는 한 마리의 커다란 물고기다. 겨

---

17) 원문 crack it: '그것(얼음)을 깨다'와 '말을 트다' 또는 '이야기를 시작하다'의 이중의미의 언어유희.

울과 봄의 차이는 바로 이런 것이다. 월든 호수가 그동안 죽어 있다가 이제 다시 소생한 것이다.[18] 그러나 올봄에는 앞서 말한 대로 해빙하는 데 다소 시간이 걸리고 있다.

눈보라 치는 겨울날이 조용하고 온화한 날씨로, 음침하고 무기력한 시간이 밝고 탄력 있는 시간으로 바뀌는 것은 만물이 변화를 선언하는 중대한 전기다. 그러나 겉으로는 그 변화가 마지막에 순간적으로 일어나는 것만 같다. 하늘에는 아직 겨울 구름이 끼여 있고 처마에서는 진눈깨비 섞인 빗방울이 쭈룩쭈룩 떨어지고 있었으며, 게다가 때는 이미 해질녘이었는데도 어느 순간 갑자기 흘러들어온 햇빛이 내 집을 가득 채웠다.

나는 창 밖을 내다봤다. 한데 이 어찌된 일인가! 어제까지만 해도 차가운 회색 얼음판이었던 그곳에 여름의 초저녁처럼 벌써 희망으로 가득 찬 투명하고 조용한 호수가 펼쳐져있지 않은가! 하늘에는 아무런 징후도 보이지 않는다. 한데 호수는 마치 어느 먼 지평선과 내통하고 있었다는 듯이 벌써 그의 가슴 속에 있는 여름의 저녁 하늘을 비치고 있다.

나는 멀리서 들려오는 개똥지빠귀의 노랫소리를 들었다. 옛날의 바로 그 달콤하고 힘찬 노랫소리다. 한데 내게는 수천 년 만에 처음 듣는 소리인 것만 같고 또한 그 선율은 다시 수천 년이 지나도 잊을 수 없을 것만 같다. 아! 석양에 나타난 개똥지빠귀, 뉴잉글랜드의 어느 여름날이 저물 무렵의 개똥지빠귀가 아닌가! 그 새가 앉아 있는 나뭇가지를 찾을 수 있다면! 아니 그 새를, 아니 그 나뭇가지를 말이다. 적어도 이 새는 철 따라 이동하는 종류의 개똥지빠귀 새는 아니다.

오랫동안 축 늘어져 있던 내 집 근처의 리기다소나무와 떡갈나무

18) 《신약성서》에서의 부활을 인유. 〈누가복음〉 15:24. "이 내 아들은 죽었다가 다시 살아났으며 ……" 〈요한계시록〉 2:8 "죽었다 살아나신 이가 ……".

들이 갑자기 제 본성을 되찾은 듯 빛깔이 보다 밝고 푸르고 또한 보다 반듯하고 생기있게 보였다. 마치 비에 씻겨 건강이 회복된 것 같았다. 비가 더 이상 내릴 것 같지 않았지만 숲속의 어느 나뭇가지를 봐도, 아니 바로 옆에 있는 장작더미만 봐도 이제 겨울이 지난 것인지 아닌지 알 수가 있다.

날이 점점 어두워지고 있을 때였다. 경적 같은 갑작스런 소리에 나는 깜짝 놀랐다. 알고 보니 숲 위로 나지막이 나는 기러기들이 떠들어대는 소리였다. 아마도 먼 남쪽 호수에서 늦은 시각에 날아들어 여로에 지친 나그네처럼 이제 마음 놓고 실컷 투덜대며 서로 위로하는 것 같았다. 문 앞에 서 있던 나는 그들의 날갯소리까지 들을 수 있었다. 한데 그들은 내 집을 향해 날아오다가 갑자기 불빛을 발견하자 울음소리를 낮추더니 방향을 선회하여 호수로 내려앉았다. 그래서 나도 방 안으로 들어가 문을 닫고 숲속에서 봄을 맞이하는 첫날밤을 보냈다.

아침에 나는 문간에 서서 50로드(약 250미터)쯤 떨어진 호수 가운데서 기러기들이 헤엄치고 있는 것을 안개 너머로 지켜봤다. 어찌나 수가 많고 소란스러운지 월든 호수가 마치 그들의 놀이터로서 만든 인공 호수 같았다. 그러나 내가 호숫가에 나가 서자 그 새들이 대장 기러기의 신호에 따라 날개를 크게 퍼덕이며 일제히 날아올랐다. 그러고는 대열을 갖추고 내 머리 위를 한 바퀴 돈 뒤 일정한 간격을 두고 들리는 선도자의 울음소리를 따라 곧바로 캐나다 쪽으로 방향을 잡았다. 모두 스물아홉 마리였다. 그들은 더 흐린 어느 연못에서 아침식사를 할 모양이었다. 바로 그때 한 떼의 물오리도 날아올라 그들의 요란스런 사촌들이 가는 길을 따라 북쪽을 향해 날아갔다.

그 후 일주일 동안, 안개 낀 아침에는 시끄러운 소리가 들렸다. 어느 외로운 기러기가 안개 속을 헤치고 숲을 맴돌며 짝을 찾는 울음소

리였다. 어찌나 큰 소리로 울어대는지 숲이 견디지 못하고 터질듯이 쩡쩡 울렸다. 4월에는 몇 마리씩 떼를 지어 급히 나는 산비둘기를 다시 볼 수 있었다. 그리고 때가 되자 내 개간지 위를 날며 제비가 지저귀는 소리도 들렸다. 하지만 내게 차례가 올 정도로 마을에 제비가 많은 것은 아니어서 나는 이 제비는 백인들이 이 땅에 오기 전에 나무 구멍에서 살았던 옛 종족이 아닐까 하는 생각을 했다. 거의 어느 지방에서나 거북과 개구리는 이 봄의 선구자이고 전령이다. 새들이 노래 부르며 깃털을 번득이면서 날고 초목이 싹트며 꽃을 피우고 바람이 부는 것은 이 대자연의 양극의 작은 진동을 바로잡아 균형을 유지하기 위해서다.

계절마다 모두 제 때가 되면 우리에게 가장 좋게 생각되지만 봄이 오는 것이야말로 혼돈에서 우주가 창조되고 황금시대가 실현되는 것과 같다는 생각이 든다.[19]

---

19) 그리스 신화에 의하면 우주(Cosmos)는 형체가 원래의 상태인 혼돈(Chaos)에서 창조되었고 곧이어 순진하고 평화스럽고 행복한 황금시대가 열렸다.

동풍은 물러났다. 오로라로, 나바티아 왕국[20] 으로,
페르시아로, 아침 햇살을 받는 산등성이로.
…………… (중략) ……………
인간이 태어났다. 보다 좋은 세계의 근원인
만물의 창조주가 신의 씨알로 만들었는지,
아니면 높은 하늘에서 이제 막 갈려나온 대지가
동족인 하늘의 씨알을 간직했는지.[21]

단 한 번의 부드러운 비가 내려도 풀밭의 여러 가지 색깔들은 한층 더 푸르러진다. 이와 마찬가지로 보다 더 좋은 사상이 우리에게 흘러들면 우리의 앞날도 더욱 밝아진다. 우리가 언제나 현재에서 살고[22] 풀잎이 자기에게 내린 작은 이슬방울을 받아 푸른색으로 그 이슬방울의 영향을 그대로 나타내듯이 우리에게 일어나는 모든 우연한 일들을 이롭게 받아들인다면 우리는 반드시 행복할 것이다. 소홀히 보내버린 과거를 벌충하는 것을 우리는 흔히 해야 할 일이라고 생각하지만 그런 일에 우리가 헛되이 시간을 낭비하지 않아야 한다. 때는 이미 봄인데 우리는 겨울 속에서 어슬렁거리고 있어야 하겠는가?

상쾌한 봄날 아침에는 모든 인간의 죄가 용서받는다. 이런 날은 모든 악에 대해 휴전하는 날이다. 이처럼 봄의 태양이 불타고 있는 동안에는 제아무리 사악한 죄인도 본심으로 돌아온다.[23] 우리는 우리

---

20) Nabathæan kingdom:기원전 312~서기 105년 경 시리아와 아랍 사이, 유프라테스에서 홍해에 미치는 지역에 있었다는 나라. 구약 성경의 에돔(Edom)과 모압(Moab), 그리고 현재 요르단의 일부.

21) 로마시인 오비디우스(Publius Ovidius Naso, 기원전 43~서기 17?)의 〈변형(Metamorphoses)〉 I. 61~62, 78~81을 소로가 직접 번역 인용했다(Harding).

22) 소로는 '현재'를 매우 중요시했다. 그의 일지(J 1: 409)에 "나는 추구한다. / 다른 어느 때가 아닌 / 현재의 시간 / 오늘의 삶을 ……"이라는 시가 있다.

23) 이삭 와츠(1674~1748)의 〈Hymns and Spiritual Songs〉 1:88의 인유. "And while the lamp holds out to burn/ The vilest sinner may return"(Harding).

자신의 순수성을 회복함으로써만이 우리 이웃의 순수성을 인식하게 된다. 우리는 어제까지만 해도 우리 이웃을 도둑 아니면 주정쟁이 아니면 음탕한 사람으로 알고 있었을지도 모른다. 그리고 그 사람을 그저 동정하거나 아니면 경멸한 다음 그러고서 세상에 실망했을 것이다. 그러나 세상을 다시 창조하는 이 첫 봄날 아침에 태양이 밝고 따뜻하게 비치면 침착하게 일하는 그 이웃을 만나게 된다. 그러면 퇴폐와 방탕으로 말라버린 그의 핏줄에 잔잔한 희열이 차오르고 그가 이 새날을 축복하면서 어린아이처럼 천진난만하게 봄기운을 맛보고 있는 모습을 우리는 보게 된다. 그러면 그의 모든 허물은 우리의 기억에서 완전히 사라진다.

아니, 그의 주위에는 비단 선의의 분위기만 감도는 것이 아니다. 거기에는 어떤 성스러운 기운마저 — 어쩌면 새로 생긴 본능처럼 — 맹목적이고 무력하지만 밖으로 나오려는 기미가 있다. 그때는 잠시 동안이라도 남쪽 산언덕은 속된 농담에 메아리 소리조차 내지 않는다. 우리는 그 사람의 옹이진 살가죽에서 무언가 순진하고 아름다운 새싹들이 돋아나 마치 어린 초목처럼 여리고 신선한 또 한 해의 삶을 시도하려 하고 있음을 보게 된다.

그 사람도 주主의 기쁨에 동참한다.[24] 어찌하여 교도소의 관리들은 감옥의 문을 열어놓지 않는가? 어찌하여 판사들은 사건들을 기각하지 않는가? 어찌하여 목사들은 집회를 거두지 않는가? 그것은 신이 그들에게 내린 암묵적인 지시에 복종하지도 않고 자기는 실컷 만인을 용서하라 말하고서 자신은 그 용서를 받아들이지 않기 때문이다.

고요하고 은혜로운 아침의 숨결 속에서 그날그날 선으로 돌아감으

24) 참조. 《신약성서》〈마태복음〉 25:23 "…… Enter into the joy of your lord."

로써 우리는 덕을 사랑하고 악을 미워하는 인간 본성에 조금이라도 가까이 다가가게 된다. 베어낸 숲에서 비와 이슬로 새싹이 솟아나와 원래의 숲으로 돌아가려는 것과 같다. 마찬가지로 하루에 저지른 악은 솟아나려는 덕의 씨눈을 스스로 펼치지 못하게 하고 그들을 망쳐 버린다.

이처럼 덕의 씨눈이 스스로 피어나지 못하도록 여러 번 방해를 받으면 그때는 밤의 은혜로운 공기만으로는 그들을 보존하는 것이 부족하게 된다. 밤의 공기가 그들을 보존하지 못하면 그 즉시 인간성은 동물의 본성과 거의 다를 바가 없게 된다. 사람은 이 인간의 본성을 동물의 본성과 동일한 것으로 보고 인간 본래의 이성이 없다고 생각한다. 하지만 어찌 그것이 인간 본래의 성정性情이겠는가?[25)]

태초에 황금시대[26)]가 열렸고
그때는 응징하는 사람 아무도 없고
법이 없어도 성실과 정직을 소중히 여겼다.
형벌과 두려움 없고 매달린 놋쇠에 위협적인 말 적힌 적 없고
탄원하는 군중이 판결을 두려워하는 일도 없었다.
벌하는 사람 없이도 세상은 태평하고
산에서 소나무 아직 잘린 적 없으니 파도에 띄워 낯선 세상에 보내진 적 없고
사람들은 제 고장의 해안海岸밖에 알지 못했다.

* * * *

거기에는 영원한 봄이 있었고 조용한 산들바람이

---

25) 이 두 문단은 《맹자》 권11 〈고자장구상告子章句上〉 제8장에서 인용. 소로는 기독교의 '성악설'과는 달리 맹자의 '성선설'을 취했다. 소로는 포우셔의 프랑스어 번역본 《Confucius et Mencius》를 영어로 번역 《다이얼》지에 발표하고 자기 작품에 인용했다.

26) Golden Age:그리스 신화. 태고 때 인류가 가장 행복했던 시대. 신화에서 인류역사를 금·은 동 철로 구분한 그 첫째인 '금의 시대'.

씨를 뿌리지 않아도 피어나는 꽃을 훈훈한 손길로 어루만졌다.[27]

4월 29일 나는 '나인 에이커 코너 다리'[28] 근처의 강둑에서 낚시질을 했다. 사향뒤쥐가 숨어 있는 풀밭에 드러나 있는 버드나무 뿌리를 딛고 서서 낚싯줄을 드리우고 있을 때였다. 갑자기 달가닥거리는 이상스런 소리가 들렸다. 무언가 아이들이 가지고 노는 딱따기 막대가 찰칵거리는 소리 같았다. 머리를 들어보니 쏙독새같이 날씬하고 우아한 매 한 마리가 1, 2로드(약 5~10미터)의 간격으로 물결처럼 솟아올랐다 내려오는 공중제비를 반복하고 있었다. 이따금 두 날개 밑이 드러나 햇빛을 받으면 비단으로 된 리본이라 할까, 아니 진주 빛으로 영롱한 조개껍질의 내면처럼 빛이 났다. 그것을 보니 나는 매사냥이 생각났다. 그 사냥이 얼마나 고귀하고 시적인 것과 연관되어 있는지를 알만했다. 가히 멀린[29]이란 이름이 붙을 만도 하다고 생각되었다.

하지만 이름이야 아무러면 어떤가. 내가 지금까지 목격한 것 중에서는 가장 영묘한 비상이었다. 나비처럼 그저 단순히 날개를 치고 훨훨 나는 것도 아니고 큰 독수리처럼 공중으로 치솟기만 하는 것도 아니었다. 하늘의 평원에 보란 듯이 자신을 내맡기고 킥킥거리는 이상스런 웃음소리를 내면서 하늘로 다시 오르고 올라서 연처럼 몇 번이고 뒤집고 뒤집기를 하면서 자유롭고 우아한 낙하를 하고서는 그 고공의 공중제비에서 방향을 바꿔 제자리로 다시 올라가기를 반복하였다. 마치 지상에는 한 번도 내려앉은 적이 없는 것만 같다.

그처럼 창공에서 홀로 놀고 있으니 온 천지에 벗은 하나도 없는 것 같다. 또 함께 놀아주는 아침의 공기와 푸른 하늘 외에 다른 어떤 벗

---

27) Ovid 《Metamorphoses》, I. 89-96, 107-108.

28) Nine-Acre-Corner bridge:콩코드의 남서부에 있는 다리.

29) Merlin:몸집이 작은 수리의 일종. 아서 왕의 전설에 나오는 덕이 높은 마법사이자 예언자의 이름이기도 하다.

도 그는 필요하지 않은 것 같았다. 그가 외로운 것이 아니라 그 밑에 있는 온 세상이 오히려 외로워 보이게 했다. 그를 낳은 부모와 형제들은 어디 있는가? 그의 아버지는 하늘에 있는가?

하늘의 주민인 그 새는 언젠가 어느 돌산 바위 틈에 있는 알을 깨고 나왔다는 것 말고는 땅과는 아무런 관계도 없어 보인다. 아니 땅과 관계가 있다면 그가 태어난 둥지는 구름자락 한구석에 있고 무지개와 저녁놀로 장식은 하였지만 땅에서 어느 부드러운 한여름 아지랑이를 가져다가 안을 댄 것이 아닐까? 그의 고공의 둥지는 지금 어느 구름의 절벽이다.

매가 공중에서 노니는 모습을 보는 것 외에도 나는 금빛 은빛 구릿빛이 찬란한 희귀한 물고기들을 한 무더기나 잡았다. 마치 보석을 줄에 꿰어놓은 것과 같았다. 아! 얼마나 많은 이른 봄날 아침에 그 초원들을 누볐던가! 나는 이 언덕에서 저 언덕으로 이 버드나무 밑에서 저 버드나무 밑으로 뛰어다녔다. 어찌나 맑고 밝은 햇살이 그 야생의 강과 골짜기와 숲에 내려쪼이던지 그 참신함은 죽은 사람도 일깨울 것만 같았다. 사람들이 생각하듯 죽은 사람들이 무덤 속에서 잠들어 있는 것이라면 말이다. 불멸에 대한 이보다 더 강력한 증거는 필요치 않다. 이와 같은 빛 속에서 만물은 분명 살아있다. 오, 죽음이여! 그러니 그대의 독침은 어디 있단 말인가? 오, 무덤이여! 그대의 승리는 어디 있단 말인가?[30)]

만일 마을 주변에 개간되지 않은 숲과 초원이 없다면 마을에서 사는 우리의 삶은 지극히 따분할 것이다. 우리는 야생이라는 강장제가 필요하다. 때때로 해오라기나 뜸부기가 숨어있는 늪 속을 철벅철벅 건너고 도요새가 울어대는 소리를 들을 필요가 있다. 보다 더 야생적이

---

30) 《신약성서》〈고린도전서〉 15장 55절. "O Death, where was thy sting? O grave, where was thy victory?"

고 보다 더 고독한 어느 새들만이 둥지를 튼 채 족제비가 땅에 배를 대고 기어다니는 곳에서 바람과 속삭이는 풀냄새를 맡을 필요가 있다.

우리는 이 자연의 만물을 진지하게 탐색하고 배우지만 그와 동시에 이 모든 것이 우리가 도저히 헤아릴 수 없는 신비에 싸여 탐색될 수 없는 것으로 남아있어야 한다. 육지와 바다는 답사되지 않고 깊이를 헤아릴 수 없기 때문에 헤아리지 않은 무한한 미개척 상태로 우리 곁에 남아있어야만 하는 것이다. 대자연은 아무리 많이 있어도 결코 지나치지 않다. 무궁무진한 활력, 웅장한 힘, 광활하고 방대한 지세, 난파선의 잔해가 널린 해안, 살아있는 나무와 죽은 나무가 뒤엉킨 황무지, 천둥을 몰고 오는 먹구름과 3주간의 장마로 넘치는 홍수를 보면 우리는 새로워지지 않을 수 없다. 우리는 우리 자신이 쳐놓은 경계가 무너지는 것을 목격할 필요가 있고 또한 우리가 가본 적이 없는 곳에서 어떤 생명이 자유로이 풀을 뜯고 있는 것을 목격할 필요가 있는 것이다.

동물이 죽어 썩어가는 것을 보면 구역질이 나고 실망하게 되지만 그것을 뜯어먹고 그것으로 건강과 힘을 얻는 독수리를 보면 우리는 위로를 받는다.[31] 집으로 가는 길가의 웅덩이에 말 한 마리가 죽어 있었다.[32] 그 때문에 나는 가끔 길을 돌아가야 했다. 특히 대기가 무겁게 내려앉는 밤에는 그곳을 지나가기가 더욱 싫었다. 그러나 그것은 자연의 왕성한 식욕과 침범할 수 없는 건강을 내게 확인시켜 주었고 그것으로 나는 그 불쾌감에 대한 충분한 보상을 받았다.

---

31) 소로는 동물의 썩은 시체를 보다 보편적인 주제에 놓음으로써 그 사실을 초월한다. 에머슨이 〈인간의 생명〉이란 일련의 강연에서 말한 것과 같다. "따로 떼어놓은 사실은 더러울 수 있다. 그러나 그 사실을 인과의 연쇄상에서 보라. 그러면 그것도 아름답다. 부패는 혐오스럽다. 그러나 자연의 순환 과정으로 보면 기쁨을 준다. …… 질병의 법칙은 낯이 가려진 건강의 법칙이다"라고 말했다.

32) 〈제14장 전에 살았던 사람들〉에서 말한 스트래튼의 가족이 살았던 집터에 관하여 1857년 1월 11일 일지(J 9:214)에 "그곳 땅이 우묵한 곳에 때로는 마을에서 죽은 말이나 돼지를 끌어다 버렸다"라고 썼다.

대자연은 생명이 넘쳐서 수없이 희생되거나 서로가 서로를 먹이로 삼아 살도록 버려둘 여유가 있고 나는 그와 같이 되어있는 자연을 보고 싶다. 연약한 생명이 펄프처럼 짓눌려 그처럼 고요히 사라지더라도 — 이를테면 백로가 올챙이를 통째로 삼키고 거북이와 두꺼비가 길에서 마차에 치여 죽어 넘어지더라도 — 자연은 그것을 허용할 여유가 있는 것이다. 자연은 때로는 살과 피의 비를 내린 적도 있다 하지 않는가![33] 재난은 일어나기 쉬운데 그에 대해 책임이 해명될 수 있는 것은 얼마나 미약한가를 우리는 알아야만 한다. 여기서 어느 현자가 느낀 것은 그 모두가 총체적으로는 무해무독하다는 점이다. 독이란 것도 결국 알고 보면 독이 있는 것이 아니다. 어떤 상처도 치명적인 것은 없다. 연민이란 근거가 극히 취약한 감정이다. 그것은 빨리 해치워야 할 성질의 것이다. 연민의 호소는 고착되기 전에 사라진다.

5월 초가 되자 떡갈나무 호두나무 단풍나무와 그 밖의 나무가 호수 주변의 소나무들 사이에서 새싹을 드러내어 마치 햇빛과도 같이 주위의 풍경에 밝은 빛을 더해 주었다. 그 밝은 새싹들은 특히 구름이 낀 날에는 마치 태양이 안개를 뚫고나와 산허리 이곳저곳을 아련하게 비치기라도 하는 것만 같았다. 5월 3일인가 4일에는 호수에서 아비 한 마리를 봤고 5월 첫째 주 중에는 쏙독새, 갈색 티티새, 개똥지빠귀, 숲 딱새, 되새와 그 밖의 여러 새소리를 들었다.

티티새의 울음소리는 훨씬 이전부터 들려왔고 딱새도 어느새 다시 내 집에 찾아와 앞문과 창문으로 집 안을 기웃거렸다. 내 집이 살만한 동굴 같은 곳인지 알아보기 위해서였다. 그 새는 내 집을 답사하는 동안 마치 공기를 움켜잡고 매달려 있기라도 하듯 발톱을 웅크리

---

33) rained flesh and blood: 로마의 박물학자 플리니우스(Gaius Plinius Secundus)(서기 23~서기 79)의 《박물지》에 "아킬리우스와 포르키우스 집정관 시대에 살과 피의 비가 내렸다"는 기록이 있다함.

고 제자리에서 윙윙 날개를 치며 제 몸의 무게를 유지하는 것이었다.

얼마 지나지 않아 유황가루와 같은 리기다소나무의 송홧가루가 호수며 그 주위의 돌과 썩은 나무를 누렇게 덮었다. 쓸어 담으면 통으로 가득할 것 같았다. 이것이 흔히 말하는 '유황 소나기'인 것이다. 인도의 시인 칼리다사의 희곡 〈샤쿤탈라〉[34]에도 '시냇물이 연꽃의 황금 꽃가루로 노랗게 물들고'라는 구절이 있다. 이리하여 점점 키가 높아가는 풀숲을 거니는 동안 계절 또한 점점 여름으로 접어들고 있었다.

이렇게 해서 나의 첫 번째 해의 숲속 생활은 끝이 났다. 두 번째 해도 첫해와 별로 다르지 않았으며[35] 마침내 나는 1847년 9월 6일 월든 호수를 떠났다.

---

34) Calidas:5세기경의 인도 작가. 일반적으로 'Kalidasa'로 표기됨.
Sacontala:일반적으로 'Sakuntala'로 표기됨. 칼리다사의 가장 잘 알려진 희곡. 윌리엄 존스 경이 영어로 번역. 《Sacontala, or The Fatal Ring》(1789). 인용된 구절은 7막에서 인도 황제 두쉬만타의 연설 중에 나옴.

35) 실제로는 다음 해에 우선 유치장에 갇힌 사건, 메인 주의 카타딘으로의 여행, 올콧과 함께 에머슨에게 정자를 지어준 일, 6월 12일의 때늦은 서리로 콩 토마토 호박 옥수수 감자 등의 농사를 망친 일 등이 있었다. 문학적인 목적을 위해서 두 해의 생활이 집약되었음을 분명히 하고 있다.

제18장 맺음말

아픈 사람에게 의사는 현명하게도 공기와 장소를 바꿔보라고 권한다. 고맙게도 여기 이곳만이 세상의 전부는 아니다. 오하이오의 칠엽수[1]는 뉴잉글랜드에서는 자라지 않고, 흉내지빠귀의 울음소리 또한 이곳에서는 거의 들을 수 없다. 기러기는 우리 인간보다 더 세계적이다. 캐나다에서 아침식사를 하고 점심은 오하이오 강에서 들고 남부 지방의 어느 늪에서 날개를 가다듬은 뒤 잠자리에 든다. 들소까지도 어느 정도 계절에 따라 이동한다. 콜로라도의 초원에서 풀을 뜯는 것도 잠시다. 옐로스톤 강변[2]의 풀이 푸르러지고 먹음직스럽게 되어 그를 기다리는 때가 되면 그곳으로 이동한다. 그러나 우리 인간은 농장의 나무 울타리가 헐리고 돌담이 세워지면 그때부터 우리의 인생에도 한계가 그어지고 운명이 결정되어버린 것으로 생각한다. 만일 당신이 읍사무소 서기 자리에라도 채용되었다면 어처구니없지만 사실 이번 여름에 티에라 델 푸에고 섬[3]에 갈 수는 없다. 하지만 그

1) The buck-eye:미국 중서부의 주요 수목의 하나인 칠엽수를 말함. 오하이오 주의 별명이기도 하다.

2) Yellowstone:와이오밍 주 서북부에서 옐로스톤 호수를 지나 동북쪽으로 흘러 미주리 강에 이르는 강. 1,080km. 현재는 와이오밍 주, 몬테나 주, 아이다호 주에 걸친 미국의 국립공원.

럼에도 불구하고 '연옥의 불나라'에는 갈 수도 있다. 우주는 우리가 생각하는 것보다 훨씬 광대하다.

그래도 우리는 호기심 많은 선객처럼 뱃머리의 난간 너머로 밖을 더욱 더 자주 내다봐야 한다. 뱃밥[4]이나 만드는 멍청한 뱃사람처럼 우리 인생을 항해해서는 안 된다. 지구 반대쪽이라 해야 이쪽 통신원의 고향에 불과하다. 우리의 항해는 그저 두 점을 직선으로 잇는 대권항법大圈航法[5]에 지나지 않는다. 의사들은 그저 피부병 처방이나 할 따름이다. 기린을 사냥하러 남아프리카로 서둘러 달려가는 사람도 있기는 하다. 하지만 그가 쫓아야 할 사냥감은 분명 그것이 아니다. 그럴 수 있다 하더라도 정말이지 기린 사냥을 사람이 얼마 동안이나 할 수 있겠는가? 하기야 청도요나 황도요도 귀한 사냥 거리가 될 수도 있을 것이다. 하지만 나로서는 '자기 자신'을 사냥[6]의 대상으로 삼는 것이 보다 고귀한 사냥이라 믿는다.

> 눈길을 안으로 돌리게나,
> 그러면 아직 보지 못한 무수한 고을들

---

3) Tierra del Fuego: 남미의 가장 남쪽 끝에 있는 섬. 스페인어로 '불의 땅'이란 뜻으로 뒤의 'Land of Infernal Fire(지옥 불의 나라)'와 연결시킨 언어유희.

4) Oakum: 낡은 밧줄을 푼 것에 콜타르를 발라 누수 방지용으로 배의 틈새를 메우는 것. 뱃밥을 만드는 일은 옛날에 노예나 죄수, 천민들이 하는 지겨운 일이었다.

5) great-circle sailing: 지구의 중심을 통과하는 원을 이용하여 지표상의 2점의 최단거리를 항해하는 항법. 소로는 거의 모든 사람이 최단 거리가 최선이라 생각하고 있는 사실을 개탄하고 있음.

6) 원문 to shoot one's self: '자살하다'는 의미와 '자신의 진정한 자아를 찾다'라는 이중의미의 언어유희.

그대 마음 속에 있나니.
그 고을들 두루 여행하여
그대 마음의 천문학에
전문가가 되시게나.[7)]

아프리카는 무엇이고 서부라는 것은 또 무엇을 뜻하는가? 우리 내부의 해도海圖는 흰 공백으로 남아있지 않은가? 하기야 발견하고 나면 해안처럼 검을지도 모르지만 말이다.[8)] 우리가 찾고자 하는 것이 나일 강이나 니제르 강 아니면 미시시피 강의 원류나 이 아메리카 대륙을 도는 서북 항로[9)]란 말인가? 이런 것들이 인류에게 가장 중대한 문제란 말인가? 행방불명되어 아내가 애타게 찾으려 했던 사람이 과연 프랭클린[10)] 한 사람뿐인가? 그린넬 씨[11)]는 그가 찾는 프랭클린은 고사하고 자기 자신이 어디 있는지 지금 알고 있는가?

차라리 그대 자신의 내부에 있는 강과 대양을 탐색하는 뭉고 파크[12)]나 루이스와 클라크[13)], 혹은 프로비셔[14)]가 되라. 그리하여 그대

---

7) William Habington(1605~54):영국 시인. 역사가. 〈To My Honoured Friend Sir Ed. P. Knight〉. 소로는 이를 찰머스의 《Works of the English Poets》(VI, 468)에서 보고 현대어로 바꿔 인용한 것 같다.

8) 19세기 당시의 연안도沿岸圖에 의하면 탐험되지 않은 내륙은 공백 또는 흰색, 특히 아프리카 연안은 탐험된 지역을 원주민의 피부색인 검정색으로 표시했다.

9) 나일 강, 니제르 강은 아프리카, 미시시피는 미국, 서북 항로는 대서양과 태평양 사이의 남극해를 통하는 항로로 미지의 세계에 대한 탐험의 상징들이다. 소로가 살았던 19세기는 온갖 종류의 탐험활동이 왕성했던 시기였다.

10) Sir john Franklin(1786~1847):영국 탐험가. 1847년 북극 탐험에서 실종되어 1859년에야 유물이 발견됨. 그의 운명과 미망인의 슬픔은 여러 편의 발라드(Ballad)로 전해지고 있다. 그 중에는 〈Lady Franklin's Lament〉, 〈A Ballad of Sir John Franklin〉(1850) 등이 있다.

11) Henry Grinnell(1799~1874):미국상인. 1850년과 1853년에 2차에 걸친 프랭클린 탐색원정대에 재정지원.

12) Mungo Park(1771~1806):스코틀랜드 출신의 아프리카 내륙 탐험가. 저서로 《Travels in the Interior of Africa》 (1799)가 있음. 1805~06년 니제르 강 탐험 당시 원주민에게 살해됨.

13) 메리웨더 루이스(1774~1809)와 윌리엄 클라크(1770~1838)는 1803년의 '루이지애나 획

자신의 내부에 있는 보다 높은 위도를 탐험하라. — 필요하다면 식량으로 고기 통조림을 한 배 가득 싣고 가서 빈 깡통은 신호용[15]으로 하늘 높이 쌓아올리도록 하라. 고기 통조림이 단지 육신의 고기를 보존하기 위해서만 발명된 것인가?[16] 아니다. 바라건대 자신의 내부에 있는 모든 신대륙과 신세계를 발견하는 콜럼버스[17]가 되라. 그리하여 무역이 아니라 사상을 위한 새로운 뱃길을 열어라.

사람은 누구나 각자가 한 영토의 군왕이다. 그 영토에 비하면 차르(Tsar, 러시아 황제)의 러시아 제국은 얼음이 남긴 하나의 둔덕에 불과한 보잘것 없는 작은 나라에 지나지 않는다. 그런데도 어떤 사람은 자신에 대한 존경심은 전연 없으면서 애국심에 불타 작은 것을 위해 큰 것을 희생시킨다. 그들은 자기 무덤이 될 흙은 사랑하지만 당장 육신에 활력을 불어넣어 줄 정신에 대해서는 아무런 공감을 얻지 못하고 있다. 이런 사람들의 애국심이란 머릿속에 들어있는 구더기에 불과하다.

어마어마한 시위행진을 벌이고 엄청난 비용을 들여서 환송했던 그 남극 탐험대[18]가 의미하는 것이 무엇인가? 정신세계에도 여러 대륙

득(Louisiana Purchase, 제퍼슨 대통령 재직 시 루이지애나 주 등 당시 프랑스 영토를 매입한 것을 말함)'으로 새로 얻은 방대한 서부 지역을 답사하고 탐험하여 태평양 연안에 이르는 육로를 발견한 미국인들.

14) Sir Martin Frobisher(1535?~94):영국 탐험가. 캐나다 북방의 북서항로를 개척.

15) 엘리샤 켄트 케인(1822~57)이 프랭클린 수색탐험 중에 그의 겨울 캠프에서 600개의 빈 통조림 깡통이 쌓인 무더기를 발견한 사건을 인유. 케인은 이에 대한 이야기를 1851년에 강연하였고, 그 내용이 널리 출판되었다. 이에 대한 기록은 《The United States Grinell Expedition in Search of Sir John Franklin》 (Philadelphia, 1856) p164에 있으나 소로는 그 이전에 이 기사를 알고 있었다.

16) 원문 to preserve meat merely?:'meat'를 '고기'와 '육신'의 이중의미로 쓴 언어유희. 사람의 육신을 고기(meat)로 동일시한 선례는 많다. 《신약성서》〈요한복음〉 6:55 "……내 살이 고기요, ……" 등.

17) Christopher Columbus(1451~1506):1492년 미 대륙 발견.

18) South-Sea Exploring Expedition:미 해군장교 찰스 윌크스(1798~1877)의 지휘 아래 1838~42년에 남태평양과 남극 대륙을 탐험했던 탐험대.

과 대양이 있고 개개인 모두가 거기에 연결된 작은 지협地峽과 작은 만灣인데 정작 본인은 아직도 탐험하지 않고 있다는 사실과 각자 내부의 대서양과 태평양인 그 개인의 바다를 탐험하기보다는 정부가 지원하는 배를 타고 500명의 선원과 소년들을 지휘하면서 추위와 폭풍우와 식인종들과 싸우며 수천 마일을 항해하는 편이 오히려 더 쉽다는 사실을 간접적으로 시인하는 것이 아닌가?

떠돌아다니고 싶거든 그렇게 하려무나.
세상 끝 호주인 보고 싶거든 그렇게 하려무나.
내게는 신神에 속한 것 더 많고,
그에겐 뱃길에 속한 것 더 많으리니.[19]

아프리카의 잔지바르 섬에 고양이가 몇 마리 있는지 알기 위해 세계를 일주할 가치는 없다.[20] 그러나 달리 보다 더 좋은 일을 할 수 있을 때까지는 그런 일이라도 하라. 그러다 보면 혹시 '심스의 구멍'[21]이라도 발견하여 결국 그 안에까지 들어가 볼 수 있을지도 모르니 말이다. 영국과 프랑스, 스페인과 포르투갈, '황금 해안'이니 '노예 해안'[22]이니 하는 것들이 모두 이 '자기 자신의 바다'의 코앞에 접해 있

---

19) 4세기 로마 시인 클라우디아누스(370~404)의 〈Old Man Of Verona〉에서 인용하여 라틴어 원문을 싣고 영어로 번역하였다. 라틴어 원문은 여기선 생략했다. 소로는 원문의 Iberos(Iberian, 이베리아인)를 Australian(호주인)으로 대체했다. 먼 이국인을 표현하기에 당시로서는 더 적절했기 때문이다. 1841년 5월 10일의 일지(J 1:259~60)에 그는 "이 시는 '무분별한 여행자'에 대한 좋은 경고다"라고 평했다.

20) 소로는 당시 찰스 피커링(1805~78)의 《The Races of Man》 (1851)을 읽었고 그 책에 동 아프리카 해안에서 멀리 떨어진 잔지바르(Zanzibar) 섬의 고양이에 대한 언급이 있었다(J 5:392).

21) 존 클리브스 심스(1779~1829)는 《The Symmes' Theory of Concentric Spheres》 (1818)란 소책자에서 지구 양극에 큰 구멍이 있고 그 속에서 사람이 살 수 있다고 주장했다. 황당한 주장이었지만 문학에 미친 영향은 컸다.

22) 황금해안(Gold Coast), 노예해안(Slave Coast): 서아프리카의 기니(Guinea) 만에 인접한 해안. 15세기부터 19세기까지 황금과 노예의 무역이 많았다.

다. 그런데도 그곳까지는 가면서도 그곳에서 이 '개인의 바다'를 찾아 그 육지들이 보이지 않는 곳까지 항해하는 배는 쪽배 한 척도 없다. 분명히 그 바다가 인도로 직접 통하는 지름길인데도 말이다.[23)]

만일 그대가 모든 나라의 말과 모든 나라의 습관을 익히고자 한다면, 그리고 그 어느 여행자보다 더 멀리 여행하여 모든 지방의 풍토에 익숙해지고 스핑크스의 수수께끼[24)]를 풀어 그 괴물로 하여금 자신의 머리를 바위에 부딪쳐 죽게 하고 싶다면, 곧 바로 옛 철인哲人의 교훈을 따라 '그대 자신을 탐험하라.'[25)] 여기에는 맑은 눈과 강한 심장이 필요하다. 여기에서 패배한 사람, 이를 기피하는 사람들만이 전쟁터로 간다. 겁쟁이들이 도망쳐 군대에 몸을 맡긴다. 지금 당장 바로 그 멀고 먼 서쪽 끝을 향해 길을 나서라.[26)] 그 길은 미시시피 강이나 태평양 해안에서 멈추지 않는다. 낡아빠진 중국이나 일본으로 향하는 길도 아니다. 바로 이 세계, '자기 자신의 세계'에 직접 접하는 길이다. 여름이고 겨울이고, 낮이고 밤이고, 해가 지고 달이 지고, 마침내 지구가 무너져 내리더라도 이 길로 나아가라.

미라보[27)]라는 사람은 "사회의 가장 신성한 법에 공공연히 대적하는 일에 가담하려면 어느 정도의 결심이 필요한지 확인하기 위해서" 길에서 강도질을 해보았다고 한다. 그가 선언한 바에 의하면 "대열

---

23) 소로에게 인도는 외적인 것을 가장 많이 탈피하고 결국 '내면'에 도달하는 곳을 의미한다.

24) Sphinx:몸은 사자, 가슴과 얼굴은 여자의 형상을 한 그리스 신화의 괴물. 지나가는 여행자에게 수수께끼를 주고 이것을 풀지 못하면 잡아먹었는데 오이디푸스가 문제를 풀자 바위에 머리를 부딪쳐 스스로 죽었다.

25) '옛 철인'은 소크라테스를 지칭한 듯하다. 'Gnothi se auton' 즉 '너 자신을 알라'는 금언의 최초 연원은 알려져 있지 않지만 그가 남긴 말로 알려져 있다. 이 말은 델피에 있는 아폴론 신전 입구에 새겨져 있다. 에머슨은 그의 〈American Scholar〉에서 '너 자신을 알라'는 옛 교훈과 '자연을 탐구하라'는 현대의 교훈이 결국 하나라고 말했다.

26) 소로가 〈월든〉을 쓸 당시는 미국의 서부로의 이동이 최고조에 달했던 시기였다.

27) Count de Mirabeau(1749~91): 프랑스 혁명가. 《Harper's New Monthly》 I. 648에 실린 기사 〈Mirabeau, An anecdote of His Private Life〉에서 인용. 이에서 발췌한 문절을 1851년 7월 21일자의 일지(J 2:332~3)에 기록해 놓았다.

속에서 싸우는 병사에게는 노상강도가 지닌 용기의 절반만큼도 필요하지 않다"는 것이다. 또한 그는 "충분히 생각하고 어떤 굳은 결심을 하게 되면 명예와 종교도 무력하다"라고 했다.

세속적인 견지에서 보면 사내다운 말이다. 하지만 그것은 절망적인 것이 아니라면 오히려 한가한 이야기다. 생각이 제대로 박힌 사람이라면 보다 더 신성한 법을 따르다 보면 소위 가장 신성하다는 '사회의 법'에 '정식으로 공공연히 대적'하게 되는 자신을 발견할 때가 한두 번이 아닐 것이다. 그러니 자기의 길에서 탈선하지 않고서도 자신의 결심을 시험할 수 있는 기회는 얼마든지 있다.

사람이 할 일은 사회에 대해 무조건 그와 같은 저항적인 태도를 취하는 것이 아니라, 자신의 내부의 법칙을 따르는 과정에서 자신이 취해야 할 자세를 그것이 어떤 것이든 견지하는 것이다. 그리고 그것은 올바른 정부(만약 그런 정부도 있다면)에 대해서 반항하는 자세는 결코 아닐 것이다.

나는 숲에 들어갈 때와 같은 이유로 그 숲을 떠났다.[28] 아마도 내게는 살아야 할 또 다른 몇 개의 인생이 있으니 숲속의 생활을 더 이상 지속할 시간적인 여유가 없다는 생각이 들었던 것 같다. 사람이 어쩌다 자기도 알지 못하는 사이에 얼마나 쉽사리 어떤 특정한 길에 빠져들고 또한 그 길을 제 스스로 다지는지 생각해 보면 놀라운 일이다. 내가 숲속에 들어와 산 지 일주일도 못 되어 내 집 문간에서 호수까지 내 발자국으로 길이 났다. 그 길을 밟지 않은 지 5, 6년이 되었는데도 그 윤곽이 지금도 여전히 뚜렷하다. 사실은 다른 사람들이 어쩌다 그 길에 빠져들고 또 그래서 그 길이 유지되고 있는 것이 아닌지 두렵다. 대지의 표면은 부드러워 사람이 지나간 발자취에 표가 나게 되어있

---

28) 소로는 1847년 9월 6일 에머슨의 집으로 옮겼다. 에머슨은 강연을 위해 10월 초 유럽여행을 예정 중이었다. 그의 부재 중의 체류 요청을 수락한 것이었다.

다. 마음이 여행하는 길도 마찬가지다. 그렇다면 이 세상의 큰 길은 얼마나 닳고 먼지투성이일 것인가! 전통과 타협의 수레바퀴 자국은 또 얼마나 깊이 파였을 것인가! 나는 인생의 항해 중에 선실로 들어가는 길을 택하고 싶지는 않았다.[29] 오히려 나는 세상의 돛대 앞에 그리고 갑판 위에 나와 있고 싶었다.[30] 그곳에서는 산과 산 사이에 비친 달빛을 가장 잘 볼 수 있었기 때문이다.[31] 나는 이제 갑판 밑으로 내려가고 싶지는 않다.

나는 내 실험을 통해서 적어도 이것 한 가지는 터득했다. 그것은 사람이 자신의 꿈을 향해 자신 있게 나아가면서 마음 속에 그리던 삶을 살려고 노력한다면 평소 예상하지 못한 성공을 거둔다는 점이다. 그러려면 사람은 무언가를 버려야 하고 눈에 보이지 않는 어떤 경계선을 넘어서야 할 것이다. 그러면 그의 주위에는 물론 내부에도 새롭고 보편적이고 보다 더 자유로운 새 법칙이 확립되거나 아니면 전의 낡은 법칙은 보다 폭이 넓어지고 보다 자유로운 의미로 그에게 유리하게 해석될 것이다. 그러면 그는 인간의 보다 높은 차원의 특권을 향유하는 삶을 살아갈 것이다.

만일 그가 생활을 간소화하면 할수록 그에 비례하여 우주의 법칙들은 그만큼 더 복잡하지 않게 되고, 고독은 고독이 아니고 빈곤도 빈곤이 아니며 약점도 약점이 아니게 될 것이다. 비록 공중에 누각을 쌓았을지라도 그것은 헛된 일이 아니다. 누각은 원래 공중에 있어야 하는 것이니까. 이제 그 밑에 토대를 놓으라.

---

29) 원문 take a cabin passage:'조타실에 대한 선실 통로'라는 뜻과 그의 '월든의 움막(cabin)에서 보내는 인생행로'를 뜻하는 이중의미의 언어유희.

30) 일반 선원들은 돛대 앞이나 갑판에서 잤다. 소로의 하버드 동창인 리처드 H. 다나가 일반 선원의 고된 삶을 그린 〈Two Years Before the Mast〉(1840)에서 나온 표현.

31) 앨러리 채닝은 1844년 자기와 함께 보트로 허드슨 강을 도강한 여행에서 소로가 밝은 달밤에 뱃머리에서 저녁을 보냈던 일에 빗댄 것이라고 자신이 편집한 《월든》에서 밝히고 있다.

영국 사람들과 미국 사람들은 자기들이 이해할 수 있도록 쉽게 말하라고 상대에게 요구한다. 한데 그것은 우스꽝스런 요구가 아닐 수 없다. 사람이건 버섯이건 그런 식으로 타인의 이해를 위해 성장하는 것은 아니다. 그것은 마치 그들이 나를 이해하는 것이 중요하고 또한 그들이 있어야 내가 충분히 이해될 수 있다는 식이다. 마치 대자연이 오직 한 종류의 이해 방식만을 찬성하니 그 방식을 쓰지 않는 다른 네 발 짐승과 날짐승을 그리고 기어다니는 동물과 날아다니는 동물을 똑같이 먹여 살릴 수 없다는 식이다. 아니, 그건 마치 송아지도 알아듣는 '이려—'나 '워—'라는 말이 가장 훌륭한 영어라고 생각하는 것과 다를 것이 없고, 마치 멍청해야만 안전하다고 생각하는 것과 같다.

내가 몹시 두려워하는 것은 내 표현이 충분히 '상궤常軌를 벗어나는 것'[32]이 되지 못하고, 나의 일상적인 경험의 좁은 한계에 갇혀서 내가 확신하는 진리를 보다 더 적절하게 표현하지 못하는 것은 아닐까 하는 점이다. '상궤를 벗어나는 것!' 그것은 우리가 어떤 울타리에 둘러싸여 있느냐에 따라 다르다. 새 초원을 찾아서 다른 위도로 이동하는 들소들은 젖을 짜는 시간에 들통을 박차고 울타리를 뛰어넘어 제 새끼를 찾아 달려가는 젖소만큼 '상궤를 벗어났다'고 할 수가 없다.

나는 울타리 밖의 어딘가에서 이야기하고 싶다. 잠에서 깨어있는 사람이 잠에서 깨어있는 다른 사람들에게 말하듯이 말이다.[33] 왜냐하면 나는 진실한 표현의 초석만이라도 놓기 위해서는 아무리 일상의 한계를 벗어나는 과장을 한다 해도 부족하다고 믿기 때문이다.[34]

---

32) 원문 extra-vagant:'wandering beyond bounds'의 뜻을 강조했다.

33) 리차드 백스터(1615~91)의 《자서전》 (London, 1696)에 나온 〈Love Breathing Thanks and Praise〉에서 "나는 결코 다시는 할 수 없을 듯이 / **죽어가는 사람이 죽어가는 사람들에게 말하듯 설교했었다**"의 패러디.

34) 1851년 9월 7일의 일지(J 2:469)에 "삶은 무한한 아름다움의 경험이다. 우리는 그것을 끊임없이 자아내고 또한 그것이 언제나 우리를 진정으로 **상궤에서 벗어난 과장을** 하게 한다"라고 했다.

한 가락의 은은한 음악을 듣고 그것을 말로 표현해 본 사람이라면 그 누가 상궤를 벗어나는 표현을 더 이상 언제까지 두려워하겠는가?

미래적인 것이라거나 혹은 앞으로의 가능성이란 것을 놓고 볼 때도 우리는 앞에 확실한 선이 없이 좀 느슨하게 살아야 한다. 그쪽으로 우리의 윤곽은 그저 안개에 싸이듯 희미하고 우리의 그림자가 태양을 향해 눈에 보이지 않는 땀을 드러내듯 살아야 한다.

우리들이 쓰는 말의 진실은 휘발성이다. 그 때문에 남아있는 진술은 언제나 그 부적절함이 드러나게 되어있다. 언어의 진실은 즉석에서 하늘로 옮겨가고[35] 문자의 기념비만 남는다. 우리의 신앙과 충성심을 표현하는 말들은 명확하지 않다. 그런데도 천성이 뛰어난 사람들에게는 그 말들은 유향乳香처럼[36] 뜻이 깊고 향기롭다.

왜 우리는 언제나 우리의 수준을 가장 둔한 지각 수준에 낮추어놓고 그것을 '건전한 상식'[37]이라 찬양하는가? 가장 근본적인 상식은 사실은 잠들어 있는 사람이 코고는 소리로 표현하는 잠든 사람의 의식이다. 우리는 때때로 1.5배의 지적 능력을 지닌 사람을 반편이로 치부하는 경향이 있다. 그것은 우리가 그의 지혜를 3분의 1밖에 이해하지 못하기 때문이다. 하기야 어떤 사람들은 아침 일찍 일어날 수만 있다면 일어나자마자 붉은 아침놀을 흠잡으려 들 것이다.

내가 들은 바로는 "사람들은 카비르[38]의 시에는 4가지 서로 다른

---

35) 원문 translated: 《구약성서》 〈히브리서〉 11:5에서 에녹이 하늘로 옮겨지는 것과 같은 의미로 쓰였다. 1852년 2월 18일 일지(J 3:311)에 '사실'과 '시'의 차이에 대해 "그 막연한 차이를 마음 속에 보존하기 어렵다. 가장 흥미롭고 가장 아름다운 사실들은 그만큼 더 시가 되기 때문이다. 그 사실들은 지상에서 하늘로 옮겨간다"라고 썼다.

36) 원문 frankincense:초기 기독교에서 사용한 향기가 있는 수액. 동방박사들이 아기 예수에게 바친 세 가지 선물 중 하나였다. 그로 인해 신을 상징하는 것이 되었다.

37) 원문 common sense:소로는 이 술어를 '건전한 실질적 판단'이란 '양식'의 의미로 사용했다기보다는 선천적으로 내재되어 있는 일련의 내적 원리에서 나온 '자연스런 판단' 또는 에머슨이 말한 '더 이상 분석이 불가능한 최종적인 진실'이란 의미로 사용했다.

38) Kabir(1440~1518):15세기 인도의 평화애호적인 신비주의 시인. 힌두교와 이슬람교의 화해를 시도했다.

의미 즉 환상, 정신, 지성과 《베다》의 대중적인 교리가 있다"[39] 라고 한다. 그런데 이쪽 세상에서는 어떤 사람의 글이 한 가지 이상으로 해석되면 그것을 비난의 근거로 생각한다. 영국에서는 감자 마름병[40]을 치료하려고 온갖 노력을 쏟고 있다는데 그보다 더 치명적이고 더 널리 퍼져있는 이 뇌가 썩는 병을 치료하려고 애쓰는 사람은 아무도 없단 말인가?

나는 내가 소위 '모호'의 경지에까지 이르렀다고는 생각하지 않는다. 그러나 이런 점에서 월든 호수의 얼음에서 흠이 발견되지 않듯이 나의 글에서도 치명적인 흠이 발견되지 않는다면 자랑으로 여길 것이다. 그런데 남부에서 얼음을 사가는 고객들은 얼음이 순수하다는 증거인 푸른색을 흐린 탓으로 생각하고 월든 호수의 얼음을 사가지 않고 희긴 하지만 풀 맛이 도는 케임브리지의 얼음을 택했다. 사람들이 사랑하는 순수성은 지구를 덮고 있는 안개 같은 것이지 그 너머에 있는 푸른 하늘의 정기 같은 것이 아니다.

어떤 사람들은 우리 미국 사람들 그리고 일반적으로 현대인들은 고대인들이나 심지어 엘리자베스 시대의 사람들에 비하면 지적인 난쟁이에 지나지 않는다고 귀가 아프게 떠들어댄다. 그러나 그런 말을 한다고 무슨 소용이 있는가? 살아 있는 개가 죽은 사자보다 나은 것이다[41]. 소인족인 피그미에 속해 있다고 어디 가서 목이라도 매달아 죽어야 한다는 것인가? 왜 피그미 중에서도 가장 큰 피그미가 되려는 노력은 하지 않는가? 각자 자기 자신의 일에 열중하여 본래 타고난 바를 최대로 발휘하도록 힘써야 할 것이다.

---

39) 가르신 드 타시의 《Histoire de la Litterature Hindout》(Paris, 1839, 279)에서 번역 인용(Harding).

40) 원문 The potato blight:1845년 영국에서 시작되어 아일랜드의 감자농사를 황폐화시킴. 이로 인해 대기근이 들어 많은 이민이 발생했다.

41) 《구약성서》 〈전도서〉 9:4 "…… for a living dog is better than a dead lion."

왜 우리는 성공하려고 그처럼 필사적으로 서두르고 필사적으로 일하는가? 사람이 동행인들과 보조를 맞추지 않는다면 그것은 그 사람이 아마 다른 사람의 북소리를 듣고 있기 때문일 것이다. 그 사람으로 하여금 자신이 듣는 음악에 맞춰 걸어가도록 내버려두라. 그 북소리가 어떤 박자든 그리고 아무리 멀리서 들려오든 말이다. 사과나무와 참나무가 성숙할 때 자신도 성숙해야 하는 것이 중요한 것은 아니다. 남들과 보조를 맞추기 위해 자신의 봄을 여름으로 바꿔야 하겠는가? 우리의 천성에 맞는 여러 가지 여건이 아직 갖춰지지 않았다면 그것을 대체할 수 있는 현실은 무엇인가? 우리의 헛된 현실이라는 암초에 난파되어서는 안 된다. 우리가 애써서 청색의 유리로 하늘을 만들어 본들 그것이 무슨 소용이 있겠는가? 그것이 완성된다 해도 언제 그것이 하늘이었느냐는 듯이 그 너머에 진정한 정기가 가득한 진짜 하늘을 바라보게 될 것이 분명하지 않은가?

쿠루라는 도시에 완성을 목표로 정진하는 한 장인이 있었다.[42] 어느 날 그는 지팡이를 만들 생각을 했다. 그는 불완전한 일에는 시간이 한 요인이 되지만 완전한 일을 할 때는 시간이 문제가 되지 않는다고 생각했다. 그리고 비록 일생 동안 그 일 외에 다른 일은 전혀 하지 못할지라도 모든 면에서 완벽한 지팡이를 만들겠다고 혼자 다짐했다.

그는 재료를 얻기 위해 곧장 숲으로 갔다. 적절한 재료가 아니면 쓰지 않기로 결심하고 쓸만한 나무를 하나씩 찾아 살피고 또 버리고 하는 중에 그의 친구들이 차츰차츰 그를 떠나게 되었다. 그들이 각자 자기 일을 하는 사이에 점점 늙어서 죽었던 것이다. 그러나 그만은 조금도 늙지 않았다. 그의 일관된 목적과 결심과 숭고한 믿음이 자신

42) 인도의 우화에서 온 것이나 소로 자신이 진선미眞善美에 대한 사랑, 완성에 대한 추구의 삶을 우화화한 것이고(Arthur Christy 1932) 또한 이 속에 그가 월든 호수에 간 이유와 당시의 비평과 사회적 기준에 대한 그의 무관심을 시사하고 있다고 보기도 한다(Harding).

도 모르는 사이에 그에게 영원한 젊음을 가져다 준 것이다. 그가 시간과 어떤 타협도 하지 않았기 때문에 그 시간이란 놈이 들어오지 못하고 그의 길에서 비껴가 그저 멀리서 한숨만 쉬었던 것이다. 이는 시간이 그를 이기지 못했기 때문이었다.

그가 모든 점에서 알맞은 재목을 찾았을 때는 쿠루 시는 완전히 폐허가 된 지 오래였다. 그는 폐허의 어느 흙 둔덕에 앉아 그 나무를 깎았다. 지팡이의 모양이 잡혔을 때는 칸다하르 왕조[43]는 끝난 지 오래였다. 그는 막대 끝으로 모래 위에 그 민족의 마지막 왕조의 이름을 써놓고 다시금 일을 시작했다. 그가 지팡이를 다듬고 윤을 낼 무렵에는 칼파[44]는 이미 북극성이 아니었다. 그가 지팡이 끝에 쇠붙이를 달고 보석으로 머리를 장식했을 때는 브라마 신은 잠을 자고 깨어나기를 무수히 여러 번 반복했던 것이다. 그런데 왜 내가 지금 이런 이야기를 계속하고 있는가?

그의 작품에 마지막 손질이 가해지자 그 지팡이가 놀랍게도 그 장인의 눈앞에서 갑자기 브라마[45]의 모든 창조물 가운데서 가장 아름다운 것으로 확장되는 것이었다. 그는 지팡이를 만드는 사이에 새로운 체계, 완전하고 아름답게 균형이 잡힌 새로운 세계를 만든 것이다. 옛 도시들과 왕조들은 사라졌지만 거기에 그보다 더 아름답고 더 영광스러운 도시와 왕조가 들어서 있었다. 그때에야 그는 발밑에 수북이 쌓인 나무 부스러기들이 아직도 생생한 것을 보고 자신과 자신의 작품에 소요된 지난 시간이 하나의 환상에 지나지 않았다는 사실을, 그리고 그 시간은 브라마의 두뇌에서 나온 한 줄기 섬광이 한 인간의 두뇌의 부싯돌에 부딪혀 불이 붙는 시간에 지나지 않았다는 사실을

---

43) Kandahar:1748~73년 동안 아프가니스탄의 수도의 명칭이었다.

44) Kalpa:힌두교의 브라마 신의 하루. 한 겁劫. 한 세계가 창조되었다가 다음 세계가 시작될 때까지의 기간. 인간세계의 시간으로는 43억 2천만 년.

45) Brahma:힌두교의 최고신.

깨달았다. 그의 재료가 순수했고 기예도 순수했다. 그러니 그 결과가 경이로울 수밖에 없지 않겠는가?

어떤 사물에 우리가 부여하는 겉모양은 그 어느 것도 결국은 '진실' 만큼 우리에게 도움이 되지 못한다. 진실만이 모든 것을 견뎌낸다. 대개의 경우 우리는 우리가 있어야 할 곳에 있지 않고 거짓된 장소에 있다. 우리는 천성 중에서 어느 약한 부분을 통해 어떤 상황을 상정하고서 그 속에 우리 자신을 맞춰 넣는다. 그러므로 우리는 동시에 두 가지 상황 속에 들어있게 되고 또한 거기서 빠져나오기는 두 배나 어렵다. 정신이 온전할 때 우리는 오직 사실만을 즉 실제로 존재하는 상황만을 대하게 된다. 의무로 해야 하는 말이 아니라 실제로 할 수밖에 없는 말을 하라. 어떤 진실도 겉치레보다 낫다. 땜장이인 톰 하이드란 사람은 교수대에 섰을 때 최후로 할 말이 없느냐는 질문을 받고서 "재봉사들에게 첫 바늘을 꿰매기 전에 실 끝을 매듭짓는 것을 잊지 말라 하시오"[46] 라고 말했다. 그의 동료의 기도는 전해지지 않고 있다.

그대의 인생이 아무리 미천하다 하더라도 이를 마주 대하고 또한 이것을 살아내야 한다. 피하거나 욕하지 말라. 그대가 나쁘면 나빴지 인생이 나쁜 것은 아니다. 그대가 가장 부유할 때 그대의 인생은 가장 가난해 보인다. 흠을 잡는 사람은 천당에서도 흠을 잡을 것이다. 그대의 인생이 가난하더라도 그것을 사랑하라. 설령 구빈원에 있다 하더라도 어쩌면 유쾌하고 감동적이고 영광스러운 시간을 다소는 향유할 수 있을 것이다. 저녁 황혼의 붉은 놀은 양로원의 창문에도 그리고 부자의 저택에도 똑같이 비추고 이른 봄에는 양로원의 문간에

46) 18세기 초 "바느질용 실에 끝매듭을 하지 않으면 바늘 뜸을 잃는다"라는 속담의 인유로 짐작됨. 그의 1849년 10월의 한 일지(J 3:37)에 톰 하이드라는 이름이 등장하나 그 연원은 명확하지 않다. 그 이름이 뉴잉글랜드의 한 사기꾼이었던 샘 하이드에게서 나왔고 재봉사에게 충고한 말은 독일 민담에서 나왔다고 보기도 한다.

서도 눈은 녹는다. 조용한 마음으로 인생에 임하는 사람은 궁전에서 사는 것과 다름없이 그곳에서도 만족스럽게 살 수 있고 또한 유쾌한 생각을 가질 수 있다는 것을 나는 의심치 않는다.

때로는 마을의 가난한 사람들이 오히려 누구보다 가장 독립적인 삶을 산다는 생각이 들 때가 자주 있다. 어쩌면 그들은 불안한 마음이 없이 도움을 받는 것만으로도 훌륭한 것이 아닌가 싶기도 하다. 대부분의 사람들은 자신이 마을의 구호대상이 되는 불명예에서는 벗어나 있다고 생각한다. 그러나 적지 않은 사람들이 부정직한 방법으로 자신을 부양하는 일에서 벗어나있지 못한 경우가 더 많으니 그것은 더더욱 명예롭지 못한 일이 아니겠는가?

가난을 가꾸라. 정원의 화초를 가꾸듯 샐비어 약초[47]를 가꾸듯 가꾸라. 옷이든 친구든 새것을 얻으려고 너무 애쓰지 말라. 헌옷은 뒤집어서 다시 입고 옛 친구들에게는 다시 돌아가라. 사물은 변하지 않는다. 우리가 변한다. 옷일랑 팔아 없애고 생각은 간직하라. 그대가 외롭지 않도록 신이 돌봐줄 것이다.

만일 내가 한 마리의 거미처럼 다락방의 한구석에 일생 동안 갇혀 있다 하더라도 나에게 생각이 간직되어 있는 한 세상이 조금도 좁아진 것이 아니리라. 철인의 말이다.

> 삼군三軍에서 그 지휘관을 빼앗아 없애고 그 군대를 무너뜨릴 수는 있다. 하지만 아무리 미천한 사람에게서라도 그에게서 그의 생각을 빼앗을 수는 없다.[48]

---

47) 원문 like sage:'sage'는 '철인' '성자'의 의미와 약용, 향료, 완상 등으로 쓰이는 샐비어(salvia)에 붙여진 별명으로 '가난을 약초처럼 가꾸라'라는 의미와 '성자처럼 가난을 가꾸라'라는 이중의미의 언어효과를 노렸다.

48) 《논어》 9권 25편, 〈자한제구子罕第九〉 "子日 三軍可奪帥也 匹夫不可奪志也". 포티에의 《Confucius et Mencius》 149에서 번역 인용.

자기 발전을 지나치게 갈망한 나머지 거기서 오는 여러 가지 작용에 농락당하지 말라. 그것은 모두 헛된 낭비다. 어둠이 빛을 드러내듯 겸손에서 거룩한 빛이 드러난다. 가난하고 미천한 검은 그림자가 우리를 에워싸고 있다. "한데 보라! 눈앞에 창조가 펼쳐지고 있지 않은가?"[49] 이를 보고 있으면 우리는 자주 이런 생각을 하게 된다. 설령 우리에게 크로이서스 왕[50]의 부가 주어진다 하더라도 우리의 목적은 여전히 같을 수밖에 없고 또한 우리의 수단도 근본적으로 여전히 같을 수밖에 없다는 생각이 들곤 한다.

나아가서 우리가 가난 때문에 활동의 범위에 제한을 받는다 해도 — 예를 들어 책도 살 수 없고 신문조차 사볼 수 없다 하더라도 — 그것은 우리로 하여금 오히려 가장 뜻있고 중요한 경험을 하도록 제한하는 것에 불과하다. 가장 달콤하고 영양가가 있는 것을 생산하는 재료만 다루도록 우리에게 강요하는 것일 따름이다. 그것은 뼈에 가장 가까운 삶이다. 뼈에 가까운 삶이 가장 감미로운 삶이다.[51] 그로 인해 우리는 오히려 인생을 경솔하게 낭비하는 자가 되지 않도록 보호받고 있는 것이다. 보다 높은 정신세계로 마음을 넓히면 아무리 낮은 차원에 있다 할지라도 결코 그것으로 인해 손해보는 사람은 없다. 남아도는 부로는 쓸모없이 남아도는 것밖에는 살 수 없다. 영혼의 필수품은 그 어느 하나를 사는 데도 돈이 필요치 않다.

나는 사실상 벽이 일종의 납으로 된 방 한 구석에서 산다 할 수 있는데 그 벽의 재료에 종에 들어가는 합금이 섞인 것인지, 한낮에 조용히 쉬고 있노라면 밖에서 어지러운 종소리가 자주 들려온다. 나와

---

49) Joseph Blanco White(1775~1841): 영국 신학자. 시인. 단시 〈Night and Death(To Night)〉의 "And lo! Creation widened in man's view"를 인용한 것이다.

50) Croesus(기원전 550~기원전 546): 소아시아 서부에 있었던 부국 리디아의 왕. 거부로 전해져 대부호의 대명사가 됨.

51) 영국 속담 "뼈에 가까울수록 살이 더 감미롭다(Nearer the bone, the sweeter the flesh)"는 말에 비유.

같은 시대에 사는 사람들이 떠들어대는 소리다. 내 이웃 사람들은 내게 어느 유명한 신사 숙녀와 지낸 모험담이나 어느 고관대작과 나눈 만찬 이야기를 하지만 나는 일간 신문의 내용에 흥미가 없는 것만큼이나 그런 이야기에 관심이 없다. 그들의 관심과 이야깃거리는 주로 유행하는 옷차림과 풍습에 관한 것들이다. 그러나 거위에게 옷을 아무리 잘 입혀놓은들 거위는 여전히 거위일 뿐이다.[52] 캘리포니아와 텍사스 그리고 영국과 서인도 제도에 관해 아니면 조지아 출신인지 매사추세츠 출신인지 모모씨[53]에 관한 이야기들을 하지만 모두가 일시적이고 덧없이 흘러가는 말들이어서 나는 어느 마므룩[54]이 그랬던 것처럼 그들의 안마당에서 담장을 뛰어넘어 달아날 생각부터 하게 된다.

나는 내 본래의 모습으로 돌아가는 것을 기쁨으로 삼고 있다. 남의 눈에 잘 띄는 화려한 행렬에 끼여 걸어가는 것이 아니라, 할 수만 있다면 정말 우주의 창조자와 함께 걷고 싶다. 할 수만 있다면 이 성마르고 어수선하고 경박한 19세기가 아니라 이 시대가 지나가는 동안 서 있거나 앉아서 생각에 잠기고 싶다. 사람들은 무엇을 경축하고 있는가? 사람들은 모두 무슨 준비 위원회라는 데 나와서 시간마다 누군가 연설해 주기를 기대한다. 하늘의 신은 그저 그날의 사회자에 불과하며 웹스터[55]가 신의 대변자가 된다.

---

52) 2세기경의 그리스 풍자시인 루시안이 한 말로 에라스무스가 그의 〈격언(Adagia)〉 1.7.11.에 "An ape is still even thought he wears an insignia of gold"로 인용한 말을 인유했다.

53) 원문 the Hon. Mr.__of Georgia:당시 조지아 출신 국회의원(1846~52). 상원의원(1853~61)으로 북부에서 대중의 주목을 끌었던 노예제도의 열렬한 변호자 로버트 아우구스투스 툼스(1810~85)를 말하는 것 같다(Cramer).

54) Mameluke:옛 이집트의 무사계급. 원래 노예계급이었으나 1254년 이후 그들의 대장을 왕으로 삼아 정치적 지배계급이 되었다. 1811년 모하메드 알리에게 전멸, 이때 한 사람이 말을 탄 채 성벽을 뛰어넘어 목숨을 건졌다는 고사를 말함.

55) Daniel Webster(1782~1852):매사추세츠 출신 상원의원으로 유명한 웅변가. 1850년의 노예제도에 대한 타협안인 '탈주노예에 관한 법'을 지지하여 북부의 반노예운동을 배신

나는 나를 가장 강하고 가장 올바르게 끌어당기는 것이 무엇인가를 저울질하고 결정하여 그쪽으로 끌리고 싶다. 저울대에 매달려 끌어당기는 쪽의 무게를 속이고 싶지 않다. 나는 어떤 상황을 짐작으로 추정하는 것이 아니라 실제 있는 상황을 그대로 받아들이고 싶다. 나는 내가 갈 수 있는 유일한 길을 가고 싶고 또한 어떤 힘으로도 나를 막을 수 없는 그런 길을 가고 싶다. 단단한 토대를 다지기도 전에 미리 아치를 세우는 짓에 결코 만족하지 않을 것이다. 살얼음판 놀이는 이제 그만두자. 단단한 밑바닥은 어디에나 있다.

우리가 읽어서 알고 있는 이야기가 있다. 어느 나그네가 한 소년에게 자기 앞에 있는 늪을 가리키며 거기에 밑바닥이 있는지 물었다. 소년은 단단한 밑바닥이 있다고 대답했다. 그 말을 듣고 나그네는 늪에 들어섰다. 그런데 그만 타고 있는 말의 몸통까지 곧장 빠져들었다. 나그네는 소년에게 "이 늪은 밑바닥이 단단하다고 하지 않았느냐?"라고 외쳤다. 소년은 "정말 그래요. 단단한 바닥이 있어요. 하지만 아저씨는 아직 밑바닥에 절반도 미치지 못하신 거예요"라고 대답했다는 이야기다.[56)]

인간사회의 늪이나 물에 떠밀린 모래바탕도 이와 마찬가지다. 한데 그 밑바닥이 있다는 것을 아는 사람이 원숙한 사람이다. 남들이 생각하고 말하고 행한 것들은 오직 어떤 희귀한 일치가 있을 때만 우리에게 가치가 있다.

나는 어리석게도 그저 욋가지나 회벽에 못을 박는 못질장이가 되고 싶지는 않다. 그런 실수를 했다면 나는 계속 잠을 제대로 자지 못할 것이다. 내게 망치를 달라. 그리고 나로 하여금 벽의 골과 받침대를 더듬어 찾게 놓아두라. 틈 사이를 메운 퍼티를 믿지 않아야 한다.

했다. 소로는 이를 야유하고 있다.

56) 콩코드의 《Yeoman's Gazette》 1828년 11월 22일자에 실려있는 이야기.

못을 정확하게 두들겨 박고 그 끝을 두들겨 단단히 고정시켜서 그것이 어찌나 믿음직스럽던지 밤에 자다가도 눈을 번쩍 뜨고 자기가 한 일에 대해 만족스런 미소를 지을 수 있도록 하라. 그렇게 정성을 드린 일에는 뮤즈의 여신을 불러내도 부끄럽지 않을 것이다. 그렇게 해야 — 아니 그때만이 신이 우리를 도울 것이다. 우리가 그 일을 꾸준히 계속하여 그 박힌 못 하나하나가 모두 우주라는 조직을 단단히 조여 매는 또 하나의 대못이 되도록 해야 한다.

사랑보다도, 돈보다도, 명예보다도 내게 진리를 달라. 나는 어느 집 식탁에 앉은 적이 있었다. 거기에는 맛좋은 음식과 술이 넘치고 아부하듯 시중드는 하인들도 많았다. 한데 성실과 진실[57]을 찾아볼 수 없었다. 그래서 나는 배를 줄인 채 그 냉랭한 자리를 떠났다.[58] 대접이 얼음처럼 차가워서 음식을 차게 하는 데 얼음이 필요치 않을 것 같았다. 그들은 포도주의 제조년도며 양조장의 명성에 관한 이야기를 했다. 그러나 나는 보다 더 영광스러운 양조장에서 나온 보다 더 오래되고 보다 더 맛이 새롭고 보다 더 순수한 포도주를 생각했다. 그 포도주는 그들이 갖고 있지도 않았고 또 손에 넣을 수도 없는 것이다. 어떤 격식이나 장소나 '접대' 같은 것들은 내게는 아무런 의미가 없다. 나는 왕을 방문했다. 그러나 그 왕은 나를 홀에서 기다리게 하고 손님을 환대하는 것이 무엇인지도 모르는 사람처럼 행동했다. 내 이웃에 구멍 뚫린 고목에서 사는 사람[59]이 있었다. 이번에는 그분을

---

57) 《신약성서》 〈고린도전서〉 5:7~8의 인유. "…… but with the unleavened bread of sincerity and truth."

58) 에머슨의 집에서 있었던 일일 가능성이 높다. 소로는 그 집에 정규적인 손님이었을 뿐만 아니라 1841년 4월~1843년 5월과 1847년 9월~1848년 7월의 기간 동안 그 집에서 살았다. 또한 그의 일지(J 3:256)에는 그 집에서의 허례적인 만찬에 대한 불평이 적혀있다.

59) "내 이웃은 구멍이 난 플라타너스 고목에서 살고, 나는 너도밤나무에서 산다"(J 1:133)와 같이 소로의 일지와 글에는 '구멍뚫인 나무에서 사는 사람'이 종종 언급되어 있으나 실제 누구를 상정한 것인지는 분명치 않다.

찾았다. 그의 예절은 진실로 왕자다웠다. 진즉 그런 분을 찾아갔더라면 더 좋았을 것이다.

우리는 도대체 언제까지나 현관에 눌러앉아 어떤 일에도 부적절할 부질없고 케케묵은 도덕을 실천하고 있을 것인가? 마치 온갖 인내심이 발휘되어야만 하루를 시작할 수 있을 것 같고, 자신의 감자밭을 메는 힘든 일은 다른 사람을 고용하여 시켜놓고서 자기는 오후에 집을 나서서 미리 생각해 둔 그 부자연스런 친절로 기독교적 온유와 자선을 실천하려는 것만 같지 않은가!

인류가 지니고 있는 저 중국식 자존심과 정체된 자기도취[60]를 생각해보라. 현세대는 자신이 빛나는 혈통의 후예임을 자축하는 경향이 좀 심하다. 보스턴, 런던, 파리와 로마에서는 자기들의 오랜 전통을 생각하고 예술과 과학과 문학의 진보를 만족스럽게 이야기한다. 여러 학회의 보고[61]와 '위대한 인물들'의 업적에 대한 사회적 찬사들이 쌓여있다. 마치 선량한 아담이 넋을 잃고 자신의 미덕을 바라보고 있는 꼴이다. "그렇소. 우리는 위대한 일을 해냈고 성스러운 노래를 불렀소. 그것들은 결코 없어지지 않을 것이오." — 다시 말해서 '우리'가 잊지 않고 있다면 그렇다는 것이다. 한데 고대 아시리아[62]의 각종 학문 단체들과 위대한 인물들, 그들은 지금 어디에 있는가? 우리야말로 얼마나 초창기의 철학자들이며 실험주의자들인가!

지금 이 글을 읽고 있는 독자들 가운데 단 한 사람도 인생을 완전히 다 살아버린 사람은 없다. 지금은 인류의 생애에서는 봄의 계절에 불과한 것인지도 모른다. 우리는 7년 동안의 권태기[63]는 겪었을지 몰라

---

60) China pride: 당시 사람들은 중국은 대국으로서의 자만과 오만에 차 있다고 생각했다.

61) 원문 Philosophical Societies: 소로는 학회 전반을 의미하지만 'American Philosophical Society'는 1743년에 창립되었고 1838년부터 계간으로 회보가 출판되었다.

62) Assyria: 고대 메소포타미아 지역의 왕국. 처음에는 바빌로니아의 속령이었으나 니네베를 수도로 하여 강력한 제국을 세웠다가 기원전 606년에 메디아에 합병됨.

도 17년을 살아온 매미[64]는 아직 콩코드에서 보지 못했다. 우리는 우리가 살고 있는 지구의 엷은 허물에 불과한 겉껍질을 알고 있을 뿐이다. 대부분의 사람들은 그 밑으로 6피트도 파들어 가본 적이 없고 또한 그 위로 그만큼 뛰어올라 본 적도 없다. 우리는 지금 어디에 있는지도 모른다. 더욱이 우리는 하루의 거의 절반을 잠든 상태로 보낸다. 그런데도 우리 자신을 현명하다고 여기고 이 지구 표면에 질서를 확립해 놓았다고 한다. 참으로 어처구니없는 심오한 사상가들이고 야심만만한 사람들이 아닌가!

나는 서서 숲속에 깔린 솔가리 사이로 기어가며 내 시선을 피하려고 애쓰는 벌레 한 마리를 내려다보면서 이놈이 왜 이렇게 좁은 생각을 품고 있는 것일까, 어쩌면 제게 은인이 될지도 모르고 자기 종족에게 기쁜 소식을 전해줄지도 모르는 나를 피해 왜 한사코 자신의 머리를 숨기려 들까 하고 혼자서 생각해본다. 그러면 나와 똑같이 내 위에서 또한 이 인간벌레인 나를 내려다보고 서 있는 보다 더 큰 '은인'이요 '정신'적인 존재를 생각하게 된다.

세상에는 새롭고 신기한 일들이 끊임없이 일어난다. 그런데도 우리는 믿기 어려울 정도로 지루함을 참아내고 있다. 가장 개명된 나라에서 사람들이 계속 귀를 기울이는 설교들이 어떤 종류인지 보는 것만으로도 이를 알 수 있다. 기쁨이라든지 슬픔이라는 말들이 있기는 하다. 그러나 우리가 흔해빠지고 천박한 것만을 신봉하고 있는 한 그런 말들은 콧소리로 흥얼대는 찬송가의 후렴에 불과할 뿐이다.

우리는 우리가 갈아입을 수 있는 것은 옷뿐이라고 생각한다. 대영제국은 훌륭한 큰 나라이고 미합중국은 일류의 강대국이라고 사람들

63) The seven years' itch: 결혼 7년이면 권태가 온다는 농담.

64) 매미는 종류에 따라 1~17년의 유충기를 땅 속에서 보낸다. 소로는 1843년에 뉴욕의 스테이튼 섬에 갔을 때 이 매미를 보고 그에 대한 깊은 인상을 1843년 7월 7일자 어머니에게 보낸 편지에 썼다(C 121~22).

은 말한다. 모든 개개인의 배후에는 어떤 큰 조류가 밀려들어왔다 빠져나가곤 한다. 사람이 만일 그것을 언제고 마음 속에 들어앉히기만 한다면 그 대영제국이란 것도 한낱 나뭇조각처럼 물에 띄워버릴 수도 있다. 그런데 사람들은 그 사실을 믿지 않는다. 누가 알겠는가? 어떤 종류의 17년 매미가 다음에 땅 속에서 나올지를? 내가 사는 세상의 정부는 영국 정부처럼 만찬 후에 술 한 잔 들며 담소하는 가운데 만들어지는 정부가 아니다.

우리 내면의 생명은 강물과도 같다. 올해에는 지금까지 알고 있는 수위보다 물이 높이 차올라서 마른 고지대까지 물이 범람할지도 모른다. 어쩌면 올해가 바로 그 중대한 해, 강에 물이 넘쳐 사향뒤쥐들이 모두 익사하는[65] 그런 해가 될 수도 있다. 우리가 살고 있는 땅이 항상 마른 땅이었던 것은 아니다. 나는 과학이 홍수를 기록하기 이전인 먼 옛날에 강물이 휩쓸고 지나간 둑을 깊은 내륙지방에서도 발견한다.

또 낡고 오래된 식탁의 마른 사과나무판자 속에서 튼튼하고 예쁜 나방 한 마리가 나왔다는 이야기는 뉴잉글랜드에 두루 퍼져서 뉴잉글랜드 사람이면 누구나 들어 다 알고 있다. 그 식탁은 처음에 코네티컷 주에서 살다가 후에 매사추세츠 주로 이사한 어느 농부의 부엌에 60년 동안이나 놓여 있었다. 더욱이 그 알은 그 둘레의 나이테의 수로 봐서 그보다 훨씬 여러 해 전 그 나무가 살아있었을 때부터 거기에 들어있던 것이다. 그것이 어쩌다 주전자의 따뜻한 열 때문에 우연히 부화되었던 것으로 여러 주일 전부터 나무를 갉아내는 소리가 들렸다고 한다.[66]

---

65) 사향뒤쥐(muskrat)의 둥지나 굴의 잠자는 방은 수위 위로 출입구는 수위 아래로 짓기 때문에 큰물이 지면 특히 새끼들은 둥지 안에서 죽는 수가 있다.

66) 이 이야기는 실화로 당시 여러 인쇄물에 나와있었다. 소로는 티모시 트와이트의 《Travels in New England and New York》 (New Haven, 1821) 2:398와 J. W. 바버의

이 이야기를 듣고 부활과 불멸에 대한 자신의 신념이 새로워지는 것을 느끼지 않을 사람이 어디 있겠는가? 누가 아는가? 어떤 아름답고 날개 돋친 생명이 — 그 생명의 알이 처음에는 살아있는 푸른 나무의 백목질 속에 들어 있었는데 그 나무가 차츰 잘 손질된 무덤처럼 되어 — 완전히 말라버린 사회의 삶 속에 차곡차곡 쌓인 목질 같은 무수한 나이테 밑에 오랜 세월 묻혀 있다가 — 어쩌면 지난 수 년 동안 밖으로 나오려고 갉아대는 소리에 잔칫상에 둘러앉은 인간 족속들이 놀랬을지도 모르는데 — 어느 날 갑자기 세상에서 가장 평범한 가구에서 홀연히 나타나 마침내 더할 나위없는 한 여름의 삶을 누릴지 누가 알랴!

나는 영국이나 미국 사람들[67]이 이 모든 것을 이해하리라 생각하고 말하는 것은 아니다. 다만 아침의 성격이 이와 같은 것이고 또한 그 아침은 결코 단순한 시간의 경과로 동트는 것이 아니라는 사실을 말하는 것이다. 우리의 눈을 감기게 하는 불빛은 우리에게는 암흑이다.[68] 오직 우리가 깨어 기다리는 날에 동이 튼다.[69] 동이 틀 날은 또 있다. 태양은 아침의 별일 따름이다.[70]

《Massachusetts Historical Collections》 (Worcester, 1839) 108~9에서 읽었다. 투구풍뎅이는 50년 후에도 나무에서 알을 깨고 나오는 것으로 알려져 있다.

67) 원문 John or Jonathan: 각각 일반 영국인과 미국인을 말함.

68) '빛이 어둡다'라는 개념은 선례가 많다. 《신약성서》 〈누가복음〉 11:35 "…… 네 속에 있는 빛이 어둡지 아니 한가 보라" 및 〈베드로 후서〉 1:19 등.

69) "가능성을 감지하기 위해서는 그들에 대해 깨어있어야 한다"라는 생각은 소로의 저작물 여러 곳에서 발견된다. 〈가을의 빛깔(Autumnal Tints)〉에서 소로는 "어떤 사물도 그에 대한 생각을 지니기 전에는 그것을 볼 수 없다"(W 5:286)라고 말했으며 또한 일지(J 8:192)에도 이와 비슷한 문절이 발견된다. 또 존 돈의 시에도 "종이 울린다, 울린다고 생각하는 사람을 위해서"라는 구절이 있다(Devotions upon Emergent Occasions, Devotion 17).

70) 이 여명의 이미지는 책 첫 부분의 수탉의 울음과 함께 《월든》이 그의 이웃을 일깨우는 자명종으로 쓰였음을 강조한다.

▌작품 해설▐

《월든》에 나타난 소로의 인생관

I

헨리 소로(Henry D. Thoreau, 1817~62)는 세월이 갈수록 빛나는 작가 가운데 한 사람이다. 그의 작품이 출간되어 나온 목록을 훑어보는 것만으로도 그에 대한 관심이 얼마만큼 커가고 있는지 알 수 있다. 그가 살아있을 때 단행본으로 출판된 것은 불과 두 작품뿐이었다. 《콩코드와 메리맥 강에서의 일주일(A Week on The Concord and Merrimack Rivers)》(1849)과 《월든: 숲속의 생활(Walden: A Life in the Woods)》(1854)이 그것이다. 그마저도 독자들에게 외면을 당했었다. 팔리지 않은 책을 자기 방에 쌓아놓고 그가 "내 장서藏書는 900권이 넘는데, 그 중 700권은 내가 쓴 것이다"라고 농담을 했다는 일화가 전해질 정도다.

그에게 호의적인 문우들이 없었던 것은 아니지만 생존 당시나 사후에도 상당 기간 비평계에서 차가운 대접을 받았다. 당시 대표적인 비평가였던 《대서양 월간(Atlantic Monthly)》의 편집인 제임스 로웰은 그의 저서 《비평을 위한 우화(A Fable for Critics)》(1848)에서 '에머슨의 아류'로 치부해버렸고, 《북아메리카 리뷰》에 게재한 〈소로론論〉에서도 그의 진가를 전혀 인정하지 않았다.

> 그는 대단한 자만심의 소유자로 자기의 성격적 결함과 약점을 자기의 고유의 미덕과 강점으로 서슴없이 받아들였고, 또한 우리에게 받아들이도록 주장한 인물이었던 것 같다.

위와 같은 논조의 비평은 소로를 부정적인 시각으로 보게 하는 데 결정적인 영향을 끼쳤다. 그러나 20세기에 들어와서 그의 방대한 일기(Journal, 14권, 1906)가 나오고, 시집(Collected Poems, 1943)이 간행되었으며, 프린스턴 대학에서는 《월든》(1971)을 필두로 그의 저작집 25권을 기획, 출판하고 있다. 그 외에도 간행되지 않은 일기, 비평서, 연구서들이 한 해가 멀다하고 쏟아져 나오고 있다. 이것은 그에 대한 관심이 확대되고 있다는 것을 말해준다.

그에 대한 관심은 아마도 현대 사회의 기계 문명과 물질문명에 의한 인간성 상실이라는 문제가 계속 제기되는 한 더욱 높아지기만 할 것이다. 왜냐하면 그는 삶의 본질을 가장 진지하게 추구한 작가 중 한 사람이며, 그가 《콩코드와 메리맥 강에서의 일주일》에서 "내 인생은 내가 쓴 시詩요, 그 시를 살면서 읊는 일을 동시에 함께 할 수는 없었다"고 말했듯이, '삶' 그 자체가 곧 시가 되게 살았던 것으로 그의 구도적求道的이요, 창의적인 예술가로서의 삶이 현대인의 맹목적인 삶에 시사해 주는 바가 많기 때문이다.

그의 생애를 살펴보면, 그의 구도적인 생애 가운데서도 특히 우리의 눈길을 끄는 부분은 그가 월든 호숫가에서 영위했던 실험적인 생활이다. 그는 진지한 삶을 얻기 위해 월든 호숫가에 손수 오두막을 짓고 2년 2개월(1845년 7월 4일~1847년 9월 6일) 동안 혼자 살았다. 이 때의 생활을 소재로 쓴 것이 《월든: 숲속의 생활》이라는 시적인 산문이다(작가는 '숲속의 생활'이란 말을 표제에서 삭제하도록 요구했었다. 은둔 생활로 오인될 우려가 있기 때문이었다).

이 작품은 앞에서도 언급했듯이 한동안 하찮은 자전적 생활 기록문으로 치부되었으나, 20세기에 와서는 영국의 문학 비평가로서 19세기 말 문학 연구가인 홀브룩 잭슨이 그의 《꿈의 몽상가(Dreamers of Dreams)》에서 '영어로 쓰여진 문학 작품 중에서도 가장 훌륭한 책 중 하나'로 절찬한 것을 비롯하여, 미국에 앞서 영국에서 이미 불후의 문학작품으로 인정받았다. 미국에서도 1941년 소로학회 창립을 기하여 유수한 비평가들에 의해 속속 그의 독창적인 예술성이 밝혀져, 금세기 중반에 이르러서는 불후의 수필로서 확고한 위치를 잡게 되었다.

소로의 월든 숲속에서의 생활은 에머슨의 '첫 외유'나 멜빌의 '바다'와 같은 것으로, 그의 정신의 성장에 중요한 의미를 갖는 것이다. 본고本稿에서는 정신 성장의 장場으로서의 자연에서 소로는 무엇을 보고 느꼈는지를 이때의 생활 기록이라 할 수 있는 《월든》을 중심으로 고찰해 보고, 그 숲속의 생활이 그의 인생에 대한 근본적인 태도에 어떤 의미가 있는가를 살펴보고자 한다.

II

소로가 탄생한 시기는 1817년으로, 미국이 독립한 후 40년이 되던 해다. 이 시기는 이미 낭만주의 혁명기로 접어든 시기로서 사람들의 생각이 종전과는 급격히 달라지던 때다. 낭만주의의 커다란 특징은 자연에 대한 새로운 인식과 인간성에 대한 새로운 자각이다. 자연은 단순히 신의 의지의 구현물이 아니라 신이 내재된 것이고, 인간성의 자각은 개인의 영혼에 대한 존중이며 가능성의 확신이었다. 이 인간성에 대한 자각은 뉴잉글랜드의 칼뱅주의에 대한 유일신교(唯一神教: Unitarianism, 삼위일체설을 부정하는 교파)의 투쟁사에서 볼 수 있다.

종래의 칼뱅주의는 신의 절대성과 인간의 원죄성을 강조하고, 인간 의지의 자유와 개인의 무한한 가능성을 부정하였다.

이에 대해 유일신교의 목사였던 윌리엄 채닝은 칼뱅주의에 반대하여 신의 은혜로운 측면을 강조했고, 무엇보다 인간의 존엄성, 개성의 존중, 정신의 자유를 주장했다. 다시 말하면 그의 논지는 비단 종교라 할지라도 인간의 영혼에서 출발할 수밖에 없다는 뜻으로 요약된다.

이와 같은 사상은 미국 낭만주의의 근간이 되는 초월주의의 길을 마련해 준 것이다. 초월주의는 유일신교에서 합리주의적 요소가 배제되고 신비주의적 요소가 가미된 것으로, 하나의 철학 체계라기보다는 독일의 관념철학과 동양의 신비사상이 융합된 사상이다. 이는 진리를 본능적으로 알 수 있는 능력이 인간에게 있음을 인정하고, 지성보다는 인간의 감성에 호소하며, 인간과 자연에 신이 편재遍在함을 믿고, 이를 인식할 수 있는 인간의 내적 직관을 존중하는 사상이다.

이 사상의 중심인물은 에머슨이었다. 그의 유명한 《자연(1836)》의 1절만으로도 그의 신비적 관념론적인 자연관을 알 수 있다.

> 숲속에는 영원한 젊음이 있고, 이 신의 농장 안에서는 예의와 신성神性이 지배하고 영원한 축제가 마련되어 있다.
>
> 숲속에서 우리는 진실과 믿음으로 돌아간다.
>
> 땅에 맨발로 서서 머리를 상쾌한 공기로 적시고 무한한 공간으로 치켜들면, 모든 옹졸한 이기심은 사라진다. 나는 투명한 눈망울이 된다. 나는 무無다. 나는 모든 것을 본다. 그러면 우주적 존재의 영기靈氣가 내 몸을 순환한다. 나는 신의 부분, 아니 신의 꾸러미가 된다.

숲속에 있으면 시적인 환희가 일고, 인간의 모든 옹졸한 자기중심적인 생각은 사라지며, '투명한 눈동자'만 남아서 순수한 객관적 관찰이 가능해진다는 것이다. 또 사람은 우주의 영기가 그의 몸 속에서 순환하고, 그래서 신의 일부가 된다는 것이다. 말하자면 자기완성, 즉 우주와의 통합이 가능하다는 것이다.

이와 같은 정신 지향적인 사조는 칼뱅주의에 대한 반동이기도 하지만, 당시 자본주의의 발흥이라는 세태의 영향 또한 도외시할 수 없다. 1812년 미국은 제2차 대영전쟁을 치른 후 유럽과 영국으로부터 경제적 독립을 얻게 되었고, 이어서 근대 산업, 기계 문명이란 경악할 만한 성장을 가져왔다. 이와 같은 변화의 이면에서 점차 상실되어 가는 인간성을 지식인들은 깨닫지 않을 수 없었고, 이에 대한 인간의 정신적인 또 지적인 것은 어떠해야 하는가 하는 문제에 직면하지 않을 수 없었다. 당시 에머슨을 중심으로 일어난 초월주의 운동도 이를 해결하기 위한 하나의 사상운동이었다. 그들은 앞에서도 언급했듯이, 인간은 자연을 통해서 신과 영적으로 교류할 수 있다 하면서 자연 복귀를 부르짖었다. 자연 속에 들어 있는 정신의 상징을 직관하여 자연을 통한 인간성의 회복을 추구했던 것이다.

이 초월주의 이상의 현실적 시도가 바로 조지 리플리가 조직한 브루크 농장(Brook Farm, 1841~1847)이나 올콧이 열었던 '열매의 나라'(Fruitland, 1844~1845) 등의 '새로운 마을'의 시도였다. 그들은 단지 사상운동이나 문학운동으로 활동했던 것이 아니라, 인간성의 본질을 인간 생활의 모든 면에서 절실히 추구하려 했던 것이다. 이 자연으로의 복귀는 독일이나 영국의 낭만주의 사조에서 영향을 받았으며, 이 '새로운 마을'의 실험도 워즈워스의 '평범한 삶과 고귀한 사상'의 이상을 목표로 삼은 것이라 할 수 있다.

소로는 하버드 대학 재학 중에 이미 에머슨의 사상에 심취해 있었고, '초월주의 클럽'에서 활동했을 뿐만 아니라 그 기관지의 편집을 도운 적도 있었다. 그뿐만이 아니라 에머슨의 집에서 기거한 적도 있다. 이로 미루어볼 때 그의 실험적인 월든에서의 생활은 위와 같은 시대사조의 영향을 받은 것이요, 자연과의 직접적인 접촉을 통해서 인생의 근저를 포착하려는 시도인 점은 앞에 말한 브루크 농장이나 열매의 나라와 같고, 이 양쪽이 각각 1841년, 1844년에 시작한 것에 비해 월든 생활은 1845년이었으니, 언뜻 보기에는 당시의 '새로운 마을'의 시도를 모방한 것에 불과한 것처럼 보인다.

그러나 월든에서의 실험적 생활을 소로가 마음먹은 것은 상당히 오래 전인 것 같다. 월든이란 확실한 장소는 언급되지 않지만 월든 생활로 들어가기 4년 전의 일기에 이런 구절이 있다.

> 나는 청결한 자리를 요구할 따름이다. 어느 동산 남쪽 기슭에 거처를 마련하여 그곳에서 신이 내게 준 삶을 살련다. 해가 뜨고 또 해가 다시 뜨는 사이에 내게 일어난 모든 것을 감사히 받아들이면 그것으로 충분한 일감이 되지 않을까?

그 8개월 뒤의 일기에는 다음과 같은 구절이 씌어 있다.

> 곧 가서 그 호숫가에 떨어져 살고 싶다. 거기서 나는 갈대 숲속에서 속삭이는 바람소리만 들으리라.

이로 미루어 그의 머릿속에 월든이 태동한 것은 적어도 브루크 농장이 조직된 해이거나 그 이전으로 사료되며, 다른 시도가 집단적이었던 데 반해 소로는 홀로인 점이 다르고, 비록 목적은 비슷하나 그 내용과 질에 있어서 소로의 독자성은 두드러진 것이다.

III

1) 월든 생활의 목적과 실천

소로의 특징은 무엇보다 삶에 대한 진지한 태도와 철저한 실천이다. 그는 자신의 월든 생활의 목적을 이렇게 말하고 있다.

> 나는 진지하게 살고, 삶의 본질적인 사실에만 직면하고 싶고, 또 그 삶이 가르쳐주는 것을 내가 배울 수 없는 것인지 알고 싶고, 또 내가 죽을 때 삶을 다하지 못했다는 사실을 보고 싶지 않기 때문에 나는 그 숲으로 간 것이다.

그는 월든에 들어간 목적이 은둔이나 도피가 아니라, 적극적으로 인생을 탐구하고 음미하기 위함임을 밝히고 있다. 그야말로 '진지하게 살아보고, 생의 모든 골수骨髓를 빨아내고 싶은' 의욕과 적극성을 보여준다. 이와 같은 취지는 월든에 들어간 이틀째의 일기를 비롯하여 곳곳에서 볼 수 있다.

> 나는 삶의 실제, 신神이 우리에게 보여주려 한 현상, 즉 현실을 직접 마주 대하고 싶다. 그래서 나는 여기 온 것이다. 이제 그 내용을 보도록 하자.

그가 '삶의 실제'를 만나야 한다는 생각은 "삶은 고귀한 것이니 삶이 아닌 것을 살고 싶지 않다"는 의식에서 나온 것으로, "그것을 가지고 놀아서도 안 되고, 단순히 탐구하는 데 그쳐서도 안 되며, 언제나 진지하게 살아야 한다"고 그는 주장하고 있다. 자신의 그와 같은 신념을 실천하기 위해 월든 숲속에서 혼자 산 것이다.

위의 인용문에서 보듯, 그가 말한 '신이 보여주려 한 현상'이란 에머슨이 말한 '자연은 정신의 상징'이라는 뜻으로 해석되며, '이들과 마주 대한다'는 것은 자연의 세계는 정신이 구현된 것이니 자연에서 이 정신의 상징을 느껴 삼라만상 가운데 편재하는 신, 즉 영靈과 교류한다는 뜻으로 에머슨의 초월 사상의 영향인 것은 분명하다. 그러나 소로는 어떤 위대한 이론이나 사상일지라도 직접적이고 적극적인 체험과 실천을 통해서만이 의미가 있음을 깨달은 것이다.

에머슨도 실천적인 행동을 강조하여 그의 〈미국의 학자〉에서 이렇게 말했다. "행동은 학자에게 부차적이기는 하나 없어서는 안 되는 것이다. 그것 없이는 사상은 결코 진실이란 것으로 성숙될 수 없다. 사상의 실마리, 사상이 무의식에서 의식으로 가는 이행移行은 행동이다." 이렇게 말한 에머슨도 소로의 실천적인 행동성에 일찍이 깊은 흥미를 보였고, 또한 그의 일기에는 소로에 대한 선망에 가까운 구절이 보인다.

> 소로는 내가 발견한 내 자신의 도덕률을 나에게 살과 피와 고집스런 색슨 민족적 신념의 형태로 제시한다. 그는 나보다 훨씬 진실하며, 매일 실제로 그것을 지킨다.

소로의 실천성에 대해서는 후세의 비평가들도 에머슨보다 높이 평가할 뿐만 아니라, 그것이 양자간의 본질적인 차이라고 평했다. 도런은 그의 〈소로론〉에서 "에머슨은 서서 생각하고, 소로는 직접 가서 발견한다"라고 했다. 월터 하딩은 "에머슨은 우리에게 추상적인 개념을 주고, 소로는 체험한 것을 준다"라고 말했다. 나아가서 하딩은 "이 두 사람의 본질적 차이는 체험과 실천의 정도이며, 소로는 여기에서 의의를 찾아 모든 방면에 실천의 생활을 확대해 나가고, 자기의 모든 삶을 자연에 몰입시켜 자연과 일체가 되려는 그 노력과 행동을 중요시했다고 할 수 있으나, 에머슨에게 있어 자연은 따로 존재하는 것으로 포착되어 있다"라고 말한다.

어찌 되었건 경험, 행동, 실천은 그의 큰 특징의 하나가 아닐 수 없다. 그는 자연과의 접촉을 확대함으로써 자연의 본질과 인간의 본질이 일치함을 발견하고, 거기에서 얻은 윤리를 실천하여 자연 속에서 영원한 것, 즉 진리, 신을 추구하는 구도적 생애를 보냈다. 그는 객관적 자연 관찰자인 박물학자이며 자연의 아름다움을 찬미하는 시인으로서, 신비적인 감정에 심취하는 도인道人으로서, 또 엄격한 사회비평가로서 다양한 측면을 지니고 있지만 그 가운데는 그의 철저한 실천성이 자리하고 있다.

소로는 "오늘날에는 철학교수는 있지만 철인哲人은 없다"고 말하며 실천의 결여를 개탄한다. 그리고 철인이 되는 조건에 대해 이렇게 말했다.

> 철인이 되는 것은 그저 정교한 사상을 지니는 것이 아니요, 어떤 학파를 세우기 위한 것도 아니며, 예지叡智를 사랑하여 그의 가르침에 따라 소박하고 독립적이며 너그럽고 진실한 삶을 사는 것이다.

그는 자기 자신의 일면을 철인으로 간주하고, 철인으로서 투철할 것을 이상으로 삼았다. 월든의 생활에서도 이 '소박하고 독립적이며 너그럽고 진실한 삶'을 실천하려 했다.

2) 소박함

소로는 철인의 조건으로 소박, 독립, 너그러움과 진실한 삶을 들었는데, 그 중에서도 소박함은 그의 중요한 사상과 생활의 원리다. 그가 월든 숲속에 들어간 목적은 이 소박함에 대한 실험이었다. 삶이 아닌 모든 것을 완전히 배제했을 때 그것이 정말 비천한 것인가 아니면 숭고한 것인가를 체험한 것이요, 《월든》은 바로 그 보고서라 할 수 있다.

> 나는 삶이 아닌 것들을 모두 몰아내기 위해 아주 강건하게 또 스파르타식으로 살기를 원했고, 낫으로 풀을 치듯 삶을 쳐내어 다듬어서 한구석으로 몰아넣고 가장 낮은 조건으로 끌어내려, 만일 그것이 비천한 것으로 밝혀지면 철저하고 거짓 없이 삶의 천박성을 파악하여 그것을 널리 알리고, 만일 그것이 숭고하다면 그것을 체험으로 터득하여 나의 다음의 인생 답사踏査에서 그에 대한 진실한 평가를 내릴 수 있기를 원했다.

그는 이 책의 첫 장인 〈경제〉라는 항목에 총 지면의 4분의 1을 할당하여, 월든 생활의 물질적인 수입과 지출에 대한 명세와 함께 인간의 의식주가 갖는 진정한 의미가 무엇인가를 피력해 놓고 있다.

그에 의하면 소박함은 자연의 본질 중 하나로서 자연 가운데는 불필요한 것이 없고 언제나 평온과 통일이 흐르고 있다는 것이다. 이 소박하면서도 강한 자연과 비교할 때, 인간의 생활 가운데는 무언가 불필요한 것이 많다. 영원하고도 유일한 것을 추구하는 생활이 권력과 부와 향락을 추구하는 생활보다 올바른 것이라면, 인간의 생활 가운데서 불필요한 것과 유해한 것을 버려야 한다. 그는 사치품과 생활 편의물을 인간의 진화의 산물로 보는 것이 아니라 장애로 본다. 의식주는 모두 동물적인 체온을 유지하기 위한 것일 뿐인데, 그 때문에 인간이 불행해진다는 것은 모순이라는 것이다.

그는 옷에 대하여 사람이 옷을 입는 것이 아니라 옷이 사람이란 허수아비에 걸쳐져 전시되고 있다고 생각하며, 옷이 해어진 것에 대해서는 그토록 걱정하면서 양심이 해어지는 것은 걱정하지 않으며, 프랑스 파리의 원숭이 한 마리가 모자를 거꾸로 쓰면 온 세상 사람들이 그를 추종하는 유행의 허위성과 맹목성을 비난한다. 몸에 상처가 나는 것은 참을 수 있지만 옷이 찢어지는 것을 사람들은 참지 못하고, 만일 "허수아비와 옷을 바꿔 입고 그 옆에 움직이지 않고 서 있으면, 지나는 사람들은 허수아비에게 인사를 할 것이다"라며 옷이 우상처럼 되어버린 어처구니없는 허위성을 풍자한다.

그에게 있어 옷은 또 하나의 피부에 지나지 않는 것이며, 오래 입을수록 좋은 것이다. 유행을 좇는 것은 개성의 말살이요, 상업주의의 꼭두각시 노릇에 지나지 않는다고 생각한다.

그는 꼭 필요한 집이란 간소한 은신처여야 하는 것이요, 호화스런 집 때문에 푸른 하늘을 잃는 것은 불행이라고 했다.

> 만일 보다 더 많은 밤과 낮을 하늘의 별들과 우리 사이에 막힌 것 없이 보낼 수 있었더라면 시인이 지붕 밑에서 많은 이야기를 하지 않고 그 밑에서 성인도 오래 머무르지 않았더라면 좋았을지도 모른다. 새는 동굴 속에서는 노래하지 않고 비둘기도 둥지 안에서는 순결을 소중히 간직하지 않는다.

그는 집안의 장식이란 겉치레가 아니라 마치 조개 속의 진주처럼 생활의 부산물이어야 하는 것이고, 호사스런 저택을 얻기 위해 투자하는 것은 무덤을 위한 투자나 다를 것이 없다고 생각하며, 비록 문명이라는 것이 모든 사람에게 현대식 가옥을 안겨준다 하더라도 그 안에 사는 사람이 개선되지 않을 때는 무슨 의미가 있느냐고 반문한다.

그는 "한때 정직하게 생활비를 벌면서도 내 본연의 직업에 충실할 수 있는 자유를 누리는 방법은 없을까 궁리한 적이 있었는데, 그 무렵 지나다니던 철로가에 보수공들이 연장을 넣어놓는 큰 상자가 있는 것을 보고, 어려운 처지에 놓일 때는 그 정도의 상자만 있으면 충분하겠다는 생각을 했다. 거기에 구멍을 몇 개 뚫어 바람을 통하게 하고, 비가 올 때나 밤에 그 안으로 들어가면 소중한 자유를 누릴 수 있으니 결코 최악의 방법이 아니고, 결코 경멸할 만한 궁여지책도 아니며, 원하는 대로 잠을 잘 수 있고 언제 드나들어도 땅세나 집세를 달라는 지주나 집주인을 만날 염려가 없는데, 그와 똑같은 역할을 하는 보다 더 크고 호사스런 상자를 사거나 집세를 내는 데 시달리다 죽는 사람이 많다"고 말하고, "사람들은 무수한 대리석을 쪼아 탑을 쌓고 집을 짓는데, 그와 같은 노력으로 교양을 쌓는 것이 어떤가"라고 반문한다.

음식에 대해서도 그는 극도로 절제했다. 특히 그는 월든에서의 2년간의 경험으로 사람에게 꼭 필요한 식량을 얻는 비용은 아주 적다는 사실, 사람도 동물과 같이 단순한 식사로 건강과 체력을 유지할 수 있다는 사실을 배웠다고 기록하고 있다. 그는 옥수수 밭에 자라는 잡초인 쇠비름풀을 삶아 소금을 친 간단한 요리로 만족스런 식사를 했다. 점심으로는 옥수수 한두 개면 족한데, 인간은 꼭 필요한 식량이 없어서가 아니라 사치스런 기호품이 없기 때문에 굶어죽기에 이르렀다고 생각한다.

마치 곤충이 애벌레 때는 폭식을 하지만 성충이 되면 꿀이나 이슬 한두 방울밖에 먹지 않는 것과 같이, 사람 역시 고귀한 사람일수록 폭식을 피한다고 커비와 스펜서의 곤충에 대한 이야기를 들어 비유한다.

그가 월든에서 입은 옷은 농가에서 짠 것으로, 아직도 그런 옷을 만드는 인간의 미덕을 다행으로 여긴다. 왜냐하면 인간이 농부의 위치로 전락한 것도 엄청난데, 농부에서 공장 직공으로 전락한다는 것은 끔찍한 일이라 생각하기 때문이라는 것이다.

위에서 소로의 의식주에 대한 생각과 월든에서 그가 실천한 몇 가지 예를 들었다. 그러나 이와 같은 주장과 시범이 결코 원시적인 야만성으로의 회귀를 의미하는 것은 아니다. 그는 이를 분명히 구별하고 있다. 그의 일기에는 이렇게 씌어 있다.

> 간소성에는 두 가지가 있다. 하나는 어리석음에 가까운 것이요, 다른 하나는 지혜에 가까운 것이다. 철인의 생활양식은 겉보기에만 단순할 뿐, 안으로는 복잡하다. 미개인의 것은 안팎이 모두 단순하다.

그는 이어 '중국, 인도, 페르시아, 그리스의 고대 철인들은 외적으로는 비할 데 없이 가난하지만, 내적으로는 비할 데 없이 부유한 계층'이라면서 그들을 닮기를 원한다.

결국 그는 '집을 짓되 진주조개의 껍데기처럼 직접 생활하는 내부를 아름답게 꾸며야' 하는 것과 같이 그의 간소성은 외적 검약이 위주가 아니라 내적 풍요(Inward Richness)를 위함이다. 따라서 그가 간소성을 추구하는 동기에는 두 가지 측면이 있다. 그 한 측면은 앞에서도 언급했듯이 물질의 불쾌한 속박으로부터의 자기 해방이요, 또 한 측면은 바로 이 내적 풍요의 추구다. 전자는 맹목적인 물질 증대를 가져오는 물질문명에 대한 위기의 인식이요, 후자는 자기 절제를 통한 정신의 정화로 시적 영감을 채우는 일이다.

그는 문명의 발달이 생활의 기계화를 수반하게 되어 인간의 자유혼自由魂이 외부의 기계화된 환경에 억압되는 것을 일찍이 느꼈던 것이고, 바로 이 간소화를 통해 자연과 인간과의 합일을 구하려 했고, 생활의 간소화를 통해 자연과 인간이 자연스럽게 접촉할 장소와 시간을 확대하려 했다.

그는 맹목적인 이윤 추구의 자본주의 정신을 공격한 〈원칙 없는 삶(Life without Principle)〉에서 인간이 물질문명의 노예가 되는 한 미국의 정치적 독립이 무슨 의미가 있느냐고 반문한다.

> 미국이 설령 정치적인 폭군으로부터 해방되었다고 인정한다 하더라도 아직 경제·도덕적 폭군의 노예다.

그는 배금주의를 배격하는 다음과 같은 내용의 순회강연을 여러 차례 하였다.

> 나는 그 어떤 것도, 심지어 범죄까지도 이 끊임없는 돈벌이 사업보다 더 시, 철학, 아니 인생 그 자체에 배치되지는 않는다고 생각한다. 거의 예외 없이 돈을 버는 방법은 타락으로 이어진다.

그는 화창한 콩코드의 들판을 가로질러 연기를 내뿜으며 돌진하는 기차를 빌려 거대한 기계의 톱니바퀴에 짓눌려 압살되는 인간을 비유한다.

> 사람들이 정거장에 몰려오고, 차장이 "모두 타시오!" 하고 외치면 기차는 연기를 뿜어내고 증기는 압축되겠지만, 차에 오른 사람은 실제 몇 사람 되지 않고 나머지는 차 밑에 깔려있음을 알게 될 것이다.

그는 이어 철로 밑에 깔린 침목이 무엇인지 아느냐고 묻는다. "그 하나하나가 아일랜드 사람이요, 뉴잉글랜드 사람이요, 그들 위에 철로가 놓이고, 옆에 모래가 덮이면 기차는 유유히 그들 위를 달린다"라고 말하고, 언젠가는 그 잠자는 침목이 벌떡 일어나 달리는 기차를 멈추게 하리라고 예언한다. 그는 맹목적인 기계 문명이 끝없이 치달릴 수는 없다는 것을 암시하여 그에 대한 인간의 각성을 촉구한다.

그는 '아홉 사람이라야 재단사 하나'라는 노동의 분업화 현상이 심화되고, 이것이 공업 부문뿐만 아니라 상업, 농업, 심지어 설교하는 사람에게까지 미치고 있는 것을 개탄한다. "분업이란 자기의 사고思考를 타인이 대신하게 되고, 내가 내 일을 생각하는 것조차 배제하는 것이기에 바람직하지 않다." 자기가 하는 노동에 대한 창의적 사고가 완전히 배제된 분업과 기계로 만들어진 공산품에서 느낄 수 없는 것을 그는 수공手工 제품에서 느낀다. 그는 원주민이 손으로 만든 질박한 나무 쟁반이나 그릇에 무한한 애착심을 갖는다.

> 나는 그 쟁반을 보면 볼수록 마음에 든다. 쓰이는 연장이 아주 단순하고, 기계가 아니라 손으로 만들었기 때문이다.

그는 이처럼 기계 문명의 독이 묻지 않은 소박한 노동과 그 제품에서 무한한 아름다움을 느끼고, 그 제품과 제작자의 관계를 '시적'으로 생각한다. 그의 내적 풍요는 바로 이와 같은 시적 감정의 충만일 것이다. 그는 이를 위해 근대 산업 문명에 따르는 모든 허위를 배격해야 했다.

3) 순수함과 각성

그가 한사코 소박한 생활을 고집한 것은 간소성과 더불어 자연의 본질인 순수함을 내적으로 구현하려는 데 있었다. 그는 하루의 시작인 아침을 자기 각성의 시간으로 중시하였고, 순수의 시간으로 찬미한다.

> 아침은 잠에서 깨어나는 시간으로 하루 중에도 가장 두드러진 시간이다. 그때 우리의 내부에는 졸음이 가장 적고, 낮이나 밤이나 잠들어 있는

부분까지도 그 아침 한 시간 동안만은 적어도 깨어있다.

그는 이처럼 아침의 각성 상태를 이상적인 상태로 지향했으며, 또한 그 각성은 자기 내부의 혼에 의한, 내부에서 우러나온 절실한 소망에 의한 것이어야 한다고 주장한다.

> 우리가 우리 자신의 '내면의 혼'에 의해서가 아니라 어느 하인의 기계적인 팔꿈치로 깨어난다면 그런 날은 날이라 할 수 있을지는 몰라도 그 날은 기대할 것이 거의 없다. 공장의 종소리가 아니라 하늘에서 들리는 음악의 진동소리와 대기를 가득 채우는 향기와 더불어 우리가 새롭게 얻은 힘과 우리의 내부에서 우러난 열망에 의해서 — 잠자리에 들 때의 삶에 비해 보다 더 고귀한 삶을 위해 깨어나야 한다. 이처럼 밤의 어둠은 열매를 맺고 그 자체가 선이요 결코 빛보다 못하지 않음을 보여준다.

그는 아침을 단지 신의 은총으로 받아들이는 소극적인 태도를 취하는 것이 아니다. 아침이 자연이란 여신의 은혜라 하더라도 그 은혜를 받기 위해서는 자신의 내부의 혼이 그 자연의 여신에 공명해야 하는 것이다. 바로 여기에 그의 자연 관찰에 대한 능동적 실천의 의미가 있다.

그는 깨어있는 상태의 수준을 육체적, 지적, 시적 혹은 영적으로 구분하여 "육체노동을 할 만큼 깨어있는 사람은 수백만이지만, 정신노동을 할 만큼 깨어있는 사람은 수백만 중 한 사람이요, 수천만에 한 사람만이 시적詩的, 다시 말하면 신성한 삶에 각성되어 있다"고 보고, 이 지고의 상태로 깨어있는 삶을 영위하는 것을 최상의 기쁨으로 여기며 '깨어있어야 살아있다'고 생각한다. 이 시적 각성은 그에게는 지고의 청정을 의미한다.

'순결'은 인간의 꽃이다. 소위 천재, 영웅적 행위, 성스러움 등으로 불리는 것은 모두 이 꽃에서 생긴 여러 열매일 따름이다. 인간은 순결의 물길이 열리면 곧장 신을 향해 흐른다.

그는 이 지순의 상태에 도달하는 것이 우주의 영靈에 통하는 전제라 생각했으며, 월든 숲에서 마음을 닦는 실천을 하고, 《중용中庸》의 '재명성복齋明盛服 이승제사以承祭祀'의 의미를 음미하는가 하면, 《대학大學》에 언급되어 있는 '탕지반명湯之盤銘의 일일신日日新'을 행한다.

나는 매일 아침 일찍 일어나 호수에서 목욕을 했다. 그건 하나의 종교적인 의식이었다. 그것은 내가 했던 가장 좋은 일들 가운데 하나였다. 은殷나라 탕왕湯王의 욕조에 다음과 같은 말이 새겨져 있었다고 한다. "날마다 네 자신을 완전히 새롭게 하라. 날이면 날마다 새롭게, 영원히 새롭게 하라." 나는 이 말을 이해 할 수 있다.

이 각성의 시간을 찾고 또 사용하는 방법이 《월든》의 주제이기도 하다.

4) 자연의 관찰

셔먼 폴은 소로의 월든 생활의 목적을 밝히는 글에서 그의 간소화는 지각의 도관導管을 정화하고자 취한 금욕적 수련이었다고 그의 저서에서 다음과 같이 지적하고 있다.

그는 잃어버린 실재實在를 회복하기 위해, 지각知覺의 문제를 가장 단순한 조건, 즉 인간과 자연으로 환원하여 그 실재를 되찾으려고 월든 호수에 갔다. 이런 의미로 보면 간소화는 정신력을 집중하고 지각의 도관을 정화하기 위한 금욕적이고도 엄격한 수련이었다.

사실 소로는 월든 생활에서뿐만 아니라 그의 일생을 통해 남다른 자기규제와 엄한 금욕 생활을 했다. 그러나 그것은 구원을 위한 고행이라기보다는 맛있는 식사를 위한 미각味覺의 청정 같은 일종의 감각적이요 쾌락적인 측면이 있다고 홀브룩 잭슨은 그의 《꿈의 몽상가》에서 주장하면서 소로 자신의 말을 인용하고 있다.

> 삶의 정교한 맛을 완전히 맛보기 위해선 극도의 청결성이 필요하다. "나는 너 자연의 숲처럼 깨끗해야만 한다. 너처럼 순결하게 될 때까지 나는 쉬지 않으리라."

이처럼 소로는 지고의 청정성을 자연 가운데서 찾는다. 다시 말하면 그는 간소한 생활을 통한 자제와 금욕으로 감각기관을 자연의 순결로 세척하여 다시 자연의 순결을 본다. 그리하여 자연의 영원함을 느끼는 시적 감정이 충만한 '내적 풍요'를 누리려 했다.

그는 호숫가의 오두막에서 문 앞을 스쳐가는 여신의 치맛자락 끄는 소리를 듣고, 산등성이 휘어 넘는 바람 속에서 '천상의 음악'을 들을 수 있었으며, 아침엔 호수가 안개의 잠옷을 벗고 드러내는 수면水面을 본다. 그는 먼동이 틀 때 방 안을 날아다니는 보이지 않는 모기의 울음소리에서 호메로스의 진혼곡을 들을 수 있고, 이른 봄 얼음이 갈라지는 소리에서 우주 창조의 소리를 엿들었으며, 해빙解氷으로 흘러내리는 실오라기 같은 작은 여울의 발단發端을 지켜보고서 생명의 시원始源을 엿본다. 그는 조미료 치지 않은 거친 옥수수 빵과 쇠비름 풀을 삶아 먹는 소식素食으로 미각을 정화하여 '산기슭에서 따먹은 몇 개의 산딸기'로 영혼을 살찌우는 하늘이 내려준 식량을 얻어낼 수 있었던 것이다.

미각을 통해서 내가 영감을 얻어왔다는 사실을 그리고 산에서 따먹은 산딸기가 나의 내면의 영성을 살찌웠다는 사실을 생각하면 어쩐지 짜릿한 느낌을 받곤 하였다.

소로는 '본다는 것' 또한 인간 존재의 주된 속성으로 보고 시각으로 삶을 넓힐 수 있었다. 그는 "관찰은 곧 행동이요, 우리는 보는 것만큼 존재한다"고 말할 정도로 관찰을 중요시했다. 그에게 있어 시각이나 감각은 지각知覺이란 개념과 크게 다르지 않다. 잭슨은 소로의 시적인 언어가 바로 이 관찰 과정의 결과요, 워즈워스가 말한 '고요한 가운데서 회상된 정서'와 같은 것이라고 말하고 있다.

잭슨은 자연의 경색景色이나 소리의 관찰에 있어 소로가 에머슨과 채닝에게 영향을 미쳤던 점을 지적했는데, 사실 소로의 자연 관찰에서 볼 수 있는 섬세하고 치밀한 감각과 그 분석력, 묘사력은 다른 초월주의 시인들이 추종할 수 없는 점이다. 그들이 말하는 자연은 밖에서 자연을 들여다보는 추상적인 자연이지만, 소로의 자연은 내부에서 본 자연이며, 땅과 바위, 햇빛과 동식물이 그의 감각적 경험의 접촉을 거쳐 나온 자연이다.

과일은 그것을 사먹는 사람이나 시장에 내다 팔기 위해서 재배하는 사람들에게는 자신의 참다운 맛을 들어내지 않는다. 과일의 참다운 맛을 보는 데는 꼭 한 가지 방법이 있다. 그런데 아직 그 방법을 택하는 사람은 거의 없는 것 같다. 산딸기의 참맛을 알고 싶으면 목동이나 들꿩에게 물어보라. 산딸기를 손수 직접 따서 먹어보지 않은 사람도 그 맛을 안다고 생각하지만 그건 흔히 있는 세상 사람들의 착각이다. 허클베리는 보스턴에 단 한 톨도 나온 적이 없다. 허클베리가 보스턴의 세 언덕에서 옛날에 자랐던 적은 있었다. 하지만 그 뒤에 참다운 허클베리는 그곳에 알려진 적이 없다. 장사꾼의 수레에 실려 오면서 겉의 흰 과분果粉이 문질려나가는 순간에 과일의 본질인 '하늘이 내린 맛'은 사라지고 그저 사람에게 먹이는 여물에 불과한 것이 되어버린다.

이처럼 그는 인간화된 주지적 관념에서 벗어난 순수한 자연을 포착해 내고, 그 배후의 존재와 영적인 교섭을 이룬다. 그는 모든 감각을 통해서 자연과 융합된다.

참으로 감미로운 저녁이다. 이런 때는 온몸이 하나의 감각기관이 되어 신체의 모든 땀구멍으로 기쁨을 빨아들인다. 나는 '자연'의 일부가 되어 그 속에서 전에 없는 미묘한 해방감에 젖어 한가로이 이리저리 배회한다.

그의 자연 관찰에는 언제나 상대적 관계의 인식이 있고, 그 관계 속에서 그는 인간의 위치를 찾으려 한다. 예를 들어 작은 새 한 마리의 울음소리를 들을 때에도 그는 그 새와 그 울음소리를 듣는 귀와의 관계를 생각한다.

새 한 마리와 그 새의 노래를 감상하는 귀는 어떤 관계일까? 어쩌면 새의 노랫소리가 듣는 사람에게는 어느 누구보다 더 매력이 있고 의미가 있지 않을까? 분명히 그들은 친밀한 관계가 있다. 하나는 다른 하나를 위해 만들어진 것이다.

그는 작은 벌레 한 마리를 바라보면서도 그것을 내려다보고 서 있는 자신과 또 자신을 내려다보고 있을 또 하나의 존재를 인식한다.

숲의 바닥에 쌓인 나뭇잎 사이로 기어가며 내 눈을 한사코 피하려고 애쓰는 곤충을 내려다보면서 왜 그것이 그처럼 어리석은 생각을 품으며, 어쩌면 제 은인이 될지도 모르고 자기 종족에게 희소식을 전할지도 모를 내게서 한사코 머리를 숨기려 들까 자문自問하니, 인간 곤충인 나를 굽어보고 서 있는 보다 큰 '은혜'와 '영혼'의 존재가 머리에 떠오르는 것이었다.

5) 현재와 영원

앞에서도 말한 바와 같이 월든 생활의 목적은 '진지한 삶'을 통해 그 삶의 뿌리에 있는 실체, 즉 영원의 추구였다. 그의 말대로 시냇물처럼 흐르는 시간의 여울 밑에 남는 것을 포착하는 것이었다.

> 시간은 내가 낚시를 드리우는 시내에 흐르는 물일 따름이다. 나는 그 시냇물을 마신다. 그러나 물을 마시면서 모래 바닥을 바라보고 이 시내가 얼마나 얕은가를 깨닫는다. 시간의 얕은 물은 흘러가버린다. 그러나 영원은 남아 있다. 나는 더 깊은 물을 마시고 싶고, 별이 조약돌처럼 깔린 하늘에 낚시를 드리우고 싶다.

그가 궁극적인 목적으로 삼았던 진리의 추구는 인간의 혼의 영원성을 의미하는 것이다. 그런데 그는 그 영원의 모든 계기를 현재에 두고 있다.

> 사람들은 진리는 멀리, 태양계 밖에, 가장 먼 별 저 너머 어딘가에, 아니면 아담의 시대 이전 혹은 최후의 심판 이후에나 있는 것이라 생각한다. 사실 영원 속에는 진실하고 숭고한 무엇이 있다. 그러나 이 모든 시간과 장소와 사건은 지금 현재 여기에 있다. 하느님도 현재의 순간에 가장 높은 곳에 계시는 것이지, 시간이 흘러 시대가 변한다 해서 더 거룩했거나 더 거룩해지는 것은 결코 아닐 것이다.

즉 그는 영원이란 것을 자기가 존재하는 시대와 장소에 있다고 생각하며, 살아 숨을 쉬는 현재에 무한의 가능성을 부여하는 동시에 현재의 촌각에 놓인 삶의 중요성을 강조한다. 그는 영원의 '숭고하고 고귀한 것을 조금이라도 붙잡을 수 있으려면 주변의 실체를 끊임없이 흡입하여 그에 흠뻑 젖어야 한다'고 생각하며, 현재의 순간에서의 적극적이고도 능동적인 진리에 대한 갈구만이 자연의 여신과 교류가 가능하다고 생각한다.

IV

위에서 소로가 월든의 실험적 생활을 할 당시의 시대적 배경과 그가 실천한 생활과 주장을 훑어봤다. 그는 삶이 아닌 모든 것을 떨쳐버리고 삶의 본질에만 직면하여 삶의 골수를 마시기 위해 월든 생활을 시작하였고, 그리고 2년 후 그는 다음과 같은 충고를 남기고 다시 구도의 길을 떠났다.

> 설령 구빈원에 있다 하더라도 어쩌면 유쾌하고 감동적이고 영광스러운 시간을 다소는 향유할 수 있을 것이다. 저녁 황혼의 붉은 놀은 양로원의 창문에도 그리고 부자의 저택에도 똑같이 비추고 이른 봄에는 양로원의 문간에서도 눈은 녹는다.

무척이나 평범한 충고다. 그러나 이 말은 그의 체험으로 입증되고 구체화된 언명言明이기에 삶이 고귀하다고 주장하는 어떤 미사美辭보다 진실하다. 바로 그 체험적 실증이라는 점이 소로의 삶과 문학을 빛나게 하는 큰 요인이다.

양 병 석

소로 연보

1812년 존 소로(부) 신시아 던바(모)와 매사추세츠 콩코드에서 결혼. 헬렌 소로(누나) 탄생.

1815년 존 소로(형) 콩코드에서 탄생.

1817년 7월 12일 헨리 소로 콩코드에서 탄생.

1818년(1세) 가족 매사추세츠 쳄즈퍼드(Chelmsford)로 이사.

1819년(2세) 소피아(누이) 쳄즈퍼드에서 탄생.

1821년(4세) 가족이 보스턴으로 이사.

1822년(5세) 월든 호수로 가족과 함께 처음 여행.

1823년(6세) 가족이 다시 콩코드로 이사.

1824년(7세) 아버지 존 연필제조업 시작.

1827년(10세) 최초의 수필 〈계절(The Seasons)〉을 씀.

1828∼33년(11∼16세) 콩코드 아카데미에서 수학.

1833년(16세) 하버드 대학 입학.

1834년(17세) 랄프 왈도 에머슨 콩코드로 이사.

1835년(18세) 재학 중 매사추세츠 주 캔턴(Canton)에서 교편 잡음. 오레스테스 브라운선(Orestes Brownson)과 함께 독일어 배움.

1836년(19세) 연필판매차 부친과 함께 뉴욕에 감.

1837년(20세) 하버드를 졸업하고 잠시 콩코드공립학교에서 교편을 잡았으나 학생들에 대한 체벌을 거부, 2주 만에 그만둠. 일기를 쓰기 시작함.

1838년(21세) 4월 11일 콩코드 문화회관에서 처음 강연, 1860년 12월 11일 워터베리(Waterbury) 강연을 최후로 각지를 순회 75회가 넘는 강연을 했다. 처음으로 메인 주에 여행. 형 존과 함께 집에서 사설학교 개설. 학교를 콩코드 아카데미로 옮김.

1839년(22세) 형 존과 함께 보트로 콩코드 강과 메리맥 강을 2주간 여행, 후에 《콩코드 강과 메리맥 강에서의 일주일》로 출판. 엘렌 슈얼(Ellen Sewall) 콩코드 방문. 그녀와 사귐.

1840년(23세) 엘렌 슈얼에게 청혼했으나 그녀의 부모의 반대로 이루어지지 않음. 최초의 에세이 〈아울루스 페르시우스(Aulus Persius Flaccus)〉, 최초의 시 〈공감(Sympathy)〉을 《다이얼》지에 발표. 에세이 〈복무(The Service)〉는 발표를 거절당함.

1841년(24세) 형 존과 함께 콩코드 문화회관에서 시민저항의 정당성에 대한 토론을 함. 형의 건강 악화로 운영하던 학교 폐쇄. 에머슨의 집에서 2년간 관리인으로 기거.

1842년(25세) 1월 11일 형 존 파상풍으로 갑자기 사망. 〈매사추세츠 주의 자연사〉를 《다이얼》지에 발표. 콩코드로 이사온 호손(Nathaniel Hawthorne)을 만남.

1843년(26세) 이때부터 콩코드 문화회관에서 거의 매년 강연. 〈주인(The Landlord)〉과 〈회복된 낙원(Paradise Regained)〉을 《민주 평론(The Democratic Review)》에, 〈겨울 산책〉을 《다이얼》지에, 〈와추셋으로의 산책(Walk to Wachusett)〉을 《보스턴 문집(Boston Miscellany)》에 각각 발표하는 등 본격적으로 글을 발표함. 에머슨의 《다이얼》지 편집을 도움. 5월~12월 뉴욕 스태튼 섬(Staten Island)에서 사는 에머슨의 형인 윌리엄 에머슨의 집에서 세 아들의 가정교사를 함.

1844년(27세) 〈자유의 선구자(Herald of Freedom)〉와 〈동양의 경서들의 번역문〉을 《다이얼》지에 발표. 4월, 에드워드 호어(Edward Hoar)와 함께 야외 취사를 하다 우연한 실화로 산불을 냄.

1845년(28세) 3월 월든 호숫가에 오두막집 착수, 7월 4일 이사. 《해방자 지(The Liberator)》에 노예제도 폐지론자에 대한 글 〈웬델 필립스(Wendell Phillips)〉를 발표.

1846년(29세) 멕시코 전쟁 발발. 노예제도와 멕시코 전쟁에 반대하여 인두세 납부거부로 하룻밤 감옥에서 보냄. 이때의 경험이 후에 〈민간정부에 대한 항거〉에 묘사됨. 2주간 메인주의 산악지대 여행.

1847년(30세) 9월 6일 월든 호수에서 나와 유럽여행을 떠난 에머슨의 집에 관리인으로 들어감. 〈토마스 칼라일과 그의 작품들〉을 《그레이엄(Graham's Magazine)》지에 발표.

1848년(31세) 1월 26일 콩코드 문화회관에서 〈정부에 관련한 개인의 권리와 의무〉를 강연. 콩코드 밖으로는 처음 11월 22일 세일럼(Salem)에서 강연. 1846년의 여행에 기초한 〈커타든과 메인 숲(Ktaadn and the Maine Woods)〉을 《유니온(Union Magazine)》지에 발표. 에머슨의 집에서 아버지 집으로 돌아옴.

1849년(32세) 누나 헬렌 결핵으로 사망. 〈시민의 불복〉이 엘리자베스 피바디(Elizabeth Peabody)의 《미학지(Aesthetic Papers)》에 발표됨. 《콩코드와 메리맥 강에서의 일주일》을 자비로 출판. 블레이크(G.O. Blake)를 만남. 앨러리 채닝(Ellery Channing)과 케이프 코드(Cape Cod)에 처음 여행. 세일럼(Salem), 포틀랜드(Portland), 우스터(Worcester) 등에서 강연.

1850년(33세) 콩코드에서 케이프 코드에 대해 강연. 메인 스트리트로 이사. 사망 시까지 이곳에서 살았음. 6월에 두 번째 케이프 코드 여행. 7월 마가렛 풀러와 남편 오소리(Ossoli)와 아들이 탄 '엘리자베스'호가 뉴욕 근처의 파이어 아일랜드(Fire Island)에서 침몰됨. 그들의 시체를 찾으려고 갔으나 찾지 못하고, 오소리의 윗옷만을 발견함. 3월에 상정된 노예제도에 대한 타협법인 '탈주노예법'이 9월 18일 통과하여 법으로 확정됨. 채닝과 캐나다의 몬트리얼(Montreal)과 퀘벡(Quebec)에 여행. 사후에 《캐나다의 양키(A Yankee in Canada)》로 출판됨. 댄버스(Danvers), 우스터(Worcester), 뉴베리포트(Newburyport) 등에서 강연. 보스턴 자연사학회 통신회원으로 선임. 당시 미국인구 12,911,876명. 에머슨의 《대표자(Representative Men)》, 호손의 《주홍 글씨(The Scarlet Letter)》, 멜빌의 《하얀 재킷(White Jacket)》 출판.

1851년(34세) 클린턴에서 케이프 코드(Cape Cod)에 관해 강연. 그곳의 방직공장을 구경. 메드포드(Medford)에서 〈월든〉에 관해, 콩코드와 우스터에서 〈야성(The Wild)〉에 관해 강연. 보스턴에서 올콧(Alcott)을 방문. 탈주노예 윌리엄 심스(William Sims 보스턴에서 채포되어 노예폐지론자들의 석방 노력에도 불구하고 강제 송환됨)와 버지니아에서 도망한 탈주노예 헨리 윌리엄스(Henry Williams)를 숨겨 캐나다로 망명하도록 도와줌. 제임스 페니머 쿠퍼 사망. 호손 《일곱 박공이 있는 집(House of the Seven Gables)》, 멜빌의 《백경(Moby-Dick)》 각각 출판.

1852년(35세) 1∼3월에 걸쳐 《퍼트남(Putnam's Magazine)》에 《캐나다의 양키》 일부가 발표됨. 1월 6일 폭설에 도보로 링컨(Lincoln)에 가서 강연, 다음날 콩코드에서 다시 강연. 2월과 5월에 플리머스에서, 3월에 콩코드에서, 3월과 4월에 보스턴에서 강연. 호손은 콩코드에 있는 올콧의 집인 '힐사이드(Hillside)'를 사서 '웨이사이드(Wayside)'로 이름을 바꿈. 7월 대통령 출마자 피어스(Franklin Pierce) 콩코드로 호손 방문. 호손 그의 전기 씀. 채닝과 뉴햄프셔로 도보여행. 디킨스(Dickens)의 《쓸쓸한 집(Bleak House)》, 호손의 《즐거운 골짜기(The Blithedale Romance)》, 스토우(Stowe)의 《톰 아저씨의 움막(Uncle Tom's Cabin)》 등이 출판됨.

1853년(36세) 1월 7일 콩코드에서 4마일 떨어진 폭약 공장에서 처참한 폭발사고 발생. 1월∼3월 《퍼트남》에 〈캐나다 여행〉 5부중 3부 발표. 출판사 자의로 문절을 삭제한 탓으로 거래를 중단함. 9월 메인 숲에 다시 감. 10월 팔리지 않은 706권의 《콩코드와 매리맥 강에서의

1주일》(1849)을 받아 골방에 쌓아놓음. 이 책은 1862년 타계 직전 출판사가 다시 가져갈 때까지 그대로 있었다. 자유인이 된 흑인 여자 노예가 버지니아에서 노예로 있는 남편의 속량금 200달러를 마련하기 위해 소로의 집에 체류함. 콩코드 문화회관 관장으로 다시 선출되었으나 자기는 연사를 더 이상 초빙하기 어렵다는 이유로 그 직위를 사양함. '과학의 진보를 위한 협회' 회원으로 초대되었으나 또한 사양함. 콩코드에서 메인 주의 〈무스 헤드 호수(Moose Head Lake)〉에 대해 강연.

1854년(37세) 2월~3월 8번째로 《월든》 원고 최종 수정, 티크노 앤드 필드스(Ticknor and Fields) 사와 2,000부(권당 1달러) 출판하기로 계약. 3월 8일 최초 교정쇄 받고, 8월 2일 최초의 책 1권을 받음. 5월 24일 탈주노예 안소니 번스(Anthony Burns)의 체포. 5월 30일 네브래스카를 노예주로 허용하는 '캔자스 — 네브래스카' 법이 통과됨. 7월 4일 노예폐지론자의 프래밍햄(Framingham) 집회에서 연설, 후에 《해방자》 지에 〈매사추세츠 주의 노예제도〉로 발표됨. 8월 11일부터 《월든》에 대한 평문이 나오기 시작함. 호의적인 편지를 보내온 뉴 베드포드의 다니엘 리켓슨(Daniel Ricketson), 옥스퍼드 대학 출신 영국인 토마스 참리(Thomas Cholmondeley) 등과 사귐. 뉴 베드포드, 플리머스, 필라델피아, 프로비던스(Providence), 낸터컷 섬(Nantucket Island) 등에서 강연.

1855년(38세) 프랭클린 샌본(Franklin Sanborn)을 처음 만남. 이 해 봄부터 결핵 증세를 보이기 시작함. 6~8월 3번에 걸쳐 《퍼트넘》 지에 케이프 코드에 관한 글들을 발표. 채닝과 세 번째 케이프 코드 여행. 참리(Cholmondeley)에게서 동양문학 서적 44권을 기증받음. 우스터 등에서 강연. 그 해 휘트먼의 《풀잎(Leaves of Grass)》 출간됨.

1856년(39세) 9월 버몬트 주의 브래틀보로(Brattleboro)와 벨로우 폴스(Bellow Falls)로, 다음에는 뉴 햄프셔 주의 월폴(Walpole)로 브론슨 올콧을 만나러 갔다. 도중에 많은 식물들을 채집했다. 10월 올콧의 제의로 뉴저지 주의 퍼쓰 앰보이(Perth Amboy) 근처의 협동 교육 특수부락인 이글스우드(Eagleswood)에서 측량과 강연을 했다. 11월 그곳에서 올콧과 제휴하여 뉴욕 주의 차파쿠아(Chappaqua)에 가서 그릴리(Greeley)를 만나고, 함께 브룩클린(Brooklyn)으로 가서 월트 휘트먼(Walt Whitman)을 방문, 그에게서 깊은 인상을 받음. 12월 앰허스트(Amherst)에서 〈산책〉에 대해 강연.

1857년(40세) 2월 피츠버그, 우스터 등에서 강연. 노예제도 폐지 운동가 존 브라운을 콩코드에서 처음 만남. 6월 도보에 의한 케이프 코드로의 마지막 여행. 7월 에드워드 호아(Edward Hoar)를 대동하여 메인 주의 숲으로 마지막 여행. 10월 18일 공황으로 콩코드 은행 지불정지.

1858년(41세) 1월 13∼15일 린(Lynn)에서 강연. 2월 25일 콩코드에서 강연. 6월 《메인의 숲》의 일부인 〈체순쿡(Chesuncook)〉이 《월간 대서양(Atlantic Monthly)》에 발표됨. 6월 2∼4일 블레이크(Blake)와 함께 뉴햄프셔의 모내드녹 산(Mt. Monadnock)에 여행. 7월 2∼19일 에드워드 호어와 함께 화이트 산맥(White Mountains) 여행. 워싱톤 산(Mt. Washington)에서 캠핑을 함. 영국인 친구 참리(Cholmondeley) 다시 콩코드 방문.

1859년(42세) 2월 3일 부친 사망. 2월, 3월 콩코드와 우스터, 4월 린(Lynn) 등에서 강연. 5월 존 브라운 콩코드에 옴. 10월 보스턴에서 〈원칙 없는 삶(Life without Principle)〉으로 강연. 10월 16일 존 브라운이 버지니아의 하퍼스 페리(Harper's Ferry) 조병창 습격으로 체포됨. 콩코드, 보스턴, 우스터에서 〈존 브라운 대위를 위한 탄원(A Plea for Capt. John Brown)〉으로 연설. 12월 2일 존 브라운 사형됨. 그에 대한 추모집회에서 소로 조시弔詩 낭독. 콩코드에서 〈존 브라운의 죽음이 있고 나서(After the Death of John Brown)〉로 강연.

1860년(43세) 2월 콩코드와 로웰에서 〈야생 사과(Wild Apples)〉에 관해 강연. 〈존 브라운을 위한 탄원〉이 《하퍼스 페리의 메아리(Echoes of

Harper's Ferry)》에, 〈존 브라운의 최후의 날〉이 《해방자》지에 게재됨(7월). 8월 앨러리 채닝과 뉴햄프셔의 모내드녹(Monadnock) 산에 가서 야영. 9월 미들섹스(Middlesex) 군 가축품평회 중에 콩코드 회관에서 논문 〈산림의 변천(The Succession of Forest Trees)〉을 낭독, 뉴욕 《주간 트리뷴(New-York Weekly Tribune)》에 발표(10월). 10월~11월 거의 매일 숲을 찾음. 〈산림의 변천〉을 〈씨알의 확산(The Dispersion of Seeds)〉으로 확장. 11월 6일 링컨이 당선되었으나 정치에 무관심함. 12월 3일 혹한에 숲에 들어가 나무 그루터기의 나이테를 조사하다 독감에 걸려 기관지염으로 악화됨. 12월 11일 여행할 상태가 아니었으나 강연 날짜를 지켜 코네티컷의 워터베리(Waterbury)에서 〈가을의 색조(Autumnal Tints)〉를 강연. 이는 마지막 강연이 되었으며 그 내용은 《월간 대서양》(62년10월호)에 게재됨. 12월 〈야생 과일(Wild Fruits)〉 원고 작성.

1861년(44세) 1월~2월 〈야생 과일〉 원고 작업 계속. 4월 12일 남북전쟁 발발. 4월 기관지염이 결핵으로 판명됨. 5월 11일~7월 10일 건강 회복을 위해 젊은 박물학자인 호레이스 만(Horace Mann, Jr)과 미네소타로 여행하였으나 건강 악화로 귀향함. 3월~5월 초순 〈씨알의 확산〉 원고 작업. 9월 하순 월든 호수를 마지막 방문. 11월 3일 마지막 일기를 씀. 12월 중순 늑막염에 걸렸으나 회복됨.

1862년(45세) 죽음을 예견하고 출판을 위해 초기 작품들을 정리. 3월 4일 티크노 앤드 필드(Ticknor and Fields)에 서신으로 《월든》의 재판에서 '숲속의 생활'이란 부제를 삭제하도록 요구. 5월 6일 오전 9시 사망. 그의 마지막 말은 '무스 사슴' — '인디언'이었다 함. "그의 죽음처럼 기쁘고 평화로운 죽음을 본 적이 없다"고 그를 임종한 사람들은 전하고 있다. 5월 9일 콩코드 제1교구 교회에서 영결식이 거행되고, 에머슨이 조사를 읽음. 유해는 뉴 베링 그라운드(New Burying Ground)에 묻혔다가 수년 후에 슬리피 할로우(Sleepy Hollow)의 문인 묘역에 이장됨. 〈야생 사과(Wild Apples)〉, 〈가을의 색조

〈Autumnal Tints)〉와 〈산책(Walking)〉 등이 사후 《월간 대서양》에 게재됨.

1863년 〈원칙 없는 삶〉과 〈밤과 달빛(Night and Moonlight)〉이 《월간 대서양》에 게재. 《소풍(Excursions)》 출판.

1864년 〈웰피트의 굴 따는 사람(The Wellfleet Oysterman)〉과 〈고랭지의 불빛(The Highland Light)〉이 《월간 대서양》에 게재. 소피아 소로(Sophia Thoreau)와 앨러리 채닝이 편집한 《메인의 숲》이 출판됨.

1865년 소피아와 채닝이 편집한 《케이프 코드》 출판. 에머슨이 편집한 《서한집(Letters to Various Persons)》 출판.

1866년 《캐나다의 양키, 그리고 반노예와 개혁 에세이(A Yankee in Canada, with Anti-Slavery and Reform Papers)》 출판. 주로 앨러리 채닝이 편집함.

1881년 블래이크(H.G.O. Blake)가 일지에서 발췌 편집한 《매사추세츠의 이른 봄》 출판. 이어 《여름》(1884), 《겨울》(1887), 《가을》(1892) 출판.

1893~94년 블레이크(Blake), 스커어(Scudder)와 샌본(Sanborn)이 편집한 《소로의 작품집(Riverside Edition)》이 호튼 미플린(Houghton Mifflin)에 의해 출판됨.

1902년 《복무(The Service)》 출판됨.

1905년 《월터 롤리 경(Sir Walter Raleigh)》 출판됨.

1906년 브래드포드(Bradford), 토리(Torrey)와 샌본(Sanborn)이 편집한 일기(Journals)까지 포함하여 20권의 《소로 작품 전집(Walden Edition)》이 호튼 미플린(Houghton Mifflin) 사에 의해 출판됨.

주요작품의 초판본

A Week on the Concord and Merrimack Rivers (Boston: James Munroe & Co. 1849)

Walden; or, Life in the Woods (Boston: Ticknor & Fields, 1854)

Excursions(Boston: Ticknor & Fields, 1863)

The Maine Woods (Boston: Ticknor & Fields, 1863)

Cape Cod(Boston: Ticknor & Fields, 1864)

Letters to Various Persons (Boston: Ticknor & Fields, 1865)

A Yankee in Canada, with Anti-Slavery and Reform Papers(Boston: Ticknor & Fields, 1866)

Early Spring in Massachusetts (Boston: Houghton, Mifflin & Co., 1881)

Summer (Boston: Houton, Mifflin & Co., 1884)

Winter (Boston: Houghton, Mifflin & Co., 1888)

Autumn (Boston: Houghton, Mifflin & Co., 1892)

Familiar Letters of H. D Thoreau (Boston: Houghton, Mifflin & Co., 1894)

Poems of Nature (Boston: Houghton, Mifflin & Co., 1895)

The Service (Boston: Charles E. Goodspeed, 1902)

The First and Last Journeys of Thoreau (Boston: The Bibliophile Soceity, 1905)

Sir Walter Raleigh (Boston: The Bibliophile Society, 1905)

Journal (Boston: Houghton, Mifflin & Co., 1906)

The Moon (Boston: Houghton, Mifflin & Co., 1927)

The Transmigration of the Seven Brahmans (New York: William Edwin Rudge, 1932)

Collected Poems of Henry Thoreau (Chicago: Packard & Co., 1943)
The Correspondance of Henry David Thoreau (New York: New York University Press, 1958)

옮긴이

1934년 전남 보성 출생.

광주고교와 원광대학교 영어영문과 및 대학원 졸업.

원광대학교 영어영문과 교수, 미국 조지타운 대학 연구교수.

국제 소로 학회 회원.

현 원광대학교 명예교수.

역서: 《찰스 램 수필선》(범우사) 등.

논문: 〈소로의 수사적 기예〉 등 다수가 있음.

월든

발행일 개정판 1쇄 발행 | 2006년 8월 25일
개정판 2쇄 발행 | 2007년 6월 25일
개정판 3쇄 발행 | 2009년 11월 30일
개정판 4쇄 발행 | 2013년 11월 28일

지은이 | 헨리 소로
옮긴이 | 양 병 석
펴낸이 | 윤 형 두
펴낸곳 | 종합출판 범우(주)
교 정 | 김영석 · 장웅진
디자인 | 김지선
등록번호 | 제406-2004-000012호(2004년 1월 6일)
(413-756) 경기도 파주시 문발동 출판단지 525-2
대표전화 | 031-955-6900
팩 스 | 031-955-6905
홈페이지 | www.bumwoosa.co.kr
이메일 | bumwoosa@chol.com

ISBN 978-89-91167-65-9 03840

* 책값은 뒤표지에 있습니다.
* 잘못된 책은 바꾸어드립니다.